《今注本二十四史》編委會
二十四史研究資料集刊

史記考證文獻彙編

四川出版集團
巴蜀書社
人民出版社

本書出版得到國家古籍整理出版專項經費資助

第十冊目錄

鬼方昆夷玁狁考

王國維

一九一五年上虞羅氏雪堂叢刻本

鬼方昆夷玁狁考

海寧王國維

我國古時有一彊梁之外族其族西自汧隴環中國而北東及太行常山間中間或分或合時入侵暴中國其俗尚武力而文化之度不及諸夏遠甚又本無文字或雖有而不與中國同是以中國之稱之也隨世異名因地殊號至於後世或且以醜名加之其見於商周間者曰鬼方曰混夷曰獯鬻其在宗周之季則曰玁狁入春秋後則始謂之戎繼號曰狄又追號其祖先謂之犬戎戰國以降又稱之曰胡曰匈奴綜上諸稱觀之則曰戎曰狄曰犬戎者皆中國人所加之名曰鬼方曰混夷曰獯鬻曰

玁狁曰胡曰匈奴者乃其本名而鬼方之方混夷之夷亦爲中國所附加當中國呼之爲戎狄之時彼之自稱決非如此其居邊裔者尤當仍其故號故戰國時中國戎狄既盡强國辟土與邊裔接乃復以其本名呼之此族春秋以降之事載籍稍具而遠古之事則頗茫然學者但知其名而已今由古器物與古文字之助始得言其崖略倘亦史學家之所樂聞歟

此族見於最古之書者實爲鬼方易既濟爻辭曰高宗伐鬼方三年克之未濟爻辭曰震用伐鬼方三年有賞于大國詩大雅蕩之篇曰內奰于中國覃及鬼方易之爻辭蓋作於商周之際大雅蕩之篇作於周厲王之世而託爲文王斥殷紂之言蓋亦謂殷時已有此族矣後人於易見鬼方之克需以三年知其爲强國於詩見鬼方與中國對擧知其爲遠方然鬼方之國果安在歟其與周以後之外族同歟否歟蓋不能措一辭其有爲之辭者亦今日之所不能信也今由古器物之賜始得稍稍爲徵實之說而此種古器物之果紀鬼方事否不能不先考定之也

鬼方之名易詩作鬼然古金文作䰡或作䰫盂鼎此宜城李氏所藏金文家謂之小盂鼎與吳縣潘氏所藏大盂鼎同出陝西郿縣器已久佚拓本亦致罕覯唯海豐吳氏藏一本即摹於攈古錄金文者是也曰王□盂以□□伐䰡方吳氏摹本䰡字半泐作戫然第八行有䰡字鬼字之首又稍磨泐合觀二字用筆位置知確是䰡字也其字从鬼从戈又梁伯戈濰縣陳氏藏一名䰫方戈云䰫方䜌即蠻字其字从鬼从攴二字不同然皆爲古文畏字案大盂

鼎畏天畏二畏字上作[illegible]下作[illegible]毛公鼎愍天疾畏敬念王畏二畏字皆作[illegible]皆从鬼从卜者尙盤畏字作畟則从由說文由鬼頭也从攴卜與攴同音又攴字之所從當爲攴之省字而或从卜在鬼字之右或从攴在鬼字之左或从攴在鬼頭之下此古文變化之通例不礙其爲一字也从戈之䰡亦即䰫字凡从攴从戈皆有擊意故古文往往相通如薄伐玁狁之薄今毛詩作薄薄者迫也而虢季子白盤之博伐从干不𡢁敦之𢦏戟从戈師寰敦之𢿨乃衆則又从卜書之外薄四海其義亦爲迫而釋文引一本作敷詩常武之鋪敦淮濆釋文引韓詩鋪作敷後漢書馮緄傳亦引作敷敦案敷敦即戟𦎫則字亦从攴可知从卜从攴

从戈皆可相通則戜字亦畏字也其中甲戎二字見於周初之器爲字尤古其後从卜之字變而作敳从戈之字變而作威古威字从戈从女邾公華邾公牼二鐘皆然虢叔鐘作威戊亦戈形之變而鬼女二字皆象人跪形形極相似故變而从戈从女也敳字又變作𢦈王孫遺諸鐘之畏𢘓（即畏忌）趩趩沇兒鐘之盄于畏儀（即淑於威儀）皆如此作既从卜又从攴則稍贅矣由此觀之則戜敳二字確爲畏字鬼方之名當作畏方經典作鬼字之誤也然則何以知小盂鼎梁伯戈之戜方敳方即鬼方歟又何以知二器非借畏爲鬼而必謂經有誤字歟曰由漢人以敳字爲鬼字知之急就篇射敳辟邪除羣凶（今通行本敳皆作敳唯宋葉水心所傳古章草本作魅此本江南有石刻世不多見）張衡東京賦八靈爲之震慴況敳蜮與畢方顏薛二注不識敳字均以說文之鬾字釋之顏并以射敳辟邪爲二獸名不知此句三事平列不得以前二事爲獸名至東京賦之敳蜮用小雅爲鬼爲蜮語尤爲明白決非指小兒鬼之鬾是周時畏字漢人已用爲鬼字故莊子天地篇之門無畏（釋文門無鬼司馬本作無畏）郭象本作門無鬼又雜篇之徐無鬼亦當爲徐無畏之誤也（古人多以無畏無忌爲名如左氏傳之中之舟名無畏是也）由是觀之漢人以隸書寫定經籍時改敳方爲鬼方固不足怪此古經中一字之訂正雖爲細事然由此一字可知鬼方與後世諸夷之關係其有裨於史學者較裨於小學者爲大也

古者畏威同字威字即戜字之形變前既言之尚書及古金文中畏字其義强半爲威又邾公華邾公牼二鐘之翼龔威忌則又以威爲畏古地名有威夷疑即因畏方得名威夷即畏夷亦即鬼夷猶竹書紀年之稱鬼戎矣方以言乎其國戎與夷以言乎其人其實一也爾雅釋地西陵威夷自來注家均不能言其地案漢書地理志右扶風有郁夷縣班氏自注引詩周道郁夷顏注小雅四牡之詩曰四牡騑騑周道倭遲韓詩作郁夷字然文選西征賦注引韓詩實作威夷蓋威郁一聲之轉故同一韓詩而或作威夷或作郁夷也今毛詩作倭遲則韓詩威郁二字自當以威爲正而漢志之郁夷縣其初亦當作威夷漢志郁夷有汧水祠太平寰宇記漢郁夷故城在今隴州汧源縣西五十里其地正在古之隴坻以之當爾雅之西陵地望與地形無乎不合意古代畏方出入中國恒取道於此故名威夷（全氏祖望地理志稽疑郁夷恐不因詩得名疑是古西夷種落之名其說是也）此說雖若奇創然由下文所考鬼方地理觀之固不能不首肯也

言鬼方地理者古無定說毛傳云鬼方遠方也不實指其地後世諸家有以爲在北者干寶易注云鬼方北方國也（李鼎祚周易集解引）有以爲在西者宋衷世本注云鬼方於漢則先零羌是也（文選楊雄趙充國頌注引）有以爲在南者僞竹書紀年武丁三十二年伐鬼方次於荆則以鬼方爲荆以南之國黃氏日鈔且以爲鬼方即荆楚

矣有以爲在中國者李黼平毛詩紬義謂鬼與九字通殷本紀命西伯昌九侯鄂侯爲三公徐廣曰九侯一作鬼侯鄴縣有鬼侯城是也異說紛紜不知所極年代遼遠書闕無徵固自不足怪也唯竹書紀年稱王季伐西落鬼戎此條見後漢書西羌傳及章懷太子注乃眞紀年之文可知其地尚在岐周之西今徵之古器物則小盂鼎雖紀盂伐鬼方事亦不及地理上一字然大小兩盂鼎皆出今陝西鳳翔府郿縣禮村溝岸間其地西北接岐山縣境當爲盂之封地大盂鼎紀王遣盂就國之事在成王二十三祀吳氏大澂盂鼎跋以此鼎爲成王時作案銘中尚述殷人酗酒事以戒盂與酒誥彝意略同吳說是也小盂鼎紀盂伐鬼方獻俘受錫之事在成王二十五祀則伐鬼方事在盂就國之後鬼方之地自當與盂之封地相近而岐山郿縣以東即是豐鎬其南又限以終南太一唯其西汧渭之間乃西戎出入之道漢之郁夷縣正在其間又西踰隴坻則爲戎地張衡所謂隴坻之險隔閡華戎者也由是觀之鬼方地在汧隴之間或更在其西蓋無疑義雖游牧之族非有定居然殷周間之鬼方其一部落必在此地無疑也然其全境猶當環周之西北二垂而控其東北梁伯戈雖僅有𩲃方䜌及梁伯作數字可辨然自爲梁伯伐鬼方時所鑄而梁伯之國杜預謂在馮翊夏陽縣史記秦本紀惠文王十年更名少梁爲夏陽漢志亦云夏陽故少梁其地在今陝西西安府韓城縣又在宗周之東其北亦爲鬼方境故有爭

戰之事據此二器則鬼方之地實由宗周之西而包其東北與下所攷昆夷玁狁地正同此鬼方疆域之略可考者也

至其種族之大小强弱如何易稱高宗伐鬼方三年克之紀年稱王季伐西落鬼戎俘其二十翟王觀此二事鬼方之非小部落可知而小盂鼎所紀獻俘之數尤爲詳悉雖字多殘闕猶得窺其大略此鼎唯有吳氏式芬釋文尚多疎略今取其獻俘一節更釋之其文曰王□盂以□□伐戫方□□□□□□二人□戫□□□戫孚人萬手八十一人孚□□匹□車□兩孚牛□百□□□牛羊廿八羊又曰執嚚一人□□百世七戫□□□□孚□□三匹孚車兩云云銘中鬼方下第三字僅存下半□字以下文執嚚一人在戫前例之當爲嚚字之泐嚚者疑首字之假借字下文第九第十兩行間尚有折嚚二字殆即易所云有嘉折首他器所云折首執訊矣戫即馘字虢季子白盤桓桓子白獻戫于王其字从戈从爪諸家或釋俘或釋馘今此字从或从爪其爲馘字無疑嚚者折首馘者截耳也孚即俘之本字年則三千二字合文嚚與馘之數雖摩滅不可知然俘人之數至萬三千有餘則嚚馘之數亦可知矣此事在宗周之初自爲大捷而書闕不紀又當成王全盛之時而鬼方之衆尚如此則其强大亦可知梁伯戈時代雖無可攷觀其文字當在盂鼎之後可知宗周之世尚有鬼方之名不獨殷周間爲然此鬼方事實之略可考者也

鬼方與昆夷玁狁其國名與地理上遞嬗之跡當於下分論之其可特舉者則宗周之末尚有隗國春秋諸狄皆爲隗姓是也鄭語史伯告鄭桓公云當成周者西有虞虢晉隗霍揚魏芮案他書不見有隗國此隗國者殆指晉之西北諸族卽唐叔所受之懷姓九宗春秋隗姓諸狄之祖也原其國姓之名皆出於古之畏方可得而微論也案春秋左傳凡狄女稱隗氏而見於古金文中則皆作媿包君鼎包君盉鄭同媿鼎芮伯作叔媿鼎鄧公子敦五器皆如此作媿字依隗音當讀五罪反音與畏同經典所以作隗字者凡女姓之字金文皆从女作而先秦以後所寫經傳往往省去女旁如已姓之已金文作改蘇衛改鼎蘇公敦作妃見番妃鬲虢仲鬲虢文公子敦皆女姓非妃匹之妃今左傳

國語世本皆作己字庸姓之庸金文作㛸杜伯鬲今詩美孟庸矣作庸字弋姓之弋金文作娍南旁敦今詩美孟弋矣穀梁傳葬我小君定弋皆作弋字任姓金文作妊蘇冶妊鼎鑄公簠等今詩與左傳國語世本皆作任字然則媿字依晚周省字之例自當作鬼其所以作隗者當因鬼音與畏媿不同故又改作隗以就畏音否則媿字本嬶之省嬶字省女爲畏而古文畏作𤰈偎作𤰈𤰈旁之卜與𤰈旁之𠃊所差甚微故又誤爲隗然則媿隗二字之於畏字聲既相同形亦極近其出於古之畏方無疑畏方之畏本種族之名後以名其國且以爲姓理或然也我國周後國姓之別頗嚴然在商世則如彭祖爲彭姓姺邳之姺爲㜪姓皆以國爲

姓況鬼方禮俗與中國異或本無姓氏之制逮入中國與諸夏通婚媾因以國名爲姓世本陸終取鬼方氏之妹謂之女嬇大戴禮帝繫篇及水經注洧水條所引作女隤漢書古今人表作女潰而史記楚世家索隱與路史後紀所引皆作女嬇鬼貴同聲故隗字亦通作饋則女嬇女隤疑亦女媿女隗之變鬼方之爲媿姓猶玁狁之爲允姓也雖世本所紀上古之事未可輕信又上古之女亦不盡以姓爲稱然後世附會之說亦必有所依據而嬇隤二字其音與媿隗絕近其形亦與媿隗二字變化相同或殷周間之鬼方已以媿爲姓作世本者因傳之上古歟此鬼方姓氏及其遺裔之略可考者也

混夷之名亦見於周初之書大雅緜之詩曰混夷駾矣混字孟子及毛詩采薇序作昆史記匈奴傳作緄詩釋文混音昆史記之緄則讀袞音孟子原泉混混混亦讀若袞故鄭玄尚書大傳注以混夷與畎夷爲一顏師古漢書匈奴傳注亦謂昆緄畎聲相近昆夷卽畎夷也然余疑混夷之混當讀胡本反或胡溫反混與渾義本相近說文混豐流也渾混流聲也音亦宜同孟子原泉混混後人雖讀若袞然山海經其流渾渾泡泡混亦作渾老子有物混成渾亦作混是混有渾音也漢時外國人地名所用昆字大抵讀渾如匈奴之昆邪王漢書武帝紀及匈奴傳作昆邪而食貨志霍去病傳皆作渾邪史記亦作渾邪又史記惠景間侯表李

將軍傳漢書公孫賀傳之公孫昆邪漢書侯表及蓺文志皆作渾邪（侯表注渾音胡溫反字或作昆或作混其音同）然則混夷昆夷當讀渾夷其音卽由畏夷而變畏與渾爲雙聲也又變而爲葷粥（史記五帝本紀及三王世家）爲薰育（史記周本紀）爲獯鬻（孟子）葷薰獯與渾同音粥育鬻則又其音之引而長者也又變而爲玁狁玁與薰獯亦雙聲字也然則此數者皆一聲之轉卽其爲一種之證也

然徵之舊說則頗不同鬼方混夷古人無溷而一之者至混夷與獯鬻玁狁則又畫然分而爲二孟子言太王事獯鬻文王事昆夷詩序言文王之時西有昆夷之患北有玁狁之難逸周書序亦謂文王立西距昆夷北備玁狁然孟子以獯鬻昆夷並舉

乃由行文避複之故據緜詩本文則太王所事正是混夷此詩自一章至七章皆言太王遷都築室之事八章云柞棫拔矣行道兌矣混夷駾矣維其喙矣亦當言太王定都之後伐木開道混夷畏其强而驚走也（經於第九章虞芮質厥成以下始言文王鄭箋以第八章繫之文王殊無所據）太王所喙者既爲混夷則前此所事者亦當爲混夷孟子易以獯鬻者以下文云文王事昆夷故以異名同實之獯鬻代之臨文之道不得不爾也此古書之不可泥者一也詩序所言亦由誤解經語案出車詩云赫赫南仲玁狁于襄又云赫赫南仲薄伐西戎既云玁狁復云西戎鄭君注尚書大傳據之遂云南仲一行並平二寇序詩者之意殆亦以昆夷當經之西戎與鄭君

同不知西戎卽玁狁互言之以諧韻與孟子之昆夷獯鬻錯舉之以成文無以異也不騤敦以玁狁與戎錯舉正與出車詩同此古書之不可泥者二也然則舊說以昆夷與獯鬻玁狁爲二蓋無所據昆夷之地自太王之遷自東北向西南觀之則必從幽之東北入寇又史記謂自隴以西有緜諸緄戎翟豲之戎揚悍亦謂安定山谷之間昆戎舊壤則其地又環岐周之西與上所考鬼方疆域若合符節而自殷之武丁訖於周之成王鬼方國大民衆常爲西北患不容太王文王之時絕不爲寇而別有他族介居其間後世玁狁所據之地亦與昆夷略同故自史事及地理觀之混夷之爲畏夷之異名又爲玁狁之祖先蓋無可

疑不獨有音韻上之證據也

獯鬻玁狁皆宗周以前之稱而當時書器均不見獯鬻二字其見於傳記者以孟子爲最古史記五帝本紀稱黃帝北逐葷粥匈奴傳亦云唐虞以上有山戎獫狁葷粥居於北蠻晉灼曰堯時曰葷粥皆後世追紀之辭不足爲據猶伊尹四方令周書王會解並有匈奴非事實也然以理勢度之尚當爲玁狁以前之稱葷薰之音同於混昆而玁音其聲雖同其韻已變合玁狁二字乃得薰音其名或當在獯鬻之後也詩玁狁之玁釋文云本或作獫音險史記以降亦多作獫狁古金文如兮田盤虢季子白盤作厰䜌不騤敦作厰允又作𢼊允𢼊卽厰之異文說文厂

部厰崟也一曰地名从厂敢聲案厰崟二字連文厰崟卽穀梁傳之巖唫（僖三十八年）公羊傳作嶔巖則顚倒其文孫愐唐韻厰魚音反則亦以爲厰卽巖字然則厰字之用爲厰崟之厰者一變而作巖再變而作險（古巖險同字尙書序及墨子尙賢篇之傳嚴史記作傅險左氏傳制巖邑也孟子不立乎巖牆之下巖卽險字廣韻巖險也）其用爲厰允之厰者一變而作玁再變而作獫自其最後之字厰自當讀險不當讀魚音反陸音是也此字之音與畏混葷獯異部其變化唯可於雙聲求之殆先有獯音而後有玁狁之二合音也然則舊説之先獯鬻而後玁狁或非無據矣

獯鬻地理一無可考唯玁狁出入之地則見於書器者較多其見於詩者曰焦穫曰涇陽曰鎬曰方曰朔方曰太原此六者昔儒考證至多未有定説更求之於金文中則見於不𡢁敦者曰西俞曰畧曰高陵見於兮田盤者曰嚣𠥓見於虢季子白盤者曰洛之陽此十一地中方與朔方畧與洛當爲一地故得九地九地之中唯涇陽與洛陽（此雍州浸之洛非豫州之伊雒）以水得名今尙可實指其地而涇水自西北而東南洛水自北而南經流各千里但曰涇陽曰洛之陽語意亦頗廣莫也欲定其地非綜此九地考之不可案玁狁之寇周也及涇水之北而周之伐玁狁也在洛水之陽則玁狁出入當在涇洛之間而涇洛二水其上游懸隔千里至其下流入渭之處乃始相近則涇陽洛陽皆當在二水

下游涇陽既在涇水下游則焦穫亦當在涇水下游之北（陳氏啓源毛詩稽古編詩數玁狁之惡故先言焦穫見其縱兵深入追處內地繼又追本其始自遠而來故言鎬與方紀其外侵所經也言涇陽紀其內侵所極也正義亦云鎬方雖在焦穫之下不必先焦穫乃侵鎬方其説均是也）郭璞爾雅注以爲在池陽瓠中者是也不𡢁敦之高陵亦當卽漢志左馮翊之高陵縣其地西接池陽亦在涇水之委然先儒多以漢時涇陽縣屬安定郡在涇水發源之處疑詩之涇陽亦當在彼不知秦時亦有涇陽在涇水下游案史記秦始皇本紀云肅靈公居涇陽考秦自德公以降都雍靈公始居涇陽靈公子獻公之世又徙櫟陽則涇陽一地當在雍與櫟陽之間而櫟陽（漢之萬年縣）西界高陵距涇水入渭之處不遠則靈公所居之涇陽自當在涇水下游決非漢安定郡之涇陽也又穰侯列傳云秦昭王同母弟曰高陵君涇陽君蓋一封高陵一封涇陽二君受封之年史所不紀然當在昭王卽位宣太后執政之初時義渠未滅漢安定郡之涇陽縣介在邊裔太后決不封其愛子於此且與高陵君同封亦當同壤後昭襄王十六年封公子市（卽涇陽君史記秦本紀索隱云涇陽君名市穰侯列傳索隱乃云名顯誤也）宛公子悝（卽高陵君）鄧爲諸侯宛鄧二地相接則前所食涇陽高陵二地亦當相接然則秦之涇陽當爲今日之涇陽縣（漢之池陽縣）而非漢之涇陽以秦之涇陽之非漢之涇陽益知周之涇陽之非漢之涇陽矣此三地者皆在涇北𨷖𠥓一地則當在涇洛之間案此二字均不見説文嚣字僅一見於殷

商卜文（殷虛書契卷八）䱷字一見於齊鎛齊鎛曰保䱷兄弟又曰保䱷子姓䱷字或釋爲虞或釋爲魯均未可遽信古書雖無䱷字然有从䱷之字周禮天官漁人漁正作歔釋文云作魰（案說文以魰爲籞字亦文恐非）按漁字殷商卜文作魰（殷虛書契卷五）石鼓文作漁皆从又取魚周禮作歔其所从之䱷字自爲魚之繁文齊鎛䱷字乃假借用之嵒字雖不可識然一見可知爲从冈嵒聲之形聲字其義亦當與罔罩諸字相同地名嵒䱷必爲古代取魚之處案周時取魚恒於漆沮周頌猗與漆沮潛有多魚有鱣有鮪鰷鱨鰋鯉以享以祀以介景福周之寢廟皆在宗周享祀之魚不近取諸豐鎬涇渭而遠取諸漆沮者則漆沮水必爲古代產魚之地嵒䱷

玁考　十三

一地疑在此水之側矣自是而東卽至洛水方鎬太原勢當於此間求之古金文中屢言王在𦒰京𦒰京舊釋旁京吳氏大澂疑鎬京之鎬古如此作然古金文稱鎬京必曰周或曰宗周詩書亦然惟大雅文王有聲篇一稱鎬京此因上言文王作豐故下言武王宅鎬以別之耳其字諸器（靜彝小臣靜彝靜敦召伯虎敦卯敦趞史𢓜壺等）皆作𦒰从𠀤从㫄㫄卽旁字旁鼎及魯文旁尊之旁皆作㫄與㫄字絕似古方旁同字則此字實从𠀤从方而以方爲聲舊釋旁京未爲誤也詩侵鎬及方及往城于方之方當卽𦒰京召伯虎敦但云王在𦒰不云𦒰京尤其證矣案召伯虎敦作於宣王六年四月而尹吉甫伐玁狁據今本竹書紀年在宣王五年六月吉甫之伐本爲天子前驅故其詩曰元戎十乘以先啓行必五年以前有太原之伐然後六年四月王得在𦒰至十二年虢季子白伐玁狁于洛水之陽則洛西之地殆已無玁狁之跡宣王中興之功爲不虛矣𦒰之爲地雖無可考然觀宣王用兵之次第當於洛水側求之小雅曰瞻彼洛矣惟水泱泱君子至止福祿如茨韎韐有奭以作六師據此詩則周世固嘗於洛水之上朝諸侯興師旅殆作於王在𦒰京時矣鎬與太原又當在𦒰京之外而此二地相距尤近詩於吉甫之往曰至于太原於其歸也曰來歸自鎬則鎬與太原或爲一地周語謂宣王旣喪南國之師乃料民於太原亦王時往來方鎬間之一證也由是觀

玁考　十四

之則宣王之用兵於玁狁也其初在涇水之北六月之詩是也其繼也在洛水之陽虢季子白盤是也然則方鎬太原在涇陽之外自當在洛水左右太原一地尤居其外疑當在河洛之間後漢書西羌傳穆王西伐犬戎取其五王王遂遷戎于太原此事當出眞本竹書紀年（案范書西羌傳序大都取材于國語史記紀年三書此節白鹿白狼事本國語史記則取五王及遷戎太原事當出紀年章懷太子注雖不引紀年爲證然郭璞穆天子傳注引紀年取其五王以東則遷戎太原事必本紀年無疑）穆王所遷者蓋卽五王之衆郭璞引紀年云取其五王以東則所遷之地亦當在東穆天子傳天子至于雷首犬戎胡觴天子于雷水之阿此亦犬戎旣遷後事案雷首山在河東蒲坂縣（今蒲州）紀年與穆傳所紀若果不謬則太原之距河東

亦必不遠後人或東傳之於晉陽西傳之於平涼皆與史事及地理不合者也凡此八地均在宗周東北唯西俞一地則在宗周之西不㚇敦云白氏曰不㚇馭方厰允廣伐西俞王命余羞追于西余來歸獻禽余命女御追于䍙女以我車宕伐厰允于高陵蓋此時玁狁從東西兩道入寇故既追于西歸而復東追於洛時西寇雖去而東方之寇已深入故未及至洛而與之戰於涇北之高陵也是西俞之地實在周西與爾雅之北陵西隃趙策趙世家之至分先俞皆不相涉周西之地以俞隃榆名者頗多皆一字一音之偶合訖不能指爲何地然由羞追于西一語可知玁狁自宗周之東北而包其西與鬼方昆夷之地全

相符合也

玁狁之號始於何時訖於何代其侵暴中國以何時爲甚亦有可討論者詩詠伐玁狁事有采薇出車六月三篇六月之爲宣王時詩世無異論唯采薇出車二詩毛傳及詩序皆以爲文王時詩然其詩云王事靡盬又云王命南仲又云天子命我城彼朔方皆不似諸侯之詩序以爲文王以天子之命命將遣戍役故其辭如此然三家詩說殊不盡然漢書匈奴傳謂懿王時戎狄交侵詩人始作疾而歌之曰靡室靡家玁狁之故又曰豈不日戒玁狁孔棘則班固以采薇爲懿王時詩也出車詠南仲伐玁狁之事南仲亦見大雅常武篇其詩曰王命卿士南仲太祖太師皇父傳謂王命卿士南仲於太祖皇父爲太師箋則以南仲爲皇父之太祖係文王時人然漢書古今人表繫南仲於宣王時在方叔召虎之下仲山甫之上而文王時別無南仲後漢書龐參傳載馬融上書曰昔周宣玁狁侵鎬及方孝文匈奴亦略上郡而宣王立中興之功文帝建太宗之號非唯兩主有明叡之姿抑亦扞城有虓虎之助是以南仲赫赫列在周詩亞夫赳赳載於漢策是班固馬融皆以南仲爲宣王時人融且以出車之南仲爲卽常武之南仲矣今焦山所藏無惠鼎云司徒南中入右無惠其器稱九月既望甲戌羅氏士琳無專鼎銘考推爲宣王十六年之九月十七日然此器有月日而無年以長術

推之則共和九年與宣王二十六年皆九月庚申朔十六日得甲戌又宣王三十一年九月辛酉朔十五日得甲戌以此度之則共和以前九月既望值甲戌者尚多無由確證爲宣王時之器然其文字不類周初而與召伯虎敦相似歷法所不能證明者得由書跡上證之則南仲自是宣王時人出車亦宣王時詩也此二詩既非文王時作則文王時尚無玁狁之名徵之古器凡紀玁狁事者亦皆非周初之器兮田盤云惟王五年三月既死霸庚寅校以宣幽二王五年三月朔日皆不相合當爲共和以前之器然其文字亦不類周初不㚇敦云惟九月初吉戊申亦但有月日而無年以長術衍之則共和元年九月丁未朔二

日得戊申宣王三年九月甲辰朔五日得戊申十三年及三十九年九月乙巳朔四日得戊申幽王三年九月丁未朔二日得戊申（以上所推皆據汪氏曰禎長術輯要）共和以前九月初吉值戊申者亦必不乏然此器內有高陵一地疑亦在宣王初年玁狁內侵之時至虢季子白盤之十有二年正月初吉丁亥則年月日皆具爲宣王十二年之正月三日無疑而十二年正月丁亥爲鑄盤之日其搏伐厰執當爲十一年事矣由是觀之則周時用兵玁狁事其見於書器者大抵在宣王之世而宣王以後即不見有玁狁事是玁狁之稱不過在懿宣數王間其侵暴中國亦以厲宣之間爲最甚也

至玁狁之後裔如何經傳所紀自幽平以後至於春秋隱桓之間但有戎號莊閔以後乃有狄號戎與狄皆中國語非外族之本名戎者兵也書稱詰爾戎兵詩稱弓矢戎兵其字从戈从甲本兵器之總稱引申之則凡持兵器以侵盜者亦謂之戎狄者遠也字本作逷書稱逷矣西土之人詩稱舍爾介狄皆謂遠也後乃引申之爲驅除之於遠方之義魯頌之狄彼東南戰狄鐘之戰狄不龔曾伯霥簠之克狄淮夷皆是也因之凡種族之本居遠方而當驅除者亦謂之狄且其字从犬中含賤惡之意故說文有犬種之說其非外族所自名而爲中國人所加之名甚爲明白故宣王以後有戎狄而無玁狁者非玁狁種類一旦滅

絕或遠徙他處之謂反因玁狁荐食中國爲害尤甚故不呼其本名而以中國之名呼之其追紀其先世也且被以惡名謂之犬戎古書中薰鬻字之改獯鬻厰執厰允字之改玁狁亦當在此際蓋周室東遷以後事矣考詩書古器皆無犬戎事犬戎之名始見於左傳國語山海經竹書紀年穆天子傳等皆春秋戰國以後書其或傳之太王文王穆王時者皆後人追改之名也後漢書西羌傳稱武乙暴虐犬戎寇邊周古公踰梁山而避於岐下是以獯鬻爲犬戎也尚書大傳文王受命一年伐畎夷亦作犬夷（詩采薇正義引）而綿詩箋作一年伐昆夷是以昆夷爲犬夷也後漢書西羌傳引紀年穆王西征犬戎取其五王王遂遷戎于

太原又引夷王命虢公帥六師伐太原之戎又引宣王三十七年王遣兵伐太原戎不克而詩云薄伐玁狁至于太原太原一地不容有二戎則又以玁狁爲犬戎也由是觀之古之昆夷獯鬻玁狁後人皆被以犬戎之名則攻幽王滅宗周之犬戎亦當即宣王時之玁狁不然玁狁當懿宣之間仍世爲患乃一傳至幽王時絕無所見而滅宗周者乃出于他種族此事理之必不可信者也然則戎中最強大之犬戎既即玁狁其餘以戎名者如汾晉間諸戎當即唐叔所受之懷姓九宗又河南山北之陰戎伊川之陸渾戎皆從自瓜州所謂允姓之姦居於瓜州者亦玁狁同族也春秋莊閔以後戎號廢而狄號興（春秋所書閔僖以後無單稱戎）

者唯云某戎或某某之戎而已而狄之姓氏見于左傳者實爲隗姓後世有謂
赤狄隗姓白狄釐姓者世本又有謂隗姓赤狄媿姓白狄者潛夫論
然秦漢以後之隗姓皆出白狄故地秦始皇時丞相隗狀雖不
知其所出當爲秦人漢隗囂一族則天水成紀人魏之隗禧見魏
志王肅傳亦京兆人則赤白二狄疑皆隗姓皆鬼方玁狁之後裔或
同族也及春秋中葉赤狄諸國皆滅於晉河南山北諸戎亦多
爲晉所役屬白狄僻在西方不與中國通故戎狄之稱泯焉爾
後强國並起外族不得逞於中國其逃亡奔走復其故土者或
本在邊裔未入中國者戰國辟土時乃復與之相接彼所自稱
本無戎狄之名乃復以其本名呼之於是胡與匈奴之名始見

於戰國之際與數百年前之獯鬻玁狁先後相應其爲同種當
司馬氏作匈奴傳時蓋已知之矣

鬼方昆夷玁狁考

史記貨殖列傳注

[清]劉光蕡

清光緒二十一年煙霞草堂遺書本

史記貨殖列傳注

南海康有爲

史記貨殖列傳注

咸陽劉光蕡古愚

煙霞草堂遺書之九

貨殖列傳

老子曰：（是老子語）至治之極，（提出治字，見篇中所言皆是論治，非爲貨殖之人立傳也。）鄰國相望，雞犬之聲相聞，民各甘其食，美其服，安其俗，樂其業，至老死不相往來。（以上須一氣讀）必（轉）用此爲務，輓近世塗民耳目，（必字以下史公語）則幾無行矣。（斷猶言無世事。惟天生民有欲，無主乃亂，君師之源由人有欲而生，各甘其食美其服，民已有欲矣，設更有以甘美來前，欲邪否邪，必如老子之言，人皆不知甘美而後可，則世亦無用君師爲矣。從古聖王所治，皆有欲之民也，無日中爲市之時，即前所引老子語，以不知了之，即宗孔子以折之。）

太史公曰：夫神農以前，吾不知已。（指前老子語三句，直與上爲一段）至若詩書所載（孔子所定）虞夏以來，耳目欲（此欲是人欲，即聖賢亦不能無，此處正可以驗天理，先提出欲字，一篇之主）極聲色之好，口欲窮芻豢之味，身安逸樂，而心誇勢能之榮，使俗之漸民久矣，雖戶說以眇說，終不能化。（聖王不能罪食稻衣錦之民，曰汝何不毛血弃服，去民之欲以爲治，自古無此政體）故善者因之，（黃帝堯舜以及孔子）其次利道之，（五伯）其次教誨之，（後世理學）其次整齊之，（後世名臣）最下者與之爭。（後世言利之臣，千古治術盡此數語。與之爭，不惟征榷爲然也，物貴而欲抑之賤，物出而欲阻其行，不清萬民之嗜欲而欲與物用以勢力爭，皆最下者也。然則因之利導者，皆聽民之縱欲而不教誨整齊乎？曰：因者清其源，導者順其流，教誨整齊則節宣防

範於其
後也
順民之欲則爲大仁而君且可不勞而理縱一二人之
欲以逆萬民之欲即爲大不仁而天下遂多事矣理欲
之辨即在於此
夫山西饒材竹穀纑旄玉石有欲則物自來地雖邊鄙爲中國嗜好所需而不能
禁其不入中國山東多魚鹽漆絲聲色江南出柟梓薑桂金錫
連丹沙犀瑇瑁珠璣齒革龍門碣石北多馬牛羊旃裘
筋角銅鐵則千里往往山出棊置此其大較也皆中國
著眼人民所喜好謠俗被服飲食奉生送死之具也故待
農而食之虞而出之金石珠玉均出於山澤列虞於農之次工商之前可知虞爲工商之
本工而成之商而通之此甯有政教發徵期會哉宕筆人
各任其能竭其力以得所欲頓住結上文欲字即上文喜好字故物賤
之徵貴貴之徵賤又用物字提起物能遂人之欲而有餘則賤不足則貴則人爭爲之物又
足給而賤矣故此二句爲物欲牽引之端而即極商賈之能事各勸其業樂其事若水
之趨下日夜無休時不召而自來不求而民出之豈非
道之所符而自然之驗邪此即是道而且自然則原出於天也周書曰農
不出則乏其食工不出則乏其事商不出則三寶絕虞
不出則財匱少財匱少而山澤不辟矣重此一句自黃帝至漢時平原
之利已漸盡大利惟餘山澤耳史公若預知後世必有以礦務爲利國之源者此四者民所衣
食之源也源大則饒源小則鮮上則富國下則富家貧
富之道莫之奪予而巧者有餘拙者不足遞入工

從治說到民從民無欲說到有欲從欲說到物從物說
到生物之原從原說到貧富從貧富說到巧拙即是從
道之自然說到人爲巧拙即工也財貨之用歸於衣食
而食重於衣乃自三代以來言利者多不及食蓋以食
與貨相權也貨之源在虞而虞猶取天地自然之利故
隨帶山澤不辟一句結之即遞入工商工商皆人事惟
爲人事乃成風俗而帝王政
事即由此起文法最細最密
故太公望封於營丘地瀉鹵魚鹽人民寡女功於是太公勸
其女紅功極技巧太公以工富齊通魚鹽則人物歸之繈至而
輻輳故齊冠帶衣履天下海岱之間斂袂而往朝焉其
後齊中衰管子修之設輕重九府管子以商富齊則桓公以霸
九合諸侯一匡天下而管子亦有三歸位在陪臣富於
列國之君家亦富是以齊富強至於威宣也總結上故曰隨意
說入治倉廩實而知禮節衣食足而知榮辱禮生於有而
廢於無虞廷命官稷先於契工虞先於禮樂孔子論治富先於教其意均同故君子富好
行其德小人富以適其力淵深而魚生之山深而獸往
之人富而仁義附焉民之質矣日用飲食民之日用飲食即爲治之質也質厚而治化易
行矣富者得勢益彰失勢則客無所之以而不樂夷狄益
甚諺曰千金之子不死於市此非空言也加入感慨文氣縱橫故
曰天下熙熙皆爲利來天下攘攘皆爲利往聖王之治皆以利民
不利民則無民矣何有聖王夫千乘之王萬家之侯百室之君不利民不
能治民尚猶患貧欲之迫者曰患而況匹夫編戶之民乎代爲民患即是
因之民患而使之自謀即是利道之民患貧而教以安
貧教誨之也民患貧而相爭立法禁之整齊之也君自

（患貧不知有民則與之爭矣）

昔者越王句踐困（患貧）於會稽之上乃用范蠡計然計然曰知鬬則修備時用則知物（物相競爲鬬勢獨勝爲用）二者形則萬貨之情可得而觀已故歲在金穰水毁木饑火旱旱則資舟水則資車物之理也（即人棄我取人取我予之原亦即賤徵貴貴徵賤之理觀物之情以得其理然後審其輕重之用以爲治國之術乃積著其物以待時而必乘其貴賤之勢則富矣所謂計然之策七越用其五也）六歲穰六歲旱十二歲一大飢夫糶二十病農九十病末（貨與食權也）末病則財不出農病則草不辟矣上不過八十下不減三十則農末俱利平糶齊物關市不乏治國之道也積著之理（特申積著）務完物（不使耗本）無息幣（又須計息）以物相貿（以物易物轉復獲原物）易腐敗而食之貨勿留（易朽之物不可積）無敢居貴（已貴不可積）論其有餘不足（總天下計之）則知貴賤貴上極則反賤賤下極則反貴（即前貴徵賤賤徵貴之理）貴出如糞土（人貴而我賤之）賤取如珠玉（人賤而我貴之反其貴賤之勢則出入皆易）財幣欲其行如流水（多一出入即多一贏息）修之十年國富厚賂戰士士赴矢石如渴得飲遂報強吳觀兵中國稱號五伯范蠡既雪會稽之耻乃喟然而歎曰計然之策七越用其五而得意既已施於國吾欲用之家乃乘扁舟浮於江湖變名易姓適齊爲鴟夷子皮之陶爲朱公朱公以爲陶天下之中（擇地）諸侯四通貨物所交易也乃治產積居與時逐而不責於人（專務積著趨時不以放債爲利）故善治生者能擇人（人字疑作地）而任時十九年之中三致千金再分散與貧交疏昆弟此所謂富好行其德者也（隨加斷制文勢則活）後年衰老而聽子孫子孫修業而息之遂至巨萬故言富者皆稱陶朱公（不責於人索隱謂擇人而與人不負之故云不責於人此則朱公以放債致富也史文明云不責於人責即債字放債取利其術淺易不如作不放債解之以債取利戰國已有之馮驩收債於薛報王之避債臺是也）

子貢既學於仲尼退而仕於衛廢著（廢著當從漢書謂取廢物積財以待時也）鬻財於魯曹之間七十子之徒賜最爲饒益原憲不厭糟糠匿於窮巷子貢結駟連騎束帛之幣以聘享諸侯（兩兩相形後世以爲鄙子貢史公之意則以爲極力揚之）所至國君無不分庭與之抗禮夫使孔子名布揚於天下者子貢先後之也（先後即四友之一貨殖之力至傳道於天下其功爲何如宋明以來若有子貢吾道早行於五大洲矣）此所謂得勢而益彰者乎

（史公列子貢於貨殖劉子元摘之世皆是子元而以是訾及史記全書余獨有說焉儒者皆如原憲永匿窮巷爲足行道傳道則子貢非矣若有不得不出者則如孟子後車數十乘從者數百人與其受宋滕薛之餽不若得之貨殖猶爲自生之而自用之也夫道啟自堯舜舜即就時負夏者後世一命爲士遂終身爲食於人之人日逞口談而身無一事其終不至以詐僞獲食不止豈非以子貢貨殖爲非之流毒乎夫子明斥樊遲爲小人後世儒者不以稼圃爲惡奚獨以夫子賜不受命之言而以貨殖爲惡乎然則史公此篇之文眞能洞徹道之）

（本源夫所謂大道者固以綱紀民之日用飲食而名也）

白圭周人也當魏文侯時李悝務盡地力（農）而白圭樂觀時變（商）故人棄我取人取我與夫歲熟取穀予之絲漆繭凶取帛絮予之食大陰在卯穰明歲衰惡至午旱明歲美至酉穰明歲衰惡至子大旱明歲美有水至卯積著率歲倍欲長錢取下穀長石斗取上種能薄飲食忍嗜欲節衣服與用事僮僕同苦樂（可見國君欲富國必與民同苦樂）趨時若猛獸摯鳥之發故曰吾治生產猶伊尹呂尚之謀孫吳用兵商鞅行法是也（凡治一切事欲精必須如是）是故其智不足與權變勇不足以決斷仁不足以取予強不能有所守雖欲學吾術終不告之矣（凡人做事必須竭其全力聚精會神以赴之其業方精儒生爲學君相爲政下及曲藝皆然否則苟以爲之則所得亦苟欲以其業名於天下必無之事也）蓋天下言治生祖白圭白圭其有所試矣（非儒生空談以下皆匹夫自治其生此句結上即以起下）能試其所長非苟而已也（今學者言治皆苟而已矣自治生且苟何以爲民治生）

（在卯豐年次年漸衰又次年則惡及至午年則旱至未則美此即前六歲穰六歲旱之說十二歲一大災故至子大旱中間有水則至穰時宜積著以必有大災也大率歲陰一周穰旱必倍之欲長錢欲錢之贏也則積下穀荒年下穀與上穀價不甚殊也長石斗欲爲荒年存種也此上各語不易解以意解之）

山東食海鹽山西食鹽鹵領南沙北固往往出鹽（從後文人民謠俗下移來）猗頓用盬鹽起而邯鄲郭縱以鐵冶成業與王者埒富（提出兩庶人之富是秦以前庶人之富者爲以後庶人之富作引提出鹽鐵見鹽鐵自古爲中國利並爲一切日用之物作引）

烏氏倮畜牧及眾斥賣求奇繒物間獻遺戎王（和市之始）戎王什倍其償與之畜畜至用谷量牛馬秦始皇帝令倮比封君以時與列臣朝請而巴蜀寡婦清其先得丹穴而擅其利數世家亦不訾清寡婦也能守其業用財自衛不見侵犯秦皇帝以爲貞婦而客之爲築女懷清臺夫倮鄙人牧長清窮鄉寡婦（忽加一頓文筆倩神百倍）禮抗萬乘（須知爲秦始皇帝）名顯天下豈非以富耶

（秦始皇焚書坑儒銷鋒鏑殺豪傑秦法賈人與贅壻並稱謫戍上及父母大父母有市籍倮能通戎王清能以財自衛其勢力視儒爲何如何不觸秦皇之忌坑之殺之即不然以市籍謫戍之而反尊禮之何也且此秦法之窮也倮已居邊又何用謫秦方憂胡而倮能得其心此固秦皇之所不敢坑殺也故因而重之使朝請以爲已用寡婦清不在儒與豪傑謫戍之例秦皇威無所施且秦方以婦人能貞爲己功德屢見刻石若罪清是自矛盾也故亦表揚之以愚民耳且此秦皇之心也然亦可見三代以後惟善自治生能稍全於殘暴之世耳然暴君則早窒其塗塞其源矣下文漢興開關梁弛山澤之禁則秦閉之禁之可知以下歷敘各郡國風俗民間風俗即由食貨而生此爲一代第一要事政治污隆不驗之風俗何由知之由京師起自近而遠以地爲段落即列傳體也）

漢興海內爲一開關梁（可知秦不通商旅）弛山澤之禁（秦不闢山澤）是以富商大賈周流天下交易之物莫不通得其所欲而徙豪傑（可見富商大賈即豪傑）諸侯強族於京師（京師以下爲貨殖傳正文）

借貨殖傳天下風俗史公本意卽王者巡狩命市納賈以觀民所好惡之義觀民所好惡卽觀俗也關中
自汧雍以東至河華膏壤沃野千里自虞夏之貢以爲
上田而公劉適邠太王王季在岐文王作豐武王治鎬
故其民猶有先王之遺風好稼穡殖五穀地重重爲邪
以本富歸之先王寫時不能行王政春秋之旨也及秦文孝繆居雍孝字當衍文繆之間
無諡孝者隙隴蜀之貨物而多賈獻孝公徙櫟邑櫟邑北卻
戎翟與下連字對卻當卽前隙隴蜀之隙古字通也不然櫟邑何以能卻戎狄東連三晉亦
多大賈武昭治咸陽因以漢都長安諸陵四方輻湊並
至而會地小人眾故其民益玩巧而事末也玩巧事末由於秦漢
以來是風俗壞於秦漢也南則巴蜀由上說入京師之南巴蜀亦沃野地饒卮
薑丹砂石銅鐵竹木之器南御滇僰僰僮西近邛笮笮
馬旄牛然四塞棧道千里無所不通惟褒斜綰轂其口
以所多易所鮮天水隴西北地上郡京師之北與關中同俗
然西有羌中之利北有戎狄之畜畜牧爲天下饒然地
亦窮險惟京師要其道故關中之地總結關中於天下三分
之一而人眾不過什三然量其富什居其六昔唐人都
河東由漢說入古都殷人都河內周人都河南夫三河在天下
之中若鼎足王者所更居也建國各數百千歲土地小
狹民人眾都國諸侯所聚會故其俗纖儉習事總三河風俗
楊平陽西索隱謂因下陳掾而衍其說是此言河東平陽蒲坂之西北賈秦翟北賈

種代種代石北也地邊胡數被寇人民矜懻忮好氣任
俠爲姦不事農商然迫近北夷師旅亟往中國委輸時
有奇羨其民羯羠不均自全晉之時固已患其僄悍而
趙武靈王益厲之其謠俗猶有趙之風也故楊平陽陳
掾猶經營馳逐其間得所欲溫軹此說河內之境卻先從溫軹二邑敘起蓋溫軹爲唐
都之南而殷都不一處溫軹爲近西賈上黨北賈趙中山中山地薄人
眾猶有沙丘紂淫地餘民民俗懁急仰機利而食丈夫
相聚遊戲悲歌慷慨起則相隨椎剽休則掘冢作巧姦
冶多美物爲倡優女子則鼓鳴瑟跕屣漢俗女子跕屣不知其製若何
其卽六朝之屣歟近日本婦人猶如是據後文屣曰利知決非今旧婦人裹足所用裹足則行不利矣游
媚貴富入後宮徧諸侯然邯鄲由河內而及邯鄲邯鄲非都貨物所會則仰於
都亦漳河之間一都會也北通燕涿南有鄭衞鄭衞俗
與趙相類然近梁魯微重而矜節濮上之邑徙野王由邯
鄲及鄭衞由衞及野王由野王及燕遂由燕以盡中國之東北之境非地域精熟於胸不能指揮如意看似拉
襍極有條理野王好氣任俠衞之風也夫燕亦勃碣之間一
都會也南通齊趙東北邊胡上谷至遼東地踔遠人民
希數被寇大與趙代俗相類而民雕悍少慮有魚鹽棗
栗之饒北鄰烏桓夫餘由上谷遼東而及東綰穢貉朝鮮眞番
之利以下說河南從洛陽說起卽及齊魯蓋以西周之治屬文武東周之治屬周公也洛陽東
賈齊魯南賈梁楚故泰山之陽則魯其陰則齊齊帶山

海膏壤千里宜桑麻人民多文綵布帛魚鹽臨淄亦海岱之間一都會也其俗寬緩闊達而足智好議論地重難動搖怯於眾闘勇於持刺持當作特謂獨剌也與上眾闘對故多劫人者大國之風也其中具五民即從齊入魯地最近而俗異而鄒魯濱洙泗猶有周公遺風俗好儒備於禮故其民齪齪頗有桑麻之業無林澤之饒地小人眾儉嗇畏罪遠邪及其衰好賈趨利甚於周人夫自鴻溝以東芒碭以北屬巨野此梁宋也陶睢陽亦一都會也昔堯作游成陽舜漁於雷澤湯止於亳其俗猶有先王遺風重厚多君子好稼穡雖無山川之饒能惡衣食致其畜藏齊魯並言梁宋分提以洛陽占風屬周公故此分提特別之也越楚則有三俗又別一種提法一句總提三楚此下敘地勢風俗物產縱橫如意眞如神龍變化極文家之能事夫自淮北沛陳汝南南郡此西楚也其俗剽輕易發怒地薄寡於積聚江陵故郢都西通巫巴東有雲夢之饒陳在楚夏之交通魚鹽之貨其民多賈徐僮取慮則清刻矜己諾彭城以東東海吳廣陵此東楚也其俗類徐僮朐繒以北俗則齊浙江南則越夫吳自闔廬春申王濞三人招致天下之喜游子弟東有海鹽之饒章山之銅三江五湖之利亦江東一都會也衡山九江江南豫章長沙是南楚也其俗大類西楚郢之後徙壽春亦一都會也而合肥受南北潮皮革鮑木輸會也與閩中于越雜俗故南楚好辭巧說少信江南卑濕丈夫早夭多竹木豫章出黃金長沙出連錫然堇堇物之所有取之不足以更費九疑蒼梧以南至儋耳者又推之三楚之外以盡中國之境與江南大同俗而揚越多焉番禺亦其一都會也珠璣犀瑇瑁果布之湊潁川南陽夏人之居也此在洛陽西南前以唐殷周分三河故敘夏都於此仍與上宜合爲一夏人政尚忠樸猶有先王之遺風潁川敦愿秦末世遷不軌之民於南陽南陽西通武關鄖關東南受漢江淮宛亦一都會也俗雜好事業多賈其任俠交通潁川故至今謂之夏人總之楚越之地地廣人希以上結物產以下結地勢風俗飯稻羹魚或火耕而水耨果隋蠃蛤不待賈而足地埶饒食無饑饉之患以故呰窳偷生無積聚而多貧是故江淮以南無凍餓之人亦無千金之家以上結南方沂泗水以北宜五穀桑麻六畜地小人眾數被水旱之害民好畜藏故秦夏梁魯好農而重民三河宛陳亦然加以商賈齊趙設智巧仰機利燕代田畜而事蠶以上結北方夫天下物以上總結所鮮所多人民謠俗大體如此矣諺曰百里不販樵千里不販糴居之一歲種之以穀十歲樹之以木百歲來之以德德者人物之謂也從後文移來物產不通即風氣不開風氣不開即爲洪荒有人物如無人物風俗固純樸亦何用聖人之修德爲哉以德爲人物此語

極精人有欲者也物欲所寄也人物能來通商也千古之治由商而開由人之欲物也故易敘黃帝堯舜之治在為市後由此觀之賢人深謀於廊廟論議朝廷守信死節隱居巖穴之士設為名高者安歸乎歸於富厚也名臣廉節志士清高非不知富之可欲也惡不義耳王所以保其固有之富也歸是為之止境欲是為之來源此處由歸字推到欲字是以偪起下為字是以廉吏久久更富廉賈歸富富者人之情性所不學而俱欲者也以下推闡欲字竭情盡致所謂天下熙熙皆為利來天下攘攘皆為利往也故壯士在軍以下則爭矣攻城先登陷陣卻敵斬將搴旗前蒙矢石不避湯火之難者為重賞使也其在閭巷少年攻剽椎埋劫人作姦掘冢鑄幣任俠并兼借交報仇篡逐幽隱不避法禁走死地如騖其實皆為財用耳以上以力爭今夫趙女鄭姬爭端一開無人不爭不顧辱身賤行以爭之也設形容揳鳴琴揄長袂躡利屣目挑心招出不遠千里不擇老少者奔富厚也游閑公子飾冠劍連車騎亦為富貴容也以上以色爭欲為教化之質有質無文縱其所極必至於是先言婦女游閒欲之最著者也自古風俗之壞即在此等人聖王之治即治此等人史公以利為亂之源即此意故日用飲食為民之質即為治之質亦學者學道之質為治為學均須知此譬如醫病不知病源何以為治故史公此傳欲後世之為治者從病源下手也弋射漁獵犯晨夜冒霜雪馳阬谷不避猛獸之害為得味也爭味博戲馳逐鬭雞走狗作色相矜必爭勝者重失負也心矜埶能之爭醫方諸食技術之人焦神極能為重糈也

以技能爭吏士舞文弄法刻章偽書不避刀鋸之誅者沒於賂遺也以巧詐爭農工商賈畜長固求富益貨也又總括一句無人不爭應篇首欲字此有知盡能索耳極寫爭字終不餘力而讓財矣今有無秩祿之奉爵邑之入而樂與之比者命曰素封又提與上不讓財接上是姦富此是本富此段須與上段兩兩相對看治天下能使戶戶如此何有以上諸行至治之世此戶可封不過加此素者自然之質言不與人爭所謂太上因之也封者食租稅歲率戶二百千戶之君則二十萬朝覲聘享出其中庶民農工商賈率亦歲萬息二千戶百萬之家則二十萬索隱曰率二千故百萬之家亦二十萬據此則索隱本無戶字此誤衍而更徭租賦出其中衣食之欲恣所好美矣故曰陸地牧馬二百蹄五十匹牛蹄角千百六十七匹千足羊二百五十頭澤中千足彘水居千石魚陂山居千章之材安邑千樹棗燕秦千樹栗蜀漢江陵千樹橘淮北常山已南河濟之間千樹萩當是楸字若萩不得言樹否則樹字為畝字陳夏千畝漆齊魯千畝桑麻渭川千畝竹及名國萬家之城帶郭千畝畝鍾之田若千畝卮茜千畦薑韭此其人皆與千戶侯等千戶侯以人為產業兩兩相比則侯封非先王重民之意也故此屢用千字以相對照然是富給之資也不窺市井不行異邑坐而待收身有處士之義而取給焉若至家貧親老妻子軟弱歲時無以祭祀進醵飲食被服不足以自通如此不慚恥則無所與比矣是以無財作力少有鬭智

既饒爭時此其大經也求富之等智力爲人生自有然亦無所資智且無從施財之爲用大矣以上告待時者則皆有所資也今治生不待危身取給則賢人勉焉是故本富爲上不取本富卽生人本業聖人治民之產必當盡心力以經營者古聖王絕大本領不能出此末當次之取人姦富最下又害人無嚴處奇士之行而長貧賤好語仁義空談仁義何益於世亦足羞也

凡編戶之民此下是末富富相什則卑下之富之勢力伯則畏憚之千則役萬則僕物之理也言貴賤之分在貧富不在所業也夫用貧求富農不如工工不如商求富之術刺繡文不如倚市門此下皆敘倚勢求富者此言末業貧者之資也通邑大都酤一歲千釀醯醬千坻醬千甔屠牛羊彘千皮販穀糶千鍾薪稾千車船長千丈木千章竹竿萬个其軺車百乘牛車千兩木器髤者千枚銅器千鈞素木鐵器若卮茜千石馬蹄躈千馬蹄躈千徐廣訓躈爲竅謂馬八竅索隱引埤蒼云尻骨謂八竅小顏云躈口也躈小躈口也蹄與口千則爲二百匹又引顧胤說以爲與二百蹄不合按小顏說是也上爲畜牧之利故畜牧馬五十匹利已足用此爲販鬻之利故須二百匹謂販鬻二百匹贏餘之利也此爲倚市全用賤取貴與之術故爲末富牛千足羊彘千雙僮手指千筋角丹沙千觔其帛絮細布千鈞文彩千匹榻布皮革千石漆千斗糵麴鹽豉千荅鮐鮆千斤鮿千石鮑千鈞棗栗千石者三之狐鼦裘千皮羔羊裘千石旃席千具佗果菜千鍾子貸金錢千貫貸爲末富節駔會貪賈三之廉賈五之謂爲此等市肆之主節制其事貪則得利三分廉則得利五分也此亦比千乘之家其大率也佗雜業不中什二則非吾財也請略道當世千里之中賢人所以富者起下令後世得以觀擇焉

蜀卓氏之先趙人也用鐵冶富秦破趙遷卓氏卓氏見虜略獨夫妻推輦行詣遷處諸遷虜少有餘財爭與吏求近處處葭萌唯卓氏曰此地狹薄吾聞汶山之下沃野下有蹲鴟至死不饑民工於作石市易賈乃求遠遷致之臨邛擇地勢物產擇人情風俗開口便知爲良賈宜其致富大喜卽鐵山鼓鑄運籌策傾滇蜀之民富至僮千人田池射獵之樂擬於人君以下所敘皆末富而皆在秦時以秦奪民產民無由致本富也卓鄭以俱居臨邛相聯

程鄭山東遷虜也亦冶鑄賈椎髻之民富埒卓氏俱居臨邛

宛孔氏之先梁人也用鐵冶爲業秦伐魏遷孔氏南陽大鼓鑄規陂池連車騎游諸侯因通商賈之利此以交游賜與致富有游閒公子之賜與名然其贏得過當愈於纖嗇家致富數千金故南陽行賈盡法孔氏之雍容

魯人俗儉嗇而曹邴氏尤甚此以勤儉致富以鐵冶起富至巨萬然家自父兄子孫約俛有拾仰有取貰貸行賈徧郡國鄒魯以其故多去文學而趨利者以曹邴氏也

齊俗賤奴虜而刀閒獨愛貴之桀黠奴人之所患也唯刀閒收取使之逐漁鹽商賈之利或連車騎交守相然

愈益任之終得其力起富數千萬故曰寧爵毋刁言其
能使豪奴自饒而盡其力
周人既纖而師史尤甚轉轂以百數賈郡國無所不至
洛陽街居在齊楚秦趙之中貧人學事富家相矜以久
賈數過邑不入門設任此等故師史能致七千萬此與上段機軸相類直似時文之二比上孔氏之術在交結貴游而邴氏惟任子弟此刁間縱任豪奴而師史則約束學事一段之中既相反照而兩段又各相反照史記中眞無所不有
宣曲任氏之先爲督道倉吏秦之敗也豪傑皆爭取金
玉而任氏獨窖倉粟楚漢相距滎陽也民不得耕種米
石至萬而豪傑金玉盡歸任氏任氏以此起富富人爭
奢侈而任氏折節爲儉力田畜田畜人爭取賤賈任氏
獨取貴善富者數世然任公家約非田畜所出弗衣食
公事不畢則身不得飲酒食肉以此爲閭里率故富而
主上重之
塞之斥也唯橋姚已致馬千匹牛倍之羊萬頭粟以萬
鍾計
吳楚七國兵起時長安中列侯封君行從軍旅齎貸子
錢子錢家以爲侯邑國在關東關東成敗未決莫肯與
惟無鹽氏出捐千金貸其息什之三月吳楚平一歲之
中則無鹽氏之息什倍用此富埒關中

關中富商大賈大抵盡諸田田嗇田蘭韋家栗氏安陵
杜杜氏亦巨萬此其章章尤異者也總結卓氏以下此兩段亦通相封照上段一人下段數人以秦之敗也塞之斥也爲起以楚漢相距吳楚起兵爲承以富人爭奢侈子錢家以爲侯邑在關東爲轉以富者數世富埒關中爲合以任氏家法關中商賈爲餘波作結層折無不相合又八比虛實作對之法
皆非有爵邑奉祿弄法犯姦以爵邑奉祿與弄法犯姦並言惟此等人弄法犯姦民乃不得安本業而出於末業雜業以求富矣史公傳貨殖痛恨萬世之暴君汙吏非謗漢武也
而富盡推移去就與時俛仰獲其贏利以末致財用
本守之以武富則有勢力即是武一切用文持之變化有槩故足
術也術當作述述字即應上略道以末致財二句以求富之術以武一切以既富之行事言所謂逆取順守衣食足而禮義生也
若至力農畜工即下正道虞商賈爲權利以成富即下用奇又用此提結清上文透出正奇遞入雜業雜業即前所謂不中什二者用末富遞入本自易易令反兜入本富乃跌入雜業用筆畀凡不羣大者傾郡中者傾縣下者傾鄉里者不可勝
數夫纖嗇筋力治生之正道也又用一提筆在紙無一不低昂而富者
必用奇勝田農拙業而秦楊以蓋一州掘冢姦事也而
曲叔以起博戲惡業也而桓發用之富行賈丈夫賤行
也而雍樂成以饒販脂辱處也而雍伯千金賣漿小業
也而張氏千萬洒削索隱曰謂摩刀以水灑之薄技也而郅氏鼎食
胃脯簡微耳濁氏連騎馬醫淺方張里擊鐘此序雜業淋漓盡致與前壯士在軍一段文勢相配本富末富皆正也姦富雜業則奇矣世有君相使民治生不得出於正而用奇

則其時可知矣胸中有無限感慨悲憤齊現於紙上故不覺言之過當爲萬世蒼生悲史公豈羞貧賤而慕富貴哉此皆誠壹之所致結完欲字由是觀之富無經業則貨無常主能者輻湊不肖者瓦解然則王者治民有經則貨有常主本富末富各守其常又何樂託賤業而爲姦富哉千金之家比一都之君巨萬者乃與王者同樂豈所謂素封者邪非也末富非素封則所謂素封者聖王之世家給人足比戶可封之治也明應中間素封暗應篇首至治結得完密

史記考證臣照曰史以貨殖傳終所以見先王詩書禮樂之澤至漢武之世而蕩然無遺蓋傷之也末以非也二字作結彰彰可見而後儒猶謂馬遷重貨殖而薄仁義寧得稱爲知言哉按傷先王詩書禮樂之澤無存證以篇中屢言先王遺風此說甚是至專屬漢武之世此猶未知史公作史本意在萬世也至末以非也二字作結謂爲史公不重貨殖之證此則所見是而語未晰非也謂非素封史公以素封歸之本富而以貨殖爲末此處千金巨萬皆末富或雖業故非之然則史所重之富猶先王經業之富也

此傳文法之美至極無以復加列傳以伯夷傳始以此傳終須兩相對勘彼傳蕩豪夷猶如天半赤霞晴空舒卷以高妙勝也此篇雄深鬱勃如深山大壑萬峰迴環以博大勝也其文之美人多知之而其用意亦即在此伯夷傳是欲義之極此傳是欲利之極利義不同要皆是欲無此欲則無世界自黃帝堯舜以來治以此治亂以此亂聖君賢相之所經綸儒生學士之所講習以及下吏走卒之所率由亂臣賊子之所悖逆無不以此史記本紀十二綱紀此欲之人也表七表明此欲之迹也書八治此欲之法也世家三十能倡此欲者也列傳七十悉具此欲者也然聖君賢相儒生學士下吏走卒亂臣賊子之數不及編戶之氓百萬分之一則具此欲之全體者必歸此傳故此欲即一人言之爲欲即人人言之則風俗也風俗者政教之效也史所以存政教之人迹故史公之書終於此也政教之用盡於貨殖乎易曰天地之大德曰生聖人之大寶曰位何以守位曰仁何以聚人曰財理財正辭禁民爲非曰義則孔子言之矣

班馬字類

〔宋〕婁機

清咸豐蔣光煦別下齋刻涉聞梓舊本

班馬字類補遺

班馬字類序
今之爲文者必祖班馬史無善注屢殆至于不能讀
故班書顯行好事者爲倣著述之如入巨川隨意
所適欲富者剖珠金作室者睨楩梓獵師搏熊豹漁人
籍魚鱉隨其淺深有求必致蓋未聞有索手而空歸者
史記但有索隱意林之學其昧昧自如西漢自唐柳宗
直作文類陶叔獻繼之於是程氏誨蒙陳氏六帖與夫
摘奇博聞諸書錯出並見而予亦綴法語數萬言家爲
苟袁各得一體今檇李婁君機獨采摭二史彙之以韻
旁通假借字字取之毋遺如鳴球在縣洋洋有太古氣
超然新工盡掩衆作不必親見楊子雲然后能作奇字
不必訪李監陽冰然后能爲文詞學班馬氏固未有如
此者去年予在鄉里得其書以冊帙博大不能以自隨
姑删摭其旨以爲序婁君淸尙修潔一時儁士也
淳熙甲辰上巳日鄱陽洪邁書於金華松齋

淳熙壬寅余丞宗正同年李聖俞爲簿暇日以一書相示蓋婁君機所編史漢字類也余讀之因相與言曰古字不多率假借以爲用後世變廣隨俗更改多失造字之意此好古者所嘆也以史籀之大篆或云書灋已變其書俗惡已不可言叔重之說文而云野陋淺薄謬妄欺世後之字書又可知矣西漢去古未遠文章固非後人所及而字亦多古雖已變秦文科斗書廢要之假借簡朴髣髴古意其興亡之大端忠邪之異趣千載自不可誣而綴文之士又摘取奇字以資華藻片言隻字施之鉛槧自有一種風味故誨蒙漢雋等書作者不一此書更取史記之字合爲一編從韻類分粲然可睹其志

勤矣蓋孟堅生於東都源流叔皮以成信史子長親事武帝紬金匱石室之藏網羅天下放失舊聞孟堅實祖之多用其文不敢改定婁君尤爲知所本矣然亦有難解者班之於馬時有遺失文意泯沒如彘肩之不言生有以起自布衣而去也夫之類殆不曉其意又其甚者垓下之圍以項羽之用兵未嘗接戰止以楚謌而潰去疑無此理至謬儒者謂惜乎項羽韓信不曾一戰引孔明仲達以爲比史載甚詳而孟堅畧不及此是可遺耶嘗有意一一證之性懶未暇婁君此書將傳於世觀其趣向進進未已或更考究以補孟堅之闕以發揮子長之餘不亦善乎聖俞啞然笑曰婁君屬我以序久未落

筆當盡以子之言寄之四明樓鑰書

世率以班固漢史多假借古字文時用偏旁音釋各異然得善註易曉遂爲據依機謂固作西漢書多述司馬遷之舊論古字當自遷史始以史記正義索隱西漢音義集韻諸書訂正作班馬字類互見各出不沒其舊而音義較然蓮舛尚多更俟增易

淳熙辛丑夏至日禾興婁機書

唐張守節云史漢文字相承已久若悅字作說閑字作閒智字作知汝字作女早字作蚤後字作后旣字作漑勑字作飭制字作剬如此之流緣古字少通共用之史漢本有此字者乃爲好本程邈變篆爲隸楷則有常後代作文隨時改易衛宏官書數體呂忱或字多奇鍾王等家以能爲法致令楷文改變非復一端咸著秘書傳之歷代又字體乖訛日久其黼黻之字法從黹丁履反今之史有從黹音黹秦本紀云賜孝公黼黻鄒誕生音甫弗而鄒氏之前史本已從黹矣如此之類並即依行不可更改若其黿鼉從龜亂辭從舌覺學從與泰恭從小匱匠從走巢藻從果耕籍從禾席下爲帶美下爲火袁下爲衣極下爲點析旁著片惡上安西餐側出頭離邊作禹此等類例直是訛字寵丑勇反字爲錫音陽以支章移反代文問分反將死混無若茲之流便成兩失又曰先儒音字比方爲音至魏秘書孫炎始作反音又未甚備鄭康成云其始書之也倉卒無字或以音類比方假借爲之趣於近之而已受之者非一邦之人其鄉同言異字同音異於茲遂生輕重訛謬矣其論皆當併錄于此二史之字第識首出餘不復載或已見於經子者則疏于下庶幾觀者知用字之意也機又書

班馬字類
卅下齋校本

余幼年從事句讀嘗見　鄉先生婁公參與班馬字類喜其究心字學採摘二史旁證曲盡得之者可無魯魚亥豕之惑自謂該載已備不必問奇於揚子雲矣後隨侍　先君入蜀與諸朋友遊有老儒王揆者嘗論及此作而曰此書所載善則善矣猶未盡也因與之考論二史果爾叩分類析間多遺闕在蜀數年相與朝夕考訂日積月累凡有所得書於四聲之下共一千二百三十九字補註五百六十三因念先賢力學稽古貫穿二史可謂詳備猶有闕焉今從而廣之名以補遺附於韻後併勒諸梓以便學者之觀覽亦　鄉先生婁公之志也補或未盡尚俟來者

景定甲子長至日草㯗李曾伯書

班馬字類第一

上平聲　補遺附

一東

桐 漢書禮樂志桐生茂豫讀爲通達也武五子傳毋桐好逸音通輕脫之貌

空桐 史記五帝本紀西至於空桐黃帝適空桐從廣成子即此山也　補遺漢書郊祀志登空桐

空同 史記趙世家其後娶空同氏正義云即崆峒　補遺漢書武帝紀登空同

童 漢書項籍傳贊舜重童子目之眸子與瞳同

僮 史記樂書上使僮男僮女七十人俱歌通作童　補遺首孝武紀賜列侯甲第僮千人漢書禮樂志沛中僮兒

蘢 漢書晁錯傳草木蒙蘢求東反師古曰蒙蔽之貌

蓯 史記司馬相如傳巖深山之蓯蓯兮音籠古從字漢書同

悤 漢書陳湯傳踰悤領徑大宛與蔥同

悤 漢書郊祀志悤明上通與聰同

鴻 史記河渠書禹抑鴻水　補遺首五帝本紀鯀治鴻水宋世家鴻範漢書成帝紀鴻業夏侯勝傳鴻範楊雄傳鴻生鉅儒

鴻 漢書藝文志鴻範八政與洪同王商傳身體鴻大

鳿 漢書司馬相如傳子虛賦鷫鳿鳿古鴻字史記作鴻

𧈢 漢書天文志抱珥𧈢蜺或作虹螮蝀謂之𧈢

藂 漢書息夫躬傳藂棘棧棧與叢同

䕺 漢書東方朔傳䕺珍怪亦叢字

紅 史記文帝紀大紅十五日漢書文帝紀同又景帝紀錦繡纂組害女紅讀作功哀帝紀織綺繡難成害女紅之物皆止如淳曰紅亦工也酈食其傳紅女下機

釭 漢書趙后傳黄金釭師古曰音工流俗讀作江非也

功 漢書律歷志天功人其代之尚書作天工

功 漢書董賢傳第新成功堅言盡功力而作之或作攻攻治也

訟 史記呂后紀未敢訟言誅之徐廣一作公昭曰猶公也韋補遺漢紀作誦言鄧展曰公言也

訟 史記吳王濞傳訟共禁弗予徐廣音公正義音容言相容止不與漢書作頌讀曰容

瞢 漢書敘傳乘于瞢中與夢同莫鳳反又莫鳳反

夢 史記十二諸侯年表壽夢莫東反漢書陳平傳雲夢師古曰楚澤莫鳳反又讀如字相如傳字或作瞢詩視天夢夢春秋左氏傳亦讀夢中音蒙補遺史記首夏本紀雲夢土為治漢書首高帝紀僞遊雲夢

崈 漢書郊祀志封崈高古崇字地理志崈傍負昌

匔 史記魯世家還政成王北面就臣位匔匔如畏然音窮匔謹敬貌

穹窮 史記司馬相如傳穹窮昌蒲卽芎藭也漢書同

王子二頁第一　二　別下齋校本

汎 漢書司馬相如傳汎淫氾濫音馮注爲任風波自縱漂貌　補遺史記同

補遺

空侯 史記封禪書作二十五絃及空侯琴瑟武帝紀作箜篌漢書郊祀志空侯琴瑟

同 史記西南夷傳同師漢傳作桐

桐 史記武帝紀作柏梁桐柱承露仙人掌之屬封禪書及漢書郊祀志皆作銅

悤 漢書揚雄傳聖人悤明雖無音卽與聰同

葱 漢書西域傳葱嶺卽與葱同

嵏 史記殷本紀遂伐三嵏尚書作朡

洪 漢書高帝紀割洪溝餘作鴻史記並作鴻

豐 史記周紀作豐邑匈奴傳周平王去酆鄗漢書郊祀志郊梁豐鄗又酆鎬

弓 史記霍去病傳濟弓閭音穹亦如字

二冬三鍾

衝 史記酈生傳陳留天下之衝與衝同

從 史記項羽紀與諸侯為從約孫吳傳破衡說之言從橫者東西為橫南北為從秦地形橫長故張儀為秦連橫漢書酈食其傳因言六國從衡時子容反衡音橫詩蓺麻如之何衡從其畝　補遺史記首周紀倍秦與諸侯約從漢書首高后紀具以灌嬰與齊合從狀告產

從 漢書淮南王安傳從迹連王讀若蹤史記作蹤補遺史記聶政傳故重自刑以絕從與蹤同

龔 漢書南粵傳子廣德為龔侯古龍字一本作龔　補遺一本龔侯

柗 漢書地理志代郡蒼柗古松字

鏠 漢書東方朔傳一鏠亦鏠出讀曰鋒　補遺首郊祀志為秦一鏠旗史記封禪書鋒旗

蠭 史記項羽紀楚蠭起之將漢傳同蠭古蜂字

蠭 漢書中山靖王傳蠭言之徒蠭生　補遺首劉向傳蠭午並起猶雜沓也息夫躬傳武蠭精兵

王言三頁第一　三　別下齋校本

逢 漢書司馬相如傳逢涌原泉讀曰蠭言㷭火原泉也史記作㷭

㷭 史記周紀幽王為㷭燧漢書五行志㷭火通長安

夫容 漢書司馬相如傳外發夫容與芙蓉同

共 史記屈原傳共承嘉惠顏云恭敬嘉惠謂詔命漢書宣紀共哀后高惠高后文功臣表饗共己之治讀曰恭詩共美　補遺史記首夏紀愿而共又共工共王共伯之類甚多漢書亦同

共 漢書嚴助傳以奉千言之共讀曰供春秋左氏傳王祭不共　補遺史記夏本紀共命齊世家敢不共乎

頌 史記樂書物之頌也音容漢書惠帝紀有罪當盜械者皆頌繫之言見寬容刑法志當鞠繫者頌繫之儒林傳王式頌禮甚嚴讀曰容楊雄傳爲六經之穗頌

從頌 史記魯仲連傳世以鮑焦為無從頌而死者皆非也音從容言人見焦死為不能自寬容而死此言非

鎔 史記平準書盜摩錢裏取鎔音容補遺漢書食貨志盜摩錢質而取鎔

傛 漢書外戚傳娙娥傛華 補遺史記外戚世家娙何容華

匈 史記高祖紀漢王傷匈乃捫足吳世家鈹交于匈漢書藝文志無慊惕于匈中並與胷同

兇 漢書藝文志星事兇悍與凶同

廱 漢書禮樂志丞相請立辟廱與雍同

廱 漢書百官公卿表諸廟寢園食官令長丞有廱太宰太祝令丞文穎曰主熟食之官如淳曰五畤在廱故置師古曰不當復置饔人也 補遺別本都水鐵官廱廚長丞作廱

癰 漢書鄭崇傳崇發頸癰與癰同

甕 漢書西域傳有大鳥卵如甕汲水餅也于龍反 補遺史記大宛傳同無音

蘢 漢書衛青傳至蘢城師古曰與龍同 補遺史記同

補遺

終黎 史記秦紀贊秦之先爲嬴姓其後分封有終黎氏世本作鍾離氏

羕 漢書楊雄傳舉羕烈火

封 漢書西域傳大月氏國出一封橐駝

蠭 漢書天文志天蠭藝文志九家之言蠭起與鋒同韓王信傳因其蠭而東鄉師古曰言其專厲彊壯蠭氣讀曰鋒

鋒 史記五帝紀娶陳鋒氏女系本作酆漢書古今人表陳豐生堯

隆 史記晉世家齊伐魯取隆索隱曰即龍也此當魯成二年春秋經書齊侯伐我北鄙傳曰圍龍

龍 史記韓安國傳破龍城音龍漢書同嚴安傳燔其龍城

龐 漢書地理志九眞郡都龐音龍又音蓉案師古曰郡縣之名上俗各有別稱不必皆本事

庸 史記陳涉世家庸耕漢書高惠功臣表庸保之中與傭同

鷛 漢書司馬相如傳鷛渠史記作鷛鶘其音同

牅 漢書司馬相如傳牅旄史傳作牅旄

共 漢書高帝紀共敖爲臨江王音龔

龔 漢書王尊傳象龔滔天尚書作恭

雝 漢書楊雄傳過清廟之雝雝與雍同

雍 史記夏紀雍沮會同尚書作灉漢書地理志同

雍 史記封禪書明堂辟雍漢書禮樂志與辟雍與廱同

癰 史記倉公傳齊遂又色將發癰

邛 史記司馬相如傳轔邛邛漢傳蛩蛩

四江

曲遇 史記高祖紀戰曲遇東上音齲下音顒漢書高帝紀同

瓨 史記貨殖傳醯醬千瓨胡江反徐云長頸甖也漢傳同

降 漢書楊雄傳澤滲離而下降師古曰下也胡江反詩我心則降

補遺

銗 史記酷吏王溫舒傳投銗音項又胡江反

蠭 史記龜策傳羿善射不如雄渠蠭門淮南子曰射者重以逢蒙門子之巧劉歆七略有蠭門射法漢書藝文志逢門射法郎逢蒙

鏦 史記吳王濞傳使人鏦殺吳王九江反又音舂漢傳楚江反

五支六脂七之

氏 史記建元年表月氏音支補遺漢書地理志月氏同

閼氏 史記建元年表閼氏上於連反下音支若今皇后 補遺漢書宣帝紀單于閼氏音焉支

氏 史記酈商傳破雍將軍烏氏烏於然反氏音支縣名漢書貨殖傳烏氏嬴

卮 史記貨殖傳巴蜀亦沃野地饒卮音之鮮支也紫赤色又千畝卮茜音支

離支 史記貨殖傳番禺果布之湊韋昭曰果爲龍眼離支之屬布謂葛布 補遺漢書司馬相如傳荅遝

離支

差 史記陸賈傳夫差智伯極武而亡漢書同夫音扶差楚宜反 補遺史記首始皇紀智伯夫差漢書首古

今人表差弗楚宜反

衰 漢書五行志衰城謂差次受功賦初爲反

提 史記司馬相如傳中外提福音支安也漢書作禔

厮 史記蘇秦傳厮徒十萬音斯厮養之卒養馬之賤者漢書張耳陳餘傳厮養卒取薪者也

析 漢書司馬相如傳葴析苞荔張揖曰析似燕麥蘇林音斯史記作蔪

磃 漢書郊祀志上林中磃氏館鄭音斯 補遺史記武紀磃氏觀音蹏又音斯

虒 漢書地理志廣平國水東入虒師古音斯

徙 漢書張騫傳徙邛師古曰夷種音斯 補遺史記西南夷傳徙筰都漢書首地理志蜀郡徙

齎 漢書霍去病傳大官齎數十乘與資同 補遺史記封禪書齎金萬斤陳丞相世家齎用益饒

訾 史記張釋之傳以訾爲郎漢書景帝紀訾算十以上乃得官與貲同地理志高訾富人

呰 漢書翟義傳王莽自作大誥云故知我國有呰災讀作疵

呰 漢書敘傳閻尹之呰讀作疵

離 史記孔子世家離離音離

流離 漢書地理志市明珠璧流離西域傳虎魄璧流離與琉璃同

蠡 史記匈奴傳左右谷蠡王谷音鹿蠡音離又音黎 補遺漢書宣紀谷蠡王音同

被 漢書古今人表被衣揚雄傳亡春風之被離讀作披 補遺史記絳侯世家甲楯五千被音披

狓 漢書揚雄傳狓桂椒鬱移楊古披字

靡 史記主父偃傳靡敝中國音縻酷吏傳盡靡爛獄中與漢書文帝紀爲酒醪以靡穀者多音縻貨殖傳困

俱靡而已武皮反

離 史記張良傳高祖離困者數矣漢書師古曰離遭也與罹同 補遺史記首文紀離寒暑之數

麋 漢書王莽傳赤麋聞之不敢入界麋眉也以朱塗眉故曰赤眉古字通用

眯 史記秦紀鄒商渠眯音彌晉世家示眯明

施 史記衛綰傳劍人之所施易衛至今乎音移 補遺漢書衛綰傳讀曰移師古讀曰施弋豉反

虵 史記孝武紀虵丘地名音移 補遺漢書禮樂志虵虵

郊 漢書地理志文王徙郊匈奴傳亶公伐戎至郊古岐字 補遺首郊祀志大王建國于郊梁

跂 漢書禮樂志跂行喘息而行者跂行音岐 補遺史記匈奴傳跂行喙息音岐又音企

鞿 漢書刑法志以鞿而御駻突音飢門古羈字馬絡頭曰羈

隓 漢書異姓諸侯王表隓城邑刃火規反 補遺史記夏紀蕭事隓哉始皇紀隓壞城郭孔子世家吳伐越

隓會稽漢書首宣帝紀宗廟隓

隳 漢書刑法志毀隳與墮同火規反

奇 史記平準書浮食奇民音羈 補遺漢書食貨志同

奇 史記李廣傳數奇漢書同傳不耦也食貨志奇羨居宜反 補遺漢書首律曆志歸奇象閏

戲 史記趙世家宓戲神農教而不誅漢書太史公傳宓戲至淳厚作易八卦讀作羲

戲 史記陳涉世家至戲音羲郎京東戲亭 補遺首始皇紀西至戲漢書高帝紀西入關至戲

獻 漢書王莽傳立斗獻音犧謂斗魁杓如勺形 補遺又見七歌韻

儀 漢書地理志伯益能儀百物與宜同

義 漢書鄒陽傳袞義父之後師古曰讀儀

譆 史記趙世家簡子召之曰譆音僖

秭鳺 史記律書秭鳺先滜音子規索隱曰謂子規春氣發動則先出野澤而鳴也

戲 史記項羽紀諸侯罷戲下高祖紀兵罷戲下音麾漢書高帝紀諸侯罷戲下謂軍之旌麾下許宜反亦讀

曰麾漢書通以戲爲旌麾指麾字

睢 漢書高帝紀睢水音雖春秋左氏傳次睢之社 補遺史記項羽紀睢水

禔 史記韓長孺傳禔取辱耳音祇

尸 史記高祖紀司馬尸將兵北定楚地古夷字漢紀同

黝 漢書地理志黝丹陽郡音伊　補遺字本作黟

妥 漢書五武子傳燕刺王旦賜策薰鬻徙域北州以妥古綏字　補遺師古亦他果反

觭 漢書五行志觭輪無反音奇觭之奇

睂 漢書揚雄傳何必颺累之蛾睂古眉字

旹 漢書敘傳皆及旹君之門闌又旹閭而久章音時　補遺郎古時字

臑 史記趙世家食熊蹯臑不熟音胹

孳 史記蕭相國世家孳孳得民和正義曰息也益也漢傳同師古曰與孜孜同言不怠也孟子孳孳爲善　補遺史記首夏紀孑思曰孳孳

孳 漢書律歷志孳萌萬物讀與滋同

兹 漢書樊酈等贊雖有兹基不如逢時讀曰鎡

兹 漢書五行志賦斂兹重儒林孟喜傳萬物方荄兹也匈奴傳前世重之兹甚兹益也與滋同

台 史記夏本紀祗台德先音怡尚書同

台 史記高祖紀從盱台楚縣也漢書音怡　補遺史記首項羽紀都盱台

飴 漢書劉向傳飴我釐麰讀與貽同

釐 史記文帝紀祝釐漢書本紀同音僖字本作禧又齊世家魯人更立釐公高帝紀魏安釐王讀曰僖二史僖字僖諡及禧禧字多作釐

熙 漢書禮樂志熙事備成與禧同

熙 漢書翟義傳王莽自作大誥云熙我念孺子歎辭與嘻同

其 史記宋世家如之何其音姬語助也齊魯之間聲如姬漢書武帝紀幸不其音基山名詩夜如何其問早晚之辭

丌 史記周紀六登名民三百六十夫不顯六當作丌古其字

傫 史記趙世家見其長子章傫然也力追反羸病貌

絫 漢書人表絫祖侯絫司馬相如傳係絫皆力追反律歷志權輕重者不失黍絫絫來戈反亦音纍

纍 漢書地理志真定國肥纍力追反司馬遷傳纍紲之辱纍纍乎端如貫珠　補遺史記孔子世家起纍紲之中又纍纍若喪家之狗司馬相如傳係纍

累 漢書宣紀匈奴呼遬累單于力追反五行志諸侯累累從楚園祭讀曰纍　補遺史記樂書累累乎殷若貫珠刺客傳韓相俠累

累 漢書太史公傳何至自沉溺累紲之辱與縲同　補遺史記孔子弟子傳累紲之中

魋 史記陸賈傳尉佗魋結箕踞音椎結音計漢書結音髻一撮之髻也

思 漢書五行志東闕罘思災罘思在其外諸侯之象與罳同

氂 史記蘇秦傳豪氂不伐將用斧柯漢書律歷志度長短者不失豪氂十豪爲氂今字作釐

毉 漢書周仁傳以毉見今字作醫

娸 漢書枚乘傳其賦有詆娸東方朔音欺

甾 漢書食貨志臨甾宛城都市今字作淄地理志惟甾其道師古曰惟今作維甾或作淄又甾川　補遺史記河渠書菑濟之間齊世家臨菑漢書高帝紀臨菑案二史三字通用

罷 史記高祖紀老弱罷轉漕漢紀同讀曰疲　補遺史記首秦紀罷極

卑湛 漢書古今人表鄭卑湛師古音脾諶

蠬蠹 漢書五行志蠬蠹之有翼者孟康音蚍蜉

比 漢書五行志比蒲師古音毗魯地

波 漢書諸侯王表波漢之陽音陂澤之陂灌夫傳波池田園讀曰陂貨殖傳千石魚波

娭 漢書禮樂志神來宴娭許其反司馬相如傳吾欲往乎南娭又氾濫水娭史傳皆作嬉

誒 漢書韋賢傳勤誒厥生歎聲許其反

茲 漢書地理志寵茲 寵音郎 茲音慈

期 漢書武紀應期有月 音碁 自往年二月至今十四月恭有餘月 備遺 史記周紀居期而生子

陒 漢書杜鄴傳抵陒 師古曰毀也 音詭 一讀與戲同 服虔音羲

麗 漢書禮樂志長麗 曰靈鳥也 師古音離

䍦 漢書景十三王傳白日䍦光 師古山豉反 又力支反

齊 漢書賈誼傳步中采齊 師古曰樂詩名也 字或作薺 作茨 並才私反

補遺

支 史記始皇紀卒其支屬 漢書鼂錯傳支葉茂接 楊雄傳支葉扶疏

枝 史記始皇紀封功臣子弟自為枝輔 漢書張敞傳枝屬

枝 史記司馬相如傳鮮枝黃礫 漢傳作支 今支子樹也

巵 史記貨殖傳千畝巵茜 鮮支也 漢書貨殖傳同 茜草巵子可用染也 即今之梔子

觗 漢書高帝紀奉玉巵為太上皇壽 注古巵字作觗

雉 史記司馬相如傳過雉鵲 郎與鳩同

枝 漢書楊雄傳石關枝鵲露寒 亦與鵲同 甘露

釃 漢書溝洫志迺釃二渠以引其河 山支反 分也 史記河渠書作廝 注舊本亦作灑 疏陟反

灑 漢書司馬相如傳決江疏河 灑沈澹災 灑所宜反 分也

垂 史記秦紀在西戎保西垂 漢書武帝紀親省邊垂 郎與陲同

垂 史記司馬相如傳垂霧縠 亦垂字

訾 漢書蓋寬饒傳用不訾之軀 與貲同 音無貲 量可以比之 貨殖傳家亦不訾

疵 史記日者傳卑疵而前 音貲

柴 漢書司馬相如傳柴池茈虒 音差 柴池參差也 茈音此 虒音豸

彲 史記齊世家非龍非彲 敕知反 本亦作螭

離 史記周本紀如豺如離 此訓與螭同

螭 史記五帝紀以御螭魅 螭與魑同

酈 史記周紀酈山氏之女 又殺幽王酈山中 始皇紀通道酈山 作甘泉前殿 與驪同

麗 史記始皇紀分作阿房宫 或作麗山 通作驪 音黎 徐廣力知反 黥布傳論輸麗山 漢書匈奴傳攻殺幽王于麗山之下 讀曰驪

孋 漢書路溫舒傳晉有孋姬之難

瞝 史記賈誼傳瞝九州而相君兮 丑知反 漢書作歷

蕃 漢書地理志魯國蕃 宏傳蕃人也 並音皮

鄱 史記太史公自序厄困鄱薛彭城 音皮

披 史記建元王子侯年表披陽 音皮 又皮彼反 屬千乘 漢表同

虆 史記司馬相如傳以虆蕪 漢書作蘪蕪

麊 漢書地理志交趾郡麊泠 泠音零 史記封禪書與蛤蘇古音麊

麋 史記封禪書鄒氏謂施麋之神 麋之屬

靡 漢書匈奴傳不絕 贊羈靡

陏 史記司馬相如傳陏靡 音移 漢傳同 上字或作陊

俾 漢書地理志安定郡安俾 音卑

示 史記唐世家示同 音周禮地祇 漢書諸侯王表祇皆作示 漢書地理志音祇

沶 漢書諸侯王表 魏郡沶水 漢書地理志作沶

闕 史記河渠書東闕洛汭 漢

闕 書項籍傳 數以闕

犧 漢書律歷志宓犧氏 王莽傳 犧仲 農楊

踦 漢書敘傳 宗傳亦作犧 犧仲 漢書 踦居 宜反

琦 漢書西域傳雜琦珍 音奇

譙 史記衞綰傳景帝五歲餘不譙呵綰音譙呵音何一曰譙呵責讓也

訾 漢書禮樂志訾黄其何不徠下音咨嗟嘆之辭

訾 史記平準書訾台毋乏漢書枚乘傳擧吳兵以訾于漢子私反量也

次 漢書地理志揖次音咨諮本作恣揖子如反屬武威

薺 漢書禮樂志猶古采薺肆夏也才私反禮經或作薺茨並同音

追 漢書揚雄傳徘徊招搖靈屖追兮又弔反

陀 史記司馬相如傳巖陀甗錡音遲又音豸漢書作陁音豸

祁 史記文帝紀祁侯音遲曹相國世家祁善置反音坻漢書文紀祁侯曹參傳祁音坻又鉅夷反

梸 史記司馬相如傳樝梸梬栗

棃 史記王溫舒傳旁郡國棃來音犂比也

怠 史記始皇紀颯聽不怠索隱曰協韻音銅綦反

班馬字類第一　三　別下齋校本

夷 漢書婁敬傳傷夷者未起郇與痍同

羡 漢書地理志江夏郡沙羡音夷

尼 漢書地理志越嶲郡蘇示注尼江古夷字

虒 漢書地理志太原郡慮虒音廬夷

飢 史記殷紀西伯伐飢國一作阢作音同紀敗耆國宋世家西伯之修德滅阢音耆郎黎本作㪍

邳 史記夏紀至于大邳尚書作伾

麋 史記趙世家後世且有伉王亦黑龍面而鳥嘴鬢麋髭顫

純 史記五帝紀萬收純衣索隱讀曰緇

提 漢書食貨志朱提銀朱音殊提音時地理志犍爲郡朱提

嶷 漢書武帝紀望祀虞舜于九嶷音疑

茲 史記陳杞世家贊苗裔茲茲有土者不乏焉

芓 漢書食貨志或芸或芓耔附根也廣韻音茲又音子

治 史記韓長孺傳公等足與治乎音持漢傳如字

貍 史記封禪書設貍牛以爲俎豆牢漢書郊祀志作貍牛

姬 巸 史記六國表韓姬索隱曰一作巸史記李斯傳韓巸一作起並音怡

頤 史記陳涉世家客曰夥頤楚人謂多爲夥音頤者助聲之辭

棋 史記律書箕者言萬物根棋故曰箕

食其 史記高祖紀酈食其音異基漢書同

綦 史記楚世家石乞等襲殺令尹子西子綦于朝伍子胥傳司馬子綦案春秋左氏傳作子期

旗 史記孔子弟子傳巫馬旗論語作期

其 漢書蒯通傳善齊人安其生史記樂毅傳田儋傳皆作安期生

圯 史記留侯世家嘗閒從容步游下邳圯上圯橋也楚人謂之圯音怡索隱引會稽大橋靈圯亦音夷漢書同音頤案依校定郎舊本作圯說文定作圯然此書假借字多矣安用獨改此字

班馬字類第一　三　別下齋校本

八微

霏 漢書揚雄傳雲霏霏古霏字

誹 史記平準書廢格沮誹窮治之獄音非

蜚 史記殷紀有蜚雉秦紀蜚廉漢書宣紀蜚覽翱翔成紀有蜚雉集于庭古飛字五行志趙蜚燕

賁 史記黥布傳賁赫傳靳傳趙將賁郝音肥漢書功臣侯表賁赫地理志東海襄賁音肥

靳 史記項羽紀請靳縣屬沛國漢書高帝紀陳涉起靳音機

唏 史記十二諸侯年表紂爲象箸而箕子唏即歔欷之欷唏也漢書史丹傳噓唏許既反

圻 漢書文帝紀封圻之內亦畿字

猗 漢書孔光傳猗違者連歲不決事之言也讀作依違補遺師古音于奇反

韋 漢書成帝紀大風拔木十韋以上與圍同

煒 漢書王莽傳青煒服虔音暉

隑碕埼 漢書司馬相如傳臨曲江之隑州曲岸也郎碕字又激堆埼埼亦曲岸也楊雄傳探巖排碕地理志鮚埼亭皆鉅依反 補遺史記司馬相如傳同

幾 漢書文紀幾致刑錯近也鉅依反 補遺史記周紀無乃廢先王之訓而王幾頓乎漢書首高帝紀幾敗乃公事音漸近也

禨 漢書景十三王傳禨祥師古曰字或作禨 補遺史記曆書禨祥廢而不統呂氏春秋荊人鬼而越人禨音幾漢書首天文志禨祥

補遺

魏 史記魯世家魏公索隱曰系本作微古書多用魏字作微

裴 漢書王子侯表擲裴戴侯地理志郎裴音非魏郡縣名

蘄 史記秦始皇紀蘄年宮

淒 漢書食貨志詩曰有渰淒淒案今詩作萋萋

微 漢書王莽傳姝微纖師古曰通謂旃旗之屬也

煇 史記秦紀蜀侯煇音暉甘茂傳蜀侯煇又胡昆反禮書德煇動乎內漢書郊祀志光煇

闈 史記曹相國世家下修武渡闈津與韋同古今字變耳漢書同

斐 漢書楊雄傳昔仲尼之去魯兮斐斐遲遲而周邁芳非反

幾 史記孔子世家黯然而黑幾然而長音祈詩頎而長兮字通

幾 漢書高帝紀不因其幾而遂取之所謂養虎自遺患也鄭氏曰微也師古曰危也

希 史記秦紀徑千里而襲人希有得利者始皇紀其後公卿希得朝見漢書禮樂志希闊不講

九魚

虛 史記周紀放牛于桃林之虛音墟漢書地理志河南殷虛 補遺史記首殷紀敗桀于有娀之虛呂后紀朱虛侯章漢書首武帝紀遂虛其地地理志琅邪虛水皆讀曰墟

居 史記大宛傳康居國名音渠 補遺首司馬相如傳康居漢書董仲舒傳夜郎康居無音

胥 史記藺相如傳趙奢曰胥後令胥猶須也古通用

疏 漢書王吉傳布衣疏食與蔬同 補遺首地理志疏食果實之饒疏菜也

疏 史記孫吳傳廢公族疏遠者漢書律歷志罷廢尤疏遠者十七家與疏同 補遺史記首五帝紀悉舉貴戚及疏遠隱匿又封禪書網疏漢書首高帝紀間疏楚君臣又劉向傳支葉扶疏

疎 漢書匈奴傳文帝與匈奴書送物云比疎一辮髮之飾比頻寐反比疎史記作比余別無音既云辮髮之飾則可讀作梳或作梳字

鉏 史記晉世家使鉏麑刺趙盾亦作鋤春秋左氏傳强鉏

屠 史記衛霍傳收休屠祭天金人音除漢書音儲武紀休屠王郊祀志徑路神祠祭休屠王音除

閭 史記天官書北夷之氣如羣畜穹閭正義以氈爲閭穹崇然漢書天文志作廬案今志皆作閭

邪 史記曆書歸邪于終音餘

伃 漢書霍光傳鉤弋趙倢伃讀與婕好同 補遺首昭帝紀趙倢伃

與 史記殷紀帝之政其有闕與曹相國世家豈少朕與漢書文帝紀政有所失而行有過與讀歟

茹 漢書王莽傳不茹園葵食菜曰茹人諸反

絮 漢書張敞傳絮舜女居反又人餘反

挐 漢書霍去病傳匈奴相紛挐女居反 補遺史記同無音

慮 漢書地理志遼西郡且慮河內郡隆慮東海郡昌慮臨淮郡取慮師古皆音廬

譽 漢書人表相譽藝文志如有所譽弋於反語誰毀誰譽

袪 漢書楊雄傳法言譸音祛又音去虛取也

著 漢書五行志朔有著宁貞莊反又音除

且 漢書高帝紀龍且子余反詩既亟只且 補遺史記項羽紀龍且刺客傳夏無且

補遺

疏 漢書揚雄傳頭蓬不暇疏

胥 史記趙世家大后盛氣以胥之胥猶須也

愉 史記田敬仲世家騶忌子曰夫大弦濁以春溫者君也小弦廉折以清者相也攫之深醳之愉者政令也

[illegible] 偷音舒

荼 史記建元以來侯者年表荆荼是繇音舒

徐 史記徐世家田常執簡公于徐州音舒春秋左氏傳作舒說文作郐

梌 史記秦紀梌里疾餘傳作榜

豬 漢書地理志大埜既豬王莽傳豬崇宮室尚書大野既豬

都 史記夏紀道荷澤被明都明音孟都音豬又大野既都彭蠡既都尚書皆作豬

廬 史記秦紀吳王闔閭世家闔廬漢書古今人表吳闔廬劉向傳闔閭

舉 漢書匈奴傳戰而扶舉死者盡得家財史傳作輿

慮 史記文帝紀隆慮音林閭漢書高后紀隆慮侯音廬地理志遼東無慮即醫無慮

閭 漢書司馬相如傳奄閭軒于史傳菴閭軒于

婁 漢書地理志盧江郡雩婁力于反

且 史記龜策傳騰蛇之神而殆于即且蝍蛆似蝗大腹食蛇腦

十虞十一模

虞 漢書禮樂志合好效歡虞太一與娛同又王褒傳虞說耳目詩以禮自虞樂也

迂 史記孝武紀海上燕齊怪迂之方士多相效音于漢書王吉傳其言迂闊音于

盂 漢書東方朔傳置守宮盂下今所謂盆盂也今字作鉢盂

于 史記賈生傳于嗟嚜嚜漢書于嗟同于音吁補遺史記呂后紀于嗟不可悔

吁 漢書揚雄傳長楊賦吁可音于尚書帝曰吁注指云疑怪之辭補遺史記五帝紀堯曰吁

嘔 史記淮陰侯傳言語嘔嘔音吁漢書作姁姁音許于反

嘔 漢書諸侯王表至虖阬嘔河洛之間音嘔

歐 史記趙世家取東胡歐代地漢書食貨志今歐民而歸之農梅福傳以爲漢歐除並讀作驅

歐 漢書張歐傳讀作驅補遺首百官表廷尉歐與驅同韓信傳所謂歐市人而戰之也

毆 漢書郊祀志杜鄴說王商前上甘泉先毆失道禮樂志毆以刑罰並讀作驅

尃 漢書禮樂志尃與萬物古敷字易震爲尃

敷 漢書百官公卿表禹作司徒敷五教讀作敷

傳 史記宋世家用傳錫其庶民音敷漢書文帝紀傳納以言宣帝紀傳奏其言讀曰敷補遺史記首夏紀與人徒以傳士漢書地理志歷陵注傳易山音敷古敷淺源

紨 漢書昌邑哀王傳女羅紨音敷

朱 漢書刑法志師朱儒如淳曰朱儒短人也或作侏儒補遺史記滑稽傳秦倡朱儒也

屬鏤 史記伍子胥傳賜屬鏤之劍上音燭下錄于反補遺首吳世家屬鏤之劍

枹 史記司馬穰苴傳援枹鼓之急則忘其身音孚左氏傳援枹鼓補遺漢書張敞傳枹鼓

摹 漢書高帝紀規摹宏遠

橅 漢書韋元成傳其規橅可見讀作摹作模補遺首劉向傳仍陵之橅與模同

武夫 史記司馬相如傳碔石武夫石似玉無音漢書武夫石之次玉者讀作碔砆補遺漢書首董仲舒傳猶武夫之與美玉也

夫 漢書賈誼傳夫將爲我危夫人猶彼人耳音扶補遺史記始皇紀夫差音扶吳世家夫椒音符

夫 漢書司馬相如傳外發夫容讀作芙蓉

亡 史記宋世家一極亡凶漢書高帝紀義帝死亡後魏公子亡忌魯王亡諸律歷志亡射讀曰無

無 漢書王子侯表無鄉今蕪湖也

憮 漢書薛宣傳君子之道焉可憮也讀作誣

需 史記魏世家魏相田需音須

須 漢書翟方進傳頿過乃就車讀曰須 史記高祖紀美須鬚漢書蘇武傳須髮 鬚自與鬚同 補遺漢書首高帝紀同

趣 漢書賈誼傳趣中肆夏讀曰趨 補遺史記匈奴傳人人自爲趨利

隃 漢書地理志扶風郡隃麋音踰 賈誼傳不隃矣與踰同 補遺史記周紀毀隃音踰 世本作榆 司馬相如傳隃絕梁 漢書首天文志熒惑隃歲星

婾 漢書地理志它人是婾音踰又音偷 韋賢傳我王以婾與偷同

蒲 史記蘇秦傳嫂委蛇蒲服俯匍匐

余 史記衛將軍傳濤余山上音籌索隱音姚余音徒 補遺漢書余字無音

玈 史記晉世家玈弓矢千音盧 匈奴傳拜昌侯盧綰爲上郡將軍盧作玈古今字異耳 補遺漢書作玈古玈弓字 王莽傳盧弓矢

盧 漢書武五子傳贊頭盧相屬于道

帑 漢書文紀盡除收帑相坐律令 景帝紀罪人不帑與孥同 律歷志以害烏帑 詩樂爾妻帑 補遺史記更本記帑修

抪 漢書中山靖王傳塵埃抪覆音鋪 王莽傳抪偏九州

虖 漢書楊雄傳超既離虖皇波古乎字 補遺首元紀庶幾虖無憂矣

虖 漢書武帝紀嗚虖何施而臻此與讀曰呼 食貨志吏急而壹之虖

於虖 漢書孔光傳於虖讀曰烏呼

烏嘑 漢書五行志音義同前

惡虖 漢書王貢兩龔鮑傳惡虖成其名讀曰嗚呼

於戲 史記三王世家漢書司馬遷傳並音烏呼 補遺 師古曰俗之讀者隨字而別之又曲爲解釋云有吉凶善惡之殊是不通大旨也義例具在詩及尚書

諄 漢書賈誼傳正以諄之古呼字 補遺首景武功臣表下摩侯諄毒尼 天文志鬼哭若諄並同

嘑 史記蘇秦傳南有嘑沱易水音呼

於 史記五帝紀變日於音烏 漢書景十三王傳於邑音烏 尚書敘同於又變曰於

惡 史記外戚世家惡能識其性命哉音烏 漢書郊祀志惡敢言 補遺史記首禮書無天地惡生

洿 漢書食貨志川原並黃洿與汙同

酺 史記始皇紀天下大酺 酺歡樂大飲酒也 文帝紀酺五日 漢紀同 音蒲 漢律三人已上無故羣飲罰金四兩 令詔橫賜得令會聚飲食 或作餔音義同 周禮族師掌春秋祭酺爲人物災害之神

於檡 漢書敘傳楚人謂虎爲於檡 上音烏下音塗或作於菟

粗 史記天官書察其精粗七胡反 禮其器高以粗 補遺首樂書疑是精粗之體 又粗厲

怚 史記王翦傳秦王怚而不信人通作粗

麤 漢書禮樂志麤厲猛奮之音古麤字 補遺史記樂書其聲麤以厲 聶政傳麤糲之費

穌 史記樂書蟄蟲昭穌與蘇同

史 漢書郊祀志鬼史區 藝文志鬼容區 師古曰史容聲相近蓋一也 補遺史記武紀封禪書同

悔 漢書人表悔母黃帝妃音暮郎嫫母也 補遺別本悔字從巾

苴 漢書郊祀志席用苴稭如淳讀如租 師古曰茅稭也字本作蒩 補遺史記封禪書作菹音同

補遺

虞 史記武紀不虞不驁詩作不吳音洪霸反此作虞與吳聲相近或借爲驩娛字 封禪書作不吳

汙 史記項羽紀擊秦軍汙水上音于 漢傳同

盱 漢書地理志引鄭詩洵盱且樂 今詩作洵訏況于反

句 史記文帝紀軍句注音俱又音鉤 漢記師古音章句之句

句 漢書地理志濟陰郡寃句 牂柯郡句町並音劬

句 漢書王莽傳句履巨俱反 其形歧頭

鉤 漢書昭帝紀鉤町侯毋波音劬

懼 史記孟子傳懼然顧化音劬

嶇 史記司馬相如傳移徙崎嶇漢傳作崎嶇

符 史記律書甲乙者言萬物剖符甲而出也音孚

柎 漢書朱買臣傳子山柎音夫儒林傳張山柎音膚

荴 漢書外戚李夫人傳函荾荴以俠風兮音敷荾音敷華甲齊也

毋 史記五帝紀四門辟言毋凶人也又毋相奪倫漢書高帝紀毋侵暴又毋得鹵掠與無同

頒 史記呂后紀呂頒漢書高后紀頒過其如呂頒音須樊噲傳作須

需 史記齊世家需事之賊也言須而害事

取 史記灌嬰傳取慮漢書地理志取慮取音趨又音秋慮音廬

娶 史記杞世家題公生謀娶公子史反

郲 漢書地理志清河郡郲音輸

俞 史記呂后紀呂它為俞侯漢書諸侯王表俞侯音輸又音舒又音歈

朱提 漢書食貨志朱提銀音殊時地理志犍為郡朱提

樸劓 漢書地理志武威郡樸劓上音蒲下音環

塗 史記孔子世家男女行者別于塗漢書武帝紀禁兼並之塗司馬相如傳仁義之塗注道也

觚盧 漢書司馬相如傳蓮藕觚盧史傳作菰盧

盧 漢書食貨志令官作酒以二千五百石為一均率開一盧以賣又司馬相如傳令文君當盧史傳文君當鑪

怒 史記天官書句始出北斗旁狀如雄雞其怒青黑象伏鱉當音帑雌也漢書天文志同

瓠 史記功臣表瓠讘郎瓠字漢書王子侯表瓠節侯息郎瓠字又音孤又瓠讘侯地理志瓠讘

皋 史記吳世家會于橐皋皋橐音柘皋音姑

雩 史記匈奴傳涿雩淺火胡反漢書作虖

吾 漢書楊雄傳蒼吾郎蒼梧也

十二齊

亝 史記秦紀亝桓公漢書禮樂志紬亝八佾天文志三能色亝君臣和古齊字董仲舒亝之以刑

犀 漢書馮奉世傳器不犀利堅也甘泉賦靈犀遲兮音棲

謕 漢書嚴助傳孤子謕號古啼字

嗁 漢書五行志兒嗁腹中亦啼字又豕人立而嗁

蹏 漢書貨殖傳陸地牧馬二百蹏古蹄字 補遺首武帝紀為麟趾褭蹏

磃 史記武帝紀舍之上林中磃氏觀音啼

厗 漢書地理志漁陽郡厗奚音題或作蹏

鶗鴂 漢書楊雄傳徒恐鶗鴂之將鳴兮音題鴂音決一名子規 補遺索集韻鴂音桂亦音鴂

伭 史記孔子世家系伭回丁奚反

氐 漢書食貨志封君皆氐首仰給讀作低又萬物卬貴過平其價氐賤減平

犂 漢書匈奴傳單于以留犂撓酒飯匕也

菞 漢書匈奴傳贊菞庶亡干戈之役古黎字

棃 漢書楊雄傳分棃單于與勞同

黎 史記秦紀贊其後分封有終黎氏世本作鍾離氏

蠡 史記匈奴傳左右谷蠡王音犂又音離漢書宣紀同

兒 史記萬石君傳兒寬音倪漢傳同 補遺首始皇紀贊兒良漢書武帝紀兒寬人表王兒並音倪

傒 漢書貨殖傳繒弋不施傒隧音奚

齌 漢書食貨志行者齎居者送

補遺

驪 史記夏本紀厥土青驪尚書作青黎

磃漢書郊祀志上林中磃氏館史記封禪書磃氏觀
牴史記封禪書黃牛牴羊漢書郊祀志牴羊
蝭漢書地理志樂浪郡黏蝭音提
奚漢書匈奴傳騨奚史傳騨騠上音顛
犂史記高后紀犂明齊世家犂明西南夷傳沈犂郡漢書高帝紀遲明注字亦作邌並與黎同
黎漢書楊雄傳露寒棠黎郎與黎同
傒史記秦紀百里傒晉祁傒郎與奚同
騱漢書司馬相如傳拂騱鳥無音史傳作鷖
十三佳十四皆
垓史記孝武紀壇三垓音皆重也
褢漢書地理志褢山褢陵古懷字又左馮翊褢德

褢漢書外戚許皇后傳褢誠秉忠古懷字
櫰漢書西域傳罽賓國有檀櫰梓竹音懷
厓漢書武帝紀珠厓儋耳與崖同
齋漢書高紀漢王齊戒設壇場田延年傳獨居齊舍讀曰齋詩有齊季女　補遺史記周紀齊栗
薶漢書賈山傳爲葬薶之役與埋同　補遺首郊祀志瘞薶于太折祭地也
補遺
顔史記河渠書引洛水至商顔下音崖又如字
十五灰十六咍
裵回史記司馬相如傳弭節裵回漢書楊雄傳徒回回以徨徨
俳佪漢書呂后紀俳回佪往來音裵回
裴回漢書禮樂志歌神裴回若留放

碓史記河渠書蜀守冰鑿離碓晉灼曰古堆字
隼漢書溝洫志李冰鑿離隼古堆字
靁史記景帝紀後三年十二月晦靁正義音雷字傳寫誤
靁史記樂書鼓之以靁霆漢書惠帝紀五年冬十月靁與雷同地理志舜漁靁澤詩殷其靁
罍漢書梁平王襄傳孝王有罍尊古罍字史傳作罍樽
桮史記項羽紀幸分我一桮羹孟子義猶桮棬也　補遺史記首本紀沛公不勝桮杓漢書律歷志安陵桮
音布回反
駘史記天官書兵相駘藉音臺
跆漢書天文志兵相跆藉音臺登躡也
隤漢書太史公傳李陵生降隤其家聲音頹　補遺首人表隤顓項藉傳引騎因四隤山爲圜陳
磑漢書禮樂志美芳磑磑崇積也五回反

隺巍史記司馬相如傳龍從隺巍漢書同又楊雄傳前殿崔巍上材回反下五回反
倍漢書地理志至于倍尾讀曰陪
財漢書文帝紀其罷衛將軍軍太僕見馬遺財足與纔同　補遺史記文帝紀同
財漢書五行志選期門郎有財力者與才同
財史記魏其傳輒令財取爲用蘇林曰令裁度取爲用也酷吏傳上財察讀如裁漢書成帝紀財振貸賈誼傳惟陛下財幸與裁同
財史記呂后紀于嗟不可悔兮寧蚤自財古裁字漢書太史公傳不能引決自財
材漢書賈誼傳吳公聞其秀材與才同　補遺史記秦本紀供以材力自殷
裁漢書高惠高后文功臣表裁什二三與纔同
纔漢書鼂錯傳遠縣纔至則胡又已去讀曰裁淺也猶言僅至也
徠漢書武帝紀氏羌徠服古往來字

倈 漢書董仲舒傳綏之斯倈古來字補遺首功臣表徐方既倈地理志西頃因桓是倈

郝 漢書王尊傳卭郝九折坂音來

釐 漢書劉向傳飴我釐麰力之反又讀與來同

斄 史記酷吏傳趙禹者斄人漢書郊祀志后稷封斄讀曰邰補遺史記首曹相國世家雍斄

能 史記孝武紀有星茀于三能漢書郊祀志孛于三能天文志三能色齊君臣和音台

菭 漢書外戚班倢伃傳華殿塵兮玉階菭讀曰苔水氣所生

裁 史記五帝紀告裁過赦詩遇裁而懼

甾 史記秦紀甾害絕息補遺別本亦作甾

菑 史記文帝紀菑孰大焉漢書嚴助傳比年凶菑害衆古災字詩無菑無害

葘 漢書揚雄傳灑沉葘於谿讀古災字

闓 漢書兒寬傳發祉闓祥與開同

核 漢書五行志孕毓根核核亦荄也草根曰核

槐 漢書地理志千乘郡琅槐西域傳桃槐國音回

補遺

嵬磈 史記司馬相如傳崴磊嵬磈無音漢傳作崴魁崴一回反

敦 漢書敘傳欲從旄敦而度高虖泰山下回反爾雅前高曰旄丘如覆敦者敦丘

穨 漢書韓王信傳穨當城與隤同

轠 漢書揚雄傳轠轠不絕音雷

掊 史記袁盎傳掊生音陪漢書掊生音棓又音陪

蒯 史記周緤傳蒯成侯音裴太史公自序鄃又音浮漢書作蒯音陪又普背反楚漢春秋作憑成

負 史記夏紀至于負尾音陪

咳 史記倉公傳五色診奇咳術奇音鷄咳音該

咳 史記扁鵲傳曾不可以告咳嬰之兒

唉 史記項羽紀以玉斗獻亞父拔劍撞而破之曰唉烏來反索隱虛其反

材 史記五帝紀養材以任地大戴禮作養財

裁 漢書王貢兩龔鮑傳嚴君平日裁閱數人與才同

十七眞十八諄十九臻

慎 漢書地理志汝南慎陽師古曰字本作滇音眞後誤作愼今有眞丘眞陽縣云永平五年失印更刻遂誤以水爲心補遺史記高祖功臣年表愼陽音眞

鈞 史記魯世家鈞擇賢義鈞則卜之春秋左氏傳善鈞從衆補遺首周紀惟鈞其過漢書于定國傳皆與鈞禮

淳 史記曹相國世家日飲淳酒郎醇字謂厚酒也

信 史記樂書詘信俯仰漢書宣帝紀贊信威北夷讀曰伸春秋左氏傳勿使能殖則善者信矣

娠 漢書高帝紀已而有娠音身史記作身補遺史記吳世家后緡方娠

晨 漢書律歷志晨星始見古晨字其上從日

崏 漢書揚雄傳崏山之陽曰郫與岷同補遺地理志崏嶓既蓺

閿 漢書戾太子傳以湖閿鄉邪里聚爲戾園古閿字武巾反補遺王莽傳閿鄉讀曰聞

厶 漢書敘傳東厶虐而殲仁兮古鄙字

震 漢書敘傳聞之者嚮震之人反嚮音響補遺趙充國傳是討是震合韻音眞

輪 漢書司馬相如傳紛輪威蕤亂貌史傳輪作綸威作葳

綸 漢書律歷志黃帝使泠綸音倫或作伶倫

後 漢書王莽傳後僉降約後退也字從彳干何反

遁 漢書項籍傳贊遁巡而不敢進千旬反

循 漢書萬章傳逡循甚懼讀曰巡

遁 漢書雋疏于薛平彭傳贊平當逡遁有恥讀日巡

訢 漢書萬石君傳僮僕訢訢如也讀與誾同下韻通

溱 史記三王世家西溱月氏音臻漢書王子侯表溱嗣王褒傳萬祥畢溱並讀日臻

轃 漢書禮樂志四極爰轃與臻同王吉傳福祿其轃

絪 漢書霍光傳馮絪亦茵字

矜 漢書賈誼傳鉏櫌棘矜與穫同史記始皇紀贊漢書首項籍傳贊並同

振 漢書律歷志枸服振振之人反詩振振公子

姺 漢書古今人表有姺氏與莘同

圁 漢書地理志西河郡圁陰圁陽師古日音銀字本作圁今有銀州銀水卽是舊名猶存但字變耳

補遺

專 史記賈生傳大專槃物讀日鈞漢傳大鈞播物義同

信 史記五帝紀信飭漢書杜欽傳信臣子之願讀日申

申 漢書陳湯傳中寒病兩臂不詘申卽與伸同

信 漢書王莽傳信鄉侯佟師古日王子侯表作新鄉古者新信同音敘傳孰荀無實其孰信又包漢舉信謂韓信也並合韻音新

薪 史記匈奴傳薪犂之國漢傳作新犂

瀕 漢書地理志海瀕廣舄泗瀕浮磬尚書皆作濱

斌 史記儒林傳斌斌多文學之士矣

豳 史記周紀國于豳邠邠也古今字異耳漢書郊祀志公劉發跡于豳詩豳七月

汶 史記夏紀汶嶓卽埶一作嶓又作敀西南夷傳汶山郡

文 漢書武帝紀沈黎文山郡雖無音而注今蜀之崏山

湣 史記十二諸侯表湣侯湣音旻

醇 漢書食貨志不能具醇駟師古日不雜也

醇 史記萬石傳醇謹漢書景帝紀贊黎民醇厚賈山傳醇儒張敞傳表賢顯善不醇用誅罰

屯 漢書五行志屯留音純下黨地名

旬 史記酈商傳攻旬關音詢漢中旬陽縣漢傳同地理志旬陽無音

栒 漢書地理志扶風栒邑讀與荀同

悛 史記李將軍傳贊悛悛如鄙人七旬反漢傳贊作恂恂音詢

眴 漢書地理志眴卷音旬日之旬卷音箘簬之箘

二十文二十一欣

煇 史記五帝本紀北逐煇粥音薰育

葷 漢書霍去病傳葷允服虔日葷粥也師古與薰同　補遺史記五帝本紀葷粥

紛云 漢書郊祀志紛云六幕浮大海與作貌司馬相如傳威武紛云或貌與紜同

汾沄 漢書楊雄傳汾沄沸渭奮擊皃音紛雲

員 史記伍員音云漢書禮樂志六合紛員詩聊樂我員

芸 漢書王莽傳終年耕芸與耘同　補遺史記孔子世家植其杖而芸漢尊首食貨志或芸或芓

鳻 漢書黃霸傳鳻雀音芬字亦作鳻

棻 漢書楊雄傳歆子棻亦枌字補遺王莽傳棻字或作樸

蕰 漢書召信臣傳蕰火于云反

蟁 漢書中山靖王傳聚蟁成靁古蚊字

瘽 漢書文帝紀瘽身從事楊雄傳字作廑皆古勤字　補遺史記夏紀其廑至矣

矜 史記主父偃傳起窮巷奮棘矜音勤

訢 史記周紀訢戴武王又無不訢喜古欣字漢書昭帝紀丞相訢王吉傳訢訢焉發憤忘食

訢 漢書石奮傳訢訢古欣字師古日此讀與誾誾同

忻 史記管晏傳所忻恭巧與欣同漢書高惠功臣表閒方忻忻 補遺 自閒紀心忻然揄武之

听 史記司馬相如傳听然而笑牛隱反漢書音斷 魚斤反又牛隱反 補遺舊在十七眞今移

殷勤 史記司馬相如傳東賜文君侍者通殷勤漢傳同 補遺史記首樂書合殷勤漢書首禮樂志殷勤此 路聽所表舊在十七眞今移

補遺

紛 史記禮書紛華盛麗而說傳無 所外華漢書貨殖傳苗麗紛華

員 漢書古今人表 員公辛讀門鄖

勛 史記五帝紀 放勛又放勳

焄 史記王品分傳 以君焄大豪音熏

煇 史記高后紀去 眼煇耳與熏同

沂 漢書敘傳漢良受書于 邳沂作斤反水之崖也

齗 史記魯世家洙泗之間齗齗如 也讀如誾誾漢書地理志同

二十二元二十三魂二十四痕

大宛 史記大宛傳索隱音苑又于袁反漢書高帝紀滅 守大宛于元反 補遺史記首秦紀百里傒亡秦走大宛武帝紀西伐大宛

怨 漢書黥布傳恐仇怨妄誣之于元反 補遺史記始皇紀母家有仇怨皆阬之 漢書張歐傳上具獄事有可卻卻

幡 之往退令更平幡之別本或作番 史記平準書杜周治之獄少反者正義音翻漢書雋 不疑傳有所平反言奏使從輕也高五王傳太中惡

反 自起反邑請曰翻張安世傳何以知其 不反水驗郎王莽傳舉兵反虜音翻

番 漢書卜式傳隨畜牧 蕃與蕃同扶元反

蕃 史記晉世家其後必蕃昌者音煩漢書外戚傳惜蕃 華之未央扶元反 補遺史記前秦紀馬大蕃息漢 書首文紀以害農者蕃禮樂志嫗伏 蕃蘆司馬相如傳孳蕃弱亦扶元反

蕃 史記太史公自序七國叛逆蕃屏京師 補遺 首漢興諸侯表蕃輔楚世家如蕃臣不與亢禮

爰 史記袁盎傳 漢書作爰

援 史記趙世家史援音袁漢書劉向傳援近宗室 杜欽傳擧援音爰春秋左氏傳右援枹而鼓

轅 漢書地理志商君制 轅田孟康曰轅爰同

緐 漢書律歷志物盛 而緐緐與繁同

讙 史記陳丞相世家諸將盡讙音喧又音歡叔孫通傳 無敢讙譁音喧花漢書霍光傳民間讙言許爰反 補遺史記首樂書鼓鼙之聲讙漢書 首陳平傳盡讙師古曰讙謼而議也

昆 史記李將軍傳公孫昆邪音魂漢書鼂 錯傳同 補遺漢書首地理志昆邪王

琨 漢書地理志瑤琨 篠簜讀與琨同

昆侖 漢書張騫傳窴河出昆侖與崑崙同 補遺 史記夏紀織皮昆侖漢書律歷志昆侖之陰

惛 漢書王溫舒傳惛惛不辯音昏 補遺 史記酷吏傳居廷惛惛不辯音昏

踆 漢書貨殖傳下有踆鴟至死不飢大 芋也音蹲 補遺史傳同古蹲字

敦 漢書禮樂志車千乘敦昆侖讀曰屯 徒門反揚雄傳敦高騎弦中營兮

犇 史記秦紀重耳夷吾出犇漢書昭紀犇命擊益 州古奔字 補遺史記首殷紀紂犇于鳴條

純 史記蘇秦傳錦繡千純音屯凡絲錦布 帛一段爲一屯集韻引詩白茅純束

賁 史記周紀虎賁趙世家王賁之楚音奔漢書百 官表虎賁周禮虎賁氏春秋左氏傳鶉之賁賁

渾 漢書揚雄傳渾天師古曰渾天象也胡昆反 補遺史記平準書渾邪王漢功臣表渾邪

補遺

棱 漢書閩粵傳棱終古 史記東越傳作轅

原 漢書張騫傳贊 窮河原原卽源字

蝯 漢書景十三王傳蝯熊奇獸揚 雄傳蝯狖擬而不敢下古猿字

爰 史記李將軍傳爰臂漢書李廣傳爲人長爰臂如淳 曰如猿臂通肩也或曰以當爲猨也師古曰王國風

兒爰之詩爰爰緩意也其義兩通

媛 漢書古今人表麗媛許元反又許遠反

宛 漢書司馬相如傳宛雛孔雀

鵷 史記司馬相如傳鵷雛孔鸞又鵷鸞雛

宛 漢書揚雄傳颸梁氣之宛延

軒 史記張騫傳棃軒大宛傳棃軒漢書地理志驪軒張掖縣名張騫傳犛軒讀與軒同李奇音虔

憍 史記司馬相如傳敽憍元經漢傳同

媓 史記司馬相如傳橫姽媓姽音鬼媓音晃

昆吾 漢書司馬相如傳琳珉昆吾史傳琳珉琨珸

緡 漢書周勃傳東緡音昏魏地

昏 史記禮書大昏之未廢齊也與婚同漢書王吉傳與崇為昏注婚姻之家

巛 漢書律歷志巛蒙王莽傳乘乾車駕巛馬即古坤字

嗢 史記封禪書蕰嗢有黃雲蓋焉武帝紀作晏溫

汶 史記屈原傳受物之汶汶音門猶昏暗不明也

尊 史記禮書尊俎又元尊樂書陳樽俎漢書禮樂志尊桂酒

敦 史記大宛傳敦煌匈奴傳燉煌漢書地理志敦煌郡音屯字又作燉張騫傳焞煌

根 史記灌夫傳引繩批根生平慕之後棄者音痕漢書作排根孟康音根師古下恩反共排退之

二十五寒二十六欵

墠 史記孝文紀其廣增諸祀墠場珪幣與壇同

栞 史記夏紀九山栞旅漢書地理志隨山栞木古刊字

闌 漢書王莽傳奴婢之市與牛馬同蘭謂牛馬闌圈

餐 漢書高后紀賜餐錢奉邑師古曰餐湌一字耳千安反

飱 漢書王莽傳設飱粥師古曰古飧字

餐 漢書韓信傳傳餐古飡字史記作飧

奸 史記殷本紀阿衡欲奸湯而無由漢書燕王澤傳以書奸澤劉向傳奸死亡之誅音干春秋左氏傳所謂奸命

奸 史記匈奴傳聶翁一奸闌音干謂犯禁私出物也

褍 史記宋世家公子褍秦音端

耑 漢書天文志隨北斗而銳若文志咸物造耑古端字周禮已下則摩其耑

槃散 史記平原君傳民家有躄者槃散行汲與躃同行不進貌

玩 史記酈生傳項王為人刻印刓而不能授正義作玩五官反與刓同漢書作玩瓚云項羽吝于爵賞玩惜侯印不能以封人

玩巧 史記太史公自序其極則玩巧上五官反玩謂替也巧謂鹽惡也

番 史記朝鮮傳嘗略屬眞番音潘逆東有番汗縣又番禺漢書地理志番汗音盤番禺音潘

驩 史記魯世家言乃驩喜說也春秋左氏傳顧結驩於二三君稱遺首殷紀天下咸驩漢書高后紀上有驩心已使百姓又驩欣交通

單 史記春申君傳王之威亦單矣亦作殫徧遺漢書韓信傳糧食單竭王嘉傳單貨財以富之

襌 漢書江充傳紗縠襌衣師古音單蓋寬饒傳陰具襌衣令短離地

揣 漢書賈誼傳何足控揣揣與摶同史記作摶

般 漢書翟奉傳傳般庚遷般谷永傳般樂游田皆讀曰盤孟子般樂怠敖薾還史記燕世家甘盤漢書首地理志般南陽音盤

設 史記孝文紀相約而後相設章昭曰設相抵獨說文設也漢書文帝紀莫違反又音設薾還史記首始皇紀設欺以取容案漢宣紀及諸傳並莫違反推辭宣傳莫于反

卞 漢書楚元王傳小卞之作師古曰音盤

翰 漢書揚雄傳龍翰合韻音韓

邯 漢書地理志邯鄲又邯會皆音寒

汗 漢書地理志遼東番汗音盤寒

汗 漢書地理志豫章餘汗音干

虷 漢書鮑宣傳白虹虷日音干

扶 漢書天文志晷奢為扶鄭氏曰當為蟠字齊魯之間聲如酺扶酺聲近蟠止不行也

姍 漢書司馬相如傳媻姍先安反 補遺史傳同

補遺

幹 史記孝武紀井幹樓度五十餘丈一本作榦音韓漢書郊祀志井幹樓字或作韓義並同音韓

闞 史記魏世家有河山以闞之

讙 史記五帝紀驩兜又作讙漢書刑法志放讙兜尚書驩兜

番 史記吳世家伐楚取番音潘漢書武帝紀眞番番食貨志番係欲省底柱之漕普安反

番 史記趙世家番吾君音盤常山縣名漢書地理志張掖郡番和音同

藩 史記太史公自序以集貨藩莫寒反

鄱 史記六國表秦拔我狼孟鄱音婆又音盤

貫 漢書谷永傳以次貫行師古曰聯續也謂上所陳宗條事宜次第相續行之工端反

刓 漢書韓信傳刻印刓忍不能予與抏同又音專

𧤗 史記司馬相如傳麒麟角𧤗漢傳作端

鑾 史記封禪書鑾車一駟郎與驂乘

二十七刪 二十八山

還 漢書食貨志還廬樹桑繞也詩作環

般 史記司馬相如傳般般之獸古班字漢傳同五行志秦公子般 補遺漢書古今人表公輸般東方朔傳魯般皆與班同

般 史記賈生傳般紛紛其離此尤兮音班漢書師古曰字從丹青之丹漢書禮樂志般裔裔趙充國傳明主般師罷兵揚雄傳般倕棄其劍蒯並讀與班同

辨 漢書王莽傳辨社諸侯讀作班布也

鍰 漢書五行志宮門銅鍰讀作環

囏 史記周紀懿王囏楚世家子熊囏立古艱字漢書異姓諸侯王表用力如此其囏難也

間 史記魏其傳屏間處音閒漢書劉向傳願賜清燕之間讀曰閑

矜 史記五帝紀有矜在民間曰虞舜古頑反詩至于矜寡

嫺 史記屈原傳明于治亂嫺于辭令音閑

蕳 史記淮南王傳中尉蕳忌音姦嚴助傳間忌音同詩方秉蕳兮古顏反蘭草也 補遺漢傳同

𠬥 漢書司馬相如傳仰𠬥橑而捫天古攀字橑椽也音老

𠬥 漢書揚雄傳纍既𠬥夫傳說兮晉灼曰𠬥慕也古攀字

補遺

貫 史記陳涉世家贊士不敢貫弓而報怨烏還反又如字伍子胥傳貫弓執矢嚮使者音彎又古患反楚世家彎弓屬矢

辨 史記五帝本紀辨於羣臣音班

卑 漢書地理志卑水音班越嶲縣名

劉 漢書地理志武威郡揟劉音環

郇 史記晉世家盟於郇音荀又音環

菅 漢書地理志引鄭詩士與女方秉菅兮今詩作蕳

患 漢書楊雄傳亦無所患患合韻胡關反

綸 漢書古今人表鄭成公綸工頑反左氏傳作睔工頑反

豻 史記司馬相如傳蟃蜒貙豻 豻音顏 音岸 協韻芳姦反

豳 史記司馬相如傳彼豳文 漢傳玢豳文磷 即班字

斒 史記司馬相如傳璸斒 又鱗斒 亦班字 玢璸並音彬

班馬字類第一

班馬字類第一 刊下齋校本

班馬字類第二

下平聲 補遺附

一先二僊

仟 史記陳涉世家仟伯 音千伯音陌 漢書食貨志仟伯之間成羣

掔 史記鄭世家肉袒掔羊 與牽同

撁 漢書揚雄傳撁象犀 古牽字

縣 史記殷紀縣肉爲林 高祖紀縣隔千里 漢書高紀同 師古曰此本古之懸字 後人轉用爲州縣字 乃更加心以別之 非當借音 元帝紀縣蕝夷邸門 古懸字 禮樂志高張四縣 西域傳縣繩而度 詩有縣貆 今春秋左氏傳字加縣磬

泉 史記天官書下有積錢 徐廣曰古作泉字 補遺 漢書天文志下有積泉金寶

璇 史記天官書璿璣玉衡 與璿同 或作琁

班馬字類第二 一 刊下齋校本

還 史記天官書殃還至 漢書律歷志同 還五行之道 量錯傳死不還踵 音旋 詩勢還率也

銷 史記楚世家遇其故銷人 古元反 蕭昭曰今之中涓 漢書項籍傳梢銷 火元反

摶 史記秦始皇紀摶心揖志 音專 補遺 田世家馮因摶三國之兵 音專 索隱音團 謂握領也 別本或書作摶

顓 史記陳涉世家客愚無知顓妄言 漢書高后紀祿産顓兵秉政 與專同

剸 史記樊酈傳用事剸權 音專 漢書蕭何傳剸屬任 叔孫通傳剸言故舉盜壯士進之 與專同 又音之兗反

閼 史記建元年表閼氏 於連反 氏音支 單于嫡妻號 補遺 漢書古紀單于閼氏

焉 史記匈奴傳焉支山 音煙

篿 史記張耳傳問之篿 與前漢書同 音鞭 補遺 又音編 編竹木 如今畚 可以盛餘

滇 史記西南夷傳君長滇最大 音顛 司馬相如傳文成滇歌 索隱曰益州顛縣人能作西南夷歌 顛即滇字 音同 漢書相如傳作顛歌

僊 漢書郊祀志求僊人羨門之術師古曰以僊字爲仙

姍 漢書司馬相如傳便姍嫳屑音先史記作媥姺徶循李夫人傳偏何姍姍其來遲音仙

䙴 漢書郊祀志欲䙴夏社古遷字

䙴 漢書律歷志周人䙴其行序古遷字

䙴 漢書地理志䙴亦古遷字

寘 史記河渠書負薪寘決河大于反與填同漢書溝洫志同

填 漢書貢禹傳好女數千人以填後宮與寘同

闐 漢書西域傳于闐與寘同 補遺史記匈奴傳闐顏山漢書首武紀闐顏音填

零 漢書趙充國傳先零音憐

弦 漢書禮樂志鍾石筦弦與絃同 補遺史記始皇紀樂人弦歌之樂書舜作五弦琴

撣 漢書宣帝紀匈奴日逐王先賢撣音纏束之纏

纏 漢書人表安陵纏即纏字 補遺史記扁鵲傳動胃纏緣直延反

壥 漢書楊雄傳有田一壥與廛同

鳶 漢書五行志成帝河平元年有鳶焚其巢音緣梅福傳鳶鵲

爇 漢書五行志見巢爇盡墮地古然字

卷 漢書賈捐之傳昧死竭卷卷音拳詩碩人美且卷

惓 漢書劉向傳惓惓之義與拳同

拳 漢書貢禹傳臣禹不勝拳拳與惓卷同 補遺首太史公傳拳拳之忠

攣 漢書外戚李夫人傳上所以攣攣顧念我者力全反又音戀

拳 漢書李陵傳張空拳與弮同去權反又音眷 補遺史記孫臏傳解雜亂紛糾者不控捲索隱曰當善以手解之不可控捲而擊之捲即拳也案資善通鑑不控拳與弮同或爲拳手之拳非

荃 漢書景十三王傳遺建荃葛注細布也千全反

旃 漢書王吉傳綢旃之上與氈同 補遺史記天官書旃裘引弓之民蘇秦傳旃裘狗馬之地漢書首蘇武傳齧雪與旃毛

亶 漢書敘傳屯亶與邅連兮竹連反

諐 漢書劉輔傳元首無失道之諐與愆同 補遺首五行志辟諐公行茲謂不伸

騫 漢書楊僕傳斬將騫旗與搴同王莽傳騫衣

堧 漢書申屠嘉傳上皇廟堧垣如椽反晁錯傳人緣反 補遺史傳同漢書首地理志河堧棄地

謾 漢書文帝紀民或相謾季布傳面謾音慢又莫連反集韻曰欺也或作譠

嬗 漢書賈誼傳變化而嬗服虔音如蟬謂變蛻也蘇林曰相傳與也師古曰此即禪代字合韻故音嬋蘇說是 補遺史記同

補遺

仟 漢書食貨志有仟伯之得謂千錢也

西 漢書禮樂志象載瑜白集西合韻音先

蹎 漢書貢禹傳蹎仆與顛同

滇 漢書禮樂志泛泛滇滇從高斿徒千反如振旅闐闐

寘 史記大宛傳于寘與闐同又音殿

闐 史記汲鄭傳翟公爲廷尉賓客闐門

令 史記平準書築令居音零又音連

羸𨻻 漢書地理志交趾郡羸𨻻音連婁來田反

單 史記建元以來年表服單于漢書文帝紀單于楊雄傳登降峛崺單埢垣兮音蟬

羨 史記始皇紀單以藏閉中羨下外門盡閉衞世家共伯入釐侯羨自殺音延又以戰反羨道也

閼 史記秦紀攻趙閼與音焉與音預在上黨

烏 史記酈商傳破雍將軍烏氏于然反氏音支

便 史記惠景文侯者年表便侯音鞭
邊 漢書古今人表輪邊郎輪扁音翩
便 史記五帝紀便章百姓索隱曰古文尚書作平章平古平亦作便同音婢緜反
緣 史記司馬相如傳被山緣谷匈奴傳緣邊亦各堅守漢書食貨志緣邊四夷今作沿
旋 史記律書旋璣玉衡漢書律歷志佐佑旋璣斟酌建指以齊七政
專 史記吳世家專諸刺客傳注亦作剸春秋左氏傳鱄設諸漢書賈誼傳剸諸三字通
湍 漢書地理志折注湍水音專
燃 漢書賈誼傳火未及燃
允 漢書地理志金城郡允吾音鈆牙又允街音鈆
均 史記夏紀均江海讀曰沿
身毒 史記西南夷傳身毒國一本作乾毒即天竺浮圖胡也索隱音捐篤又音乾漢張騫傳身毒音同西域傳捐毒

嬛 漢書司馬相如傳柔橈嫚嫚于圓反史記作嬛嬛音娟
圜 史記天官書句圜十五星漢書律歷志制器規圜矩方食貨志九府圜法梅福傳從諫如轉圜
員 史記禮書規矩者方員之至也
弮 漢書揚雄傳𡾊連卷音拳
卷 史記蘇秦傳取淇卷丘權反漢書周勃傳其先卷人古今人表劉文公卷其專反
袮 漢書地理志代郡袮氏音權氏音精

三蕭四宵

琱 漢書郊祀志張敞美陽鼎刻書曰黼黻琱戈與琱同王吉傳琱琢酷吏傳斲琱為樸與彫同
跳 史記荆王世家跳驅音條
痱 漢書律歷志窮痱焉不滿之處吐彫反

脩 漢書外戚恩澤侯表脩侯犯色音條高后文功臣表脩侯亞夫地理志脩市傳脩侯師古曰地理志脩其音同 補遺首高惠 音條周勃
膫 史記建元年表膫陽音遼
轑 漢書田廣明傳轑陽音遼左氏傳圍伯轑于轑陽 補遺首昭帝紀轑陽侯音料郊祀志音遼
漻 漢書禮樂志寂漻上天知厥時來料反 補遺史記司馬相如傳寂漻無聲
嵺 漢書司馬相如傳上嵺廓而無天音遼史記作寥
料 漢書賈誼傳臣竊料匈奴司馬遷傳竊不自料其卑賤音聊馮奉世傳不料敵量也 補遺史記項羽紀料大王士卒足以當項王乎魏世家竊料之
俚 漢書季布贊其畫無俚之至耳晉灼曰揚雄方言俚聊也說文曰賴也此為其計畫無所聊賴
徼 史記仲尼弟子傳以徼其志結堯反謂徼射其志
徼 漢書伍被傳可以徼幸邪與僥同 補遺史記趙世家必有謀臣賊起一出身徼幸

徼 漢書匈奴傳韓安國將三十萬衆徼于便墜工堯反 補遺首游俠傳建遣兵道徼取涉車上
獟 史記衛將軍傳誅獟駻去喬反 補遺漢書衛青傳同字或作趬又邱召反
要 漢書高帝紀諸侯至而定要束耳
㬰 漢書地理志北地郡大㬰郎古要字一遙反
要 史記建元年表要斬音腰孔子世家要經漢書陳平傳要下當有寶器金玉賈誼傳一壓之大錢加要請作腰
要 史記孝文紀皇太后固要帝晉世家子犯以爲已功而要市于君讀作邀詩作新臺于河上而要之 補遺首秦紀數使人間要由余項羽紀張良出要項伯漢書文帝紀固要上
訞 漢書文帝紀有訞言之罪與妖言同 補遺史記始皇紀或爲訞言
祅 漢書律歷志作祅言欲亂制度讀作妖 補遺史記樂書疢疢不作而無祅祥
陶 史記夏紀皋陶作士音遙尚書同詩君子陶陶和樂貌 補遺漢書禮樂志非皋陶之法也

遥 漢書郊祀志谷永疏遥與輕舉古遥字

隃 漢書黥布傳帝隃謂布何苦而反讀曰遥趙充國傳百聞不如一見兵難隃度

踰 漢書陳湯傳踰集都賴讀曰遥

搖 漢書天文志星搖者民勞也與搖同 補遺首本志內爲矛招搖附耳搖動

䚻 漢書天文志䚻俗車服 與謠同五行志童䚻

繇 史記夏紀草繇木條音遥茂也

繇 漢書李尋傳人民繇俗與謠同

繇 史記項羽紀每吳中有大繇役音遥始皇紀黎庶無繇漢書高帝紀常繇咸陽霍去病傳繇役以寬天下 讀曰傜 字通用

搖 漢書司馬相如傳消搖乎襄羊 讀曰逍遥史傳作招搖無音

咎 繇漢書武帝紀咎繇對禹晁錯傳大禹得咎繇而爲三王祖與皋陶同

熛 史記司馬相如傳靁動熛至必遥反 漢書作猋 補遺首禮書卒如熛風

票 漢書禮樂志票然逝旗遥蛇匹遥反

飄 漢書蒯通傳飄至風起讀曰猋必遥反

縹 漢書賈誼傳縹縹匹遥反揚雄傳縹縹有陵雲之志匹昭反司馬相如傳縹縹

翲 史記太史公自序閭不容翲忽匹遥反

招 漢書禮樂志陳舜之後招樂存焉讀曰韶孟子蓋徵招角招是也 補遺史記五帝紀禹乃興九招之樂 音韶

昭 史記太史公自序忘其昭穆 補遺漢書王莽傳昭穆

招 漢書禮樂志雲招項籍傳贊招八州而朝同列音翹

轎 漢書嚴助傳輿轎而隃領音橋

蟜 漢書蕭望之傳張子蟜待詔巨遥反字或作僑 補遺史記孔子弟子傳江東人蟜子庸疵音橋

銷 史記太史公自序其勢銷弱

肖 史記太史公自序中呂肖矣音痟猶衰微

捎 漢書天文志見捎雲精白音霄又音髾

鼂 史記秦紀庶長鼂音朝景帝紀大子爲誅鼂錯 補遺漢書景帝紀語在鼂錯傳

晁 漢書景帝紀斬御史大夫晁錯古朝字

朝 史記儒林傳使掌故朝錯往受之漢書爰盎傳師古曰鼂古朝字其下作朝蓋通用 補遺漢書首吳王濞傳朝錯爲太子家令

鼂 漢書嚴助傳鼂不及夕古朝夕之朝 補遺首司馬相如傳鼂采琬琰

焦 漢書敘傳夕而焦瘁在消反

嶠 漢書楊雄傳嶠高舉而大興去昭反

銚 漢書禮樂志銚丙會員十二人韋昭曰國名銚音姚

樵 漢書趙充國傳爲塹壘木樵師古曰樵與譙同謂爲高樓以望敵

補遺

箾 史記吳世家舞象箾又招箾索隱曰韶箾二字體變

萷 漢書司馬相如傳紛溶萷蔘音蕭史傳紛容蕭蔘

雕 史記李將軍傳必是射雕者也漢傳射鵰字通

鼦 史記貨殖傳狐鼦裘千皮

廖 漢書古今人表辛廖音聊司馬相如傳廖廓

獠 史記司馬相如傳獠于蕙圃音遼爾雅云宵獵曰獠漢傳同師古曰力笑反

潦 史記功臣表潦陽音遼

鄡 漢書地理志鉅鹿郡鄡苦么反又差皋反

梟 史記留侯世家黥布楚梟將漢書高帝紀北貉燕人來致梟騎梟勇也如六博之梟

逃 史記項羽紀進兵圍成皐漢王逃徒榻反漢書作跳
焦 漢書司馬相如傳焦明史傳同後字作鷦
湫 史記伍子胥傳敗越于夫湫音椒漢書古今人表楚湫舉即椒舉
焱 漢書古今人表衛殤公焱春秋作剽
杓 史記天官書杓攜龍角斗柄也匹遙反漢書律歷志玉衡杓建天之綱也
漂 史記賈生傳鳳漂漂其高逝兮韓安國傳衝風之末力不能漂鴻毛漢書景十三王傳衆喣漂山楊惲傳漂然皆有節槩
晁 史記楚元王世家坐晁錯以過
䌛 史記蘇秦傳二日而莫不盡䌛音搖動也漢書楊雄傳招䌛泰壹閩越傳䌛君丑
繇 史記孔子弟子傳顏無繇音遙
䌛 漢書古今人表咎䌛與陶同

姚 漢書外戚李夫人傳縹飄姚虖愈莊言顏色的然美盛路在風中飄姚愈益端嚴縹匹妙反
劭 漢書成帝紀劭農音韶又時召反
鄗 史記建元王子侯表鄗漢表作敲許昭反
橋 史記魯世家長狄橋如郎春秋左氏傳僑如
僑 漢書王褒傳呴嘘呼吸如僑松

五爻

鄛 史記項羽紀居鄛人范增讀作巢漢書同
胞 漢書趙后傳善臧我兒胞師古音苞謂胎之衣
胞 漢書百官表胞人長丞與庖同東方朔傳館陶公主胞人臣偃
包 漢書郊祀志贊包羲氏讀曰庖
炮 漢書律歷志炮犧神農與庖同

磽 漢書景帝紀磽陿師古曰謂磽确與墝同孟子地有肥墝
窅 漢書禮樂志窅窊桂華一交反言桂華之形窅窊然
謿 漢書楊雄傳解謿與嘲同
啁 漢書東方朔傳談啁而已與謿同竹交反
梢 漢書楊雄傳被雲梢師古曰與旓同謂旌旗之流以雲爲旓也

補遺

殽 史記秦紀汝軍即敗必于殽阨矣漢書張良傳西有殽黽郎與崤同
交 漢書高帝紀見交龍于上鄒陽傳交龍襄首舊翼則浮雲出流史記高祖紀見蛟龍于上
交 漢書司馬相如傳交精旋目史傳鵁鶄鷃目
脬 史記倉公傳風癉客脬普包反字或作胞
抱 史記三代世表抱之山中普交反又如字

謈服 漢書田蚡傳謈服謝罪晉灼曰下音酌小兒嗁爲呼酌師古曰若謂嗁爲謈服則音火交反平卓反 史記武安傳專呼服謝罪音義曰號呼謝服罪也
呼謈 漢書東方朔傳部舍人不勝痛呼謈音髐酌師古曰與田蚡傳呼服音義同一曰痛甚則稱阿謈音步高反

六豪

豪 史記項羽紀沛公入關秋豪不敢有所犯近越世家如目見豪毛而不見其睫漢書高帝紀吾入關秋豪無所取律歷志度長短者不失豪氂並與毫同
撓 漢書息夫躬傳撓亂國家匈奴傳易撓亂呼高反晁錯傳撓亂師古曰攪也火高反其字從手一撓曲也弱也女教反其字從木
告 史記晉世家狄伐告如漢書百官公卿表告䌛作士音皋䌛弋昭反
敖 史記律書游敖嬉戲讀如遨詩以敖以遊補遺漢書食貨志邑無敖民謂遨遊也

敖 史記晉世家先縱齧狗名敖犬四尺曰敖
敖 史記樊酈傳至敖倉匈奴傳因杅將軍敖
敖 漢書霍光傳常與居禁闥內敖戲讀曰遨
䣜 漢書宣紀立皇子䣜爲定陶王音敖 補遺史記五帝紀元䣜又元囂漢書五行志莫䣜小敗王莽傳贊四海之內䣜然
嚻 漢書董仲舒傳嚻嚻若不足讀與嗸同嚻嚻衆怨愁聲
謷 漢書食貨志天下謷謷 師古曰衆口愁聲音敖
嗸 漢書劉向傳讒口嗸嗸衆聲音敖詩哀鳴嗸嗸 補遺史記始皇紀贊天下之嗸嗸
耗 漢書高惠高后文功臣表靡有孑遺耗矣俗謂無爲耗音毛
弢 漢書藝文志六弢六篇與韜同 補遺史記樂書車甲弢而藏之府庫音韜
艘 漢書溝洫志漕船五百艘一船爲一艘字從木先勞反

蒲陶 史記司馬相如傳櫻桃蒲陶蒲陶可作酒漢傳同 漢書西域傳大宛以蒲陶爲酒與桃同
鞀 漢書楊雄傳鳴鞀磬之和古鼗字
跳 史記高祖紀項羽圍成皋漢王跳音逃漢紀如淳音同師古音徒彫反
蝚 漢書司馬相如傳獿蝚師古曰猱乃高反
轑 漢書楚元王傳轑釜音勞橈也

補遺

豪 史記太史公自序豪公思義悼豪之旅索隱曰豪郎嶠之異音
髦 史記西南夷傳髦牛漢傳旄牛
敫 史記殷紀仲丁遷于敫字亦作囂並音敖尚書作囂
嗥 史記司馬相如傳左烏嗥之鵰弓郎與號同
醻 漢書食貨志醻截灰炭郎糟字截酢糵才代反

潦 史記司馬相如傳𩏂潦潦𩏂郎潦也漢傳音勞
旄 史記夏本紀羽旄齒革漢書地理志同尚書羽毛
嶩 漢書地理志引詩遭我虖嶩之間兮或作猺嶩皆乃高反

七歌八戈

何 漢書賈誼傳在大譴大何之域讀曰呵 補遺史記秦紀贊陳利兵而誰何與呵同
呵 漢書食貨志縱而弗呵責怒也 漢書薛宣傳譏呵及細微與訶同
荷 漢書酈食其傳好荷禮與苛同
茄 漢書楊雄傳衿芰茄之綠衣亦荷字見張揖古今字詁
他 史記呂后紀呂他徒何反晉世家賈他音陀
佗 史記河渠書佗小渠與他同
佗 漢書趙充國傳以一馬自佗負畜產載負者皆爲佗徒何反

它 史記曹相國世家作項他徒何反漢書高帝紀項它又尉它古佗字或作他 漢書匈奴傳康居亦遣貴人橐它驢馬數千匹 補遺首楊雄傳驢橐它
池 史記仲尼弟子傳滂池矣漢書地理志虖池並徒何反 補遺漢書首平紀罷安定呼池苑
陂陁 史記司馬相如傳罷池陂陁罷音支陂音波漢書陂陁上普河反下音駝
㤨 漢書地理志清河郡㤨題古㤨字
蛾 漢書外戚班婕伃傳蛾而大幸無幾之頃也與俄同
蛾 漢書楊雄傳何必颺纍之蛾眉
絫 漢書律歷志權重者不失黍絫孟康來戈反
繁 史記張蒼傳繁君音婆漢書陳湯傳繁延壽蒲何反
繇 漢書蕭望之傳繇延壽音婆集韻云姓也 補遺舊在前注今表出
番 史記項羽紀番君音婆漢書高帝紀同陳勝傳與番盜英布相遇番後改作鄱

龢 漢書叙傳旣中龢爲庶幾今古和字旣古聿字

俄 漢書揚雄傳鴻生鉅儒俄俄軒冕雜衣裳法戚俄陳舉之貌

譌 史記封禪書皆譌曰始皇上泰山爲暴風所擊漢書江充傳苟爲姦譌古訛字 補遺 史記首五帝紀便程南譌音訛

僞 漢書王莽傳每縣則薦以勸南僞讀曰訛

劘 漢書賈山傳贊自下劘上厲也摩同

磨 漢書敘傳么磨尚不及數子與麼同

酇 漢書地理志沛郡酇應劭音嵯師古曰此縣本爲酇應音是中古以來借酇爲之讀皆爲酇而王莽呼爲贊治則此縣亦有贊音耳 補遺 史記蕭相國世家酇侯無音漢書首高帝紀酇侯

獻 漢書王莽傳方斗獻師古音犧謂斗魁及杓末如勺之形 補遺 案廣集韻桑何反

補遺

荷 史記夏本紀道荷澤音歌字亦作菏

呵 史記衛綰傳景帝五歲餘不譙呵綰音誰何

苛 漢書王莽傳掖門僕射苛問不遜又大司空士夜過奉常亭亭長苛之雖無音郎與呵同

差 史記屈原傳唐勒景差漢書人表景瑳子何反索隱讀如字

襄 漢書五行志不襄城師古初爲反一讀曰囊謂以草覆城也先和反

鄲 漢書高惠功臣表鄲音多沛郡縣名

拕 漢書嚴助傳拕舟以入水音它

阤 史記司馬相如傳登陂阤之長坂徒何反

佗 漢書常惠傳驢贏橐佗

他 史記匈奴傳橐他一匹

鱓 史記太史公自序鼉鱓與處音鼉

娥 漢書外戚李夫人傳連流視而娥揚師古曰揚其娥眉

郍 史記匈奴傳朝郍亦那字

渦 漢書地理志陳留注渦渠音戈

痤 史記商君傳事魏相公叔痤在戈反漢書人表任痤范痤並才戈反

陂 漢書馮奉世傳降同陂注平陂也普何反

摩 史記平準書盜摩錢裏取鋊後作磨趙世家摩笄自殺漢書食貨志盜摩錢質董仲舒傳漸民以仁摩民以誼嚴安傳鋌甲摩劍

驘 漢書司馬相如傳驢驘與騾同

贏 史記霍去病傳單于遂乘六贏壯騎可數百直冒漢圍西北馳去漢書同並無音字本作贏

蠃 史記貨殖傳果隋蠃蛤與螺同

番 史記秦紀謀黃髮番番則無所過音波尚書番番良士

九麻

硰 史記絳侯世家擊韓王信軍于硰石音沙 補遺 漢傳同又赤坐反

苴 史記張儀傳苴蜀相攻擊徐廣曰谷州天苴讀爲苞蔡之苞 補遺 索隱曰音巴謂巴蜀按巴苴草名或巴人巴郡因芭苴得名所以遂以苴爲巴譙周蜀人也知無苴之音謂爲芭黎之芭

假 漢書禮樂志旅流四奏假狄合處即遐字

赮 漢書天文志雷電赮虹廣韻音霞日朝赤色

瑕 漢書揚雄傳噏清雲之流瑕日旁赤色

余 史記匈奴傳余吾水以奢反衞將軍傳音徐正義音餘 補遺 漢書武紀馬生余吾水中無音

荼 漢書江都易王傳使男子荼恬上書食邪反今人姓作余

婼 漢書趙充國傳將婼月氐兵音兒遮反

芭 漢書揚雄傳[illegible]芭音葩

烏秅 漢書西域傳烏秅國上一加反下直加反

把 漢書貢禹傳捽山把土蒲巴反捽才兀反手捽之也

茬 漢書貨殖傳山不茬蘖古槎字

窊 漢書禮樂志窊窊桂華一瓜反

鼃 漢書東方朔傳水多鼃魚即蛙字

邪 史記天官書如星非星如雲非雲曰歸邪音蛇漢書天文志同

邪 史記司馬相如傳邪與肅慎爲鄰邪謂東北接之漢書讀作斜

邪 漢書揚雄傳鏌邪 補遺 史記賈誼傳莫邪爲頓兮

補遺

靡 漢書地理志牧靡音麻益州縣名即升麻所出

吾 漢書地理志允吾音鉛牙金城縣名

斜 史記河渠書褒斜音邪漢書溝洫志同

塗 漢書東方朔傳令壺齟老柏塗直加反齟音樝又側加狀加反

涂 史記匈奴傳涂山音邪漢書作邪

蝦 史記天官書雷電蝦虹

亞 漢書東方朔傳伊優亞烏加反

荼 漢書地理志楚國荼陵弋奢反又丈加反

邪 史記驃騎傳渾邪匈奴王傳渾邪漢書地理志昆邪

祖厲 漢書武帝紀西臨祖厲河而還上音嗟下音賴

夸 史記始皇紀夸主以爲名劉敬傳矜夸漢書刑法志用相夸視

華 漢書地理志華驪綠耳之乘即與驊同

十陽十一唐

昜 漢書地理志曲昜又歷陽注傳昜山並古陽字

颺 漢書揚雄傳何必颺纍之蛾眉古揚字敍傳颺聲又風颺電激

詳 史記秦紀乃使魏讐餘詳反項羽紀見使者詳驚愕呂后紀詳醉去並音羊詐也 補遺 首殷紀箕子懼乃詳狂爲奴

洋 漢書禮樂志福滂洋音羊又音詳滂普郎反地理志河水洋洋音祥

洸洋 史記莊子傳其言洸洋自恣正義音汪翔上又音晃

詳 漢書禮樂志抑不詳注違道不詳者斷之

舫 史記張儀傳舫船載卒者音方謂並船酈生傳方船而下

鴹 漢書禮樂志鴹古時郊祀志聲氣遠條鳳鳥鴹古翔字

翔 漢書西域傳土地山川王侯戶數道理遠近翔實矣讀作詳

襄 史記高祖紀襄侯王陵索隱當作穰而無禾字省耳今郃公或作合此類多矣

襄 漢書鄒陽傳交龍襄首奮翼讀作驤

鬺 史記武帝紀禹鑄九鼎皆嘗鬺亨音觴 補遺 漢書郊祀志同

防 史記武帝紀有芝生殿防內中 補遺 漢書溝洫志宣防與房同

畺 漢書王子侯表畺土過制與畺同郊祀志諸侯祭其畺內

彊 漢書司馬相如傳封彊畫界讀作疆史傳作疆

壃 史記晉世家借也出壃乃免與疆同

剛 史記樂書而民剛毅

亢 史記項羽紀引兵攻亢父音剛 補遺 漢書高帝紀還軍亢父鄭氏音抗地理志沛郡龍亢

阬 漢書揚雄傳陳衆車于東阬讀作岡又踰巒阬

䘮 史記吳世家吳從因楚䘮而伐之與喪同

廧 史記趙世家翟伐廧咎如春秋左氏傳同漢書鄒陽傳牽帷廧之制讀作牆

創 史記齊世家示之創乃信之漢書灌夫傳創少瘳讀作瘡 補遺史記首項羽紀身亦被十數創漢書首高帝紀漢王病創臥

芒 史記魏世家丈人芒然司馬相如傳芒然而思讀作芒漢傳同孟子芒芒然歸讀作忙 補遺漢書禮樂志芒芒極莫郎反

薌 史記滑稽傳微聞薌澤

逿 史記倉公傳重陽者逿心主音唐猶盪也

昌 漢書揚雄傳趙充國贊先零昌狂讀作猖

闓 漢書司馬相如傳鏗鎗闓鞈記郎反鼓聲也 補遺史記作鎗鞈

慶 漢書揚雄傳慶天穎而喪榮讀與羌同敍傳慶未得其云已

臧 史記賈生傳遠獨世以自臧音藏漢書高后紀臧于高廟禮樂志臧于理官師古曰懷藏字人皆作臧漢書劍以爲臧 補遺史記首始皇紀命器珍怪徙臧滿之

班馬字類卷二　十六

臧 漢書景帝紀若買故賤賣坐臧爲盜讀作贓 補遺史記酷吏傳家盡沒入償臧

皇 漢書律曆志秦兼天下未皇暇也讀同遑

仿偟 史記楚世家靈王于是獨仿偟山中音彷皇漢書司馬相如傳仿偟乎海外

房皇 史記漢書房皇周浹曲直得其次序上音旁房皇猶迴轉也

杭 史記司馬相如傳杭絕浮渚而泝流杭船也漢傳同讀作航

亢 漢書張耳傳貫高絕亢而死頸也下郎反又下郎反婁敬傳搤其亢拊其背

盱 漢書揚雄傳魚頡而鳥盱胡剛反

羹 史記楚世家陳蔡不羹音郎春秋左氏傳不羹漢書地理志定陵注不羹音郎

郎 漢書東方朔傳陛下累郎臺恐其不高郎堂下周屋今作廊董仲舒傳嚴郎

浪 漢書地理志樂浪師古音洛狼又滄浪孟子滄浪之水清兮 補遺史記夏紀蒼浪之水

粮 史記司馬穰苴傳取將軍之資糧享士卒又身與士卒平分糧食

卬 漢書李尋傳作態低卬音昂 補遺首食貨志氏卬

湼 漢書禮樂志湼然歸烏黃反

橫 漢書戾太子傳焚蘇文于橫橋上音光卽橫門渭橋也 補遺史記外戚世家出橫城門音光漢書首成紀走入橫城門

壯 漢書古今人表衛[illegible]壯讀曰莊

補遺

陽 漢書古今人表樂陽師樂不

陽 史記韓非傳陽收其聲而實疏之漢書高帝紀陽尊懷王爲義帝田儋傳陽爲縛其奴韓信傳陽應曰諾又陽不勝

揚 史記樂書樂者非謂黃鍾大呂干揚也與鍚同

錫 漢書地理志漢中郡錫音陽卽春秋所謂錫穴

房 史記殷紀女鳩女房尚書作女方

防 漢書高惠功臣表汁防音什方史記高祖功臣表作汁邡

方 史記高祖紀攻胡陵方與音房預漢紀同

防 漢書武帝紀濟川王明廢遷防陵今之房州

詳 漢書百官公卿表部刺史掌奉詔條察州師古曰漢官典職儀云刺史以六條問事云云[illegible] 記言

祥 史記太史公自序陰陽之術大祥漢傳作詳索隱曰案史記名佯

嬙 漢書元帝紀賜單于待詔掖庭王牆爲閼氏匈奴傳王牆

鬺 漢書外戚班倢伃傳酌羽鬺兮銷憂

創 漢書敘傳禮義是創創合韻初良反

闓 漢書揚雄傳西馳閶闓闓讀與闔同

章 史記衛世家以章有德漢書武帝紀何施而可以章先帝之洪業

郭 漢書地理志丹陽郡故郭音章

恆 史記夏紀常衛既從又常山尚書皆作恆田敬中世家以爲丼恆人漢書高后紀恆山王今常山避文帝諱改爲常

湯 史記五帝紀湯湯洪水滔天吐郎反尚書湯湯

暘 史記始皇紀蒙驁攻魏暘有詭音暘索隱音暢

梁 漢書天文志天駟旁一星曰王梁孝王傳梁山史記天官書曰王良孝王傳良山二字通

剛 漢書高惠功臣表復陽剛侯陳胥

匡 史記天官書匡衛十二星又斗魁戴匡漢書天文志並作筐

匡 史記淮南王安傳王氣怨結而不揚涕滿匡而橫流即與眶同

軮 漢書揚雄傳忽軮軋而亡垠烏郎反遠相映也

唐 史記始皇紀至錢唐臨浙江漢書地理志錢唐楊雄傳蹶惢圖踐蘭唐謂蘭唐之上多生蘭也

踼 漢書楊雄傳靈叟踼試郎反又石隻反師古曰飛動兒二音皆通

碭 史記項羽紀沛公軍碭音唐漢書高帝紀芒碭山又音宕

蕩 史記秦紀遺兵伐蕩社漢書地理志河內郡蕩陰並音湯

望 漢書禮樂志體招搖若永望合韻音志

琅 史記始皇紀南登琅邪漢書高帝紀琅邪郎與瑯同

房 史記始皇紀作前殿阿房故天下謂之阿房宮音旁漢書賈山傳阿房之殿

方洋 漢書吳王濞傳方洋天下音房羊又上音旁史傳作彷徉

方皇 漢書楊雄傳浴方皇于西淸卽彷徨

蒼 史記夏紀爲蒼浪之水與滄同

倉 史記陳涉世家爲倉頭軍起新陽注皆若靑帽漢書蕭望之傳倉頭廬兒皆傳作蒼

糠 漢書吳王濞傳舐糠及米貢禹傳糠豆不贍

亢 漢書趙充國傳威謀靡亢台韻音康

饗 漢書禮樂志山河饗合韻音鄉

享 漢書禮樂志庶幾安享合韻音鄉

十二庚十三耕十四淸

亢 史記莊子傳亢桑子音庚

黽 史記春申君傳踰黽隘之塞音盲地在秦

衡 史記陳涉世家連衡漢書酈食其傳因言六國從衡時鼂錯傳衡加之以衆音橫師古曰衡部備川無旁音詩衡從其畝漢書補遺史記首始皇紀外連衡而鬭諸侯漢書首刑法志合從連衡

亨 史記平準書亨弘羊普彭反漢書高帝紀項羽亨周苛與烹同詩誰能亨魚補遺史記首樂書亨孰互記封禪書亨炊

榜 史記張耳傳貫高榜笞數千音彭捶擊之也補遺首李斯傳榜掠千餘漢書食貨志榜笞

鯨 漢書翟義傳取其鯨鯢古鯨字

撐 漢書匈奴傳撐犁孤塗單于音牚丈庚反

搶攘 漢書賈誼傳制搶攘上音傖仕庚反下女庚反亂貌

憆 漢書外戚傳陛下得武書何如日憆也丑庚反字本作瞠

萌 漢書劉向傳民萌何以勸勉與甿同補遺史記周本紀以振貧弱萌隸

甿 漢書楊雄傳甿隸之人古萌字民也補遺史記秦紀贊甿隸之人古氓字

紘 漢書楊雄傳遙噱虖紘中古紘字

嶸 漢書楊雄傳似紫宖之崢嶸音宏

暒 漢書天文志天暒而見景星無音玉篇與晴同

頃 史記魯世家頃公無野漢書文帝紀頃王后諱盜篇傾者漢書例作頃讀皆曰傾王褒傳不單頃耳而聽

己聽詩不盈頃筐 補遺 史記首呂后紀頃王后

正 漢書律歷志子爲天正王莽傳人民正營不安之意音征敘傳奕世宗正台韻音征

耕 漢書揚雄傳耕之以象類并也音并

嫈 史記東越傳爲繚嫈侯音縈漢書南粵傳嫈于耕反

盛 史記齊世家田乞盛陽生橐中伍員傳盛以鴟夷革 補遺漢書吳王濞傳盛其頭馳傳以聞

紘 漢書司馬相如傳紘議音宏史傳作閎

補遺

滂 史記司馬相如傳洶涌滂濞滂涌橫反濞涌拜反

京 漢書揚雄傳騎京魚京大也或讀作鯨

英 漢書禮樂志帝嚳作五英即與韺同

莖 漢書禮樂志顓頊作六莖即與䪫同

明 漢書地理志廣漢郡葭明音萌

醟 漢書敘傳中山淫醟合韻音榮

請 史記禮書禮至備請文俱盡古情字注諸字中多有此比

氏 漢書地理志代郡狋氏音精

甯 漢書禮樂志穰穰復正其往甯合韻音寧

政 史記范睢傳剖符于天下政適伐國上音征下音政

延 漢書文景功臣表延和二年雖無注即征字案洪內翰邁作前漢法語亦表此字出

呈 史記始皇紀以衡石量書日夜有呈不中呈不得休息

逞 史記晉世家欒逞音盈索隱曰史記盈字多作逞

慶 漢書敘傳承文之慶合韻音卿

成 史記封禪書成山斗入海漢書郊祀志盛山音成

十五青

庭 漢書公孫賀傳朝庭多事朝廷字通用 補遺首伍被傳方今漢庭治乎又循吏傳黃霸數決疑獄庭中稱平謂廷尉之中

令 史記晉世家秦兵圍令狐音零詩盧令令 補遺首秦紀秦以兵送至令狐漢書武帝紀令居

泠 漢書律歷志黃帝使泠綸音零 補遺首人表泠淪氏

軨 漢書揚雄傳據軨軒而周流與櫺同

苓 漢書敘傳失時者苓落讀曰零

刑 史記太史公自序食土軌啜土刑刑羹器也 補遺首始皇紀啜土刑漢書司馬遷傳歠土刑

補遺

清 史記五帝紀是爲青陽注即少昊也漢書律歷志少昊曰清陽者黃帝之子清陽也

荓 漢書古今人表青荓子步丁反

亭 史記張湯傳補廷尉史亭疑注亭平也漢傳平亭疑法

渟 史記始皇紀南鑿龍門通大夏決河亭水放之海李斯傳決亭水漢書西域傳其水亭居冬夏不增減即與渟同

亭 漢書司馬相如傳亭柰史傳作楟㮈

靈 史記匈奴傳丁靈漢書李廣傳丁靈陳湯傳丁令與零同司馬相如傳通靈關道漢傳作零山

靈 史記龜策傳下有伏靈上有兎絲

離 史記齊世家離支孤竹音零又音令祇又如字

研 漢書地理志上黨注石研關音形

十六蒸十七登

蒸 漢書酷吏傳史治蒸蒸說文與蒸同經典亦作烝

耳孫 漢書惠紀内外公孫耳孫應劭曰元孫之子也言去曾高益遠但耳聞之晉灼曰元孫之曾孫師古

據平紀及諸侯王表古耳音仍爾雅仍孫爲八葉仍耳聲近孟一號耳

馮 史記鄭世家馮音憑伯韋傳衆庶馮生憑恃也漢書鄭食其傳馮軾春秋左氏傳神所馮依

馮 史記魏世家馮琴而對詩也音凭漢書寄成傳同車未嘗敢均茵馮嚴助傳馮玉几大聲亦通

厷 漢書王莽傳曰德元厷古肱字

雁 漢書霍去病傳封渾邪王雁庇爲煇渠侯文頴音鷹　補遺雁音庇史傳作鷹庇

耐 漢書高帝紀罪耐以上古耏字音若能　補遺應劭曰古字從彡師古曰應氏之說耏當音而如字之解

乃代反其義亦兩通而功臣表宜曲侯通耏爲鬼薪則應說斯爲長矣

補遺

凌 史記惠帝紀凌轢邊吏天官書枏凌爲門灌夫傳凌轢漢書灌夫傳作轢

蔆 史記司馬相如傳芙蓉蔆華漢傳蔆華又蔆藕

扔 漢書古今人表有扔君音仍

會 史記司馬相如傳登入會宮之嵯峩漢書同重也揚雄傳增宮參差亦重也

應 史記建元年表戎狄是應與膺同

承 漢書地理志長沙國承陽音烝

徵 史記建元年表荆荼是徵音澄漢書地理志左馮翊徵音懲

佷 漢書地理志武陵郡佷山音恒出藥草恒山

十八尤十九侯二十幽

郵 漢書成帝紀以顯郵谷永傳咎證著郵與尤同過也

繇 史記文帝紀䌛繇惪與讀作由漢書文紀亦無繇教訓其民爰盎傳繇此名重朝廷與由同　補遺古今

人表許繇即由繇余即由余

繇 漢書武帝紀厥路亡繇與由同又所繇殊路

繇 漢書敘傳讀先聖之大繇師古曰繇道也

繇 漢書敘傳陸子優繇新語以與優游不仕也讀作游

繇 漢書朱賈傳犬馬繇繇讀作悠悠

斿 漢書敘傳述斿俠傳讀作游　補遺首禮樂志神之斿過天門

逌 漢書地理志酈水逌同古攸字　補遺史記趙世家牛畜侍烈侯以仁義約以王道烈侯逌然漢書首五

行志彝倫逌敘

逌 漢書韋賢傳蕭國逌平古攸字所也

遒 漢書地理志遒古遒字涿郡縣名　補遺首功臣表遒侯陸彊字由反

蝤 漢書王褒傳蝤蛸出以險亦作蝣音由

紬 史記太史公自序紬史記石室金匱之書音抽漢谷永傳紬繹讀曰抽　補遺史記首歷書紬績日分當

音抽

讎 漢書律歷志廣延宣問以考星度未能讎也讎相當也

讎 漢書郊祀志五利妄言見其師方盡多不讎注不驗也　補遺史記孝武紀同

疇 漢書律歷志疇人子弟分散與儔同韓信傳其疇十三人

醻 史記樂書一獻醻酢與酬同詩一朝醻之

擣 史記龜策傳上有擣蓍正義曰郎倒字

揫 漢書律歷志物揫斂乃成孰子由反

萩 史記建元年表萩苴音秋漢書貨殖傳山居千章之萩東方朔傳注即楸也　補遺漢書首功臣表萩苴

侯朝鮮傳作秋苴

廋 漢書趙廣漢傳廋索私居酤與搜同　補遺史記五帝紀析枝渠廋夏紀椞支渠搜

摉 漢書王莽傳摉索城中與搜同

騪 漢書百官表騪粟都尉服虔音搜狩之搜索也

叟 漢書地理志析支渠叟叟讀曰搜詩釋之叟叟音蒐淅聲也

區 漢書蘇武傳區脫土室讀同甌王莽傳中郎區博諫莽云區一候反

區 史記樂書草木茂區萌達音勾屈生曰區

抔 史記張釋之傳取長陵一抔土步侯反禮運云抔飲手掬之其字從手

掊 漢書張釋之傳取長陵一掊土步侯反

桴 史記田叔傳桴鼓立軍門音浮鼓椎漢書酈賈等贊叔孫通舍枹鼓而立一王之儀其字從木

留 漢書霍去病傳留落不耦 補遺史記驃騎傳留落不遇

游 史記秦紀其賜爾皁游音旒皁色旗旒旒也春秋左氏傳鞶厲游纓

騶 史記吳世家爲騶伐魯漢書王吉傳能爲騶氏春秋孟荀傳孟軻騶人又其後有騶子之屬鄒衍連鄒陽傳亦作騶 補遺史記首封禪書祠騶嶧山漢書首地理志魯國騶

郰 史記孔子世家郰人也音鄒

罘 史記司馬相如傳罘罔彌山音浮與罦同漢書作罘

罘 漢書文帝紀東闕罘罳災音浮

蠹 漢書五行志蝝蠹之有翼者音蚍蜉

媮 漢書韓信傳媮食與偷同苟且也賈山傳媮合苟容讀作偷 補遺首元帝紀媮合苟從

嘔 漢書朱買臣傳歌嘔道中讀作謳

髤 史記建元年表盜斷婦人初產子臂髤以爲媚道音休俗本作漆貨殖傳木器髤者千漢書趙后傳髤漆許求反

句 史記天官書三星鼎足句之音鉤漢書地理志句陽即左氏句瀆之丘郊祀志句龍費誼傳句踐讀作鉤 補遺史記首始皇紀贊句戟長鎩

鞪 漢書韓延壽傳鞮鞪即兜鍪莫侯反

蝚 漢書司馬相如傳蝚玃猱乃高反又音柔今戎皮爲韉褥者戎柔聲之轉耳

龜茲 漢書地理志龜茲音邱慈傳介子傳龜茲樓蘭

補遺

九 史記殷本紀以西伯昌九侯鄂侯爲三公音仇

仇 漢書匡衡傳引詩窈窕淑女君子好仇仇今詩作逑

繇 漢書宣帝紀上亦無繇知讀作由

游 漢書敘傳養游睇而猿號養由基也

繇 漢書張釋之傳文帝繇是奇釋之與由同

檮 漢書古今人表檮敖音疇漢霍去病傳檮余山音壽

駵 漢書郊祀志牲用駵駒又秋冬用駵地理志華駵綠耳

騄 史記秦紀驊騮騄耳

斿 史記禮書龍旂九斿樂書龍旂九斿漢書五行志君若綴斿不得舉手

斿 漢書敘傳張陳之交斿如父子攜手遂秦附翼俱起

游 史記天官書三曰九游音流漢書天文志作斿

流 史記司馬相如傳流夷漢傳作留夷新夷也

廖 漢書古今人表廖叔安左氏作飂並力周力授二反

州 漢書古今人表華州郎華周

擾 史記夏紀學擾龍于豢龍氏音柔漢書高帝紀贊劉累學擾龍音饒又音饒

瘦 漢書西域傳烏孫其子細沈瘦音搜

騶 漢書鼂錯傳材官騶發矢道同的師古曰矢之善也左氏傳作蒐音同

陬 史記孔子世家生魯平昌鄉陬邑音鄒

叢 史記建元王子侯年表叢音陬漢書王子侯表前侯信字或作菆則留反

嘔 漢書地理志川曰虖池嘔夷于侯反

鉤 漢書揚雄傳麗鉤芒與驂蓐收

捪 史記孝武紀捪視得鼎步冓反抱也漢書郊祀志同
牟 漢書司馬相如傳德牟往初與侔同
牟 漢書景帝紀侵牟萬民食苗根爲也侵牟民食比之蛑賊
聚 史記歷書一月名畢聚音娵十一月也
油 史記樂書致樂以治心則易直子諒之心油然而生矣鄭玄曰油新生好貌
諏 漢書律歷志諏訾又娵訾
陬 漢書西域傳烏孫有子曰岑陬子侯反史傳作岑娶無音
掫 漢書古今人表掫子內史詩作聚
窶 史記滑稽傳甌窶滿篝音婁古字假借
虬 漢書司馬相如傳青虬史傳青虯
繆 漢書趙后傳自繆死居虬反絞也

二十一侵

侵潯 史記齊悼惠王世家浸潯音侵尋又音淫猶漸潤深也
潯 史記司馬相如傳浸潯衍溢音淫
潯 漢書伍被傳尋陽之船與潯同 補遺史記淮南厲王傳同漢書首地理志廬江郡潯陽
唫 漢書息夫躬傳秋風爲我唫古吟字 補遺史記屈原傳會唫恒悲兮
湛 史記魏世家不湛者三版鄒陽傳荊軻湛七族音沈漢書元帝紀正義湛掩與沈同溝洫志湛白馬王璧項籍傳已渡皆湛船劉歆傳湛靖有謀楊雄傳默而有深湛之思
湛 漢書霍光傳湛沔于酒讀曰沈亦曰耽補遺首禮樂志湛沔自若
湛 漢書古今人表鄭卑湛音䏿諶
闇 史記魯世家乃有亮闇三年不言義與陰同補遺漢書王吉傳高宗諒闇
禽 史記五帝紀黃帝遂禽殺蚩尤與擒同漢書高帝紀爲我禽也

衿 漢書蘇武傳泣下霑衿
攙 漢書天文志攙雲如牛音參差之參 補遺史記天官書天攙音參
滲 漢書楊雄傳澤滲離而下降音淋
任 史記白起傳武安君病不任行音壬漢書霍光傳光任大重音壬堪也
嵾 漢書楊雄傳增宮嵾差初林反不齊也
禁 漢書咸宣傳禁能禁居禽反
冘 漢書楊雄傳窺冘闕與音淫

補遺

潭 史記司馬相如傳浸潭促節漢書作浸淫楊雄傳因江潭而淮記兮又或橫江潭而漁音尋
鬵 漢書高五王傳鬵淫閭于上
箴 漢書藝文志箴石湯火所施師與鍼同

箴 漢書司馬相如傳箴疵鵁盧史傳鵁鶄鸕
衿 漢書楊雄傳衿芰茄之綠衣音襟系之衿帶也師古其禁反
頷 漢書楊雄傳頷頤折頞音欽曲頤也
禽 漢書古今人表齊禽敖郎黔敖
隆 史記文帝紀隆慮侯音林閭
蔭 漢書五行志趙孟視蔭讀與陰同
吟 史記淮陰侯傳雖有舜禹之智吟而不言不如瘖聾之指麾也巨蔭反又音琴
抖 史記吳世家昔有過氏殺斟灌以伐斟尋古作抖與斟同漢書地理志北海郡平壽注抖尋

二十二覃二十三談

探 史記魏公子傳有能探得趙王陰事音貪
湛 漢書成帝紀贊湛于酒色讀作耽詩和樂且湛

參 史記佞幸傳爲文帝參乘

戓 漢書五行志王心弗戓古堪字

摵 史記天官書大白問可摵劍蘇林音函漢書天文志辰星過太白間可摵劍音函可容一劍也

函 漢書宣帝紀金芝九莖產于函德殿律歷志太極元氣函三爲一讀與含同 補遺史記禮書函及士大夫音含

唅 漢書王褒傳唅㖷音含貨殖傳唅菽飲水

沈 史記陳涉世家夥頤涉之爲王沈沈者長含反漢書陳勝傳同

甔 史記貨殖傳漿千甔都甘反又丁濫反瓦甖受一石

儋 漢書西域傳負水儋糧古擔字 補遺首揚雄傳儋人之爵師古曰荷負也

補遺

鐔 漢書地理志武陵鐔成音潭

沈 漢書五行志荒沈于酒

蠶 漢書異姓諸侯王表蠶食六國

冉 史記管蔡世家冉季載又封季載于冉冉字或作郍與聃同又奴甘反

澹 史記馬唐傳破東胡滅澹林丁甘反漢書都甘反又音談

參 史記張耳陳餘傳未敢參分而王滑稽傳飲可八斗而醉二參漢書蒯通傳參分天下

二十四鹽二十五添二十六嚴

孅 漢書食貨志古之治天下至孅至悉與纖同王吉傳孅介 補遺史記日者傳孅趨而言音纖

襳 漢書司馬相如傳蜚襳垂髾音纖

涔 史記夏紀沱涔已道音潛又涔子漢

灊 漢書郊祀志灊之天柱山號南嶽音潛 補遺首武帝紀灊天柱山

朁 漢書地理志于朁縣讀曰潛殺城在朁亭音潛

漸 史記宋世家沈漸剛克漢書谷永傳忘湛漸之義讀曰沈潛

漸 漢書郊祀志漸臺在池中爲水所浸故曰漸又子廉反三輔黃圖或爲瀸亦浸耳 補遺史記五帝紀治大池漸臺高二十丈

漸 史記宋世家麥秀漸漸兮子廉反麥芒之狀

箝 漢書異姓王表箝語燒書與鉗同其占反爰盎傳自箝天下之口

拑 漢書五行志臣畏刑而拑口箝也其廉反 補遺史記秦本紀拑口而不言

奄 漢書禮樂志神奄留與掩同詩奄觀銍艾

頷 漢書郊祀志黃帝鼎成龍垂胡頷人占反霍光傳美須頷

嗛 史記樂書君子以嗛退爲禮音謙漢書藝文志易之嗛嗛與謙同司馬相如傳嗛讓尹翁歸傳溫良嗛退

慊 漢書趙充國傳雖亡尺寸之功媮得避慊之便亦嫌字

補遺

猒 漢書景帝紀其忠無猒

饜 史記太史公自序天下患衡秦無饜

厭 史記刺客傳非盡天下之地臣海內之王者其意不厭淮陰侯傳不知厭足漢書食貨志富人臧錢滿室猶無厭足王莽傳不知厭足

漸 漢書鼂錯傳漸漸之水讀曰漸子廉反

漸 史記五帝紀贊東漸于海夏紀同子廉反

漸 漢書司馬相如傳䱭䲛漸離史傳作螹

鬵 漢書地理志漢中郡安陽注鬵谷水音潛

詹 史記周本紀顧詹有河又粵詹雒伊

顑 史記趙世家贅顑鬚髯漢書西域傳深目而多顑

顩 史記孝武紀鼎既成有龍垂胡顩下迎黃帝封禪書作髯

廉 漢書高帝紀廉問師古曰廉察也本作覝音同

鍼 漢書古今人表鍼虎其炎反詩鍼虎

鈐 史記天官書有兩星曰鈎鈐其炎反漢書天文志同

闞 漢書酷吏義縱傳吏之治以斬殺縛束爲務闞去以惡用矣師古曰以嚴惡見任用當讀爲嚴

二十七咸二十八銜二十九凡

嶔 史記司馬相如傳嶔巖倚傾古銜反漢書曰銜反楊雄傳深溝嶔巖而爲谷

嘯 史記酷吏傳縱以我爲不復行此道乎嘯之音銜大宛傳烏嘯肉蜚其上佞幸傳太后由此嘯韓嫣竝讀爲銜 補遺首外戚世家景帝恚心嘯之

巉 漢書禮樂志巉處頭聽與巖同

嶄 漢書賈誼傳嶄去不義諸侯讀與芟同

嶄 漢書司馬相如傳嶄巖士銜反尖銳兒

補遺

氾 史記周紀鄭居王于氾匈奴傳鄭之氾邑音凡漢書藝文志氾勝之十八篇音凡又敷劍反

班馬字類卷二 三十

班馬字類第二

班馬字類第三

上聲 補遺附

一董

挏 漢書百官公卿表武帝有挏馬徒孔反主乳馬以韋革爲夾兜受數斗盛馬乳取其上肥晉灼音挺挏之挏禮樂志音動馬酪味如酒

惣 史記大宛傳其大惣漢書地理志

總 總率諸侯

空 漢書張騫傳當空道鮑宣傳衣又窄空讀作孔 補遺史記五帝紀舜穿井爲匿空旁出音孔

鴻濛 漢書楊雄傳鴻濛沆茫上胡孔反下莫孔反

巃嵸 漢書司馬相如傳巃嵸崔巍音巃總 補遺史記同無音

巃茸 漢書司馬相如傳叢以巃茸上來孔反下而孔反 補遺史傳同無音

班馬字類卷三 一

補遺

塕 史記司馬相如傳觀衆樹之塕薆兮

蓊 漢書司馬相如傳蓊薆烏孔反薆音愛

鴻溶 漢書司馬相如傳傑[?][?]而高縱兮紛鴻溶而上厲上胡孔反下弋孔反史傳作鴻涌無音當從上聲讀

蒙 史記司馬相如傳蔑蒙踊躍騰而狂趡飛揚也漢傳蔑蒙與蠓同楊雄傳浮蔑蠓而撇天

二腫

宂 漢書成帝紀流宂者衆食貨志宂作縣官衣食之人勇反

茸 史記賈生傳闒茸尊顯兮而勇反下材不肖之人也漢書人勇反

愯 漢書刑法志愯之以刑古竦字又所項反

奉 史記藺相如傳身所奉飯音捧 補遺首項羽紀沛公奉卮酒高祖紀奉玉卮爲太上皇壽漢書高帝紀

同

洶 史記項羽紀天下洶洶數歲漢書高帝紀洶洶師古曰喧擾之意雖無音當作上聲讀

兇 漢書翟方進傳羣下兇兇亦當作上聲讀

輴 漢書馮奉世傳再三發輴推也淮南子內郡輴車而餉而朧反

從容 史記衡山王傳日夜從容王謀反事上子勇反下讀曰勇謂勸獎也

縱臾 漢書衡山王傳日夜縱臾王謀反音與史記傳同勉强也

桶 史記商君傳平斗桶權衡丈尺音勇今之斛也索隱音統

泛 漢書武帝紀泛駕之馬食貨志大命將泛方勇反覆也字作覂後通用　補遺史記高后紀太后迺恐自起泛孝惠戹音捧

灉 漢書五行志灉河三日不流又岷山崩灉江水水逆流讀作壅

雍 漢書武帝紀雍於上聞讀曰壅元紀雍蔽沙石壅霸水　補遺史記始皇紀先王知雍蔽之傷國

雍 漢書揚雄傳雍神休讀作擁　補遺史記夏侯嬰傳面雍樹乃馳漢傳面雍樹馳讀曰擁

邕 漢書王莽傳長平館西岸崩邕河水不流讀作壅

補遺

容 漢書禮樂志旌容容音勇一讀如字

壟 漢書敘傳隗囂據壟

衝蓯 史記司馬相如傳騷擾衝蓯上昌勇反下息冗反漢傳同

嵱嵷 漢書揚雄傳陵高衍之嵱嵷兮踊踈

涌趯 漢書李尋傳涌趯音踊躍

踊 漢書天文志水泉踊又川水漂踊李尋傳踊溢

三講

顜 史記曹相國世家顜若畫一

棓 漢書天文志右四星曰天棓白講反　補遺史記天官書音剖

蜯 漢書敘傳蜯蛤卽蚌字

補遺

銗 史記酷吏傳投銗音項又胡江反漢書趙廣漢傳銗筩音項筩音同

四紙五旨六止

抵 漢書朱傳奮髯抵几楊雄傳抵穰侯而代之竝音紙

氏 漢書地理志至元孫氏爲莊公師古曰與是同古通用

厎 漢書律歷志其道如厎音指晁錯傳厎厲其節與砥同梅福傳爵祿者天下之厎石孟子周道如厎　補遺史記夏紀東原厎平又平準書省厎柱之漕

伎 史記孟嘗君傳無他伎能通作技　補遺漢書鼂錯傳伎藝過人絕遠

躧 史記魏世家若脫躧漢書地理志彈弦跕躧與屣同　補遺史記首武帝紀吾視去妻子如脫躧耳漢書雋不疑傳躧履起迎別本書作躧

否 漢書薛宣傳陰陽否隔閉也皮鄙反

骫 史記司馬相如傳崔錯發骫漢書同又淮南厲王傳皇帝骫天下正法古委字

彌 漢書李廣傳彌節白檀王莽傳彌躬執平又發姦彌骫讀作弭　補遺史記禮書彌龍所以養威也司馬相如傳彌節

絫 漢書郊祀志爵位重絫與累同鄒陽傳鷙鳥絫百又絫卵

跂 史記韓王信傳士卒皆山東人跂而望歸企同　補遺首高祖紀日夜跂而望歸集韻上去聲通

姐 漢書馮奉世傳羌彡姐音紫

茈 史記司馬相如傳茈薑荷言息生紫色漢傳同

埤 漢書五行志基埤擁下卑也司馬相如傳其埤溼則生藏莨蒹葭音埤　史記作卑

軌 漢書元帝紀姦軌服與宄同　補遺史記五帝紀寇賊姦軌漢書首景紀姦軌不勝

竆 漢書伍被傳未有能竆左足而先應者音跬又口婢反
披 史記項羽紀漢軍皆披靡皮彼反漢書普彼反補遺史記范睢傳木實繁者披其枝魏其傳不折必披漢書竇嬰傳同
髇 漢書揚雄傳髇餘吾古髇字
𩪘 漢書郊祀志先鸛鶴𩪘古𩪘字
螘 史記賈生傳夫豈從螘與蛭螾音蟻補遺漢書司馬相如傳與螻螘何異
轙 漢書禮樂志象輿轙僕人嚴駕待發之意音蟻補遺轙亦音儀案下韻云與逶蛇及歸哀字協宜作平聲讀廣韻轙平上聲通
檥 史記項羽紀烏江亭長檥船待附船著岸也音蟻漢傳同
蛾 史記五帝紀鳥獸蟲蛾漢書揚雄傳扶服蛾伏與蟻同春秋左氏傳蛾析音蟻
儗 漢書推南王傳爲黃屋蓋儗於天子儗比也史記作擬補遺漢書首高帝紀位號比儗亡上下之分與擬同

儗 漢書食貨志黍稷儗儗盛貌音擬
疑 漢書食貨志遠方之能疑者讀曰擬僭也又谷永傳貨疑驪山讀作儗補遺史記蘇秦傳疑於王者讀作擬
括 漢書吳王濞傳括糠及米古秕字史記作秕
阯 漢書疏廣傳類立產業基阯補遺史記五帝紀南撫交阯武帝紀禪泰山下阯漢書紀同
憙 史記周紀無不欣憙高祖紀秦人憙漢書郊祀志天子心獨憙讀曰喜
竢 漢書賈誼傳共承嘉惠兮竢罪長沙師古曰古俟字待也補遺人表夷竢郊祀志以竢天神
㠯 史記五帝紀軒轅乃習用干戈㠯征不享漢書高帝紀㠯竹皮為冠古以字
訾 漢書揚雄傳訛訾毀也音紫補遺首地理志好訾毀師古曰以言相毀曰訾子爾反
罷 漢書高五王傳封王諸子罷軍等皮彼反

補遺

枳 漢書高帝紀秦王子嬰降枳道旁與軹同
砥 史記五帝紀日月所照莫不砥屬音止卜也
砥 史記夏紀砥柱河渠書砥柱之限尚書作厎柱
岐 史記梁孝王傳義格如淳曰岐閼不得下字林音紀又音詭
枳 漢書地理志巴郡枳音徙又音紙師古之爾反
緇 漢書敘傳涅而不緇合韻側仕反
旖旎 史記司馬相如傳旖旎上於氏反下諾氏反
猗柅 漢書司馬相如傳猗柅猗阿那也音與史傳同
卑 史記夏紀稻可種卑溼司馬相如傳卑溼音婢下也漢書地理志江南卑溼無音
汜 史記項羽紀兵渡汜水音祀漢書高帝紀音凡

靡 漢書揚雄傳同戈邪指南越相夷靡節西征羌僰東馳又日未靡旃卽與弭同
柴虒 漢書揚雄傳柴虒參差上初蟻反下音豸
儀 漢書外戚傳皆心儀霍將軍女音螘謂附向之
鰓 漢書刑法志鰓鰓常恐天下之一合而共軋已也音葸師古先祀反
茝 史記呂不韋傳會葬茝陽餘傳茝陽
敏 漢書敘傳淮陽聰敏合韻音美
以 史記越世家以服爲臣漢書張良傳殷事以畢吳王濞傳漢兵還臣觀之以罷卽與已通
腃 史記滑稽傳帣韝鞠腃帣音卷腃其紀反又與跽同
甌 史記李斯傳飯土甌太史公自序作土簋始皇紀飯土塯
止 漢書刑法志右止卽與趾同
李 史記天官書左角李卽理法官元命包作理漢書天文志左角理胡建傳黃帝李法注法官號

七尾

蠭 漢書王莽傳蠭蠭翼翼日新其德武匪反

非 漢書鼂錯傳非誹謗不治讀作誹

棐 漢書食貨志賦入貢棐竹器也讀與篚同地理志厥棐織文

棐 漢書燕剌王傳毋作棐德古匪字敘傳棐諶

依 漢書嚴助傳負黼依隱豈反讀曰扆補遺史記留世家南面倍依以朝諸侯

愇 漢書敘傳愇世業之可懷古韙字

䨓 史記殷紀中䨓作誥孔安國曰仲虺湯左相補遺宋隱曰䨓作壘音如字

𦫵 史記司馬相如傳劉莅𦫵𦫵歘古冉字漢書同

補遺

尾 漢書古今人表尾生畮即微生畝無音今從本字附

尾 漢書古今人表尾生高即微生高亦尾字

俷 史記三王世家毋俷德無音漢傳作棐古匪字

畏累 史記莊子傳畏累虛亢桑子之屬上故鬼反下音壘

八語

渠 史記張儀傳蘇君在儀寧渠能乎音距漢書孫寶傳掾部渠有其人乎讀曰詎豈也

巨 漢書高帝紀沛公不先破關中兵巨能入乎讀曰距

岠 漢書五行志鄭岠王師楊雄傳岠連卷讀曰距

予 史記夏紀稷予衆庶難得之食通作與詩賚予也補遺首五帝紀予牛羊漢書食貨志縣官嘗自漁魚不出後復予民魚迺出

補遺

圁 漢書地理志天水郡冀注朱圄與圁同

鉅 史記禮書宜鉅者鉅宜小者小漢書刑法志事鉅敵堅即巨同

鉅 史記司馬相如傳撞千石之鐘立萬石之鉅漢傳正作虡

圄 漢書東方朔傳圄圄空虛

距 史記殷紀知足以距諫又距之牧野漢書高紀距破之又距險即與拒通

沮 史記絳侯世家沮陽音阻衛青傳將軍李沮漢書百官表李沮地理志沮陽並音組

壻 漢書郊祀志壻山之屬音胥史記封禪書作壻先許反

著 史記貨殖傳積著之理張呂反又廢著鬻財讀曰貯漢傳作貯

侶 史記楚世家莊王侶立案春秋左氏傳楚莊王名旅此侶字假借或書作侶誤

遽 漢書揚雄傳虎豹之凌遽音距

九麌十姥

姁 史記酷吏傳義縱姊姁音詡補遺首外戚世家漢與呂媼姁況羽反漢書義縱傳姁許于反

拒 史記樊酈傳攻其前拒謂方陳音矩春秋左氏傳曼伯爲右拒

拊 史記趙世家笑拊手且歌音撫詩寤辟有摽注辟拊心也補遺首五帝紀拊石漢書高帝紀因拊其背韓信傳拊循

命 漢書藝文志大命三千七篇古禹字

黼 史記秦紀天子賀以黼黻音甫弗正義曰雖非字體歷代史記本同

黼 漢書五行志銜其黼古釜字

憮 史記樂書以四時歌憮宗廟與舞同

侮 漢書五行志慢侮之心生古侮字陳平傳資侮人

娒 漢書張良傳上慢娒士古侮字

憮 漢書張敞傳京兆眉憮音嫵

父 史記始皇紀梁父音甫高祖紀單父人呂公音斧漢書武帝紀至于梁父詩家父補遺史記首周紀祭

公謀父秦紀衛父造父又屈原傳漁父並音甫

嘸 漢書韓信傳嘸然陽應文府反

俛 史記陳涉世家俛首音俯淮陰侯傳俛出跨下漢書同亦俯字　補遺史記首秦紀贊俛首係頸又鼂錯傳俛卬之間漢書蔡義傳行步俛僂

拊 史記司馬穰苴傳身自拊循之音撫漢書趙充國傳拊循和輯古撫字

頫 漢書項籍傳贊頫首係頸古俯字貨殖傳頫有拾卬有取

㝡 史記殷紀大㝡樂戲於沙丘本或作最並古聚字　補遺㝡去聲通

藪 漢書東方朔傳寠藪戴器也音數錢之數揚惲傳鼠不容穴銜寠數

斗 史記張儀傳令工人爲金斗長其尾音主凡方者爲斗若安長柄則爲枓音斗周禮鬯人設斗

柱 漢書地理志漢中淫失枝柱言意相節卻不順從朱雲傳連柱五鹿君剌也距也竹庾反

拄 漢書西域傳以道當爲拄置竹羽反支柱也

睹 史記封禪書未有睹符瑞見而不臻乎泰山者漢書武帝紀此子大夫之所睹聞也古覩字　補遺史記首歷書未能睹其眞也

俞 漢書禮樂志俞甚而無益讀曰愈又音踰食貨志民俞勤農與愈同

瘉 漢書高帝紀漢王疾瘉藝文志不猶瘉於野乎郊祀志上疾瘉汲黯傳亡以瘉人並與愈同

瘐 漢書宣帝紀繫者苦飢寒瘐死獄中字或作瘉

鹵 史記高祖紀所過無得掠鹵汲黯傳鹵獲因與之與虜同漢書高帝紀同

故 漢書儒林傳訓故舉大誼讀作詁　補遺首藝文志魯申公爲訓故讀曰詁音古集韻上去聲通

賈 史記老子傳良賈深藏若虛音古漢書高帝紀賈人毋得衣錦繡春秋左氏傳鄭賈人　補遺史記首秦紀販賣賈人致高

觕 漢書藝文志得麤觕叙傳觕舉僚職才戶反與粗同謂大略也

𢾭 漢書王陵傳杜門不朝請字本作𢾭

蔀 漢書律歷志閏餘一之歲爲蔀首音剖又音部

苦 史記五帝紀器皆不苦窳音古盬也讀同盬　補遺漢書禮樂志夫婦之道苦而淫泆之罪多

苦 史記老子傳楚苦縣音怙　補遺漢書地理志苦屬淮陽國有賴鄉老子所生

裋 漢書貢禹傳裋褐不完音豎謂童豎所著布長襦也　補遺史記始皇紀贊寒者利裋褐謂僮布豎裁寫勞役之衣

補遺

距 漢書叙傳竊十踰距法制也卽與矩同

偊旅 漢書東方朔傳遺蛇其迹行步偊旅上音禹曲躬皃

萬 漢書古今人表師氏萬與禹同游俠傳萬章音拒

斧 漢書王莽傳負斧依南面而立

府 漢書藝文志五藏六府

曲 史記高祖紀拔曲遇東音齲驅漢紀同丘羽反

娬 史記司馬相如傳娬媚漢傳嫵媚

藍 史記楚世家辟在荆山篳露藍蔞言衣敝壞其藍蔞然春秋左氏傳作篳路藍縷

廡 史記武帝紀仰爲百姓育穀今歲豐廡茂也宋世家庶草繁廡滋豐也尚書庶草蕃廡

釜 史記魏世家絶漳釜水趙世家漳釜

夏 史記始皇紀北過大夏協韻音戶

馬 史記始皇紀澤及牛馬協韻音姥

庾 史記匈奴傳北服渾庾漢傳作窳

踰 史記汲黯傳居官無以踰人音庾

鹵 史記游俠傳鹵公孺漢傳魯公孺

尃 史記衛世家石曼尃音圃卽春秋左氏傳石圃

薄 漢書董仲舒傳傳爰兩仁私魏相傳薄被災害與音同詩薄天之下

杜 漢書古今人表楚杜敖郎堵敖

虎魄 漢書西域傳虎魄郎琥珀

鹵 史記始皇紀血流漂鹵

櫓 史記陳涉世家血流漂櫓大楯也

鼓叜 漢書古今人表鼓叜生舜象

鄠 漢書地理志右扶風鄠有扈國

拘 漢書地理志魏郡武始拘澗水音矩

十一薺

洒 漢書司馬相如傳滌器市中洗酒也先禮反 史記貨殖傳洒削薄技也漢書百平帝紀洒心自新日王傳滌洒先禮反

沛 漢書地理志州沛郇古日且本濟水字沇

氐 史記秦紀大氐盡畔讀曰抵漢書禮樂志大氐皆因秦舊丁禮反

邸 史記張耳傳外黄富人女甚美嫁庸奴亡其夫去邸父客正義曰邸歸也漢傳同丁禮反

邸 漢書匈奴傳北邸郅居水至也讀作抵河渠書鑿涇水自中山西邸瓠口爲渠漢書首遺史記志西邸瓠口已上氏邸邸共三字舊誤在四紙上頁今移

底 史記佞幸傳大底外戚之家然不足數也

提 史記吳王濞傳引博局提吳太子殺之索隱音啼音底正義音弟漢書師古曰徒計反擲也姚其傳祖又提而論音弟猶相抵也 補遺史記首絳侯世家太后以冒絮提文帝漢傳同

緹 史記倉公傳少女緹縈正義音體索隱音啼漢書刑法志緹縈它弟反 補遺史記首文帝紀緹縈郎上書云云帝爲之除肉刑也

髃 漢書諸侯王表厥角髃首與稽同

補遺

沛 漢書郊祀志已沛日淮

氐 漢書張騫傳大角氐丁禮反

柢 史記鄒陽傳蟠木根柢郎抵字廣韻上去聲通

詆 史記酷吏減宣傳下史詆罪杜周傳盡詆以不道部與抵同

醴 史記孝文紀東至于醴泉漢書地理志同尚書字作澧

十二蟹十三駭

解廌 漢書司馬相如傳弄解廌上音蟹下丈介反史傳作解豸

洒埽 漢書東方朔傳洒埽之文爲灑埽字灑汛也所蟹反詩弗洒弗埽古

補遺

解 漢書楊雄傳勃解之鳥與勃澥同

解 漢書律歷志取竹解谷郎與嶰同

十四賄十五海

辠 史記武帝紀常由王有辠與罪同漢書賈誼傳赦死 補遺史記首五帝紀四辠而天下咸服漢書首高后紀欲除三族辠

魁壘 漢書鮑宣傳著艾魁壘之士上口賄反下音磊壯貌

閡 漢書律歷志雜陽閡種胡待反滅寒閡險雜陽氣閡滅塞爲萬物作種也 補遺禮樂志專精厲志逃九閡亦核也合韻音亥又音亥

闓 漢書司馬相如傳昆蟲闓懌讀曰凱史傳作凱澤音愷懌

紿 史記高祖紀紿爲謁者欺也音殆通作詒漢書徒在反

倗 漢書王尊傳南山羣盜倗宗等音倍

縡 漢書楊雄傳上天之縡讀與載同去聲通

補遺

畏累 史記莊子傳畏累虛上烏罪反下路罪反

魁絫 漢書古今人表鄭魁絫鄭音擿上口賄反下音磊

礨 史記司馬相如傳丘墟堀礨音磊漢書丘墟崫礨

餧 漢書魏相傳發倉廩振乏餧乃賄反按經典多以餧爲飢餧字此餧字作餧餧字今餒借用

萯 漢書宣帝紀萯陽宮音倍東方朔傳五柞倍陽

愷 史記五帝紀八愷漢書主父偃傳天子大愷郎與凱同

采 史記項羽紀望其氣皆成龍虎五采吳世家衣不重采漢書宣帝紀神爵五采

采 史記殷紀暫采於詩書武帝紀采芝藥漢書景帝紀采黃金珠玉

采 史記始皇紀采椽不刮今之櫟木也漢書司馬遷傳採椽不斲柞木也音采又音菜其字從木

茝 史記漢興功臣表以茝陽鄉爲霸陵音止又昌改反

十六軫十七準

蝡 史記封禪書黃龍地蝡見與蚓同補遺律書寅言萬物始生蝡然也漢書郊祀志地蝡音引

霣 史記宋世家霣星如雨音隕太史公自序早霣漢書司馬相如傳霣隊春秋左氏傳有死無霣

閔 漢書高惠功臣表聖朝憐閔與憫同成紀族甚閔焉史記周紀穆王閔文武之道缺

惛 漢書劉向傳臣甚惛焉音昏又古閔字

緡 漢書律歷志距緡公七十六歲讀與緡同

愍 史記太史公自序愍學者之不達補遺首陽原傳離愍之長勤漢書高帝紀齊愍王昭帝紀朕甚愍焉

盾 漢書王莽傳數道中盾讀曰允

允 漢書匈奴傳唐虞以上有山戎獫允補遺首衛青傳薄伐獫允

診 漢書董賢傳發棺診視驗也音軫

僒 漢書賈誼傳僒若囚拘說文渠隕反補遺蘇林數參反師古曰蘇音是

補遺

耘 史記閩越傳不戰而耘漢書作嗢義當取耘除或言于粉反楚人聲重耳耘隱同音但字假借

湣 史記高祖紀齊湣王齊世家湣湣公屈原傳離湣而不遷兮

閔免 漢書谷永傳閔免遁樂師古曰黽勉也

髕 史記鄒陽傳司馬喜髕腳於宋漢書刑法志髕罰之屬司馬遷傳孫子臏腳與髕同

卷 漢書地理志眴卷音菌

純 漢書刑法志赭衣而不純之允反

十八吻十九隱

歾 史記衛青傳自歾亡粉反字或作刎

攟 漢書刑法志攟摭秦法舉蘊反

殷 史記封禪書其聲殷云野雞夜雊音隱漢書禮樂志殷殷鍾石鳴音隱溶盛也詩殷其靁

蚡 漢書武帝紀田蚡音鼢鼠之鼢亦鼢字扶粉反補遺史記楚世家蚡冒古本作坋音墳田蚡同

補遺

隱 史記司馬相如傳隱天動地漢書作殷天

坌 漢書古今人表楚坌冒扶粉反

二十阮二十一混二十二很

菀 漢書王嘉傳詔書罷菀而以賜賢與苑同補遺首百官表牧師菀令五行志起菀方三百里

煖 漢書昭紀後宮遺腹子煖許遠反補遺史記燕世家龐煖況遠反

匽 史記晉世家子匽立漢書禮樂志與文匽武古假字王吉傳風寒之所匽薄

輓 史記貨殖傳輓近世塗民耳目音晚古字通用

梱 漢書匡衡傳哀莫不始乎梱內與閫同門橛也苦本反

忖 漢書律歷志忖該之積千本反

佷 史記項羽紀佷如羊貪如狼漢書同又王莽傳貌佷自將音很
狠 漢書劉向傳狠狠數奸死亡之誅音懇
耎 漢書司馬遷傳快耎人阮反柔弱也王吉傳耎脆
補遺
蜿 史記司馬相如傳蜿蟺漢傳作宛潬並音蜿善
傿 漢書地理志陳留傿音偃即春秋鄭伯克段於鄢
隱 漢書五行志隱陵之戰
喧 漢書外戚傳悲愁於邑喧不可止許遠反師古曰朝鮮之間謂小兒啼不止爲喧
反 史記魏世家蒲反秦紀蒲坂甘茂傳蒲阪漢書地理志蒲反溝洫志蒲坂
煇 漢書司馬相如傳煇煌下本反史傳音兗
鮌 漢書古今人表鮌即與鯀字同

棍 漢書楊雄傳棍申椒與菌桂又紛蒙籠而棍成自然也又不可棍於世俗之目胡本反同也
緄 史記高祖功臣表要以成功爲統豈可緄乎
渾 漢書劉向傳賢不肖渾殽又渾亂胡本反
二十三旱二十四緩
駻 史記衛將軍傳誅獟駻音悍漢書刑法志以鞿而御駻突音捍
罕 漢書呂后紀贊刑罰罕用補遺史記太史公自序封禪之符罕用
竿 漢書匈奴傳生奇材木箭竿就羽工旱反
亶 漢書賈誼傳非亶倒縣而已讀曰但補遺首五行志亶日食又語傳多音但
襢 史記呂后紀爲劉氏左襢亦作袒
斡 漢書百官表斡官鐵市兩丞斡音筦補遺史記賈生傳斡棄周鼎兮寶康瓠音筦又烏活反
筦 漢書禮樂志鍾石筦弦晁錯傳齊桓得筦子與管同補遺史記平準書桑宏羊爲大農丞筦諸會計事

斡 漢書劉向傳顯斡尚書與管同補遺首食貨志浮食奇民欲擅斡山海之貨
懣 漢書戾太子傳王受懣音滿又音悶
煗 漢書王褒傳襲貂之煗乃短反
並 漢書西南夷傳牂柯同並等邑音伴補遺音昭紀廉頭姑繒柯談指同並一十四邑皆反音伴
補遺
旰 史記河渠書晧晧旰旰兮閭殫爲河司馬相如傳踰旰
旱 史記賈誼傳水激則旱兮矢激則遠讀與悍同
曼慮 漢書揚雄傳曼慮不可知音滿發師古音莫幹反
黖 史記楚世家熊黖音與窴同字亦作寘
壇 史記司馬相如傳壇以陸離音坦漢傳作壇
煖 史記樂書煖之以日月漢書文帝紀老者非帛不煖

竝 漢書地理志同竝音伴牂柯縣名
二十五潸二十六產
纂 漢書刑法志纂二百章司馬遷傳父子相纘纂其職音撰
篹 漢書藝文志孔子篹焉音撰
籑 漢書元后傳文母籑食堂籑具也音撰
冠 史記始皇紀冠王冠佩華祓正義音縮與去聲通
柬 漢書高惠高后文功臣表遊柬布章古簡字
補遺
攌 史記賈誼傳攌如囚拘攌板反又音睆
僴 漢書刑法志簡車簡徒
譔 漢書楊雄傳譔篇十三卷與撰同

二十七銑二十八獮

踐 史記文帝紀喪事服臨者皆無踐晉灼曰[illegible]作跣徒跣也 補遺漢書五行志被髮徒跣

洗 漢書高帝紀使兩女子洗先典反律曆志[illegible]同 補遺史記高祖紀及律書並同又汲黯傳[illegible]洗馬先典反

先 漢書百官表太子先馬或作洗

灑 史記范睢傳羣臣莫不灑然變色易容先典反猶肅敬貌

齴 漢書賈誼傳中重齴以存制足下傷起如齴也 補遺前禮樂志[illegible]史記武帝紀[illegible]蘭柴

吅 漢書劉向傳雖在吅畝工犬反或作吅 補遺前食貨志上[illegible]吅

畎 史記匈奴傳畎夷 音畎 補遺漢傳同

揃 史記魯世家乃自揃其蚤沈之河 音翦西南夷傳贊後揃剽分二方

煎 漢書趙充國傳先零豪封煎讀曰翦

翦 漢書[illegible]傳翦髮文身與翦同

鬋 漢書[illegible]傳鬋勿[illegible]同

蠉 史記律書蠉蜚蠕動 漢書上思充反下而充反

選 漢書司馬遷傳僕雖怯耎人充反

耎 史記天文志注曰耎退也王吉傳以耎[illegible]之王

餞 史記張儀傳[illegible]

諓 漢書[illegible]傳[illegible]

墠 史記[illegible]

嬗 史記秦楚之際月表五年之間號令三嬗 音善

俛 史記太史公傳不可俛仰 音免

免 漢書項籍傳[illegible]

遞 [illegible]

補遺

編 史記西南夷傳編髮 步典反 漢書終軍傳解編髮削左衽讀曰辮

鬍 漢書帝賢傳鬍[illegible]同

蓮 漢書宣帝紀[illegible]於 蓮勺鹵中音輦灼

雋 漢書昭帝紀雋不疑材兖反 [illegible]兖反地理志長沙下雋

瑑 漢書董仲舒傳良玉不瑑 東方朔傳瑑與篆同

沇 史記夏紀濟河維沇州漢書禮樂志沇沇四塞天文志沇州與兖同

燀 史記始皇紀威燀旁達充善反

鱄 漢書古今人表 成鱄上兖反

堧 史記申屠嘉傳太上皇廟堧垣乃喚反而緣反又音軟 [illegible]錯傳鑿廟壖垣

僤 漢書司馬相如傳象與婉僤於西清音善史傳作婉蟬無音

肸 史記司馬相如傳肸蠁 [illegible]讀曰[illegible]漢書同

剸 漢書叔孫通傳剸諸故羣盜壯士進之與專同又之兖反

傳 漢書陳湯傳傳戰大內乃轉戰也

羨 漢書溝洫志河災之羨溢中國也尤甚讀與衍同周禮以其餘爲羨

吮 漢書鄧通傳文帝病癰通爲上吮嗽之上自兖反下山角反 補遺史記吳起傳卒有病疽者起爲吮之

建 史記高祖紀猶居高屋之上建瓴水也 車輦反漢書同音謇翻也

謇 漢書司馬相如傳掉指橋以偃謇兮居偃反史記作蹇

瘲 史記楚世家齊與吳瘲疥也音尠

鱻 漢書敍傳鱻生民之晦在古鮮字少也先踐反

蜎 漢書楊雄傳蜎蠖之蜎中上一兖反下下兖反

潬 漢書司馬相如傳宛潬膠盭音婉善

灗 史記司馬相如傳蜿灗膠戾音善

繞 史記封禪書若人冠繞馬

孱 漢書地理志武陵郡孱陵音踐又仕連反

搴 史記河渠書搴長茭兮沈美玉已免反漢書溝洫志音騫

沔 史記樂書流沔沈佚

扁 史記高祖紀命乃在天雖扁鵲何益漢紀同步典反

絹 漢書揚雄傳絹鳴陽工犬反卽賈貴也

免 漢書薛宣傳移書勞免之卽與勉同

二十九篠三十小

窈 漢書禮樂志清思窈窈經緯冥冥幽靜也音窈

幼 漢書外戚傳幼眇一小反

腰 史記司馬相如傳冒腰褭注神馬日行萬里褭音窈嫋漢書作要褭　補遺舊表下字今增

嬈 漢書鼂錯傳除苛解嬈如紹反

蹻 漢書高帝紀可蹻足待音橋舉足小高也

撟 漢書武帝紀撟虔吏因乘埶吕侵蒸庶與撟同元帝紀撟發戊己校尉屯田吏士高五王傳撟制揚雄傳撟首

洮 漢書高帝紀擊布軍洮水上南北蘇林音兆史記音道

佻 漢書禮樂志佻正嘉吉宏以昌讀曰肇

秒 漢書敘傳造計秒忽音眇

劋 漢書西域傳封欽爲劋胡子子小反

剿 漢書王莽傳封剿胡子子小反

樔 漢書外戚李夫人傳樔絕子小反。命樔絕而不長

莩 漢書食貨志贊野有餓莩類小反或作殍

補遺

䫲 漢書司馬相如傳縞䫲音窈

繆 漢書司馬相如傳繆繞玉綏音蓼

漂 史記淮陰侯傳漂母漢書韓信傳同

撟 史記主父偃傳嚴安書撟箭累弦漢書嚴安傳撟箭控弦

挑 史記項羽紀願與漢王挑戰茶了反司馬相如傳以琴心挑之漢書高帝紀欲挑戰注撓嬈反求戰也古謂之致師

袑 史記趙世家周袑音紹戰國策作紹

湫 史記封禪書湫淵祠朝那子小反子由反漢書郊祀志同人表中孫湫子小反

蟜 史記司馬相如傳天蟜音矯漢書同

三十一巧

蚤 史記魯世家乃自揃其蚤沈之河讀曰爪

璪 漢書王莽傳金璪羽葆讀曰爪

三十二皓

澔 漢書司馬相如傳澔汗音皓補遺史傳澔旰

暭 漢書鄭崇傳暭天罔極與昊同

顥 漢書司馬相如傳肇自顥穹生民與昊同

藁 漢書禮樂志枯藁復產口老反讀曰槁

稾 漢書董仲舒傳少稾未上貢禹傳又出稾稅禾稈也補遺史記蕭相國世家願令民入田無收稾漢書蕭何傳同

騷 史記李斯傳由竈上騷除音埽黥布傳大王宜騷淮南之兵言盡舉之如埽地之爲

屮 漢書禮樂志屮木零落晁錯傳屮木所生古草字董仲舒傳小人之德屮

蚤 史記夏紀蚤夜翊翊有家文帝紀請蚤建太子漢書文帝紀同師古曰古以爲早晚字天文志伏見蚤晚詩共伯蚤死

褓 史記魯世家毋墜天之降葆命讀如寶留侯世家見穀城下黃石取而葆祠之徐廣云史記珍寶字皆作葆

補遺 首樂書天子之葆瘤

褓 史記魯世家成王少在彊葆之中索隱曰即襁褓古字少假借用

保 漢書司馬相如傳業鹽於緥保讀作緥

嶋 史記田儋傳田橫與其徒屬入海居嶋中集韻島書作嶋

隝 漢書田儋傳田橫入海居隝中丁老反

藻 漢書敘傳摛藻如春華藻文詞也

茆 漢書律歷志冒茆於卯叢生也莫保反禮部韻音卯

逃 史記高祖紀擊布軍逃水上南北徐廣音逃正義同又吐勞反蘇林音兆

補遺

暭 史記五帝紀少暭氏樂書秋歌西暭漢書郊祀志少暭

皓 史記天官書天皓漢書天文志天昊

滈 史記封禪書灃滈有昭明

鄗 史記司馬相如傳鄷鄗潦潏漢書郊祀志周文武郊於豐鄗與滈同

槀 史記樂書上止如槀木槀禮比若老反天官書枯槀漢書天文志澗息枯槀郎與槁同

葆 史記春申君傳葆拘而叫由下吏匈奴傳贷盜上郡葆塞蠻夷又見逸葆此亭郎與保同

保 史記周紀命南宮括史佚展九鼎保玉當讀作寶

轑 漢書張敞傳殿屋重轑中音老

三十三哿三十四果

骳 漢書五行志數其骳福古禍字

果隋 史記貨殖傳果隋嬴蛤不待賈而足正義隋徒火反漢書地理志作蓏郎果反說文木上曰果地上曰隋或書作隋

補遺

裸 漢書五行志裸蟲之孽亦羸字

麿 漢書敘傳么麿尚不及數子音麽

補遺

何 漢書古今人表何蕡文人語荷蕡

葰 漢書地理志太原郡葰音瑣又山寡反

佗 史記龜策傳醮酒佗髲徒我反

隨 史記天官書前列直斗口三星隨北端兌他果反漢書天文志同

隋 史記天官書廷藩西有隋星五日少微他果反

過 史記荀卿傳炙轂過髡別錄日過字作輠車之盛膏器也

倮 史記貨殖傳烏氏倮魯可反漢書作羸

三十五馬

堵 史記張釋之傳堵陽人音赭漢傳同音者地理志堵陽春秋左氏傳堵氏

壄 漢書五行志遠四佞而放諸壄古野字

補遺 首律歷志至牧壄夜陳又乞食壄人

埜 漢書司馬相如傳膏液埜少音野史記作野草

袴 史記淮陰侯傳不能死出我袴下苦化反一作胯漢書作跨

補遺 廣集韻上去聲通

補遺

裸 史記南越尉佗傳西甌駱裸國和寡反

夏 史記項羽紀追項王至陽夏音賈漢書高帝紀發兵距陽夏音假

夏 漢書王吉傳廣夏之下

舍 史記殷紀舍我嗇事吳世家乃舍之漢書禮樂志是舍所重而急所輕也

三十六養三十七蕩

將 漢書衡山王賜傳背將養勸之讀曰獎史記作從容見二腫韻

刃 漢書揚雄傳刃華蹈襄古掌字

鞅 史記伍子胥傳常鞅鞅補遺首秦紀宗室多鞅鞅漢書韓信傳居常鞅鞅於兩反

卬 史記殷紀卬而射之漢書刑法志爲下所卬張耳傳卬視泄公讀作仰仰頭爲健詩瞻卬昊天

嚮 漢書宣帝紀上帝嘉嚮讀作饗補遺史記游俠傳何以仁義已嚮其利者爲有德者嚮音享

嚮 史記異姓諸侯王表嚮應瘖於謗議項籍傳贊天下雲合嚮應音響

饗 漢書禮樂志五音六律依饗常昭讀曰響

鄉 漢書天文志鄉之應聲讀作響

薌 漢書揚雄傳薌呹肸以棍根讀與響同

強 史記魯世家成王少在強葆之中索隱曰即強緥衛將軍傳作襁

杖 漢書李尋傳近臣已不足杖倚任也

穰 漢書張敞傳典長安中浩穰人掌反

攘 漢書敘傳攘攘人養反

放 漢書禮樂志祖放悉音昉沸猗髣髴也補遺史記始皇紀秦每破諸侯寫放其宮室作之咸陽北阪上樂書民神雜擾不可放物音昉

仿佛 史記司馬相如傳若神仙之仿佛正義索隱無音漢書李尋傳仿佛一端讀作髣髴

罔 史記老子傳走者可以爲罔太史公自序罔羅天下漢書景紀贊罔密文峻武紀罔羅讀作網

罔 史記高祖功臣表罔亦少密

罔 漢書息夫躬傳發忠忘身自繞罔兮讀作網

罔閬 史記孔子世家土石之怪夔罔閬音罔兩

冈蜽 漢書敘傳恐冈蜽之責景

汪 漢書揚雄傳橫江湘以南汪兮往也于放反

迬 漢書揚雄傳迬迬離宮般以相燭兮古往字

荒 史記賈生傳寥廓忽荒呼廣反漢書同又外戚傳遂荒忽而辭去音同

恍 漢書司馬相如傳芒芒恍忽史記作恍

芫 漢書外戚傳寖淫敞芫古況字

募 漢書傅介子傳贊陳湯儻募不自收歛音蕩

盪 漢書丙吉傳不得令晨夜去皇孫敖盪放也讀與蕩同補遺首諸侯王表盪滅古法食貨志盪滌煩苛郊祀志盪盪如係風捕景

讜 漢書王莽傳今日復聞讜言讜音黨

黨 漢書韓信傳恐其黨不就他郎反伍被傳黨可徼幸讀曰儻補遺史記淮陰侯傳同

蕩 漢書揚雄傳爲人佚蕩音鐵讜

爣 漢書揚雄傳北爣幽都古晃字

儻 史記司馬相如傳俶儻瑰瑋漢書同

惝 漢書揚雄傳宏惝音敞補遺史記司馬相如傳聽惝恍而無聞

帑 漢書匈奴傳府帑宅莽反又音奴

補遺

鄉 漢書文帝紀專鄉獨美其福百姓不與焉是重吾不德也

罔 史記司馬相如傳敞罔靡徙即與惘同

卬 漢書鼂錯傳在俛卬之間王章傳不自激卬讀曰仰

狼 史記建元王子侯表郁狼盧黨反又音郎屬晉漢表作根音狼

象 史記夏紀觀古人之象秦紀樹草木以象山滑稽傳優孟歲餘像孫叔敖漢書武帝紀畫象而民不犯案禮部韻形像經典通作象

忼 史記項羽紀忼慨高祖紀慷漢書高帝紀忼慨敘傳作慷

潢 漢書司馬相如傳灝溔潢漾胡廣反

熿 史記司馬相如傳熿炳煌晃

三十八梗三十九耿四十靜

骾 漢書杜欽傳朝無骨骾之臣亦骾字

綆 漢書枚乘傳單極之統斷幹古綆字

邢 漢書宣帝紀邢吉爲廷尉監與丙同 補遺史記張蒼傳邢吉

秉 漢書云敞傳王莽秉政

清 史記文紀騶鈞爲清郭侯自省反文紀作靖郭音靜注六國時齊有清郭君音淨 補遺漢書

[illegible]三 [illegible]別下爾校本

景 史記禮書下應之如景響漢書伍被傳下之應上猶景嚮讀曰影響 補遺史記首始皇紀贊贏糧而景從漢書首郊祀志景之象形

竟 漢書元帝紀邊竟不安讀曰境 補遺史記六國表東竟至河

騂 史記周紀乃命伯騂孔安國曰伯冏也

靖 漢書劉向傳廉靖樂道與靜同王尊傳靖言庸違

領 漢書張耳傳南有五領與嶺同 補遺史記衛青傳絕梓領梁北河漢書溝洫志開大河上領

靚 史記司馬相如傳靚莊刻飾靚莊粉白黛黑也漢書賈誼傳深淵之靚王莽傳清靚無塵楊雄傳靚深郎靜字 補遺漢書百官表典客靚與靜同

綮 漢書蘇武傳綮弓弩謂輔正弓弩也音謦又巨京反

補遺

邢 史記殷本紀祖乙遷于邢音耿

臩 漢書古今人表伯臩穆王太僕居永反

秉 史記齊世家秉意茲左氏傳作邴

丙 史記齊世家丙戎僕郎左氏傳邴歜

竫 史記秦紀文公太子辛賜謚竫公與靜同

清 史記袁盎傳徵繫清室漢書作請請罪之室又獄也

四十一迥

竝 史記鄭世家與周衰竝漢書高帝紀天下方接諸侯竝起

併 漢書平帝紀立軺併馬田儋傳田橫曰併肩而事主泚鼎反 補遺史記田儋傳同

四十二拯四十三等

四十四有四十五厚四十六黝

偩 史記太史公自序栗姬偩貴音負恃也又偩愛矜功

牖 史記周紀[illegible]牖里音酉別本亦作羑漢書司馬遷傳拘牖里 補遺[illegible]下蔡安本

缻 史記藺相如傳請奏盆缻秦王以相娛樂音缶瓦器盛酒漿秦鼓之以節歌正義作鉼音餅李斯傳擊甕叩缻淮陰侯傳以木罌缻渡軍

不 史記項羽紀范增曰不者若屬皆且爲所虜漢書高帝紀同 補遺史記首殷紀視不見形視民知治不

讎 史記循吏傳安所讎其貨乎正義音受

揉 漢書劉向傳邪正揉雜揉汝救反據師古音合在上聲而揉揉蹂皆上聲故附此

扣 史記趙世家扣馬牽也音叩

詬 漢書路溫舒傳國君含詬音垢

歐 漢書梁平王襄傳荒王之子立後數歐傷郎一口反

歐 史記張儀傳名歐於有反漢書申屠嘉傳歐血而死讀曰嘔 補遺史記首高祖紀遣將軍薛歐漢紀同又周亞夫傳歐血丙吉傳醉歐丞相車上

蔀 漢書律歷志以閏餘一之歲爲蔀首音剖又音部

毋 史記魯世家唐叔得禾異母同穎尚書作畝索隱曰此爲母義並通

晦 漢書食貨志建步立晦古畝字 補遺首人表尾生晦

料 史記趙世家使厨人操銅料以食代王及從者行斟宰人以料擊殺代王音斗

鮿 史記留侯世家鮿生在坫反雜小魚比小人漢傳同 補遺史記首項羽紀土坫反服虔音淺

后 史記五帝紀然后禹踐天子位又而后其后漢書須籍傳贊然后以六合爲家與後同古通用禮而后越人來弔 補遺漢書首景紀然后祖宗之功德施於萬世

補遺

𠂤 史記司馬相如傳𠂤陵別島

耦 史記孝武紀以木耦馬代駒焉一音偶孟康云寓寄龍形於木姚氏云寓假也以言假木龍馬一駟幷寄寓龍馬形於木也

禺 史記封禪書木禺龍索隱曰音偶謂偶其形於木漢書郊祀志作木寓龍

遇 史記天官書氣相遇音偶漢書天文志同無音

偶 史記高祖紀偶語者弃市漢傳作耦

鮦 漢書地理志汝南郡鮦陽音紂

𦣻 漢書成帝紀以食爲𦣻古首字

狩 漢書敘傳孔終篇於西狩合韻音守

糅 漢書食貨志糅木爲耒

趣 漢書古今人表趣馬蹶子後反即詩蹶爲趣馬

叜 漢書古今人表鼓叜即瞽叟

瞍 史記陳世家自幕至于瞽瞍

棓 史記天官書天棓蘇林音掊打之掊索隱音剖

仟 史記匈奴傳漢亦棄上谷之仟辟縣造陽地音斗

四十七寑

侵 史記魏其傳武安者貌侵音寑短小也醜惡也 補遺漢書田蚡傳同

寑 漢書蘇武傳霍光寑其奏

寢 漢書趙廣漢傳夜不寢至旦

稟 史記禮書不稟京師

廩 史記文帝紀廩廩鄉改正服封禪矣漢書食貨志直爲此廩廩危也

廩 漢書楊雄傳下陰潛以慘廩兮寒凉意來感反一讀如本字

廩 漢書循吏傳此廩廩庶幾德讓君子之遺風言有風采也

稟 漢書西域傳須諸國稟食稟給也讀曰廩 補遺首文帝紀今聞吏稟當受鬻者食貨志流民入關者置養窘官以稟給之

補遺

吟 漢書楊雄傳蔡澤雖噤吟而笑唐舉噤鉅錦反吟魚錦反

寑 漢書平帝紀義陵寑神衣在柙中公卿表諸廟寑園

四十八感四十九敢

瘮 漢書異姓王表嚮應瘮於謗議音慘

𤺋 漢書谷永傳榜箠𤺋於炮烙干感反

廩 漢書楊雄傳下陰潛以慘廩兮來感反

憯 漢書武帝紀文體傷則心憯怛干感反

擥 漢書五行志擥仲舒與擥同袁盎傳擥轡

擥 史記袁盎傳並車擥轡 補遺漢書刑法志總擥英雄即攬字

顑 漢書王莽傳侈口蹷顑頤也胡感反

唊 史記叔孫通傳攻苦食唊正義當作啖漢書師古曰讀作啖大敢反上去聲通

闇 漢書揚雄傳登降闇藹烏感反禮君子之道闇然而日章

補遺

泔 漢書揚雄傳秬鬯泔淡胡感反淡大敢反滿也

啿 漢書禮樂志羣生啿嗿音湛湛露斯之湛徒感反

湛 史記司馬相如傳紛湛湛其差錯兮徒感反

闞 漢書敘傳七雄虓闞呼減反詩闞如虓虎

五十琰五十一忝五十二广

讇 史記萬石張叔傳贊塞侯微巧而周文處讇漢書五行志不加誅主爲佞讇之計古諂字

㝵 漢書司馬相如傳適足以㝵君自損古貶字史記作貶

蒧 史記仲尼弟子傳曾蒧音點

嗛 史記孝文紀天下人民未有嗛志苦簟反恨也未有恩惠之志於民也又謙牒反言未有慊洽之意於民 漢書郊祀志今穀嗛未報音同

巖 漢書儒林伏生傳谷永疏巖然總五經之眇論讀作儼 補遺首匡衡傳正躬嚴恪讀曰儼

補遺

壍 史記李斯傳阽壍之勢異音漸言阽峻則難登平壍則易陟

龕 史記夏紀其龍龕緣索隱曰樂山系龕

揜 史記蘇秦傳豈揜於衆人之言李斯傳塞聦揜明漢書司馬相如傳揜中蔽地又揜以綠蕙

奄 史記封禪書方士皆奄口恐敢言方哉漢書諸侯王表奄有龜蒙司馬相如傳奄薄水陼

闇 史記天官書闇茂漢書天文志掩茂

蓋 史記吳世家公子蓋餘索隱曰春秋作掩餘音同而字異耳

厭 漢書李尋傳州呂失色厭厭如滅鄭音厭桑之厭師古烏點反

五十三豏五十四檻五十五范

范 漢書揚雄傳經諸范與範同法也

咸 漢書石奮傳九卿咸宣服虔音減損之減史傳減宣

補遺

檻 史記陳丞相世家樊噲檻車傳詣長安漢書張耳傳乃檻車與王詣長安餘傳作轞

班馬字類第三

班馬字類第四

去聲 補遺附

一送

迵 史記太倉公傳診其脈曰迵風 音洞言洞徹入四肢也迵迵

贛 史記貨殖傳子贛漢書皆作贛子贛與貢同 音貢補遺史記首孔子世家漢書首五行志子贛同

罌 漢書張騫傳大宛國歌大白 卿注言大如一二石甕音贛

瞢 漢書敘傳瞢中節茭 同莫鳳反又莫鳳反

風 史記劉敬傳使辯士風以禮節漢書同師古讀曰諷詩下以風刺上補遺史記呂后紀太后風大臣漢書首食貨志以風百姓

中 漢書律歷志六日中呂讀曰仲補遺史記五帝紀中春中夏索二史伯仲多作中

衷 漢書揚雄傳折衷亭亭華竹仲反春秋左氏傳衷戎師

中 漢書刑法志中試貢禹傳術中竹仲反補遺史記周紀百發而百中之孔子世家贊言六藝者折中于夫子漢書首高帝紀伏弩射中漢王

補遺

虹 漢書地理志沛郡虹音貢

虹 漢書孔光傳左遷虹長音貢

鸗 史記楚世家小臣之好射鶀雁羅鸗徐廣音龍索隱盧董反

二宋三用

奉 史記蕭相國世家奉錢二何獨五符用反漢書高后紀餐錢奉邑補遺史記首平準書吏卒奉食越世家表會稽山以爲范蠡奉邑孔子世家奉粟六萬

從 漢書鼂錯傳從暴杜欽傳以從用日讀曰縱王吉傳放從自若何並傳從橫鄒中亞子用反

共 史記田叔傳共張不辦恭用反漢書昭帝紀共養省中成帝紀無共張繇役之勞居用反

供 漢書張延壽傳上爲放供張居用反

補遺

雝 史記項羽紀西畧地至雝丘高帝紀雝丘

癰 漢書百官表有癰太宰師古曰扶風之縣也五行志淮南王遷于蜀死癰郎與雍同

重 漢書匈奴傳重酪之便美竹用反乳汁也本作湩音同

四絳

降 史記河渠書過降水至于大陸讀曰絳書禹貢降水補遺首夏紀北過降水

戇 史記高祖紀王陵可然少戇漢紀同師古下紺反竹巷反鄒陽傳愚戇切不自料陟降反

五寘六至七志

𤝞 史記楚世家三國布𤝞音翅

施 漢書項籍傳贊施及孝文莊襄王弋豉反延也衛綰傳劍人之所施易如淳讀曰移師古讀曰馳詩施于

中谷補遺史記衛綰傳同又董仲舒傳德澤洋溢施乎方外

眦 漢書司馬相如傳中必決眦郎皆字

絫 漢書吳王濞傳脊肩絫足爰盎傳吾不足絫公古累字

諉 漢書賈誼傳尚有可諉者女瑞反諉也

耆 史記建元年表耆酒時至反漢書景帝紀減耆欲讀曰嗜孟子嗜秦人之炙上聲通

視 漢書高帝紀視項羽無東意後多以視爲示補遺史記燕世家先生視可者得身事之

眎 漢書趙充國傳以眎羌虜亦示字王莽傳固當聽其辭令眎事耶古視字

質 史記周紀周公乃祓齋自爲質音至漢書孝宣王后傳深念奉質其修之義讀曰贄春秋左氏傳周鄭交質

率 史記建元年表殺其渠率樂書將率之士通作帥漢書武紀不動不教將率之罪申屠嘉傳隊率

摯 漢書敘傳騶顏閔之極摯至也

磟 漢書天文志枉矢磟至地則石也讀作隆

䔹 史記周紀幽王爲蓬䔹漢書子虛賦作蓬䔹

隧 漢書韓安國傳置蓬隧補遺別本或作隧

磟 漢書敘傳薄姬磟魏古隆字

隊 漢書枚乘傳隊入深淵直類反詩爲國之基隊矣補遺史記樂書上如抗下如隊

崪 漢書賈誼傳異物來崪讀作萃

顇 漢書王莽傳邦國殄顇與萃同

顇 漢書五行志引詩或盡顇事國古捽字

捽 漢書敘傳夕而焦捽與悴同補遺首律歷志焦捽

墜 漢書郊祀志周官天墜之祀又祭墜祇古地字

稺 漢書鄭宏字稺卿古稚字補遺史記五帝紀敘稺子

幾 史記晉世家毋幾爲君漢書劉向傳幾得復進音冀春秋左氏傳庸可幾乎讀如冀

幾 漢書郊祀志幾至殊庭讀作冀

泉 史記夏紀淮夷蠙珠泉魚漢書地理志蠙珠洎魚與暨同王莽傳注洎亦泉字

隧 漢書王莽傳危亡之禍不隧如髮直類反

懟 漢書王商傳怨懟直類反補遺史記周紀王其以我爲讐而懟怒乎

媿 史記文帝紀朕甚自媿漢紀同古愧字食貨志先行誼而黜媿辱焉

餽 史記高帝紀餽不絕糧道漢紀同亦饋字補遺律歷志中饋之象

糒 漢書匈奴傳又致邊穀米糒音備補遺史記李將軍傳糒醪

比 史記匈奴傳漢遺單于比余一音鼻漢書匈奴傳文帝與匈奴書送物比疏一辮髮飾頻寐反

閟 漢書盧綰傳愈恐閟匿音秘

幟 史記高祖紀旗幟皆赤漢書同式志反字或作識作志音義同

織 漢書食貨志旗織加其上陳湯傳幡織讀曰幟

志 史記張蒼傳周昌爲職志職主也謂掌旗幟之官叔孫通傳張旗志漢書同師古曰志與幟同

識 漢書郊祀志文鏤無款識黃霸傳識事聰明式志反記也禮小子識之補遺史記封禪書老人爲兒時從其大父識其處

遺 史記孟嘗君傳欲以遺所不知何人唯季反漢書婁敬傳問遺陳湯傳歲遺詩遺之車馬器服焉補遺史記秦紀試遺其女樂以奪其志

辟 漢書禮樂志辟之琴瑟讀曰譬

辟 史記五帝紀堯辟位凡二十八年漢書高帝紀辟仇五行志齊戒辟寢讀曰避孟子伯夷辟紂

遲 史記春申君傳遲令韓魏歸帝重于齊音値乃也待也漢書高帝紀遲明圍宛三匝史記作黎明索隱犂旦一作比義並同史漢亦作遲明音稚補遺史記首秦紀臣老遲還恐不相見

事 漢書司馬相如傳相如事官未嘗肯與公卿國家事史記作仕上聲

事 漢書蒯通傳所以不敢事刃于公之腹者側吏反亦作鏄禮記信事人也

傳 史記張耳傳莫敢傳刃公之腹中音截正義云東方人以物重地中爲傳稽吏反

鐨 漢書太史公傳紬金鐨石室之書與匱同補遺舊本作饋蓋轉寫誤

食 漢書景紀禁內郡食馬粟成紀在所穴食之讀曰飤補遺史記夏紀孔甲不能食未得豢龍氏

食 史記審食其漢書師古曰此及武帝時趙食其讀與鄜食其同音異基荀悅漢紀並爲異基字

司 漢書高五王傳舍人怪之以爲物而司之得勃淮南厲王傳王使人候司與何同史記作何

植 漢書賈誼傳方正倒植音値史記正義如字春秋左氏傳華元爲植

直 史記始皇紀秦直其位音値匈奴傳直上谷姚氏云古字例以直爲値當也漢書霍去病傳適直青軍朱買臣傳直上計時會稽吏方舉飲

殺 漢書高帝紀項羽無道放殺其主讀曰弒補遺史記周紀周公黑肩欲殺莊王

缶䍃 漢書高紀破布軍于會缶師古丈端反此字本作䍃轉寫誤爲缶䍃布傳作䍃地理志沛郡䍃鄉直作

恚反補遺史記索隱曰缶音保非

雋 漢書地理志雋李音醉字本作樢其旁從木

卑 漢書鄒陽傳封之有卑音卑

補遺

祓 漢書禮樂志幡比祓回集貳雙飛常羊亦翅字

刺 史記封禪書使博士諸生刺六經中作王制七賜反

積 史記項羽紀燒其積聚漢書高帝紀同子賜反

离 漢書楊王孫傳精神离形

知 史記五帝紀其知如神晉世家知伯漢書藝文志閭巷小知之所及又材知

甀 史記高祖紀擊布軍會甀直偽反

誼 漢書高后紀亡以遵大誼律歷志禮誼食貨志仁誼

波 漢書諸侯王表波漢之陽師古彼皮反又彼義反西域傳北波河彼義反循也

義 史記梁孝王世家竇太后義格漢傳太后義格

執 史記五帝紀三帛二生一死執尚書字作贄

賜 史記李斯傳吾願賜志廣欲長享天下而無害

司 漢書敘傳因于二司合韻先寺反

眡 漢書王莽傳眡事古視字

萃 漢書司馬相如傳翕呷萃蔡音翠

隊 史記申屠嘉傳遷為隊率所類反漢書地理志遂隊王莽傳為六隊郡並音遂

睢 史記禮書暴慢恣睢伯夷傳暴戾恣睢音貴直又休季反漢書五行志恣睢者眾呼季反

字 史記平準書乘字牝者儐而不得聚會又亭有畜字馬歲課息郎與牸通

棄 史記五帝紀棄周紀后稷名棄

匱 漢書禮樂志辟如為山未成一匱止論語字作簣

匱 史記魯世家藏其策金縢匱中尚書同漢書高帝紀金匱石室

疪 漢書霍去病傳渾邪王鷹疪音疪蔭之疪

鄪 史記魯世家以汶陽鄪封季友今作費並音秘

濆 史記鄭世家悼公濆音祕左氏傳作費扶味反

靡 漢書禮樂志顏如荼兆逐靡合韻武義反楊雄傳聖風雲靡武義反

郿 漢書地理志右扶風郿師古郿音媚

職 史記叔孫通傳皇帝輦出房百官執職傳警音幟亦音試索隱案輿服志殷周以輦載軍器職載務絫至秦始皇去其輪而輿為尊也

時 史記五帝紀播時百穀讀曰蒔

娸 漢書敘傳朱雲作娸合韻上吏反

喜 史記項羽紀楊喜為赤泉侯漢表作憙火志反封禪書天子心獨喜其事扁鵲傳喜方者許既反好也漢書禮樂志靈其有喜合韻許吏反淮南王安傳不喜弋獵狗馬馳騁

八味

潰 漢書律歷志及微公茀立潰古沸字補遺史記魯世家弟潰殺幽公音沸

悲 漢書禮樂志相放悲音昉沸

乞 漢書朱買臣傳買臣糧用之上計吏卒更乞匄之音氣

漑 史記五帝紀嚳漑執中而徧天下古既字

唏 漢書史丹傳歔唏而起于既反

芔 史記司馬相如傳劉蒞芔吸索隱云古卉字正義作劉蒞喟吸音罍栗諱翁漢書作劉蒞芔歘

尉 漢書韓安國傳尉士大夫心尉安之字本無心此古體

補遺

菲 漢書刑法志菲屨赭衣而不純扶味反即與屝同廣韻菲草屬禮部韻屨也
萉 漢書敘傳安慆而不萉扶味反字本作腓音同
殺 漢書外戚恩澤表封樂殺之後人表樂殺
䕻 漢書司馬相如傳䕻然興道而遷義許貴反史傳作喟然
賫 漢書食貨志殺有賫賤

九御

閼 史記河渠書塡閼之水音於漢書溝洫志同
据 史記司馬相如傳据以驕驁音據漢書据直項也又揚雄傳三摹九据今據字
居 漢書酷吏郅都傳丞相條侯至貴居也讀作倨詩職思其居
裾 漢書司馬相如傳裾以驕驁兮駱史趙禹傳爲人廉裾倨傲也讀作倨
狙 史記留侯世家良與客狙擊秦始皇帝狙伺候也七預反漢傳師古曰字本作覰 補遺漢書諸侯王表

騁狙詐之兵因間伺隙出兵也音若蛆師古千絮反敘傳孫吳狙詐
𥜃 漢書五行志劉屈氂復坐祝𥜃要斬側據反古詛字 補遺首王子侯表坐祝𥜃上
𧬧 漢書上官后傳祝𧬧後宮古詛字
箸 史記十二諸侯年表紂爲象箸 補遺漢書張良傳請借前箸以籌之
櫡 史記絳侯世家無切肉又不置櫡音箸
錄 漢書雋不疑傳每行縣錄囚徒慮囚本錄聲之去耳力具反
與 史記孔子世家季氏饗士孔子與往音預 補遺秦紀不與殷亂漢書高帝紀萬民與苦甚
與 史記高祖紀世世無有所與漢紀同讀曰豫
與 史記文帝紀猶與未定漢書淮南王安傳猶與十餘日音豫

補遺

倨 史記酈生傳沛公方倨牀使兩女子洗足索隱曰按樂彦之邊牀曰倨

踞 史記留侯世家漢王下馬踞鞍而問漢書高帝紀踞牀音據
居 漢書韋賢傳畏此不居合韻基庶反
躇 漢書外戚李夫人傳哀裵回以躊躇合韻丈預反
𧬧 漢書王子侯表許皇后傳祝𧬧古詛字
預 史記東越傳預章梅嶺漢書閩粵傳豫章
豫 史記五帝紀舜乃豫薦禹于天平準書郡國皆豫治橋道漢書文紀豫建太子
豫 史記呂后紀猶豫未決魯仲連傳猶預未有所決解在四十九宥韻猶字下
櫲 史記滑稽傳梗楓櫲章木名玉篇作櫲音預
舉 漢書揚雄傳蔡澤雖噤吟而咲唐舉合韻居御反
漁 漢書揚雄傳或橫江潭而漁合韻牛助反
輿 漢書地理志汝南郡平輿音豫

圉 漢書敘傳以强守圉合韻音御

十遇十一暮

瞿 史記吳王濞傳王瞿然駭音句無措手之貌漢書居具反
懼 漢書惠帝紀贊聞叔孫通之諫則懼然師古讀曰瞿居具反失守皃
捂 史記呂后紀執戟者捂兵罷去音仵
傅 史記高祖紀蕭何發關中老弱未傅者悉詣滎陽漢書同又傅以與齊王音附左氏毛將安傅
腑 史記惠景間年表諸侯子弟若肺腑音附
趣 史記孟嘗君傳君獨不見夫朝趣市者乎音娶向也說文疾也
趨 漢書禮樂志趨末食貨志趨澤讀曰趣嚮也及也 補遺史記燕世家士爭趨燕
取 漢書五行志昭公取于吳讀曰娶詩取妻如之何 補遺史記文帝紀無禁取婦嫁女漢紀同
冣最 史記殷紀大冣樂戲于沙丘或作最周紀周最幷古聚字 補遺漢書陳項傳贊周最

輸 漢書鮑宣傳三輸委輸官式輸反

逗 漢書匈奴傳逗遛不進讀與住同又音豆 補遺史記韓安國傳逗橈漢傳音並同

莫 漢書南粵傳莫不知其兵多少讀作暮 詩敘聿其莫 補遺首衛霍傳薄莫

專 史記司馬相如傳專結 襖又雲專露散古布字

遡 漢書揚雄傳遡江上遊巴江州音泝

婁 漢書宣帝紀婁蒙嘉瑞古屢字詩婁豐年

錯 史記秦紀魏錯七故反舉錯必當上父傳成康刑錯 漢書藝文志禮義有所錯伍被傳上之舉錯並千故反 補遺史記首周紀刑錯漢書首文帝紀鼂錯元帝紀靡所錯躬

厝 漢書賈誼傳抱火厝之積薪之下千故反置也

妒 史記項羽紀嫉妒吾功高祖紀項羽妒賢嫉能 漢書劉敬傳嫉妒衡山王傳兩人相妒並音妒

路 漢書禮樂志乘大路郊祀志大路所止與輅同 禮大路繁纓 補遺史記殷紀殷路車為善

謼 漢書息夫躬傳使狂夫嘂謼于東崖火故反嘂音叫梁平王襄傳太后啼謼

涸 漢書郊祀志秋涸凍五行志金鐵冰滯涸堅不成與沍同 補遺史記封禪書秋涸凍

袴 史記趙世家夫人置兒袴中漢書景十三王傳大袴貢禹傳衣服履袴刀劍亂于主上古袴字

嫭 漢書禮樂志衆嫭並綽奇麗音互好也

故 史記馮唐傳尺籍五符注漢軍法故行不行奪勞二歲故與雇同

顧 漢書平帝紀顧山錢雖無音而注言顧人與雇同 補遺食貨志天下公得顧租鑄錫為錢鼂錯傳然民則以顧其功丙吉傳以私錢顧租令留

固 漢書王商傳商有固疾讀作痼

酤 漢書武帝紀天漢三年初榷酒酤工護反

洿 漢書貢禹傳素餐尸祿洿朝之臣一故反與汙同 補遺史記張耳傳何乃洿王為乎

迕 漢書食貨志好惡乖迕違也五故反

班馬字類第四　九　別下齋校本

悟 史記韓非傳大忠無所拂辭悟言無所擊排拂悟當為佛忤古字假借

梧 史記項羽紀諸侯莫敢枝梧音悟漢書同又司馬遷傳贊或有抵梧張良傳贊魁梧奇偉音悟言其驚悟今人讀為吾非

呼 史記楚世家從江上走呼曰靈王至矣漢書文紀入北軍一呼火故反春秋左氏傳周麾而呼

酗 漢書趙充國傳數醉酗羌人況務反即酗字

覦 漢書游俠傳覬覦音踰又音諭

補遺

偶 史記殷紀為偶人謂之天神音寓亦如字孟嘗君傳見木偶人與土偶人相與語無音

踣 漢書刑法志踣諸市妨付反

嘔 漢書王褒傳以嘔喻受之於付反

虞 漢書揚雄傳反五帝之虞合韻牛具反

班馬字類第四　十　別下齋校本

甫 史記鄭世家大夫甫瑕左氏傳作傅此本假借亦如字讀

傅 史記爰盎鼂錯傳贊爰盎亦善傅會音附漢贊同

趨 史記天官書其趨舍而前曰嬴音聚

聚 漢書古今人表聚子亦聚字

取 漢書五行志取于不專又取不達讀曰聚

取 史記始皇紀夸主以為名異取以為高李斯傳作異趣漢書酷吏傳取為小治姦益不勝音趣

欲 漢書揚雄傳騁者奔欲合韻弋樹反

輸 史記扁鵲傳因五藏之輸東注反

泩 漢書地理志鴈門郡泩陶音注

素 史記天官書張素為廚主觸客漢書天文志作嗉

阼 史記文帝紀皇帝即阼漢書王莽傳居攝踐阼

嗣 漢書敘傳昭齊亡嗣合韻音祠

菀 漢書貨殖傳搏菑菀鄒陽傳不見伏菀

度 史記周紀自漆沮度渭漢書高紀度河攻聊城

讃 漢書敘傳叔孫呈讃合韻音恭

護 史記禮書驟中韶護

濩 漢書禮樂志湯作濩司馬相如傳韶濩

固 史記魯世家必問于遺訓而咨于固實韋昭曰故事之是者

華露 史記楚世家辟在荊山華露藍蔞華露柴車素大輅也今秋左氏傳華露

俉 史記天官書其人逢俉化言亦作迕五故反

選 漢書天文志其人逢選

悟 漢書王莽傳亡所悟意

牾 史記屈原傳重華不可以牾兮楚詞作遌竝五故反漢書酷吏傳顏延年莫敢與牾

午 漢書劉向傳朝臣舛午膠戾乖剌五故反

十二霽十三祭

霽 漢書魏相傳爲霽威嚴音限齊之齊又雨霽也才詣子詣二反

齊 漢書藝文志百藥齊和與劑同郊祀志化丹砂諸藥齊爲黃金 補遺史記封禪書名藥齊扁鵲傳入減之齊

俾倪 史記魏公子傳侯生下見其客朱亥俾倪故久立說文睥睨衺視也或作俾倪音與下同

睥睨 史記魏其傳辟倪兩宮間上滿計反下五計反漢書灌夫傳辟睨 補遺注字本作睤

棣 漢書律歷志萬物棣通孟康曰通意也音替

鬄 漢書太史公傳其次鬄毛髮吐計反與鬀同

弟 史記酈生傳弟言之漢書同陳勝傳弟令毋斬但也 補遺史記首五帝紀贊顧弟弗深考

弟 漢書高惠高后文功臣表錄弟下音次第之第

弟 漢書劉向傳罷令就弟讀作第宅之第

地 漢書邴吉傳西曹地忍之猶但也亦第也

泄 漢書禮樂志泄萬里晉灼曰古迾字孟康音逝師古曰孟音非也讀曰厲

離 史記賈生傳嗟若先生獨離此咎兮遇也漢書師古曰遭也音麗楊雄傳附離 補遺史記首劉敬傳附離漢書首五行志星辰附離于天司馬相如傳離靡廣衍

盭 史記司馬相如傳盭夫之垂涕古戾字漢書百官表諸侯王金印盭綬盭草名也音戾張陳傳贊相背之盭膠西王端傳爲人賊盭董仲舒傳陰陽繆盭

盭 漢書景十三王傳賊盭古戾字

沴 漢書五行志金沴木音拂戾之戾孔光傳六沴之作音戾

淚 漢書外戚傳淒淚音戾

結 史記陸賈傳尉佗魋結箕踞音計漢書音髻

結 史記張釋之傳王生老人謂張廷尉爲我結襪讀如字又音計漢書跪而結之音係

毄 漢書景帝紀無所農桑毄蓄古繫字

係 漢書郊祀志係風捕景

惠 漢書楊雄傳發蘭惠與穹窮惠蕙也

毳 漢書邴吉傳甘毳食物讀作脆 補遺史記刺客傳可以旦夕得甘毳以養親此芮反又音脆

埶 史記六國表形埶利也漢書蕭何傳不賢毋爲埶家所奪與勢同 補遺漢書高紀地埶便利

誓 史記六國表誓盟不信

遰 史記賈生傳鳳漂漂兮高遰音逝

跇 史記樂書跇萬里孟康音逝

稅 史記朱建傳辟陽侯乃奉百金往稅式芮反韋昭曰衣服曰稅當作襚

稅 漢書朱建傳乃奉百金稅稅贈終者之衣式芮反

內 漢書溝洫志盟津維內讀曰納

蹛 史記平準書留蹛無所食音滯謂積久也古今字詁蹛今滯字

墆 漢書食貨志墆財役貧者音滯停也

服 漢書郊祀志服食與綴同謂聯綴而祭竹芮反

裔 史記高祖功臣侯表爰及苗裔鄭世家昔金天氏者裔子曰昧

容 漢書五行志思心之不容讀作睿

蓺 史記樂書蓺成而下漢書景帝紀楚元王子蓺音藝詩不能蓺稷黍

埶 漢書楚元王傳埶爲宛朐侯古執字

萆 史記淮陰侯傳萆山而望趙軍陰蔽也漢書同師古曰蔽隱於山間使敵不見

猘 漢書五行志國人逐猘狗征例反

偈 漢書楊雄傳度三巒兮偈棠棃讀曰憩

挈 漢書溝洫志今內史稻田租挈重收田租之約令也苦計反口計反

擠 漢書杜欽傳排擠英俊隆也子詣反史記項羽紀漢軍卻爲楚所擠音躋排也 補遺

瘛 漢書丁姬傳平帝后王莽女爲人婉瘛有節操瘛靜也烏計反

紲 漢書楊雄傳票禽之紲隃與跇同

揭 漢書司馬相如傳揭輕舉而遠遊丘例反

泄 漢書嚴助傳歐泄霍亂之病弋制反

殺 漢書韋元成傳親疎之殺漸降也楊雄傳事罔隆而不殺所例反 補遺史記禮書以隆殺爲要

補遺

齊 史記宋世家日雨日濟日涕日霧

濟 漢書董仲舒傳黎民未濟古濟字

弟 漢書武帝紀朕嘉孝弟力田

離 史記莊子傳善屬書離辭指事類情無音當讀曰灑

灑 史記周紀其罰倍灑孔安國曰倍百爲二百鍰也索隱曰灑音屣徐廣曰五倍曰蓰音所解反

泥 史記屈原傳自疏濯汙泥之中奴計反漢書蓺文志泥于小數

繫 史記五帝紀贊五帝德及繫姓漢書董仲舒傳孔子作春秋先正王而繫萬事

緊 史記鄭世家秦嬴姓伯繫之後秦紀柏翳

挈 史記司馬相如傳挈三神之歡漢傳同張湯傳受而著獻法廷挈令詩爰挈我龜

懘 史記樂書無懘之音索隱曰本又作怘懘省也案禮記沾懘沾懘昌廉反懘昌制反又昌氣反

說 史記殷紀阿衡負鼎俎以滋味說湯漢書高帝紀或說沛公

厲 史記高祖功臣侯表泰山如厲梁孝王世家[illegible]厲工漢書功臣表同砥礪石也鄒陽傳底厲

厲 漢書嚴安傳民不夭厲注病也

厲 史記孟嘗君傳非所以厲士民而彰君之善聲也漢書武帝紀勉元元厲蒸庶宣紀厲精更始

餟 史記武帝紀其下四方爲餟食竹芮反封禪書作醊漢書郊祀志作腏古字通

抴 史記司馬相如傳抴獨繭之褕袘音曳漢書作曳

兌 史記天官書三星隨北端兌漢書天文志耑銳

蓺 史記武帝紀藝五種一本作蓺夏紀汶嶓既蓺

蓺 史記封禪書論說六蓺漢書宣帝紀朕不明六蓺又材蓺

弊 史記周紀是以弊高都而得完周也漢書元帝紀重以周秦之弊

敝 史記始皇紀安士息民以待其敝高祖紀贊忠之敝小人以野漢書景紀贊周秦之敝

瘞 史記封禪書瘞埋漢書武帝紀瘞元玉

十四泰

泰 漢書爰盎傳盎以泰常使吳 補遺史記始皇紀初一泰平孝武紀泰一律書泰蔟漢書食貨志收泰

半之祖郊祀志泰液楊雄傳泰陰

遞 漢書王莽傳依諸將之遞據相扶之勢遞圍繞也音帶

厲 史記老子傳厲鄉音賴苦縣城東有厲鄉祠老子所生也

癘 史記曹相國世家子襄病癘歸國音賴

匄 漢書文帝紀以啟告朕匄乞也

愒 漢書五行志玩歲愒日蓋反

駔會 史記貨殖傳子貸金錢千貫節駔會徐廣曰上駔朗反下馬儈也漢書音義曰會亦儈也五宗世家賈人儈駔會音儈

補遺

大 史記五帝紀文祖者堯大祖也漢書禮樂志大伯王季相如傳大山揚雄傳王衡正而大階平

泰 漢書地理志泰曰泰野卬大野

厲 史記南越傳戈船下厲將軍索曰瀨

糲 漢書司馬遷傳糲梁之食音瀨

厲 史記范雎傳漆身爲厲讓傳同音瀨今字作癩

沛 史記齊世家遂獵沛丘郎左氏傳貝丘

沸 漢書司馬相如傳水蟲駭波鴻沸曰盎反史傳同無音

會 史記楚世家會人索隱曰鄶國也

十五卦十六怪十七夬

詿 漢書文帝紀詿誤吏民音卦

絓 史記律書絓解於越漢書敘傳不絓聖人之網與挂同

解 漢書武帝紀祗而不解讀曰懈詩夙夜匪解　補遺史記高祖紀秦軍解因大破之

阸 史記律書擁兵阻阸尼賣反漢書諸侯王表至虖阸陋河洛之間于懈反狹也

睚眦 漢書杜鄴傳報睚眦怨上音厓下郎皆字　補遺史記聶政傳以感睚眦之意

厓眥 漢書孔光傳厓眥莫不誅傷上五懈反下仕懈反厓舉眼也眥目尼也

誡 史記越世家有如病不宿誡教也與戒同

介 史記建元年表傳介音介

介 漢書陳湯傳以纖介之過與芥同

裓 史記律書兵裓尤所重本從木今從衣

䪥 漢書循吏龔遂傳合穜一樹榆百本䪥與薤同

蔕 史記司馬相如傳其于胸中曾不蔕芥丑界反漢書同

責 漢書淮南王欽傳負責側懈反謂假貸人財物未償者春秋左氏傳西鄰責言

補遺

介 漢書諸侯王表介人維藩詩作价人

艐 史記司馬相如傳糾蓼叫奡踏以艐路兮至也古屆字漢傳作膠音同

蔕葪 史記賈生傳細故蔕葪上丑介反下音介漢傳蔕芥

蹛 史記匈奴傳大會蹛林音帶又多藍反索李牧傳大破匈奴襜襤音相近

濞 史記司馬相如傳滂濞浦拜反

喝 史記司馬相如傳榜人歌聲流喝烏邁反漢傳同言悲嘶也一介反

蕢 史記孔子弟子傳蕢瞶與蒯同漢書高帝紀蹢蕢山

祭 史記吳世家餘祭漢書古今人表祭公側介反

十八隊十九代二十廢

遝 史記樂書君子以嗛遝爲禮與退同

妃 史記外戚世家妃匹之愛音配詩妃耦　補遺漢書匡衡傳妃匹之際

負 史記晉世家負父之命正義音佩　補遺首高祖紀負約索隱音佩

偝 漢書南粤傳注負山陵阻負偝也

倍 漢書賈誼傳下無倍畔之心讀曰偝 補遺史記周紀倍韓攻梁始皇紀倍約倍盟魯仲連傳智者不倍時而棄利音同

誖 漢書濟北王傳誖人倫布內反 補遺史記三王世家或誖其心漢書首律歷志事則不誖

瑁 漢書西域傳贊賂犀象瑇瑁頭建珠厓七郡音妹

毒冒 漢書郊祀志毒冒犀玉即瑇瑁 補遺舊表下字今增

誶 漢書賈誼傳立而誶語音碎

沬 漢書律歷志王乃洮沬水即頮字呼內反從本末之末者亦同音淮南厲王傳蒙霜露沬風雨沬洗面也 字從午未之未 補遺史記司馬相如傳沬若水音妹又音末漢傳同

茀 史記武帝紀有星茀于東井齊世家茀星出 漢書息夫躬傳角星茀于河鼓與孛同布內反

凷 漢書律歷志壄人舉凷而與之集韻苦會反說文或作塊

裁 史記張儀傳雖大男子裁如嬰兒言音在謂形體也

概 史記季布傳感概字或作概音同

薆 漢書律歷志昧薆于未薆也音愛

能 漢書食貨志能風與旱鼂錯傳其性能寒讀曰耐嚴助傳中國之人不能其水土也

倈 漢書平當傳使當刺史二千石勞倈有意者勞倈皆去聲讀

來 漢書司馬相如傳馳騖往來盧代反請勞來學者集之 補遺史記周紀日夜勞來定我西土漢書宣帝紀勞來不怠

祓 漢書外戚衛后傳帝祓霸上還音廢 補遺音地理志祓縣音廢

魁 漢書東方朔傳魁然無徒讀曰塊

艾 史記殷紀巫咸治王家有成作咸艾封禪書天下艾安漢書郊祀志同讀曰乂五行志從作艾

艾 史記樂書推己懲艾音刈漢書傅介子傳不誅亡以懲艾讀曰乂

艾 漢書五行志國末艾也讀曰刈絕也

艾 漢書項羽傳斬將艾旗賈誼傳若艾草菅然讀曰刈 補遺史記天官書為斬艾事

艾 漢書王褒傳俊艾將自至讀作乂

壘 漢書李陵傳下壘石盧對反

薉 漢書武帝紀東夷薉君南閭等古穢字

濊 漢書蕭望之傳[illegible]行汙濊不進與穢同

冋 漢書趙充國傳千里冋遠迂也胡[illegible]反 補遺史記河渠書故道多阪冋遠李廣傳東道冋遠漢書食貨志渭漕冋遠迂也酷吏傳即得避冋並胡內反

塞 漢書郊祀志冬塞禱祠先代反謂報其所祈 補遺史記武帝紀塞南越禱祠泰一后土

佁儗 漢書司馬相如傳仡以佁儗上丑吏反下魚吏反又音態儗

沕 漢書賈誼傳沕淵潛以自珍音昧

補遺

昒 漢書司馬相如傳昒爽音忽史記索隱引漢傳昒爽未明也埤倉云早朝也音妹

鄁 漢書地理志鄁封紂子武庚與邶同

味 漢書地理志味益州縣名音昧

雷 漢書晁錯傳具藺石布渠荅注藺石城上雷石也來內反渠荅鐵蒺藜也

北 史記五帝紀分北三苗尚書同如字又音佩

佛 史記太史公自序五家之文佛異音悖一音扶味反

沫 史記管晏傳桓公背曹沫之約音妹刺客傳曹沫亡葛反左氏傳作劌二字聲相近而字異耳

概 史記楚世家夫概吳世家夫槩伯夷傳其文辭不少概見

槪 史記范睢傳意者臣愚不槪于王心邪一作溉音同

二十一震　二十二稕

振　漢書文紀其義所以振貸之者諸振救振贍皆同從貝者非　補遺史記周紀以振貧弱萌隸

肅眘　漢書武帝紀海外肅眘莫不來賀與慎同　補遺史記虞卿傳王眘勿予

仞　漢書儒林傳喜因不肯仞注仞亦名也音刃

儐　漢書主父偃傳相與排儐不容于齊讀作擯　補遺史記平準書乘牸牝者儐不得聚會

薦紳　史記五帝紀薦紳先生難言之郎搢紳也古字假借耳

進賮　漢書高帝紀蕭何主進注會禮之財字本作賮作監古字假借轉而爲進賮又才忍反　補遺史記高祖紀同呂不韋傳進用不饒讀爲賮

陳　漢書刑法志善師者不陳本因陳列爲名末代改從車非經史本文春秋左氏傳爲魚麗之陳穀梁傳善陳者不戰　補遺史記律書顓頊有共工之陳吳世家夾水陳

閵轔　漢書司馬相如傳閵蹠來吝反史記轔鹿音吝王商傳蹠闒　補遺藺元鶴二史四字通

遴　漢書高惠功臣表遴柬布章與客同魯恭王傳晚節遴音吝猶貪嗇也杜欽傳不可以遴

塡　史記周紀是陽失其所而塡陰也孝文紀塡撫諸侯天官書塡星漢書高帝紀塡國家與鎭同

堇　漢書地理志豫章出黃金然堇堇才少也與僅同　補遺史記貨殖傳長沙出連錫然堇堇

廑　漢書賈誼傳其次廑得舍人廑如黑子之著面與僅同　補遺史記夏紀帝廑立音覲又音勤

殣　漢書禮樂志殣蕢親以肆章音覲言我乃得覲見蕢以親附之

瞋　史記扁鵲傳目眩然而不瞋音舜

眴　漢書項籍傳梁眴籍曰可矣動目使之也音舜　補遺史記項羽紀同屈原傳眴兮窈窕音瞬

鬊　漢書天文志黑雲狀如焱風亂鬊音舜

駿　史記商君傳殘傷民以駿刑音峻詩駿極于天

陖　史記禮書豈令不嚴刑不陖哉司馬相如傳徑陖赴險

葰　漢書司馬相如傳實葉葰楙音峻　補遺史傳葰茂

儁　漢書太史公傳薦天下豪儁讀曰儁翟方進傳外有儁材

佝　漢書五行志始皇大臣二十人皆車裂以佝即佝字

諄　漢書五行志諄諄然如八九十者之閏反重頓之貌

胂　漢書司馬相如傳條胂式刃反疾兒

補遺

振　史記五帝紀振驚朕眾始皇紀振威天下又振恐趙奢傳武安屋瓦盡振案史漢振震多互用

振　史記荆軻傳禍必不振矣救也蒙恬傳過可振而諫可覺也

振　史記淮南王傳以令名男子若振女

蜄　史記律書辰者言萬物之蜄也音振本作娠漢書律歷志振美于辰

震　史記晉世家辰嬴賤班在九人之下其子何震之有

縉　史記儒林傳縉紳先生漢書郊祀志縉紳即與搢同

賓　史記周紀不顯亦不賓滅楚世家賓之南海蘇秦傳必長賓之音擯

蜄蜃　史記天官書海旁蜄氣象樓臺漢書天文志同字作蜃

眞　史記魯世家眞公濞音愼

洒　漢書東方朔傳洒埽之職師古音信又山豉反

狗　史記五帝紀幼而狗齊索隱曰舊本亦有作濬古字假借狗爲濬或讀狗爲迅異字而同音

畯　史記宋世家畯民用章尙書作俊民

駿　史記屈原傳誹駿疑桀與俊同

儁　漢書禮樂志進用英儁伍被傳招致英儁

二十三問二十四焮

聞　漢書律歷志聞學孺臨章賢傳顯德遐聞詩聲聞令聞

馴　史記五帝紀堯能明馴德古訓字又五品不馴又敎馴皆同音

醞　漢書匡張孔馬傳贊傳先王語其醞藉可也于問反　補遺首薛廣漢傳溫雅有醞藉

溫 漢書酷吏義縱傳少溫籍 于問反籍才夜反醞籍也

二十五願二十六慁二十七恨

怨 史記封禪書 百姓怨其法

圂 史記陸賈傳無久 圂公爲也與慁同

溢 漢書溝洫志河 水溢溢音頓反

滿 漢書廣陵王胥傳王憂滿音懣 又音悶石顯傳憂滿不負音悶

懣 漢書霍光傳光 憂懣音滿音悶

孫 史記晉世家公門鄉不孫漢書禮樂志者 泰則下不孫而國貧讀曰遜語者則不孫

敦 漢書律歷志歲名困敦音頓補遺史記 歷書同漢書匈奴傳闕敦地音頓又音對

頓 史記賈生傳莫邪爲頓漢書陳平傳頑頓 嗜利讀曰鈍又遲頓嚴助傳不頓一頓

遯 漢書匈奴傳遯逃竄伏古遁 字敘傳攜手遯秦古遯字

班馬字類三

曼 漢書王莽傳 延曼與蔓同

曼 漢書高帝紀曼丘臣姓曼丘名臣與毋丘本一姓語 有緩急耳音萬 補遺史記宋世家頭曼立音萬漢 書禮樂志 世曼壽

補遺

奰 史記樊噲傳擊陳 豨與奰丘臣軍

慁 史記范雎傳是天以寡 人慁先生亂也音溷

二十八翰二十九換

頞 史記西南夷傳常頞 略通五尺道音案

濺 史記藺相如傳以 頸血濺大王音贊

抏 史記扁鵲傳 案抏音玩

𢡟 史記周紀遷西周公于𢡟狐音憚 補遺漢書地理志梁注𢡟狐聚

掔 漢書郊祀志海上燕齊之閒莫不搤掔游俠傳 搤掔而游談古手腕字 補遺別本或作擘

半 漢書李陵傳一半 冰讀曰判大片也

畔 漢書高紀畔逆魏豹傳絕河津畔背賈宣傳下無 倍畔之心與叛同 補遺史記項紀諸侯畔之

讕 漢書藝文志讕 言十篇音讕

笇 史記吳王濞傳上方 與晁錯調兵笇軍食

段 史記鄭世家少 子叔段段字

叚 史記天官書是謂叚音昀日叚之亦叚 亂反漢書翻輔傳補說鈞叚弱也乃叚反

愞 漢書武帝紀坐畏愞棄市如掾反又 乃館反息夫躬傳小夫愞臣之徒

壇 漢書司馬相如傳案衍壇曼揚雄傳原 其壇曼從且反莫幹反 補遺史記相如傳同

酇 漢書高祖紀相國酇侯音贊或云何 封沛郡酇縣才何反 補遺史記同

補遺

班馬字類三

扞 漢書賈誼傳所以爲藩扞及皇太子所 恃者師古曰蕭翰宜得明皇太子安同

案 史記周紀案兵毋出始皇紀各案不移徙紀 案堵酈生傳案劍漢書禮樂志案撫戎四夷又按案 漢灌夫傳案 夫項合謝

散 漢書翟方進 傳王道離散

灌 漢書地理志引詩溱與洧方 灌灌沙胡貫反詩作渙渙

讚 漢書百官表讚 者掌賓贊受事

毋 史記田世家衛取毋丘音 貫古國名今俗作毋字殘缺耳

捥 史記封禪書莫不搤捥荊軻 傳搤捥索隱曰字亦書作𢴤

潘 漢書地理志上 谷郡潘音半

拌 史記龜策傳鐠反 石拌音判

泮 史記陸賈傳 天地剖泮

半 漢書楊雄傳羨漫半散蕭條數千里外

三十諫三十一襉

貫 漢書賈誼傳胥貫如自然工官反孟子我不貫與小人乘

環 漢書高帝紀章邯守漢陽環水音宦史記無音陳湯傳四面環城音患

嫚 漢書高帝紀陛下嫚而侮人武帝紀單于待命加嫚與慢同補遺史記高祖紀嫚罵之

謾 史記魏其傳乃謾自好謝丞相乃爲優易之辭而好謝丞相漢書文帝紀相約而後相謾音慢董仲舒傳桀暴謾補遺史記首孝武紀後世謾怠

姍 漢書諸侯王表姍笑三代王尊傳佔嫚姍上古訕字

間 史記武帝紀間者河溢歲數不登補遺首五帝紀書鈌有間矣漢書高帝紀步從間道走軍

眩 漢書張騫傳犂軒眩人讀與幻同補遺史記西域傳國善眩漢書首元紀眩于名貿胡盻反

辨 史記秦紀倚辨于上又項梁常爲主辨

辯 漢書食貨志天子始出巡郡國東度河河東守不意行至不辯自殺讀作辨

幕 漢書西域傳罽賓國錢文幕爲人面音漫

補遺

還 史記楚世家還射圍之東音患漢書司馬相如傳柴池茈虒還乎後宮音宦

三十二霰三十三線

薦 漢書張湯傳薦數終軍傳北胡隨畜薦居讀作荐詩天方薦瘥

練 漢書路溫舒傳鍛練而周內之讀作鍊

燕 史記張蒼傳昌嘗燕時入奏事謂上宴時漢書五行志除喪而燕燕與宴同詩逍遙遊燕

綫 漢書高惠高后文功臣表不絕如綫今線纏字

羨 史記平準書以致富羨音衍貨殖傳時有奇羨漢志弋戰反詩四方有羨補遺漢書溝洫志河災之羨溢與衍同藝文志漫羨而無所歸弋戰反

嬗 漢書文帝紀縱不能傳求天下賢聖而嬗天下補遺史記秦楚之際月表號令三嬗古禪字

禪 漢書武帝紀修天文禪易姓諸侯王表舜禹受禪古禪字補遺史記孝武紀升禪肅然

傳 史記外戚世家與我決于傳舍中索隱音轉謂郵亭傳置之舍

傳 史記文帝紀張武等六人乘傳漢書乘六乘傳張戀反

攣 漢書外戚李夫人傳上所以攣攣顧念我音戀又力全反

婘 史記樊噲傳呂須婘屬音眷

勌 漢書嚴助傳歷歲經年士卒罷勌亦倦字補遺首韓信傳勌敝之兵

咽 漢書蘇武傳咽之音晏

徧 漢書宣元六王贊徧有天下古遍字詩徧爲爾德補遺史記禮書三者徧亡音遍

補遺

先 史記武帝紀見神于先後宛若音去聲即今妯娌也漢書郊祀志同

淒 史記司馬相如傳儵胂淒浰七見反漢書作倩

燕 史記樂書宋音燕女溺志注徵也

禪 史記武帝紀萬國和而鬼神山川封禪與爲多焉始皇紀議封禪注闢廣土地也除地爲墠後改爲禪漢書武帝紀修封禪

鱓 史記晉世家子鱓代栢叔是爲曲沃莊伯時戰反音善又音驙

泯 漢書司馬相如傳覛眩泯而亡見音晦目不安也史傳作眠

元潛 漢書司馬相如傳紅杳眇以元潛音炫麵

冥眴 漢書揚雄傳目冥眴而亡見上莫見反下音縣

叀 漢書游俠陳遵傳一日叀礙爲党刑轠上紹反党上浪反

傳 史記始皇紀推終始五德之傳張戀反三代世表終始五德之傳音囀

睠 史記屈原傳睠顧楚國

弁 漢書東方朔傳弁嚴子郎卞莊子

弁 漢書酷吏傳吏皆股弁注撫手也卽與抃同

卞 漢書哀紀贊時覽卞射武戲注手搏爲卞角力爲武

三十四嘯三十五笑

調 史記爰盎傳調爲隴西都尉徒釣反漢書同 補遺首夏紀調有餘補不足

噭咷 漢書韓延壽傳噭咷楚歌上音叫下音滌師古下下釣反

嘄 史記樂書嘄噭之聲漢書息夫躬傳如使狂夫嘄謼于東崖音叫

芺 漢書薛宣傳壹芺相樂古笑字

咲 漢書諸侯王表姍咲三代史丹傳上嘿然而咲古笑字

宵 漢書刑法志夫人宵天地之貌讀作肖

陗 史記鼂錯傳陗直刻深漢書師古曰與峭同 補遺首李斯傳陗塹之勢異也音峭

嚼 史記游俠傳與人飲使之嚼子妙反盡酒也與漢傳釂同

譙 史記萬石傳子孫有過失不譙讓漢書高帝紀噲因譙讓羽才咲反黥布傳譙讓在咲反

噍 史記司馬相如傳噍咀芝英才笑反咀才與反

剽姚 史記霍去病傳爲剽姚校尉漢書作票姚服虔音飄搖師古曰票頻妙反姚羊召反勁疾之貌荀悅漢紀作票鷂去病後爲票騎將軍取票姚之字今讀音飄搖則不當其義也正義引師古注以爲證史記作驃騎眺召匹妙二切集韻云勁疾貌漢以名兵官有票鷂校尉 補遺漢書武帝紀張騫傳亦作驃騎

幼眇 漢書元紀贊窮極幼眇音要妙儒林傳谷永疏嚴然總五經之眇讀曰妙 補遺史記貨殖傳雖戶說以眇論音妙

眇 漢書律歷志究其微眇細也莫小反又音妙

約 漢書禮樂志治本約約讀曰要周禮萬民之有約劑者藏焉

癄 漢書禮樂志纖微癄瘁之音子笑反

溺 史記范雎傳醉更溺雎年弔反酈生傳溲溺漢書酈食其傳輒解其冠溺其中讀曰尿

削 漢書貨殖傳洒削刀劍室也先召反 補遺史記梁孝王世家削厲工

寮 漢書禮樂志靁電寮古燎字郊祀志寮堂下

轑 漢書杜欽傳欲以熏轑天下讀曰燎假借用字

補遺

踔 史記司馬相如傳踔稀間託釣反漢書掉希間徒釣反

擢 史記司馬相如傳揵鰭擢尾漢傳作掉徒釣反

卲 史記李斯傳贊不然斯之功且周卲列漢書諸侯王表周卲相其治卽召字此從邑

曜 漢書刑法志以類天之震曜殺戮

橋 漢書楊雄傳萬騎屈橋其召反

驕 史記司馬相如傳驕驁居召反漢傳同

蜩蟉 漢書司馬相如傳蜩蟉偃蹇上徒釣反下盧釣反

稠嶅 漢書楊雄傳天地稠嶅動搖皃上徒弔反下五到反

躈 史記貨殖傳馬蹄躈千古弔反漢傳蹏躈

票 漢書高惠功臣表連敖票客頻妙反五行志崇聚輕票無誼之人匹妙頻妙反

矯 漢書敘傳賈生矯矯台顏音蹻

漂 漢書地理志沛郡漂陽音票

繚 漢書地理志清河郡繚自笑反

三十六效

佼 史記趙世家宜爲上佼而今乃抵皐音効功勞也

覺 史記高祖紀後人至高祖覺音教漢紀功効反楚世家王枕其股而臥覺而弗見詩尙寐無覺

𩑢 漢書刑法志凡人宵天地之𩑢古貌字

皃 漢書王莽傳皃佷古貌字

濯 史記司馬相如傳濯鷁牛首直教反持檝櫂船也牛首池名漢傳同漢書百官表輯濯音同

橈 史記留侯世家謀橈楚權女教反漢書高帝紀師古曰弱也其字從木春秋左氏傳師徒橈敗

訬 漢書敘傳江都訬輕初教反

補遺

斆 史記張釋之傳豈斆此嗇夫諜諜利口捷給哉漢傳作效

學 漢書敘傳古之文學合韻下教反

訊 史記周紀惟訊有稽索隱曰依尚書音貌

奅 史記建元年表南奅侯衛青傳南窌侯漢書功臣表南窌竝普教反

三十七號

秏 漢書宣帝紀匈奴畜產大秏呼到反

秏 漢書景帝紀不事官職秏亂者丞相以聞莫報反與眊同

眊 漢書武帝紀哀夫老眊古耄字

旄 史記春申君傳後制于李園旄矣音耄

冒 漢書雋不疑傳著黃冒所以覆冒其首讀作帽補遺史記絳侯世家大后以冒絮提文帝音同

驁 史記樂書齊音驁辟驕志禮記作敖漢書田蚡傳諸侯稍自引而怠驁音傲

敖 史記天官書箕爲敖客音傲調弄也漢書禮樂志簡而無敖　補遺史記首孝文紀入盜甚敖

鏊 漢書劉向傳羊入其鏊在到反謂所穿冢藏周禮冬官量其鏊深

趮 漢書天文志靜吉趮凶與躁同禮羽殺則趮　補遺首王子侯表東昌趮侯古躁字

道 漢書文帝紀各率其意以道民讀曰導地理志亦皆作道　補遺史記夏紀沱涔已道又道荷澤又汶山道江皆讀曰導

纛 史記南越傳黃屋左纛音導又音獨補遺首項羽紀漢書高帝紀竝同

埽 漢書外戚傳共灑埽于帷幄先到反

勞 史記楚世家使王孫滿勞楚王郎到反詩邵伯勞之春秋左氏傳自郊勞至于贈賄　補遺首周紀日夜勞來漢書高后紀令謁者持節勞章文紀勞賜三老

補遺

浩 漢書地理志浩亹音合又音誥趙充國傳浩亹音誥

溫 史記周紀繆王得驥溫驪索隱音盜竊也竊淺青色趙世家盜驪驊騮

三十八箇三十九過

左 漢書律歷志以左右民讀曰佐易以左右民補遺史記五帝紀置左右大監監于萬國

和 漢書藝文志百藥齊和鄭當時傳趨和胡臥反

莝 漢書尹翁歸傳使斫莝斬芻也千臥反　補遺史記范雎傳置莝豆其前

挫 漢書王莽傳使虎賁以斬馬劍挫忠讀作剉

銼 史記楚世家兵銼藍田祖臥反

媠 漢書兩龔傳媠設亡狀古惰字

憜 漢書韋賢傳供事靡憜古惰字

坷 漢書楊雄傳坎坷口賀反不平貌

補遺

个 漢書刑法志負矢五十个貨殖傳竹竿萬个讀曰箇

硰 史記灌嬰傳硰石音沙又千臥反漢書周勃傳硰石亦坐反地名

碆 史記楚世家出寶弓碆新繳音播徐廣音波

墮 史記司馬相如傳不敢怠墮郎與惰同

拕 漢帝兩龔傳加朝服拕紳土賀反楊雄傳紆青拕紫

四十禡

伯 史記秦紀幷桓公伯于鄄漢書異姓王表適戍彊于五伯讀曰霸國語若入必伯諸侯 補遺史記首周紀賜齊桓公爲伯漢書首高帝紀伯者莫高于齊桓

藉 史記留侯世家臣請藉前箸爲大王籌之音借漢書高帝紀陳餘田橫藉助兵借也春秋左氏傳藉除于臧氏 補遺史記首陳涉世家藉第令毋斬李斯傳藉兵寇而齎盜糧

耤 漢書郭解傳以軀耤助報仇古耤字

赦 漢書王尊傳贊張敞縱赦有度讀曰舍

橐 史記伍子胥傳會之橐皋音柘在廬州漢書地理志音柘姑九江縣名

庩 漢書地理志琅琊靈門注高庩山即柘字

躲 漢書韓安國傳弧矢躲獵讀曰射 補遺 首郊祀志少君乃言與其大父游躲處

咤 漢書王吉傳口倦乎叱咤亦吒字 補遺史記淮陰侯傳喑噁叱咤

侘 史記韓安國傳以侘鄙縣折亞反夸也

姹 漢書司馬相如傳子產過姹烏有先生讀作詫史傳作詫

賈 史記循吏傳市不豫賈漢書成紀賈級千錢毋將隆傳賈賤請更平直讀曰價語求善賈而沽諸禮展成奠賈 補遺首平準書鐵器若惡賈貴蘇秦傳齊紫敗素也而賈十倍

輅 史記晉世家虢射爲右輅秦五嫁反迎也春秋左氏傳輅秦伯

夸 漢書諸侯王表夸州兼郡音跨

吳 漢書郊祀志引絲衣詩不吳不敖無音案詩胡化反讀作吳非

華 漢書司馬相如傳華楓胡化反即今之皮貼弓者也

補遺

霸 史記封禪書霸產長水灃澇漢書郊祀志霸產豐澇

柘 漢書禮樂志泰尊柘漿司馬相如傳諸柘史傳作諸蔗

貰 漢書功臣表貰陽侯劉纏史記項羽紀封項伯爲射陽侯

舍 漢書高帝紀去孫黃來歸者皆舍之又與縮居去來歸者赦之朱博傳姦以事君常刑不舍師古曰舍置也

射 漢書武帝紀僕射古今人表孤射姑又夷射姑並音夜

誇 漢書外戚傳誇布服糲食音夸

御 漢書敘傳昔衛叔之御昆兮五駕反詩曰百兩御之

呼 漢書高帝紀釁鼓注釁呼火亞反史記注作埻

四十一漾四十二宕

養 漢書百官表給其養弋亮反詩不得養其父母 補遺首昭帝紀共養省中史記周紀養由基又因以應爲太后養地

饟 史記高祖紀老弱罷轉饟漢書食貨志不足糧饟古餉字詩其饟伊黍

倡 史記禮書一倡而三嘆禮記同漢書禮樂志肅倡和聲陳勝傳誠以吾衆爲天下倡讀曰唱

鬯 漢書律歷志靡不條鬯該成讀作暢禮樂志清明鬯矣古暢字

掠 史記高祖紀毋得掠鹵正義音諒天官書胡狢數侵掠李斯傳榜掠千餘漢書高帝紀掠鹵力向反宣帝紀掠笞春秋左氏傳禁侵掠

亮 史記魯世家亮闇三年不言與諒同尚書無逸篇同

涼 漢書五行志盡涼陰之哀讀曰諒信也一說謂居喪之廬力羊反

嚮 史記晉世家晏嬰如晉與叔嚮語世本作叔向 補遺漢書刑法志晉叔嚮非之

張 史記高祖紀留張飲三日張亮反田叔傳其張不辦音帳漢書高帝紀同成紀無共張繇役

鄉 史記秦紀非及鄉時之士高祖紀鄉者夫人嬰兒皆似君漢書高帝紀西鄉南鄉讀作嚮詩夜鄉晨 補遺史記首周紀見鄉者見後宮童妾所弃妖子

饗 漢書楊雄傳饗召如神與嚮同

卬 漢書食貨志卬以給澹原涉傳費用皆卬富人長者牛向反

兄 史記呂后紀呂祿以爲酈兄不欺音況漢書尹翁歸傳字子兄讀曰況詩倉兄塡兮

況 漢書武帝紀拜況于郊禮樂志天地並況賜也補遺史記司馬相如傳不遠千里來況齊國

誆 史記鄭世家解揚誆楚令宋毋降音誆

臧 漢書王吉傳吸新吐故以練五臧 補遺別本或書作藏翼奉傳猶人之五臧六體

亢 漢書楊雄傳鄒衍以頡亢取世資胡浪反

亢 史記魏其傳諸侯莫敢與亢禮漢書項藉傳贊不亢于九國之師與抗同春秋左氏傳亢大國之討 補遺史記首始皇紀見尉繚亢禮漢書首高帝紀合丞與亢禮音同

炕 漢書五行志君炕陽口浪反王莽傳贊炕龍

炕 漢書楊雄傳炕浮柱之飛榱與抗同 補遺舊前注下今表出又搤其咽炕其氣

竝 漢書趙充國傳虜竝出讀如字又步浪反 補遺首郊祀志北竝勃海

並 史記始皇紀竝河以東音傍漢書武帝紀竝海讀曰傍 補遺史記首秦紀竝陰山

旁 漢書溝洫志旁南山步浪反補遺首食貨志旁北邊以歸

懬 漢書元帝紀衆僚久懬古曠字

壙 漢書韋元成傳五世壙僚注五世無官壙空也外戚傳壙久與曠同

攘 漢書禮樂志盛揖攘之容藝文志堯之克攘太史公傳小子何敢攘古讓字

榜 漢書司馬相如傳榜人船人也音謗又方孟反 補遺史傳同

補遺

瀁 史記夏紀嶓冢道瀁東流爲漢尚書作漾

養 漢書地理志隴西氐道注養水字本作瀁或作養

亢 史記孫臏傳批亢擣虛 苦浪反言敵人相亢拒也

伉 漢書宣帝紀選伉健習騎射者師古曰伉彊也

傷 漢書李夫人傳方時隆 盛年夭傷兮合顔式向反

卬 漢書東方朔傳萬民所卬足牛向反

鞅 漢書高帝紀心常鞅鞅于亮反不滿足也

上 漢書刑法志孫吳者上埶利而貴變詐趙辛傳贊高上勇力

尚 漢書古今人表尚毋讀曰嚮晉叔向毋也

狼 史記始皇紀至武陽博狼沙中無留侯世家作博狼漢書張良傳博狼音浪地理志滎陽注狼湯渠音浪湯音宕

藏 漢書藝文志五藏六府

四十三映四十四諍四十五勁

卿 史記天官書是謂卿雲音慶

橫 漢書淮南王傳橫甚何並傳從橫胡孟反 補遺史記灌夫傳橫甚漢書諸侯王表處士橫議

盟 史記夏紀東至于盟津古孟字漢書地理志盟津讀曰孟

秉 漢書五行志殺生之秉彼命反 補遺史記天官書二十八舍主十二州斗秉之絳侯世家持國秉音柄漢傳同

咏 漢書禮樂志歌咏言古詠字

詷 漢書淮南王傳爲中詷長安詷有所候伺也丑政反西方人以反間爲偵

補遺

請 史記吳王濞傳使人爲秋請音淨陳丞相世家杜門不朝請漢書成紀賜宗室朝請者才性反

靜 漢書楊雄傳爰清爰靜游神之廷合韻才性反

爭 史記殷紀爲人臣者不得不必以死爭漢書王陵傳面折廷爭謂當朝廷而諫爭

境 漢書敘傳寇侵邊境合韻音竟

明都 史記夏紀道荷澤被明都音孟豬

并 史記五帝紀贊合并輪文秦紀初并天下漢書高帝紀項羽殺宋義并其兵又三秦易并之計

廷 漢書高紀廷中吏無所不狎侮郡府之中音定 田儋傳從少年之廷欲謁殺奴史記正義無音

四十六徑

補遺

徑 史記司馬相如傳徑 峻赴險漢傳徑峻

甯 史記始皇紀賛甯越賈生傳甯越鯌 史傳甯成漢書甯成甯音讀作甯

四十七證四十八嶝

椉 漢書地理志椉丘魯莊公 敗宋師于乘丘即此地也

補遺

承 漢書諸侯王表承鄉侯 音澄地理志東海縣名

恒 漢書敘傳潛神默記恒以歲 年音竟亙之亙又工蹬反

眙 史記滑稽淳于髡傳目 眙不禁與瞪同丑甑反

甸 漢書地理志甸氏道音騰又 食證反白水出徼外至葭萌

四十九宥五十候五十一幼

右 漢書律歷志以左右民與佑同 補遺史記五帝紀置左右大監

右 漢書韋元成傳 右賛讀曰祐

驟 漢書敘傳不驟驕 君之詔右嗅字

畜 史記天官書北夷之氣如羣畜穹 閭許救反漢書尹翁歸傳穿畜官

捄 史記春申君傳魏之兵雲集而不敢捄 漢書董仲舒傳何以捄溢扶衰古救字

鍑 漢書匈奴傳鍑 鍑斧炭鍑音富

褏 漢書淮南厲王傳自褏金椎椎之古袖字 補遺史記滑稽淳于髡傳注袪收衣褏也

褎 漢書揚惲傳拂衣而喜奮褎 低卬古袖字詩羔裘豹褎

讎 史記高祖紀高祖每酤留飲酒讎數倍漢 書高帝紀同地理志稼販無所讎讀曰售

啄 史記天官書柳為鳥啄丁救反 漢書東方朔傳鵝倪啄竹救反

噣 史記趙世家人面鳥噣竹胄反補 遺首楚世家射噣鳥于東海音晝

繇 漢書文帝紀注占謂 其繇文救反本作籀

宿留 史記武帝紀宿留海上漢書郊祀志同五行志其 宿留告曉人以備具深切上先就反下力救反

補遺舊表 下字今增

族 史記賈生傳族罪長沙正義云古侯 字待也補遺漢書賈誼傳無音

袤 史記楚世家廣 袤六里音茂

楙 漢書律歷志長大楙盛讀作茂又豐楙 補遺食貨志楙遷有無與茂同尚書作懋

霿 漢書五行志厥 咎霿莫豆反

湊 漢書賈誼傳輻湊並進而歸命天子補遺 史記張儀傳四通輻湊貨殖傳繈至而輻湊

奏 漢書王莽傳四海 輻奏靡不得所

走 史記蕭相國世家諸將皆爭走金帛財物之府分之 音奏趨向之也漢書高帝紀從閒道走軍音奏補 遺史記首項羽紀 漢軍皆南走山

族 漢書律歷志二 曰大族千豆反

族 漢書嚴安傳使 有節族音奏

丞 漢書司馬相如傳荷兵而 丞史傳作走上去聲通

逗 漢書匈奴傳逗留不進音豆又與 住同補遺史記韓安國傳逗橈

㶘 漢書匈奴傳仲舒之 言㶘於是矣讀作陋

紬 漢書司馬遷傳紬石室金匱之書音胄謂綴集 之補遺史記歷書紬績日分音宙又如字

補遺

猶豫 史記高后紀猶豫未決以獸反漢紀同索隱曰崔 浩云猶猿類卬鼻長尾性多疑說文猶獸名多疑 故比之也按狐性多疑度冰而聽水聲解 者又引老子猶兮冬涉川則是狐類無疑

就 漢書匈奴傳生奇材木箭竿就羽就大鵰也

復 史記魏世家越山踰河絕韓上黨而攻強趙是復閼與之事扶富反

殞 漢書楊敞傳得漢美食好物謂之殞惡

守 史記秦紀晉人皆城守不敢出漢書高帝紀乃閉門城守音狩

祝 史記文帝紀祝詛漢書同

福 史記龜策傳邦福重寶音副藏也

注 史記歷書西至于注天官書柳爲鳥注丁救反與咮同漢書天文志作喙

糅 史記屈原傳同糅玉石漢書劉向傳邪正雜糅汝救反

詢 史記趙世家置無卹爲能忍詢伍子胥傳剛戾忍詢鄒氏作詬太史公自序能忍詢火候反

講 史記甘茂傳樗里子與魏講罷兵讀曰媾和也亦如字

呴 史記殷紀飛雉登鼎耳而呴

茂 漢書董仲舒傳書云茂哉茂哉尚書作懋

區 漢書五行志區霿無識者口豆反

屚 漢書地理志苟屚與漏同交趾縣名

瀆 史記齊世家子糾于笙瀆音豆語溝瀆笙本作莘聲相近又執太子牙于句竇之丘

五十二沁

濅 史記王子侯者年表扶濅音浸

蓡 漢書劉向傳灾異蓡甚

浸 漢書嚴延年傳浸浸日多漸也

浸 史記河渠書此渠皆可行舟有餘則用溉浸

寑 史記佞幸傳久之寑與中人亂

蓡 漢書武帝紀䕺與蓡廣漸也溝洫志西南出寑數百里古浸字

寑 漢書禮樂志載王吉疏恩愛寑薄古浸字

寖 漢書哀帝紀末年寖劇地理志寖孫叔敖子所邑世祖改名固始子祖反又寖日五湖廣陵王胥傳寖信須等古浸字

暗 史記淮陰侯傳項王暗噁叱咤千人皆廢于禁反漢書作意烏猝嗟

補遺

寖 漢書外戚恩澤侯表寖廣傳矣劉向傳又患衆口之寖潤

寖 史記酷吏傳替官事寖以耗廢

寑 漢書郊祀志寑寑于泰山矣猶漸也與浸同

任 漢書趙倢伃傳生昭帝號鉤弋子任身十四月迺生

吟 史記淮陰侯傳雖有舜禹之智吟而不言不如暗啞之指麾也巨蔭反又音琴

陰 漢書霍光傳贊闇于大理陰妻邪謀發傳陰妻之逆師古曰謂覆蔽之雖無音當讀爲蔭陰庇字

五十三勘五十四闞

感 漢書張安世傳何感而上書歸衞將軍富平侯印胡闇反春秋左氏傳于蔡爲感音憾

晻 漢書元帝紀三光晻昧與暗同

闇 史記律書闇于大較越世家愚者闇成事與暗同 補遺漢書終軍傳明闇之徵

儋 史記淮陰侯傳守儋石之祿正義作一檐都濫反漢書蒯通傳儋石貨殖傳漿千儋丁濫反一儋兩甖人儋之也

啖 漢書王吉傳婦取棗以啖吉 補遺 史記穰侯傳秦割齊以啖晉楚 昭同

嚪 史記樂毅傳約趙惠文王別使連楚魏令趙嚪秦與昭同

惔 史記秦紀未能恬惔

監 史記封禪書東平陸監音闞 補遺舊設在五十八陷今移漢書郊祀志同

補遺

涂 漢書地理志豫章郡新涂音紺又古含反案廣韻與淦通

監 史記田世家田常成子與監止俱爲左右相即闞止

塹 漢書匈奴傳不塹費者不永寧

餤 史記趙世家故以齊餤天下

五十五豔五十六㮇五十七釅

掞 漢書禮樂志長麗前掞光耀明郎光炎字音豔

炎 史記天官書天狗止地類狗所墮及炎火望之如火光炎炎衝天漢書天文志濫炎妄起藝文志其氣炎以取之並與餤同丁姬傳開丁姬槨戶炎出四五丈

饜 漢書叔孫通傳通知上益饜若之與厭同

猒 史記孟嘗君傳士不猒糟糠與饜同范睢傳猒天下之士與厭同

阽 漢書文帝紀阽於死亡服虔音反坫之坫孟康音屋檐之檐師古曰二音並通

朁 漢書王子侯表或朁差失軼讀曰僭

澹 漢書食貨志猶未澹其欲古贍字

補遺

厭 史記平準書貧者或不厭糟糠伯夷傳糟糠不厭飢也漢書鮑宣傳貧民菜色不厭

嗛 漢書郊祀志今穀嗛未報鼎焉爲出哉苦簟反少意也

壍 史記秦紀壍河旁漢書高帝紀深壍而守

塹 史記司馬相如傳嶠塡塹漢書陳湯傳穿塹

五十八陷五十九鑑六十梵

氾 漢書武帝紀河水決濮陽氾郡十六賈誼傳氾㶱若不繫之舟敷劍反　補遺史記賈生傳同

氾 史記司馬相如傳氾濫衍溢敷劍反漢書伍被傳氾愛蒸庶與泛同

補遺

渢 史記吳世家渢渢乎音馮又音泛

汜 史記高祖紀即帝位于汜水之陽三代世表以爲汜從布衣匹夫起耳漢書高帝紀同敷劍反今案集韻禮部韻劍字皆在五十七釅而廣韻劍字在六十梵今從舊表

班馬字類第四

班馬字類第五

入聲 補遺附

一屋

僕遬 漢書息夫躬傳僕遬不足數上步木反下古速字

暴 史記蕭相國世家暴衣露蓋蒲毒反淮陰侯傳暴其所長音僕露也春秋左氏傳暴骨以逞孟子秋陽以暴之補遺漢傳同

欶 史記杞世家子欶立是爲出公音速

遬 史記禮書輕利剽遬漢書宣紀匈奴呼遬累單于古速字

匵 漢書楊王孫傳竆木爲匵即櫝字補遺首五行志乃匵去之梁平王傳龜玉毀于匵中

谷 史記匈奴傳左右谷蠡王音鹿犁漢書宣帝紀同

復 漢書郊祀志復道讀曰複補遺史記始皇紀爲復道自阿房渡渭漢書首高帝紀從復道上

錄 史記蕭相國世家錄錄未有奇節平原君傳毛遂曰公等錄錄音祿說文錄錄隨從之貌漢書蕭曹贊師古曰猶鹿鹿言在凡庶之中也灌夫傳帝在即錄錄注猶碌碌也

復 漢書郊祀志匡衡罷祠不應禮或復重扶目反與復重同

復 漢書高帝紀復而勿租稅又皆復終身方目反除其賦役也集韻作復通作復補遺史記始皇紀皆復不事十歲

虙 史記封禪書虙羲封泰山漢書司馬相如傳青琴虙妃讀作伏史記作宓補遺漢書首五行志虙羲氏繼天而王

宓 史記趙世家宓戲神農教而不誅漢書百官表易敘宓羲神農音伏字本作虙轉寫訛謬耳

服 史記賈生傳有鴞飛入賈生舍止於坐隅楚人命鴞曰服漢傳服飛入誼舍讀作鵩

繆 史記魯世家太公召公乃繆卜徐廣曰古書穆字多作繆孟子魯繆公補遺首秦紀造父以善御幸于周繆王漢書異姓王表章文繆獻

宿 漢書哀帝紀宿夜憂勞讀作夙

目宿 漢書西域傳罽賓國有目宿大宛傳有善馬耆目宿讀作苜蓿補遺舊表下字今增

蹵 漢書賈誼傳蹵其芻者有罰子六反董仲舒傳以迫蹵民子育反補遺史記燕世家王蹵之以足音同

叔 漢書昭帝紀三輔太常得以叔粟當賦讀作菽天文志戎叔爲孟康曰胡豆成也

鬻 漢書文帝紀吏稟當受鬻者或以陳粟之六反與粥同

孰 史記六國表西方物之成孰樂書亭孰蘇秦傳孰計之漢書律歷志物成孰可章度也讀作熟高五王傳灌將軍孰視笑曰云云

畜 漢書景帝紀畜積賈誼傳畜亂宿歐讀曰蓄補遺史記周紀居者有畜積樂書思畜聚之臣貨殖傳民好畜藏師古讀曰蓄

穡 史記蔡澤傳力用穡積漢書貨殖傳穡足功用音嗇

毓 漢書五行志孕毓根核與育同

僇 史記文帝紀異章服以爲僇漢書五行志執而僇之與戮同季布傳贊云古戮字補遺史記首夏紀不用命僇于社

粥 史記五帝紀北逐煇粥音育漢書谷永傳薰粥

粥 史記孔子世家粥羔豚者弗飾賈與鬻同周禮巫馬馬死則使其賈粥之

鞠 漢書藝文志蹵鞠巨六反枚乘東方朔傳作蹵鞠霍去病傳蹴鞠

奧 漢書五行志厥罰恒奧王莽傳南岳太傳典致時奧於六反補遺史記宋世家曰奧曰寒

補遺

鹿 漢書翟義傳沙鹿之右元后傳元城東有五鹿之虛即沙鹿也餘作沙麓

角 史記留侯世家角里先生秘記作祿里漢書王貢傳角里先生無音案廣韻音祿漢四皓名

偪 漢書古今人表福陽子即偪陽子

睦 史記司馬相如傳旼旼睦睦漢書作穆穆

垘 史記天官書川塞谿垘音服漢書天文志同注垘流也

犕 史記鄭世家周襄王使伯犕請滑音服即伯服也

敦 漢書王子侯表臨樂敦侯師古曰敦字或音弋灼反又作敦古穆字

宵 史記三王世家毋邇宵人索隱音謏亦小人也漢書廣陵王胥傳同無音

戚 史記高祖紀走至戚將毒反又如字又千笠反

朒 漢書五行志縮朒不任事音忸怩之忸

僇 漢書季布傳賀奴僇苟活而不變古戮字

鬻 漢書禮樂志熏鬻殛

粥 漢書古今人表楚粥拳音鬻

鬻 史記樂書毛者孕鬻注生也

玉 史記武紀公玉帶上黃帝明堂圖索隱曰或音肅姚氏語錄反說文音畜漢書郊祀志讀如字

穀 漢書王莽傳其夕穀風迅疾從東來師古曰即谷風也

阮 漢書地理志汧注芮阮與鞠同詩芮鞠之即韓詩作芮阮

鞠 史記荊軻傳鞠武音麴又如字

奧 史記夏紀四奧既居尚書作隩皆墺字

二沃三燭

毒 史記西南夷傳身毒國音篤索隱曰身音捐音乾毒音篤即天竺也所謂浮圖胡也

屬 史記天官書實氣下屬地者三千里漢書高帝紀乃以屬吏並之欲反

趗 漢書高帝紀令趗銷印讀作促 補遺史記天官書趗兵音促

趣 漢書高帝紀因趣丞相急定功行封讀曰促 史記項羽紀使趣齊兵樂書衛音趣數頌志田蚡傳局趣 劾驋下駒

皸瘃 漢書趙充國傳手足皸瘃上音軍下竹足反

谷 史記樊噲傳破豨胡騎橫谷音欲貨殖傳用谷量馬牛爾雅水注谿曰谷 補遺漢傳同無音

補遺

佶 史記三代世表帝佶郎嚳字

綠 史記周紀騄耳趙世家綠耳漢書郊祀志綠耳

屬玉 漢書宣帝紀屬玉觀晉灼曰水鳥鵁鶄以名觀也司馬相如傳駕鵞屬玉史傳鵁鶄鸐鶋

檋 史記夏紀山行乘檋己足反又紀錄反漢書溝洫志山行則檋居足反謂以鐵如錐頭長半寸施之履下

攫 史記田敬仲世家騶忌子曰攫之深醳之愉者政令也己足反以爪持也詳見九魚韻愉字下

四覺

觳 史記李斯傳方作觳抵優俳之觀翾素觳抵音角

較 史記律書闔於大較刺客傳其立意較然音角貨殖傳此其大較也將言大略漢書孔光傳較然其明詩倚重較兮古岳反

犄 漢書李廣傳數與虜犄音角補遺別本或書作觭其義同

搉 漢書五行志搉戚夫人眼口角反謂敲擊去其眼也

榷 漢書武帝紀初榷酒酤如淳音較

藐 漢書韋賢傳藐藐下臣與邈同

齱 史記酈生傳握齱初角反漢書同急促兒

齷 史記司馬相如傳豈特委瑣握齷委瑣細碎也握齷局促也 補遺漢書申屠嘉傳齷齪廉謹

踔 漢書孔光傳非有踔絕之能竹角反 補遺史記貨殖傳上谷至遼東地踔遠音卓又勑教反

嗽吮 漢書鄧通傳文帝病癰鄧通爲上嗽吮之上山角反下自兗反

補遺

觳 史記始皇紀雖監門之養不觳於此音學又古學反

逴 史記霍去病傳逴行殊遠與卓同

娖 史記張蒼等傳皆以列侯繼嗣娖娖七角反漢書作躖躖

濯 史記始皇紀咸化廉清大治濯俗

嶽 史記武帝紀四嶽夏紀嶽陽尚書皆作居漢書武帝紀至于中嶽地理志嶽陽

搦 史記扁鵲傳搦髓腦漢書敘傳搦朽摩鈍女角反

駁 史記司馬相如傳馴駁之騁漢傳騁駁又赤瑕駁犖

樸 漢書文帝紀示敦朴爲天下先元帝紀質樸

五質六術七櫛

郄 史記商君傳不自知郄之前於席也漢書吳王濞傳郄行王褒傳郄蹻郄讀作隙

桼 漢書賈山傳桼涂其外讀作漆貨殖傳桼夏千畝桼

趕 漢書梁孝王傳出稱警入稱趕趕與嘽同　補遺史記世家出言趕

拂 史記夏紀予朕女匡拂予始皇紀輔拂漢書東方朔傳拂士之邪孟子入則無法家拂士古語

扶 漢書五行志使其徒扶鯉而奪之丑失反今讀作敕栗反

栗 漢書昭帝紀戰戰栗栗　補遺史記周紀齊栗

㮚 漢書敘傳都中震㮚讀作慄

失 漢書地理志漢中淫失讀曰泆杜欽傳言失欲之生害也讀曰佚與逸同　補遺百五行志晉侯八淫失於齊

佚 漢書刑法志男女淫佚李廣傳子佚樂梅福傳佚民不與與逸同　補遺史記周紀作多士無佚樂書佚能思初

軼 史記五帝紀其軼乃時時見於他說燕世家樂軼漢書王褒傳有軼材與逸同

軼 漢書地理志軼爲榮與溢同出也　補遺舊在前字注今別表出

溢 漢書禮樂志千章羅舞成八溢與佾同

溢 史記陳丞相世家賜金三十溢漢書食貨志黃金以溢爲名與鎰同　補遺史記首平準書同

術 史記樂書識禮樂之文能術文術者之謂明術作之謂也禮作述漢書賈山傳術追厥功讀作述今史記別本有作述者後人改也

絀 史記平準書先行義而後絀恥辱焉黜字也　補遺首五帝紀三考絀陟殷紀既絀夏命

率 史記孝武紀後率二十歲得朔旦冬至平準書率十餘鍾致一石率約數也又大率莊子傳大抵率寓言並音律　補遺漢書陸賈傳率不過三四過李廣傳諸將多中首虜率爲侯者

眹 漢書敘傳眹中龢爲庶幾兮古聿字

疋 漢書諸侯王表子弟爲疋夫

補遺

帥 漢書高帝紀父老乃帥子弟共殺沛令景武功臣表韓夷帥服五行志帥由舊章

泆 史記夏紀泆爲榮尚書作溢

佚 史記樂書沈佚淫佚替世家語淫厥佚尚書作泆

密 史記孔子弟子傳密不齊字子賤漢書藝文志宓子十六篇注名不齊師古曰讀與伏同案宓韻虙房六切引說文虙子賤是也而此密字無音今附本字韻

㮚 漢書敘傳㮚取弔干適古古栗字

茀 漢書古今人表茀肹節儒盱並音弗

拂 汨漢書司馬相如傳護其沸汨上普密反下于筆反

嵂 漢書司馬相如傳隱轔鬱嵂音律史傳作嵂

軋 史記賈生傳坱軋無垠坱若央反軋若乙反漢傳坱扎

喬 漢書禮樂志喬皇史記司馬相如傳喬邊神名也

秣 史記趙世家黑齒雕題郤冠秫縫徐廣曰戰國策作秫縫秫亦縫紩之別名鉥者綦鍼也古字假借故作秫縿言女工鉥鏤鍼縷也

秫 史記晉世家西乞秫即秦紀西乞術

沭 漢書地理志寖曰沂沭師古曰出東莞音術

壹 史記高祖紀壹敗塗地封禪書三年壹用太牢又壹統天地漢書武帝紀不貢士壹則黜爵藝文志太壹兵法

八勿九迄

韍 漢書諸侯王表奉上璽韍音弗翟義傳赤韍縌

黻 史記秦紀黻音黼黻見九麌韻

拂 史記韓非傳大忠無所拂辭悟言無所擊排音佛漢書杜欽傳拂心逆旨音佛

詘 史記高祖紀坐上坐無所詘劉敬傳大直若詘索隱音屈嚴助傳大臣數詘 補遺史記首周紀支左詘右樂書詘信俯仰漢書首天文志詘抑委曲又詘如瓌爍湯傳詘指

屈 漢書揚雄傳游觀屈奇瑰瑋

屈 史記陸賈傳屈彊於此郡邸勿反漢書其勿反韓信傳力屈音同 補遺漢書古今人表詹屈權楊雄傳萬騎屈橘音同

絀 史記老子傳世之學老子者則絀儒學正義音黜索隱音黜

宛 史記倉公傳宛篤不發又宛氣愈深憂勿反心所鬱積也

佛 漢書李尋贊仿佛一端與髴同 補遺史記司馬相如傳若神仙之仿佛

補遺

亞 漢書常賢傳黼衣朱紱注爲朱裳畫爲亞文亞古弗字故謂之紱字又作黻其音同

紼 漢書酈吉傳上將使人加紼而封之音弗綮印之組也

沸 漢書司馬相如傳沸乎暴怒音拂

滑 史記十二諸侯表鄭武滑突滑一作掘並胡切反

茀 漢書楊雄傳香芬茀以穹隆

茀 漢書景十三王傳內茀鬱憂哀積音拂

彿 漢書王莽傳必躬載彿音拂所以礬禾者今謂之連枷

茀 漢書溝洫志魚茀鬱兮柏冬日音佛史記河渠書作沸鬱無音

掘 漢書楊雄傳洪臺掘其獨出兮其勿反特兒也

忔 史記周紀忔如臣八之志

十月十一沒

粤 漢書異姓諸侯王表外攘胡粵與越同 補遺史記周紀粵詹雒伊雒世家伐庸揚粵音越漢書首高帝紀百粵之兵

缺 漢書淮南王傳法二千石缺者闕字 補遺史記高祖紀後有缺補之漢首律歷志書缺樂弛

缺 漢書揚雄傳辟歷列缺電也

伐 史記高祖功臣侯年表明其等曰伐積日曰閱漢書車千秋傳無伐閱功勞讀作閥

韤 漢書趙后傳帝向晨御綺韤武伐反 補遺史記張釋之傳吾韤解顧謂張廷尉爲我結韤

圽 史記王翦傳贊以至圽身音沒

物 史記張蒼傳其心冀幸丞相物故正義音沒

渤 史記封禪書在渤海中渤字或從文

敎 史記河渠書入于敎海漢書武紀東臨敎海

卒 史記高祖紀項羽卒聞漢軍楚歌漢書本紀倉卒時橫賦歛者償其直儒林伏生傳卒然早終讀作猝孟子卒然問

覈 漢書陳平傳亦食糠覈耳音紇史記音核

忽 史記司馬相如傳芒芒怳忽漢書作怳忽

昒 漢書郊祀志冬至昒爽音忽

曶 漢書古今人表中曶司馬相如傳曶爽楊雄傳神心曶怳又蠁曶如神時人皆曶之並與忽同

吶 漢書鮑宣傳臣宣吶鈍於辭音訥 補遺首李廣傳口吶少言亦訥字

琚 漢書鄒陽傳伏死堀穴巖藪之中與窟同
蝟 漢書揚雄傳西厭月蝟音窟
補遺 補遺別本或作䶜
氏 漢書天文志東井西曲星曰氏即鉞字又作戉用梁王楷
厥 漢書古今人表或厥黨童子即闕黨
厥 漢書古今人表厥由即蹶由
撥 史記孔子世家矜旌羽被矛戟劍撥鼓噪而至音伐大楯也
唆 史記蘇秦傳芾抉唆芮與瞂同音伐楯也
廢 漢書禮樂志續舊不廢合韻音發
芾 漢書司馬相如傳晻薆咇茀茀音勃史傳晻曖苾勃
怫 史記太史公自序五家之文怫鬱音悖又扶物反亦悖也

勃 漢書揚雄傳勃解之鳥即渤海同
勃 史記天官書熒惑爲勃亂
浡 史記司馬相如傳鴻水浡出
滑 史記孔子世家滑稽漢書五行志滑天三川之紬音胄
對 漢書敘傳保遊遹以聰對合韻丁忽反
詘 史記曹相國世家擇郡國吏木詘於文辭厚重長者李斯傳詘於心而詘於口古詘字多作此

十二曷十三末

害 漢書翟義傳王莽依周書作大誥害敢不於祖宗云云讀作曷詩害澣害否
愒 史記蘇秦傳務以秦權恐愒諸侯呼曷反
猲 漢書王子侯表葛魁侯戚坐縛家吏恐猲受賕不城旦禮坐恐猲取雞集韻云相恐怯也王莽傳恐猲良民訶曷反

閼 史記淮陰侯傳破代兵夏說閼與音遏余上黨沾縣有閼與漢書同音遏預
閼 漢書朝鮮傳欲上書見天子又擁閼不通中山靖王傳令臣雍閼不得聞烏葛反補遺史記首天官書擁閼甘茂傳公仲且躬率其私徒以閼於秦烏葛反
怛 漢書王吉傳中心怛兮古怛字
殺 漢書谷永傳末殺災異先曷反埽滅也補遺史記倉公傳望之殺然黃蘇曷反
昧 史記楚世家韓公子昧先曷反與末同漢書高帝紀鍾離昧從木末之末補遺史記首高祖紀鍾離昧吳世家餘昧注郎左氏穀梁夷末
巇 漢書文三王傳汙巇宗室音秣集韻云血也汙也
盋 漢書東方朔傳置守宮盂下注今之盋盂也讀作鉢音撥
拔 漢書禮樂志拔蘭堂拔舍止也步曷反
掇 漢書王嘉傳掇去宋弘讀曰剟竹劣反削也詩薄言掇之都奪反

兊 史記趙世家龍兊地名在易州音奪樊酈傳作龍脫正義亦音奪漢書酈商傳戰龍脫無音
大 漢書地理志會稽郡大末讀如闥
補遺
葛 漢書司馬相如傳張樂乎膠葛之宇史記作轇轕
輵轄 史記司馬相如傳跮踱輵轄音遏曷漢傳作轄亦音曷
昧蔡 史記大宛傳昧蔡漢書李廣利傳昧蔡爲宛王上音末下千曷反
鶡 史記蔡澤傳魋顏蹙鶡無音案集韻與頞同阿葛反
按 史記白起傳趙軍長平以按據上黨民音遏
喝 史記蘇秦傳恫疑虛喝呼曷反本亦作猲
末 漢書外戚傳末如命何末無也
刮 史記始皇紀采椽不刮音括自序同李斯傳及漢書太史公傳並作不斲

拔 史記黥布傳贊何其拔興之暴也白曷反疾也

十四黠十五轄

稭 史記封禪書席用菹稭讀如戛漢書郊祀志其席藁稭音戛

介 史記張耳傳獨介居河北音戛特也　補遺漢書同音

抶 史記魏世家秦抶我襄城讀作拔

舝 史記天官書衿北一星曰舝古鎋字與轄同漢書天文志同詩載脂載舝

補遺

歇 史記始皇紀北擊趙王歇漢書高帝紀同烏轄反

頡 漢書王子侯表羹頡侯信音戛擊之戛史記無音

選 漢書蕭望之傳有金選之品音刷字本作鋝郎鋝也

率 史記周紀其罰百率即選鍰也音刷舊本亦作選

詧 史記秦紀問其地形與其兵勢盡詧

十六屑十七薛

揳 史記貨殖傳趙女鄭姬設形容揳鳴琴揄長袂躡利屣無音案玉篇揳古八切亦作戛集韻揳擊持也

截 史記蘇秦傳陸斷牛馬水截鵠雁即截字漢書宣帝紀海外有截司馬相如傳巀嶭音截

臷 漢書孔光傳犬馬齒臷讀作耋

臷 漢書地理志四臷　補遺志引秦詩車驖四臷小戎之篇案今詩作車隣驖鐵此臷字當音鐵舊在前注今別表出

佚 漢書楊雄傳爲人簡易佚蕩音鐵讜

軼 史記封禪書軼興軼衰田結反春秋左氏傳懼其侵軼我也　補遺首始皇紀世不軼毀

詄 漢書禮樂志詄蕩蕩讀如迭

絜 漢書項藉傳贊度長絜大謂圍束之下結反　補遺史記始皇紀贊同

餉 漢書賈山傳餽餉在前古餽字今作饋　補遺別本或書作餉

觖 史記盧綰傳羣臣觖望音決別之決漢書同孫寶傳故擿觖以揚我惡擿它歷反觖音決

蔽 史記刺客荊軻傳跪而蔽席疋結反拂也

卨 漢書異姓王表乃緣卨稷　補遺史記三代世表卨爲殷祖卨別本書作契

契 漢書五行志商祖契讀曰偰　補遺史記五帝紀稷契

挈 漢書東方朔傳畀爲鴻臚與卨同字本作偰後省耳

媟 漢書枚乘傳媟黷貴幸狎也詩媟近小人　補遺首五行志不嚴之謂媟

蕞 史記叔孫通傳爲綿蕞野外在會反漢傳同師古曰蕞與蕝同子悅反史記正義蕝又子芮反

𢇍 漢書路溫舒傳𢇍者不可復屬古絕字

揲 漢書楊雄傳揲之以三策食列反

掘 史記貨殖傳田農掘業徐廣曰古拙字亦作掘

孽 史記龜策傳妖孽數見漢書劉向傳孽火燒宮災也

焫 漢書禮樂志焫膋蕭人悅反今作爇儒劣反

悊 漢書刑法志聖人既躬明悊之性讀作哲

喆 漢書敘傳聖喆之治音哲

軼 史記文帝紀冠蓋相望結軼於道音轍　補遺田世家伏式結軼音姪車轍也徙結反一本作徹

徹 漢書文帝紀結徹於道陳平傳門外多長者車徹讀作轍

迣 漢書鮑宣傳男女遮迣古列字

列 史記賈生傳列士殉名漢書同王莽傳列風雷雨弗迷與烈同

說 漢書高帝紀大說王褒傳虞說耳目虞娛通說音悅詩我心則說　補遺史記殷紀大說周紀怡說傳說韓說並同

𨊑 史記孟荀傳師尚修列士大夫之𨊑與缺同　補遺漢書敘傳戊賓淫𨊑

歠 漢書楊雄傳溷漁父之餔歠兮昌悅反

桀 史記高祖紀沛中豪桀吏漢書同又陳勝傳號召三老豪桀會計事與傑同

批 史記孫吳傳批亢擣虛白結反荊軻傳欲批其逆鱗哉漢書司馬相如傳批巖王莽傳批難步結反莊子批大郤

奊 漢書賈誼傳奊詬無節胡結反詬音后

剟 漢書賈誼傳剟寢戶之簾音輟謂割取之王嘉傳掇去讀曰剟削也 補遺史記張耳傳吏治榜笞數千刺剟丁劣反漢傳作爇

補遺

佚 史記十二諸侯年表四國佚興更爲伯主

蕢 史記司馬相如傳蕢蒙踊躍漢傳蕢蒙楊雄傳荷蕢蘗以撼天

絜皐 史記封禪書通權火注狀如井絜皐漢書郊祀志井桔槹

泄 史記屈原傳井泄不食易作井渫

渫 漢書食貨志粟有所渫先列反散也

緤 漢書賈誼傳係緤之先列反

哲 漢書于定國傳贊哀鰥哲獄鄭氏曰當作折獄師古曰知獄情也

絜 史記五帝紀絜誠以祭漢書高帝紀擇寬惠修絜者卽與潔同

徶衜 史記司馬相如傳媥姺徶衜漢書作便嬛嫳屑嫳先結反

泥 史記屈原傳泥而不滓索隱音涅滓音淄又並如字

蛪 史記天官書其蛪者類闕旗五結反亦作蜺字同

蜺 漢書天文志抱珥虹蜺音齧

決 史記李斯傳譬猶騁六驥過決隙也

稅 史記禮書終乎稅音悅

烈 漢書楊雄傳舉烽烈火郎與列同

徹 史記孟子傳側行徹席

棳 漢書地理志益州郡毋棳毋音無棳之悅反

橇 史記夏紀泥行乘橇音茅蕝之蕝他書或作蕝河渠書泥行蹈毳索隱毳亦作橇同昌芮反尸子曰行險以撮子芮反又同蕝子絕反漢書溝洫志泥行乘毳形如箕行泥上師古讀如本字

十八藥十九鐸

櫟 史記項羽紀嘗有櫟陽逮漢書高帝紀都櫟陽音藥 補遺史記首秦紀櫟陽今萬年是也

趯 漢書李尋傳涌趯邪陰讀曰踊躍

爵 史記趙世家探爵鷇而食之漢書鄭當時傳設爵羅 補遺漢書首宣帝紀神爵集泰山公孫弘贊燕爵西域傳孔爵

噍 史記司馬相如傳咀噍芝英正義才笑反漢書才弱反

燿 漢書藝文志燿金爲及與鑠同謂銷也

焯 漢書楊雄傳焯爍其陂古灼字爍式藥反

繳 史記留侯世家雖有矰繳音灼漢書之若反蘇武傳能紡繳檠弓弩音斫

淖 漢書楊雄傳閎中容競淖約兮音綽

婥 史記司馬相如傳便嬛婥約音綽

勺 史記司馬相如傳勺藥之和具而後御之讀曰芍漢書師古曰藥草名根主和五藏合蘭桂五味以助諸食因呼五味之和爲勺藥詩贈之以勺藥注香草

勺 漢書禮樂志勺言能勺先祖之道讀曰酌又勺椒漿又武王作武周公作勺

著 史記天官書長庚如一疋布著天漢書賈誼傳麐如黑子之著面直略反

郤 史記三代世表時有嬰兒主郤行車去虐反漢書高帝紀迎門郤行郤略反 補遺史記首孝武紀郤老方

郄 史記天官書雲氣兒而卑者郄本或作郤

屩 史記孟嘗君傳聞孟嘗君好客躡屩而見之音脚字或作蹻作僑草履也

蹻 漢書卜式傳布衣中蹻而牧羊居略反本作屩王褒傳離疏釋蹻

蒦 漢書律歷志尺者蒦也音約

斮 漢書劉向傳斮陳漆其問斬也側略反

度 漢書元帝紀贊善度曲大各反 補遺史記五帝本紀度四方

魄 史記酈生傳家貧落魄音託漢書音薄 補遺索隱亦音薄

柘 漢書揚雄傳何爲官之柘落也音託不揭也 補遺別本字或從才

𣕚 漢書貨殖傳抱關擊𣕚土各反與柝同

雒 史記秦紀東徙雒邑漢書五行志雒出書與洛同 補遺史記首夏紀踰于雒漢書首高帝紀戰雒陳東

落 漢書李尋傳王道公正則百川理落脈通讀作絡 補遺首藝文志血脈經落

落 漢書李廣傳從落中與絡同謂繞絡而下也西域傳贊落以隋珠和璧 補遺溝洫志以竹落長四丈大九圍盛以小石

格 史記酷吏傳置伯格長古村落伯音陌街陌屯落皆設督長

格 史記平準書見知之法生而廢格沮誹窮治之獄用矣梁孝王世家竇太后義格音閣 漢書吾五壽王傳善格五 淮南厲王傳格明詔音閣 補遺漢書首食貨志廢格

搏 史記魏其傳夫醉搏南音傳謂擊之春秋左氏傳晉侯夢與楚子搏

莫 史記李牧傳皆輸入莫府崔浩云古者出征將師無常處以幕帟爲府署故曰莫府莫當作幕古字少耳 漢書李廣傳莫府省文書

厝 漢書地理志五方雜厝古錯字 補遺首五行志茲謂下厝用千各反

莋 漢書張延壽傳長楊五莋與筰同

咢 漢書律歷志咢布於午音愕

鄂 漢書霍光傳羣臣驚鄂失色鄂者阻礙不依順也後字作愕其義同惟天文志作遻廣韻云心不欲見而見曰遻 補遺史記五帝紀舜往見之象鄂不懌田蚡傳武安鄂謝

詻 漢書天文志太歲在酉曰作詻爾雅作噩

補遺

籥 史記蕭相國世家贊何以信謹守管籥漢書同

斁 史記田世家法章變姓名爲莒太史敫家庸音躍又音皎田單傳莒人求湣王子法章得之太史嬓之家

芍 漢書地理志灊芍陂音酌又音鵲

杓 史記項羽紀沛公不勝桮杓漢書息夫躬傳將行於杯杓與勺同

韓 漢書司馬相如傳便嬛韓約音綽

嫋 史記司馬相如傳娬媚嫋嫋音弱嫋乃弔反

若 漢書地理志若郎春秋都也

落 史記歷書巴落下閎運筭轉歷漢書公孫宏贊落下閎

跅 漢書武帝紀泛駕之馬跅弛之士音拓跅落無檢局

格澤 史記天官書格澤星音鶴鐸司馬相如傳建格澤之脩竿漢書天文志及相如傳並同上胡各反下大各反

駱 驛漢書王莽傳駱驛道路

路 漢書楊雄傳虛路三嵏音落

駱 史記天官書大荒駱歲爾雅作落

櫟 漢書司馬相如傳櫟蜚遽音洛史傳櫟蜚虡無音

頟 史記建元侯者年表龍頟侯韓說韓王信傳拜爲龍頟侯漢書昭帝紀龍頟侯宣帝紀龍頟侯頟崔浩音洛師古謂依字讀今案史傳及宣紀郎洛音是

旁魄 漢書司馬相如傳旁魄四塞步各反

薄 史記夏本紀外薄四海尙書同蘇秦傳心搖搖然如縣旌而無所終薄漢書異姓諸侯王表東帶江湖薄會稽

薄 史記封禪書亳人謬忌亦薄也下爲薄忌漢書郊祀志同又亳忌地理志山陽郡薄注湯所都

鄚 漢書地理志涿郡鄚音莫

鄗 史記封禪書鄗上之黍音霍漢書王子侯表鄗呼各反郊祀志鄗音睢

鶮 史記始皇紀屯留蒲鶮古鶴字

畔 史記吳世家夫子獲罪于君以在此懼猶不足而又可畔乎索隱曰左氏傳曰而又何樂乎此畔字宜讀日樂

措 史記燕世家贊北近蠻貉內措齊晉措交雜也

越 史記禮書大路越席戶括反禮記同

莫 漢書賈誼傳莫邪爲頓郎與鏌同

幕 史記匈奴傳益北絕幕漢書武帝紀絕幕王莽傳沙漠

笮 史記貨殖傳邛笮西南夷傳自莋以東漢書作莋

咢 漢書韋賢傳咢咢黃髮注直言也

咢 漢書王褒傳越砥斂其咢郎與鍔同蕭望之傳厲鋒鍔

咢 史記楚世家熊咢音鄂亦作噩

鄂 史記趙世家徒聞唯唯不聞周舍之鄂鄂商君傳千人之諾諾不如一士之諤諤

鄂 史記天官書作鄂歲

鄂 漢書揚雄傳攢并閭與茇苦兮紛被麗之亡鄂注垠也

膈 史記樂書縣一鍾尙拊膈音格或音膊蓋依大戴禮鄭注搏拊

髆 漢書武帝紀皇太子髆音博說文爲肩髆字

二十陌二十一麥二十二昔

伯 史記酷吏傳置伯格長音陌落漢書食貨志阡伯之間成羣讀日陌地理志開阡伯莫白反

佰 漢書匡衡傳以閩佰爲界莫客反

霸 漢書律歷志旁死霸古魄字

柏 史記河渠書魚沸鬱兮柏冬日讀作迫漢書溝洫志同

矺 史記李斯傳十公主矺死於杜與磔同謂裂其支體而殺之

滭 史記天官書其色大圜黃滭音澤補遺首歷書秭鴂先滭與澤同

赫 史記黥布傳賁赫上肥下赫姓名也

奭 史記竇嬰傳有如兩宮奭將軍音赫怒也補遺漢傳同

假 史記殷紀假人元龜古額反燕世家假于皇天集韻云通作格補遺漢書孔光傳書曰惟先假王正厥事尙書並作格

額 漢書衞青傳韓說封爲龍頟侯字或作額霍光傳燋頭爛頟爲上客書罔晝夜頟頟

措 史記梁孝王世家李太后與爭門措指爭格反索隱音迮說文迫也梁平王襄傳同壯格反王莽傳迫措青徐盜賊集韻措迫捕也

齰 漢書灌夫傳齰舌自殺鄧通傳上使太子齰癰齰也仕客反補遺史記鄧通傳唶吮之

郄 史記田敬仲世家與齊悼公有郄首高祖功臣侯表留侯解上與項羽之郄

卻 漢書孫寶傳與紅陽侯有郄補遺史記項羽紀居外久多內郄又令將軍與臣有郄

據 史記呂后紀見物如蒼犬據高后掖音戟

擨 漢書五行志物如蒼狗擨高后掖音戟補遺史記孫臏傳救鬬者不搏擨音戟

筴 史記五帝紀迎日推筴與策同周紀尹佚筴祝留侯世家善畫計筴

剢 史記龜筴傳諸靈數剢莫如汝信音策字或作莿

册 漢書趙充國傳此虜在境外之册與策同補遺史記秦紀贊因遺册漢書首諸侯王表武帝施主父之册董仲舒傳乃復册之

脈 史記樂書動盪血脈與脉同

適 史記秦紀適治獄吏不直者築長城漢書文帝紀適見于天張革反鄧食其傳令適卒守成皋並同謫 補遺漢書項羽傳賈誼論適戍之衆不亢于大國之師讀同謫

覈 史記陳丞相世家亦食糠覈耳音核漢書音紇

礉 史記韓非傳慘礉少恩胡革反

鬲 漢書五行志鬲閉門戶地理志鬲絕南羌又千乘郡鬲侯太子傳鬲塞不通與隔同

阸 史記宋世家君子不困人于阸漢書張良傳贊數離困阸與阨同 補遺漢書首元帝紀凶阸無以相振

戹 史記范雎傳散家財物盡以報所嘗困戹者音厄漢書季布傳兩賢豈相戹哉 補遺漢書首武帝紀免其戹者歷律志易九戹

䶣 漢書翟義傳以成三䶣古戹字

潟 史記貨殖傳地潟鹵徐廣音昔鹵鹹地 補遺首夏紀海濱廣潟

澤 史記河渠書溉澤鹵之地音昔

扼 漢書郊祀志方士嗔目扼擊音扼

搤 史記劉敬傳不搤其肮即扼字漢書郊祀志海上燕齊之士莫不搤擊與扼同 補遺史記首周紀釋弓搤劍

刺 史記陳丞相世家乃解衣裸而佐刺船七亦反 補遺漢傳同

借 史記周紀秦借道兩周之間精夕反春秋左氏傳願借助焉音迹

籍 史記陸賈傳名聲籍甚漢書同又江都易王傳國中口語籍籍字或作藉

輅 史記劉敬傳脫輓輅行格反漢書音凍洛之洛又胡格反師古曰二音同

蹟 史記三代世表姜嫄見太人蹟而履踐之亦跡字

鶺 漢書東方朔傳客難譬若鶺鴒飛且鳴讀作鶺詩脊令春秋左氏傳引詩鶺鴒

澤 史記武帝紀振兵澤旅徐廣曰古釋字周禮冬官有時以澤

郝 史記虞卿傳使趙郝子約事于秦[illegible]樓[illegible]欲傳[illegible][illegible]賁郝音釋 補遺漢書功臣表宋相侯郝賢呼各反又式亦反

醳 史記管蔡世家楚圍鄭鄭降楚楚復醳之音釋魏世家與其以秦醳衞不如以魏醳衞

跖 史記伯夷傳盜跖日殺不辜與蹠同 補遺漢書賈誼傳謂跖蹻廉

䟫 漢書賈誼傳又苦䟫盭古蹠字

石 漢書匈奴傳石畫之臣石大也又堅也或作碩

射 史記李將軍傳還射音石 補遺首楚世家還射圍之東漢書元紀上幸長楊射熊館食亦反

擿 史記刺客傳荊軻引其七首以擿秦王古擲字 補遺漢書史丹傳天子自臨軒檻上隤銅丸以擿鼓中嚴鼓之節持益反

嗌 漢書百官公卿表嗌作朕虞古益字

嗌 漢書昌邑哀王傳我嗌痛不能哭喉咽也音益

澤 史記孝武紀祭黃帝冢橋山澤兵須如音亦謂飲畢上酒也須如地名

釋 漢書王尊傳姦邪銷釋音懌

辟 史記項羽紀人馬俱驚辟易數里漢傳頻亦反

辟 漢書文帝紀野不加辟讀曰闢詩曰辟國百里 補遺史記五帝紀四門辟又益主虞山澤辟

辟 漢書霍光傳五辟之屬即五刑也詩無自立辟 補遺史記殷紀紂乃重辟刑有炮格法頻亦反

辟 史記齊世家秦穆公辟遠不與中國會盟漢書高帝紀辟陋之地禮樂志隱辟曰遠淮南王安傳安行邪辟皆讀曰辟孟子放辟邪侈詩民之多辟 補遺史記首五帝紀共工果淫辟

辟 漢書賈誼傳又類辟服虔曰病躄不能行師古曰足病音璧

薜 漢書揚雄傳陋三神之阸薜亦辥字 補遺別本或書作薜

液 漢書王莽傳液庭媵未充讀作掖

補遺

栢 史記秦紀栢翳漢書人表栢翳栢虎栢譽栢益栢欒皆讀作伯

柏 漢書地理志柏益亦與伯字同

獏 漢書司馬相如傳獏降史傳獏聲

適 史記蘇秦傳適燕者曰以膠東適趙者曰以膠西適魏者曰以華蔡音宅責也

魄 漢書西域傳珊瑚虎魄

齚 史記灌夫傳心內媿杜門齚舌自殺士白反

躆 漢書叙傳超忽荒而躆顥蒼音戟

搏 史記張儀傳此所謂兩虎相搏徐廣曰或音戟

㞑 史記太史公自序亞夫駐於昌邑以㞑齊趙即與抳同

素 史記項羽紀京素間音柵漢書高帝紀同

陘 史記漢興以來年表兼其陘塞地利即與陘同

核 漢書刑法志其審核之務準古法

檗 漢書司馬相如傳檗離朱楊史傳檗離

濩 漢書地理志河東郡濩澤烏號反

藉 史記司馬相如傳故空藉此三人爲辭音積假借也漢書高帝紀從田横藉助兵師古曰借也

躐 史記司馬相如傳人民之所蹈躐

舄 漢書地理志舄鹵溝洫志舄鹵兮生稻粱

掖 史記呂后紀據高后掖商君傳千羊之皮不如一狐之掖漢書五行志撠高后掖皆與腋同

赤 史記唐世家虜秦將赤索隱曰赤即斥也謂斥候之人也按春秋左氏傳晉伐秦獲秦將諜彼諜即此赤也

昔 史記田世家弓膠昔幹所以爲合也索隱曰考工記作栝幹栝音相近

易 漢書食貨志殖於疆易即與場同

易 漢書楊雄傳由㥯弟行簡易合萌弋亦反

澤 史記太史公自序昌生無澤漢傳作無擇並音亦

夕 史記曹世家夕姑姑音亦即射姑

亦 漢書古今人表曹嚴公亦姑即射姑

繹 史記大宛傳爲發道繹抵康居漢書張騫傳爲發譯道

涕 史記宋世家曰兩曰濟曰涕曰霧索隱音亦

䠶 漢書五行志鑄無䠶鍾

射 史記律書無射漢書律歷志六曰亡射

厝 漢書地理志淸河郡厝趨亦反

胔 漢書婁敬傳羸胔老弱讀曰瘠

躩 史記司馬相如傳躩以連卷起碧反漢傳矩縛反

鄺 漢書高帝紀攻析鄺音蹢躅之蹢持益反

辟 史記夏紀即辟女匡拂子樂書封君世辟漢書王莽傳安爲新嘉辟師古曰辟君也

辟 漢書古今人表辟方音壁

辟 漢書何武傳槃辟雅拜音闢猶盤旋也

二十三錫

慽 漢書王商傳居喪哀慽與戚同

戚 史記曹相國世家攻爰戚音寂縣名補遺漢傳攻轅戚

辟歷 漢書天文志辟歷夜明讀作霹靂補遺史記天官書同

脈 漢書揚雄傳脈隆周之大寧即覓字

鍉 漢書項籍傳贊銷鋒鍉與鏑同補遺史記陳涉世家贊同

惖 漢書王商傳卒無怵惖憂古惕字

翟 史記趙世家翟伐廧咎如讀作狄 補遺首周紀戎翟荒服漢書貨殖傳戎翟匈奴傳夷翟

適 漢書宣帝紀賜功臣適後讀曰嫡詩誰適爲容 補遺史記殷紀太甲成湯適長孫也

適 史記晉世家楚成王以適諸侯禮待之音敵田單傳請適入問戶亦音敵

擿 漢書趙廣漢傳發姦擿伏如神宦反孫寶傳欲擿敵以揚我惡 補遺首宣帝紀擿巢探卵劉向傳疾讒擿佞谷永傳宦擿永令發去佗歷反

俶 史記魯仲連傳好奇偉俶儻之畫策司馬相如傳俶儻瑰瑋吐歷反 補遺漢書禮樂志俶儻

咷 漢書韓延壽傳噭咷楚歌音滌

鶂 史記宋世家六鶂退飛音鷁 補遺漢書五行志同

赫 漢書外戚傳赫蹏書鄧展曰音兄弟閱牆之閱應劭曰薄小帋孟康曰染紙素令赤師古曰今書本字或作擊

噭 史記樂書噭噭之聲正義音擊與噭同

補遺

宿 史記吳世家將舍於宿宜讀爲戚衞世家二子怒如宿音戚左氏傳作戚

戚 史記萬石君傳其執喪哀戚甚漢書同

歷 史記歷書漢書武帝紀正歷以正月爲歲首後亦作歷

歷 史記滑稽優孟傳銅歷卽與釜鬲同

歷 漢書梅福傳伏歷千駟卽與櫪同

逿 漢書古今人表簡逿吐歷反卽簡狄

玓 史記司馬相如傳玓瓅江靡漢傳作的皪

櫟 史記周紀惠王犇溫已居鄭之櫟晉世家秦取我櫟音歷

櫟 史記楚元王世家嫂佯爲羹盡櫟釜釜音歷謂以杓歷釜旁使有聲

轑 漢書楚元王傳轢釜服虔音勞師古音歷又音洛

適 史記周紀有五庶子無適立漢書項籍傳欲立長無適用與的同主也李廣利傳欲殺莫適先擊丁歷反主也

二十四職二十五德

仄 漢書五行志旁仄賈誼傳仄聞屈原晃錯傳陰適傾仄息夫躬傳見之仄目古側字

昃 漢書董仲舒傳日昃不暇食與昃同

嗇 史記殷紀舍我嗇事讀如穡 補遺漢書成帝紀服田力嗇

穡 漢書律歷志稼穡嗇息讀作穡

澤 史記匈奴傳澤鹵非可居正義音息

飭 史記五帝紀信飭百官古敕字漢書高后紀高帝匡飭天下文帝紀飭兵厚衞與敕同

極 漢書溝洫志以相難極居力反

㼮 史記司馬相如傳徼㼮受詘音劇或作御漢書作㼮音同 補遺別本或書作㼮作㼮

革 史記始皇紀不用兵革音棘義猶兵革

意 漢書賈誼傳請對以意師古曰合韻音億貨殖傳意則屢中讀曰億 補遺史記始皇紀承順聖意協韻音億

湢 史記司馬相如傳湢測泌瀄四音逼側筆櫛漢書作偪側泌瀄湢與逼同

偪 漢書賈誼傳以偪天子古逼字 補遺史記齊世家畏其偪也漢書首異姓王表偪於戎狄

悳 史記文帝紀福繇悳興漢書賈誼傳悳至渥古德字 補遺漢書首五行志今周悳如二代之季地理志平原郡安悳

螣 漢書五行志螟螣徒得反

貸 史記王剪傳將軍之乞貸亦已甚矣天得反從人求物也 補遺首孔子世家游說乞貸

服 史記蘇秦傳嫂委蛇蒲服循闌漢書霍光傳中孺扶服叩頭蒲北反谷永傳引詩扶服救之

伏 史記范雎傳膝行蒲伏日北反漢書匈奴傳扶伏稱臣蒲北反

墨 史記商君傳殷紂墨墨以亡賈生傳于嗟墨墨或作嚜應劭曰不自得意也漢書作默默田蚡傳竇嬰墨墨不得意李陵傳墨不應並讀作默

冒 史記韓王信傳匈奴冒頓大閼信音墨又莫報反漢書趙充國傳冒渡湟水王吉傳朝則冒霧露李陵傳冒白刃皆莫北反春秋左氏傳貪冒之民將致力焉 補遺史記首五帝紀貪於飲食冒於貨賄楚世家蚡冒音同

蜮 漢書東方朔傳人主之大蜮音或

或 漢書郊祀志明於天地之性不可或以神怪 補遺首昭帝紀燕王迷或失道

補遺

服臆 史記扁鵲傳噓唏服臆上皮力反下音億

蝕 史記高祖紀從杜南入蝕中音力按說文作蝕器名也地形似器故名之漢紀同

朸 史記建元王子侯表朸索隱音勒漢書地理志朸音力平原縣名

勒 史記悼惠王劉肥世家勒侯漢書作朸音力

食 史記秦紀日食天官書日蝕漢書高帝紀日有食之又日有蝕之

仄 漢書蕭望之傳今將軍規橅云若管晏而休遂行日仄至周召乃留乎注日仄不食

式 史記田世家伏式結軼漢書周亞夫傳天子爲改容式車李廣傳登車不下式字或作軾

減 史記夏紀致費於溝減

冒頓 史記韓王信傳匈奴冒頓漢書天文志冒頓單于考二史諸家音注正義索隱頓字皆無音今按司馬文正公資治通鑑冒頓音墨特

貣 史記宋世家凡七卜五占用二衍貣尚書作忒

貣 漢書韓王信傳旦暮乞貣蠻夷主父偃傳假貣並土得反

嚜 史記商君傳王嚜然漢書成帝紀贊臨朝淵嚜匡衡傳嚜嚜不自安

二十六緝

揖 史記始皇紀摶心揖志音集漢書郊祀志揖五瑞與輯同 詩螽斯羽揖揖兮 補遺史記首五帝紀揖五瑞

輯 史記高祖紀韓信等輯河北與集同漢紀師古曰謂和合也禮樂志稍增輯晁錯傳和輯士卒並與集同 春秋左氏傳羣臣輯睦

楫 漢書郊祀志風波舟楫之危百官表楫濯賈誼傳舊度江亡維楫音集又音接王莽傳度水不用舟楫 補遺史記周紀與爾舟楫

溼 史記賈生傳長沙卑溼漢書律歷志銅爲物之至精不爲燥溼變節與濕同

瓡 漢書地理志北海郡瓡即執字

什 漢書谷永傳天所不饗什倍于前十同

歙 漢書韓延壽傳郡中歙然音翕 補遺史記武信侯靳歙音翕

翖 漢書張騫傳布就翖侯與翕同

急 史記周紀襄王告急于晉

邑 史記商君傳安能邑邑待數十百年漢書杜鄴傳忿邑非之邑於邑也師丹傳哀帝何內邑邑

補遺

輯 漢書朱雲傳勿易因輯之以旌直臣音集

颯 史記司馬相如傳莅颯卉翕音立漢書同又游俠陳遵傳劉颯音同

閣 史記商君傳持矛而操閣戟者從所及反索隱曰閣亦作鈒音同

噏 漢書揚雄傳噏清雲之流瑕兮飲若木之露英

熠 漢書敘傳焱飛景附熠霅其閒于及反又音育

汁 史記高祖功臣表汁邡侯漢書功臣表汁防侯地理志廣漢郡汁方音十

二十七合二十八盍

帀 漢書高帝紀遶明園宛城三帀

摺 漢書楊雄傳范睢折摺古拉字補遺史記作世家摺其脅春申君傳折頸摺頤

櫱 史記晁錯傳上令公卿列侯宗室櫱議音雜集也

內 史記陳丞相世家于酒肉之貲以內婦 漢書地理志 賦內總音納孟子若己推而內之溝中 補遺史記首始皇紀百姓內粟千石拜爵一級 漢書首高后紀持節矯內勃北軍

補遺

合 漢書王子侯表合陽侯喜諸侯王表郃陽侯喜

蓋 漢書蕭望之傳致白屋之意謂白蓋之屋以茅覆之音合

浩 漢書地理志金城郡浩亹音合門師古音誥

躅 史記衛青傳穿域躅鞠即與蹋同

榻 史記貨殖傳榻皮布革叶合反漢書作荅布皆云白疊也

荅遝 漢書司馬相如傳荅遝離支史傳榙㯓荔支音同

於邑 史記聶政傳乃於邑曰其是吾弟與無音漢書武帝紀贊言之可爲於邑上音烏下烏合反

濕 漢書王子侯表濕成侯忠它合反

闒 史記匈奴傳休養辛馬世世昌樂闒然更始音榻

盍 史記曹相國世家蓋公古盍反荆軻傳與蓋聶論劍古臘反漢書曹參傳同

二十九葉三十帖三十一業

貼 史記高祖紀以貼當之一涉反當丁浪反漢書貼塞也 補遺史記別一本或書作貼音同

厭 漢書辛慶忌傳折衝厭難一葉反馮奉世傳抑厭而不揚一涉反春秋左氏傳以厭之也

映 史記扁鵲傳流涕長潸忽忽承映音接 補遺郎睫也

輯 漢書元后傳輯濯越歌與楫同濯與擢同音旅以行船吳楚人呼橈音饒

捷 史記衛世家子捷伯立音捷

攝 漢書嚴助傳天下攝然奴協反安也

執 漢書陳咸傳豪強執服讀曰慹之涉反

慹 漢書朱博傳豪桀慹服之涉反

籋 漢書禮樂志籋浮雲音躡言天馬上躡浮雲也

沾 史記魏其傳沾沾自喜耳正義音帖自整頓也 補遺或音擔尺古反漢書音他兼反

諜 史記張釋之傳豈斅此嗇夫諜諜音喋漢傳傳喋喋多言也

喋 漢書文帝紀新喋血京師大頰反史記作蹀正義音徐廣雅云蹀履也師古曰本字當作蹀謂履踐之

補遺史記魏豹彭越傳贊喋血乘勝

叶 漢書五行志叶用五紀古叶字

俠 漢書禮樂志俠嘉夜茝同嘉夜芳草也言懷挾芳草叔孫通傳俠陛數百人 補遺史記刺客傳韓相俠累古挾字叔孫通傳同

唊 史記朝鮮傳將軍王唊音頰 補遺漢傳同

嗛 漢書文帝紀天下人民未有慊志音篋慊也

倢 漢書外戚傳倢伃音接 補遺首昭帝紀趙倢伃

補遺

慴 史記項羽紀一府中皆慴伏之涉反

楪 史記西南夷傳北至楪榆音葉漢傳作葉

嶕嶫 漢書司馬相如傳嵯峨嶕嶫音捷業史傳作磼礏上音雜下五合反崞倉上士劫反下魚捐反字林上才匝反下五币反

諜 史記三代世表余讀諜記又諜音牒漢書揚雄傳靈宗初諜伯僑兮

墊 漢書地理志巴郡墊江音重疊之疊

摺 漢書古今人表夷王摺音燮

慊 史記樂毅傳自五伯已來功未有及先王者也先王以爲慊於其志故裂地以封之雖無音當讀作愜

三十二洽三十三狎三十四乏

陿 漢書景帝紀郡國或磽陿磽薄也 陿偏陿也音狹 補遺則本書作陿

陝 漢書地理志注南山松陝水所出下夾反 補遺史記南越傳將精卒陷尋陝破石門

陿 漢書司馬相如傳赴隘陿之口史記作陝 趙充國傳 注山岍而夾水曰陿音狹 詩魏地陿隘 補遺首刑

法志其人民也陿阸 食貨志限小漢家制度

袷 史記匈奴傳服繡袷綺衣音裌言 天子自所服以緒爲表綺爲裏

唼 漢書王陵傳始與高 帝唼血而盟所甲反

啑 史記孝文紀今已誅諸呂新啑血京師古歃字補 遺首呂后紀始與高帝啑血盟使接反或作喢又丁

牒反

臿 漢書溝洫志舉臿爲雲鍫也 補遺史記始皇紀自持築臿

押 漢書息夫躬傳羽檄重迹而 押至音押言相因而至也

厭 漢書五行志地震隴西 厭四百餘家一甲反

頰 漢書五行志頰 谷之會音夾

補遺

柙 漢書平帝紀義陵寢衣在 柙中匱也語虎兕出於柙

臿 漢書司馬相如傳 雜臿史傳雜臿

插 史記田單傳身操 版插與士卒分功

陝 史記李斯傳遂秦地之陝隘 漢書郊祀志谿谷中陿陝

匣 漢書文三王傳虎 兕出於匣語作押

讇 漢書董仲舒傳 其對皆有明讇

班馬字類第五

班馬字類近本行世者有大字不分行本小字分行本諸種暨翁覃谿學士班馬字類附記一卷刊於所著兩漢金石記之末尤徵辨核而覃懷李氏嘗爲之補遺其書梓於景定間每韻先載婁書後附補字並有移正原文之失者今舊刻不可得見流傳者惟鈔本亦不多有此張氏藏書志言傳本絕稀藏書家幾無有知其名者故亟著於錄也是本有玉蘭堂及滄葦諸印知爲前明長洲文氏所藏後嘗入泰興季侍御家者其間俞不作俞刃不作刃足免翁氏之抨擊洵善本矣爰梓之以廣其傳而所載婁書字數注文與行世本互有增損或各據所見或出李氏更定均未可知因悉仍其舊未敢輒易亦足資讀者之攷訂爾

道光二十九年己酉冬日海昌蔣光煦識

班馬異同評

［宋］倪思　劉辰翁

明嘉靖十六年李元陽刻本

班馬異同目錄

凡三十五卷

第三十五卷 貨殖

范蠡 子貢 陶朱 白圭 猗頓 卓氏

烏氏 程鄭 宛孔氏 宣曲 刁閒 師史

任氏

班馬異同

此戮者[illegible]始太郎翦宜在封後

多下一去字

多一耳字

凡中子弟與籍易吳中賢士大夫皆出梁下難此梁所以知其能也

一本無曰字不[illegible]用曰字是[illegible]語

班馬異同

宋倪思撰 元劉會孟評 明李元陽校

項籍本紀 列傳 第七一 史記七 漢書三十一

項籍者、字羽 下相人也、字羽、初起時、年二十四、其

季父項梁、梁父即楚名將項燕、為秦將王翦所戮

者也、項氏世 家 世為楚將、封於項、故姓項氏、籍少

時學書不成去學劍、又不成 去 項梁怒之、籍曰書

足以記名姓 名 而已、劍一人敵、不足學、學萬人敵

耳 於是項梁 奇其意 乃教籍 以 兵法、籍大喜、略知

其意、又不肯竟學、項梁常有櫟陽逮、乃請蘄獄掾

曹咎書抵櫟陽獄掾 史 司馬欣、以故事得 皆 已、項

梁嘗殺人、與籍避仇於吳中、吳中賢士大夫皆出

項梁下、每吳中有大繇役及喪、項梁常為主辦、陰

以兵法部勒賓客及子弟、以是知其能、秦始皇帝

東 游會稽、渡浙江、梁與籍俱觀、籍曰、彼可取而代

也、梁掩其口曰、毋 無 妄言、族矣、梁以此奇籍、籍長

八尺餘、二寸 力能扛鼎、才氣過人、雖吳中子弟皆

已憚籍矣、秦二世元年七月、陳涉 勝 等起大澤中、

師古曰眴音舜動目而使之也

不必某時

中字是

其九月會稽假守通素賢梁乃召與計事謂梁曰方今江西皆反秦此亦天亡秦之時也吾聞先發即制人後發則為制於人所制守嘆曰聞夫子楚將世家唯足下耳吾欲發兵使公及桓楚將是時桓楚亡在澤中梁曰吳有奇士桓楚亡在澤中人莫知其處獨籍知之耳梁乃出誡戒籍持劒居外待梁復入與守坐語曰請召籍使受命令召桓楚守曰諾梁召籍入須臾梁眴籍曰可行矣於是籍遂拔劒斬守頭項梁持守頭佩其印綬門下

史漢異同卷一　項籍　二

大驚擾亂籍所擊殺數十百人一府中皆慴讋伏莫敢復起梁乃召故人所知豪吏諭以所為起大事遂舉吳中兵使人收下縣得精兵八千人梁部署吳中豪傑為校尉候司馬有一人不得用官自言於梁梁曰前某時某喪使公主某事不能辦以此故不任用公衆乃皆服伏於是梁為會稽守將籍為裨將徇下縣秦二年廣陵人召平於是為陳王勝徇廣陵未能下聞陳王勝敗走秦兵將軍邯又且至乃渡江矯陳王命令拜梁為楚王上柱國

文字似怯

曰江東已定急引兵西擊秦項梁乃以八千人渡江而西聞陳嬰已下東陽使使欲與連和俱西陳嬰者故東陽令史居縣中素信謹稱為長者東陽少年殺其令相聚數千人欲置立長無適用乃請陳嬰嬰謝不能遂強立嬰為長之縣中從之者得二萬人少年欲立嬰便為王異軍蒼頭特起陳嬰母謂嬰曰自我吾為汝㢠家婦未常聞汝先古之有故未曾貴者今暴得大名不祥不如有所屬事成猶得封侯事敗易以亡非世所指名也嬰乃不

史漢異同卷一　項籍　三

敢為王謂其軍吏曰項氏世世將家有名於楚今欲舉大事將非其人不可我倚名族亡秦必矣於是其衆從其言之迺以其兵屬項梁項梁渡淮黥英布蒲將軍亦以其兵屬焉凡六七萬人軍下邳當是時秦嘉已立景駒為楚王軍彭城東欲以距項梁項梁謂軍吏曰陳王先首事戰不利未聞所在今秦嘉背陳王而立景駒大逆亡道迺進引兵擊秦嘉秦嘉軍敗走追之至胡陵嘉還戰一日嘉死軍降景駒走死梁地項梁已并秦嘉軍軍胡陵

立六國後頗篡危破若云秦之上策然梁收棄餘亦非急於楚將人發明懷王三戶之悲感以號泣至立為懷王然日懷此古所未有始與公子欲歸尋當時人事知此而非不可及之所討生仗梁如陳勝即十自立矣哉

漢書甚明史記大

將引軍而西章邯軍至栗項梁使別將朱雞石餘樊君與戰餘樊君死朱雞石軍敗亡走胡陵項梁乃引兵入薛誅朱雞石項梁前使項羽別攻襄城襄城堅守不下已拔皆阬之還報項梁項梁聞陳王定死召諸別將會薛計事此時沛公亦起從沛往焉居鄛人范增年七十素居家好奇計往說項梁曰陳勝敗固當夫秦滅六國楚最無亡罪自懷王入秦不反楚人憐之至今故楚南公稱曰楚雖三戶亡秦必楚也今陳勝首事不立楚後而自立

史漢異同卷八　項籍　四　周道員

其勢不長今君起江東楚蠭起之將皆爭附君者以君世世楚將為能復立楚之後也於是項梁然其言乃求楚懷王孫心在民間為人牧羊立以為楚懷王從民所望也陳嬰為楚上柱國封五縣與懷王都盱台項梁自號為武信君居數月引兵攻亢父初章邯既殺齊王田儋於臨菑田假復自立為齊王儋弟榮走保東阿章邯追圍之梁引兵與齊田榮司馬龍且軍救東阿大破秦軍於東阿田榮即引兵歸逐其王假假亡走楚假相田角亡走

趙角弟田閒故齊將居趙不敢歸田榮立田儋子市為齊王項梁已破東阿下軍遂追秦軍數使使趣齊兵欲與俱西田榮曰楚殺田假趙殺田角田閒乃發兵項梁曰田假為與國之王窮來從歸我不忍殺之趙亦不殺田角田閒以市於齊齊遂不肯發兵助楚項梁使羽與沛公及項羽別攻城陽屠之西破秦軍濮陽東秦兵收入濮陽沛公項羽乃攻定陶定陶未下去西略地至雝雍丘大破秦軍斬李由還攻外黃外黃未下項梁起東阿西北

史漢異同卷八　項籍　五　陳友

北至定陶再破秦軍項羽等又斬李由益輕秦有驕色宋義乃諫項梁曰戰勝而將驕卒惰者敗今卒少惰矣秦兵日益臣為君畏之項梁弗不聽乃迺使宋義使於齊道遇齊使者高陵君顯曰公將見武信君乎曰然義曰臣論武信君軍必敗公徐行則則免死疾行則及禍秦果悉起兵益章邯夜銜枚擊楚軍大破之定陶項梁死沛公與項羽去外黃攻陳留陳留堅守不能下沛公項羽相與謀曰今項梁軍破士卒恐乃與呂臣軍俱引兵而

付其弊牧羊兒乃能若此其窮將之恐倚重沛公敗

此段亦高陵宋義以決懷王耳宋義此言東士之常耳而十令軍中亦羽則君之言耳之大言取將之尤遠者尚與飲酒高會但四十六日不進士卒亦且疑之況以東飢道羽其短羽出梁敗後又陳留不下亦無可為者顧此諱義未能變立其言雖舉秦遣皆事實感激非空言者

東呂臣軍彭城東項羽軍彭城西沛公軍碭章邯已破項梁軍則以為楚地兵不足憂乃迺渡河北擊趙大破之當此之時趙歇為王陳餘為將張耳為相皆走入鉅鹿城章邯令秦將王離涉間圍鉅鹿章邯軍其南築甬道而輸之粟陳餘為將將卒數萬人而軍鉅鹿之北此所謂河北之軍也楚兵已破於定陶懷王恐從盱台之彭城并項羽呂臣軍自將之以呂臣為司徒以其父呂青為令尹以沛公為碭郡長封為武安侯將碭郡兵初宋義所

遇齊使者高陵君顯在楚軍見楚懷王曰宋義論武信君之軍必敗居數日軍果敗兵軍未戰而先見敗徵此可謂知兵矣王召宋義與計事而大說之因置以為上將軍項羽為魯公為次將范增為末將救趙諸別將皆屬宋義號為卿子冠軍北救趙行至安陽留四十六日不進秦三年項羽謂宋義曰吾聞今秦軍圍趙王鉅鹿疾引兵渡河楚擊其外趙應其內破秦軍必矣宋義曰不然夫搏牛之蝱不可以破蟣蝨今秦攻趙戰勝則兵罷我乘

半救是

贊曰小柱為枝邪柱為梧

梁死兵敗後魚共推他為然後上假將軍上將軍中中日日聞自不同以此論舟如舟殺非無來者後人故為之非也

其敝不勝則我引兵鼓行而西必舉秦矣故不如先鬬秦趙夫被堅執擊輕銳義我不如公坐而運籌策公不如義我因下令軍中曰猛如虎很如羊貪如狼彊不可使令者皆斬之乃遣其子宋襄相齊身送之至無鹽飲酒高會天寒大雨士卒凍飢項羽曰將戮勠力而攻秦久留不行今歲饑民貧士卒食芋半菽軍無見糧乃迺飲酒高會不引兵渡河因趙食與趙并併力攻擊秦乃迺曰承其敝夫以秦之彊攻新造之趙其勢必舉趙趙舉而秦

彊何敝之承且國兵新破王坐不安席埽境內而專屬於將軍國家安危在此一舉今不恤士卒而徇其宴私非社稷之臣也項羽晨朝上將軍宋義即其帳中斬宋義頭出令軍中曰宋義與齊謀反楚楚王陰令羽籍誅之當是時諸將皆慴讋服莫敢枝梧皆曰首立楚者將軍家也今將軍誅亂乃迺相與共立羽為假上將軍使人追宋義子及之齊殺之使桓楚報命於懷王懷王因使使立項羽為上將軍當陽君蒲將軍皆屬項羽項羽已殺卿

戰勝自奇甘將
樂爲動極羽平生

二世不聞敗讓
章邯者即趙高
也不得見還走
其意已決不敢
出故道又高

子冠軍威震楚國名聞諸侯乃遣當陽君蒲將軍
將卒二萬人渡河救鉅鹿戰少利陳餘復請兵項
羽乃廼悉引兵渡河已渡皆沉湛船破釜甑燒廬
舍持三日粮以示視士卒必死無一還心於是至
則圍王離與秦軍遇九戰絕其甬道大破之殺蘇
角虜王離涉間不降楚自燒殺當是時楚兵冠諸
侯諸侯軍救鉅鹿下者十餘壁莫敢縱兵及楚擊
秦諸將侯皆從壁上觀楚戰士無不以一當十楚
兵呼聲動天地諸侯軍無不人人惴恐於是楚已

破秦軍項羽召見諸侯將入轅門無不膝行而前
莫敢仰視項羽繇由是始為諸侯上將軍諸侯兵
皆屬焉章邯軍棘原項羽軍漳南相持未戰秦軍
數却郤二世使人讓章邯章邯恐使長史欣請事
至咸陽留司馬門三日趙高不見有不信之心長
史欣恐還走其軍不敢出故道趙高果使人追之
不及欣至軍報曰趙高用事於中下無已可為者
相國趙高顓國主斷今戰而能勝高必疾嫉妬吾
功戰不能勝不免於死願將軍孰熟計之陳餘亦

遺章邯書曰白起為秦將南征并鄢郢北阬馬服
攻城略地不可勝計而竟卒賜死蒙恬為秦將北
逐戎人開榆中地數千里竟斬陽周何者功多秦
不能盡封因以法誅之今將軍為秦將三歲矣所
亡失以已十萬數而諸侯並起滋兹益多彼趙高
素諛日久今事急亦恐二世誅之故欲以法誅將
軍以塞責使人更代將軍以脫其禍夫將軍居外
久多內郤隙有功亦誅無已功亦誅且天之亡秦
無愚智皆知之今將軍內不能直諫外為亡國將

孤特獨立而欲常長存豈不哀哉將軍何不還兵
與諸侯為從約共攻秦分王其地南面稱孤此孰
與身伏鈇斧質妻子為僇戮乎章邯狐疑陰使侯
始成使項羽欲約約未成項羽使蒲將軍日夜引
兵度三戶軍漳南與秦戰再破之項羽悉引兵擊
秦軍汙水上大破之章邯使人使見項羽欲約項
羽召軍吏謀曰粮少欲聽其約軍吏皆曰善項羽
乃與期盟洹水南殷虛上已盟章邯見項羽而流
涕為言趙高項羽乃廼立章邯為雍王置楚軍中

之多字並多者不盡然也

使長史欣為上將軍將秦軍為行前行漢元年羽
將諸侯兵三十餘萬行略地至河南遂西到新安
異時諸侯吏卒異時故繇徭役使屯戍過秦中秦
中吏卒遇之多無亡狀及秦軍降諸侯諸侯吏卒
乘勝多奴虜使之輕重折辱秦吏卒秦吏卒多竊
言曰章將軍等詐吾屬降諸侯今能入關破秦大
善即不能諸侯虜吾屬而東秦必又盡誅吾父母
妻子諸將微聞其計以告項羽項羽迺乃召黥英
布蒲將軍計曰秦吏卒尚眾其心不服至關中不

聽事必危不如擊殺之而獨與章邯長史欣都尉
翳入秦於是楚軍夜擊阬秦卒二十餘萬人新
安城南行略定秦地至函谷關有兵守關不得入
又聞沛公已破屠咸陽項羽大怒使當陽君等擊
關項羽遂入至於戲西鴻門聞沛公欲王關中獨
有秦府庫珍寶亞父范增亦大怒勸羽擊沛公饗
士旦日合戰羽季父項伯素善張良良時從沛公
項伯夜以語良良與俱見沛公因伯自解於羽明
日沛公從百餘騎至鴻門謝羽自陳封秦府庫還

沮增語與鄭無傷不同縱益得之此樊噲張子房求後所見聞增乃知其志不在小使羽於此一日見何至秦人一日失此機曾無傷語此不在伯羽知不皆終亦忿增此語故以為沛公許翁斗羽所更多猶在此殷人望氣之術非奇既知其如此又曰急擊勿失從自可笑

或知龍虎或青或赤猶彷為龍過矣

軍霸上以待大王閉關以備它盜不敢背德羽意
既解范增欲害沛公賴張良樊噲得免語在高紀
沛公軍霸上未得與項羽相見沛公左司馬曹無傷
使人言於項羽曰沛公欲王關中使令子嬰為相
珍寶盡有之欲以求封項羽大怒曰旦日饗士卒
為擊破沛公軍當是時項羽兵四十萬在新豐鴻
門沛公兵十餘萬在霸上亞父范增說項羽曰沛
公居山東時貪於財貨好美姬色今聞其入關財
珍物無所取婦女無所幸此其志不在小吾令使

人望其氣皆為龍虎成五采色此天子氣也急擊
之勿失於是饗士旦日合戰時羽兵四十萬號百
萬沛公兵十萬號二十萬力不敵會楚左尹項伯
者項羽季父左尹項伯也素善留侯張良張良是
時從沛公項伯乃夜馳之沛公軍私見張良具告
以事其實欲呼張良與俱去曰毋從俱死也張
良曰臣為韓王送沛公沛公今事有急不可不告
亡去不義乃與項伯俱見沛公不可不語良乃入
具告沛公沛公大驚曰為之奈何張良曰誰為大王

服虔曰鯫音淺小人貌也此段問答如見備悉情事削此豈他有功哉史記妙

盜游出入與非常一字宜可火

項王為人不忍於此可見此伯之所以敢語增之所以不敢怒也

然不自意能甚善於此酒功

為此計者曰鯫生說我曰距關毋內諸侯秦地可
盡王也故聽之良曰料大王士卒足以當項王乎
沛公默然曰固不如也且為之奈何張良曰請往
謂項伯言沛公不敢背項王也沛公曰君安與項
伯有故張良曰秦時與臣游項伯殺人臣活之今
事有急故幸來告良沛公曰孰與君少長良曰長
於臣沛公曰君為我呼入吾得兄事之張良出要
項伯乃與項伯即入俱見沛公沛公奉卮酒為壽
與伯約為婚姻曰吾入關秋毫不無所敢有所近

取籍吏民封府庫而待將軍所以遣將守關者備
他盜之出入與非常也日夜望將軍至到豈敢反
乎耶願伯具明言臣之不敢背德也項伯許諾即
夜復去謂戒沛公曰旦日不可不蚤自來謝項王
沛公曰諾於是項伯復夜去至軍中還具以沛公
言報項王告羽因言曰沛公不先破關中兵公豈
敢巨能入乎且今人有大功而擊之不義祥也不
如因善遇之項王羽許諾沛公旦日從百餘騎來
見項王羽至鴻門謝曰臣與將軍戮勠力而攻秦

生此好筆匹

將軍戰河北臣戰河南然不自意能先入關破秦
得復見與將軍復相見於此今者有小人之言令
將軍與臣有郤隙項王羽曰此沛公左司馬曹毋
無傷言之不然籍何以生至此項王羽即日因留
沛公與飲項王項伯東嚮坐亞父南嚮坐亞父者
范增也沛公北嚮坐張良西嚮侍范增數目項王
羽舉所佩玉玦以示之者三擊沛公項王羽默然
不應范增起出召謂項莊謂曰君王為人不忍若
汝入前為壽壽畢請以劍舞因擊沛公於坐殺之

不者若汝屬皆且為所虜莊則入為壽壽畢曰君
王與沛公飲軍中無以為樂請以劍舞項王曰諾
項莊因拔劍起舞項伯亦拔劍起舞常以身翼蔽
沛公莊不得擊於是張良至軍門見樊噲樊噲曰
今日之事何如良曰甚聞事急今日項莊拔劍舞
其意常在沛公也噲曰此迫矣臣請入與之同命
噲即帶劍擁盾入軍門交戟之衛士欲止不內樊
噲側其盾以撞衛士仆地噲遂直入怒甚披帷西
嚮立瞋目視項王頭髮上指目眥盡裂項王按劍

還軍霸上本非
初意欲謀范之
諫以其不言之
業心奸雄之心
獨指此斗

而跽曰客何為者張良曰沛公之參乘樊噲者也
項王羽曰壯士之賜之以巵酒則與斗巵酒噲因
識謝羽拜謝起立而飲之項王曰賜之彘肩則與
一生彘肩樊噲覆其盾於地加彘肩上拔劍切而
啗之項王曰壯士能復飲乎樊噲曰臣死且不避
巵酒安足辭夫秦王有虎狼之心殺人如不能舉
刑人如恐不勝天下皆叛之懷王與諸將約曰先
破秦入咸陽者王之今沛公先破秦入咸陽毫毛
不敢有所近封閉宮室還軍霸上以待大王來故

遣將守關者備他盜出入與非常也勞苦而功高
如此未有封侯之賞而聽細說欲誅有功之人此
亡秦之續耳竊為大王不取也項王未有以應曰
坐樊噲從良坐坐須臾有須沛公起如廁因招樊
噲出沛公已出項王使都尉陳平召沛公沛公曰
今者出未辭也為之柰何樊噲曰大行不顧細謹
大禮不辭小讓如今人方為刀俎我為魚肉何辭
為於是遂去乃令張良留謝良問曰大王來何操
曰我持白璧一雙欲獻項王玉斗一雙欲與亞父

會其怒不敢獻公為我獻之張良曰謹諾當是時
項王軍在鴻門下沛公軍在霸上相去四十里沛
公則置車官騎騎脫身獨騎與樊噲夏侯嬰靳彊
滕公紀信成等四人持劍盾步走從酈山下道芷
陽間行沛公謂張良曰從此道至走吾軍不過二
十里耳度我至軍中公乃入沛公已去間至軍中
使張良留入謝羽曰沛公不勝桮杓不能辭謹使
臣良奉白璧一雙再拜獻大王足下玉斗一雙再
拜奉大將軍足下項王曰羽問沛公安在良曰聞

大王將軍有意督過之脫身獨去已至軍矣故使
臣獻璧羽項王則受璧置之坐上亞父受又獻玉
斗范增增怒置之地拔劍撞其斗起而破之曰唉
豎子不足與謀奪項王天下者必沛公也吾屬今
為之沛公虜矣沛公至軍立誅殺曹無傷居後數
日項羽延引兵西屠咸陽殺秦降王子嬰燒秦其
宮室火三月不滅取收其貨寶貨寶婦女而東秦
民失望於是人或韓生說項王羽曰關中阻山帶
河四塞之地肥饒可都以霸伯項王羽見秦宮室

史記缺此謂最為懷王情實秦未亡前漢出此秦亡之後非利也事之利害已非有不同者鄙生後物侯執此說漢稍偏也

皆以已燒殘破又心懷思欲東歸曰富貴不歸故鄉如衣繡錦夜行誰知之者說者韓生曰人言楚人沐猴而冠耳果然項王羽聞之亨說者斬韓生初懷王與諸將約先入關者王其地羽既背約項王使人致命於懷王懷王曰如約羽廼曰懷王者吾家武信君所立耳非有功伐何以得顓主約乃尊懷王為義帝項王欲自王先王諸將相謂曰天下初難發時假立諸侯後以伐秦然身被堅執鋭首事暴露於野三年滅秦定天下者皆將相諸君

與籍之力也義帝懷王雖無亡功固當分其地而王之諸將皆曰善羽廼陽尊懷王為義帝曰古之王者地方千里必居上游徙之長沙都郴乃廼分天下立以王諸將為侯王項王羽與范增疑沛公之有天下業已講解又惡負背約恐諸侯叛之乃陰謀曰巴蜀道險秦之遷人民皆居蜀之乃曰巴蜀亦關中地也故立沛公為漢王王巴蜀漢中都南鄭而三參分關中王秦降將以距塞漢王道項王乃立章邯為雍王王咸陽以西都廢丘長史司

馬欣者故為櫟陽獄掾吏嘗有德於項梁都尉董翳者本勸章邯降楚故立司馬欣為塞王王咸陽以東至河都櫟陽立董翳為翟王王上郡都高奴徙魏王豹為西魏王王河東都平陽瑕丘公申陽者張耳嬖臣也先下河南郡迎楚河上故立申陽為河南王都雒陽韓王成因故都都陽翟趙將司馬卬定河內數有功故立卬為殷王王河內都朝歌徙趙王歇為王代王趙相張耳素賢又從入關故立耳為常山王王趙地都襄國當陽君黥英布為

楚將常冠軍故立布為九江王都六鄱番君吳芮率帥百越粵佐諸侯又從入關故立芮為衡山王都邾義帝柱國共敖將兵擊南郡功多因立敖為臨江王都江陵徙燕王韓廣為遼東王燕將臧荼從楚救趙因從入關故立荼為燕王都薊徙齊王田市為膠東王齊將田都從共救趙因從入關故立都為齊王都臨菑故秦所滅齊王建孫田安項羽方渡河救趙田安下濟北數城引其兵降項羽故立安為濟北王都博陽田榮者數負背項梁又

[illegible]

漢將是

史記從上田榮是

不肯將兵從助楚擊秦以故不得封成安君陳餘棄將印去不從入關然素聞其賢有功於趙聞其在南皮故因環封之三縣番君將梅鋗功多故封十萬户侯項王羽自立為西楚霸伯王王梁楚地九郡都彭城漢之元年四月諸侯罷戲下各就國連下文田榮聞羽徙齊王市膠東項王出之國使人徙義帝曰古之帝者地方千里必居上游乃使使徙義帝長沙郴縣趣義帝行其群臣稍稍背叛之乃陰令衡山臨江王擊殺之江中韓王成無軍

功項王不使之國與俱至彭城廢以為侯已又殺之臧荼之國因逐韓廣之遼東廣弗聽荼擊殺廣無終并王其地田榮聞項羽徙齊王市膠東而立齊將田都為齊王乃大怒不肯遣齊王市之膠東因以齊反迎擊田都田都走楚齊王市畏項王羽乃廼亡之膠東就國田榮怒追擊殺之即墨榮因自立為齊王而西擊殺濟北王田安并王三齊榮與予彭越將軍印令反梁地越廼擊殺濟北王田安田榮遂并王三齊之地連下特漢王還定三秦

[illegible]

陳餘陰使張同夏說說齊王田榮曰項羽王為天下宰不平今盡王故王於醜地而王其群臣諸將善地逐其故主趙王乃廼北居代餘以為不可聞大王起兵且不聽不義願大王資餘兵請以使擊常山以復趙王請以國為扞蔽齊王許之因遣兵之往趙陳餘悉發三縣兵與齊并力擊常山大破之張耳走歸漢陳餘迎故趙王歇於代反之趙趙王因立陳餘為代王連下文羽至城陽是時漢王還定三秦項羽聞漢王皆已并關中且東齊趙梁

叛之大怒乃以故吳令鄭昌為韓王以距漢令蕭公角等擊彭越彭越敗蕭公角等時漢使張良徇韓乃遺項王書曰漢王失職欲得關中如約即止不敢東又以齊梁反書遺項王曰齊欲與趙并滅楚楚羽以此故無西意而北擊齊徵兵九江王布布稱疾不往行使將將數千人行往項王由此怨布也漢之二年冬羽陰使九江王布殺義帝接上陳餘使張同項羽遂北至城陽田榮亦將兵會戰田榮不勝走至平原平原民殺之羽遂北燒夷齊

胡字創見渠得此字實較敗降確

自西而東晨至日中殺泗水睢水又十餘萬雖水大鮮入殺十餘萬為皆節步不同得則達迎楚軍楚軍故大亂與敗散本大勝不概處散此四字何可無

滕公曰在羽傳皆不切

城郭室屋皆阬田榮降卒係虜其老弱婦女徇齊至北海多所過殘滅齊人相聚而叛之於是田榮弟田橫收得齊亡卒得數萬人反城陽項王羽因留連戰未能下春漢王部劫五諸侯兵凡五十六萬人東伐楚項王羽聞之即令諸將擊齊而自以精兵三萬人南從魯出胡陵四月漢王皆已入破彭城收其貨寶賂美人日置酒高會項王乃羽迺西從蕭晨擊漢軍而東至彭城日中大破漢軍漢軍皆走追之相隨入穀泗水殺漢卒十餘萬人漢

卒軍皆南走山楚又追擊至靈璧東睢水上漢軍却卻為楚所擠多殺漢卒十餘萬人皆入睢水睢水為之不流圍漢王三匝於是大風從西北而起折木發屋揚沙砂石窈冥晝晦逢迎楚軍楚軍大亂壞散而漢王乃得與數十騎遁去欲過沛使人收求家室家而西楚亦使人追之沛取漢王家室家亦已皆亡不與漢王相見得漢王道逢得孝惠魯元乃載行楚騎追漢王漢王急推墮孝惠魯元二子車下滕公常下收載之如是者三曰雖急不

張晏曰古者二十而傅三年耕有一年儲故二十三年而後役之如淳曰律年二十三傅之疇官各從其父疇內學之高不滿六尺二寸下為罷癃漢儀注曰年五十六衰老乃得免為庶民就田里今老弱未嘗傅者皆發之未二十三為弱過五十六為老

可以驅奈何棄之於是遂得脫求太公呂后不相遇審食其從太公呂后間行求漢王反遇楚軍遂與歸報項王項王羽常置軍中是時呂后兄周呂侯為漢將兵居下邑漢王間往從之自圍漢王三匝至此用高紀文羽傳唯水為不流下止云漢王乃與數十騎遁去語在高紀太公呂后間行求漢王反遇楚軍楚軍與歸羽常置軍中以為質遂接下漢王稍收散卒稍稍收其士散卒至滎陽諸敗軍皆會蕭何亦發關中老弱未傅卒悉詣滎陽復

大振楚起於彭城常乘勝逐北與漢戰滎陽南京索間漢敗楚楚以故不能過滎陽而西連下文漢軍滎陽項王之救彭城追漢王至滎陽田橫亦得收齊立田榮子廣為齊王漢王之敗彭城諸侯皆復與楚而背漢漢軍滎陽築甬道屬之河以取敖倉粟食漢之三年項王羽數侵奪擊絕漢甬道漢王食乏恐請和割滎陽以西為漢項王羽欲聽之歷陽侯范增曰漢易與耳今釋弗不取後必悔之項王羽乃與范增急圍滎陽漢王患之乃用與陳

[illegible]

平計金四萬斤以間項王楚君臣語在陳平傳連下文羽以故疑范增項王使者來為太牢具舉欲進之見使者佯驚愕曰吾以為亞父使者乃反項王使者更持去以惡食食項王使者使者歸報項王項王羽以故乃疑范增與漢有私稍奪之權范增大怒曰天下事大定矣君王自為之願賜骸骨歸卒伍項王許之行未至彭城疽發背而死於是漢將紀信說漢王曰事已急矣請詐為漢王出降以誑楚軍為王王可以間出連下文漢王得與數十騎於是漢王夜出女子滎陽東門被甲二千人楚兵四面擊之紀信乘黃屋車傅左纛曰城中食盡漢王降楚軍皆呼萬歲故漢王亦得與數十騎從城西門出連下文令周苛樅公走成皐項王見紀信問漢王安在信曰漢王已出矣項王燒殺紀信漢王使令御史大夫周苛樅公魏豹守滎陽連下文漢西入關周苛樅公謀曰反國之王難與守城乃共殺魏豹楚下滎陽城生得周苛項王羽謂周苛曰為我將我以公為上將軍封三萬戶周苛罵

曰若不趣降漢漢今為虜矣若非漢王敵也項王羽怒亨亨周苛并殺樅公生得周苛以下漢書高紀文漢王之出滎陽西入關收兵還南走出宛葉間得與九江王黥布行收兵復入保成皐羽聞之即引兵南漢王堅壁不與戰連下文是時彭越渡睢漢之四年項王進兵圍成皐漢王逃跳獨與滕公得出成皐北門渡河走至脩武從張耳韓信軍諸將稍稍得出成皐從漢王楚遂拔成皐欲西漢使兵距之鞏令其不得西連下文漢王得韓信軍是時彭越渡河睢擊楚東阿與項声薛公戰下邳殺楚將軍薛公項王羽乃自東擊彭越漢王亦引兵北軍成皐羽已破走彭越引兵西下滎陽城亨周苛殺樅公虜韓王信接上進圍成皐漢王得淮陰侯韓信軍兵欲渡河南鄭忠說漢王乃留止壁河內使盧綰劉賈將兵渡白馬津入楚地佐彭越共擊破楚軍燕郭西燒楚共積聚攻下梁地十餘城羽聞之漢下接謂海春侯項王東擊破之走彭越漢王則引兵渡河復取成皐軍廣武就敖倉

項伯有大功於其父子間然語如此羽反不疑何也又不似猜忌者

漢[illegible]
與然皆[illegible]甚[illegible]
德何以堪實似
聖

食項王已定東海來西與漢俱臨廣武而軍相守
數月當此時彭越數反梁地絕楚糧食項王患之
乃為高俎置太公其上告漢王曰今不急下吾烹
亨太公漢王曰吾與若項羽俱北面受命懷王曰
約為兄弟吾翁即若汝翁必欲亨烹而乃翁則幸
分我一桮杯羹項王羽怒欲殺之項伯曰天下事
未可知且為天下者不顧家雖殺之無益秪但益
禍恐耳項王羽從之楚漢久相持未決丁壯苦軍
旅老弱罷轉漕項王廼使人謂漢王曰天下匈匈

數歲者徒以吾兩人耳願與漢王挑戰決雌雄毋
徒苦天下之民父子為也漢王笑謝曰吾寧鬭
智不能鬭力項王羽令壯士出挑戰漢有善騎射
者曰樓煩楚挑戰三合樓煩輒射殺之項王羽大
怒乃自被甲持戟挑戰樓煩欲射之項王羽瞋目
叱之樓煩目不敢能視手不敢能發遂走還入壁
不敢復出漢王使人間問之乃廼項王羽也漢王
大驚於是項王羽乃即與漢王相與臨廣武間而
語漢王數之羽十罪語在高紀項王羽怒欲一戰

漢王不聽項王伏弩射中傷漢王漢王傷走入成
皐特彭越數反梁地絕楚糧食項王聞淮陰侯又
韓信已舉河北破齊趙且欲擊楚羽乃使從兄子
項它為大將軍龍且為裨將救齊往擊之淮陰侯
與戰騎將灌嬰擊之韓信大破楚軍殺龍且追至
城陽虜齊王廣韓信因遂自立為齊王項王羽聞
龍且軍破之則恐使盱台人武涉往說淮陰侯信
淮陰侯弗聽語在信傳連下文特漢關中兵益出
是時彭越復反下梁地絕楚糧項王乃謂海春侯

大司馬曹咎等曰謹守成皐則即漢欲挑戰慎勿
毋與戰毋勿令得東而已我十五日必誅彭越定
梁地復從將軍乃於是引兵東行四年羽擊陳留
外黃外黃不下數日已降項王羽怒悉令男子年
十五以上詣城東欲阬之外黃令舍人兒年十三
往說項王羽曰彭越彊劫外黃外黃恐故且降待
大王大王至又皆阬之百姓豈有所歸心哉從此
以東梁地十餘城皆恐莫肯下矣項王羽然其言
乃赦外黃當阬者而東至睢陽聞之皆爭下項王

亦漢書曰非史記

漢果數挑楚軍戰楚軍不出使人辱之五六日大
司馬怒渡兵汜水士卒半渡漢擊之大破楚軍
盡得楚國金玉貨賂大司馬咎長史翳塞王欣皆
自剄汜水上大司馬咎者故蘄獄掾長史欣亦故
櫟陽獄吏兩人嘗有德於項梁是以項王羽
信任之當是時項王羽至在睢陽聞海春侯軍敗
咎等破則引兵還漢軍方圍鍾離眛於滎陽東項
王羽軍至漢軍畏楚盡走險阻羽亦軍廣武相守
迭上文乃為高祖置太公是時漢關中兵盛益出

史漢異同卷　項籍　二十六

食多項王羽兵罷食絶漢遣陸賈說項王羽請
太公項王羽弗聽漢王復使侯公往說項王羽項
王羽乃與漢王約中分天下割鴻洪溝以西者
為漢鴻溝而以東者為楚項王許之即歸漢王父
母妻子九月歸太公呂后軍皆稱呼萬歲漢王乃
封侯公為平國君匿弗肯復見曰此天下辯士所
居傾國故號為平國君項王已約羽乃引兵解而
東歸漢王欲西歸張良陳平說諫曰今漢有天下
太半而諸侯皆附之楚兵罷食盡此天亡楚之時

漢書此等有别内取其是

也不如因其機幾而遂取之今釋弗擊此所謂養
虎自遺患也漢王聽從之自漢遣陸賈至此用漢
高祖紀羽傳兵益出下止云漢王使侯公說羽羽
迺與漢王約中分天下割鴻溝而西者為漢東者
為楚歸漢王父母妻子已約羽解而東歸接下五
年漢五年漢王乃進兵追項王羽至陽夏南止軍
與淮陰侯韓信建成侯彭越期會而擊楚軍至固
陵復為羽所敗漢王用張良計致齊王信建成侯
彭越兵連下文及劉賈入楚地而信越之兵不會

史漢異同卷　項籍　二十七

楚擊漢軍大破之漢王復入壁深塹而自守謂張
子房曰諸侯不從約為之奈何對曰楚兵且破信
越未有分地其不至固宜君王能與共分天下今
可立致也即不能事未可知也君王能自陳以東
傅海盡與韓信睢陽以北至穀城以與彭越使各
自為戰則楚易敗也漢王曰善於是乃發使者告
韓信彭越曰并力擊楚楚破自陳以東傅海與齊
王睢陽以北至穀城與彭相國使者至韓信彭越
皆報曰請今進兵韓信乃從齊往劉賈軍從入

漢書無[illegible]故與此作麾與諸侯圍王殊似可笑

又[illegible]大非[illegible]也

楚地匯　壽春並行屠城父至垓下大司馬周殷叛楚以舒屠六舉九江兵隨劉賈迎黥布與齊梁諸侯彭越皆大會垓下詣項王項王羽軍壁垓下兵軍火食盡漢軍及率諸侯兵圍之數重羽夜聞漢軍四面皆楚歌項王乃廼大驚曰漢皆已得楚乎是何楚人之多也項王則夜起飲帳中有美人名姓虞氏常幸從駿馬名騅常騎之於是項王乃廼悲歌忼慨自為歌詩曰力拔山兮氣蓋世時不利兮騅不逝騅不逝兮可奈何虞兮虞兮奈若何歌

數闋美人和之項王羽泣下數行下左右皆泣莫能仰視於是項王羽遂乃上馬騎麾戲下壯士騎從者八百餘人夜直夜潰圍南出馳走平明漢軍乃廼覺之令騎將灌嬰以五千騎追之羽項王羽渡淮騎能屬者百餘人耳項王羽至陰陵迷失道問一田父田父紿曰左左乃陷大澤中以故漢追及之項王羽乃復引兵而東至東城乃廼有二十八騎漢騎追者數千人項王羽自度不得脫謂其騎曰吾起兵至今八歲矣身七十餘戰所當者

四隊四嚮[illegible]

太其字倒耳字是

[illegible]附近者岸也

破所擊者服未嘗敗北遂霸伯有天下然今卒困於此此天之亡我非戰之罪也今日固決死願為諸君快戰必三勝之為諸君潰圍斬將刈艾旗使令諸君知吾非用兵罪天亡我非戰之罪也於是乃分引其騎以為四隊因四隤山而為圜陳外四嚮漢軍騎圍之數重項王羽謂其騎曰吾為公取彼一將令四面騎馳下期山東為三處於是項王羽大呼馳下漢軍皆披靡遂斬殺漢一將是時赤泉侯楊喜為郎騎將追項王羽項王羽瞋目而叱

之赤泉侯喜人馬俱驚辟易數里與其騎會為三處漢軍不知項王羽所在居乃分軍為三復圍之項王羽乃廼馳復斬漢一都尉殺數十百人復聚其騎亡其兩騎耳乃廼謂其騎曰何如騎皆服伏曰如大王言於是項王羽乃欲遂引東欲渡烏江烏江亭長檥船待謂項王羽曰江東雖小地方千里衆數十萬人亦足王也願大王急渡今獨臣有船漢軍至無云以渡項王羽笑曰廼天之亡我我何渡為且籍與江東子弟八千人渡江而西今無

亡一人還縱江東父兄憐而王我我何面目見之
哉縱彼不言籍獨不愧於心乎乃謂亭長曰吾知
公長者也吾騎此馬五歲所當無敵嘗一日行
千里吾不忍殺之以賜公乃延令騎皆下去馬步
行持短兵接戰羽獨籍所殺漢軍數百人項王羽
身亦被十餘創顧見漢騎司馬呂馬童曰若非吾
故人乎馬童面之指王翳曰此項王也項王羽乃
延曰吾聞漢購我頭千金邑萬戶吾為若德公得
乃自刎到而死王翳取其頭餘騎亂相蹂踐爭

項王羽相殺者數十人最其後郎中騎楊喜騎司
馬呂馬童郎中呂勝楊武各得其一體五人共會
其體皆是故分其地為五以封五人皆為列侯封
呂馬童為中水侯封王翳為杜衍侯封楊喜為赤
泉侯封楊武為吳防侯封呂勝為涅陽侯項王已
死楚地皆降漢獨魯不下漢乃引天下兵欲屠之
為其守禮義為主死節乃持項王頭視魯魯父兄
乃降始楚懷王初封項籍為魯公及其死魯最後
下故漢王延以魯公禮號葬項王羽於穀城漢王

為發哀泣之而去諸項氏枝支屬漢王皆不誅乃
封項伯為等四人為列侯射陽侯桃侯平皋侯玄
武侯皆項氏賜姓劉氏
太史公曰吾聞之周生曰亦有言舜目蓋重瞳子
又聞項羽亦又重瞳子羽豈其苗裔邪何其興之
暴也夫秦失其政陳涉首難豪傑蠭起相與並爭
不可勝數然羽非有尺寸乘勢拔起隴畝之中三
年遂將五諸侯兵滅秦分裂天下而威海內封立
王侯政繇由羽出號為霸伯王位雖不終近古以
來未嘗有也及羽背關懷楚放逐義帝而自立怨
王侯叛畔已難矣自矜功伐奮其私智而不師古
始謂霸王之業國欲以力征經營天下五年卒亡
其國身死東城尚不覺寤而不自責過矣失乃引
天亡我非用兵之罪也豈不謬哉

班馬異同

班馬異同

高祖本紀第八 上下 史紀八 漢書一

高祖沛豐邑中陽里人也姓劉氏字季父曰太公母曰劉媼其先劉媼嘗息大澤之陂夢與神遇是時雷電晦冥父太公往視則見蛟龍於其上已而有娠身遂產高祖高祖為人隆準而龍顏美須髯左股有七十二黑子寬仁而愛人喜施意豁如也常有大度不事家人生產作業及壯試為吏為泗水亭長廷中吏無所不狎侮好酒及色常從王媼武負貰酒時飲醉臥武負王媼見其上常有龍怪之高祖每酤留飲酒讎數倍及見怪歲竟此兩家常折券棄責高祖常繇咸陽縱觀觀秦皇帝喟然太息曰嗟乎大丈夫當如此也單父人呂公善沛令避仇從之客因家沛焉沛中豪桀吏聞令有重客皆往賀蕭何為主吏主進令諸大夫曰進不滿千錢坐之堂下高祖為亭長素易諸吏乃紿為謁曰賀錢萬實不持一錢謁入呂公大驚起迎之門呂公者好相人見高祖狀貌因重敬之

引入坐上坐蕭何曰劉季固多大言少成事高祖因狎侮諸客遂坐上坐無所詘酒闌呂公因目固留高祖高祖竟酒後呂公曰臣少好相人相人多矣無如季相願季自愛臣有息女願為季箕帚妾酒罷呂媼怒呂公曰公始常欲奇此女與貴人沛令善公求之不與何自妄許與劉季呂公曰此非兒女子所知也卒與劉季高祖呂公女乃即呂后也生孝惠帝魯元公主高祖為亭長時常告歸之田呂后與兩子居田中耨有一老父過請飲呂后因餔之老父相呂后曰夫人天下貴人也令相兩子見孝惠帝曰夫人所以貴者乃此男也相魯元公主亦皆貴老父已去高祖適從旁舍來呂后具言客有過相我母子皆大貴高祖問曰未遠乃追及問老父老父曰鄉者夫人嬰兒子皆似君君相貴不可言高祖乃謝曰誠如父言不敢忘德及高祖貴遂不知老父處高祖為亭長乃以竹皮為冠令求盜之薛治之時時冠之及貴常冠所謂劉氏冠乃是也高祖以亭長為縣送徒驪山徒多道

亡自度比至皆亡之至豐西澤中亭止飲乃夜皆解縱所送徒曰公等皆去吾亦從此逝矣徒中壯士願從者十餘人高祖被酒夜徑澤中令一人行前行前者還報曰前有大蛇當徑願還高祖醉曰壯士行何畏乃前拔劍擊斬蛇蛇遂分為兩徑道開行數里醉因臥後人來至蛇所有一老嫗夜哭人問嫗何哭嫗曰人殺吾子故哭之人曰嫗子何為見殺嫗曰吾子白帝子也化為蛇當道今者為赤帝子斬之故哭人乃以嫗為不誠欲笞苦之

明漢舉詞 卷一 高祖 三 余本立

嫗因忽不見後人至高祖覺後人告高祖高祖乃心獨喜自負諸從者日益畏之秦始皇帝常曰東南有天子氣於是因東游以厭朕當之高祖即自疑亡匿隱於芒碭山澤巖石之間呂后與人俱求常得之高祖怪問之呂后曰季所居上常有雲氣故從往常得季高祖心又喜沛中子弟或聞之多欲附者矣秦二世元年秋七月陳勝涉等起蘄至陳而自立為楚王號為張楚遣武臣張耳陳餘略趙地八月武臣自立為趙王諸郡縣皆多殺其長

宜公長者之言

吏以應陳涉九月沛令恐欲以沛應涉之掾主吏蕭何曹參乃曰君為秦吏今欲背之率帥沛子弟恐不聽願君召諸亡在外者可得數百人因以劫衆衆不敢不聽乃令樊噲召劉季高祖劉季高祖之衆已數十百人矣於是樊噲從劉季高祖來沛令後悔恐其有變乃閉城城守欲誅蕭曹蕭曹恐踰城保劉季高祖劉季高祖乃書帛射城上謂與沛父老曰天下同苦秦久矣今父老雖為沛令守諸侯並起今屠沛沛今共誅令擇子弟可立者立

明漢舉詞 卷一 高祖 四 余本立

之以應諸侯則即家室家完不然父子俱屠無為也父老乃率帥子弟共殺沛令開城門迎劉季高祖欲以為沛令劉季高祖曰天下方擾諸侯並起今置將不善壹一敗塗地吾非敢自愛恐能薄不能完父兄子弟此大事願更相推擇可者蕭曹等皆文吏自愛恐事不就後秦種族其家盡讓劉季高祖諸父老皆曰平生所聞劉季諸珍奇怪當貴且卜筮之莫如劉季最吉於是劉季高祖數讓衆莫敢肯為高祖乃立季為沛公祠黃帝祭蚩尤於

沛庭而釁鼓旗幟皆赤由所殺蛇白帝子所殺者
赤帝子故上赤也於是少年豪吏如蕭何樊噲等
皆為收沛子弟得二三千人是月項梁與兄子羽
起吳田儋與從弟榮橫起齊自立為齊王韓廣自
立為燕王魏咎自立為魏王陳涉之將周章西入
關至戲秦將章邯距破之秦二年十月沛公攻胡
陵方與還守豐秦二世二年陳涉之將周章軍西
王戲而還燕趙齊魏皆自立為王項氏起吳秦泗
川監平將兵圍豐二日出與戰破之命雍齒守

豐十一月沛公引兵之薛秦泗川守壯兵敗於薛走
至戚沛公左司馬得泗川守壯殺之沛公還軍亢
父至方與周市來攻方與未戰趙王武臣為其將
所殺十二月楚王陳涉為其御莊賈所殺陳王使
魏人周市略地豐沛周市使人謂雍齒曰豐故梁
徙也今魏地已定者數十城齒今下魏魏以齒為
侯守豐不下且屠豐雍齒雅不欲屬沛公及魏招
之即反為魏守豐沛公引兵攻豐不能取沛公病
還之沛沛公怨雍齒與豐子弟畔之正月張耳等

立趙後趙歇為趙王聞東陽甯君秦嘉立景駒為
假楚王在留沛公乃往從之道得張良遂與俱見
景駒欲請兵以攻豐是時秦將章邯從陳別將司
馬𡰥將兵北定楚地屠相至碭東陽甯君沛公引
兵西與戰蕭西不利還收兵聚留二月引兵攻碭
三日乃取碭拔之因收碭兵得五六千人與故合
九千人三月攻下邑拔之還軍擊豐不下四月聞
項梁擊殺景駒秦嘉止在薛沛公從騎百餘往見
之項梁益沛公卒五千人五大夫將十人沛公還

引兵攻豐拔之雍齒奔魏從項梁月餘五月項羽
已拔襄城還項梁盡召別將居薛六月沛公如薛
聞陳王定死因與項梁共立楚懷王後懷王孫心
為楚懷王治盱台項梁號武信君居數月章邯破
殺魏王咎齊王田儋於臨濟七月大霖雨沛公北
攻亢父章邯圍田榮於東阿沛公與項梁共救田
榮東阿大破秦軍章邯東阿齊軍田榮歸楚獨追
北使沛公項羽追北至別攻城陽攻屠其城之軍
濮陽之東復與秦軍章邯戰又破之秦軍章邯復

振守濮陽環水楚軍沛公項羽去而攻定陶八月
田榮立田儋子市為齊王定陶未下沛公與項羽
西略地至雍丘之下與秦軍戰大破敗之斬三川
守李由還攻外黃外黃未下項梁再破秦軍有驕
色宋義諫不聽秦益章邯兵九月章邯夜銜枚擊
項梁定陶大破之定陶殺項梁死將連雨自七月
至九月沛公與項羽方攻陳留聞項梁死士卒恐
乃引兵與呂將軍呂臣引兵而俱東徙懷王自盱
台都彭城呂臣軍彭城東項羽軍彭城西沛公軍

碭連下文魏咎弟豹自立章邯已破項梁軍則以
為楚地兵不足憂乃渡河北擊趙王歇大破之當
是之時趙歇為王保鉅鹿城秦將王離圍之鉅鹿
城此所謂河北之軍也連下文趙數請救秦二世
三年楚懷王見項梁軍破恐徙盱台都彭城魏咎
弟豹自立為魏王後九月懷王并呂臣項羽軍自
將之以沛公為碭郡長封為武安侯將碭郡兵以
封項羽為魯公封長安侯號為魯公呂臣為司徒
其父呂青為令尹連上文章邯已破項梁趙數請

救懷王乃以宋義為上將軍項羽為次將范增為
末將北救趙令沛公西略地入關初懷王與諸將約
先入定關中者王之當是時秦兵強常乘勝逐北
諸將莫利先入關獨項羽怨秦破項梁軍奮勢願
與沛公西入關懷王諸老將皆曰項羽為人慓
悍猾賊項羽嘗攻襄城襄城無遺噍類皆阬之
諸所過無不殘滅且楚數進取前陳王項梁皆敗
不如更遣長者扶義而西告諭秦父兄秦父兄苦
其主久矣今誠得長者往毋侵暴宜可下今項羽

僄悍今不可遣獨沛公素寬大長者可遣卒不許
項羽而遣沛公西略地收陳王項梁散卒乃道碭
至成陽城與杠里攻秦軍夾壁破其魏二軍秦三
年十月齊將田都畔田榮將兵助項羽救趙楚軍
出兵擊王離大破之沛公攻破東郡尉於成武十
一月項羽殺宋義并其兵渡河自立為上將軍諸
將黥布等皆屬十二月沛公引兵西過彭越昌邑
因與俱攻秦軍戰不利還至栗遇剛武侯奪其軍
可四千餘人并之與魏將皇欣魏申徒武蒲之

軍合攻秦軍破之故齊王建孫田安下濟北從項羽救趙羽大破秦軍鉅鹿下虜王離走章邯二月沛公從碭北攻昌邑遇彭越越助并攻昌邑昌邑未拔下沛公西過高陽酈食其謂為里監門曰諸將過此者多吾視沛公大人長者度乃求見說沛公沛公方踞牀使兩女子洗足酈生不拜長揖曰足下必欲誅無道秦不宜踞見長者於是沛公起攝衣謝之延上坐食其說沛公襲陳留得秦積粟沛公乃以酈食其為廣野君以其弟酈商為將將

陳留兵與偕三月攻開封開封未拔西與秦將楊熊會戰白馬又戰曲遇東大破之楊熊走之滎陽二世使使者斬之以徇四月南攻潁陽川屠之因張良遂畧韓地轘轅當是時趙別將司馬卬方欲渡河入關沛公乃北攻平陰絕河津南戰雒陽東軍不利從轘轅還至陽城收軍中馬騎六月與南陽守齮戰犨東大破之略南陽郡南陽守齮走保城守宛沛公引兵過宛而西張良諫曰沛公雖欲急入關秦兵尚眾距險今不下宛宛從後擊彊秦

在前此危道也於是沛公乃夜引兵軍從他道還更偃旗幟黎遲明圍宛城三匝南陽守欲自剄其舍人陳恢曰死未晚也乃踰城見沛公曰臣聞足下約先入咸陽者王之今足下留守宛宛大郡縣之都也連城數十人民眾積蓄多其吏人民自以為降必死故皆堅守乘城今足下盡日止攻士死傷者必多引兵去宛宛必隨足下後足下前則失咸陽之約後又有彊宛之患為足下計莫若約降封其守因使止守引其甲卒與之西諸城未下者

聞聲爭開門而待足下足下通行無所累沛公曰善七月南陽守齮降封乃以宛守為殷侯封陳恢千戶引兵西無不下者至丹水高武侯鰓襄侯王陵降西陵還攻胡陽遇番君別將梅鋗與偕攻降析酈皆降所過毋得鹵掠秦民喜遣魏人甯昌使秦使者未來是時章邯已以舉軍降項羽於趙矣羽以為雍王瑕丘申陽下河南初項羽與宋義北救趙及項羽殺宋義代為上將軍諸將黥布皆屬破秦將王離軍降章邯諸侯皆附八月沛公攻武

關入秦及秦相趙高恐乃已殺二世使人來欲約
分王關中沛公以為詐不許九月趙高立二世兄
子子嬰為秦王子嬰誅滅趙高遣將將兵距嶢關
沛公欲擊之乃用張良計曰秦兵尚彊未可輕願
先遣人益張旗幟於山上為疑兵使酈生食其陸
賈往說秦將啗以利秦將果欲連和沛公欲許之
張良曰此獨其將欲叛恐其士卒不從不如因其
怠懈擊之沛公引兵繞嶢關踰蕢山擊秦軍因襲
攻武關破之又與秦軍戰於藍田南益張疑兵旗
幟諸所過毋得鹵掠秦人喜秦軍解因大破之藍

田南遂至藍田又戰其北秦兵大破敗之乘勝遂
破之
漢元年冬十月五星聚於東井沛公兵遂先諸侯
至霸上秦王子嬰素車白馬係頸以組封皇帝璽
符節降軹軹道旁諸將或言誅秦王沛公曰始懷
王遣我固以能寬容且人已服降又殺之不祥乃
以秦王屬吏遂西入咸陽欲止宮休舍樊噲張良
諫乃封秦重寶財物府庫還軍霸上蕭何盡收秦

丞相府圖籍文書十一月召諸縣父老豪傑曰父
老苦秦苛法久矣誹謗者族偶耦語者棄市吾與
諸侯約先入關者王之吾當王關中與父老約法
三章耳殺人者死傷人及盜抵罪餘悉除去秦法
諸吏人民皆按案堵如故凡吾所以來為父老兄
除害非有所侵暴無毋恐且吾所以還軍霸上待
諸侯至而定約要束耳乃使人與秦吏行至縣鄉
邑告諭之秦人民大喜爭持牛羊酒食獻享饗軍
士沛公又讓不受曰倉粟多非乏不欲費人民人

民又益喜唯恐沛公不為秦王或說沛公曰秦富
十倍天下地形彊今聞章邯降項羽項羽乃號為
曰雍王王關中今則即來沛公恐不得有此可急
使兵守函谷關無毋內諸侯軍稍徵關中兵以自
益距之沛公然其計從之十一二月中項羽果帥
率諸侯兵西欲西入關關門閉聞沛公已定關中
羽大怒使黥布等攻破函谷關十二月中遂至戲
下沛公左司馬曹無毋傷聞項王羽怒欲攻沛公
使人言項羽曰沛公欲王關中令子嬰為相珍寶

盡有之欲以求封以下至誅曹無傷漢書見項羽
紀接亞父范增說羽亞父勸項羽擊沛公方饗士
旦日合戰是時項羽兵四十萬號百萬沛公兵十
萬號二十萬力不敵會項伯欲活張良夜往見良
因以文諭項羽項羽乃止沛公從百餘騎驅之鴻
門見謝項羽項羽曰此沛公左司馬曹無傷言之
不然籍何以至此沛公以樊噲張良故得解歸歸
立誅曹無傷沛公歸數日項羽遂引兵西屠燒咸
陽殺秦降王子嬰燒秦宮室所過無不殘破滅秦

人民大失望然恐不敢不服耳項羽使人還報懷
王懷王曰如約項羽怨懷王不肯令與沛公俱西
入關而北救趙後天下約乃曰懷王者吾家項梁
所立耳非有功伐何以得專主約本定天下諸將
及與籍也春正月乃佯陽尊懷王為義帝實不用
其命正二月項羽自立為西楚霸王王梁楚地九
郡都彭城負背約更立沛公為漢王王巴蜀漢中
四十一縣都南鄭三分關中立秦三將章邯為雍
王都廢丘司馬欣為塞王都櫟陽董翳為翟王都

高奴楚將瑕丘申陽為河南王都洛陽趙將司馬
卬為殷王都朝歌趙王歇徙王代趙相張耳為常
山王都襄國當陽君黥布為九江王都六懷王
柱國共敖為臨江王都江陵番君吳芮為衡山王
都邾故齊王建孫田安為濟北王徙魏王豹為西
魏王都平陽徙燕王韓廣為遼東王燕將臧荼為
燕王都薊故燕王韓廣徙王遼東廣不聽臧荼攻
殺之無終徙齊王田市為膠東王齊將田都為齊
王都臨菑徙趙王歇為代王趙相張耳為常山王

封成安君陳餘河間三縣居南皮封梅鋗十萬戶
漢王怨羽之背約欲攻之丞相蕭何諫乃止夏四
月諸侯兵罷戲下諸侯各就國漢王之國項王羽
使卒三萬人從漢王楚子與諸侯人之慕從者數
萬人從杜南入蝕中張良辭歸韓漢王送至褒中
因說漢王去輒燒絕棧道以備諸侯盜兵襲之亦
視示項羽無東意漢王既至南鄭諸將及士卒多
道亡歸士卒皆歌謳思東歸多道亡還者韓信為
治粟都尉亦亡去蕭何追還之因薦於漢王曰必

韓信[illegible]韓信自有信及何尚不必在文於此而使[illegible]備行知韓信[illegible]者何處語乃設之於此以予通

天下已定皆自事不復可用此最識時知勢之論儒生姑息安足以知此爭權天下此四字好不可去卻著諸將留蕭何收巴蜀租給軍糧食非不得不爾者顧帝紀可不須此亦為失本末史官敍纂非特臨者姑息不足以知此[illegible]

史亦不曾念到此高帝世事依天下者不可多論韓信此人傑矣

欲爭天下非信無可與計事者於是漢王齋戒設
壇場拜信為大將軍問以計策信對曰說漢王曰
項羽背約王諸將之有功者而王君王獨居於南
鄭是遷也軍吏士卒皆山東之人也日夜企跂而
望歸及其鋒而用之可以有大功天下已定人民
皆自寧不可復用不如決策東鄉爭權天下因陳
羽可圖三秦易并之計漢王大說遂聽信策部署
諸將留蕭何收巴蜀租給軍糧食○連下文五月
漢王引兵項羽出關使人徙義帝曰古之帝者地

方千里必居上游乃使使徙義帝長沙郴縣趣義
帝行群臣稍倍叛之乃陰令衡山王臨江王擊之
殺義帝江南項羽怨田榮立齊將田都為齊王田
榮怒因自立為齊王殺田都而反楚予彭越將軍
印令反梁地楚令蕭公角擊彭越彭越大破之陳
餘怨項羽之弗王己也令夏說說田榮請兵擊張
耳齊予陳餘兵擊破常山王張耳張耳亡歸漢迎
趙王歇於代復立為趙王趙王因立陳餘為代王
項羽大怒北擊齊八五月漢王用韓信之計引兵

只漢王用韓信之計一言[illegible]兵出大用[illegible]是此出是行

漢書此以後義帝遂下詔書故凡入[illegible][illegible][illegible][illegible][illegible]

此因字是不用引兵字

從故道還出襲雍雍王章邯迎擊漢陳倉雍兵
敗還走止戰好畤又復大敗走廢丘漢王遂定雍
地東至如咸陽引兵圍雍王廢丘而遣諸將略地
定隴西北地上郡田榮聞羽徙齊王市於膠東而
立田都為齊王乃大怒以齊兵迎擊田都都走降
楚六月田榮殺田市自立為齊王時彭越在鉅野
眾萬餘人無所屬榮與越將軍印因令反梁地越
擊殺濟北王安榮遂并三齊之地燕王韓廣亦不
肯徙遼東秋八月臧荼殺韓廣并其地塞王欣翟

王翳皆降漢初項梁立韓後公子成為韓王張良
為韓司徒羽以良從漢王韓王成又無功故不遣
就國與俱至彭城殺之及聞漢王并關中而齊梁
叛之羽大怒乃以故吳令鄭昌為韓王距漢令蕭
公角擊彭越越敗角兵時張良徇韓地遺羽書曰
漢欲得關中如約即止不敢復東羽以故無西意
而北擊齊九月漢王遣令將軍薛歐王吸出武關
因王陵兵從南陽以迎太公呂后於沛楚羽聞之
發兵距之陽夏不得前令故吳令鄭昌為韓王距

漢兵、
二年冬十月項羽使九江王布殺義帝於郴陳餘亦怨羽獨不王已從田榮藉助兵以擊常山王張耳耳敗走降漢漢王厚遇之陳餘迎代王歇還趙歇立餘為代王張良自韓間行歸漢漢王以為成信侯漢王東略地如陝鎮撫關外父老塞王欣翟王翳河南王申陽皆降置河南郡韓王昌不聽使韓太尉韓信擊韓破之韓王鄭昌降於是置隴西北地上郡渭南河上中地郡關外置河南郡十一

月更立韓太尉信為韓王漢王還歸都櫟陽使諸將略地拔隴西以萬人若以一郡降者封萬戶繕治河上塞諸故秦苑囿園池皆令人民得田之春正月羽擊田榮城陽榮敗走平原平原民殺之齊皆降楚楚焚其城郭齊人復畔之諸將拔北地虜雍王弟章平大赦罪人漢王之出關至陝撫關外父老還張耳來見漢王厚遇之二月癸未令民除秦社稷更立漢社稷施恩德賜民爵蜀漢民給軍士勞苦復勿租稅二歲關中卒從軍者復家一歲

舉民年五十以上有脩行能帥衆為善置以為三老鄉一人擇鄉三老一人為縣三老與縣令丞尉以事相教復勿繇戍以十月賜酒肉三月漢王從自臨晉渡河魏王豹降將兵從下河內虜殷王卬置河內郡至脩武陳平亡楚來降漢王與語說之使參乘監諸將南渡平陰津至雒陽新城三老董公遮說漢王以義帝死曰臣聞順德者昌逆德者亡兵出無名事故不成故曰明其為賊敵乃可服項羽為無道放殺其主天下之賊也夫仁不以

勇義不以力三軍之衆為之素服以告之諸侯為此東伐四海之內莫不仰德此三王之舉也漢王曰善非夫子無所聞於是故漢王聞之為義帝發喪袒而大哭遂為義帝發喪臨三日發使者告諸侯曰天下共立義帝北面事之今項羽放殺義帝於江南大逆無道寡人親為發喪諸侯兵皆縞素悉發關內兵收三河士南浮江漢以下願從諸侯王擊楚之殺義帝者是時項王北擊齊田榮與戰城陽田榮敗走平原平原民殺之齊皆降楚

楚因焚燒其城郭係虜其子女齊人叛之夏四月
田榮弟橫收得數十萬人立榮子廣為齊王齊王
反楚城陽項羽雖聞漢東既擊已連齊兵欲遂破
之而後擊漢漢王以故得劫五諸侯兵東伐楚到
外黃彭越將三萬人歸漢漢王拜越為魏相國令
定梁地漢王遂入彭城收羽美人貨賂置酒高會
項羽聞之乃引兵去齊令其將擊齊而自以精兵
三萬人從魯出胡陵至蕭晨擊與漢軍大戰彭城
靈壁東睢水上大破漢軍多殺士卒睢水為之不

流圍漢王三匝大風從西北起以下至羽常置軍
中以為質漢書見項羽紀乃取漢王父母妻子於
沛羽常置之軍中以為質當是時諸侯見楚彊漢
敗還皆亡去漢復為楚塞王欣翟王翳降亡入楚
殷王卬死呂后兄周呂侯為漢將兵居下邑漢王
往從之稍收士卒軍碭漢王乃西過梁地至虞使
謂謁者隨何之九江王布所曰公能令說九江王
布使舉兵叛畔楚項羽王必留擊之得留數月吾
取天下必矣隨何往說九江王布布果使畔背楚

五月○連下文漢王屯滎陽楚使龍且往擊之漢
王之敗彭城而西行使人求家室家室亦亡不相
得敗後乃獨得孝惠六月漢王還櫟陽壬午立為
太子大赦罪人令太子守櫟陽諸侯子在關中者
皆集櫟陽為衛引水灌廢丘廢丘降章邯自殺更
名廢丘為槐里雍州定八十餘縣置河上渭南中
地隴西上郡於是令祠官祀天地四方上帝山川
以時祀祠之興關中卒乘邊塞關中大飢米斛
萬錢人相食令民就食蜀漢秋八月○連下文漢

王如滎陽是時隨何既說黥布布起兵攻楚楚使
項聲龍且攻布九江王布與龍且戰不勝十二月布
與隨何間行歸漢漢王分之兵與俱收兵至成皋
○連下年項羽數侵奪漢王稍收士卒屯滎陽與
諸將及蕭何發關中卒老弱未傅者悉詣軍蕭出
韓信亦收兵與漢王會是以兵復大振與楚戰滎
陽南破楚京索間破之○連下築甬道
三年魏王豹謁歸視親疾至即絕河津反為楚連
上年六月漢王還櫟陽漢王如滎陽使謂酈生

[illegible]

其曰緩頰往說魏王豹能下之以魏地萬户封生
食其往豹不聽漢王遣將軍以韓信為左丞相與
曹參灌嬰俱擊魏食其還漢王問魏大將誰也對
曰柏直王曰是口尚乳臭不能當韓信騎將誰也
曰馮敬曰是秦將馮無擇子也雖賢不能當灌嬰
步卒將誰也曰項它曰是不能當曹參吾無患矣
九月信等大破之虜豹傳詣滎陽遂定魏地置三
郡曰河東太原上黨郡信使人請兵三萬人願以
北舉燕趙東擊齊南絕楚糧道漢王與之三年冬

十月漢王乃令韓信張耳與韓信遂東下井陘擊
趙斬陳餘獲趙王歇置常山代郡其明年立張耳
為趙王甲戌晦日有食之十一月癸卯晦日有食
之○連上年隨何既說黥布漢王軍滎陽南築甬
道屬之河以取敖倉粟連上魏王豹謁歸與項羽
相距歲餘項羽數侵奪漢甬道漢軍乏食與酈食
其謀撓楚權食其欲立六國後以樹黨漢王刻印
將遣食其立之以問張良良發八難漢王輟飯吐
哺罵曰豎儒幾敗乃公事令趣銷印○連下文又

[illegible]

問陳平夏四月項羽遂圍漢王滎陽漢王請和割
滎陽以西者為漢亞父勸項王不聽羽急攻滎陽
漢王患之○連下文陳平反間既行乃用又問陳
平之乃從其計與陳平黄金四萬斤以間疏楚
君臣○連上文夏四月項羽聞漢滎陽陳平反間
既行於是項羽乃果疑亞父亞父是時勸項羽遂
下滎陽及其見疑乃大怒辭老願賜骸骨歸卒伍
而去未至彭城發病而死漢軍絕食五月將軍紀
信曰事急矣臣請誑楚可以間出於是陳平乃夜

出女子東門二千餘人被甲楚因四面擊之將軍
紀信乃乘王駕車黄屋左纛詐為漢王誑楚曰食
盡漢王降楚楚皆呼萬歲之城東觀以故漢王得
與數十騎出西門遁令御史大夫周苛魏豹樅公
守滎陽諸將卒不能從者盡在城中羽見紀信問
漢王安在曰已出去矣羽燒殺信而周苛樅公相
謂曰反國之王難與守城因殺魏豹漢王之出滎
陽至成皋自成皋入關收兵欲復東轅生說漢
王曰漢與楚相距滎陽數歲漢常困願君王出武

關項羽（王）必引兵南走，王深壁，令滎陽成皋間且得休（息）。使韓信等（得）輯河北趙地，連燕齊，君王乃復走滎陽，未晚也。如此，則楚所備者多，力分，漢得休（息），復與之戰，破楚（之）必矣。漢王從其計，出軍宛葉間，與黥布行收兵。項羽聞漢王在宛，果引兵南。漢王堅壁不與戰。是時（月）彭越度睢水，與項聲、薛公戰下邳，彭越大破楚軍（殺薛公）。項羽乃（使終公守成皋而自）引兵東擊彭越。漢王亦引兵北（擊破終公），復軍成皋。（六月）項羽已破走彭越，聞漢王復

軍成皋，乃復引兵西，拔滎陽（城，生得周苛。羽謂苛為我將，以公為上將軍，封三萬戶。周苛罵曰：若不趣降漢，今為虜矣，若非漢王敵也。羽亨）誅周苛（并殺）樅公，而虜韓王信，遂圍成皋。漢王跳，獨與滕公共車出成皋玉門，北渡河，馳宿小脩武，自稱使者，晨馳入張耳韓信壁，而奪之軍。乃使張耳北盜收兵趙地，使韓信東擊齊。（秋七月，有星孛于大角。）漢王得韓信軍，則復大振。（八月）引兵臨河南（鄉）饗軍小脩武南，欲復戰。郎中鄭忠乃說止漢王，使高壘

深塹，勿與戰。漢王聽其計，使盧綰、劉賈將卒二萬人，騎數百，渡白馬津，入楚地，與（佐）彭越（燒楚積聚）復擊破楚軍燕郭西，遂復攻下梁地（睢陽外黃）十餘七城。（九月。○連下羽謂海春侯。）淮陰已受命東未渡平原，漢王使酈生（食其）往說齊王田廣，廣叛楚，（罷守兵）與漢和，共擊項羽。（四年冬十月）韓信用蒯通計，遂襲破齊。齊王（亨）烹酈生，東走高密。項羽聞韓信已舉河北兵，破齊趙，且欲擊楚，則使龍且周蘭往擊之（救齊。○連下文漢果數挑成皋戰）。韓

信與戰，騎將灌嬰擊，大破楚軍，殺（楚將）龍且（追至城陽，虜齊王廣。齊相田橫自立為齊王，奔）彭越（漢書在下年十一月。連立張耳）。當此時，彭越將兵居梁地，往來苦楚兵，絕其糧食。

四年（九月）項羽乃謂海春侯大司馬曹咎曰：謹守成皋，若（即）漢（王）欲挑戰，慎勿與戰，（毋）勿令得東而已。我十五日必定梁地，復從將軍。（羽）乃行，引兵東擊彭越、陳留、外黃，睢陽下之。（○連上年漢王使酈食其說齊）漢果數挑（成皋）楚軍戰，楚軍不出。使人

辱之五六數日大司馬咎怒渡兵汜水士卒半渡
漢擊之大破楚軍盡得楚國金玉貨賂大司馬咎
長史欣皆自剄汜水上 漢王引兵渡河復取成臯
軍廣武就敖倉食 項羽下梁地十餘城至睢陽聞
海春侯破乃引兵還漢軍方圍鍾離眛於滎陽東
聞項羽至盡走險阻 羽亦軍廣武與漢相守○連
下文丁壯苦軍旅韓信已破齊使人言曰齊邊楚
權輕不為假王恐不能安齊漢王怒欲攻之留侯
張良曰不如因而立之使自為守春二月乃遣張

良操印綬立韓信為齊王 連下文秋七月立黥布
項羽聞龍且軍破則恐使盱台人武涉往說韓信
韓信不聽楚漢久相持未決丁壯苦軍旅老弱罷轉
餉漢王項羽相與臨廣武之間而語項羽欲與漢
王獨身挑戰漢王數項羽曰吾始與項羽俱受命
懷王曰先入定關中者王之項羽負約王我於蜀
漢罪一也項羽矯殺卿子冠軍而自尊罪二也項
羽當以已救趙當還報而擅劫諸侯兵入關罪三
也懷王約入秦無暴掠項羽燒秦宮室掘始皇帝

冢私收私其財物罪四也又彊殺秦降王子嬰罪
五也詐坑秦子弟新安二十萬王其將罪六也項
羽皆王諸將善地而徙逐故王去令臣下爭叛畔
逆罪七也項羽出逐義帝彭城自都之奪韓王地
并王梁楚多自與予罪八也項羽使人陰弑殺義
帝江南罪九也夫為人臣而弑殺其主殺其已降
為政不平主約不信天下所不容大逆無道罪十
也吾以義兵從諸侯誅殘賊使刑餘罪人擊殺項
羽公何苦乃與公挑戰項羽大怒伏弩射中漢王

漢王傷胸乃捫足曰虜中吾指漢王病創臥張良
彊請漢王起行勞軍以安士卒毋令楚乘勝於漢
漢王出行軍病疾甚因馳入成臯十一月○連上
文韓信與灌嬰擊破楚軍漢立張耳為趙王漢王
病疾瘉愈西入關至櫟陽存問父老置酒梟故塞
王欣頭櫟陽市留四日復如軍軍廣武關中兵益
出而當此時彭越田橫將兵居梁地往來苦楚兵
絕其糧食田橫往從之 連上文韓信已破齊秋
七月立黥布為淮南王八月初為算賦北貉燕人

[illegible]

來致梟騎助漢漢王下令軍士不幸死者吏為之衣衾棺斂轉送其家四方歸心焉項羽數擊彭越等自知少助食盡齊王韓信又進兵擊楚項羽恐患之漢遣陸賈說羽請太公羽弗聽漢復使侯公說羽羽乃與漢王約中分天下割鴻溝而以西者為漢鴻溝而以東者為楚九月項王歸漢王父母妻子太公呂后軍中皆呼稱萬歲乃封侯公為平國君歸而別去項羽解而東歸漢王欲引而西歸張良陳平諫曰今漢有天下大半而諸侯皆附楚

史漢異同卷一　高祖　三七　周道賓

兵罷食盡此天亡之時不因其幾而遂取之所謂養虎自遺患也漢王從之用留侯陳平計乃進兵五年冬十月漢王追項羽至陽夏南止軍與齊王信魏相國建成侯彭越期會而擊楚軍至固陵不會楚擊漢軍大破之漢王復入壁深塹而守之謂張良曰諸侯不從奈何良對曰楚兵且破未有分地其不至固宜君王能與共天下可立致也齊王信之立非君王意信亦不自堅彭越本定梁地始君王以魏豹故拜越為相國今豹死越亦望王

淮陰將三十萬 [illegible]……所未有也……一初人物之多何一時得助之多 [illegible]

而君王不早定今能取睢陽以北至穀城皆以王彭越從陳以東傅海與齊王信信家在楚其意欲得故邑能出捐此地以許兩人使各自為戰則楚易敗也用張良計於是漢王發使使韓信彭越至皆往引兵來十一月劉賈入楚地圍壽春漢王敗固陵乃使使者召亦遣人誘楚大司馬周殷殷畔楚以舒屠六舉九江兵而迎之黥布武王並行屠城父隨何劉賈齊梁諸侯皆大會十二月圍羽垓下漢書接下年羽聞漢軍四面立武王布為

史漢異同卷一　高祖　三八　江茂

淮南王、

五年高祖與諸侯兵共擊楚軍與項羽決勝垓下淮陰侯將三十萬自當之孔將軍居左費將軍居右皇帝在後絳侯柴將軍在皇帝後項羽之卒可十萬淮陰先合不利却孔將軍費將軍縱楚兵不利淮陰侯復乘之大敗垓下項羽夜卒聞漢軍四面皆楚歌以為漢知盡得楚地項羽乃敗而與數百騎走是以兵大敗使騎將灌嬰追殺斬項羽東城斬首八萬遂略定楚地悉定獨魯為楚堅守不

[illegible]

史記簡明漢書[illegible]有首尾至要[illegible]大下統[illegible]便[illegible]世[illegible]也

下漢王引天下諸侯兵北欲屠之為其守節禮義
之國乃持羽頭示魯其父老見項羽頭魯乃降初
懷王封羽為魯公及死魯又為之堅守故遂以魯
公號葬項羽於穀城漢王為發喪哭臨而去封項
伯等四人為列侯賜姓劉氏諸民略在楚者皆歸
之漢王還至定陶馳入齊王信壁奪其軍初項羽
所立臨江王共敖前死子尉嗣立為王不降遣盧
綰劉賈擊虜尉春正月追尊兄伯號曰武哀侯下
令曰楚地已定義帝亡後欲存恤楚衆以定其主

齊王信習楚風俗更立為楚王王淮北都下邳魏
相國建成侯彭越勤勞魏民卑下士卒常以少擊
衆數破楚軍其以魏故地王之號曰梁王都定陶
又曰兵不得休八年萬民與苦甚今天下事畢其
赦天下殊死以下正月於是諸侯及將相相與共
請尊漢王為皇帝上疏曰楚王韓信韓王信淮南
王英布梁王彭越故衡山王吳芮趙王張敖燕王
臧荼昧死再拜言大王陛下先時秦為亡道天下
誅之大王先得秦王定關中於天下功最多存亡

[illegible]明帝不用者[illegible]守字[illegible]取[illegible]微細[illegible]細微[illegible]為[illegible]節必文[illegible]不如史記[illegible]妙[illegible]如[illegible]大夫[illegible]之有

使[illegible]不可[illegible]高祖口語

定危救敗繼絶以安萬民功盛德厚又加惠於諸
侯王有功者使得立社稷地分已定而位號比擬
亡上下之分大王功德之著於後世不宣昧死再
拜上皇帝尊號漢王曰寡人吾聞帝者賢者有也
空言虛語亡實之名非所守取也吾不敢當帝位
今諸侯王皆推高寡人將何以處之哉羣臣諸侯
王皆曰大王起於微細微滅亂秦威動海內又以
辟陋之地自漢中行威德誅暴逆不義立有功平
定四海內有功者輒裂地而封為王侯大王不尊

號皆疑不信臣等以死守之功臣皆受地食邑非
私之也大王德施四海諸侯王不足以道之居帝
位甚實宜願大王以幸天下漢王三讓不得已曰
諸君侯王幸必以為便便國家於天下之民則可
矣於是諸侯王及太尉長安侯臣綰等三百人與
博士稷嗣君叔孫通謹擇良日二月甲午乃上尊
號漢王即皇帝位于氾水之陽尊王后曰皇后太
子曰皇太子追尊先媼曰昭靈夫人皇帝曰義帝
無後齊王韓信習楚風俗徙為楚王都下邳立建

[illegible]也

[illegible]

成侯彭越為梁王，都定陶。故韓王信為韓王，都陽
翟。徙衡山王吳芮為長沙王，都臨湘。番君之將梅
鋗有功，從入武關，故德番君。淮南王布、燕王臧荼、
趙王敖皆如故。詔曰：故衡山王吳芮與子二人、兄
子一人，從百粵之兵，以佐諸侯，誅暴秦，有大功，諸
侯立以為王。項羽侵奪之地，謂之番君。其以長沙、
豫章、象郡、桂林、南海立番君芮為長沙王。又曰：故
粵王亡諸世奉粵祀，秦侵奪其地，使其社稷不得
血食。諸侯伐秦，亡諸身帥閩中兵以佐滅秦，項羽

史漢異同卷 高祖 三十 余成貴

廢而弗立。今以為閩粵王，王閩中地，勿使失職。天
下大定，高祖帝乃西都洛雒陽，諸侯皆臣屬。故臨
江王驩為項羽叛漢，令盧綰、劉賈圍之，不下。數月
而降，殺之雒陽。夏五月，兵皆罷歸家。詔曰：諸侯子
在關中者復之十二歲，其歸者復之六歲，半之食
之一歲。民前或相聚保山澤，不書名數，今天下已
定，令各歸其縣，復故爵田宅。吏以文法教訓辨告，
勿笞辱。民以饑餓自賣為人奴婢者，皆免為庶人。
軍吏卒會赦，其亡罪而亡爵及不滿大夫者，皆賜

[illegible]

爵為大夫。故大夫以上賜爵各一級，其七大夫以
上，皆令食邑；非七大夫以下，皆復其身及戶，勿事。
又曰：七大夫、公乘以上，皆高爵也。諸侯子及從軍
歸者甚多高爵，吾數詔吏先與田宅，及所當求於
吏者亟與。爵或人君，上所尊禮，久立吏前，曾不為
決，甚亡謂也。異日秦民爵公大夫以上，令丞與亢
禮。今吾於爵非輕也，吏獨安取此？且法以有功勞
行田宅，今小民未嘗從軍者多滿，而有功者顧不
得，背公立私，守尉長吏教訓甚不善。其令諸吏善

史漢異同卷 高祖 三十二 余成貴

遇高爵，稱吾意。且廉問，有不如吾詔者，以重論之。
高祖帝置酒雒陽南宮。高祖上曰：列通侯諸將無
毋敢隱朕，皆言其情。吾所以有天下者何？項氏之
所以失天下者何？高起、王陵對曰：陛下嫚慢而侮
人，項羽仁而愛敬人。然陛下使人攻城略地，所降
下者因以予之，與天下同利也。項羽妒賢嫉能，有
功者害之，賢者疑之，戰勝而不與予人功，得地而
不與予人利，此其所以失天下也。高祖上曰：公知
其一，未知其二。夫運籌策帷帳幄之中，決勝於千

陛下慢而侮人，項羽仁而敬人，所可為者消行[illegible]秦漢上之風[illegible]紛明仁敬之，然益亦後人所不能及也

[illegible]

少一兩字倶是 吶吶耳

里之外吾不如子房填鎮國家撫百姓給餉餽饟不絕糧道吾不如蕭何連百萬之軍衆戰必勝攻必取吾不如韓信此三者皆人傑也吾能用之此吾所以取天下者也項羽有一范增而不能用此其所以為我擒禽也羣臣說服初田橫歸彭越項羽已滅橫懼誅與賓客亡入海上恐其久為亂遣使者赦橫曰橫來大者王小者侯不來且發兵加誅橫懼乘傳詣洛陽未至三十里自殺上壯其節為流涕發卒二千人以王禮葬焉高祖欲長都雒陽戍卒齊人劉婁敬求見說上曰陛下取天下與

周異而都雒陽不便不如入關據秦之固上以問及留侯張良良因勸上入都關中高祖是日車駕西入都關中長安拜婁敬為奉春君賜姓劉氏六月壬辰大赦天下秋十七月燕王臧荼反攻下代地高祖上自將擊征之九月虜得燕王臧荼詔諸侯王視有功者立以為燕王荆王臣信等十人皆曰太尉長安侯盧綰功最多請立太尉盧綰以為燕王使丞相噲將兵攻平代地其秋利幾反高

[illegible]

祖上自將擊破之利幾走利幾者項氏羽之將項氏羽敗利幾為陳公令不隨項羽亡降高祖高祖上侯之潁川高祖上至雒陽舉通侯籍召之而利幾恐故反後九月徙諸侯子關中治長樂宮

六年冬十月令天下縣邑城○連下文人告楚王信謀反高祖上歸櫟陽五日一朝太公如家人父子禮太公家令說太公曰天亡無二日土亡無二王今高祖皇帝雖子人主也太公雖父人臣也奈何令人主拜人臣如此則威重不行後高祖上朝

太公擁篲彗迎門卻郤行高祖上大驚下扶太公太公曰帝人主也奈何以我亂天下法於是高祖乃尊太公為太上皇上心善家令言賜黃金五百斤夏五月丙午詔曰人之至親莫親於父子故父有天下傳歸於子子有天下尊歸於父此人道之極也前日天下大亂兵革並起萬民苦殃朕親披堅執銳自帥士卒犯危難平暴亂立諸侯偃兵息民天下大安此皆太公之教訓也諸王通侯將軍羣卿大夫已尊朕為皇帝而太公未有號今上尊

田肯此人以韓信之放論討諸侯必多有欲得齊者故先進說言形勢以悅人主之機心為此東迎秦也非親子弟莫可王則他皆安可者矣帝怡然賜之金義之以不可使有餘二韓信也實父就東西秦也西半非分其地為二國此最不可剛此即田肯之謀也肯雖不言其隱有意也此帝所以為明達也夫以知此而猶未信帝所以為明達[illegible]

百二以當時生有此說故以言十二以百二較之其不然創為之解說者且贅辭不能喻也

新立一字史所删闕之辯也或以其故犯法似諸將有故秦者

太公曰太上皇。○連下文秋九月匈奴十二月人
有上變事告楚王信謀反上問左右左右爭欲擊
之用陳平計乃偽遊雲夢十二月會諸侯於于陳
楚王信迎謁即因執之是日詔曰天下既安豪傑
有功者封侯新立未能盡圖其功身居軍九年或
未習法令或以其故犯法大者死刑吾甚憐之其
大赦天下田肯賀因說高祖上曰甚善陛下得韓
信又治秦中秦形勝之國也帶河阻山之險縣隔
千里持戟百萬秦得百二焉地勢便利其以下兵

史漢異同卷 八高祖 三十五

於諸侯譬猶居高屋之上建瓴水也夫齊東有瑯
邪即墨之饒南有泰山之固西有濁河之限北有
渤勃海之利地方二千里持戟百萬縣隔千里之
外齊得十二焉故此東西秦也非親子弟莫可使
王齊矣者高祖上曰善賜黃金五百斤後十餘日
上還至雒陽赦封韓信封為淮陰侯分其地為二
國甲申始剖符封功臣曹參等為通侯高祖詔曰
齊古之建國也今為郡縣其復以為諸侯將軍劉
賈數有大功及擇寬惠修絜者王齊荊地春正月

[illegible]

丙午韓王信等奏請以故東陽郡鄣郡吳郡五十
三縣立劉賈以為荊王王淮東以碭郡薛郡郯郡
三十六縣立弟文信君交為楚王王淮西壬子以
雲中鴈門代郡五十三縣立兄宜信侯喜為代王
以膠東膠西臨淄濟北博陽城陽郡七十三縣立
子肥為齊王王七十餘城民能齊言者皆屬齊乃
論功與諸列侯剖符行封以太原郡三十一縣為
韓國徙韓王信太原都晉陽上已封大功臣三十
餘人其餘爭功未得行封上居南宮從複道上見

史漢異同卷 八高祖 三十六

諸將往往耦語以問張良良曰陛下與此屬共取
天下今已為天子而所封皆故人所愛所誅皆平
生仇怨今軍吏計功以天下為不足用徧封而恐
以過失及誅故相聚謀反耳上曰為之柰何良曰
取上素所不快計群臣所共知最甚者一人先封
以示群臣三月上置酒封雍齒因趣丞相急定功
行封罷酒群臣皆喜曰雍齒且侯吾屬無患矣○
連上文上歸櫟陽秋九月匈奴圍韓王信於馬邑
信降匈奴

成敗未可知五字最見高祖有天下不與之意[illegible]

七年，匈奴攻韓王信馬邑，信因與謀反太原。白土冬十月，上自將擊韓王信於銅鞮，斬其將。信亡走匈奴。與其將曼丘臣、王黃共立故趙將後趙利為王以反。收韓信散兵，與匈奴共距漢。高祖自往擊之。上從晉陽連戰，乘勝逐北至樓煩，會天大寒，士卒墮指者什二三，遂至平城。為匈奴所圍我平城七日，用陳平秘計得出，而後罷去。令樊噲留止定代地，立兄劉仲為代王。十二月，上還過趙，不禮趙王。是月，匈奴攻代。○連下文代王喜棄國。○春

令郎中有罪耐以上請之。民產子，復勿事二歲。二月，高祖自平城過趙、雒陽，至長安。長樂宮成，丞相已下徙治長安。○連下文蕭何治未央宮

八年，冬，高祖上東擊韓王信餘反寇於東垣。○連下文還過趙。蕭丞相何營作治未央宮，立東闕、北闕、前殿、武庫、太倉。高祖上還，見其宮闕壯麗甚，怒，謂蕭何曰：天下匈匈，勞苦戰數歲，成敗未可知，是何治宮室過度也？蕭何曰：天下方未定，故可因遂以就宮室。且夫天子以四海為家，非令壯麗無亡以重威，且無亡令後世有以加也。高祖上乃說，自櫟陽徙都長安。置宗正官以序九族。夏四月，行如雒陽。漢書在上年二月。連八年冬高祖之東垣，還過趙，趙相貫高等恥上不禮其王，陰謀欲弒高祖上。高祖上欲宿，心動，問縣名何，曰柏人。上曰柏人者迫於人也。去弗宿，因不留。○連下文十一月代王劉仲喜棄國亡，自歸雒陽，廢以赦為合陽侯。辛卯立子如意為代王。○漢書在上年十二月下。連春令郎中有罪。○十一月，令士卒從軍死者

為槥歸其縣，縣給衣衾棺葬具，祠以少牢，長吏視葬。十二月，行自東垣至。春三月，行如雒陽。令吏卒從軍至平城及守城邑者皆復終身勿事。爵非公乘以上毋得冠劉氏冠。賈人毋得衣錦繡綺縠絺紵罽，操兵，乘騎馬。秋八月，吏有罪未發覺者赦之。九月，行自雒陽至淮南王、梁王、趙王、楚王皆從

九年連下文冬十月十二月行如雒陽趙相貫高等謀逆事發覺，逮捕高等并捕趙王敖下獄，詔敢有隨王罪夷三族。郎中田叔、孟舒等十人自髡鉗

為王家奴從王就獄王實不知其謀春正月廢趙
王敖為宣平侯徙代王如意為趙王王趙國丙寅
前有罪殊死以下皆赦之二月行自雒陽至賢趙
臣田叔孟舒等十人召見與語漢廷臣無能出其
右者上說盡拜為郡守諸侯相○連下文夏六月
是歲十一月徙齊楚大族昭氏屈氏景
氏懷氏齊田氏五姓關中與利田宅○連上文
冬十月淮南王梁王趙王楚王朝未央宮成高祖
大朝諸侯群臣置酒未央前殿高祖奉玉卮起

為太上皇壽曰始大人常以臣亡無賴不能治產
業不如仲力今某之業所就孰與仲多殿上群臣
皆呼稱萬歲大笑為樂○連上文十一月○夏六
月乙未晦日有蝕之
十年冬十月淮南王黥布梁王彭越燕王盧綰荊
王劉賈梁王楚王劉交齊王劉肥長沙王吳芮皆
來朝長樂宮春夏無事五月太上皇后崩秋七月
癸卯太上皇崩櫟陽宮葬萬年楚王梁王皆來送
葬赦櫟陽囚死罪以下更命酈邑曰新豐八月令

[illegible]侯王皆立太上皇廟于國都九月趙代相國陳
豨反代地上曰豨嘗為吾使甚有信代地吾所急
也故封豨為列侯以相國守代今乃與王黃等劫
掠代地代地吏民非有罪也其赦代吏民能去豨
黃來歸者皆赦之九月上自東往擊之至邯鄲上
喜曰豨不南據邯鄲而阻漳水吾知其無能為
矣也趙相周昌奏常山二十五城亡其二十城請
誅守尉上曰守尉反乎對曰不上曰是力不足亡
罪上令周昌選趙壯士可令將者白見四人上嫚

罵曰豎子能為將乎四人慚皆伏地上封各千戶
以為將左右諫曰從入蜀漢伐楚賞未徧行今封
此何功上曰非汝所知陳豨反趙代地皆豨有吾
以羽檄徵天下兵未有至者今計唯獨邯鄲中兵
耳吾何愛四千戶不以慰趙子弟皆曰善又求樂
毅有後乎得其孫叔封之樂鄉號華成君聞問豨
將皆故賈人也上曰吾知所以與之矣乃多以金
啗豨將豨將多降者
十一年冬高祖在邯鄲誅豨等未畢豨將侯敞

不罵者原之此句何可去也

將萬餘人游行王黄將騎千餘軍曲逆張春將卒
萬餘人渡河擊攻聊城漢使將軍郭蒙與齊將擊
大破之太尉周勃道太原入定代地至馬邑馬邑
不下即攻殘之豨將趙利守東垣高祖攻之不下
月餘卒罵高祖高祖上怒城降令卒出罵者斬之
不罵者原之諸縣堅守不降反寇者復租賦三歲
於是乃分趙山北立子恒以為代王都晉陽春正
月淮陰侯韓信謀反關中長安夷三族將軍柴武
斬韓王信於参合上還雒陽詔曰代地居常山之

史漢異同一卷　高祖　四十二　江達

北與夷狄邊趙乃從山南有之遠數有胡寇難以
為國頗取中南太原之地益屬代代之雲中以西
為雲中郡則代受邊寇益少矣王相國通侯吏二
千石擇可立為代王者燕王綰相國何等三十三
人皆曰子恒賢知温良請立以為代王都晉陽大
赦天下二月詔曰欲省賦甚今獻未有程吏或多
賦以為獻而諸侯王尤多民疾之令諸侯王通侯
常以十月朝獻及郡各以其口數率人歲六十三
錢以給獻費又曰蓋聞王者莫高於周文伯者莫

三四句皆好至尚特亡之人乎不交故也右點言之甫以下矣由此[illegible]以動

[illegible]

高於齊桓皆待賢人而成名今天下賢者智能豈
特古之人乎患在人主不交故也士奚由進今吾
以天之靈賢士大夫定有天下以為一家欲其長
久世世奉宗廟亡絕也賢人已與我共平之矣而
不與我共安利之可乎賢士大夫有肯從我游者
吾能尊顯之布告天下使明知朕意御史大夫昌
下相國相國酇侯下諸侯王御史中執法下郡守
其有意稱明德者必身勸為之駕遣詣相國府署
行義年有而弗言覺免年老癃病勿遣夏三月梁

史漢異同一卷　高祖　四十三　江達

王彭越謀反廢遷蜀復欲反遂夷三族詔曰擇可
以為梁王淮陽王者燕王綰相國何等請立子恢
為梁王子友為淮陽王罷東郡頗益梁罷頴川郡
頗益淮陽夏四月行自雒陽至令豐人徙關中者
皆復終身五月詔曰粤人之俗好相攻擊前時秦
徙中縣之民南方三郡使與百粤相處會天下誅
秦南海尉它居南方長治之甚有文理中縣人以
故不耗減粤人相攻擊之俗益止俱頼其力今立
它為南粤王使陸賈即授璽綬它稽首稱臣六月

安得猛士兮守四方古人以為戮心之存非也自留信死彭越死烹布反同時諸將皆盡於是四顧歎息有傷

令士卒從入蜀漢關中者皆復終身秋七月淮南王黥布反上問諸將滕公言故楚令尹薛公有籌策上召見薛公言布形勢上善之封薛公千戶○連下文詔王相國擇上乃發上郡北地隴西車騎巴蜀材官及中尉卒三萬人為皇太子衛軍霸上布果如薛公言東并擊殺荊王劉賈地劫其兵北度渡淮擊楚楚王交走入薛上赦天下死罪以下皆令從軍徵諸侯兵高祖上自將以往擊之布詔王相國擇可立為淮南王者群臣請立子長為淮南王○連上文上乃發上郡

史漢異同五卷　高祖　四十三

十二年冬十月高祖上已擊破布軍于會甀缶布走令別將追之高祖上還歸過沛留置酒沛宮悉召故人父老子弟縱佐酒發沛中兒得百二十人教之歌酒酣高祖上擊筑自為歌詩曰大風起兮雲飛揚威加海內兮歸故鄉安得猛士兮守四方令兒皆和習之高祖上乃起舞慷慨傷懷泣數行下謂沛父兄曰游子悲故鄉吾雖都關中萬歲之後吾魂魄猶樂思樂沛且朕自沛公以誅暴逆遂

過魯祠孔子宜載之本紀史記失之

有天下其以沛為朕湯沐邑復其民世世無有所與沛父兄老諸母故人日樂飲極驩道舊故為笑樂十餘日高祖上欲去沛父兄固請留高祖高祖上曰吾人眾多父兄不能給乃去沛中空縣皆之邑西獻高祖上復留止張飲三日沛父兄皆頓首曰沛幸得復豐未復得惟陛下哀憐矜之高祖上曰豐者吾所生長極不忘耳吾特為以其為以雍齒故反我為魏沛父兄固請之廼乃并復豐比沛○連下文漢別將擊布於是詔曰吳古之建國也

史漢異同五卷　高祖　四十四

日者荊王兼有其地今死亡後朕欲復立吳王其議可者長沙王臣等言拜沛侯劉濞重厚請立為吳王已拜上召謂濞曰汝狀有反相因拊其背曰漢後五十年東南有亂豈汝邪然天下同姓一家汝慎毋反濞頓首曰不敢○連下文十一月漢別將擊布軍洮水南北皆大破之追得斬布鄱陽周勃樊噲別將兵定代斬陳豨於當城連上文詔曰吳十一月高祖行自布軍淮南還過魯以太牢祠孔子至長安十二月高祖詔曰秦始皇帝楚隱王

史記是

可不必多字

陳涉魏安釐王齊愍湣王趙悼襄王皆絶無亡後
其與予守冢各十家秦始皇帝守冢二十家楚魏
齊各十家趙及魏公子亡無忌各五家令視其冢
復亡與他事赦代地吏民為陳豨趙利所劫掠者
皆赦之陳豨降將言豨反時燕王盧綰使人之豨
所與陰謀上使辟陽侯審食其迎綰綰稱疾病辟
陽侯食其歸具言綰反有端矣春二月使樊噲周
勃將兵擊燕王綰赦燕吏民與反者詔曰燕王綰
與吾有故愛之如子聞與陳豨有謀吾以為亡有

故使人言綰綰稱疾不來謀反明矣燕吏民非有
罪也賜其吏六百石以上爵各一級與綰居去來
歸者赦之加爵亦一級詔諸侯王議可立為燕王
者長沙王臣等請立皇子建為燕王詔曰南武侯
織亦粤之世也立以為南海王三月詔曰吾立為
天子帝有天下十二年于今矣與天下之豪士賢
大夫共定天下同安輯之其有功者上致之王次
為列侯下乃食邑而重臣之親或為列侯皆令自
置吏得賦斂女子公主為列侯食邑者皆佩之印

劍字本不可去

無此而字則簡太晦

誰令字勝

[illegible]

[illegible]

賜大第室吏二千石徙之長安受小第室入蜀漢
定三秦者皆世世復吾於天下賢士功臣可謂亡
負矣其有不義背天子擅起兵者與天下共伐誅
之布告天下使明知朕意高祖上擊布時為流矢
所中行道病疾病疾甚呂后迎良醫醫入見高祖
上問醫曰疾可治不醫曰病可治於是高祖上嫚
罵之曰吾以布衣提三尺劍取天下此非天命乎
命乃在天雖扁鵲何益遂不使治病疾賜黄金五
十斤罷之已而呂后問曰陛下百歲後蕭相國即

既死令誰令代之上曰曹參可問其次上曰王陵
可然陵少戇陳平可以助之陳平智有餘然難以
獨任周勃重厚少文然安劉氏者必勃也可令為
太尉呂后復問其次上曰此後亦非而乃所知也
盧綰與數千騎人居塞下候伺幸上病疾愈自入
謝夏四月甲辰高祖帝崩于長樂宮連下文盧綰
聞之四日不發喪呂后與審食其謀曰諸將故與
帝為編户民今北面為臣此心常鞅鞅快快今乃
事少主非盡族是天下不安以故不發喪人或聞

羅作年四十矣又六年而羽亡其在位七年非即位之秋利哉……[illegible]

已上不可解以為下一榜丞悉只以多一立字已巳太子至太上皇廟群臣曰云云其順漢書精神全在敘諸詔不知在子長何故放佚又不知班氏何從得之以為潤色諸臣無此筆力幾費生是錯過在其時亦未必辨此何其委曲在春秋國策之後別為辭令之祖如曰是力不足亡非六字然見必高祖曰語後來知光武好許尚自難及此將文學何益

之以語酈將軍商酈商往見審食其曰吾聞帝已
崩四日不發喪欲誅諸將誠如此天下危矣陳平
灌嬰將十萬守滎陽樊噲周勃將二十萬定燕代
此聞帝崩諸將皆誅必連兵還鄉以攻關中大臣
內畔諸侯將外反亡可翹蹻足而待也審食其
入言之乃以丁未發喪大赦天下連下文五月盧
綰聞高祖崩之後亡入匈奴連上文呂后與審食其
五月丙寅葬長陵 已下已立皇太子群臣皆反至太
上皇廟群臣皆曰高祖帝起微細撥亂世反之正

史漢異同一卷 太高祖 四七 羅福頤

平定天下為漢太祖功最高上尊號為高皇帝
初高祖不修文學而性明達好謀能聽自監門戍
卒見之如舊初順民心作三章之約天下既定命
蕭何次律令韓信申軍法張蒼定章程叔孫通制
禮儀陸賈造新語又與功臣剖符作誓丹書鐵契
金匱石室藏之宗廟雖日不暇給規摹宏遠矣太
子襲號為皇帝孝惠帝也令郡國諸侯各立高祖
廟以歲時祠及孝惠五年思高祖之悲樂沛以沛
宮為高祖原廟高祖所教歌兒百二十人皆令為

八男惟肥長以不可知自惠以下六諸子討十歲以下除其絕漢封近也

車服黃屋左纛不成語意把此餘什狀文于長舉淡此周制太如不備自有說故曰得天統矣朝以十月爲句不必添

班氏述劉氏承堯至下取周市語劉向頌徙成曲說本著於讖上赤亦衍史記車服而非其意以此為得天統與見意無與

吹樂後有缺輒補之高祖八男長庶齊悼惠王肥
次孝惠呂后子次戚夫人子趙隱王如意次代王
恒已立為孝文皇帝薄太后子次梁王恢呂太后
時徙為趙共王次淮陽王友呂太后時徙為趙幽
王次淮南厲王長次燕王建
太史公曰夏之政忠忠之敝小人以野故殷人承
之以敬敬之敝小人以鬼故周人承之以文文之
敝小人以僿故救僿莫若以忠三王之道若循環
終而復始周秦之間可謂文敝矣秦政不改反酷
刑法豈不繆乎故漢興承敝易變使人不倦得天
統矣朝以十月車服黃屋左纛葬長陵

史漢異同一卷 太高祖 四八 羅福頤

贊曰春秋晉史蔡墨有言陶唐氏既衰其後有劉
累學擾龍事孔甲范氏其後也而大夫范宣子亦
曰祖自虞以上為陶唐氏在夏為御龍氏在商為
豕韋氏在周為唐杜氏晉主夏盟為范氏范氏為
晉士師魯文公世奔秦後歸于晉其處者為劉氏
劉向云戰國時劉氏自秦獲於魏秦滅魏遷大梁
一都于豐故周市說雍齒曰豐故梁徙也是以頌高

祖云漢帝本系出自唐帝降及于周在秦作劉涉
魏而東遂為豐公豐公蓋太上皇父其遷日淺墳
墓在豐鮮焉及高祖即位置祠祀官則有秦晉梁
荆之巫世祠天地綴之以祀豈不信哉由是推之
漢承堯運德祚已盛斷蛇著符旗幟上赤協於火
德自然之應得天統矣

文無害[illegible]

[illegible]

從爭走金帛之府至於燒咸陽而去乃見何所以存秦漢所以[illegible]

班馬異同

蕭相國世家第二十三　史記五十三

蕭何曹參傳第九　漢書三十九

蕭相國何者沛豐人也以文無害為沛主吏掾高祖為布衣時何數以吏事護高祖高祖為亭長常左右佑之高祖以吏繇咸陽吏皆送奉錢三何獨以五秦御史監郡者與從事常辨之何乃給泗水卒史事第一秦御史欲入言徵何何固請得毋行及高祖起為沛公何常為丞督事沛公至咸陽諸將皆爭走金帛財物之府分之何獨先入收秦丞相御史律令圖書藏之沛公為漢王以何為丞相項王與諸侯屠燒咸陽而去漢王所以具知天下阸塞戶口多少彊弱之處民所疾苦者以何具得秦圖書也初諸侯相與約先入關破秦者王其地沛公既先定秦項羽後至欲攻沛公沛公謝之得解羽遂屠燒咸陽與范增謀曰巴蜀道險秦之遷民皆居蜀迺曰蜀漢亦關中地也故立沛公為漢王而三分關中地王秦降將以距漢王漢王怒欲

為何與布衍信[illegible]以自以集[illegible]然字收巴蜀[illegible]何以當情亦本文在

非上下一上字則上可字為句關中事三字去[illegible]是然計戶[illegible][illegible]上要關中字耳

諫攻項羽周勃灌嬰樊噲皆勸之何諫之曰雖王
漢中之惡不猶愈於死乎漢王曰何為乃死也何
曰今衆弗如百戰百敗不死何為周書曰天予不
取反受其咎語曰天漢其稱甚美夫能詘於一人
之下而信於萬乘之上者湯武是也臣願大王王
漢中養其民以致賢人收用巴蜀還定三秦天下
可圖也漢王曰善乃遂就國以何為丞相何進言
韓信漢王以信為大將軍語在淮陰侯事中說漢
王令引兵東定三秦語在信傳何以丞相留收巴

史漢異同三卷　蕭何　二　余員

蜀填撫諭告使給軍食漢二年漢王與諸侯擊楚
何守關中侍太子治櫟陽為法令約束立宗廟社
稷宮室縣邑輒奏上可許以從事即不及奏上輒
以便宜施行上來以聞關中事計戶口轉漕給軍
漢王數失軍遯去何常興關中卒輒補缺上以此
專剸屬任何關中事漢三年漢王與項羽相距京
索之間上數使使勞苦丞相鮑生謂丞相何曰今
王暴衣露蓋數使使勞苦君者有疑君心也為君
計莫若遣君子孫昆弟能勝兵者悉詣軍所上必

[illegible]

六人則以不戰從上汗馬意矣

走得獸得走字

蕭何數十人皆[illegible]

益信君於是何從其計漢王大說漢五年既已殺
項羽定天下即皇帝位論功行封群臣爭功歲餘
功不决高祖上以蕭何功最盛先封為酇侯所食
邑多八千戶功臣皆曰臣等身被堅執銳兵多者
百餘戰少者數十合攻城畧地大小各有差今蕭
何未嘗有汗馬之勞徒持文墨議論不戰顧反居
臣等上何也高帝上曰諸君知獵乎曰知之知獵
狗乎曰知之高帝上曰夫獵追殺獸兔者狗也而
發蹤縱指示獸處者人也今諸君徒能走得走獸

史漢異同卷三　蕭何　三　周道員

耳功狗也至於蕭何發蹤縱指示功人也且諸君
獨以身隨從我多者三兩三人今蕭何舉宗數十
人皆隨我功不可忘也群臣後皆莫敢言列侯畢
已受封及奏位次皆曰平陽侯曹參身被七十創
攻城略地功最多宜第一上已橈功臣多封蕭何
至位次未有以復難之然心欲何第一關內侯鄂
君千秋時為謁者進曰群臣議皆誤夫曹參雖有
野戰畧地之功此特一時之事夫上與楚相距五
歲常失軍亡衆逃身遁者數矣然蕭何常從關

中遣軍補其處非上所詔令召而數萬衆會上之
乏絶者數矣夫漢與楚相守滎陽數年軍無見糧
蕭何轉漕關中給食不乏陛下雖數亡山東蕭何
常全關中以待陛下此萬世之功也今雖無曹參
等百數何缺於漢漢得之不必待以全奈何欲以
一旦之功而加萬世之功哉蕭何當第一曹參次
之高祖上曰善於是乃令蕭何第一賜帶劍履上
殿入朝不趨上曰吾聞進賢受上賞蕭何功雖高
待得鄂君乃迺益得明於是因鄂君千秋故所食

關內侯邑二千戶封為安平侯是日悉封何父子
毋兄弟十餘人皆有食邑乃益封何二千戶以帝
嘗繇咸陽時何送我獨贏奉錢二也漢十一年陳
豨反高祖上自將至邯鄲未罷而淮陰侯韓信謀
反關中呂后用蕭何計誅淮陰侯信語在淮陰事
中信傳上已聞誅淮陰侯信誅使使拜丞相何為
相國益封五千戶令卒五百人一都尉為相國衛
諸君皆賀召平獨弔召平者故秦東陵侯秦破為
布衣貧種瓜於長安城東瓜美故世俗謂之東陵

瓜從召平以為名始也召平謂相國何曰禍自此
始矣上暴露於外而君守於中內非被矢石之事
難而益君封置衛者以今者淮陰侯新反於中有
疑君心矣夫置衛衛君非以寵君也願君讓封勿
受悉以家私財佐軍則上心說相國何從其計高
帝乃大喜上說漢十二年其秋黥布反上自將擊
之數使使問相國何為曰相國為上在軍乃拊循
勉力百姓悉以所有佐軍如陳豨時客有又說相
國何曰君滅族不久矣夫君位為相國功第一不

可復加哉然君初入關中本得百姓心十餘年矣
皆附君常尚復孳孳得民和上所為謂數問君者
畏君傾動關中今君胡不多買田地賤貰貸貣以
自汙上心乃必安於是相國何從其計上乃大說
上罷布軍歸民道遮行上書言相國賤彊賤買民
田宅數千萬人上至相國何謁上笑曰夫今相國
乃利民民所上書皆以與相國何曰君自謝民後
相國何因為民請曰長安地狹陿上林中多空地
棄願令民得入田毋收稾為禽獸食上大怒曰相

國多受賈人財物乃為請吾苑乃下相國何廷尉
械繫之數日王衛尉侍前問曰相國何胡大罪陛
下繫之暴也上曰吾聞李斯相秦皇帝有善歸主
有惡自與乎今相國多受賈豎金而為民請吾苑
以自媚於民故繫治之王衛尉曰夫職事苟有便
於民而請之真宰相事也陛下柰何乃疑相國受
賈人民錢乎且陛下距楚數歲陳豨黥布反時
陛下自將而往當是時相國守關中關中搖足則
關以西非陛下有也相國不以此時為利今乃利

賈人之金乎且秦以不聞其過亡天下夫李斯之
分過又何足法哉陛下何疑宰相之淺也高帝上
不懌是日使使持節赦出相國何相國何年老素
恭謹入徒跣入謝高帝上曰相國休矣相國為民
請吾苑吾不許我不過為桀紂主而相國為賢相
吾故繫相國欲令百姓聞吾過也高帝崩何事惠
帝何素不與曹參相能及何病孝惠上親自臨視
相國病何疾因問曰君即百歲後誰可代君者對
曰知臣莫如若主孝惠帝曰曹參何如何頓首曰

帝得之矣臣何死不恨矣何置買田宅必居窮辟
處為家不治垣屋曰今後世賢師吾儉不賢毋為
勢家所奪孝惠二年相國何卒蕭謚為曰文終侯
後嗣以罪失侯者四世絕天子輒復求何後封續
酇侯功臣莫得比焉子祿嗣薨無子高后乃封何
夫人同為酇侯小子延為筑陽侯孝文元年罷同
更封延為酇侯薨子遺嗣薨無子文帝復以遺弟
則嗣有罪免景帝二年制詔御史故相國蕭何高
皇帝大功臣所與為天下也今其祀絕朕甚憐之

其以武陽縣戶二千封何孫嘉為列侯嘉則弟也
薨子勝嗣後有罪免武帝元狩中復下詔御史以
酇戶二千四百封何曾孫慶為酇侯布告天下令
明知朕報蕭相國德也慶則子也薨子壽成嗣坐
為太常犧牲瘦免宣帝時詔丞相御史求問蕭相
國後在者得玄孫建世等十二人復下詔以酇戶
二千封建世為酇侯傳子至孫獲坐使奴殺人減
死論成帝時復封何玄孫之子南䜌長喜為酇侯
傳子至曾孫王莽敗乃絕

太史公曰蕭相國何於秦時為刀筆吏録録未有
奇節及漢興依日月之末光何謹守管籥因民之
疾秦法順流與之更始淮陰黥布等皆以誅滅而
何之勛爛焉位冠群臣聲施後世與閎夭散宜生
等爭烈矣

班馬異同

班馬異同

曹參世家第二十四　史記五十四　漢書同蕭何傳
平陽侯曹參者沛人也秦時為沛獄掾而蕭何為
主吏居縣為豪吏矣高祖為沛公而初起也參以
中涓從將擊胡陵方與攻秦監公軍大破之東下
薛擊泗水守軍薛郭西復攻胡陵取之徙守方與
方與反為魏擊之豐反為魏攻之賜爵七大夫北
擊秦司馬𡰥欣軍碭東破之取碭狐父祁善置又
攻下邑以西至虞擊秦將章邯車騎攻爰轅戚及

史漢異同四卷　曹參　十　陳文祥

亢父先登遷為五大夫北救東阿擊章邯軍陷陣
追至濮陽攻定陶取臨濟南救雍丘擊李由軍破
之殺李由虜秦候一人秦將軍章邯破殺項梁也
沛公與項羽引兵而東楚懷王以沛公為碭郡長
將碭郡兵於是乃封參為執帛號曰建成君遷為
戚公屬碭郡其後從攻東郡尉軍破之成武南擊
王離軍成陽南復攻之杠里大破之追北西至
開封擊趙賁軍破之圍趙賁開封城中西擊秦將
楊熊軍於曲遇破之虜秦司馬及御史各一人遷

北案亭亦不可闕蓋衍亡文互見

前東西不是泛北前字與孫字如此

六紛曹將軍中[illegible]後所至[illegible]陽[illegible]分攷

為執珪從西攻陽武下轘轅緱氏絕河津還擊趙
賁軍尸北破之從南攻犨與南陽守齮戰陽城郭
東陷陳取宛虜齮盡定南陽郡從西攻武關嶢關
取之前攻秦軍藍田南又夜擊其北秦軍大破之
遂至咸陽滅破秦項羽至以沛公為漢王漢王封
參為建成侯從至漢中遷為將軍從還定三秦初
攻下辯故道雍斄擊章平軍於好畤南破之圍
好畤取壤鄉擊三秦軍壤東及高櫟破之復圍章
平章平出好畤走因擊趙賁內史保軍破之東取

咸陽更命名曰新城參將兵守景陵二十三日三
秦使章平等攻參參出擊大破之賜食邑於寧秦
參以將軍引兵圍章邯於廢丘以中尉從漢王出
臨晉關至河內下脩武渡圍津東擊龍且項他定
陶破之東取碭蕭彭城擊項籍軍漢軍大敗走
參以中尉圍取雍兵王武反於外黃程處反於燕
往擊盡破之柱天侯反於衍氏又進破取衍氏擊
羽嬰於昆陽追至葉還攻武彊因至滎陽參自漢
中為將軍中尉從擊諸侯及項羽王敗還至滎陽

將與將軍必不同

也將[illegible]不可勘[illegible]參為威公[illegible]於漢王之[illegible]詳至

凡二歲漢高祖三二年拜為假左丞相入屯兵關
中月餘魏王豹反以假左丞相別與韓信東攻魏
將軍孫遬軍東張大破之因攻安邑得魏將王襄
擊魏王於曲陽追至東武垣生得獲魏王豹取平
陽得魏王豹母妻子盡定魏地凡五十二城縣賜
食邑平陽因從韓信擊趙相國夏說軍於鄔東大
破之斬夏說韓信與故常山王張耳引兵下井陘
擊成安君陳餘而令參還圍趙別將戚將軍公於
鄔城中戚將軍公出走追斬之廼引兵詣敖倉漢

王之在所韓信已破趙為相國東擊齊參以右左
丞相屬韓信馬攻破齊歷下軍遂取臨菑淄還定
濟北郡攻收著漯陰平原鬲盧已而從韓信擊龍
且軍於上假密大破之斬龍且虜其亞將軍周蘭
定齊郡凡得七十餘縣得故齊王田廣相田光其
守相許章及故齊膠東將軍田既韓信立為齊王
引兵東詣陳與漢王共破項羽而參留平齊未服
者項籍已死天下定漢王為即皇帝位韓信徒為
楚王齊為郡參歸漢相印高帝祖以長子肥為

則參字可不須矣刑合去

齊王而以參為齊相國以高祖六年賜爵列侯與
諸侯剖符賜參爵列侯世世勿絕食邑平陽萬六
百三十戶世世勿絕號曰平陽侯除前所食邑參
以齊相國擊陳豨將張春軍破之黥布反參以齊
相國從悼惠王將兵車騎十二萬人與高祖會擊
黥布軍大破之南至蘄還定竹邑相蕭留參功凡
下二國縣一百二十二得王二人相三人將軍六
人大莫敖郡郡守司馬候御史一人孝惠帝元年
除諸侯相國法更以參為齊丞相參之相齊齊七

史漢異同四卷　曹參　四

時齊最大七十城以見所以請參者自不為漏史膠

十城天下初定悼惠王富於春秋參盡召長老諸
先生問所以安集百姓如而齊故俗諸儒以百數
言人人殊參未知所定聞膠西有蓋公善治黃老
言使人厚幣請之既見蓋公蓋公為言治道貴清
靜而民自定推此類具言之參為於是避正堂舍
蓋公焉其治要用黃老術故相齊九年齊國安集
大稱賢相惠帝二年蕭何卒參聞參聞之告舍人趣
治行吾將且入相居無何使者果召參參去屬其
後相曰以齊獄市為寄慎勿擾也後相曰治無大

不詘郡木訥長大不可解

於此者乎參曰不然夫獄市者所以并容也今君
擾之姦人安所容也乎吾吾是以先之參始參微時
與蕭何善及為將將相相有郤隙至何且死所推賢
唯參參代何為漢相國舉事無所變更一壹遵蕭
何之約束擇郡國吏木詘長大訥於文辭重謹厚
長者即召除為丞相史吏之言文刻深欲務聲名
者輒斥去之日夜飲醇酒卿大夫以下吏及賓客
見參不事事來者皆欲有言至者參輒飲以醇酒
間閒之欲有所言復飲之酒醉而後去終莫得開

史漢異同四卷　曹參　五

則即何也此從之之字是

說以為常相舍後園近吏舍吏舍日飲歌呼從吏
惡患之無如之何迺請參遊後園園中聞吏醉歌呼
從吏幸相國召按之乃反取酒張坐飲亦大歌呼
與相應和參見人之有細過專掩匿覆蓋之府中
無事參子窋為中大夫惠帝怪相國不治事以為
豈少朕與迺謂窋曰若女歸試私從容問而乃父
曰高帝新棄群臣帝富於春秋君為相國日飲無
所請事何以憂天下乎然無言吾告若女也窋既
洗沐歸時間侍自從其所諫參參怒而笞窋之二

何用參曰

須臾[illegible]
[illegible]
作而失畫遂

百日趣入侍天下事非若乃所當言也至朝時惠帝讓參曰與窋胡治乎乃者我使諫君也參免冠謝曰陛下自察聖武孰與高皇帝上曰朕乃安敢望先帝乎參曰陛下觀臣參能孰與蕭何賢上曰君似不及也參曰陛下言之是也且高皇帝與蕭何定天下法令既明具今陛下垂拱參等守職遵而勿失不亦可乎惠帝曰善君休矣參為漢相國出入三年卒薨謚曰懿侯子窋代侯百姓歌之曰蕭何為法顜講若畫一曹參代之守而勿失載其清靖淨民以寧一壹平陽侯窋嗣侯高后時為至

御史大夫孝文帝立免為侯立二十九年卒謚為靜侯子奇代侯立七年卒謚為簡侯子時代侯時尚平陽公主生子襄時病癘歸國立二十三年卒謚夷侯傳國至曾孫子襄代侯武帝時為將軍擊匈奴襄尚衛長公主生子宗立十六年卒薨謚為共侯子宗代侯嗣征和三年中宗坐太子死有罪免為城旦國除至哀帝時乃封參玄孫之孫本始為平陽侯二千戶王莽時薨子宏嗣建武中先降

本攻城野戰材也及為相國然須用此八一語深此若淡切然所在亡今之後文字之前作大史公發言師用此八止不知此是之所以為漢也又因參使見何所為盡一著何得參乃全參惟見何列老人語使合讀者其語最合道的倒一極字[illegible]

河北封平陽侯至今八侯

太史公曰曹相國參攻城野戰之功所以能多若此者以與淮陰侯俱及信已滅而列侯成功唯獨參擅其名參為漢相國清靜極言合道然百姓離秦之酷後參與休息無為故天下俱稱其美矣

贊曰蕭何曹參皆起秦刀筆吏當時錄錄未有奇節漢興依日月之末光何以信謹守管籥參與韓信俱征伐天下既定因民之疾秦法順流與之更始二人同心遂安海內淮陰黥布等已滅唯何參

擅功名位冠群臣聲施後世為一代之宗臣慶流苗裔盛矣哉

班馬異同

大父父不可去為五世相韓及弟死不葬甚恨求見倉海君得力士不言倉海君何如恐神奇狙擊秦皇帝博浪沙中誤從為張良故也五字刪之是

從倉海君得力士已往百二十斤椎狙於博浪之外而正中副車雖狙擊不如其如此大索而不能得良非自免并隱力士此大椎秦卒得地上老父又極從容如問時親見乃令人以為小說不足信者即子房時時自言容有疑之者矣此皆不可意測不可講解但是古人如在目前亦不足辨妙處正在讀我又業已如此直此細矣皆倍為悲而目之亦不可失此去下曰字換

班馬異同

留侯世家第二十五　史記五十五

張陳王周傳第十　漢書四十

留侯張良者字子房其先韓人也大父開地相韓昭侯宣惠王襄哀王父平相釐王悼惠王悼惠王二十三年平卒卒二十歲秦滅韓良年少未宦事韓韓破良家僮三百人弟死不葬悉以家財求客刺秦王為韓報仇以大父父五世相韓故良嘗學禮淮陽東見倉海君得力士為鐵椎重百二十斤

秦皇帝東游至傳浪沙中良與客狙擊秦皇帝博浪沙中誤中副車秦皇帝大怒大索天下求賊甚急甚為張良故也良乃更名姓亡匿下邳良嘗閒從容步游下邳圯上有一老父衣褐至良所直墮其履圯下顧謂良曰孺子下取履良愕然欲毆之為其老𢌿彊忍下取履父曰履我良業為取履因長跪進履之父以足受之笑而去良殊大驚隨目之父去里所復還曰孺子可教矣後五日平明與我會期此良因怪之跪曰諾五日平明良往父已

史目為如見其人如聞其語黃石句留冒誦讀先何得官不倡然式咨子房自也或後人得傳於乃不能知子長而所共客不少者何也

良數以太公兵法說沛公亦何不知之政是史平

皆作良口中語首尾是要項梁方有首從

先在怒曰與老人期後何也去曰後五日早蚤會五日雞鳴良往父又先在復怒曰後何也去曰後五日復早蚤來五日良夜未半往有頃父亦來喜曰當如是出一編書曰讀此是則為王者師矣後十年興十三年孺子見我濟北穀城山下黃石即我已矣遂去無他言不復見旦日視其書乃𢌿太公兵法也良因異之常習誦讀之居下邳為任俠項伯嘗殺人從良匿後十年陳涉等起兵良亦聚少年百餘人景駒自立為楚假王在留良欲往從

之行道遇沛公沛公將數千人略地下邳西遂屬焉沛公拜良為廄將良數以太公兵法說沛公沛公善之喜常用其策良為他人言皆不省良曰沛公殆天授故遂從之不去見景駒及沛公之薛見項梁項梁共立楚懷王良乃說項梁曰君已立楚後而韓諸公子橫陽君成賢可立為王益樹黨項梁使良求韓成立以為韓王以良為韓申司徒與韓王將千餘人西略韓地得數城秦輒復取之往來為游兵潁川沛公之從雒陽南出轘轅良引兵

[illegible]

若向者有此識 為此言 漢書無

從沛公下韓十餘城擊破楊熊軍沛公乃令韓王
成留守陽翟與良俱南攻下宛西入武關沛公欲
以兵二萬人擊秦嶢關下軍良說曰秦兵尚彊未
可輕臣聞其將屠者子賈豎易動以利願沛公且
留壁使人先行為五萬人具食益為張旗幟諸山
上為疑兵令酈食其持重寶啗秦將秦將果畔欲
連和俱西襲咸陽沛公欲聽之良曰此獨其將欲
叛耳恐士卒恐不從不從必危不如因其解擊之
沛公廼引兵擊秦軍大破之遂北至藍田再戰秦
史漢異同五卷　八留侯　三
兵竟敗遂至咸陽秦王子嬰降沛公沛公入秦宮
宮室帷帳狗馬重寶婦女以千數意欲留居之樊
噲諫沛公出舍沛公不聽樊噲曰一本噲諫曰沛
公欲有天下耶將欲為富家翁耶沛公曰吾欲有
天下噲曰今臣從入秦宮所觀宮室帷帳珠玉重
寶鍾鼓之飾奇物不可勝極入其後宮美人婦女
以千數此皆秦所以亡天下也願沛公急還霸上
無留宮中沛公不聽良曰夫秦為無道故沛公得
至此夫為天下除殘去賊宜縞素為資今始入秦

[illegible]

飲安其樂此所謂助桀為虐且忠言逆耳利於行
毒藥苦口利於病願沛公聽樊噲言沛公廼還軍
霸上項羽至鴻門下欲擊沛公項伯乃夜馳至入
沛公軍私見張良欲與俱去良曰臣為韓王送沛
公今事有急亡去不義廼具以語沛公沛公大驚
曰為之將奈何良曰沛公誠欲倍項羽王耶沛公
曰鯫生教說我距關無內諸侯秦地可盡王也故
聽之良曰沛公自度能卻項羽王乎沛公默然良
久曰固不能也今為奈何良乃因固要項伯項伯
史漢異同五卷　八留侯　四
見沛公沛公與伯飲為壽結賓婚令項伯具言沛
公不敢倍項羽王所以距關者備他盜也及見項
羽後解語在項羽事中傳漢元年正月沛公為漢
王王巴蜀漢王賜良金百溢珠二斗良具以獻項
伯漢王亦因令良厚遺項伯使請漢中地項王乃
許之遂得漢中地漢王之國良送至褒中遣良歸
韓良因說漢王曰王何不燒絕所過棧道示天下
無還心以固項王意乃使良還行燒絕棧道良歸
至韓韓王成開項羽以良從漢王故項王不遣韓王

有特字方是

遣之國從與俱東至彭城殺之良說項王曰漢王
燒絕棧道無還心矣時漢王還定三秦良乃遺項
羽書曰漢王失職欲得關中如約即止不敢東又
乃以齊王田榮反書告項王遺羽曰齊與趙欲并
滅楚項王羽以此故無西憂漢心而發兵北擊齊
項王竟不肯遣韓王乃以為侯又殺之彭城良廼
亡閒行歸漢王漢王亦已還定三秦矣復以良為
成信侯從東擊楚至彭城漢王兵敗而還至下邑
漢王下馬踞鞍而問曰吾欲捐關以東等棄之誰

史漢異同五卷　八留侯　五　宮福郎

可與共功者良進曰九江王黥布楚梟將與項王
有郤彭越與齊王田榮反梁地此兩人可急使而
漢王之將獨韓信可屬大事當一面即欲捐之捐
之此三人則楚可破也漢王乃遣隨何說九江王
布而使人連彭越及魏王豹反使韓信特將兵北
擊之因舉燕代代齊趙然卒破楚者此三人力也
張良多病未嘗特將兵也常為畫策臣時時從漢
王漢三年項羽急圍漢王於滎陽漢王恐憂恐與
酈食其謀撓楚權食其酈生曰昔湯伐桀封其後

矣字衰

於杞武王伐紂封其後於宋今秦失無德棄義
侵伐諸侯社稷滅六國之後使無立錐之地陛
下誠能復立六國後世畢已受印此其君臣百姓
必皆戴陛下之德莫不鄉風慕義願為臣妾德
義已行陛下南鄉面稱霸伯楚必斂衽而朝漢王
曰善趣刻印先生因行佩之矣食其酈生未行張
良從外來謁漢王漢王方食曰子房前客有為我
計撓楚權者具以酈生語計告於子房良曰於子
房何如良曰誰為陛下畫此計者陛下事去矣漢

史漢異同五卷　八留侯　六　宮福郎

王曰何哉張良對曰臣請藉借前箸以為大王籌
之曰昔者湯武伐桀紂而封其後於杞者度能制
桀之其死命也今陛下能制項籍之死命乎曰未
能也其不可一也矣武王伐紂封其後於宋者度能
得紂之頭也今陛下能得項籍之頭乎曰未能也
其不可二也武王入殷表商容之閭釋式箕子之
拘門封比干之墓今陛下能封聖人之墓表賢人
之閭式智者之門乎曰未能也其不可三也三矣
發鉅橋之粟散鹿臺之錢以賜貧窮今陛下能散

六國下後出然但韓魏燕趙後同借者而論如其仁游故其字子長語終此利害然獨在此

鯫生豎儒皆出此傳好而字

府庫以賜貧窮乎曰未能也其不可四三矣殷事
已以畢偃革為軒倒置戟干戈覆以虎皮以示天
下不復用兵今陛下能偃武行文不復用兵乎曰
未能也其不可五四矣休馬華山之陽示以無所
為今陛下能休馬無所用乎曰未能也其不可六
五矣放息牛桃林之陰埜以示天下不復輸積今
陛下能放牛不復輸積乎曰未能也其不可七六
矣且夫天下游士離左其親戚棄墳墓去故舊從
陛下游者但徒欲日夜望咫尺之地今復乃立六

國立韓魏燕趙齊楚之後唯無復立者天下游士
各歸事其主從其親戚反其故舊墳墓陛下誰與
誰取天下乎其不可八七矣且夫楚唯毋彊六國
立者復撓而從之陛下焉得而臣之其不可八矣
誠用客此之謀陛下事去矣漢王輟食吐哺罵曰
豎儒幾敗而乃公事令趣銷印後漢四年信破齊
而欲自立為假齊王漢王怒張良說漢王漢王使
良授齊王信印語在淮陰事中信傳其秋五年冬
漢王追楚至陽夏南戰不利而壁固陵諸侯期不

倒以字連上語漢書得之

漢書與有怨字作不同誤有別該作又別

至良說漢王漢王用其計諸侯皆至語在項羽事
中高紀漢六年正月封功臣良未嘗有戰鬬功高
帝曰運籌策帷帳中決勝千里外子房功也自擇
齊三萬戶良曰始臣起下邳與上會留此天以臣
授陛下陛下用臣計幸而時中臣願封留足矣不
敢當三萬戶乃封張良為留侯與蕭何等俱封六
年上已封大功臣二十餘人其餘日夜爭功而不
決未得行封上在居雒陽南宮從復道望見諸將
往往數人相與坐沙中偶語上曰此何語留侯良

曰陛下不知乎此謀反耳上曰天下屬安定何故
而反乎留侯良曰陛下起布衣以與此屬取天下
今陛下已為天子而所封皆蕭曹故人所親愛而
所誅者皆平生所仇怨今軍吏計功以天下不足
以徧封此屬畏陛下不能盡封恐又見疑平生過
失及誅故即相聚而謀反耳上乃憂曰為之將柰
何留侯良曰上平生所憎群臣所共知誰最甚者
上曰雍齒與我有故怨數嘗窘辱我我欲殺之為其
功多故不忍留侯良曰今急先封雍齒以示群臣

群臣見雍齒先封則人人自堅矣於是上乃置酒封雍齒為什方侯而急趣丞相御史定功行封群臣罷酒皆喜曰雍齒尚為且侯我屬無患矣劉敬說高帝上曰都關中上疑之左右大臣皆山東人多勸上都雒陽雒陽東有成皋西有殽黽倍背河鄉伊雒其固亦足恃留侯良曰雒陽雖有此固其中小不過數百里田地薄四面受敵此非用武之國也夫關中左殽函右隴蜀沃野千里南有巴蜀之饒北有胡苑之利阻三面而固守獨以一面東

制諸侯諸侯安定河渭漕輓天下西給京師諸侯有變順流而下足以委輸此所謂金城千里天府之國也劉敬說是也於是高帝上即日駕西都關中留侯良從入關留侯性多病疾即道引不食穀杜閉門不出歲餘上欲廢太子立戚夫人子趙王如意大臣多諫爭未能得堅決者也呂后恐不知所為人或謂呂后曰留侯善畫計筴上信用之呂后乃使建成侯呂澤劫留侯良曰君常為上謀臣今上日欲易太子君安得高枕而臥乎留侯良曰

始上數在困急困之中幸用臣筴今天下安定以愛欲易太子骨肉之間雖臣等百餘人何益呂澤彊要曰為我畫計留侯良曰此難以口舌爭也顧上有所不能致者天下有四人四人者年老矣皆以為上嫚侮人士故逃匿山中義不為漢臣然上高此四人今公誠能毋愛金玉璧帛令太子為書卑辭安車因使辯士固請宜來來以為客時時從入朝令上見之則必異而問之問之上知此四人賢則一助也於是呂后令呂澤使人奉太子書卑

辭厚禮迎此四人四人至客建成侯所漢十一年黥布反上病疾欲使太子將往擊之四人相謂曰凡來者將以存太子太子將兵事危矣迺說建成侯曰太子將兵有功則即位不益太子無功還則從此受禍矣且太子所與俱諸將皆嘗與上定天下梟將也今迺使太子將之此無異使羊將狼也皆不肯為盡力用其無功必矣臣聞母愛者子抱今戚夫人日夜侍御趙王如意常抱居前上曰終不使不肖子居愛子之上明乎其代太子位必矣

漢書好

又聞之群臣從至霸上良病狀

去曰字花

看他剪移何如不覺漢書自異

從疾不視事何益有四老人在又以身謝事先感動之置酒朝廷之上而忽有山中布衣四人從太子以來不惟帝異之諸臣有不異者乎替子房言此四人[illegible]居[illegible]此訴但速悟即此詭怪疑

君何不急請呂后承間為上泣言黥布天下猛將也善用兵今諸將皆陛下故等夷廼令太子將此屬無異使羊將狼莫肯為用且使布聞之則鼓行而西耳上雖病疾彊載輜車臥而護之諸將不敢不盡力上雖苦彊為妻子計自彊於是呂澤立夜見呂后呂后承間為上泣涕而言如四人意上曰吾惟豎子固不足遣而廼公自行耳於是上自將兵而東群臣居守皆送至灞霸上留侯病良疾自彊起至曲郵見上曰臣宜從病疾甚楚人剽疾願

史漢異同五卷　八留侯　十二　樂寿

上慎無與楚人爭鋒因說上曰令太子為將軍監關中兵上曰謂子房雖病疾彊臥而傅太子是時叔孫通已為太傅留侯良行少傅事漢十二年上從擊破布軍歸疾益甚愈欲易太子留侯良諫不聽因疾不視事叔孫太傅稱說引古今以死爭太子上詳陽許之猶欲易之及燕宴置酒太子侍四人者從太子年皆八十有餘鬚眉皓白衣冠甚偉上怪之問曰彼何為者四人前對各言其姓名姓曰東園公角里先生綺里季夏黃公上廼大驚曰

[illegible]

吾求公數歲公避逃我今公何自從吾兒游乎四人皆曰陛下輕士善罵臣等義不受辱故恐而亡匿今竊聞太子為人仁孝恭敬愛士天下莫不延頸欲願為太子死者故臣等來耳上曰煩公幸卒調護太子四人為壽已畢趨去上目送之召戚夫人指示四人者曰我欲易之彼四人為之輔之羽翼已成難動矣呂氏真而廼主矣戚夫人泣涕上曰為我楚舞吾為若楚歌歌曰鴻鵠高飛一舉千里羽翮翼已就橫絕四海橫絕四海當又可柰何

史漢異同五卷　八留侯　十三　樂寿

雖有矰繳尚安所施歌數闋戚夫人噓唏歔欷流涕上起去罷酒竟不易太子者留侯良本招此四人之力也留侯良從上擊代出奇計下馬邑下及立蕭何相國所與上從容言天下事甚衆非天下所以存亡故不著良廼留侯乃稱曰家世相韓及韓滅不愛萬金之資為韓報仇讎彊秦天下震振動今以三寸舌為帝者師封萬戶位列侯此布衣之極於良足矣願棄人間事欲從赤松子遊耳乃學辟穀道引輕身會高帝崩呂后德良廼留侯乃

所語使怪

彊食之曰人生一世間如白駒之過隙何至自苦如此乎留侯良不得已彊聽而食後八年卒六歲其謚為曰文成侯子不疑代侯子房良始所見下邳圯上老父與太公書者後十三年歲從高帝過濟北果見穀城山下黃石取而葆寶祠之及留侯良死并葬黃石冢每上冢伏臘祠黃石留侯子不疑嗣侯孝文帝五三年坐不敬國除

太史公曰學者多言無鬼神然言有物至於留侯所見老父予書亦可怪矣高祖離困者數矣而留

侯常有功力焉豈可謂非天乎上曰夫運籌策帷帳之中決勝千里外吾不如子房余以為其人計魁梧奇偉至見其圖狀貌如婦人好女蓋孔子曰以貌取人失之子羽留侯亦云

班馬異同

似不必增

班馬異同

陳丞相世家第二十六 史記五十六 漢書同張良傳

陳丞相平者陽武戶牖鄉人也少時家貧好讀書治黃帝老子之術有田三十畝獨與兄伯居伯常耕田縱平使游學平為人長大美色人或謂陳平曰貧何食而肥若是其嫂嫉平之不視親家生產曰亦食糠覈耳有叔如此不如無有伯聞之逐其婦而棄之及平長可娶妻取婦富人莫肯與者貧者平亦恥娩之久之戶牖富人有張負張負有女

孫五嫁而夫輒死人莫敢取娶平欲得之邑中有大喪平家貧侍喪以先往後罷為助張負既見之喪所獨視偉平平亦以故後去負隨平至其家家乃負郭窮巷以弊席為門然門外多有長者車轍張負歸謂其子仲曰吾欲以女孫予陳平張仲曰平貧不事事一縣中盡笑其所為獨柰何予之女乎負曰人固有好美如陳平而長貧賤者乎卒與女為平貧乃假貸幣以聘予酒肉之資以內婦負誡其孫曰毋以貧故事人不謹事兄伯如事廼父

[illegible]

平已前謝其兄伯從事魏此語[illegible]

下平身字准

因書萬石君見平於高帝從此入見不可去

事嫂如事迺毋平既娶取張氏女齎資用益饒游
道日廣里中社平爲宰分肉食甚均里父老曰善
陳孺子之爲宰平曰嗟乎使平得宰天下亦如是
此肉矣陳涉起而王陳使周市略定魏地立魏咎
爲魏王與秦軍相攻於臨濟陳平固已前謝其兄
伯從少年往事魏王咎於臨濟魏王以爲太僕說
魏王王不聽人或讒之陳平亡去久之項羽略地
至河上陳平往歸之從入破秦賜平爵卿項羽之
東王彭城也漢王還定三秦而東殷王反楚項羽

史漢異同六卷　八陳平　二

乃以平爲信武君將魏王咎客在楚者以往擊降
殷降王而還項王使項悍拜平爲都尉賜金二十
鎰居無何漢王攻下殷王項王怒將誅定殷者將
吏陳平懼誅乃迺封其金與印使使歸項王而平
身間行杖劍亡渡度河船人見其美丈夫獨行疑
其亡將要中下當有金玉寶器金玉目之欲殺平
平心恐乃解衣裸贏而佐刺船船人知其無有迺
乃止平遂至修武降漢因魏無知求見見漢王漢王
召入是時萬石君石奮爲漢王中涓受平謁入見

[illegible]

凡行盜婦外人不知此平所以[illegible]

史記此金字是[illegible]

此語亦古人所不敢道

平平等七十人俱進賜食王曰罷就舍矣平曰臣
爲事來所言不可以過今日於是漢王與語而說
之問曰子之居楚何官平曰爲都尉是日乃拜平
爲都尉使爲參乘典護軍諸將盡讙曰大王一日
得楚之亡卒未知其高下而即與同共載反使監
護軍長者漢王聞之愈益幸平遂與東伐項王至
彭城爲楚所敗引師而還收散兵至滎陽以平爲
亞將屬於韓王信軍廣武絳侯灌嬰等咸或讒陳
平曰平雖美丈夫如冠玉耳其中未必有也臣聞

史漢異同六卷　八陳平　三

平居家時盜其嫂事魏王不容亡而歸楚歸楚不
中又亡歸漢今日大王尊官之令護軍臣聞平受
使諸將金金多者得善處金少者得惡處平反覆
亂臣也願王察之漢王疑之召以讓魏無知問曰
有之乎無知曰有漢王曰公言其賢人何也對曰
臣之所言者能也陛下所問者行也今有尾生孝
已之行而無益於勝負敗之數陛下何暇用之乎
今楚漢相距臣進奇謀之士顧其計誠足以利國
家不耳且盜嫂受金又何安足疑乎漢王召讓平

失以字是

恭敬愛人乃成寫論可鑑

有下之字不用上之字

而間曰吾聞先生事魏不中遂事楚而去今又從
吾游信者固多心乎平曰臣事魏王魏王不能用
臣說故去事項王項王不能信人其所任愛非諸
項即妻之昆弟雖有奇士不能用平乃去臣居楚
聞漢王之能用人故歸大王臣躶𩨨身來不受金
無以爲資誠臣計畫有可采者顧願大王用之使
無可用者大王所賜金具在請封輸官得請骸骨
漢王乃謝厚賜拜以爲護軍中尉盡護諸將諸將
乃不敢復言其後楚急攻擊絕漢甬道圍漢王於

滎陽城久之漢王患之請割滎陽以西以和項王
不弗聽漢王謂陳平曰天下紛紛何時定乎陳平
曰項王爲人恭敬愛人士之廉節好禮者多歸之
至於行功賞爵邑重之士亦以此不附今大王嫚
而少禮士之廉節者不來然大王能饒人以爵邑
士之頑鈍頓嗜耆利無恥者亦多歸漢誠各去其
兩短襲集其兩長天下指麾則即定矣然大王恣
資侮侮人不能得廉節之士顧楚有可亂者彼項
王骨鯁之臣亞父鍾離眛龍且周殷之屬不過數

[illegible]

此女子[illegible]

有役何川黎

人耳大王誠能出捐數萬斤金行反間間其君臣
以疑其心項王爲人意忌信讒必內相誅漢因舉
兵而攻之破楚必矣漢王以爲然乃出黃金四萬
斤予與陳平恣所爲不問其出入陳平既多以金
縱反間於楚軍宣言諸將鍾離眛等爲項王將功
多矣然而終不得裂地而王欲與漢爲一以滅項
氏而分王其地項羽果意不信鍾離眛等項王既
果疑之使使至漢漢王爲太牢之具舉進見楚使
即陽詳驚曰吾以爲亞父使乃迺項王使也復持

去更以惡草具進楚使楚使歸具以報項王項王
果大疑亞父亞父欲急攻擊下滎陽城項王不信
不肯聽亞父亞父聞項王疑之乃迺大怒曰天下
事大定矣君王自爲之願請乞骸骨歸歸未至彭
城疽發背而死陳平乃迺夜出女子二千人滎陽
城東門楚因擊之陳平乃迺與漢王從城西門夜
出去遂入關收聚散兵而復東其明年淮陰侯信
破齊自立爲假齊王使使言之漢王漢王大怒而
罵陳平躡漢王漢王亦悟寤迺乃厚遇齊使使張

夫之字是

爲字是

上兵精此精字是

子房良往卒立信爲齊王於是封平以戶牖鄉用
其奇計策卒滅楚常以護軍中尉從定燕王臧荼
漢六年人有上書告楚王韓信反高帝問諸將諸
將曰亟發兵坑豎子耳高帝默然以問陳平平固
辭謝曰諸將云何上具告之陳平曰人之上書言
信反人有聞知之者乎曰未有曰信知之乎曰不
知陳平曰陛下精兵精孰與楚上曰不能過也
平曰陛下將用兵有能過韓信者乎上曰莫及
也平曰今兵不如楚精而將不能及而舉兵攻

擊之是趣之戰也竊爲陛下危之上曰爲之奈何
平曰古者天子巡狩會諸侯南方有雲夢陛下第
出僞游雲夢會諸侯於陳陳楚之西界信聞天子
以好出遊其勢必無事而郊迎謁謁而陛下因禽
之此特一力士之事耳高帝以爲然乃迺發使告
諸侯會陳吾將南遊雲夢上因隨以行行未至陳
楚王信果郊迎道中高帝豫具武士見信至即執
縛之載後車信呼曰天下已定我固當烹高帝顧
謂信曰若毋聲而反明矣武士反接之語在信傳

漢會諸侯于於陳盡定楚地還至雒陽赦信以爲
淮陰侯而與功臣剖符定封於是與封平剖符爲
戶牖侯世世勿絶爲戶牖侯平辭曰此非臣之功
也上曰吾用先生謀計戰勝克克敵非功而何
平曰非魏無知臣安得進上曰若子可謂不背本
矣迺乃復賞魏無知其明年平以護軍中尉從攻
擊反者韓王信於代卒至平城爲匈奴所圍七日
不得食高帝用陳平奇計使單于閼氏解圍以得
開高帝既出其計秘世莫得聞高帝南過曲逆上

其城望見其屋室甚大曰壯哉縣吾行天下獨
見洛雒陽與是耳顧問御史曰曲逆戶口幾何對
曰始秦時三萬餘戶間者兵數起多亡匿今見五
千餘戶於是乃詔御史更以封陳平爲曲逆侯盡
食之除前所食戶牖平自初從至天下定其後常
以護軍中尉從攻擊臧荼陳豨及黥布凡六出奇
計輒益邑凡六益封奇計或頗秘世莫能得聞也
高帝從擊破布軍還病創徐行至長安燕王盧綰
反上使樊噲以相國將兵攻擊之既行人有短惡

噲者高帝怒曰噲見吾病乃冀幾我死也用陳平謀計而召絳侯周勃受詔牀下曰陳平亟乘馳傳載勃代噲將平至軍中即斬噲頭二人既受詔馳傳未至軍行計之曰樊噲帝之故人也功多且又乃呂后女弟呂頦須之夫有親且貴帝以忿怒故欲斬之則即恐後悔寧囚而致上令上自誅之未至軍爲壇以節乃召樊噲噲受詔即反接載檻車傳詣長安而令絳侯周勃代將將兵定燕反縣平行聞高帝崩平恐呂太后及呂頦須讒怒乃馳傳先

去逢使者詔平與灌嬰屯於滎陽平受詔立復馳至宮哭甚哀殊悲因奏事喪前呂太后哀之曰君勞出休矣平畏讒之就因固請之得宿衛中太后乃以爲郎中令曰日傅教孝惠帝是後呂頦須讒乃不得行樊噲至則即赦復爵邑孝惠帝六年相國曹參卒鼎以安國侯王陵爲右丞相陳平爲左丞相王陵者故沛人也始爲縣豪高祖微時兄事陵漢下文及高祖陵爲人少文任氣好直言及高祖起沛入至咸陽陵亦自聚黨數千人居南陽不

肯從沛公及漢王之還攻擊項籍陵乃以兵屬漢項羽取陵母置軍中陵使至則東鄉坐陵母欲以招陵陵母既私送使者泣曰願爲老妾語陵謹善事漢王漢王長者也無毋以老妾故持二心妾以死送使者遂伏劍而死項王怒亨亨陵母陵卒從漢王定天下以善雍齒雍齒高帝祖之仇而陵又本無從漢之意從高帝以故晚後封陵爲安國侯漢上文陵爲人安國侯既爲右丞相二歲孝惠帝崩高后欲立諸呂爲王問王陵王陵曰不可問陳

平陳平曰可高皇帝刑白馬而盟曰非劉氏而王者天下共擊之今王呂氏非約也太后不悅問左丞相平及絳侯周勃等皆曰高帝定天下王子弟今太后稱制欲王昆弟諸呂無所不可太后喜罷朝陵讓平勃曰始與高帝啑血而盟諸君不在耶今高帝崩太后女主欲王呂氏諸君縱欲阿意背約何面目見高帝於地下平曰於面折廷爭臣不如君全社稷定劉氏後君亦不如臣陵無以應之於是呂太后欲廢陵呂太后怒乃詳陽遷陵爲帝太

[illegible]不用陵陵怒謝疾免杜門竟不朝
請七十年而卒悼陵之免丞相呂太后乃徙平爲
右丞相以辟陽侯審食其爲左丞相左丞相不治
常給事於中食其亦沛人也漢王之敗彭城西楚
取太上皇呂后爲質食其以舍人侍呂后其後從
破項籍爲侯幸於呂太后及爲相居中不治監宮中
如郎中令公卿百官皆因決事呂嬃常以前陳
平前爲高帝謀執樊噲數讒平曰陳平爲丞相非
不治事日飲醇酒戲婦女人陳平聞日益甚呂太

史漢異同六卷　大陳平　十二　江盛

后聞之私獨喜面質呂嬃須於陳平前曰鄙語曰
兒婦人口不可用顧君與我何如耳無畏呂嬃須
之讒譖也呂太后多立諸呂爲王陳平僞聽之及
呂太后崩平與太尉勃合謀卒誅諸呂立孝文皇
帝陳平本謀也審食其免相孝文帝立樂以爲相
太尉勃親以兵誅呂氏功多陳平欲讓勃尊位乃
謝病孝文帝初立怪平病問之平曰高祖帝時勃
功不如臣平及誅諸呂臣功亦不如勃願以右丞
相讓勃於是孝文帝乃以太尉絳侯勃爲右丞相

去必是

位位次第一平徙爲左丞相位次第二賜平金千
斤益封三千戶居頃之孝文皇帝上既益明習國
家事朝而問右丞相勃曰天下一歲決獄幾何勃
謝曰不知問天下一歲錢穀一歲出入幾何勃又
謝不知汗出沾合背愧不能對於是上亦問左丞
相平平曰各有主者上曰主者謂爲誰乎平曰陛
下即問決獄責廷尉問錢穀責治粟內史上曰苟
各有主者而君所主者何事也平謝曰主臣陛下
不知其駑下使待罪宰相宰相者上佐天子理陰

史漢異同六卷　大陳平　十三　官福郎

陽順四時下育遂萬物之宜外填鎮撫四夷諸侯
內親附百姓使卿大夫各得任其職焉也孝文帝
上乃稱善右丞相勃大慚出而讓陳平曰君獨不
素教我對平陳平笑曰君居其位獨不知其任耶
且陛下即問長安中盜賊數君又欲彊對耶於是
絳侯自知其能不弗如平遠矣居頃之絳侯勃謝
病請免相而陳平專顓爲一丞相孝文帝二年丞
相陳平卒謚爲曰獻侯傳子共侯買代侯二年
卒子簡侯恢代侯二十三年卒子何代侯三十三

年至曾孫何坐略人妻棄市王陵亦至玄孫坐酎
金國除辟陽侯食其免後三歲而爲淮南王所殺
文帝令其子平嗣侯淄川王反辟陽近淄川平降
之國除始陳平曰我多陰謀是道家之所禁吾世
即廢亦已矣終不能復起以吾多陰禍也然其後
曾孫陳掌以衛氏親貴戚貴願得續封陳氏然終
不得也
太史公曰陳丞相平少時本好黃帝老子之術方
其割肉俎上之時其意固已遠矣傾側擾攘楚魏

之間卒歸高帝常出奇計救紛糾之難振國家之
患及呂后時事多故矣然平竟自脫定宗廟以榮
名終稱賢相豈不善始善終哉非智謀孰能當此
者乎

絳侯世家第二十七　史記五十七　漢書同張陳王傳
絳侯周勃者沛人也其先卷人也徙沛勃以織薄
曲爲生常爲人以吹簫給喪事材官引彊高祖之
爲沛公初起勃以中涓從攻胡陵下方與方與反
與戰卻敵適攻豐擊秦軍碭東還軍留及蕭復攻
碭破之下下邑先登賜爵五大夫攻蒙蘭虞取之
擊章邯車騎殿略定魏地攻爰轅戚東緡以往至
栗取之攻齧桑先登擊秦軍阿下破之追至濮陽

下甄城攻都關定陶襲取宛朐得單父令夜襲
取臨濟攻壽張以前至卷破之擊李由軍雍丘下
攻開封先至城下爲多後章邯破殺項梁沛公與
項羽引兵東如碭自初起沛還至碭一歲二月楚
懷王封沛公號武安侯爲碭郡長沛公拜勃爲虎
賁令以令從沛公定魏地攻東郡尉於城成武
破之擊王離軍破之攻長社先登攻潁陽緱氏絕
河津擊趙賁軍尸北南攻南陽守齮破武關嶢關
破攻秦軍於藍田至咸陽滅秦項羽至以沛公爲

如徐廣曰則山爲縣名絶行旅日天水有西縣此中守抑少南字不同爲上有北有汧渭漢若作曲遇而曲者曲爲及當音顯爲河遊之說爲曲遇文乃以曲遇之音者曲遇如夾遊又并山渭之訛爲渦而失之據漢書縣志曲水逆流無別音去字解說

從來著以雜傳兴之駮迹即衙間之比也

漢王漢王賜勃爵爲威武侯從入漢中拜爲將軍還定三秦至秦賜食邑懷德攻槐里好時最北擊趙賁內史保於咸陽最北攻漆擊章平姚卬軍西定汧還下郿頻陽圍章邯廢丘破之西丞擊盜巴渚巳軍破之攻上邽東守嶢關轉擊項籍攻曲逆渦最還守敖倉追項籍籍已死因東定楚地泗川水東海郡凡得二十二縣還守雒陽櫟陽賜與潁陽陰侯共食鍾離以將軍從高帝祖擊反者燕王臧荼破之易下所將卒當馳道爲多賜爵列侯

史漢異同卷一　八周勃　二　張田

剖符世世勿不絕食絳八千一二百八十戶號絳侯以將軍從高帝擊反韓王信於代降下霍人以前至武泉擊胡騎破之武泉北轉攻韓信軍銅鞮破之還降太原六城擊韓信胡騎晉陽下破之下晉陽後擊韓信軍於硰石破之追北八十里還攻樓煩三城因擊胡騎平城下所將卒當馳道爲多勃遷爲太尉擊陳豨屠馬邑所將卒斬豨將軍乘馬絺降轉擊韓信陳豨趙利軍於樓煩破之得豨將宋最鴈門守圂因轉攻得雲中守遬丞相箕肆

渦書是

偃渾都以足謂人名非索隱曰渾都之地也地里志渾都縣屬上谷云御史大大姓施屠名渾都

木強又椎其形容非史所當有強上去声東鄉坐責諸生趣爲我語其奇椎少文不成語然足引用三漢字是

肆將軍勳博定鴈門郡十七縣雲中郡十二縣因復擊豨靈丘破之斬豨得豨丞相程縱將軍陳武都尉高肆肆定代郡九縣燕王盧綰綰反勃以相國代樊噲將擊下薊得綰大將抵丞相偃守陘太尉弱御史大夫施屠渾都破綰軍上蘭復後擊破綰軍沮陽追至長城定上谷十二縣右北平十六縣遼西遼東二十九縣漁陽二十二縣最從高帝得相國一人丞相二人將軍二千石各三人別破軍二下城三定郡五縣七十九得丞相大將各一人

史漢異同七卷　八周勃　三　江達

勃爲人木彊敦厚高帝以爲可屬大事勃不好文學每召諸生說士東鄉坐而責之趣爲我語其椎少文如此勃既定燕而歸高祖帝已崩矣以列侯事孝惠帝惠帝六年置太尉官以勃爲太尉十歲年高后崩呂祿以趙王爲漢上將軍呂產以呂王爲漢相國秉漢權欲危劉氏勃爲太尉不得入軍門陳平爲丞相不得任事於是勃與平謀卒誅諸呂而立孝文皇帝其語在呂后孝文事中勃與丞相平朱虛侯章共誅諸呂語在高后紀於是陰謀

絳侯之功莫大於誅諸呂立文帝然其人木𧗐無論議可書故能傳其載此亦太但書之他處勃非絳侯傳也此筆意也漢書取清泻事實無益於絳侯以為史事則正宜別見然使無徵史一事則平生直功狀而止反讀特肯勢與院山所漢乃最精神

以為少帝及濟川淮陽恒山王皆非惠帝子呂后以計詐名他人子殺其母養之後宮令孝惠子之立以為後用彊呂氏今已滅諸呂少帝即長用事吾屬無類矣不如視諸侯賢者立之遂迎立代王是為孝文皇帝東牟侯興居朱虛侯章弟也曰誅諸呂臣無功請得除宮迺與太僕汝陰滕公入宮滕公前謂少帝曰足下非劉氏不當立迺顧麾左右執戟皆仆兵罷有數人不肯去宦者令張釋諭告亦去滕公召乘輿車載少帝出少帝曰欲持我

史漢異同七卷　八周勃　四

安之乎滕公曰就舍舍少府迺奉天子法駕迎皇帝代邸報曰宮謹除皇帝入未央宮有謁者十人持戟衛端門曰天子在也足下何為者不得入太尉往諭迺引兵去皇帝遂入是夜有司分部誅濟川淮陽恒山王及少帝於邸文帝既立即位以勃為右丞相賜金五十斤食邑萬戶居月十餘月人或說勃曰君既誅諸呂立代王威震天下而君受厚賞處尊位以寵久之即則禍及身矣勃懼亦自危迺謝請歸相印上許之歲餘陳丞相平卒上

不論為相月餘與十餘月但一上相印即許與詔使就國不待請本無疑譖而誅鄉進退如此見衛侯來告捕乃文帝收威權自為之道漢書則之勁嚴語之微無剛直如歐亦皆歐耳師古曰歐音一句反又音烏抑反

勝勃太子嬪

封不可予

以吏之拘也音係足和縣飛拱拱州縣也急欲招之狀漸得負切當十作不知也

史中只是帝本意謂此吏事也惣句乃驗而出之鮮有曲折未然之極

復以用勃為丞相十餘月上曰前日吾詔列侯就國或頗未能行丞相吾所重其為朕率先之列侯之國乃免相就國歲餘每河東守尉行縣至絳絳侯勃自畏恐誅常被甲令家人持兵以見之其後人有上書告勃欲反下廷尉廷尉下其事長安逮捕勃治之勃恐不知置辭吏稍侵辱之勃以千金與獄吏獄吏乃書牘背示之曰以公主為證公主者孝文帝女也勃太子勝之尚之故獄吏教引為證初勃之益封受賜盡以予薄昭及繫急薄昭

史漢異同七卷　八周勃　五

為言薄太后太后亦以為無反事文帝朝太后以冒絮提文帝曰絳侯綰皇帝璽將兵於北軍不以此時反今居一小縣顧欲反耶文帝既見絳侯勃獄辭乃謝曰吏事方驗而出之於是使使持節赦絳侯勃復爵邑絳侯勃既出曰吾嘗將百萬軍然安知獄吏之貴乎也絳侯勃復就國孝文帝十一年卒謚為武侯子勝之嗣代侯六歲尚公主不相中坐殺人死國除絕一歲年文帝乃擇絳侯勃子賢者河內太守亞夫復封為條侯續絳侯後

漢書則此處是

無此曰字散如有

兩字較奇

他人則何從餓死道

增此入字得訓將軍令不得入字爲峽將軍令曰似是引古非亞夫語也可言古不可言曰亞夫令名教軍士以不受天子之詔非古今之大戒乎銳兵刃彀弓弩持滿嚴得如其滿突令將軍不聽並不得入可謂與騎無馳可謂酌下又不得入將從壁門之紆非所以此示

條侯亞夫自未侯爲河內守時許負相之曰君後三歲而侯侯八歲爲將相持國秉貴重矣於人臣無兩二其後九歲年而君餓死亞夫笑曰臣之兄已代父侯矣有如卒子當代亞夫我何說侯乎然既已貴如負言又何說餓死指示我許負指其口曰有從理入口此餓死法也居三歲其兄絳侯勝之有罪孝文帝擇絳侯勃子賢者皆推亞夫乃封亞夫爲條侯續絳侯後文帝之後六歲年匈奴大入邊乃以宗正劉禮爲將軍軍霸上祝茲侯徐厲

史漢異同卷七　八周亞夫　六　江氏家

爲將軍軍棘門以河內守亞夫爲將軍軍細柳以備胡上自勞軍至霸上及棘門軍直馳入將以下騎出入送迎已而之細柳軍軍士吏被甲銳兵刃彀弓弩持滿天子先驅至不得入先驅曰天子且至軍門都尉曰將軍令曰軍中聞將軍之令不聞天子之詔居無何有頃上至又不得入於是上乃使使持節詔將軍曰吾欲入勞軍亞夫乃傳言開壁門壁門士吏謂從屬車騎曰將軍約軍中不得驅馳於是天子乃按轡徐行至中營將軍亞夫

假士天子十乘萬騎如霸然道可與備此盜問境小之事以先知之知而不納詐此非順中不營中見武節以上將不出正小丈夫所以一時而行於無上以爲不可當而把則持從得後將至真將帳下安任有爲將也所謂鐵與稱義久之延孫戰至矣

以梁委之絕其糧道自是兩耶妙任經無然抑爲梁宜甚矣

持兵揖曰介冑之士不拜請以軍禮見天子爲動改容式車使人稱謝皇帝敬勞將軍成禮而去既出軍門羣臣皆驚文帝曰嗟乎此真將軍矣曩卿者霸上棘門軍若如兒戲耳其將固可襲而虜也至於亞夫可得而犯耶稱善者久之月餘三軍皆罷乃拜亞夫爲中尉孝文帝且崩時誡太子曰即有緩急周亞夫真可任將兵文帝崩拜亞夫爲車騎將軍孝景帝三年吳楚反亞夫以中尉爲太尉東擊吳楚因自請上曰楚兵剽輕難與爭鋒願以

史漢異同七卷　八周亞夫　七　江氏

梁委之絕其糧食道乃可制也上許之亞夫既發至霸上趙涉遮說亞夫曰將軍東誅吳楚勝則宗廟安不勝則天下危能用臣之言乎亞夫下車禮而問之涉曰吳王素富懷輯死士久矣此知將軍且行必置間人於殽黽阨陿之間且兵事上神密將軍何不從此右去走藍田出武關抵雒陽間不過差一二日直入武庫擊鳴鼓諸侯聞之以爲將軍從天而下也太尉如其計至雒陽使吏搜殽黽間果得吳伏兵乃請涉爲護軍太尉亞夫既至會兵

此日宋何可救

此則可為侯法即起何益乃不知備是宿備中言是已

皆是一句盡要實

梁陵吳方攻梁梁急請救太尉亞夫引兵東北走
昌邑深壁而守梁王日使使請太尉亞夫太尉亞
夫守便宜不肯往梁上書言景帝景帝使使詔使
救梁太尉亞夫不奉詔堅壁不出而使輕騎兵弓
高侯等絕吳楚兵後食道吳楚兵乏糧飢欲退數
欲挑戰終不出夜軍中驚內相攻擊擾亂至於太
尉帳下太尉亞夫終堅卧不起頃之復定後吳奔
壁東南陬太尉亞夫使備西北已而其精兵果奔
西北不得入吳楚兵既餓乃引而去太尉亞夫出

史漢異同七卷　周亞夫　八　江仁

精兵追擊大破吳王濞之吳王濞棄其軍而與壯
士數千人亡走保於江南丹徒漢兵因乘勝遂盡
虜之降其兵縣購吳王千金月餘越人斬吳王頭
以告凡相攻守三月而吳楚破平於是諸將乃以
太尉計謀爲是由此梁孝王與太尉亞夫有隙郤
歸復置太尉官五歲遷爲丞相景帝甚重之景帝
上廢栗太子丞相亞夫固爭之不得景帝上由此
疏之而梁孝王每朝常與太后言條侯亞夫之短
竇太后曰皇后兄王信可侯也景帝上讓曰始南

低多自守然彭祖輩俱則自為何計忠可出承相議之具有態

無功侯之非約上言三出人言論可據非人知其者也此下人復後不開米者米者可吾侯乎

上其意之方是相耳故設直箸會之如此又乱而笑非非昔道不足君所謂於君所加行所不足也快快非少主臣語其精道帝殺此武之而亞夫不俟

皮侯章武侯先帝不侯及臣即位乃侯之信未得
封也竇太后曰人主生各以時行耳自竇長君在
時竟不得侯死後乃封其子彭祖顧得侯吾甚恨
之帝趣侯信也景帝上曰請得與丞相議計之丞
相議之亞夫曰高皇帝約非劉氏不得王非有功
不得侯不如約天下共擊之今信雖皇后兄無功
侯之非約也景帝上默然而止沮其後匈奴王徐
盧等五人降漢景帝上欲侯之以勸後丞相亞夫
曰彼背其主降陛下陛下侯之則即何以責人臣

史漢異同七卷　周亞夫　九

不守節者乎景帝上曰丞相議不可用乃悉封徐
盧等爲列侯亞夫因謝病景帝中三年以病免相
頃之景帝上居禁中召條侯亞夫賜食獨置大胾
無切肉又不置箸櫡條侯亞夫心不平顧謂尚席
取櫡箸景帝上視而笑曰此非不足君所乎條侯
亞夫免冠謝上上曰起條侯亞夫因趨出景帝上
以目送之曰此怏怏者非少主臣也居無何條侯
亞夫子爲父買工官尚方甲楯五百被可以葬者
取庸苦之不予錢庸知其盜買縣官器怨怨而上

此婦承子果父不知當時事何用又修飾如此 由反者向富尚耳此下何有閒乏作小人語收繇頼外上有見之誣為甲其父子所以狼狽如滸不可其不謬

足已而不學當有務諸儒之此等問不到

變告子事連汙條侯亞夫書既聞上上下吏吏簿
責條侯亞夫條侯亞夫不對景帝上罵之曰吾不
用也召詣廷尉廷尉責問曰君侯欲反耶何亞夫
曰臣所買器乃葬器也何謂反耶平吏曰君侯縱
不欲反地上即欲反地下耳吏侵之益急初吏捕
條侯亞夫條侯亞夫欲自殺其夫人止之以故不
得死遂入廷尉因不食五日嘔血而死國除絕一
歲景帝上乃更封絳侯勃他子堅爲平曲侯續絳
侯後十九年卒謚爲共侯傳子建德代侯十三年

史漢異同卷七　周亞夫　十一　清文

爲太子太傅坐酎金不善免官後元鼎五年有罪
國除條侯亞夫果餓死死後景帝上乃封王信爲
蓋侯至平帝元始二年繼絕世復封勃玄孫之子
恭爲絳侯千戶太史公曰絳侯周勃始爲布衣時
鄙樸人也才能不過凡庸及從高帝定天下在將
相位諸呂欲作亂勃亂國家難復之乎正雖伊尹
周公何以加哉亞夫之用兵持威重執堅刃穰苴
曷有加焉足已而不學守節不遜終以窮困悲夫
贊曰聞張良之智勇以爲其貌魁梧奇偉及若婦

人女子故孔子稱以貌取人失之子羽學者多疑
於鬼神如良受書老父亦異矣高祖離離困厄良
常有力豈可謂非天乎陳平之志見於社下傾側
擾攘魏楚之間卒歸於漢而爲謀臣及呂后時事
多故矣平竟自免以智終王陵廷爭杜門自絕亦
各其志也周勃爲布衣時鄙樸庸人至登輔佐匡
國家難誅諸呂立孝文爲漢伊周何其盛也始呂
后問宰相高祖曰陳平智有餘王陵少戇可以佐
之安劉氏者必勃也又問其次云過此以後非廼

史漢異同七卷　周亞夫　十二　清文

所及終皆如言聖矣夫

班馬異同

以此夫去抵亡故爲郎大精

本傳此句但脫引謝三字

耳乃魏公子客同祖敘從耳游亦以聞多矣布衣交前輩人也雖謂爲帝者師可也其存有隱德

四公子之後此必秦追問人欲從小敵假處鮚獨閭野也所不隱文

班馬異同

張耳陳餘列傳　史記八十九　漢書十二

張耳者大梁人也其少時及魏公子毋忌爲客張耳嘗亡命游外黃外黃富人女甚美嫁庸奴亡其夫去抵亡郎父客父客素知張耳乃謂女曰必欲求賢夫從張耳女聽乃卒爲請決嫁之張耳張耳是時脫身游女家厚奉給張耳張耳以故致千里客乃宦魏爲外黃令名由此益賢

陳餘者亦大梁人也好儒術數游趙苦陘富人公乘氏以其女妻之亦知陳餘非庸人也餘年少父事張耳兩人相與爲刎頸交秦之滅大梁也張耳家外黃高祖爲布衣時嘗數從張耳游客數月秦滅魏數歲已聞此兩人魏之名士也購求有得張耳千金陳餘五百金張耳陳餘兩人乃變名姓俱之陳爲里監門以自食兩人相對里吏嘗有以過笞陳餘陳餘欲起張耳躡攝之使受笞吏去張耳乃引陳餘之桑下而數之曰始吾與公言何如今見小辱而欲死一吏乎陳餘然之謝罪秦詔書購

漢書傳首數行刪潤皆是至此句句失之

求兩人兩人亦反用門者以令里中陳涉起蘄至入陳兵數萬張耳陳餘上謁陳涉涉及左右生平數聞張耳陳餘賢未嘗見見即大喜陳中豪傑桀父老乃說陳涉曰將軍身被堅執銳率帥士卒以誅暴秦復立楚社稷存亡繼絕功德宜爲王且夫監臨天下諸將不爲王不可願將軍立爲楚王也陳涉問此兩人兩人對曰夫秦爲無道破人國家滅人社稷絕人後世罷百姓之力盡百姓之財將軍瞋目張膽出萬死不顧一生之計爲天下除殘也今始至陳而王之示視天下私願將軍毋王急引兵而西遣人立六國後自爲樹黨爲秦益敵也敵多則力分與衆則兵彊如此野無交兵縣無守城誅暴秦據咸陽以令諸侯諸侯亡而得立以德服之如此則帝業成矣今獨王陳恐天下解也陳涉不聽遂立爲王陳餘乃復說陳王曰大王舉與梁楚而西務在入關未及收河北也臣嘗游趙知其豪傑桀及地形願請奇兵北略趙地於是陳王許之以故所善陳人武臣爲將軍邵騷爲護軍以張

四字極形容之巧

耳陳餘爲左右校尉予與卒三千人北畧趙地武
臣等從白馬渡河至諸縣說其豪傑傑曰秦爲亂
政虐刑以殘賊滅天下數十年矣北有爲長城之
域役南有五嶺領之戍外內騷動百姓罷敝頭會
箕斂以供軍費財匱力盡民不聊生重之以苛法
峻刑使天下父子不相安聊令陳王奮臂爲天下
倡始王楚之地方二千里莫不響嚮應家自爲怒
人自爲鬭各報其怨而攻其讎縣殺其令丞郡殺
其守尉今已以張大楚王陳使吳廣周文將卒百

萬西擊秦於此時而不成封侯之業者非人豪也
諸君試相與計之夫天下同心苦秦久矣因天下
之力而攻無道之君報父兄之怨而成割地有土
之業此士之一時也豪傑傑皆然其言乃迺行收兵
得數萬人號武臣爲武信君下趙十餘城餘皆城
守莫肯下乃引兵東北擊范陽范陽人蒯通說范
陽其令曰徐公降武信君又說武信君以侯印封
范陽令語在通傳通說范陽令徐公曰臣范陽百
姓蒯通也竊閔閔公之將死故弔之雖然賀公得

通而生也范陽令徐公再拜曰何以弔之對通曰
秦法重足下爲范陽令十餘年矣殺人之父孤人
之子斷人之足黥人之首甚衆不可勝數然而慈
父孝子所以不莫敢傳事刃於公之腹中者畏秦
法耳也今天下大亂秦法政不施然則慈父孝子
且傳將争接刃於公之腹中以復其怨而成其功
名此臣通之所以弔公者也今諸侯畔秦矣武信
君兵且至而君堅守范陽少年皆争殺君下武信
君君急遣臣見武信君可轉禍爲福在今矣曰何

以賀得子而生也曰趙武信君不知通不肖使人
候問其死生通且見武信君而說之范陽令乃使
蒯通見武信君曰足下必將戰勝然而後畧地攻
得然而後下城臣竊以爲過殆矣誠聽用臣之計
可不攻而降城不毋戰而略地不攻而下城傳檄
而千里定可乎武信君彼將曰何謂也臣因對蒯
通曰今范陽令宜整頓其士卒以守戰者也怯而
畏死貪而重好富貴故欲以其城先天下降君畏
君以爲秦所置吏誅殺如前十城也然今范陽少

不用其謀最甚怨蔵不以為將此是連四五意作三語如結証以輩之少心将置其仁只[illegible]公則其半立六國後為令[illegible]

年亦方殺其令自以城距君君何不齎臣侯印拜范陽令范陽令則以城下君少年亦不敢殺其令令范陽令乘朱輪華轂先下君而君不利則邊地之城皆將相告曰范陽令先降而身死必將嬰城固守皆爲金城湯池不可攻也爲君計者莫若以黄屋朱輪迎范陽令使驅馳盭於燕趙之郊燕趙郊見之皆則邊城皆將相告曰此范陽令先下者也而身富貴必相率而降猶如阪上走丸也即喜矣燕趙城可毋戰而降也此臣之所謂傳檄而千

里定者也武信君從其計因使蒯通賜范陽令侯印徐公再拜具車馬遣通遂以此說武臣武臣以車百乘騎二百侯印迎徐公燕趙地聞之不戰以城下者三十餘城如通策焉自通說徐公降至此用通傳至邯鄲張耳陳餘聞周章軍入關至戲却卻又聞諸將爲陳王徇地多以讒毀得罪誅怨陳王不用其策不以爲將軍而以爲校尉乃廼說武臣曰陳王起蘄至陳而王非必立六國後今將軍今以三千人下趙數十城獨介居河北不王無以

至耳餘[illegible]也此有見及其說武臣又言涉非必立六國後[illegible]

塡之且陳王聽讒還報恐不得脫於禍又不如立其兄弟不即立趙後願將軍毋失時時間不容息武臣乃聽之遂立爲趙王以陳餘爲大將軍張耳爲右丞相邵騷爲左丞相使人報陳王陳王大怒欲盡族武臣等家而發兵擊趙陳王相國房君諫曰秦未亡而今又誅武臣等家此又生一秦也不如因而賀之使急引兵西擊秦陳王然之從其計徙繫武臣等家宮中封張耳子敖爲成都君張王本此陳王使使者賀趙令趣發兵西入關張耳陳

餘說武臣曰王王趙非楚意特以計賀王楚已滅秦必加兵於趙願王毋西兵北徇燕代南收河内以自廣趙南據大河北有燕代楚雖勝秦必不敢制趙趙王以爲然因不西兵而使韓廣略燕李良略常山張黶略上黨韓廣至燕燕人因立廣爲燕王趙王乃與張耳陳餘北略地燕界趙王間出爲燕軍所得燕將因之欲與分趙地半乃歸王使者往燕輒殺之以固求地張耳陳餘患之有廝養卒謝其舍中曰吾爲二公說燕與趙王載歸舍中人

此燕將字何可去
燕將乃可去
此之字無不可
少長以足謂次第
念字甚雅
作請爲是

皆笑曰使者往十餘輩輒皆死若何以能得王乃走燕壁燕將見之問燕將曰知臣何欲燕將曰若欲得趙王耳曰君知張耳陳餘何如人也燕將曰賢人也曰知其志何欲燕將曰欲得其王耳趙養卒乃笑曰君未知此兩人所欲也夫武臣張耳陳餘杖馬箠下趙數十城此亦各欲南面而王豈欲爲卿相終已耶夫臣之與主豈可同日而道哉顧其勢初定未敢三分而王且以少長少先立武臣爲王以持趙心今趙地已服此兩人亦欲分趙而

王時未可耳今君乃囚趙王念此兩人名爲求趙王實欲燕殺之此兩人者分趙自立而王夫以一趙尚易燕況以兩賢王左提右挈而責殺王之罪滅燕易矣燕將以爲然乃歸趙王養卒爲御而歸

李良已定常山還報趙王趙王復使良略太原至石邑秦兵塞井陘未能前秦將詐稱二世使人使遺李良書不封曰良嘗事我得顯幸良誠能反趙爲秦赦良罪貴良良得書疑不信乃還之邯鄲益請兵未至道逢趙王姊出飲從百餘騎李良望見

隋常熟孫言此數字甚奇又追遂趙王姊出從秦使人問何必也

以爲王伏謁道旁王姊醉不知其將使騎謝李良李良素貴起慙其從官有一人曰天下畔叛秦能者先立且趙王素出將軍下今女兒乃不爲將軍下車請追殺之李良已以得秦書固欲反趙未決因此怒遣人追殺王姊道中乃遂將其兵襲邯鄲邯鄲不知竟殺武臣邵騷趙人多爲張耳陳餘耳目者以故得脫出收其兵得數萬人客有說張耳餘曰兩君羈旅而欲附趙難可獨立立趙後扶輔以義誼可就功乃求得趙歇立爲趙王居信

都李良進兵擊陳餘陳餘敗李良李良走歸章邯章邯引兵至邯鄲皆徙其民河內夷其城郭張耳與趙王歇走入鉅鹿城王離圍之陳餘北收常山兵得數萬人軍鉅鹿北章邯軍鉅鹿南棘原築甬道屬河餉饟王離王離兵食多急攻鉅鹿鉅鹿城中食盡兵少張耳數使人召前陳餘陳餘自度兵少不能敵秦不敢前數月張耳大怒怨陳餘使張黶陳澤釋往讓陳餘曰始吾與公爲刎頸交今王與耳旦暮且死而公擁兵數萬不肯相救安在其

[illegible]死苟必信胡不赴秦軍俱死且有十有一二
相全陳餘曰吾度前終不能救趙徒盡亡軍且餘
所以不俱死欲為趙王張君報秦今必俱死如以
肉委餓虎何益張黶陳澤釋曰事已以急要以
俱死立信安知後慮陳餘曰吾死顧以為無益必
如公言乃西使五千人令張黶陳澤釋先嘗秦軍
至皆沒當是時燕齊楚聞趙急皆來救張敖亦北
收代兵得萬餘人來皆壁餘旁未敢擊秦項羽兵
數絶章邯甬道王離軍乏食項羽悉引兵渡河遂

破章邯軍章邯引兵解諸侯軍乃敢擊圍鉅鹿秦
軍遂虜王離涉間自殺卒存鉅鹿者楚力也於是
趙王歇張耳乃得出鉅鹿謝諸侯張耳與陳餘相
見責讓陳餘以不肯救趙及問張黶陳澤釋所在
陳餘怒曰張黶陳澤釋以必死責臣臣使將五千
人先嘗秦軍皆沒不出張耳不信以為殺之數問
陳餘陳餘怒曰不意君之望臣深也豈以臣為重
去將哉乃西脫解印綬推予與張耳張耳亦愕不
敢受陳餘起如廁客有說張耳曰臣聞天予不取

反受其咎今陳將軍予與君印綬君不受反天不
祥急取之張耳乃佩其印收其麾下而陳餘還
亦望張耳不讓遂趨出張耳遂收其兵陳餘獨與
麾下所善數百人之河上澤中漁獵由此陳餘張
耳遂有郤趙王歇復居信都張耳從項羽諸侯入
關漢元年二月項羽立諸侯王張耳雅游人多為
之言人所稱項羽亦素亦數聞張耳賢乃分趙立
張耳為常山王治信都信都更名襄國陳餘客多
說項羽曰陳餘張耳一體有功於趙項羽以陳餘

不從入關聞其在南皮即以南皮旁三縣以封之
而徙趙王歇王代張耳之國陳餘愈益怒曰張耳
與餘功等也今張耳王餘獨侯此項羽不平及齊
王田榮畔叛楚陳餘使夏說說田榮曰項羽為天
下宰不平盡王諸將善地徙故王王惡地今趙王
乃居代願王假臣兵請以南皮為扞蔽田榮欲樹
黨於趙以反楚乃遣兵從陳餘陳餘因悉三縣兵
襲常山王張耳張耳敗走念諸侯無可歸者曰漢
王與我有舊故而項羽又王彊立我我欲之楚

人有不奉以求耳者高祖以耳故不必殺殺此無辜耳

謂其詐死與前所斬非其頭外之公然史記自好

耳併慢抗立其王趙非望一年死

以魯元與其子且故人高祖慢敖三字如盤

公曰漢王之入關五星聚東井東井者秦分也先
至必霸楚雖彊後必屬漢故耳走漢漢王亦還
定三秦方圍章邯廢丘張耳謁漢王漢王厚遇之
陳餘已敗張耳皆復收趙地迎趙王於代復爲趙
王趙王德陳餘立以爲代王陳餘爲趙王弱國初
定不之國留傅趙王而使夏說以相國守代漢二
年東擊楚使使告趙欲與俱陳餘曰漢殺張耳乃
從於是漢王求人類張耳者斬之持其頭遺陳餘
陳餘乃遣兵助漢漢之敗於彭城西陳餘亦復覺

史漢評林八卷　張耳陳餘　十二　文庫

聞張耳不詐死即背漢漢三年韓信已定魏地遣
張耳與韓信擊破趙井陘斬陳餘泜水上追殺趙
王歇襄國四年夏漢立張耳爲趙王漢五年秋張
耳薨謚爲日景王子敖嗣立爲趙王尚高祖長女
魯元公主爲趙王敖后漢七年高祖從平城過趙
趙王朝夕袒韝蔽旦暮自上食禮禮甚卑有子婿
禮高祖箕倨罵詈甚慢易之趙相貫高趙午等年
六十餘故張耳客也生平爲氣乃怒曰吾王孱王
也說王敖曰夫天下豪傑桀並起能者先立今王

指按心撻下無謂

一脚首起皆是張耳之遺風

但置字已足前柏人即去不之有此史記著史記貫同此已足

事高祖皇帝甚恭而高祖皇帝遇王無禮請爲王
殺之張敖齧其指出血曰君何言之誤且先人亡
國賴高祖皇帝得復國德流子孫秋毫皆高祖
帝力也願君無復出口貫高趙午等十餘人皆相
謂曰乃吾等非也吾王長者不倍背德且吾等義
不辱今怨高祖帝辱我王故欲殺之何乃廼汙
王爲乎令事成歸王事敗獨身坐耳漢八年上從
東垣還過趙貫高等乃壁人柏人要之置廁上過
欲宿心動問曰縣名爲何曰柏人柏人者迫於人

史漢評林八卷　張耳陳餘　十三　崇文庫

也不宿而去漢九年貫高怨家知其謀乃上變告
之於是上皆并逮捕趙王貫高諸友者趙午等十
餘人皆爭自剄剄貫高獨怒罵曰誰令公公等爲之
今王實無謀而并捕王公等皆死誰當白王不反
者乃轞檻車膠致與王詣長安治張敖之罪上乃
詔趙群臣賓客有敢從王皆族貫高與客孟舒等
十餘人皆自髡鉗爲王家奴從來貫高至對獄曰
獨吾屬爲之王實不知也吏治榜笞數千刺剟爇
身無可擊者者終不復言呂后數言張王以魯元

即輕諾者寡信不及又曰皆欲高上爲人所難先人意所欲皆使也

諸渕千古

漢背此何變也得渕

公主故不宜有此上怒曰使張敖據天下豈少而
廼女乎不聽廷尉以貫高事辭聞上曰壯士誰知
者以私問之中大夫泄公曰臣之邑子素知之此
固趙國立名義不侵爲然諾者也上使泄公持節
問之箯輿前仰卬視曰泄公耶泄公勞苦如生平
驩生歡與語問張王果有計謀不高曰人情寧豈
不各愛其父母妻子乎哉今吾三族皆以論死豈
以王易吾親哉顧爲王實不反獨吾等爲之具道
本指根所以爲者王不知狀於是泄公入具以報

史漢異同八卷　八張耳陳餘　十三

上上乃廼赦趙王上賢貫高爲人能自立然諾使
泄公具赦之告之曰張王已出因赦貫高貫高喜
曰吾王審出乎泄公曰然泄公曰上多足下故赦
足下貫高曰所以不死一身無餘者白張王不反
也耳今王已出吾責已塞死不恨矣且人臣有簒
殺弒之名何豈有面目復事上哉縱上不殺我我
不愧於心乎乃仰絕肮遂亢而死當此之時名聞
天下張敖已出以尚魯元公主如故封爲宣平侯
於是上賢張王諸客以鉗奴從張王入關無不皆

此參差

相然相許也相許以以死也無以乎不成句豈始問哉謂豈待因頭測問哉

以爲諸侯相郡守者語在田叔傳及孝惠高后文
帝孝景時張王客子孫皆得爲二千石初孝惠時
齊悼惠王獻城陽郡尊魯元公主爲太后高后元
年魯元太后薨後六年宣平侯張敖高后六年薨
薨呂太后立敖子偃爲魯元王以母呂爲太后女
故也呂后封爲魯元王元王又憐其年少孤弱兄
弟少乃封張敖他姬前婦子二人壽爲樂昌侯侈
爲信都侯高后崩諸呂無道大臣誅之而諸呂廢
魯元王及樂昌侯信都二侯孝文帝即位復封故

史漢異同八卷　八張耳陳餘　十四

魯元王偃爲南宮侯續張氏薨子生嗣武帝時生
有罪免國除元光中復封偃孫廣國爲睢陵侯薨
子昌嗣太初中昌坐不敬免國除孝平元始二年
繼絕世封敖玄孫慶忌爲宣平侯食千戶
太史公贊曰張耳陳餘世傳所稱賢者其賓客廝
役莫非皆天下俊傑桀所居國無不取卿相者然
張耳陳餘始居約時相然信以死豈顧問哉及據
國爭權卒相滅亡何鄉者相慕用之誠後相倍背
之戾盭也豈非以利哉名譽雖高賓客雖盛所由

人今戲字止太公已成蛇足已語又不其孝字

殆與太伯延陵季子異矣勢利之交古人羞之蓋

謂是矣

方亂時乃有說十乘功請趙雖說世如周市云者借其偏好不及不然豈不為理論也哉

約定之後自殺少有此者

班馬異同

魏豹彭越列傳第三十　史記九十

魏豹傳第三　漢書第三十二　彭越傳第四　漢書第五十四

魏豹者故魏諸公子也其兄魏咎故魏時封爲甯

陵君秦滅魏遷咎爲家人陳勝之起王也咎往

從之陳王勝使魏人周市徇魏地魏地已下欲相

與立周市爲魏王周市曰天下昏亂忠臣乃見今

天下共畔秦其義必立魏王後乃可齊趙使車各

五十乘立周市爲魏王市辭不受迎魏咎於陳五

反陳王乃遣立咎爲魏王章邯已破陳王乃進兵

擊魏王於臨濟魏王乃使周市出請救於齊楚齊

楚遣項它田巴將兵隨市救魏章邯遂擊破殺周

市等軍圍臨濟咎爲其民約降約降定咎自燒殺

魏豹亡走楚楚懷王予魏豹數千人復徇魏地項

羽已破秦兵降章邯豹下魏二十餘城立豹爲魏

王豹引精兵從項羽入關漢元年項羽封諸侯欲

有梁地乃徙魏王豹於河東都平陽爲西魏王漢

王還定三秦渡臨晉魏王豹以國屬焉遂從擊楚

豹語似[illegible]其說高帝甚激切然何以韓辭故[illegible]人耳

於彭城漢王敗還至滎陽豹請歸視親病至國即
則絕河津畔漢漢王聞魏豹反方東憂楚未及擊
謂酈生曰緩頰往說魏豹能下之吾以萬戶封若
酈生往說豹豹謝曰人生一世間如白駒過隙耳
今漢王慢而侮人罵詈諸侯群臣如罵奴耳非有
上下禮節也吾不忍復見也於是漢王遣韓信擊
豹遂虜豹之於河東傳豹詣滎陽以豹國其地爲
河東太原上黨郡漢王令豹守滎陽楚圍之急周
苛曰反國之王難與共守遂殺魏豹

常漁是

字仲史記是

是群盜從節制[illegible]有以相服而無一語次第亦只見

彭越者字仲昌邑人也字仲常漁鉅野澤中爲群
盜陳勝項梁之起少年或謂越曰諸豪傑相立畔
秦仲可以來亦效之彭越曰兩龍方鬬且待之居
歲餘澤間少年相聚百餘人往從彭越曰請仲爲
長越謝曰臣不願與諸君也少年彊請乃許與期
旦日日出時會後期會者斬旦日日出十餘人後
後者至日中於是越謝曰臣老諸君彊以爲長今
期而多後不可盡誅誅最後者一人令校長斬之
皆笑曰何至是請後不敢於是越乃引一人斬之

上遺[illegible]閒地越所始從漢而田榮將謝其中立是爲漢且爲楚將無其迹[illegible]故有爲奇兵

設壇祭乃令徒屬徒屬皆大驚畏越莫不敢仰視
乃行略地收諸侯散卒得千餘人沛公之從碭北
擊昌邑彭越助之昌邑未下沛公引兵西彭越亦
將其衆居鉅野澤中收魏敗散卒項籍入關王諸
侯還歸彭越衆萬餘人毋所屬漢元年秋齊王田
榮畔項王漢乃使人賜彭越將軍印使下濟陰以
擊楚楚命令蕭公角將兵擊越越大破楚軍漢王
二年春與魏王豹及諸侯東擊楚彭越將其兵三
萬餘人歸漢於外黃漢王曰彭將軍收魏地得十

欲立魏後盛[illegible]也

是得力處自抵將兵略地往來爲游兵或攻或走皆自爲去就在當時到項對壘外此是衡奇兵全食餉[illegible]其末耳

餘城欲急立魏後今西魏王豹亦魏王咎從弟也
真魏後也乃拜彭越爲魏相國擅將其兵略定梁
地漢王之敗彭城解而西也彭越皆復亡其所下
城獨將其兵北居河上漢王三年彭越常往來爲
漢游兵擊楚絕其後糧於梁地漢四年冬項王與
漢王相距滎陽彭越攻下睢陽外黃十七城項王
聞之乃使曹咎守城成皋自東收彭越所下城邑
皆復爲楚越將其兵北走穀城漢五年秋項王之
南走陽夏彭越復下昌邑旁二十餘城得穀粟十

餘萬斛以給漢王食漢王敗使使召彭越并力擊楚越曰魏地初定尚畏楚未可去漢王追楚爲項籍所敗固陵乃謂留侯曰諸侯兵不從爲之奈何留侯曰齊王信之立非君王之意信亦不自堅彭越本定梁地功多始君王以魏豹故拜彭越爲魏相國今豹死亡毋後且越亦欲王而君王不蚤定與此兩國約即勝楚今取睢陽以北至穀城皆許以王彭相國越從陳以東傅海又言所以與許齊王韓信齊王信家在楚此其意欲復得故邑君王

能出捐此地許二人二人今可致即不能事未可知也語在高紀於是漢王乃發使使彭越如留侯策使者至彭越乃悉引兵會垓下遂破楚五年項籍已死春立彭越爲梁王都定陶六年朝陳九年十年皆來朝長安十年秋陳豨反代地高帝自往擊之至邯鄲徵兵梁王梁王稱病使使將將兵詣邯鄲高帝怒使人讓梁王梁王恐欲自往謝其將扈輒曰王始不往見讓而往往則即爲禽矣不如遂發兵反梁王不聽稱病梁王怒其太僕有罪欲

[illegible]

斬之太僕亡走漢告梁王與扈輒謀反於是上使使掩捕梁王梁王不覺捕梁王囚之雒陽有司治反形已具請論如法上赦以爲庶人傳處徙蜀青衣西至鄭逢呂后從長安東來欲之雒陽道見彭王越彭王越爲呂后泣涕自言無罪願處故昌邑呂后許諾詔與俱東至雒陽呂后白言上曰彭王越壯士也今徙之蜀此自遺患不如遂誅之妾謹與俱來於是呂后乃令其舍人告彭越復謀反廷尉王恬開奏請族之上乃可遂夷彭越宗族國除

太史公曰魏豹彭越雖故賤然已席卷千里南面稱孤喋血乘勝日有聞矣懷叛逆之意及敗不死而虜囚身被刑戮何哉中材已上且羞其行況王者乎彼無異故智略絕人獨患無身耳得攝尺寸之柄其雲蒸龍變欲有所會其度以故幽囚而不辭云

班馬異同

總用為字

其母死營高燥家營之旁以見其志乃太史公敘淮陰親其文奇移入寄食下不類以常從常數後發跡漢指以此欲小事相去下鄉下寄是至城下釣漂諸母漂絮寄食

此於平傳悽語門閥旣被中傳頗難他人綴一於字何至此

寄食奇漂母又奇跨下又奇蹤勝跨形容正在此蒲伏可笑耳

班馬異同

淮陰侯列傳第三十二　史記九十二　漢書三十四

淮陰侯韓信者淮陰人也始為布衣時家貧無行不得推擇為吏又不能治生為商賈常從人寄食飲人多厭之者其母死無以葬迺行營高燥地令傍可置萬家者常數從其下鄉南昌亭長寄食數月亭長妻患苦之乃晨炊蓐食食時信往不為具食信亦知其意怒竟自絕去信釣於至城下釣諸母漂有一漂母見信饑衰之飯信竟漂數

班馬異同十卷　淮陰侯　一　余本立

十日信喜謂漂母曰吾必有以重報母母怒曰大丈夫不能自食吾哀王孫而進食豈望報乎淮陰屠中少年有又侮信者曰若雖長大好帶刀劒中情怯耳衆辱之信曰信能死刺我不能死出我袴跨下於是信孰視之俛出袴跨下蒲伏一市人皆笑信以為怯及項梁渡淮信乃杖劒從之居戲下無所知名項梁敗又屬項羽羽以為郎中信數以策干項羽羽不弗用漢王之入蜀信亡楚歸漢未得知名為連敖坐法當斬其輩嘗十三人皆已斬

而斬壯士語不若大勇滕公竟待乃且眼人也何必何前視無如上

皆無滕公也

國士無雙四字描寫鋪敘蕭何所信追信信信本末不遺餘力所謂功第一亦淵此高常自知之耳

須如此方見史書

欲至信信乃仰視適見滕公曰上不欲就天下乎何為而斬壯士滕公奇其言壯其貌釋而不弗斬與語大說之言於上漢王上拜漢王以為治粟都尉上未奇之奇也信數與蕭何語何奇之至南鄭諸將行道道亡者數十人信度何等已數言上上不我用即亡何聞信亡不及以聞自追之人有言上曰丞相何亡上大怒如失左右手居一二日何來謁上上且怒且喜罵何曰若亡何也何曰臣不非敢亡也臣追亡者耳上曰若所追者誰也何曰

史漢異同十卷　淮陰侯　二　余本五

韓信也上復罵曰諸將亡者以十數公無所追追信詐也何曰諸將易得耳至如信者國士無雙王必欲長王漢中無所事信必欲爭天下非信無所可與計事者顧王策安所決耳王曰吾亦欲東耳安能鬱鬱久居此乎何曰王計必欲東能用信即留不能用信信終亡耳王曰吾為公以為將何曰雖為將信必不留王曰以為大將何曰幸甚於是王欲召信拜之何曰王素慢嫚無禮今拜大將如呼召小兒耳此乃信所以去也王必欲拜之擇

喑噁叱咤彷彿與意烏猝嗟，不得於開口，無此奇寶見王之為人故。

夫之勇易見，人之仁難言，此斗字與也字眼。

此語却最緊要，微有欠。

多怨百姓語據說得有本有末，此嘗淮陰惡少哉。

良日齋戒設壇場具禮乃可耳王許之諸將皆喜人人各自以為得大將至拜大將乃韓信也一軍皆驚信已拜禮畢上坐王曰丞相數言將軍將軍何以教寡人計策信謝因問王曰今東鄉爭權天下豈非項王耶漢王（上）曰然信曰大王自料勇悍仁強（彊）孰與項王漢王默然良久曰不（弗）如也信再拜賀曰（唯）唯信亦以為大王不（弗）如也然臣嘗事之（項王）請言項王之為人也項王喑啞叱咤（意烏猝嗟）千人皆廢然不能任屬賢將此特匹夫之

史漢異同卷　淮陰侯　三

勇耳（也）項王見人恭敬慈愛（謹）言語嘔嘔（姁姁）人有疾病涕泣分食飲至使人有功當封爵者（刻）印刓敝忍不能予此所謂婦人之仁也項王雖霸天下而臣諸侯不居關中而都彭城有（又）背義帝之約而以親愛王諸侯不平諸侯之見項王遷逐義帝置江南亦皆歸逐其主而自王善地項王所過無（亡）不殘滅者天下多怨百姓（百姓）不親附特劫於威彊（服）耳名雖為霸實失天下心故曰其彊易弱今大王誠能反其道任天下武勇何所不誅以

天下城邑封功臣何所不服以義兵從思東歸之士何所不散且三秦王為秦將將秦子弟數歲矣（而）所殺亡不可勝計又欺其衆降諸侯至新安項王詐坑（阬）秦降卒二十餘萬人唯獨邯欣翳得脫秦父兄怨此三人痛入（於）骨髓今楚彊以威王此三人秦民莫愛也大王之入武關秋毫無（亡）所害除秦苛法與秦民約法三章耳秦民無（亡）不欲得大王王秦者於諸侯之約大王當王關中民咸（戶）知之大王失職入漢中秦（蜀）民無（亡）不恨者今大

史漢異同卷　淮陰侯　四

王舉而東三秦可傳檄而定也於是漢王大喜自以為得信晚遂聽信計部署諸將所擊八月漢王舉兵東出陳倉定三秦漢二年出關收魏河南韓殷王皆降合（令）齊趙共擊楚四月至彭城漢兵敗散而還信復收（發）兵與漢王會滎陽復擊破楚京索之間以故楚兵卒不能西漢之敗卻彭城塞王欣翟王翳亡漢降楚齊趙亦反漢與楚和六月魏王豹謁歸視親疾至國即絕河關（亦皆）反漢與楚約和漢王使酈生（往）說（魏王）豹（豹）不下（聽）其八月

此收語計先定亦以有功勝登壇云云

漢王與兵三萬人才破趙即收其精兵用見當時所恃非其有於信後所用人

亦所所有而能以成如此縱市人有法古無比也

乃以信為左丞相擊魏（信問酈生魏得毋用周叔為大將軍乎曰柏直也信曰竪子耳遂進兵擊魏）魏王盛兵蒲坂塞臨晉信乃益為疑兵陳船欲渡臨晉而伏兵從夏陽以木罌缻（缶）渡軍襲安邑魏王豹驚引兵迎信信遂虜豹定魏為河東郡（使人請漢王願益兵三萬人臣請以北舉燕趙東擊齊南絕楚之糧道西與大王會於滎陽漢王與兵三萬人）漢王遣張耳與信俱引兵東北進擊趙代後九月破代兵禽夏說閼與信之下魏破代漢輒使人收其精兵詣滎陽以距楚信與張耳以兵數萬欲東下井陘擊趙趙王成安君陳餘聞漢且襲之也聚兵井陘口號稱二十萬廣武君李左車說成安君曰聞漢將韓信涉西河虜魏王禽夏說新喋血閼與今乃輔以張耳議欲以下趙此乘勝而去國遠鬭其鋒不可當臣聞千里餽糧士有飢色樵蘇後爨師不宿飽今井陘之道車不得方軌騎不得成列行數百里其勢糧食必在其後願足下假臣奇兵三萬人從間道（路）絕其輜重足下深

史漢異同卷八　淮陰侯　五

溝高壘堅營勿與戰彼前不得鬭退不得還吾奇兵絕其後使野無所掠鹵不至十日而兩將之頭可致於戲下願君留意臣之計否必不為二子所禽矣成安君儒者也常稱義兵不用詐謀奇計（謂）曰吾聞兵法十（什）則圍之倍則戰今韓信兵號數萬其實不過數千能千里而襲我亦已（以）罷極（夫）今如此避而不（弗）擊後有大者何以加（距）之則諸侯謂吾怯而輕來伐我不聽廣武君策廣武君策不用韓信使間人間視（窺）知其不用還報則大喜乃敢引兵遂下未至井陘口三十里止舍夜半傳發選輕騎二千人人持一赤幟從間道萆山而望趙軍誡（戒）曰趙見我走必空壁逐我若疾入趙壁拔趙幟立漢赤幟令其裨將傳餐曰今日破趙會食諸將皆莫信佯（嘸然陽）應曰諾（信）謂軍吏曰趙已先據便地為壁且彼未見吾大將旗鼓未肯擊前行恐吾至阻險而還信乃使萬人先行出背水陳趙軍望見而大笑平旦信建大將之旗鼓鼓行出井陘口趙開壁擊之大戰良久於是信張耳

史漢異同十卷八　淮陰侯　六

草前行排趙軍
恃郤臨水則恐
吾以阻水而還
耳故進萬人先
鄣背水而陳趙
出以信軍前行
笑之
萬人既陳疾戰
三字衍果然

佯棄鼓旗走水上軍水上軍開入之復疾戰趙果空壁爭漢鼓旗逐韓信張耳韓信張耳已入水上軍軍皆殊死戰不可敗信所出奇兵二千騎共 者 候趙空壁逐利則 即 馳入趙壁皆拔趙旗 幟 立漢赤幟二千趙軍已不勝不能得信耳等欲還歸壁壁皆漢赤幟而大驚以為漢 為 皆已得 破 趙王將矣兵遂亂遁走趙將雖斬之不 弗 能禁也於是漢兵夾擊大破虜趙軍斬成安君泜水上禽趙王歇信乃令軍中毋殺 斬 廣武君有能生得之者購千

若他結証得明

金 須之 於是有縛廣武君而致 至 戲下者信乃解其縛東鄉坐西鄉對 而 師事之諸將 校 効首虜休畢皆賀因問信曰兵法 有 右背山陵前左水澤今者將軍令臣等反背水陳 曰破趙會食臣等不服然竟以勝此何術也信曰此在兵法顧諸君不 弗 察耳兵法不曰陷之死地而後生置 投 之亡地而後存乎且信非得素拊循士大夫也此 經 所謂驅既市人而戰之也其勢非置之死地使人人自為戰今 即 予之生地皆走寧尚可得而用之乎諸將

但背水陣不問
不咎何自得兵
法哉可謂用法
得法外意

此也字缺不得
下也字可無

漢書是

於歎公詞將伯
何古我國之武
風

此字好

亦好

皆服曰善非臣所及也於是信問廣武君曰僕欲北攻燕東伐齊何若而有功廣武君辭謝曰臣聞敗軍之將不可以言勇亡國之大夫不可以圖存 敗軍之將不可以語勇今若臣敗亡之虜 者 何足以權大事乎信曰僕聞之百里奚居虞而虞亡在之秦而秦霸 伯 非愚於虞而智於秦也用與不用聽與不聽也 耳 誠令 向 使成安君聽足下 子 計若信者僕亦已為禽矣以不用足下 故信得侍耳因固問曰僕委心歸計願足下 子 勿辭廣武君曰臣

聞智者千慮必有一失愚者千慮必 亦 有一得故曰狂夫之言聖人擇焉顧恐臣計未必足用願效愚忠夫成安君有百戰百勝之計一旦 日 而失之軍敗鄗下身死泜 水 上今將軍 足下 涉西河虜魏王禽夏說閼與一舉而下井陘不終 旬 朝破趙二十萬衆誅成安君名聞海內威震天下 諸 侯農夫衆 庶 莫不輟耕釋耒 作 怠惰 褕靡衣甘褕食傾耳以待命者若此將軍之所長也然而衆勞卒罷其實難用 上 今將軍 足下 欲舉倦弊 勸 敝 之兵頓

此閒青語亦爲
行別謂衆人皆
知信必勝必取
則視後漏士也
存仍成情夫天
敗以民之時勢
予興行此殊道
上知其必在君
當為失故明又
云知其以奇勝是

此與史記先後亦不為[illegible]敗以從之耳[illegible]

從燕而東臨齊略不用一語故[illegible]

立言以簡要

固與有力也其有餘

之□堅城之□欲戰恐久力不能拔情見勢屈
欲戰不拔曠日持久糧食單竭而弱若燕不服破
齊必距境而以自彊也燕齊二國相持而不下則
劉項之權未有所分也若此者將軍所短也臣愚
竊以為亦過矣故善用兵者不以短擊長而以長
擊短韓信曰然則何由廣武君對曰方當今為將
軍之計莫不如案按甲休兵鎮趙撫其孤百里之
內牛酒日至以饗士大夫醳兵北首燕路而然後
遣辯士發一乘之使奉咫尺之書暴其所長於以

史漢異同卷八淮陰侯　九　[illegible]

使燕燕必不敢不聽從燕已從使諠言者西東告
臨齊齊必從風而服雖有智者亦不知為齊計矣
如是則天下事皆可圖也兵固故有先聲而後實
者此之謂也韓信曰善從其策敬奉教於是用廣
武君策發使使燕燕從風而靡乃遣使報漢因請
立張耳為趙王趙以鎮撫其國漢王許之乃立張
耳為趙王楚數使奇兵渡度河擊趙趙王耳韓信
往來救趙因行定趙城邑發兵詣卒佐漢楚方急
圍漢王於滎陽漢王南出之宛葉間得黥布九江

如此敘事不必[illegible]此等[illegible]功名之際惟恨不[illegible]七十餘城[illegible]酒而[illegible]成[illegible]高陽酒徒以死未為失也

王奔走入成皐楚又復急圍之六月四年漢王出
成皐東渡度河獨與滕公俱從張耳軍修武至宿
傳舍晨自稱漢使馳入趙壁張耳韓信未起即其
臥內上奪其印符以麾召諸將易置之信耳起乃
知獨漢王來大驚漢王奪兩人軍即令張耳備守
趙地拜韓信為相國收發趙兵未發者擊齊信引
兵東未渡平原聞漢王使酈食其已說下齊韓信
欲止范陽辯士蒯通說韓信令擊齊語在通傳信
然其計遂度河襲歷下軍至臨菑齊王走高密使

史漢異同卷八淮陰侯　十　[illegible]

使於楚請救通傳則云後漢將韓信虜魏王破趙
代降燕定三國引兵將東擊齊未度平原聞漢王
使酈食其說下齊信欲止通說曰將軍受詔擊齊
而漢獨發間使下齊寧有詔止將軍乎何以得毋
無行也且酈生一士伏軾掉三寸之舌下齊七十
餘城將軍將數萬之衆歲餘乃下趙五十餘城為
將數歲反不如一豎儒之功乎於是信然之從其
計遂渡度河齊已聽酈生即留之縱酒罷備漢守
禦信因襲齊歷下軍遂至臨菑齊王田廣以酈生

賁為欺已乃而烹之因敗而走高密信遂定齊地
自立為齊假王漢書後漢將止此一段入蒯通傳
內下按漢方困於滎陽遣張良使使之於楚請救
韓信已定臨菑遂東追廣至高密西楚亦使龍且
將號稱二十萬救齊齊王廣龍且并軍與信戰未
合人或說龍且曰漢兵遠鬬窮寇戰其鋒不可當
也齊楚自居其地戰兵易敗散不如深壁令齊王
使其信臣招所亡城亡城聞其王在楚來救必反
漢漢兵二千里客居齊齊城皆反之其勢無所得

史漢異同卷一　淮陰侯　十一

食可無毋戰而降也龍且曰吾平生知韓信為人
易與耳寄食於漂母無資身之策受辱於胯下無
兼人之勇不足畏也且夫救齊不戰而降之吾何
功今戰而勝之齊之半可得何為而止遂戰與信
夾濰水陳韓信乃夜令人為萬餘囊滿盛沙以壅
水上流引軍半渡度擊龍且佯陽不勝還走龍且
果喜曰固知信怯也遂追信渡水信使人決壅囊
水大至龍且軍大半不得渡度即急擊殺龍且龍
且水東軍散走齊王廣亡去信遂追北至城陽皆

虜楚卒漢四年遂皆降遂平齊使人言漢王曰
齊偽夸詐多變反覆之國也南邊楚不為假王以
鎮填之其勢埶不定今權輕不足以安之臣請自
立願為假王便當是時楚方急圍漢王於滎陽韓
信使者至發書漢王大怒罵曰吾困於此旦暮望
若而來佐我乃欲自立為王張良陳平伏後躡漢
王足因附耳語曰漢方不利寧能禁信之自王乎
不如因而立善遇之使自為守不然變生漢王亦
悟因復罵曰大丈夫定諸侯即為真王耳何以

史漢異同卷一　淮陰侯　十三

假為乃遣張良往立信為齊王徵其兵使擊楚
已以亡龍且項王恐使盱眙人武涉往說齊王
信曰天下共苦秦久矣相與戮力擊秦秦已破計
功割地分土而王之以休士卒今漢王復興兵而
東侵人之分奪人之地已破三秦引兵出關收諸
侯之兵以東擊楚其意非盡吞天下者不休其不
知厭足如是甚也足下何不反漢與楚楚王與足
下有舊故且漢王不可必身居項王掌握中數矣
項王憐而活之然得脫輒倍背約復擊項王其不

可親信如此今足下雖自以與漢王為厚（金石）交
為之盡力用兵（然）終為之（漢王）所禽矣足下所以
得須臾至今者以項王尚存（在）也當今二王之事
權在足下足下右投則漢王勝左投則項王勝項
王今日（即）亡則次取足下足下與項王有故何不
反漢與楚連和三分天下而王之（齊）今釋此時而
自必於漢（王）以擊楚且為智者固若此乎（耶）韓信
謝曰臣得事項王（數年）官不過郎中位不過執戟
言不聽畫策不用故倍（背）楚而歸漢漢王授我上

將軍印予我數萬之眾解衣衣我推食食我言聽
計用故吾得以至於此夫人深親信我我倍（背）之
不祥雖死不易幸為信謝項王武涉已去齊人蒯
通知天下權在韓於信（深說以三分天下之計語）
在通傳下接信不忍背漢通傳連上自立為假王
云漢方困於滎陽遣張良即立信為齊王以安固
之項王以遣武涉說信欲與連和蒯通知天下權
在信欲為奇策而感動之以相人說韓信（令背漢）
乃先微感信曰僕嘗受相人之術韓信曰先生相

此敘請問則上[illegible]略

漢書易置楚漢兩段楚後漢前若以意求與困觀之楚前漢[illegible]先滎陽而[illegible]西山不[illegible]亦不後言漢弱亦不[illegible][illegible][illegible][illegible][illegible]可之[illegible]而歸之非足所[illegible]在此容容[illegible][illegible][illegible][illegible][illegible][illegible][illegible]已

漢勢在上語此

人何如對曰貴賤在於骨法憂喜在於容色成敗
在於決斷以此參之萬不失一韓信曰善先生相
寡人何如對曰願少間信曰左右去矣通曰相君
之面不過封侯又危而不安相君之背貴乃（而）不
可言韓信曰何謂也蒯通因（請間）曰天下初發（作）
難也俊雄豪傑建號一呼天下之士雲合霧集
魚鱗雜（襍）遝熛（飆）至風起當此之時憂在亡秦而
已今楚漢（劉項）分爭使天下無罪之人肝膽（腦）塗
地父子暴（骸）骨於（流離）中野不可勝數楚人起彭

城轉鬬逐北至於滎陽乘利席卷威震天下然兵
困於京索之間迫西山而不能進者三年於此矣
漢王將數十萬之眾距鞏雒（洛）阻（岨）山河之險一
日數戰無（亡）尺寸之功折北不救敗滎陽傷成皐
遂（遯）走宛葉之間此所謂智勇俱困者也（楚人起）
彭城轉鬬逐北至滎陽乘利席勝威震天下然兵
困於京索之間迫西山而不能進三年於此矣夫
銳氣挫於險塞而糧食竭（盡）於內府藏百姓罷極
怨望容容無所倚（歸命）以臣料之其勢非天下之

張耳陳餘何淺亦然漢首可米也

割大弱彊以立諸侯……

知其……

賢聖其執固不能息天下之禍當今之時兩主之
命縣於命足下足下為漢則漢勝與楚則楚勝臣
願披腹心腹輸肝膽效愚計忠恐足下不能用
也誠能聽臣之方今為足下計莫若兩利而俱存
之三分天下鼎足而居立其勢執莫敢先動夫以
足下之賢聖有甲兵之衆據彊齊從燕趙出空虛
之地而制其後因民之欲西鄉為百姓請命則天
下風走而響應矣孰敢不聽割大弱彊以立諸侯
諸侯已立天下服聽而歸德於齊足下案接齊國

史漢異同十卷　八淮陰侯　五十五

之故有膠淮泗之地懷諸侯之以德深拱揖讓則
天下之君王相率而朝於齊矣蓋聞天與弗取反
受其咎時至不弗行反受其殃願足下孰慮圖之
韓信曰漢王遇我甚厚載我以其車衣我以其衣
食我以其食吾聞之乘人之車者載人之患衣人
之衣者懷人之憂食人之食者死人之事吾豈可
以鄉見利倍義而背恩乎蒯生通曰足下自以為
善漢王欲建萬世之業臣竊以為誤矣始常山王
成安君為布衣時故相與為刎頸之交後爭張

文字之阻

退改閱筆

不當舉劃于此

黶陳澤釋之事二人相怨常山王背項王奉項嬰
頭而鼠竄逃以歸於漢王漢王借兵而東下戰於
鄗北殺成安君死於泜水之南頭足異處卒為天
下笑此二人相與天下之至驩也然而卒相禽滅
亡者何也患生於多欲而人心難測也今足下欲
行忠信以交於漢王必不能固於二君之相與也
而事多大於張黶陳澤釋之事者故臣以為足下
必漢王之不危已亦誤足下過矣大夫種范蠡存
亡越霸伯句踐立功成名而身死亡諺曰野獸已

史漢異同十卷　八淮陰侯　五十六

盡禽殫而獵狗走犬亨烹敵國破謀臣亡夫故以交
友言之則不如過張耳之王與成安君者也以忠
信臣言之則不過大夫種范蠡之於句踐也此二
人者宜足以觀矣願足下深慮之且臣聞之勇略
震主者身危而功蓋天下者不賞臣請言大王功
略足下涉西河虜魏王禽夏說引兵下井陘誅成
安君徇之罪以令於趙脅燕定齊南摧楚人之兵
二數十萬衆東殺遂斬龍且西鄉以報此所謂功
無二於天下而略不世出者也今足下戴震主之

蒯通畫足

反覆說得極人情而班書此文……第一

威挾不賞之功戴震主之威歸楚楚人不信歸漢漢人震恐足下欲持是安歸乎夫勢在人臣之位而有震主之威名高天下之名竊切為足下危之韓信謝曰先生且休矣吾將念之後數日蒯通復說曰夫聽者事之候也計者事存亡之機也聽過計失而能久安者鮮矣聽不失一二者不可亂以言計不失本末者不可紛以辭夫隨廝養之役者失萬乘之權守儋石之祿者闕卿相之位故知者決之斷也疑者事之害也審毫氂之小計遺天

下之大數智誠知之而決弗敢行者百事之禍也故曰猛虎之猶豫與不若如蜂蠆之致螫蠚騏驥之跼躅不如駑馬之安步孟賁之狐疑不如庸夫童子之必至也雖有舜禹之智吟而不言不如瘖聾之指麾也此言貴能行之也夫功者難成而易敗時者難得值而易失也時乎時不再來願足下詳察無疑臣之計韓信猶豫與不忍倍背漢又自以為功多漢終不奪我齊遂謝蒯通蒯通說不聽已惶恐乃佯陽狂為巫信不忍倍漢又自以功大

此處文與史異然只一字可救……

漢王不奪我齊遂不聽通佯為巫下從後天下定後信以罪廢漢王之困敗固陵用張良計召齊王韓信遂將兵會垓下項羽已破死高祖襲奪齊王軍漢五年正月徙齊王信為楚王都下邳信至國召所從食漂母賜千金及下鄉南昌亭長賜百錢百曰公小人也為德不卒竟召辱已之少年令出胯跨下者以為楚中尉告諸將相曰此壯士也方辱我時我寧不能殺死之耶殺死之無名故忍而就於此項王亡將鍾離昧家在伊廬素與

信善項王死後敗昧亡歸信漢王怨昧聞其在楚詔楚捕昧之信初之國行縣邑陳兵出入漢六年人有上書變告楚王信欲反高帝以昔聞上患之用陳平計謀天子巡狩會諸侯南方有雲夢發使告諸侯會陳吾將偽游於雲夢者實欲襲信信弗知高祖且至楚信欲發兵反自度無罪欲謁上恐見禽人或說信曰斬昧謁上上必喜無患信見昧計事昧曰漢所以不擊取楚以昧在公所若欲捕我以自媚於漢吾今日死公亦隨手亡矣乃罵

如此為其為羽報仇也昧一夫乃及有楚……

嘗史語款切處如此公常寫得到[illegible]

[illegible]於此勝

挈其手辟左右與之步手已仰天歎數字字已甚不可[illegible]矣已[illegible]而歎少頃欲與子有言也字大[illegible]北漢亦不[illegible]正在此一也字者皆喜可[illegible]

信曰公非長者卒自剄信持其首謁高祖於陳高祖令武士縛信載後車信曰果若人言狡兔死走良狗亨高鳥盡良弓藏敵國破謀臣亡天下已定我固當亨上曰人告公反遂械繫信至雒陽赦信罪以為淮陰侯信知漢王畏惡其能常稱病疾不朝從信由此日夜怨望居常鞅鞅羞與絳灌等列信常嘗過樊將軍噲噲跪拜送迎言稱臣曰大王乃肯臨臣信出門笑曰生乃與噲等為伍上常嘗從容與信言諸將能不各有差上問曰如我

史漢異同卷十九　淮陰侯　九

能將幾何信曰陛下不過能將十萬上曰於君如公何如曰如臣多多而益善辦耳上笑曰多多益善辦何為為我禽信曰陛下不能將兵而善將將此乃信之所以為陛下禽也且陛下所謂天授非人力也後陳豨拜為鉅鹿守代相監邊辭於淮陰侯信淮陰侯信挈其手辟左右與之步於庭數匝仰天而歎曰子可與言乎吾欲與子有言也豨因曰唯將軍令之命淮陰侯信曰公之所居天下精兵處也而公陛下之信幸臣也人言公之畔反陛

辯之直

史字讀勢徑直則反形已具非排個[illegible]不得已之意使一也字有味與不成之幾此處寫得危可悲叫尚在高祖文字之妙如此

史不用此歸重[illegible]也夫

下必不信再至陛下乃疑矣三至必怒而自將吾為公從中起天下可圖也陳豨素知其能也信之曰謹奉教漢十年陳豨果反上高帝自將而往信稱病不從陰使人至之豨所曰第舉兵吾從此助公信乃謀而與家臣謀夜詐詔赦諸官徒奴欲發以兵襲呂后太子部署已定待豨報其舍人得罪於信信囚欲殺之舍人弟上書變告信欲反狀於呂后呂后欲召恐其黨不就乃與蕭相國謀詐令人從上帝所來言稱豨已得死破列侯群臣皆賀

史漢異同卷十九　淮陰侯　二十

相國紿信曰雖疾病彊入賀信入呂后使武士縛信斬之長樂鍾室信方斬曰吾悔不用蒯通之計乃反為兒女子所詐豈非天哉遂夷信三族高祖已從破豨軍來歸至見聞信死且喜且憐哀之問曰信死亦何言呂后曰信言恨不用蒯通計道其語高祖曰是此齊辯士蒯通也召欲亨之通至自說釋弗誅語在通傳漢書信傳止此以下入蒯通傳天下既定後信以罪廢為淮陰侯謀反被誅臨死歎曰悔不用蒯通之言死於兒女子之手高祖

太史公有無辯不可殺者問信死亦問言是也有絳灌不可急新滿腹衆素風是也淡書雜刪之與勁然出之者不追問驗之者不移此傳於以先秦劃即爲漢必不得尸寧殊毋宋史漢之分也

曰是齊辯士蒯通通乃詔齊捕召蒯通蒯通至上曰若教淮陰侯反乎對曰然臣固教之豎子不用臣之策故令自夷於此如彼豎子用臣之計陛下安得而夷之乎上怒曰欲亨之通曰嗟乎冤哉亨也上曰若教韓信反何冤也對通曰秦之綱絕而維弛山東大擾異姓並起英俊烏集秦失其鹿天下共逐之於是高材疾足者先得焉跖之狗吠堯堯非不仁狗固各吠非其主當是彼時臣唯獨知齊王韓信非知陛下也且秦失其鹿天下共逐之

高材者先得天下銳精持鋒欲爲陛下所爲者甚衆顧力不能耳又可盡亨之嬋誅耶高祖曰置上迺赦之乃釋通之罪至齊悼惠王時曹參爲相禮下賢人請通爲客初齊王田榮怨項羽謀舉兵畔之劫齊士不與者死齊處士東郭先生梁石君在劫中彊從及田榮敗二人醜之相與入深山隱居客謂通曰先生之於曹相國拾遺舉過顯賢進能齊國莫若先生者先生知梁石君東郭先生世俗所不及何不進之於相國乎通曰諾臣之

太史公置蒯生蒯通傳內觀其言武涉已去蒯通又來此豈可以常法拘其中有成安廣武又有說龍且者俱事跡筆致浩蕩爲之下但別爲蒯傳哉漢書移此于彼兒童之見也

里婦與里之諸母相善也里婦夜亡肉姑以爲盜怒而逐之婦晨去過所善諸母語以事而謝之里母曰汝安行我今令而家追汝矣即束緼請火於亡肉家曰昨暮夜犬得肉爭鬭相殺請火治之亡肉家遽追呼其婦故里母非談說之士也束緼乞火非還婦之道也然物有相感事有適可臣請乞火於曹相國乃見相國曰婦人有夫死三日而嫁者有幽居守寡不出門者足下即欲求婦何取曰取不嫁者通曰然則求臣亦猶是也彼東郭先生

梁石君齊之俊士也隱居不嫁未嘗卑節下意以求仕也願足下使人禮之曹相國曰敬受命皆以爲上賓通論戰國時說士權變亦自序其說凡八十一首號曰雋永初通善齊人安其生安其生嘗干項羽不能用其策而項羽欲封此兩人兩人卒不肯受

太史公曰吾如淮陰淮陰人爲余言韓信雖爲布衣時其志與衆異其母死貧無以葬然乃行營高敞地令其旁可置萬家余視其母冢良然假令韓

信學道謙讓不伐己功不矜其能則庶幾哉於漢家勳可以比周召太公之徒後世血食矣不務出此而天下已集乃謀畔逆夷滅宗族不亦宜乎

班馬異同

班馬異同

樊酈滕灌列傳第三十五　史記九十五

樊酈滕灌靳周傳第十一　漢書四十一

舞陽侯樊噲者沛人也以屠狗為事後與高祖俱隱於芒碭山澤間陳勝初起蕭何曹參使噲求迎從高祖起豐攻下沛高祖立為沛公以噲為舍人從攻胡陵方與還守豐擊泗水監豐下破之復東定沛破泗水守薛西與司馬𡰥戰碭東卻敵斬首十五級賜爵國大夫常從沛公擊章邯軍濮陽攻城先登斬首二十三級賜爵列大夫復常從攻城陽城先登下戶牖破李由軍斬首十六級賜上間爵從攻圍圍都尉東郡守尉於成武卻敵斬首十四級捕虜十一六人賜爵五大夫從擊取秦軍出亳南河間守軍於杠里破之擊破趙賁軍開封北以卻敵先登斬候候一人首六十八級捕虜二十一六人賜爵卿從攻破楊熊軍於曲遇攻宛陵先登斬首八級捕虜四十四人賜爵封號賢成君從攻長社轘轅絕河津東攻秦軍於尸鄉南攻

後與高祖俱隱於芒碭山澤間蛟與劉然無並蕭何曹參使噲求迎劉以亦賀於別傳互見亦可在此傳為重出又所班史從略求於移後此亦謂然於為勝史者言之也若作者所出此是自高祖為沛公以噲為舍人為得史注不必改

班史從不見當時捌搜學者不待戰時為私削後亦從則無此眼目看他入後字是用意耶又與前增後字鄙重不同

此以字連下賜爵卿

增尸鄉字成於一字是

秦軍於犨破南陽守齮於陽城東攻宛城先登西
至酈以郤敵斬首二十四級捕虜四十人賜重封
攻武關至霸上斬都尉一人首十級捕虜百四十
六人降卒二千九百人項羽在戲下欲攻沛公沛
公從百餘騎因項伯面見項羽謝無有閉關事項
羽既饗軍士中酒亞父謀欲殺沛公令項莊拔劍
舞坐中欲擊沛公項伯常肩屏蔽沛公之時獨沛
公與張良得入坐樊噲在居營外聞事急乃持鐵
盾入初入到營營衛止噲噲直撞入立帳下項羽

史漢異同卷十一　八樊噲　二　石伯勝

目之問為誰張良曰沛公參乘樊噲也項羽曰壯
士賜之卮酒彘肩噲既飲酒拔劍切肉食盡之項
羽曰能復飲乎噲曰臣死且不辭豈特卮酒乎且
沛公先入定咸陽暴師霸上以待大王大王今日
至聽小人之言與沛公有隙臣恐天下解心疑大
王也項羽默然沛公如廁麾樊噲去既出沛公留
車騎獨騎一馬與樊噲等四人步從從閒道山下
走歸走霸上軍而使張良謝項羽項羽亦因遂已
無誅沛公之心矣是日微樊噲奔入營誚譙讓項

羽沛公事幾殆明後數日項羽入屠咸陽立沛為
漢王漢王賜噲爵為列侯號臨武侯遷為郎中從
入漢中還定三秦別擊西丞白水北雍輕車騎於
雍南破之從攻雍斄城先登擊章平軍好畤攻城
先登陷陳斬縣令丞各一人首十一級虜二十人
遷為郎中騎將從擊秦車騎壤東卻敵遷為將
軍攻趙賁下郿槐里柳中咸陽灌廢丘最至櫟陽
賜食邑杜之樊鄉從攻項籍屠煮棗擊破王武程
處軍於外黃攻鄒魯瑕丘薛項羽敗漢王於彭城

史漢異同十一卷　八樊噲　三　華福

盡復取魯梁地噲還至滎陽益食平陰二千戶以
將軍守廣武一歲項羽引而東從高祖擊項籍下
陽夏虜楚周將軍卒四千人圍項籍於陳大破之
屠胡陵項籍既死漢王為帝即皇帝位以噲堅守
戰有功益食邑八百戶其秋從高祖攻反燕王臧
荼反噲從攻虜荼定燕地楚王韓信反噲從至陳
取信定楚更賜爵列侯與諸侯剖符世世勿絕食
舞陽號為舞陽侯除前所食以將軍從高祖攻反
者韓王信於代自霍人以往至雲中與絳侯等共

新序所得總會於此而豨將多殺東垣所載不知其故

未見抵之為人名也抵訓至一云抵者丞相之名

定之益食千五百戶因擊陳豨與曼丘臣軍戰
國破柏人先登降之定清河常山凡二十七縣殘
東垣遷為左丞相破得綦毋卬尹潘軍於無終廣
昌破豨別將胡人王黃軍於代南因擊韓信軍於
參合軍所將卒斬韓信破擊豨胡騎橫谷斬將軍
趙既虜代丞相馮梁守孫奮大將王黃將軍太卜
將一人太僕解福等十人與諸將共定代鄉邑七
十三其後燕王盧綰反噲以相國擊盧綰破其丞
相抵薊南定燕地凡縣十八鄉邑五十一益食邑

千三百戶定食舞陽五千四百戶從斬首百七十
六級虜二百八十八人七人別破軍七下城五定郡
六縣五十二得丞相一人將軍十二三人二千石
以下至三百石十一二人噲以呂后女弟呂須頍
為婦生子伉故其比諸將最親先黥布反時高祖
帝嘗病甚惡見人臥禁中詔戶者無得入群臣群
臣絳灌等莫敢入十餘日噲乃迺排闥直入大臣
隨之上獨枕一宦者臥噲等見上流涕曰始陛下
與臣等起豐沛定天下何其壯也今天下已定又

何憊也且陛下病甚大臣震恐不見臣等計事顧
獨與一宦者絕乎且陛下獨不見趙高之事乎高
帝笑而起其後盧綰反高帝使噲以相國擊燕是
時高帝病甚人有惡噲黨於呂氏即上一日宮車
晏駕則噲欲以兵盡誅滅戚氏趙王如意之屬高
帝聞之大怒乃使陳平載絳侯代將而即軍中斬
噲陳平畏呂后執噲詣長安至則高祖帝已崩呂
后釋噲使得復爵邑孝惠六年樊噲卒謚為
武侯子伉嗣代侯而伉母呂須頍亦為臨光侯高

后時用事顓專權大臣盡畏之伉代侯九歲高后
崩大臣誅諸呂呂須頍婘屬等因誅伉舞陽侯中
絕數月孝文帝既立乃復封噲他庶子市人為舞
陽侯復故爵邑市人立二十九歲卒謚為荒
侯子他廣嗣代侯六歲侯家其舍人得罪他廣怨
之乃上書曰言荒侯市人病不能為人令其夫人
與其弟亂而生他廣他廣實非荒侯子不當代後
詔下吏孝景中六年他廣奪侯為庶人國除免平
帝元始二年繼絕世封噲玄孫之子章為舞陽侯

北疑何可缺一字　此北地將疑恐者

破軍疑無軍字　山地名又反覆也　紀亦特有此

陰無他異獨在諸以字不論盡異數改政或然是非自此紀事之體態也莫盡知他傳即史文千百無異不特不必刪亦不可刪

邑千戶
曲周侯酈商者高陽人也陳勝起時商聚少年東
西略人得數千人沛公略地至陳留六月餘商以
所將卒四千人屬沛公於岐從攻長社先登賜爵
封信成君從沛公攻緱氏絕河津破秦軍洛陽東
從攻下宛穰定十七縣別將攻旬關西定漢中項
羽滅秦立沛公為漢王漢王賜商爵信成君以將
軍為隴西都尉別將定北地上郡破章邯別將雍
將軍於烏氏周類軍栒邑蘇駔軍於泥陽賜食邑
史漢異同卷　八酈商　六　官稱郎
武城六千戶以隴西都尉從擊項籍軍五月出鉅
野與鍾離昧戰疾鬬受梁相國印益食益邑四千
戶以梁相國將從擊項羽二歲三月攻胡陵項羽
既已死漢王為即帝位其秋燕王臧荼反商以將
軍從擊荼戰龍脫先登陷陳破荼軍易下卻敵遷
為右丞相賜爵列侯與諸侯剖符世世勿絕食邑
涿郡五千戶號曰涿侯以右丞相別定上谷因攻
代受趙相國印以右丞相趙相國別與絳侯等定
代郡鴈門得代丞相程縱守相郭同將軍已下至

以兩陳古今為非

商不治事之使人此子又見其貴父之此在祖可知得不欲顯

無此世字莫不可任也哉

六百石十九人還以將軍為將大上皇衛一歲
七十月以右丞相擊陳豨殘東垣又以右丞相從
高帝擊黥布攻其前拒垣陷兩陳得以破布軍更
食封為曲周侯食邑五千一百戶除前所食凡別
破軍三降定郡六縣七十三得丞相守相大將軍
各一人小將軍二人二千石已下至六百石十九
人商事孝惠帝呂后呂高后時崩商病疾不治事
其子寄字況與呂祿善及高后崩大臣欲誅諸呂
呂祿為將軍軍於北軍太尉勃不得入北軍於是
史漢異同卷　八酈商　七　江虎
乃迺使人劫酈商令其子況寄紿呂祿呂祿信之
故與出遊而太尉勃乃迺得入據北軍遂以誅諸
呂商是歲商卒謚為日景侯子寄嗣代侯天下
稱酈況賣交交也孝景前三年時吳楚齊趙反上
以寄為將軍圍趙城十七月不能下得俞侯欒布
自平齊來乃迺下趙城滅趙王自殺除國孝景中
二年寄欲取平原君為夫人景帝怒下寄吏有罪
奪侯免景帝止乃迺以封商他子堅為繆侯續酈
氏奉商後繆靖侯卒子康侯遂成立遂成卒子懷

侯世宗立世宗卒傳至玄孫子侯終根立武帝時
為太常坐法巫蠱誅國除元始中賜高祖時功臣
自酈商以下子孫爵皆關內侯食邑凡百餘人
汝陰侯夏侯嬰沛人也為沛廐司御每送使客還
過沛泗上亭與高祖語未嘗不移日也嬰已而試
補縣吏與高祖相愛高祖戲而傷嬰人有告高祖
高祖時為亭長重坐傷人告故不傷嬰嬰證之後
獄覆嬰坐高祖繫歲餘掠笞數百終以是脫高
祖高祖之初與徒屬欲攻沛也嬰時以縣令史為

高祖使上降沛一日高祖為沛公賜嬰爵七大夫
以嬰為太僕常奉車從攻胡陵平嬰與蕭何降泗水
監平平以胡陵降賜嬰爵五大夫從擊秦軍碭東
攻濟陽下戶牖破李由軍雍丘下以兵車趣攻戰
疾破之賜爵執帛常以太僕奉車從擊章邯軍東
阿濮陽下以兵車趣攻戰疾破之賜爵執珪圭復
常奉車從擊趙賁軍開封楊熊軍曲遇嬰從捕虜
六十八人降卒八百五十人得印一匱因復常奉
車從又擊秦軍雒陽東以兵車趣攻戰疾賜爵封

謂傷人為[illegible]則殺人又論何知然[illegible]時嬰外又傷別人乘發相連乃自明不為嬰吏[illegible]不收嬰證不[illegible]為傷人故坐[illegible]若身自受傷[illegible]說不傷則嬰[illegible]在又正之兩字雖用字[illegible]足以不傷重傷也不通 覆無後我不必言為也

使上降沛一日未不可解[illegible]令史而從令降日上一日字[illegible]以是日降也然顧[illegible]力不[illegible]

三以兵車趣攻戰疾每舉不書文以[illegible]其所長疾若又功狀之狀也知先[illegible]與[illegible]神各有賞陳同常以太僕奉車又同從常奉車則以太僕來言從以太僕五千侯從[illegible]侯長官不自[illegible]陳以大僕[illegible]大夫[illegible]郎中從以[illegible]令奉車至

轉為滕公令因復奉車從攻定南陽戰於藍田芷
陽以兵車趣攻戰疾至霸上項羽至滅秦立沛公
為漢王漢王賜嬰爵列侯號昭平侯復為太僕從
入蜀漢還定三秦從擊項籍至彭城項羽大破漢
軍漢王敗不利馳去見孝惠魯元載之漢王急馬
罷虜在後常蹶兩兒欲棄之嬰常收竟載之徐
行面雍樹乃馳漢王怒行欲斬嬰者十餘卒得脫
而致孝惠魯元於豐漢王既至滎陽收散兵復振
賜嬰食邑沂祈陽復常奉車從擊項籍下邑追至

陳卒定楚至魯益食茲氏漢王立為帝其秋
燕王臧荼反嬰以太僕從擊荼明年從至陳取楚
王信更食汝陰剖符世世勿絕以太僕從擊代至
武泉雲中益食千戶因從擊韓信軍胡騎晉陽旁
大破之追北至平城為胡所圍七日不得通高帝
使使厚遺閼氏冒頓乃開其圍一角高帝出欲馳
嬰固徐行弩皆持滿外向卒以得脫益食嬰細
陽千戶復以太僕從擊胡騎句注北大破之以太
僕擊胡騎平城南三陷陳功為多賜所奪邑五百

載孝惠魯元上見得此奉車所載如此漢書蓋削之但云常奉車上抑[illegible]不能此

收不利亦不可言故行使載[illegible]常不利故馳去也張文急又馬罷不虜在後又常蹶兩兒欲棄之欲[illegible]豈可者一蹶行勝常收下一收兒載之徐行面雍之但兩兒解之未定故預欲行在後其面雍樹謂兩兒

自抱兩兒對面帥之乃馳蓋得形勢且兄若前初[illegible]而可此常常收之行足矣其徐往然亦其手收云然行欲斬嬰妙在行字謂欲去此累復擒此累且馳且怒

去畧字是

戶以太僕從擊陳豨黥布軍陷陳卻敵益食千戶
定食汝陰六千九百戶除前所食嬰自上初起沛
常為太僕竟高祖崩以太僕事孝惠帝孝惠帝及
高后德嬰之脫孝惠魯元於下邑之間也乃賜嬰
縣北第第一曰近我以尊異之孝惠帝崩以太僕
事高后高后崩代王之來嬰以太僕與東牟侯入
清宮廢少帝以天子法駕迎代王代邸與大臣共
立為孝文皇帝復為太僕八歲卒諡曰為文侯
子夷侯竈立七年卒子共侯賜立三十一年卒傳

至曾孫子侯頗尚平陽公主立十九歲元鼎二年
坐與父御婢奸罪自殺國除　初嬰為滕令奉車故
號滕公及曾孫頗尚主主隨外家姓號孫公主故
滕公子孫更為孫氏
潁陰侯灌嬰者睢陽販繒者也高祖之為沛公畧
地至雍丘下章邯敗殺項梁而沛公還軍於碭嬰
初以中涓從擊破東郡尉於成武及秦軍於杠里
疾鬬賜爵七大夫又從攻秦軍亳南開封曲遇戰
疾力賜爵執帛號宣陵君從攻陽武以西至雒陽

嬰無文學以論首虜功狀多紀北北折仲本與獨可數處乃字耳取未拔所將卒及身所獲是秦漢間戰鬬明述文字錄實如非後來張皇所附比也雖左傳亦不免可觀少此

小漢王敗逃秦將又反於間傳見者

去兵字是

去車字令從騎非二字止有三字又多二騎字

鄭氏又見嬰少年

起陽武至襄邑絕楚之餉道餘從之漢時作史得此材實可觀

破秦軍尸北北絕河津南破南陽守齮陽城東遂
定南陽郡西入武關戰於藍田疾力至霸上賜爵
執珪號昌文君沛公立為漢王拜嬰為郎中從
入漢中十月拜為中謁者從還定三秦下櫟陽降
塞王還圍章邯於廢丘未拔從東出臨晉關擊降
殷王定其地擊項羽將龍且魏相項他軍定陶南
疾戰破之賜嬰爵列侯號昌文侯食杜平鄉復以
中謁者從降下碭以至彭城項羽擊大破漢王漢
王遁而西嬰從還軍於雍丘王武魏公申徒反從

擊破之攻下外黃西收兵軍於滎陽楚騎來衆漢
王乃迺擇軍中可為車騎將者皆推故秦騎士重
泉人李必駱甲習騎兵今為校尉可為騎將漢王
欲拜之必甲曰臣故秦民恐軍不信臣臣願得
大王左右善騎者傅之灌嬰雖少然數力戰乃迺
拜灌嬰為中大夫令李必駱甲為左右校尉將郎
中騎兵擊楚騎於滎陽東大破之受詔別擊楚軍
後絕其餉饟道起陽武至襄邑擊項羽之將項冠
於魯下破之所將卒斬右司馬騎將各一人擊破

上有以列侯更以御史大夫較是

節郎即見嬰長騎事

知漢王遣歸知信自立皆文可省而並欲以此見其後敗者

敘將有力處

柘公王武軍於燕西所將卒斬樓煩將五人連尹一人擊王武別將桓嬰白馬下破之所將卒斬都尉一人以騎度河南送漢王到雒陽使從北迎相國韓信軍於邯鄲還至敖倉嬰遷為御史大夫三年以列侯食邑杜平鄉以御史大夫受詔將郎中騎兵東屬相國韓信擊破齊軍於歷下所將卒虜車騎將軍華毋傷及將吏四十六人降下臨菑淄得齊守相田光追齊相田橫至嬴博擊破其騎所將卒斬騎將一人生得騎將四人攻下嬴博破齊

將軍田吸於千乘所將卒斬吸之東從韓信攻龍且留公旋於高假密卒斬龍且生得右司馬連尹各一人樓煩將十人身生得亞將周蘭齊地已定韓信自立為齊王使嬰別將擊楚將公杲於魯北破之轉南破薛郡長身虜騎將一人入攻傅陽前至下相以東南僮取慮徐度淮盡降其城邑至廣陵項羽使項聲薛公郯公復定淮北嬰度淮北擊破項聲郯公下邳斬薛公下下邳壽春擊破楚騎於平陽遂降彭城虜柱國項佗降留薛沛酇蕭相

可親信如此今足下雖自以與漢王為厚金石交為之盡力用兵然終為之漢王所禽矣足下所以得須臾至今者以項王尚存在也當今二王之事權在足下足下右投則漢王勝左投則項王勝項王今日即亡則次取足下足下與項王有故何不反漢與楚連和三分天下而王之齊今釋此時而自以於漢王以擊楚且為智者固若此乎耶韓信謝曰臣得事項王數年官不過郎中位不過執戟言不聽畫策不用故倍背楚而歸漢漢王授我上

將軍印予我數萬之衆解衣衣我推食食我言聽計用故吾得以至於此夫人深親信我我倍背之不祥雖死不易幸為信謝項王武涉已去齊人蒯通知天下權在韓於信深說以三分天下之計語

在通傳下接信不忍背漢通傳連上自立為假王云漢方困於滎陽遣張良即立信為齊王以安固之項王以遣武涉說信欲與連和蒯通知天下權

在信欲為奇策而感動之以相人說韓信令背漢乃先微感信曰僕嘗受相人之術韓信曰先生相

[illegible]

將軍先出攻布別將於相破之斬亞將樓煩將三人又進擊破布上柱國軍及大司馬軍又進破布別將肥銖誅嬰身生得左司馬一人所將卒斬其小將十人追北至淮上益食邑二千五百戶布已破高帝歸定令嬰食潁陰五千戶除前所食邑凡從所得二千石二人別破軍十六降城四十六定國一郡二縣五十二得將軍二人柱國相國各一人二千石十人嬰自破布歸高祖崩嬰以列侯事孝惠帝及呂太后太后崩呂祿等以趙王自置

為將軍軍長安欲為亂齊哀王聞之舉兵西且入誅不當為王者上將軍呂祿等聞之乃遣以嬰為大將將軍往擊之嬰行至滎陽乃與絳侯等謀因屯兵滎陽風齊王以誅呂氏事齊兵止不前絳侯等既誅諸呂齊王罷兵歸嬰亦罷兵自滎陽歸還與絳侯陳平共立代王為孝文皇帝孝文皇帝於是益封嬰三千戶賜黃金千斤拜為太尉三歲絳侯勃免相就國嬰為丞相罷太尉官是歲匈奴大入北地上郡令丞相嬰將騎八萬五千往擊匈奴

[illegible]

匈奴去濟北王反詔乃罷嬰之兵後歲餘嬰以丞相卒謚曰懿侯子平侯阿代侯二十八年卒子彊代侯十二年傳至孫彊有罪絕二歲元光三年天子武帝復封灌嬰孫賢為臨汝侯續灌氏奉嬰後後八歲坐行賕有罪國除

太史公曰吾適豐沛問其遺老觀故蕭曹樊噲滕公之家及其素異哉所聞方其鼓刀屠狗賣繒之時豈自知附驥之尾垂名漢廷德流子孫哉余與他廣通為言高祖功臣之興時若此云

[illegible]

贊曰仲尼稱犂牛之子騂且角雖欲勿用山川其舍諸言士不繫於世類也語曰雖有茲基不如逢時信矣樊噲夏侯嬰灌嬰之徒方其鼓刀僕御販繒之時豈自知附驥之尾勒功帝籍慶流子孫哉當孝文時天下以酈寄為賣友夫賣友者謂見利而忘義也若寄父為功臣而又執劫雖摧呂祿以安社稷義存君親可也

班馬異同

何焯云柱下主秘藏猶今之吏涂不用命者非美士不能也

漢計相在當時亦奇

班馬異同

張丞相列傳第三十六　史記九十六

張周趙任申屠傳第十二　漢書四十二

張丞相蒼者陽武人也好書律歷秦時為御史主柱下方書有罪亡歸及沛公略地過陽武蒼以客從攻南陽蒼坐法當斬解衣伏質身長大肥白如瓠時王陵見而怪其美士乃言沛公赦勿斬遂從西入武關至咸陽沛公立為漢王入漢中還定三秦陳餘擊走常山王張耳耳歸漢漢乃以張蒼為常

史漢異同十二卷　一　張蒼　十一　余本立

山守從淮陰侯韓信擊趙蒼得陳餘趙地已平漢王以蒼為代相備邊寇已而徙為趙相相趙王耳耳卒相其子趙王敖復徙相代王燕王臧荼反高祖往擊之蒼以代相從攻臧荼有功以六年中封為北平侯食邑千二百戶遷為計相一月更以列侯為主計四歲是時蕭何為相國而張蒼乃自秦時為柱下御史明習天下圖書計籍蒼又善用算律歷故令蒼以列侯居相府領主郡國上計者黥布反亡漢立皇子長為淮南王而張蒼相之十四年

其行文雅如此

古史直敘如高帝擁戚姬項乃令人以為小說可以諭者端緊本不在此而後世以為塗其此後何學者帶乃益可知

兩期期作與其事此收甚之詞不必贅

遷為御史大夫

周昌者沛人也其從兄曰周苛秦時皆為泗水卒史及高祖起沛擊破泗水守監於是周昌周苛自卒史從沛公沛公以周昌為職志周苛為客從入關破秦沛公立為漢王以周苛為御史大夫周昌為中尉漢王四年楚圍漢王滎陽急漢王遁出去而使周苛守滎陽城楚破滎陽城欲令周苛將苛罵曰若趣降漢王不然今為虜矣項羽怒烹周苛漢王於是乃拜周昌為御史大夫常從擊破項籍以六年中

史漢異同十二卷　八　周昌　二　余本立

與蕭曹等俱封封周昌為汾陰侯周苛子周成以父死事封為高景侯昌為人彊力敢直言自蕭曹等皆卑下之昌嘗燕時入奏事高帝方擁戚姬昌還走高帝逐得騎周昌項問曰我何如主也昌仰曰陛下即桀紂之主也於是上笑之然尤憚周昌及高帝欲廢太子而立戚姬子如意為太子大臣固爭之莫能得上以留侯策即止而周昌廷爭之彊上問其說昌為人吃又盛怒曰臣口不能言然臣期期知其不可陛下雖欲廢太子臣期期不奉

怨及方與公如此可笑

不此特亦不生於卒也有此事亦且尭弟佛仰以役趙之泉為史

邪字不可去備字是兩截語

趙尭小史獨能測知帝旨深可為言之特其其為趙王謀則迷之乾也帝見群臣皆從呂后者如昌強一將昌后徒以乃翁敬之秋之際過遲台或自有命方與公以為奇才未也

詔上欣然而咲既即罷呂后側耳於東廂箱聽厢
見周昌為跪謝曰微君太子幾廢是後戚姬子
如意為趙王年十歲高祖憂即萬歲之後不全也
趙尭年少為符璽御史趙人方與公謂御史大夫
周昌曰君之史趙尭年雖少然奇士才也君必異
之是且代君之位周昌笑曰尭年少刀筆吏耳何
能至是乎居頃之趙尭侍高祖高祖獨心不樂悲
歌群臣不知上之所以然趙尭進請問曰陛下所
為不樂非為以趙王年少而戚夫人與呂后有隙

郤邪備萬歲之後而趙王不能自全乎高祖曰然
吾我私憂之不知所出尭曰陛下獨宜為趙王置
貴彊相及呂后太子群臣素所敬憚者乃可高祖
曰然吾念之欲如是而群臣誰可者尭曰御史大
夫周昌其人有堅忍質伉直且自呂太后太子及
大臣皆素敬嚴憚之獨昌可高祖曰善於是乃召
周昌謂曰吾欲固欲煩公公彊為我相趙王周昌
泣曰臣初起從陛下陛下獨柰何中道而棄之於
諸侯乎高祖曰吾極知其左遷然吾私憂趙王念

此并印又何所以德尭之恩下云前亦有功是高帝以孩子托人必得如侍布者乃可否則能測其所以間如驗公並以否則能之言誠意感物如陸生昌雖顯倖作者觀其能命立致如此於高帝平生宣有一諾發明能使婦人兒流涕不及者此則尭召之也呂后怡勢愈激之則愈烈豈惟一昌昌雖謝病又之則亦死愧前息矣

非公無可者公不得已彊行於是徙御史大夫周昌
為趙相既行久之高祖持御史大夫印弄之曰誰
可以為御史大夫者孰視趙尭曰無以易尭遂拜
趙尭為御史大夫尭亦前有軍功食邑及以御史
大夫從擊陳豨有功封為江邑侯高祖崩呂太后
使使召趙王其相周昌令王稱疾不行使者三反
周昌曰高帝屬臣趙王王年少竊聞太后怨戚夫
人欲召趙王并誅之臣固為不敢遣趙王王且亦
疾不能奉詔於是高太后患之怒乃使使召趙相

周昌周昌相至謁高太后太高后怒而罵周昌曰
爾不知我之怨戚氏乎而不遣趙王何昌既被徵
高后使使召趙王趙王果來至長安月餘飲藥而
死見鴆殺周昌因謝病不朝見三歲而死尭謚曰
悼侯傳子至孫意有罪國除景帝復封昌孫左車
為安陽侯有罪國除初趙尭既代周昌為御史大
夫高祖崩事惠帝終世後五歲高后元年聞御史
大夫江邑侯趙尭前高祖時定趙王如意之畫
乃抵尭罪以廣阿侯任敖為御史大夫

不以之與與誅漢大同二史之紕繆也將何從

此至孝文二十年與後為相十五年皆顯見之不可失者特將其錯誤而是正之

入之音聲將以此律令為百工若亦及也讀作中以水德為紕所不至故其蓋行錄小制故曰天下以為程品皆殺之貴又[illegible]之十此而詞不依改服色其平相前藏未盡行也

任敖者故沛人也少為獄吏高祖嘗辟吏吏繫呂后遇之不謹任敖素善高祖怒擊傷主呂后吏及高祖初起敖以客從為御史守豐二歲高祖立為漢王東擊項籍羽敖遷為上黨守陳豨反時敖堅守封為廣阿侯食千八百戶高后時為御史大夫三歲免孝文元年薨謚曰懿侯傳子至曾孫越人坐為太常廟酒酸不敬國除初任敖免以平陽侯曹窋代敖為御史大夫高后崩不與大臣共誅諸呂祿等後坐事免以淮南相張蒼為御史大夫

史漢異同十二卷 任敖 五

蒼與絳侯等尊立代王為孝文皇帝四年代丞相灌嬰卒張蒼為丞相自漢興至孝文二十餘年會天下初定將相公卿皆軍吏張蒼為計相時緒正律曆以高祖十月始至霸上因故因秦時本以十月為歲首弗不革推五德之運以為漢當水德之時尚上黑如故吹律調樂入之音聲及以比定律令若百工天下作程品至於為丞相卒就之故漢家言律曆者本之張蒼蒼本尤好書無所不觀無所不通而尤善律曆張蒼德安國侯王陵王陵

此五尺八尺似紕繆及孫少歲為怪耳古今人物高出豈不有怪誕騰智識至謬不可及高帝功臣張蒼皆安在而張蒼以備材爾位無言論功業為相至十五年百餘歲以著書終當推論如巫祝小人以為全不祥

者安國侯也及蒼貴常父事王陵陵死後蒼為丞相洗沐常先朝陵夫人上食然後敢歸家蒼為丞相十餘年魯人公孫臣上書陳終始五德傳言漢土德時其符有黃龍當見當改正朔易服色詔事下其議張蒼張蒼以為非是罷之其後黃龍見成紀於是文帝召公孫臣以為博士草立土德之時曆制度更元年張丞相蒼由此自絀謝病稱老蒼任人為中候大為姦利上以為讓蒼蒼遂病免蒼為丞相十五年而免孝景前五年蒼卒薨謚為曰文

史漢異同十二卷 申屠嘉 六

侯傳子康代侯八年卒子至孫類代為侯八年坐臨諸侯喪後就位不敬有罪國除初張蒼父長不滿五尺及生蒼蒼長八尺餘為侯丞相蒼子復長八尺及孫類長六尺餘坐法失侯蒼之免相後老口中無齒食乳女子為乳母妻妾以百數嘗孕者不復幸蒼年百有餘歲而迺卒著書十八篇言陰陽律曆事申屠丞相嘉者梁人也以材官蹶張從高祖擊項籍遷為隊率從擊黥布軍為都尉孝惠時為淮陽守孝文帝元年舉故吏士以二千石從高祖皇帝

者悉以為關內侯食邑二十四人而申屠嘉食邑
五百戶 十六年 張蒼已為丞相嘉遷為御史大夫
張蒼免相孝文帝欲用以皇后弟竇廣國為丞相
曰恐天下以吾私廣國廣國賢有行故欲相之曰
恐天下 以吾私廣國念久念之不可而高帝時大
臣又皆多死餘見無可者乃以御史大夫嘉為丞
相因故邑封為故安侯嘉為人廉直門不受私謁
是時太中大夫鄧通方隆愛幸賞賜累鉅萬文帝
嘗燕飲通家其見寵如是是時丞相嘉入朝而通
居上傍旁有怠慢之禮丞相嘉奏事畢因言曰陛
下幸愛 群 幸臣則富貴之至於朝廷之禮不可以
不肅上曰君勿言吾私之罷朝坐府中嘉為檄召
鄧通詣丞相府不來且斬通通恐入言文帝上文
帝上曰汝第往吾今使人召若通至詣丞相府免
冠徒跣頓首謝嘉嘉坐自如故不弗為禮責曰夫
朝廷者高皇帝之朝廷也通小臣戲殿上大不敬
當斬吏史今行斬之通頓首首盡出血不解文帝
上度丞相已困通使使者持節召通而謝丞相曰

此吾弄臣君釋之鄧通既至為文帝上泣曰丞相
幾殺臣嘉為丞相五歲孝文帝崩孝景帝即位二
年鼂錯為內史貴幸用事諸法令多所請變更議
以謫適罰侵削諸侯而丞相嘉自絀所言不用疾
錯錯為內史門東出不便更穿一門南出南出者太
上皇廟堧垣也嘉聞之欲因此以法錯擅穿宗廟
垣為門奏請誅錯錯客有語錯錯恐夜入宮上謁
自歸景帝上至朝丞相嘉奏請誅內史錯景帝上
曰錯所穿非真廟垣乃外堧垣故他冗官居其中
且又我使為之錯無罪罷朝嘉謂長史曰吾悔不
先斬錯乃先請之為錯所賣至舍因歐血而死謚
為曰節侯傳子共侯蔑代三年卒子侯去病代三
十一年卒至孫子侯臾代六歲坐為九江太守受
故官送有罪國除自申屠嘉死之後景帝時開封
侯陶青桃侯劉舍為丞相及今上武帝時柏至侯
許昌平棘侯薛澤武彊侯莊青翟高陵侯趙周
等為丞相皆以列侯繼嗣踵娖娖齪齪廉謹為丞
相備員而已無所能發明功名有著於當世者

漢書張蒼相傳謂求如蒼者亦不可復得矣

漢書無[illegible]與政[illegible]

太史公贊曰張蒼文學好律曆為漢名相而絀賈
生公孫臣等言正朔服色事而不尊遵明用秦之
顓頊曆何哉周昌木彊人也任敖以舊德用申屠
嘉可謂剛毅守節矣然無術學殆與蕭曹陳平異
矣

班馬異同

[illegible]

班馬異同

酈生陸賈列傳第三十七　史記九十七

酈陸朱劉叔孫傳第十三　漢書四十二

酈生食其者陳留高陽人也好讀書家貧落魄無
以為衣食業為里監門吏然吏縣中賢豪不敢役
縣中皆謂之狂生及陳勝項梁等起諸將徇地過
高陽者數十人酈生食其問聞其將皆握齱好苛
禮自用不能聽大度之言酈生食其乃延深自
藏匿後聞沛公將兵略地陳留郊沛公麾下騎士

適酈生食其里中子也沛公時時問邑中賢士豪
俊騎士歸酈生食其見謂之曰吾聞沛公慢嫚
而易人多有大略此真吾所願從游莫為我先若
見沛公謂曰臣里中有酈生年六十餘長八尺人
皆謂之狂生自謂我非狂生騎士曰沛公不好
儒諸客冠儒冠來者沛公輒解其冠溲溺其中與
人言常大罵未可以儒生說也酈生食其曰第言
之騎士從容言如酈生食其所誡戒者沛公至高
陽傳舍使人召酈生食其酈生食其至入謁沛公

起衣好

六國時近態言者少此老人多可謂很不俗見

方倨(踞)牀使(令)兩女子洗足而見酈生(食其)酈生
(食其)入則(即)長揖不拜曰足下欲助秦攻諸侯乎
且欲率諸侯破秦也(乎)沛公罵曰豎儒夫天下同
苦秦久矣故諸侯相率而攻秦何謂助秦攻諸侯乎
酈生(食其)曰必(欲)聚徒合義兵誅無道秦不宜倨
(踞)見長者於是沛公輟洗起攝衣延酈生(食其)上
坐謝之酈生(食其)因言六國從橫(衡)時沛公喜賜
酈生(食其)食問曰計將安出酈生(食其)曰足下起
糾(瓦)合之衆(卒)收散亂之兵不滿萬人欲以徑入

彊秦此所謂探虎口者也夫陳留天下之衝四通
五達之郊也今其城(中)又多積粟臣善知其令(今)
請得使之令下足下即不聽足下舉兵攻之臣為
內應於是遣酈生(食其)往(行)沛公引兵隨之遂下
陳留號酈(食其)為廣野君酈生(食其)言其弟酈商
使將數千人從沛公西南略地酈生(食其)常為說
客馳使諸侯漢三年秋項羽擊漢拔滎陽漢兵遁
保鞏洛楚人聞淮陰侯(韓信)破趙彭越數反梁地
則分兵救之淮陰(韓信)方東擊齊漢王數困滎陽

此所以起酈生說辭也史筆之妙

成皋計欲捐成皋以東屯鞏洛(雒)以拒(距)楚酈生
(食其)因曰臣聞之知天之天者王事可成不知天
之天者王事不可成王者以民人為天而民人以
食為天夫敖倉天下轉輸久矣臣聞其下迺有藏
粟甚多楚人拔滎陽不堅守敖倉迺引而東令適
卒分守成皋此乃天所以資漢也方今楚易取而漢
反卻自奪其便臣竊以為過矣且兩雄不俱立楚
漢久相持不決百姓騷動海內搖蕩農夫釋耒(紅)
工女下機天下之心未有所定也願足下急復進

兵收取滎陽據敖倉(庾)之粟塞成皋之險杜大行
之道距蜚(飛)狐之口守白馬之津以示諸侯効實
形制之勢則天下知所歸矣方今燕趙已定唯
齊未下今田廣據千里之齊田間將二十萬之衆
軍於歷城諸田宗彊負海(岱)阻河濟南近楚齊人
多變詐足下雖遣數十萬師未可以歲月破也臣
請得奉明詔說齊王使為漢而稱東藩上曰善迺
從其畫復守敖倉而使酈生(食其)說齊王曰王知
天下之所歸乎王曰不知也曰王知天下之所歸

先得其要所謂天之福也

則齊國可得而有也若不知天下之所歸即齊國未可得保也齊王曰天下何所歸食其曰天下歸漢齊王曰先生何以言之曰漢王與項王戮力西面擊秦約先入咸陽者王之漢王先入咸陽項王負背約不與而王之漢中項王遷殺義帝漢王聞之起蜀漢之兵擊三秦出關而責義帝之負處收天下之兵立諸侯之後降城即以侯其將得賂即則以分其士與天下同其利豪英賢才封皆樂為之用諸侯之兵四面而至蜀漢之粟方船而下

項王有倍背約之名殺義帝之負於人之功無所紀於人之罪無所忘戰勝而不得其賞拔城而不得其封非項氏莫得用事為人刻印刓玩而不能授攻城得賂積財而不能賞天下畔之賢材才怨之而莫為之用故天下之士歸於漢王可坐而策也夫漢王發蜀漢定三秦涉西河之外援上黨之兵下井陘誅成安君破北魏舉三十二城此蚩尤黃帝之兵也非人之力也天之福也今已據敖倉之粟塞成皐之險守白馬之津杜太行之阪阪距蜚

飛狐之口天下後服者先亡矣王疾先下漢王齊國社稷可得而保也不下漢王危亡可立而待也田廣以為然迺聽酈生食其罷歷下兵守戰備與酈生食其日縱酒淮陰侯韓信聞酈生食其馮伏軾下齊七十餘城迺夜度兵平原襲齊齊王田廣聞漢兵至以為酈生食其賣己迺曰汝能止漢軍我活汝不然我將亨汝酈生曰舉大事不細謹盛德不辭讓而公不為若更言齊王遂亨酈生食其引兵東走漢十二年曲周侯酈商以丞相將兵

擊黥布有功高祖舉列侯功臣思酈食其酈食其子酈疥數將兵功未當侯上以其父故封疥為高梁侯後更食武陽卒子遂嗣三世元狩元年中武遂侯平有罪坐詐詔衡山王取百斤金當棄市病死國除也

陸賈者楚人也以客從高祖定天下名為有口辯士居左右常使諸侯及高祖時中國初定尉他平南越因王之高祖使陸賈賜尉他印為南越王陸生賈至尉他魋結箕倨踞見陸生賈陸生賈因進

越之二字有力

□而字兩當句句實

從親戚兄弟墳墓說來至掘燒宗族雖婉約切然不及越殺王降漢五年與新造未集相應刻著其明顯不待多而必動至其種如草木斷分之也作尉他語亦有可觀

說他佗曰足下中國人親戚昆弟墳墓在真定今
足下反天性棄冠帶欲以區區之越與天子抗衡
為敵國禍且及身矣且夫秦失其政正諸侯豪傑
並起唯漢王先入關據咸陽項羽籍倍背約自立
為西楚霸王諸侯皆屬可謂至彊矣然漢王起巴
蜀鞭笞天下劫畧諸侯遂誅項羽滅之五年之間
海內平定此非人力天之所建也天子聞君王王
南越而不助天下誅暴逆將相欲移兵而誅王天
子憐百姓新勞苦故且休之遣臣授君王印剖符

史漢異同十卷 六陸賈 六十

通使君王宜郊迎北面稱臣迺乃欲以新造未集
之越屈彊於此漢誠聞之掘燒君王先人冢墓夷
滅種宗族使一偏將將十萬衆臨越則即越殺王
降漢如反覆手耳於是尉他迺蹶然起坐謝陸生
賈曰居蠻夷中久殊失禮義因問陸生賈曰我孰
與蕭何曹參韓信賢陸生賈曰王似賢也復問曰
我孰與皇帝賢陸生賈曰皇帝起豐沛討暴秦誅
彊楚為天下興利除害繼五帝三皇王之業統天
下理中國中國之人以億計地方萬里居天下之

□字奇讀皆切

此承領守皆極深者所不能言雖謝之辯堅可中令人有絕無條則辯辭無不至以取名高至為湯武論則觀其紂昔為輕實本說士然依於聖賢逆取順守四字君臣以順色而受之怡然可以言責敢不懌而有慚色也爭如此知是平生何字何可去

左右呼萬歲華其料道固以見今人真慎有者

膏腴人衆車輿轝萬物殷富政由一家自天地剖
泮判未始有也今王衆不過數十萬皆蠻夷崎嶇
山海間譬若漢一郡王何乃迺比於漢尉他大笑
曰吾不起中國故王此使我居中國何渠遽不若
漢乃大說陸生賈留與飲數月曰越中無足與語
至生來令我日聞所不聞賜陸生賈槖中裝直千
金他也送亦千金陸生賈卒拜尉他佗為南越王
令稱臣奉漢約歸報高祖帝大說悅拜賈為太中
大夫陸生賈時時前說稱詩書高帝罵之曰迺乃

史漢異同十卷 六陸賈 七

公居馬上而得之安事詩書陸生賈曰居馬上得
之寧可以馬上治之乎且湯武逆取而以順守之
文武並用長久之術也昔者吳王夫差智伯極武
而亡秦任刑法不變卒滅趙氏鄉使秦已并天下
行仁義法先聖陛下安得而有之高帝不懌而有
慙色迺謂陸生賈曰試為我著秦所以失天下吾
所以得之者何及古成敗之國陸生賈乃粗述存
亡之徵凡著十二篇每奏一篇高帝未嘗不稱善
左右呼萬歲號稱其書曰新語孝惠帝時呂太后

徑請直入不用不字[illegible]不請久明[illegible]念不見賈來[illegible]白公倒[illegible]同何念深也揣我何念[illegible]待賈主闇[illegible]欲[illegible]辨之次[illegible]

此安危相將[illegible]言[illegible]意賈所[illegible]成名害

用事欲王諸呂畏大臣及有口者陸生賈自度不能爭之迺病免家居以好時田地善可以往家焉有五男迺乃出所使越得橐中裝賣千金分其子子二百金令為生產陸生賈常乘安車駟四馬從歌舞鼓琴瑟侍者十人寶劍直百金謂其子曰與汝女約過女汝女汝給吾人馬酒食極欲十日而更所死家得寶劍車騎侍從者一歲中以往來過他客率不過再三過數見不鮮無母久慁㦌公女為也呂太后時王諸呂諸呂擅權欲劫少主危劉

氏右丞相陳平患之力不能爭恐禍及己平嘗燕居深念陸生賈往不請直入坐而陳丞相平方深念不時見陸生賈陸生賈曰何念之深也陳平曰生揣我何念陸生賈曰足下位為上相食三萬戶侯可謂極富貴無欲矣然有憂念不過患諸呂少主耳陳平曰然為之柰何陸生賈曰天下安注意相天下危注意將將相和調則士務豫附士務祿附天下雖有變即則權不分權不分為社稷計在兩君掌握耳臣常欲謂太尉絳侯絳侯與我戲易

猶欲[illegible]及此今人以為不及此者戲易甚言欲謀平卅戲者亦不可測也

吾言君何不交驩太尉深相結為陳平畫呂氏數事陳平用其計迺以五百金為絳侯壽厚具樂飲太尉太尉亦報如之此兩人深相結則呂氏謀益衰壞陳平乃以奴婢百人車馬五十乘錢五百萬遺陸生賈為飲食飲費陸生賈以此游漢廷公卿間名聲籍甚及誅諸呂氏立孝文帝陸生賈頗有力焉孝文帝即位欲使人之南越陳丞相平等乃言陸生賈為太中大夫往使尉他佗令尉他去黃屋稱制令比諸侯皆如意旨指語在南越語傳中

陸生竟以壽終、

漢書是若無高祖賜號何以見賴[illegible]無忌間

知[illegible]也

平原君朱建者楚人也故嘗為淮南王黥布相有辠去後復事黥布布欲反時問平原君建平原君建諫止之布不聽而聽梁父侯遂反漢既誅布聞平原君建諫之不與謀得不誅語在黥布傳中高祖賜建號平原君家徙長安為人辯有口刻廉剛直家於長安行不苟合義不取容辟陽侯行不正得幸呂太后時辟陽侯欲知平原君建平原君建不肯見及平原君建母死陸生素與平原君善過

漢書以發喪是直令發喪較有態

建本不取辟陽侯而陸云以其母故義不知君變化語言有味知則為君死矣知字有異

有以字文字緩

固不可者合取容反求見閎籍孺非其道有難言者又未嘗不知孺也

之平原君家貧未有以發喪方假貸貣服具陸生
賈素與建善乃令平原君發喪陸生往見辟陽侯
賀曰平原君母死辟陽侯曰平原君母死何乃賀
我乎陸賈生曰前日君侯欲知平原君平原君義
不知君以其母故今其母死君誠厚送喪則彼為
君死矣辟陽侯迺乃奉百金往稅列侯貴人以辟
陽侯故往稅賻凡五百金久之辟陽侯幸呂太后
人或毀辟陽侯於孝惠帝孝惠帝大怒下吏欲誅
之呂太后慙不可以言大臣多害辟陽侯行欲遂

誅之辟陽侯困急因使人欲見平原君建平原君
建辭曰獄急不敢見君迺乃求見孝惠帝幸臣閎
籍孺說之曰君所以得幸帝天下莫不聞今辟陽
侯幸太后而下吏道路皆言君讒欲殺之今日辟
陽侯誅旦日太后含怒亦誅君若何不肉袒為辟
陽侯言於帝帝聽君出辟陽侯太后大驩兩主共
俱幸君君貴富貴益倍矣於是閎籍孺大恐從其
計言帝帝果出辟陽侯辟陽侯之囚欲見平原君
建平原君建不見辟陽侯辟陽侯以為倍己之大

哉而失其子也

怒及其成功出之迺大驚呂太后崩大臣誅諸呂
辟陽侯於諸呂至深而卒不誅計畫所以全者皆
陸生平原君之力也孝文帝時淮南厲王殺辟陽
侯以黨諸呂故孝文帝聞其客平原君朱建為其
計策使吏捕欲治聞吏至門平原君建欲自殺諸
子及吏皆曰事未可知何早自殺為平原君建曰
我死禍絕不及而乃身矣遂自剄孝文帝聞而惜
之曰吾無殺建意殺之也迺召其子拜為中大夫
使匈奴單于無禮迺罵單于遂死匈奴中初沛公

引兵過陳留酈生踵軍門上謁曰高陽賤民酈食
其竊聞沛公暴露將兵助楚討不義敬勞從者願
得望見口畫天下便事使者入通沛公方洗問使
者曰何如人也使者對曰狀貌類大儒衣儒衣冠
側注沛公曰為我謝之言我方以天下為事未暇
見儒人也使者出謝曰沛公敬謝先生方以天下
為事未暇見儒人也酈生瞋目按劍叱使者曰走
復入言沛公吾高陽酒徒也非儒人也使者懼而
失謁跪拾謁還走復入報曰客天下壯士也叱臣

臣恐至失謁曰走復入言而公高陽酒徒也沛公
遽雪足杖矛曰延客入酈生入揖沛公曰足下甚
苦暴衣露冠將兵助楚討不義足下何不自喜也
臣願以事見而曰吾方以天下為事未暇見儒人
也夫足下欲興天下之大事而成天下之大功而
以目皮相恐失天下之能士且吾度足下之智不
如吾勇又不如吾若欲就天下而不相見竊為足
下失之沛公謝曰鄉者聞先生之容今見先生之
意矣迺延而坐之問所以取天下者酈生曰夫足
下欲成大功不如止陳留陳留者天下之據衝也
兵之會地也積粟數千萬石城守甚堅臣素善其
令願為足下說之不聽臣臣請為足下殺之而下
陳留足下將陳留之衆據陳留之城而食其積粟
招天下之從兵從兵已成足下橫行天下莫能有
害足下者矣沛公曰敬聞命矣於是酈生迺夜見
陳留令說之曰夫秦為無道而天下畔之今足下
與天下從則可以成大功今獨為亡秦嬰城而堅
守臣竊為足下危之陳留令曰秦法至重也不可

以妄言妄言者無類吾不可以應先生所以教臣
者非臣之意也願勿復道酈生留宿卧夜半時斬
陳留令首踰城而下報沛公沛公引兵攻城縣令
首於長竿以示城上人曰趣下而令頭已斷矣今
後下者必先斬之於是陳留人見令已死遂相率
而下沛公沛公舍陳留南城門上因其庫兵食積
粟留出入三月從兵以萬數遂入破秦
太史公曰世之傳酈生書多曰漢王已拔三秦東
擊項籍而引軍於鞏洛之間酈生被儒衣往說漢
王迺非也自沛公未入關與項羽別而至高陽得
酈生兄弟余讀陸生新語書十二篇固當時之辯
士至平原君子與余善是以得具論之

漢從而不著其名惜哉

班馬異同

班馬異同

傅靳蒯成列傳第三十八　史記九十八

漢書同樊酈滕灌傳

陽陵侯傅寬以魏五大夫騎將從為舍人起橫陽從攻安陽杠里擊趙賁軍於開封及擊楊熊曲遇陽武斬首十二級賜爵卿從至覇上沛公立為漢王漢王賜寬封號共德君從入漢中遷為右騎將從定三秦賜食邑雕陰從擊項籍待懷賜爵通德侯從擊項冠周蘭龍且所將卒斬騎將一人敖下

益食邑屬淮陰擊破齊歷下軍擊田解屬相國參殘博益食邑因定齊地剖符世世勿絕封為陽陵侯二千六百戶除前所食為齊右丞相備齊五歲為齊相國四月擊陳豨屬太尉勃以相國代丞相噲擊豨一月徙為代相國將屯二歲為代丞相將屯孝惠五年卒諡為景侯子頃侯精立二十四年卒子共侯則立十二年卒傳至曾孫子侯偃立二十一年坐與淮南王謀反誅死國除

信武侯靳歙以中涓從起宛朐攻濟陽破李由軍擊秦軍亳南開封東北斬騎千十人將一人首五十七級捕虜七十三人賜爵封號臨平君又戰藍田北斬車司馬二人騎長一人首二十八級捕虜五十七人至覇上沛公立為漢王賜歙爵建武侯遷為騎都尉從定三秦別西擊章平軍於隴西破之定隴西六縣所將卒斬車司馬候各四人騎長十二人從東擊楚至彭城漢軍敗還保雍丘去擊反者王武等略梁地別將西擊邢說軍菑南破之身得說都尉二人司馬候十二人降吏卒四千六

百八十人破楚軍滎陽東三年賜食邑四千二百戶別之河內擊趙將賁郝軍朝歌破之所將卒得騎將二人車馬二百五十匹從攻安陽以東至棘蒲下七縣別攻破趙軍得其將司馬二人候四人降吏卒二千四百人從攻降下邯鄲別下平陽身斬守相所將卒斬兵守郡守各一人降鄴從攻朝歌邯鄲及別擊破趙軍降邯鄲郡六縣還軍敖倉破項籍軍成皋南擊絕楚餉道起滎陽至襄邑破項冠軍魯下略地東至繒郯下邳南至蘄竹邑

毋役使人也謂使人過律數多也

本無可否獨以兵漢表上作利乍不利語然猶從上寄有故

擊項悍濟陽下還擊項籍軍陳下破之別定江陵
降江陵柱國大司馬以下八人身得江陵王生致
之雒陽因定南郡從至陳取楚王信剖符世世勿
絕定食四千六百戶號為信武侯以騎都尉從擊
代攻韓信平城下還軍東垣有功遷為車騎將軍
并將梁趙齊燕楚車騎別擊陳豨丞相敞破之因
降曲逆從擊黥布有功益封定食五千三百戶
凡斬首九十級虜百三四十二人別破軍十四降
城五十九定郡國各一縣二十三得王柱國各一

人二千石以下至五百石三十九人高后五年歙
卒諡為肅侯子亭嗣代侯二十一年坐事國
人過律有罪孝文後三年奪侯國除
蒯成侯周緤者沛人也姓周氏常為高祖參乘以
舍人從高祖起沛至霸上西入蜀漢還定三秦常
為參乘賜食邑池陽從東擊項羽滎陽絕甬道從
出度平陰遇淮陰侯韓信軍兵襄國軍戰有乍利
乍不利終無離上心上以緤為信武侯食邑三
千三百戶高祖十二年以緤為蒯成侯除前所食

師古曰此字從崩從邑音蒯非也呂忱音陪

此數子謂未嘗困辱始天授已得其樂至此自皆君子何過也以值詒受不得不然從之不必何亦許何深罕亦合此此

邑上欲自擊陳豨蒯成侯緤泣曰始秦攻破天下
未嘗自行今上常自行是為無人可使者乎
上以為愛我賜入殿門不趨殺人不死十二年更
封緤為蒯成侯至孝文五年緤以壽終諡為曰
貞侯子昌嗣代侯有罪國除至孝景帝中二年復
封緤子應為鄲侯薨諡曰康侯子仲居嗣代侯至
元鼎三年居坐為太常有罪國除
太史公曰陽陵侯傅寬信武侯靳歙皆高爵從高
祖起山東攻項籍誅殺名將破軍降城以十數未

嘗困辱此亦天授也蒯成侯周緤操心堅正身不
見疑上欲有所之未嘗不垂涕此有傷心者可謂
篤厚君子矣

班馬異同

恰與齬同音

語至不切游談令人少肯者

班馬異同

劉敬叔孫通列傳第三十九　史記九十九

漢書同酈生諸傳

劉婁敬者齊人也漢五年戍隴西過洛陽高帝在
焉婁敬脫輓輅衣其羊裘見齊人虞將軍曰臣願
見上言便宜事虞將軍欲與之鮮衣婁敬曰臣衣
帛衣帛見衣褐衣褐見終不敢易衣於是虞將軍
入言上上召入見賜食已而問婁敬婁敬說曰陛下
都洛雒陽豈欲與周室比隆哉上曰然婁敬曰陛下

史漢異同十五卷　一　劉敬叔孫通　二

取天下與周室異周之先自后稷堯封之邰積德
累絫善十有餘世公劉避桀居豳太王以狄伐故
去豳杖馬箠去居岐國人爭隨歸之及文王為西
伯斷虞芮之訟始受命呂望伯夷自海濱來歸之
武王伐紂不期而會孟津之上八百諸侯皆曰紂
可伐矣遂滅殷成王即位周公之屬傅相焉迺營
成周都雒洛邑以此為此天下之中也諸侯四方
納貢職道里均鈞矣有德則易以王無德則易以
亡凡居此者欲令周務以德致人不欲依阻險令

有德則易以王無德則易以亡與周公語不近情紀他說於此則其有餘味矣此古人立言外意而皆隨人後附和一辭者乎

語有力

此字緩

語得至近至切

後世驕奢以虐民也及周之盛時天下和洽四夷
鄉風慕義懷德附離而並事天子不屯一卒不戰
一士八夷大國之民莫不賓服效其貢職及周之
衰也分而為兩二天下莫朝周周不能制也非其
德薄也而形勢弱也今陛下起豐沛收卒三千
人以之徑往而卷蜀漢定三秦與項羽籍戰滎陽
爭成皋之口大戰七十小戰四十使天下之民肝
腦塗地父子暴骨骸中野不可勝數哭泣之聲未
不絕傷痍夷者未起而欲比隆於成康之時臣竊

史漢異同十五卷　一　劉敬叔孫通　二

以為不侔也矣且夫秦地被山帶河四塞以為固
卒然有急百萬之眾可具也因秦之故資甚美膏
腴之地此所謂天府者也陛下入關而都之山東
雖亂秦之故地可全而有也夫與人鬬不搤其肮
亢拊其背未能全其勝也今陛下入關而都按秦
之故地此亦搤天下之肮亢而拊其背也高帝問
群臣群臣皆山東人爭言周王數百年秦二世則
即亡不如都周上疑未能決及留侯明言入關便
即日車駕西都關中於是上曰本言都秦地者婁

敬婁者乃劉也賜姓劉氏拜為郎中號為曰奉春
君漢七年韓王信反高帝自往擊之至晉陽聞信
與匈奴欲共擊漢上大怒使人使匈奴匈奴匿其
壯士肥牛馬但徒見其老弱及羸畜使者十輩來
皆言匈奴可易擊上使劉敬復往使匈奴還報曰
兩國相擊此宜夸矜見所長今臣往徒見羸瘠齒
老弱此必欲見短伏奇兵以爭利愚以為匈奴不
可擊也是時漢兵已以踰句注二三十餘萬眾兵
已業行上怒罵劉敬曰齊虜以口舌得官今迺今

史漢異同 圭卷 八劉敬 三

妄言沮吾軍械繫敬廣武遂往至平城匈奴果出
奇兵圍高帝白登七月然後得解高帝至廣武赦
敬曰吾不用公言以困平城吾皆以已斬前先使
十輩言可擊者矣迺封敬二千戶為關內侯號為
建信侯高帝罷平城歸韓王信亡入胡當是時冒
頓為單于兵彊控弦三四十萬騎數苦北邊上患
之問劉敬劉敬曰天下初定士卒罷於兵革未可
以武服也冒頓殺父代立妻群母以力為威未可
以仁義說也獨可以計久遠子孫為臣耳然恐陛

令人言和親非
之功耳在當時
來聞和親之利
他匹從殺父妻
哥說來但有難
此者久遠子孫
為臣乍以不可
如行太子外孫
其道然於其
間問遺以此所
餘彼動對秋亦
人耳且中國後
千百年所以休
息何皆非嘗敵
之效哉而備者
非之
子婿固有不共
者矣其自戚時
問遺辯士風諭
弥縫山析其至
前計以家人子
許称無益何其
言之悉也看以
備者理極不迂

太子一女語已
備

新破少民與百
萬可見父自相
反故知說七不
足恐遷內其言
六國之族宗彊
見當是當時所
以代此與前同
單宗從沛公之
盛彊雖并國未
竭其人此設國
故此盛衰所言
皆備者而備者
不言及未可以

下恐不能為上曰誠可何為不能顧為奈何劉敬
對曰陛下誠能以適長公主妻之單于厚奉遺之
彼知漢適女送厚蠻夷必慕以為閼氏生子必為
太子代單于何者貪漢重幣陛下以歲時漢所餘
彼所鮮數問遺因使辯士風諭以禮節冒頓在固
為子壻死則外孫為單于豈嘗曾聞外孫敢與大
父抗亢禮者哉兵可無毋戰以漸臣也若陛下不
能遣長公主而令宗室及後宮詐稱公主彼亦知
不肯貴近無益也高帝曰善欲遣長公主呂后日

史漢異同 十卷 八劉敬叔孫通 四

夜泣曰妾惟以一太子一女奈何棄之匈奴上竟
不能遣長公主而取家人子名為長公主妻單于
使劉敬往結和親約劉敬從匈奴來因言匈奴河
南白羊樓煩王去長安近者七百里輕騎一日一
夜可以至秦中秦中新破少民地肥饒可益實
夫諸侯初起時非齊諸田楚昭屈景莫能興與今
陛下雖都關中實少人北近胡寇東有六國之彊
族宗彊一日有變陛下亦未得高安枕而臥也臣
願陛下徙齊諸田楚昭屈景燕趙韓魏後及豪桀

[illegible]

名家且實居關中無輩可以備胡諸侯有變亦足率以東伐此彊本弱末之術也上曰善乃使劉敬從所言關中十餘萬口

叔孫通者薛人也秦時以文學徵待詔博士數歲陳勝起山東使者以聞二世召博士諸儒生問曰楚戍卒攻蘄入陳於公如何博士諸生三十餘人前曰人臣無將將即則反罪死無赦願陛下急發兵擊之二世怒作色叔孫通前曰諸生言皆非也夫天下合為一家毀郡縣城鑠其兵視示天下不

弗復用且明主在其上法令具於下使吏人人奉職四方輻輳安敢有反者此特群盜鼠竊狗盜耳何足置之齒牙間哉郡守尉今捕論誅何足憂二世喜曰善盡問諸生諸生或言反或言盜於是二世令御史按諸生言反者下吏非所宜言諸生言盜者皆罷之乃賜叔孫通帛二十匹衣一襲拜為博士叔孫通已出宮反舍諸生曰先生何言之諛也通曰公不知也我幾不免脫於虎口迺亡去之薛薛已降楚矣及項梁之薛叔孫通從之敗於定

[illegible]

陶從懷王懷王為義帝徙長沙叔孫通留事項王漢二年漢王從五諸侯入彭城叔孫通降漢王漢王敗而西因竟從漢叔孫通儒服漢王憎之迺變其服服短衣楚製漢王喜叔孫通之降漢從儒生弟子百餘人然通無所言進專制言諸故群盜壯士進之弟子皆竊罵曰事先生數歲年幸得從降漢今不能進臣等專制言大猾何也叔孫通聞之乃謂曰漢王方蒙矢石爭天下諸生寧能鬬乎故先言斬將搴旗之士諸生且待我我不忘矣漢王

拜叔孫通為博士號稷嗣君漢王五年已并天下諸侯共尊漢王為皇帝於定陶叔孫通就其儀號高帝悉去秦苛儀法為簡易群臣飲酒爭功醉或妄呼拔劍擊柱高帝上患之叔孫通知上益厭饜之也說上曰夫儒者難與進取可與守成臣願徵魯諸生與臣弟子共起朝儀高帝曰得無難乎叔孫通曰五帝異樂三王不同禮禮者因時世人情為之節文者也故夏殷周之禮所因損益可知者謂不相復也臣願頗采古禮與秦儀雜就之上曰

[illegible]

……在左右 十月即正旦

可試為之令易知度吾所能行為之於是叔孫通使徵魯諸生三十餘人魯有兩生不肯行曰公所事者且十主皆面諛以得親貴今天下初定死者未葬傷者未起又欲起禮樂禮樂所由起積德百年積德而後可興也吾不忍為公所為公所為不合古吾不行公往矣無汙我叔孫通笑曰若真鄙儒也不知時變遂與所徵三十人西及上左右為學者與其弟子百餘人為綿蕞野外習之月餘叔孫通曰上可試觀上既觀使行禮曰吾能為此乃

史漢評林五卷　劉敬叔孫通　七

令群臣習肄會十月漢七年長樂宮成諸侯群臣皆朝十月儀先平明謁者治禮引以次入殿門廷中陳車騎步卒衛宮官設兵張旗志傳言曰趨殿下郎中夾陛陛數百人功臣列侯諸將軍軍吏以次陳西方東鄉文官丞相以下陳東方西鄉大行設九賓臚句傳於是皇帝輦出房百官執職戟傳警引諸侯王以下至吏六百石以次奉賀自諸侯王以下莫不振恐肅敬至禮畢盡伏復置法酒諸侍坐殿上皆伏抑首以尊卑次起上壽觴九

[illegible]

自使滅祀與攻……此非面諛……

……法不違次故……

行謁者言罷酒御史執法舉不如儀者輒引去竟朝置酒無敢讙譁失禮者於是高帝曰吾乃今日知為皇帝之貴也迺拜叔孫通為太奉常賜金五百斤叔孫通因進曰諸弟子儒生隨臣久矣與臣共為儀願陛下官之高帝悉以為郎叔孫通出皆以五百斤金賜諸生諸生迺皆喜曰叔孫生誠聖人也知當世之要務漢九年高帝徙叔孫通為太子太傅漢十二年高祖帝欲以趙王如意易太子叔孫通諫上曰昔者晉獻公以驪姬之故廢太子

史漢評林五卷　劉敬叔孫通　八

立奚齊晉國亂者數十年為天下笑秦以不早定扶蘇令趙高得以詐立胡亥詐立自使滅祀此陛下所親見今太子仁孝天下皆聞之呂后與陛下攻苦食啖其可背哉陛下必欲廢適而立少臣願先伏誅以頸血汙地高帝曰公罷矣吾直持戲耳叔孫通曰太子天下本本一搖天下震振動奈何以天下為戲高帝曰吾聽公言及上置酒見留侯所招客從太子入見上迺遂無易太子志矣高帝崩孝惠即位迺謂叔孫通生曰先帝園陵寢廟

附數蹕凡常時[illegible]朝之宿此[illegible][illegible]朔婉欲高[illegible][illegible][illegible][illegible][illegible][illegible][illegible][illegible]游衣冠[illegible]能[illegible][illegible]追責[illegible]廟太祖極港人諱生狀使高帝時如此足備[illegible]帝時可

群臣莫能習徙通為太奉常定宗廟儀法及稍[illegible]漢諸儀法皆叔孫生通為太常所論著也孝惠帝為東朝長樂宮及間往來數蹕煩人民迺作複道方築武庫南叔孫生通奏事因請間曰陛下何自築複道高帝寢衣冠月出游高廟高廟漢太祖奈何令後世子孫奈何乘宗廟道上行哉孝惠帝大懼曰急壞之叔孫生通曰人主無過舉今已作百姓皆知之矣今壞此則示有過舉願陛下為原廟渭北衣冠月出游之益廣多宗廟大孝之本也上

乃詔有司立原廟原廟起以複道故孝惠帝曾春出游離宮叔孫生通曰古者有春嘗果方今櫻桃孰可獻願陛下出因取櫻桃獻宗廟上乃許之諸果獻由此興

太史公曰高祖以征伐天下而縉紳之徒騁其知辨並成大業語曰千金之裘非一狐之腋也臺榭廊廟之榱材非一木之枝也三代帝王之際功非一士之智畧也信哉夫高祖起微細定海內謀計用兵可謂盡之矣然而劉敬脫輓輅一說而建萬世金城之安智豈可專邪叔孫通希世度務制禮進退與時變化卒為漢家儒宗大直若詘道固委蛇蓋謂是乎舍抱皷而立一王之儀遇其時也酈生自匿監門待主然後出猶不免鼎鑊朱建始名廉直既距辟陽不終其節亦以喪身陸賈位止大夫致仕諸呂不受憂責從容平勃之間附會將相以彊社稷身名俱榮其最優乎

班馬異同

此周氏奇甚在朱家上是能用朱家者而其後朱家獨聞

并家僮賣之古人如此深厚

[illegible]

班馬異同

季布欒布列傳第四十　史記一百

季布欒布田叔傳第七　漢書三十七

季布者楚人也為氣任俠有名於楚項籍使將兵數窘漢王及項羽籍滅高祖購求布千金敢有舍匿罪及三族季布匿濮陽周氏周氏曰漢購求將軍急迹且至臣家將軍能聽臣臣敢獻進計即不能否願先自剄季布許之迺髡鉗季布衣褐衣置廣柳車中并與其家僮數十人之魯朱家所賣之

朱家心知是其季布也迺買而置之田舍誡其子曰田事聽此奴必與同食朱家迺乘軺車之雒陽見汝陰侯滕公滕公留朱家飲數日因謂滕公曰季布何大罪而上求之急也滕公曰布數為項羽窘上上怨之故必欲得之朱家曰君視季布何如人也曰賢者也朱家曰臣各為其主用季布為項籍用職耳項氏臣豈可盡誅邪今上始得天下獨而以己之私怨求一人何示天下之不廣也且以季布之賢而漢求之急如此此不北走胡即南走

[illegible]

布有氣俠[illegible]

越耳夫忌壯士以資敵國此伍子胥所以鞭荊平王之墓也君何不從容為上言邪之汝陰侯滕公心知朱家大俠意季布匿其所迺許曰諾待侍間果言如朱家指上迺赦季布當是時諸公皆多季布能摧剛為柔朱家亦以此名聞當世季布召見謝上拜為郎中孝惠時為中郎將單于嘗為書嫚呂太后不遜呂太后大怒召諸將議之上將軍樊噲曰臣願得十萬眾橫行匈奴中諸將皆阿呂太后意曰以噲言為然季布曰樊噲可斬也夫以高

帝將兵四三十餘萬眾困於平城噲時亦在其中今噲奈何以十萬眾橫行匈奴中面欺設且秦以事於胡陳勝等起于今瘡痍未瘳噲又面諛欲搖動天下是時殿上皆恐太后罷朝遂不復議擊匈奴事季布為河東守孝文時人有言其賢者孝文召欲以為御史大夫復有人又言其勇使酒難近至留邸一月見罷季布因進曰臣無功竊寵待罪河東陛下無故召臣此人必有以臣欺陛下者今臣至無所受事罷去此人必有以毀臣者夫陛下

廷退如此本難自言氣勁辭直尺在千古寫予漸良久勿得一語佳處政在時予謂將復相召如此何不可者君臣相逐名可觀政特予雖文字為可不及時乎

以一人之譽而召臣以一人之毀而去臣臣恐天下有識者聞之有以闚窺陛下也上默然慙良久曰河東吾股肱郡故時特召君耳布辭之官辯士楚人曹丘生辯士數招權顧金錢事貴人趙同談等與竇長君善季布聞之寄書諫竇長君曰吾聞曹丘生非長者勿與通及曹丘生歸欲得書請季布竇長君曰季將軍不說足下足下無往固請書遂行使人先發書季布果大怒待曹丘曹丘至即

彼人雖人常態非其諾有其實何足以傳

則揖季布曰楚人諺曰得黃金百斤不如得季布

史漢異同卷 一 季布 三 余成齋

布傳無他事他載曹丘諾以著其諾有名所以益聞者政以然曹丘本曹丘故曹丘能揚之也其道不能揚也楚人多諾然任以諾聞人有弟如此其于此方皆熾氏之英也

鄭當時亦許

一諾足下何以得此聲於梁楚之間哉且僕楚人與足下亦俱楚人也使僕游揚足下之名於天下顧不重邪美乎何足下距僕之深也季布乃大說引入留數月為上客厚送之季布名所以益聞者曹丘揚之也季布弟季心氣蓋關中遇人恭謹為任俠方數千里士皆爭為之死嘗殺人亡之吳從袁絲匿長事袁絲弟畜灌夫籍福之屬嘗為中司馬中尉郅都不敢不加禮少年多時特竊籍借其名以行當是時季心以勇布以諾著聞關中季布

良哉謂許勁殺仁義梁心而論豈仁人哉

母弟丁公為楚項羽將丁公為項羽逐窘高祖彭城西短兵接高祖漢王急顧謂丁公曰兩賢豈相厄戹哉於是丁公引兵而還漢王遂解去及項王滅丁公謁見高祖高祖以丁公徇軍中曰丁公為項王臣不忠使項王失天下者迺丁公也遂斬丁公之曰使後世為人臣者無效丁公也

欒布者梁人也始梁王彭越為家人時嘗與布游窮困賃賣傭於齊為酒人家保數歲彭越別去之

一為盜一為奴未可量夫

巨野中為盜而布為人所略賣為奴於燕為其主

史漢異同卷 一 欒布 四 余成齋

下詔禁收視者收便欲以此觀人心得義士耳此尚衛將也

家主報仇燕將臧荼舉以為都尉臧荼後為燕王以布為將及臧荼反漢擊燕虜布梁王彭越聞之迺乃言上請贖布以為梁大夫使於齊未還反漢召彭越責以謀反夷三族已而梟彭越頭首於雒陽下詔曰有敢收視者輒捕之布從齊還奏事彭越頭下祠而哭之吏捕布以聞上召布罵曰若與彭越反耶吾禁人勿收若獨祠而哭之與越反明矣趣亨之方提趣趨湯布顧曰願一言而死上曰何言布曰方上之困於彭城敗滎陽成皋間項王

而字妙好

漢誅功臣惟彭越尤恨謂史記謂其不告爲輕謂即反形具爲其謀猶疑何以勸不反者被殺布明其功非然一語不肯緊至謂其亦欲傳之萬世豈反者哉感動深切高帝之愧豈爲討細哉呂后使人再告又整又族誅呂后示威耳此語感動千古真能言也

彼何以得人心如此

超俗便出人意爲漢家作眷無謂徒步耳可用又推賴

奴戮不成語非寔實

所以遂不能遂西徙以彭王居梁地與漢合從苦楚也當是之時彭王一壹顧與楚則漢破與漢而則楚破且垓下之會微彭王項氏不亡天下已定彭王剖符受封亦欲傳之萬世今陛下一漢壹徵兵於梁彭王病不行而陛下疑以爲反反形未見以苛小細案誅滅之臣恐功臣人人自危也今彭王已死臣生不如死請就亨於是上乃迺釋布罪拜爲都尉孝文時爲燕相至將軍布迺稱曰窮困不能辱身下志非人也富貴不能快意非賢也於是嘗有德者厚報之有怨者必以法滅之吳軍楚反時以軍功封爲俞侯復爲燕相燕齊之間皆爲欒布立社號曰欒公社景帝中五年布薨子賁嗣侯孝武時坐爲太常犧牲不如令國除

太史公曰以項羽之氣而季布以勇顯名於楚身履覆典軍搴旗者數矣可謂壯士然至被刑及至困戹奴戮爲人奴苟活而不死變何其下也彼必自負其材故受辱而不羞欲有所用其未足也故終爲漢名將賢者誠重其死夫婢妾賤人感慨而

其計畫無復之用之字疑云字謂其無謀無復可爲耳俚甚方言卑賤不似本語恰也此皆發明往來反覆說古作今語在幽冥處正在重其死與不自重其死漢書皆用其贊削田叔數字可也謂太不自重其婢五字成辭也無力

自殺者非能勇也其計畫無復俚之至之耳欒布哭彭越曰叔隨張敖趣湯赴死如歸者彼誠知所處不自重其死雖往古烈士何以加哉

班馬異同

盜險人父群盜循有父風亦漢廷之盜也丞相退朝有嘉安知其何故上目送之亦未至遽讓失體直言其竊且無謂之閒居毓立之後真非疑也為諸不疑此術以論曹臣主於陳所謂任傷臣之在與在主亡與亡極以名言而直非也當呂后之時欲亡則在稷亡耳謂絳侯主兵與盎出也與其父謂主兵適會成功後作凡率後

然成與如此備如有驕主色者人之所不捨也以此中人最害難有明者猶難自送何足言或者目送為是以為得其微也孰知微者乃有察不自明哉恭曰容意以目送為謙讓以謙讓為失體讒人貌美吉問其敗施令不得不亦勃亡則不長安殆門外之禍非不幸也此是僻妒譁者謂仁以為解解以其後絳侯事然此次關于究能至不成義是恐吞物關盎一

班馬異同

袁盎鼂錯列傳第四十一　十九　史記一百一　漢書四十九

袁盎者楚人也字絲其父楚人也故為群盜徙處
安陵高后時盎嘗為呂祿舍人及孝文帝即位盎
兄噲任盎為中郎中絳侯為丞相朝罷趨出意得
甚上禮之恭常自目送之袁盎進曰陛下以丞相
何如人也上曰社稷臣盎曰絳侯所謂功臣非社
稷臣社稷臣主在與在主亡與亡方呂后時諸呂
用事擅相王劉氏不絶如帶是時絳侯為太尉本

主兵柄弗能正呂后崩大臣相與共畔誅諸呂太
尉主兵適會其成功所謂功臣非社稷臣丞相如
有驕主色陛下謙讓臣主失禮竊為陛下不弗取
也後朝上益莊丞相益畏已而絳侯望袁盎曰吾
與而汝兄善今兒廷廷毀我盎遂不謝及絳侯免
相之就國國人上書告以為反徵繫清請室宗室
諸公莫敢為言唯袁盎明絳侯無罪絳侯得釋盎
頗有力絳侯乃大與盎結交淮南厲王朝殺辟陽
侯居處驕甚袁盎諫曰諸侯太驕必生患可適削

推有心行為名固有不得為大謝也適謂曰何不如不宁謂何如是而日不宰害也論不成語

史記是行衛王之心有如遇霧又勝霧謂之字樹不足後人謂霧路道死出以呼肩最傷人制然弗能容有殺弟名則顯到惜分丟不及此所以不能四也至頃折孰罪乃有果然自任之意

豈可悔哉亦小人語耳細行高行仁足毀名正是盛人之術此如俳優解嘲而延之上乃有此人同其後誇出于淮南世家之渕可以觀史孝宗移在此好

其平生盎交有說士之風若帝聞其言不問而已焉不足為說士矣其實謾言之入人耳也三年必有其實推顏如見六乘傳不測淵亦嘗在論西鄉南鄉想像威然盈名重朝廷以此漢

地上弗用許淮南王益橫及棘蒲侯柴武太子謀
反事發覺治連淮南王上徵淮南王徵上因遷之
蜀轞車傳送袁盎時為中郎將乃諫曰陛下素驕
淮南王之弗稍禁以至此今又暴摧折之淮南王
為人剛有如有遇霧露霧露行道死陛下竟為以天
下之大弗能容有殺弟之名奈何上弗不聽遂行
之淮南王至雍病死聞上輟食哭甚哀盎入頓首
請罪上曰以不用公言至此盎曰上自寬此往
事豈可悔哉且陛下有高世之行者三此不足以

毀名上曰吾高世行三者何事盎曰陛下居代時
太后嘗病三年陛下不交睫不解衣湯藥非陛下
口所嘗弗進夫曾參以布衣猶難之今陛下親以
王者脩之過曾參孝遠矣夫諸呂用事大臣專顓
制然陛下從代乘六乘傳馳不測之淵雖賁育之
勇不及陛下陛下至代邸西向鄉讓天子位者再
三南面鄉讓天子位者三再夫許由一讓而陛下
五以天下讓過許由四矣且陛下遷淮南王欲以
苦其志使改過有司宿衛不謹故病死於是上乃

背師表得於天
采本不用得固
又及之如此史
記有此
史記已甚之

謀之正用之識
特于是上朝東
宮一語入案確
衆何與刀鋸餘
人載語饑峻不
合增

不測文脈

廼辭曰將奈何盎曰淮南王有三子唯在陛下耳
於是文帝立其三子皆為王盎由繇此名重朝廷
袁盎常引大體忼慨宦者趙同談以數幸常害袁
盎袁盎患之盎兄子種為常侍騎持節夾乘說諫
盎曰君與鬭廷衆辱之使其毀不用後雖惡君上
不復信孝文帝出於是上朝東宮趙同談驂乘袁
盎伏車前曰臣聞天子所與共六尺輿者皆天下
豪英今漢雖乏人陛下獨奈何與刀鋸之餘人共
載於是上笑下趙同談趙同談泣下車文帝上從

霸陵上欲西馳下峻阪袁盎騎並車擥攬轡上曰
將軍怯耶盎言曰臣聞千金之子坐不垂堂百金
之子不騎衡聖主不乘危而不徼幸今陛下騁六
騑飛馳下峻不測山如有如馬驚車敗陛下縱自
輕柰高廟太后何上乃止上幸上林皇后慎夫人
從其在禁中常同席坐及坐郎署長布席袁盎引
却慎夫人坐慎夫人怒不肯坐上亦怒起入禁中
盎因前說曰臣聞尊卑有序則上下和今陛下既
已以立后慎夫人乃廼妾妾主豈可與以同坐哉

不用繇也尚可
以無陛下不獨
不見人彘乎最
[illegible]
何獨然後得
之一言特或王
曰用反而已不
可乎者不能辭

嘗有諸間必使
有其說過驗者
很語遂即聽擧
拂之使不必可
自斷其意輕否
相全在此有奇
計攻城野戰之
功至引人主受
言日以愚相語
順而氣張前說
後起是

且陛下幸之即則厚賜之陛下所以為慎夫人適
所以禍之也陛下獨不見人彘豕乎於是上乃廼
說召入語慎夫人慎夫人賜盎金五十斤然袁盎
亦以數直諫不得久居中調為隴西都尉仁愛士
卒士卒皆爭為死遷為齊相徙為吳相辭行種謂
盎曰吳王驕日久國多姦今苟繇欲劾刻治彼
不上書告君即則利劍刺君矣南方卑濕君繇能
日飲毋亡何時說王曰毋反而已如此幸得脫盎
用種之計吳王厚遇盎盎告歸道逢丞相申屠嘉

下車拜謁丞相從車上謝袁盎袁盎還愧其吏乃
之丞相舍上謁求見丞相丞相良久而乃見之盎
因跪曰願請間丞相曰使君所言公事之曹與長
史掾議之吾且奏之即則私邪吾不受私語袁盎
即跪起說曰君為丞相自度孰與陳平絳侯丞相
曰吾不如袁盎曰善君自目謂不弗如夫陳平絳
侯輔翼高帝定天下為將相而誅諸呂存劉氏君
乃廼為材官蹶張遷為隊率帥積功至淮陽守非
有奇計攻城野戰之功且陛下從代來每朝郎官

史記索

此崩讖贅

若上書疏未嘗不止輦受其言言不可用置之言可受採之未嘗不稱善何也則欲以致天下賢英士大夫上日聞所不聞明所不知日以益聖智而君令自閉鉗箝天下之口而日益愚夫以聖主責愚相君受禍不久矣丞相乃再拜曰嘉鄙野人乃廼不知將軍幸教引入與入坐為上客盎素不好鼂錯鼂錯所居坐盎去輒避盎所居坐錯亦去避兩人未嘗同堂語及孝文帝崩孝景帝即位鼂錯為御史大夫使吏案袁盎受吳王財物抵罪皋詔

赦以為庶人吳楚反聞鼂錯謂丞史曰夫袁盎多受吳王金錢專為蔽匿言不反今果反欲請治盎宜知其計謀丞史曰事未發治之有絕今兵西鄉治之何益且袁盎不宜有謀鼂錯猶豫未決人有告袁盎者袁盎恐夜見竇嬰為言吳所以反者願至上前口對狀竇嬰入言上上乃廼召袁盎盎入見鼂錯在前及盎請辟人賜閒錯去固恨甚袁盎具道言吳所以反狀以錯故獨急斬錯以謝吳吳兵乃可罷其語具在吳事中使袁上拜盎為太泰

又奈公幸有親 謂然意外

常竇嬰為大將軍兩人素相與善逮吳反是時諸陵長者長安中賢大夫爭附兩人車騎隨者日數百乘及鼂錯已誅袁盎以太泰常使吳吳王欲使將不肯欲殺之使一都尉以五百人圍守盎軍中初袁盎自其為吳相時嘗有從史從史嘗盜愛私盎侍兒盎知之弗泄遇之如故人有告從史言君知爾女與侍者通乃廼亡歸去袁盎驅自追之遂以侍者賜之復為從史及袁盎使吳見守從史適為在守盎校尉為司馬乃廼悉以其裝齎置買二

石醇醪會天寒士卒飢渴飲酒醉西南陬卒皆臥司馬夜引袁盎起曰君可以去矣吳王期旦日斬君盎弗信曰公何為者司馬曰臣故為君從史盜君侍兒者也盎乃驚謝曰公幸有親吾不足以累余公司馬曰君第去臣亦且亡避辟吾親君何患乃廼以刀決張帳道從醉卒直隧出司馬與分背袁盎解節毛旄懷之杖屐步行七八十里明見梁騎騎馳去遂歸報吳楚已破上更以元王子平陸侯禮為楚王袁盎為楚相嘗上書有所言不用袁

十長只是借此　入[illegible]出貸以間　事[illegible]近近似發　誠[illegible]傳[illegible]如其　人此本節非序　品亦也今公常　[illegible]以騎一旦有　為[illegible]寧足恃乎　謂其不能為人　有[illegible]非[illegible]者　之[illegible]援也[illegible]焉　訓陽從數騎是　數騎者[illegible]之　耳[illegible]數騎解　體而矣也

梁王欲求為嗣　盎進說其後言　來此大事必多　利害道情關說　人母乎[illegible]何情　秘不聞不由乎　長於[illegible]而諸先　生平議論屢議　故知修史則有　其才

有從史又有受　余不恐[illegible]則之客　何肯士之多也　然乎不免吾自　得從錯發論　之亦其貲如此

先即先生此處　於生字後又改　郭公然先生互　見可以為名則　此先非矣

盎病免居家與閭里浮沈湛相隨行鬬雞走狗雒陽劇孟嘗過袁盎盎善待之安陵富人有謂盎曰吾聞劇孟博徒將軍何自通之盎曰劇孟雖博徒然母死客送葬喪車千餘乘此亦有過人者且緩急人所有夫一旦有急叩門不以親為解不以存在亡為辭天下所望者獨季心劇孟耳今公常陽從數騎一旦有緩急寧足恃乎遂罵富人弗與通諸公聞之皆多袁盎盎雖家居景帝時時使人問籌策梁王欲求為嗣袁盎進說其後語塞梁

王以此怨盎曾使人刺盎刺者至關中問袁盎諸客譽稱之皆不容口乃見袁盎曰臣受梁王金來刺君君長者不忍刺君然後刺君者十餘曹備之袁盎心不樂家又多怪乃之棓生所問占還梁刺客後曹輩果遮刺殺盎安陵郭門外

鼂錯者潁川人也學申商刑名於軹張恢先生所與雒陽宋孟及劉禮帶同師以文學為太常掌故錯為人陗直刻深孝文帝時天下無亡治尚書者獨聞濟南濟有伏生故秦博士治尚書年九十餘

漢[illegible]錯言數　人[illegible]出於術數　此儒者所謂也　[illegible]然名字出於　[illegible]武使之口　人或能先人以　成服是非豈後　有所謂走者哉　千古之下受儒　生之弊而不語　所謂以陛下為　心一語尤可思

老不可徵乃廷詔太常使人往受之太常遣錯受尚書伏生所還因上便宜事以書稱說詔以為太子舍人門大夫遷博士又上書言人主所以尊顯功名揚於萬世之後者以知術數也故人主知所以臨制臣下而治其衆則群臣畏服矣知所以聽言受事則不欺蔽矣知所以安利萬民則海內必從矣知所以忠孝事上則臣子之行備矣此四者臣竊為皇太子急之人臣之議或曰皇太子亡以知事為也臣之愚誠以為不然竊觀上世之君不

能奉其宗廟而劫殺於其臣者皆不知術數者也皇太子所讀書多矣而未深知術數者不問書說也夫多誦而不知其說所謂勞苦而不為功臣竊觀皇太子材智高奇馭射伎藝過人絕遠然於術數未有所守者以陛下為心也竊願陛下幸擇聖人之術可用今世者以賜皇太子因時使太子陳明於前唯陛下裁察上善之於是拜錯為太子家令以其辯得幸太子太子家號曰智囊是時匈奴彊數寇邊上發兵以禦之錯上言兵事曰臣聞漢

興以來胡虜數入邊地小入則小利大入則大利高后時再入隴西攻城屠邑毆畧畜產其後復入隴西殺吏卒大寇盜竊聞戰勝之威民氣百倍敗兵之卒沒世不復自高后以來隴西三困於匈奴矣民氣破傷亡有勝意今茲隴西之吏賴社稷之神靈奉陛下之明詔和輯士卒底厲其節起破傷之民以當乘勝之匈奴用少擊衆殺一王敗其衆而法曰天有利非隴西之民有勇怯乃將吏之制巧拙異也故兵法曰有必勝之將無必勝之民繇

此觀之安邊境立功名在於良將不可不擇也臣又聞用兵臨戰合刃之急者三一曰得地形二曰卒服習三曰器用利兵法曰丈五之溝漸車之水山林積石經川丘阜屮木所在此步兵之地也車騎二不當一土山丘陵曼衍相屬平原廣野此車騎之地步兵十不當一平陵相遠川谷居間仰高臨下此弓弩之地也短兵百不當一兩陳相近平地淺屮可前可後此長戟之地也劍楯三不當一萑葦竹蕭屮木蒙蘢支葉茂接此矛鋋之地也長

戟二不當一曲道相伏險阨相薄此劍楯之地也弓弩三不當一士不選練卒不服習起居不精動靜不集趨利弗及避難不畢前擊後解與金鼓之音相失此不習勒卒之過也百不當十兵不完利與空手同甲不堅密與袒裼同弩不可以及遠與短兵同射不能中與亡矢同中不能入與亡鏃同此將不省兵之禍也五不當一故兵法曰器械不利以其卒予敵也卒不可用以其將予敵也將不知兵以其主予敵也君不擇將以其國予敵也四

者兵之至要也臣又聞小大異形彊弱異勢險易異備夫卑身以事彊小國之形也合小以攻大敵國之形也以蠻夷攻蠻夷中國之形也今匈奴地形技藝與中國異上下山阪出入溪澗中國之馬弗與也險道傾仄且馳且射中國之騎弗與也風雨罷勞飢渴不困中國之人弗與也此匈奴之長技也若夫平原易地輕車突騎則匈奴之衆易撓亂也勁弩長戟射疏及遠則匈奴之弓弗能格也堅甲利刃長短相雜遊弩往來什伍俱前則匈奴

之兵弗能當也材官騶發矢道同的則匈奴之革笥木薦弗能支也下馬地鬭劒戟相接去就相薄則匈奴之足弗能給也此中國之長技也以此觀之匈奴之長技三中國之長技五陛下又興數十萬之衆以誅數萬之匈奴衆寡之計以一擊十之術也雖然兵凶器戰危事也以大為小以彊為弱在俛仰之間耳夫以人之死爭勝跌而不振則悔之亡及也帝王之道出於萬全今降胡義渠蠻夷之屬來歸誼者其衆數千飲食長技與匈奴同可

賜之堅甲絮衣勁弓利矢益以邊郡之良騎令明將能知其習俗和輯其心者以陛下之明約將之即有險阻以此當之平地通道則以輕車材官制之兩軍相為表裏各用其長技衡加之以衆此萬全之術也傳曰狂夫之言而明主擇焉臣錯愚陋昧死上狂言唯陛下財擇文帝嘉之乃賜錯璽書寵荅焉曰皇帝問太子家令上書言兵體三章聞之書言狂夫之言而明主擇焉今則不然言者不狂而擇者不明國之大患故在於此使夫不明擇

於不狂是以萬聽而萬不當也錯復言守邊備塞勸農力本當世急務二事曰臣聞秦時北攻胡貉築塞河上南攻揚粤置戍卒焉其起兵而攻胡粤者非以衛邊地而救民死也貪戾而欲廣大也故功未立而天下亂且夫起兵而不知其勢戰則為人禽屯則卒積死夫胡貉之地積陰之處也木皮三寸冰厚六尺食肉而飲酪其人密理鳥獸毳毛其性能寒揚粤之地少陰多陽其人疏理鳥獸希毛其性能暑秦之戍卒不能其水土戍者死於邊

輸者僨於道秦民見行如往棄市因以謫發之名曰謫戍先發吏有謫及贅壻賈人後以嘗有市籍者又後以大父母父母嘗有市籍者後又閭取其左發之不順行者深怨有背畔之心凡民守戰至死而不降北者以計為之也故戰勝守固則有拜爵之賞攻城屠邑則得其財鹵以富家室故能使其衆蒙矢石赴湯火視死如生今秦之發卒也有萬死之害而亡銖兩之報死事之後不得一算之復天下明知禍烈及已也陳勝行戍至於大澤為

天下先倡天下從之如流水者秦以威刼而行之之故也胡人衣食之業不著於地其勢易以擾亂邊竟何以明之胡人食肉飲酪衣皮毛非有城郭田宅之歸居如飛鳥走獸於廣壄美草甘水則止草盡水竭則移以是觀之往來轉徙時至時去此胡人之生業而中國之所以離南畮也今使胡人數處轉牧行獵於塞下或當燕代或當上郡北地隴西以候備塞之卒卒少則入陛下不救則邊民絕望而有降敵之心救之少發則不足多發遠縣

纔至則胡又已去聚而不罷為費甚大罷之則復入如此連年則中國貧苦而民不安矣陛下幸憂邊境遣將吏發卒以治塞甚大惠也然今遠方之卒守塞一歲而更不知胡人之能不如選常居者家室田作且以備之以便為之高城深塹具藺石布渠荅復為一城其內城間百五十步要害之處通川之道調立城邑毋下千家為中周虎落先為室屋具田器廼募辠人及免徒復作令居之不足募以丁奴婢贖辠及輸奴婢欲以拜爵者不足廼募民之欲往者皆賜高爵復其家予冬夏衣廩食能自給而止郡縣之民得買其爵以自增至卿其亡夫若妻者縣官買予之人情非有匹敵不能久安其處塞下之民祿利不厚不可使久居危難之地胡人入驅而能止其所驅者以其半予之縣官為贖其民如是則邑里相救助赴胡不避死非以德上也欲全親戚而利其財也此與東方之戍卒不習地勢而心畏胡者功相萬也以陛下之時徙民實邊使遠方亡屯戍之事塞下之民父子相保

亡係虜之患利施後世名稱聖明其與秦之行怨民相去遠矣上從其言募民徙塞下錯復言陛下幸募民相徙以實塞下使屯戍之事益省輸將之費益寡甚大惠也下吏誠能稱厚惠奉明法存卹所徙之老弱善遇其壯士和輯其心而勿侵刻使先至者安樂而不思故鄉則貧民相募而勸往矣臣聞古之徙遠方以實廣虛也相其陰陽之和嘗其水泉之味審其土地之宜觀其草木之饒然後營邑立城製里割宅通田作之道正阡陌之界先

為築室家有一堂二內門戶之閉置器物焉民至
有所居作有所用此民所以輕去故鄉而勸之新
邑也為置醫巫以救疾病以脩祭祀男女有昏生
死相卹墳墓相從種樹畜長室屋完安此所以使
民樂其處而有長居之心也臣又聞古之制邊縣
以備敵也使五家為伍伍有長什長一里有假士
四里一連連有假五百十連一邑邑有假候皆擇其
邑之賢材有護習地形知民心者居則習民於射
法出則教民於應敵故卒伍成於內則軍正定於

外服習以成勿令遷徙幼則同遊長則共事夜戰
聲相知則足以相救晝戰目相見則足以相識驩
愛之心足以相死如此而勸以厚賞威以重罰則
前死不還踵矣所徙之民非壯有材力但費衣糧
不可用也雖有材力不得良吏猶亡功也陛下絕
匈奴不與和親臣竊意其冬來南也壹大治則終
身創矣欲立威者始於折膠來而不能困使得氣
去後未易服也愚臣亡識唯陛下財察後詔有司
舉賢良文學士錯在選中上親策詔之曰惟十有

五年九月壬子皇帝曰昔者大禹勤求賢士施及
方外四極之內舟車所至人跡所及靡不聞命以
輔其不逮近者獻其明遠者通厥聰比善戮力以
翼天子是以大禹能亡失德夏以長楙高皇帝親
除大害去亂從並建豪英以為官師為諫爭輔天
子之闕而翼戴漢宗也賴天之靈宗廟之福方內
以安澤及四夷今朕獲執天子之正以承宗廟之
祀朕既不德又不敏明弗能燭而智不能治此大
夫之所著聞也故詔有司諸侯王三公九卿及主

郡吏各帥其志以選賢良明於國家之大體通於
人事之終始及能直言極諫者各有人數將以匡
朕之不逮二三大夫之行當此三道朕甚嘉之故
登大夫于朝親諭朕志大夫其上三道之要及永
惟朕之不德吏之不平政之不宣民之不寧四者
之闕悉陳其志毋有所隱上以薦先帝之宗廟下
以興愚民之休利著之於篇朕親覽焉觀大夫所
以佐朕至與不至書之周之密之重之閉之與自
朕躬大夫其正論毋枉執事烏虖戒之二三大夫

其師志毋怠錯對曰平陽侯臣窋汝陰侯臣竈潁陰侯臣何廷尉臣宜昌隴西太守臣昆邪所選賢良太子家令臣錯昧死再拜言臣竊聞古之賢主莫不求賢以為輔翼故黃帝得力牧而為五帝先大禹得咎繇而為三王祖齊桓得筦子而為五伯長今陛下講于大禹及高皇帝之建豪英也退託於不明以求賢良讓之至也臣竊觀上世之傳若高皇帝之建功業陛下之德厚而得賢佐皆有司之所覽刻於玉板藏於金匱歷之春秋紀之後世

為帝者祖宗與天地相終今臣窋等乃以臣錯充賦甚不稱明詔求賢之意臣錯屮茅亡識知昧死上愚對曰詔策曰明於國家大體愚臣竊以古之五帝明之臣聞五帝神聖其臣莫能及故自親事處于法宮之中明堂之上動靜上配天下順地中得人故眾生之類亡不覆也根著之徒亡不載也燭以光明亡偏異也德上及飛鳥下至水蟲草木諸產皆被其澤然後陰陽調四時節日月光風雨時膏露降五穀孰祅孽滅賊氣息民不疾疫河出

圖洛出書神龍至鳳鳥翔德澤滿天下靈光施四海此謂配天地治國大體之功也詔策曰通於人事終始愚臣竊以古之三王明之臣聞三王臣主俱賢故合謀相輔計安天下莫不本於人情人情莫不欲壽三王生而不傷也人情莫不欲富三王厚而不困也人情莫不欲安三王扶而不危也人情莫不欲逸三王節其力而不盡也其為法令也合於人情而後行之其動眾使民也本於人事然後為之取人以己內恕及人情之所惡不以彊人情之所欲不以禁民是以天下樂其政歸其德望

之若父母從之若流水百姓和親國家安寧名位不失施及後世此明於人情終始之功也詔策曰直言極諫愚臣竊以五伯之臣明之臣聞五伯不及其臣故屬之以國任之以事五伯之佐之為人臣也察身而不敢誣奉法令不容私盡心力不敢矜遭患難不避死見賢不居其上受祿不過其量不以亡能居尊顯之位自行若此可謂方正之士矣其立法也非以苦民傷眾而為之機陷也以之與

利除害、尊主安民而救暴亂也、其行賞也、非虛取民財、妄予人也、以勸天下之忠孝、而明其功也、故功多者賞厚、功少者賞薄、如此、斂民財以顧其功、而民不恨者、知與而安己也、其行罰也、非以忿怒妄誅而從暴心也、以禁天下不忠不孝而害國者也、故辠大者罰重、辠小者罰輕、如此、民雖伏罪至死、而不怨者、知罪罰之至、自取之也、立法若此、可謂平正之吏矣、法之逆者、請而更之、不以傷民主行之暴者、逆而復之、不以傷國、救主之失、補主之

過、揚主之美、明主之功、使主內亡邪辟之行、外亡騫污之名、事君若此、可謂直言極諫之士矣、此五伯之所以德匡天下、威正諸侯、功業甚美、名聲章明、舉天下之賢主、五伯與焉、此身不及其臣、而使得直言極諫、補其不逮之功也、今陛下人民之衆、威武之重、德惠之厚、令行禁止之勢、萬萬於五伯、而賜愚臣策曰匡朕之不逮、愚臣何足以識陛下之高明而奉承之、詔策曰吏之不平、政之不宣、民之不寧、愚臣竊以秦事明之、臣聞秦始并天下之

時、其主不及三王、而臣不及其佐、然功力不遲者何也、地形便、山川利、財用足、民利戰、其所與並者六國、六國者、臣主皆不肖、謀不輯、民不用、故當此之時、秦最富彊、夫國富彊而鄰國亂者、帝王之資也、故秦能兼六國、立為天子、當此之時、三王之功、不能進焉、及其末塗之衰也、任不肖而信讒賊、宮室過度、耆欲亡極、民力罷盡、賦斂不節、矜奮自賢、群臣恐諛、驕溢縱恣、不顧患禍、妄賞以隨喜意、妄誅以快怒心、法令煩憯、刑罰暴酷、輕絕人命、身自

射殺、天下寒心、莫安其處、姦邪之吏、乘其亂法、以成其威、獄官主斷、生殺自恣、上下瓦解、各自為制、秦始亂之時、吏之所先侵者、貧人賤民也、至其中節、所侵者、富人吏家也、及其末塗、所侵者、宗室大臣也、是故親疏皆危、內外咸怨、離散逋逃、人有走心、陳勝先倡、天下大潰、絕祀亡世、為異姓福、此吏不平、政不宣、民不寧之禍也、今陛下配天象地、覆露萬民、絕秦之迹、除其亂法、躬親本事、廢去淫末、除苛解嬈、寬大愛人、肉刑不用、辠人亡帑、非謗不

治、鑄錢者除、通關去塞、不孽諸侯、賓禮長老、愛恤
少孤、罪人有期、後宮出嫁、尊賜孝悌、農民不租、明
詔軍師、愛士大夫、求進方正、廢退姦邪、除去陰刑、
害民者誅、憂勞百姓、列侯就都、親耕節用、視民不
奢、所為天下興利除害、變法易故、以安海內者、大功
數十、皆上世之所難及、陛下行之、道純德厚、元元
之民幸矣、詔策曰、永惟朕之不德、愚臣不足以當
之、詔策曰、悉陳其志、毋有所隱、愚臣竊以五帝之
賢臣明之、臣聞五帝、其臣莫能及、則自親之、三王

史漢異同十七卷 一 晁錯 三三 江仁

臣主俱賢、則共憂之、五伯不及其臣、則任使之、此
所以神明不遺、而賢聖不廢也、故各當其世而立
功德焉、傳曰、往者不可及、來者猶可待、能明其世
者、謂之天子、此之謂也、竊聞戰不勝者易其地、民
貧窮者變其業、今以陛下神明德厚、資財不下五
帝、臨制天下、至今十有六年、民不益富、盜賊不衰、
邊竟未安、其所以然、意者陛下未之躬親、而待群
臣也、今執事之臣、皆天下之選已、然莫能望陛下
清光、譬之猶五帝之佐也、陛下不自躬親、而待不

數十上疏數上 篇間宜三十篇 兩後三十章 並三十篇所更 以多可從錯 不時

錯幸不成語

去兩字足

怒字疑當作恐

望清光之臣、臣竊恐神明之遺也、日損一日、歲亡
一歲、日月益暮、盛德不及究於天下、以傳萬世、愚
臣不自度量、竊為陛下惜之、昧死上狂惑中茅之
愚臣言、陛下財擇、時賈誼已死、對策者百餘人、唯
錯為高第、繇是遷中大夫、數上書孝文時、錯又言
宜削諸侯事及法令可更定者、書數十上、凡三十
篇、孝文雖不盡聽、然奇其材、遷為中大夫、當是時
太子善錯計策、袁盎諸大功臣多不好錯、景帝即
位、以錯為內史、錯常數請間言事、輒聽、寵幸傾九

史漢異同卷廿七 一 晁錯 三三 余本五

卿、法令多所更定、丞相申屠嘉心弗便、力未有
以傷、內史府居太上廟壖堧中、門東出、不便、錯乃
穿兩門南出、鑿廟壖堧垣、丞相嘉聞、大怒、欲因
此過為奏請誅錯、錯聞之、即夜請間、具為上言之、
丞相奏事、因言錯擅鑿廟垣為門、請下廷尉誅、上
曰、此非廟垣、乃壖堧中垣、不致於法、丞相謝、罷朝
因怒謂長史曰、吾當先斬以聞、乃先請、為兒所賣、
固誤、丞相遂發病死、錯以此愈貴、遷為御史大夫、
請諸侯之罪過、削其地、收其枝支郡、奏上、上令公

漢書作只袁多怨不甚明

夫袁字不得

卿列侯宗室集雜議莫敢難獨竇嬰爭之由繇此
與錯有郤隙錯所更令三十章諸侯皆諠讙譁
疾鼂錯錯父聞之從潁川來謂錯曰上初即位公
為政用事侵削諸侯別疏人骨肉人口議讓多怨
公者何為也鼂錯曰固也不如此天子不尊宗廟
不安錯父曰劉氏安矣而鼂氏危矣吾去公歸矣
遂飲藥死曰吾不忍見禍及吾遽身死後十餘日
吳楚七國果與反以誅錯為名上與錯議出軍事
錯欲令上自將兵而身居守及會竇嬰言爰盎

進說詔召入見上方與錯調兵食上問盎曰君嘗
為吳相知吳臣田祿伯為人虖今吳楚反於公意
何如對曰不足憂也今破矣上曰吳王即山鑄錢
煑海為鹽誘天下豪傑白頭舉事此其計不百全
豈發虖何以言其無能為也盎對曰吳銅鹽之利
則有之安得豪傑而誘之誠令吳得豪傑亦且輔
而為誼不反矣吳所誘皆亡賴子弟亡命鑄錢姦
人故相誘以亂錯曰盎策之善上問曰計安出盎
對曰願屏左右上屏人獨錯在盎曰臣所言人臣

漢書備載錯言邊事尸多至於其死不得其要史記備載袁盎皆在吳王傳故此傳不得其詳各得其體

不得知廼屏錯錯趨避東箱甚恨上卒問盎對曰
吳楚相遺書言高皇帝王子弟各有分地今賊臣
鼂錯擅適諸侯削奪之地以故反名為西共誅錯
復故地而罷方今計獨有斬錯發使赦吳楚七國
復其故地則兵可無血刃而俱罷於是上默然良
久曰顧誠何如吾不愛一人謝天下盎曰愚計出
此唯上孰計之乃拜盎為泰常密裝治行後十餘
日丞相青翟中尉嘉廷尉歐劾奏錯曰吳王反逆
亡道欲危宗廟天下所當共誅今御史大夫錯議

曰兵數百萬獨屬群臣不可信陛下不如自出臨
兵使錯居守徐僮之旁吳所未下者可以予吳錯
不稱陛下德信欲疏群臣百姓又欲以城邑予吳
亡臣子禮大逆亡道錯當要斬父母妻子同產無
少長皆棄市臣請論如法制曰可錯殊不知廼使
中尉召錯紿載行市上令鼂錯衣朝衣斬東市鼂
錯已死謁者僕射鄧公為校尉擊吳楚軍為將還
上書言軍事謁見上上問曰道軍所來聞鼂錯死
吳楚罷不鄧公曰吳王為反數十年歲矣發怒削

削地非始錯議也自當生禍哭袁盎陳往伺意於漢廷諸臣無不知當削便直毀斷以已斬安且夕謝錯自大帝家今昨數言上書過吳忠臣之用心合是無大者雖其父猶衆人之見也以錯之智豈不知說入骨肉口語指摘貽身後與家族之哭哉劉氏安矣鼂錯父不如趙母指括以全其宗不類錯父雖明亦知安劉不得不斷則其子忠也非誤劉氏也以何說指之後人又效之以全其宗則發宗大於趙國也並論如此反覆皆碍

地以誅錯為名其意非不在錯也且臣恐天下之士噤拼口不敢復言也矣上曰何哉鄧公曰夫鼂錯患諸侯彊大不可制故請削地之以尊京師萬世之利也計畫始行卒受大戮內杜忠臣之口外為諸侯報仇臣竊為陛下不取也於是景帝默嘿然良久長息曰公言善吾亦恨之乃拜鄧公為城陽中尉鄧公成固人也多奇計建元年中上招賢良公卿言鄧公鄧公先鄧先時免起家為九卿一年復謝病免歸其子章以脩黃老言顯於諸公間

太史公曰袁爰盎雖不好學亦善傅會仁心為質引義忼慨遭孝文初立資適逢世時以巳變易及吳楚一壹說說雖行哉果於用辯然復身亦不遂好聲矜賢竟以名敗鼂錯為家令時數言事不用後擅權多所變更諸侯發難不急匡救欲報私讎反以亡軀語曰變古亂常不死則亡豈錯等謂邪

銳於為國遠慮而不見身害其父賭之經於溝瀆亡益救敗不如趙母指括以全其宗悲夫錯雖不終世哀其忠故論其植行之語著于篇

班馬異同

釋之對不知有劉季耶古人尚諱猶豈有此

雖不見所言即所論可想又見文帝真情詐便如父子間也未見其云何豈而

乎之讒夫為高論人情每如此

問不得不對當時答已正在響應無窮以觀其能此所欲以其[illegible]小人情態升此兩語則何雖於後對者故當問尉左右視有能對者文得不答而其之無何苦可據而止故釋之徐論其意答語甚故以絳侯東陽侯歎之響應何不可謂利口捷意欲[illegible]觀其能此史筆也

班馬異同

張釋之馮唐列傳第四十二　史記一百二

張馮汲鄭傳第二十　漢書五十

張廷尉釋之者字季南陽堵陽人也字季有兄仲同居以訾貲為騎郎事孝文帝十歲年不得調亡所知名釋之曰久宦減仲之產不遂欲自免歸中郎將袁盎知其賢惜其去乃請徙釋之補謁者釋之既朝畢因前言便宜事文帝曰卑之毋甚高論令今可施行也於是釋之言秦漢之間事秦所

史漢異同大卷　八張釋之　十

以失而漢所以興者久之文帝稱善乃拜釋之為謁者僕射釋之從行上登虎圈上問上林尉諸禽獸簿十餘問尉左右視盡不能對虎圈嗇夫從旁代尉對上所問禽獸簿甚悉欲以觀其能口對響應無窮者文帝曰吏不當若是如此邪尉無賴乃詔釋之拜嗇夫為上林令釋之久之前曰陛下以絳侯周勃何如人也上曰長者也又復問東陽侯張相如何如人也上復曰長者釋之曰夫絳侯東陽侯稱為長者此兩人言事曾不能出口豈斆

此形似則釋之為始能讒佞者更為過皆當之大者

何可無又之字正是節奏處此時又有東陽侯張相如者而人不知諜諜利口此給極其形容想見嗇夫得意狀

前作又能說得痛痒引處親切漢在事外句句半字非他口辯所及準孫苛察但尚六字已備盡說吏之態至其弊徒文具無惻隱之實則非長者不能言又然至以故不聞其過敘添長矣

下看如不切細然其妹必文具色色整齊即便詔能事已極有得為人家周然事外與人心計文淡哉故曰無惻隱之實如此人視收亡知哉固宜乘機盡周使三不聞過然能節革似隱止要多一辭字質字有味即前語可想若謂豈制與至誠則也

篇得情景抱活具言有死生之慮多絮正是釋之語耳

此嗇夫諜諜利口捷給哉且秦以任刀筆之吏吏爭以亟疾苛察相高然其弊徒文具耳無惻隱之實以故不聞其過陵遲夷而至於二世天下土崩今陛下以嗇夫口辯而超遷之臣恐天下隨風靡靡爭為口辯而無其實且下之化上疾於影響嚮舉錯不可不審也文帝曰善乃迺止不拜嗇夫上就車召釋之參驂乘徐行行問釋之秦之弊具以質具言至宮上拜釋之為公車令頃之太子與梁王共車入朝不下司馬門於是釋之追止太子梁王

史漢異同大卷　八張釋之　二

無得入殿門遂劾不下公門不敬奏之薄太后聞之文帝免冠謝曰教兒子不謹薄太后乃使使承詔赦太子梁王然後得入文帝由繇是奇釋之拜為中大夫頃之至中郎將從行至霸陵上居北外臨廁是時慎夫人從上指示視慎夫人新豐道曰此走邯鄲道也使慎夫人鼓瑟上自倚瑟而歌意慘悽愴悲懷顧謂群臣曰嗟乎以北山石為槨用紵絮斮陳絮漆其間豈可動哉左右皆曰善釋之前進曰使其中有可欲者雖錮南山猶有郄隙使

此字是欲柰

此人驚但一人化擬於法又輕一字是謂如此字耳

只使字是有立誅的後人攻史遂當未識存說

公而字增之字文是

此一傳漢書文較明潔可愛

甚字文稚甚字又剩差字是甚從曲言之也所就敘事皆名言

其中無可欲者雖無亡石槨又何戚焉文帝稱善

其後拜釋之爲廷尉頃之上行出中渭橋有一人

從橋下走出乘輿馬驚於是使騎捕之屬廷尉釋

之治問曰縣人來聞蹕匿橋下久之以爲行已過

即既出見乘輿車騎即走耳廷尉釋之奏當一此

人犯蹕當罰金文帝上怒曰此人親驚吾馬吾馬

賴柔和柔令他馬固不敗傷我乎而廷尉乃廼當

之罰金釋之曰法者天子所與天下公共也今法

如此是而更重之是法不信於民也且方其時上

使使立誅之則已今既已下廷尉廷尉天下之平

也一壹傾而天下用法皆爲之輕重民安所措其

手足唯陛下察之上良久上曰廷尉當是也其後

有人有盜高廟坐前玉環捕得文帝怒下廷尉治

釋之案律盜宗廟服御物者爲奏奏當棄市上大

怒曰人之無亡道乃廼盜先帝廟器吾屬廷尉者

欲致族之族而君以法奏之非吾所以共承宗廟

意也釋之免冠頓首謝曰法如是足也且罪等然

以逆順爲差甚今盜宗廟器而族之有如萬分之

[illegible]言此至史高論必更可觀且字芝

又作王生點綴此傳

筆使結韈字是史記欲其便直當有此罪不敢也

今字好

故字勝欲字遠

凡五久之皆不當去

此處推得病字分曉末及其子摯官云云似翻昌帝尚不能忘情於其子也

郎中是

一假令愚民取長陵一抔土陛下且何以加其法

乎虖久之文帝與太后言之乃許廷尉當是時中

尉條侯周亞夫與梁相山都侯王恬開啓見釋之

持議平乃廼結爲親友張廷尉由繇此天下稱之

後文帝崩景帝立釋之恐稱病疾欲免去懼大誅

至欲見謝則未知何如用王生計卒見謝景帝不

過也王生者善爲黃老言處士也嘗召居廷中三

公九卿盡會立王生老人曰吾韈解顧謂張廷尉

釋之爲我結韈釋之跪而結之既已人或謂讓王

生曰獨奈何廷辱張廷尉如此使跪結韈王生曰

吾老且賤自度終無益於張廷尉張廷尉方今天

下名臣吾故聊辱廷尉使跪結韈欲以重之諸公

聞之賢王生而重張廷尉釋之張廷尉釋之事景

帝歲餘爲淮南王相猶尚以前過也久之釋之年

老病卒其子曰張摯字長公官至大夫免以不能

取容當世故終身不仕

馮唐者其祖大父趙人也父徙代漢興徙安陵唐

以孝著爲中郎中署長事文帝文帝輦過問唐曰

此文帝語問與當時感慨中語歎以知對尚食飯時亦輒念之

北歸欲數然又用帝之意有快士之心字字不可去

父老何自爲郎家安在唐具以實對言文帝曰吾
居代時吾尚食監高袪數爲我言趙將李齊之賢
戰於鉅鹿下今吾每飯飲食意未嘗不在鉅鹿也
父老知之乎唐對曰齊尚不如廉頗李牧之爲將
也上曰何以已唐曰臣大父在趙時爲官率帥將
善李牧臣父故爲代相善趙將李齊知其爲人也
上既聞廉頗李牧爲人良說而搏拊髀曰嗟乎
吾獨不得廉頗李牧時爲吾將吾豈憂匈奴哉唐
曰主臣陛下雖得有廉頗李牧弗不能用也上怒

無間處乎不措爲到此正是妙意

未必古有此語然自其口出自創千古可稱往後收拾其是

將能作者諸如國家

起入禁中良久召唐讓曰公奈何衆辱我獨無間
處乎唐謝曰鄙人不知忌諱當是之時匈奴新
大入朝那殺北地都尉昂卬上以胡寇爲意乃遒
卒復問唐曰公何以知言吾不能用廉頗李牧也
唐對曰臣聞上古王者之遣將也跪而推轂曰閫
以內者寡人制之閫以外者將軍制之軍功
爵賞皆決於外歸而奏之此非虛空言也臣大父
言李牧之爲趙將居邊軍市之租皆自用饗士賞
賜決於外不從中擾覆也委任而責成功故李牧

不不相涉然語次或有此所以爲妙義也上句不必言遷立是諸侯合本[illegible]其母倡也什[illegible]七人知來[illegible]又見所說之有自[illegible]外之意完然詩情仲郎尚自言不及此諸藩積習反以威動皆見在宜法

乃得盡其智知能遣選車千三百乘彀騎萬三千
四百金之士十萬是以北逐單于破東胡滅澹林
西抑彊秦南支韓魏當是之時趙幾霸伯其後會
趙王遷立其母倡也王遷立乃用郭開讒而卒誅
李牧令顏聚代之是以兵破士北爲秦所禽滅今
臣竊聞魏尚爲雲中守其軍市租盡以饗給士卒
出私養錢五日一壹椎殺牛以饗賓客軍吏舍人
是以匈奴遠避不近雲中之塞虜曾嘗一入尚率
帥車騎擊之所殺甚衆夫士卒盡家人子起田中

八字殺極可危上言上率切切近於人情語已甚慨至其賞不行奉法必用極甚如何去一而事於氣上在而事決得怨甚三太守明察可以已失殺盡雲中守擬而如素如結回說初起處移顛倒豈有不能吐而止哉字字慎激嚴後一語慎轉辭直卸多一死罪字

從軍安知尺籍伍符終日力戰斬首捕虜上功幕
府一言不相應文吏以法繩之其賞不行而吏奉
法必用臣愚以爲陛下法太明賞太輕罰太重且
雲中守魏尚坐上功首虜差六級陛下下之吏削
其爵罰作之由繇此言之陛下雖得廉頗李牧弗
不能用也臣誠愚觸忌諱死罪死罪文帝說是日
令馮唐持節赦魏尚復以爲雲中守而拜唐爲車
騎都尉主中尉及郡國車士七十年景帝立以唐
爲楚相免武帝立即位求賢良舉馮唐唐時年九

此三字他人所不必到孰知此切於神記哉二傳并一時之言見文帝君臣知家人父子班固雖以汲鄭即不敢不然所不叔非何以成名哉以此與語道有常讀加敬當書而此世故而統作不朽為此言哉此貫所謂不以其人規非友以前傳者有表亞周亞夫王關釋尚非皇為害之也周而子長所於此失之乎要辯論事而已不相以不我引用

十餘不能復為官乃適以唐子馮遂為郎遂字王孫亦奇士與余善魏尚槐里人也

太史公曰張季釋之之言長者守法不阿意馮公唐之論將率有味哉有味哉語曰不知其人視其友二君之所稱誦可著廊廟書曰不偏不黨王道蕩蕩不黨不偏王道便便張季馮公近之矣汲黯之正直鄭當時之推士不如是亦何以成名哉揚子以為孝文親詘帝尊以信亞夫之軍曷為不能用頗牧彼將有激云爾

史漢異同十九卷　八馮唐　七　王伯元

班馬異同

少有才故能田沛耳入沛侯從黥布事跡俱且不明

班馬異同

吳王濞列傳第四十六　史記一百六

荊燕吳傳第五　漢書三十五

吳王濞者高帝兄劉仲之子也高帝已定天下七年立劉仲為代王而匈奴攻代劉仲不能堅守棄國亡閒行走雒陽自歸天子天子為骨肉故不忍致法廢以為郃陽侯子濞封為沛侯高帝十一年秋淮南王英黥布反東并荊地劫其國兵西渡淮擊楚高帝自將往誅之劉仲子沛侯濞年二十有

史漢異同十九卷　八吳濞　十一　張田

會甀字亦多布走可嘆

秦漢以來必多讖謀之說後五十年與東南皆當時說直非高祖能前知與舊積必至也推相其反狀有見侮不及英主闊事繇情往往如此拊背語任遲徹然蘇白克朝五十占者所知如真曰度其所積定用為難吳陵案應氏吳景以後五十

氣力以騎將從破布軍蘄西會甀布走荊王劉賈為布所殺無後上患吳會稽輕悍無壯王以填之諸子少乃立濞於沛為吳王王三郡五十三城已拜受印高帝祖召濞相之謂曰若狀有反相心獨悔業已拜因拊其背告曰漢後五十年東南有亂者豈若耶然天下同姓為一家也慎無反濞頓首曰不敢會孝惠高后時天下初定郡國諸侯各務自拊循其民吳有豫章郡銅山濞則即招致天下亡命者益盜鑄錢東煑海水為鹽以故無賦國用

年東南有亂本是占氣者所見尚和素以吹少凡所以言之說亦合事理吳錢行非為鑄也益字是為添衍字甚矣

所字拙

吳本理不直由做者言之則詐情遂直

無之字不可無一而字多少清切

老字下得妙

直出無賦又見其得民之實言下曲直滴同平

訟作頌音義同謂容縱之如囚徒不可得也總是語簡意足

皇字是無於吳

富饒（兄）孝文帝時吳太子入見得侍皇太子飲博

吳太子師傅皆楚人輕悍又素驕博爭道不恭皇

太子引博局提吳太子殺之於是遣其喪歸葬至

吳吳王慍曰天下同一宗死長安即葬長安何必

來葬為復遣喪之長安葬吳王由此（是怨望）稍失

藩臣之禮稱病（疾）不朝京師知其以子故稱病不

朝驗問實不病諸吳使來輒繫責治之吳王恐（所）

為謀滋甚及後使人為秋請上復責問吳使者使

者對曰王實不病漢繫治使者數輩以故遂稱病

且夫察見淵中魚不祥今吳王始詐病（疾）及覺見

責急愈益閉恐上誅之計乃無聊唯上棄之而與

更始於是天子乃（皆）赦吳使者歸之而賜吳王几

杖老不朝吳得釋其罪謀亦益解然其居國以銅

鹽故百姓無賦卒踐更輒予平賈歲時存問茂材

賞賜閭里佗（它）郡國吏欲來捕亡人者訟（頌）共禁

弗（不）予如此者四（三）十餘年以故能使其衆鼂錯

為太子家令得幸（皇）太子數從容言吳過可削數

上書說文帝（之）文帝寬不忍罰以此吳（王）日益橫

既從容言又上書說得錯惓惓非一旦語八字得大旨動人聽

德至厚足老人語

增六字又緊切古削盡語情到不用漢書倒置自住不削反遲禍大六字三語如江於耳

此數字刪得正

誂字有商量有悄悄不肯謂其簡陋無所象以也只宿夕兩字便深切閑以計之也且說驩心亦於話辭說之常體不必

及孝景帝即位錯為御史大夫說上曰昔高帝初

定天下昆弟少諸子弱大封同姓故王孽子悼惠

王王齊七十餘（二）城庶弟元王王楚四十餘城兄

子濞王吳五十餘城封三庶孽分天下半今吳王

前有太子之郄（隙）詐稱病不朝於古法當誅文帝

弗（不）忍因賜几杖德至厚（也）（不）當改過自新乃（迺）

益驕溢（恣）（公）即山鑄錢煮海水為鹽誘天下亡人

謀作亂（逆）今削之亦反不削之亦反削之其反亟

禍小不削（之）其反遲禍大三年冬楚王（來）朝鼂錯

因言楚王戊往年為薄太后服私姦服舍請誅之

詔赦罰削東海郡因削吳之豫章郡會稽郡及前

二年趙王有罪削其河間（常山）郡膠西王卬以賣

爵（事）有姦削其六縣漢廷臣方議削吳吳王濞恐

削地無已因（欲）以此發謀欲舉事念諸侯無足與

計謀者聞膠西王勇好氣喜兵諸齊皆憚畏（憚之）

於是乃使中大夫應高誂（口）（說）膠西王無文書口

報曰吳王不肖有宿夕（夙夜）之憂不敢自外使使

臣（喻）其驩（愚）心王曰何以教之高曰今者主上與

妙在語分切形容酒婦謂前無此怪數筋於邪臣謂與為一片好小善直謂利其土地此皆非狀良善言其孺也下有其字則重字複想字蛇足說辭

不得止削地而已與說口王謂此當須然字

高字是億疑古語作此言急謂刻急載字勝本極言主上轉事鼂錯熒惑二字切見敢下復雖以大興得語勢至愁勞聖人之所以起若能言以愁勞為句甚非也之字節不得討字是此轍北乃知淺深變化語皆臨枯可觀間着一兩語尤畫大略

於姦餙於（任用）邪臣好小善聽（信）讒賊擅變更律令侵奪（削）諸侯之地徵求滋多誅罰良善（重）日以益甚里語有之（曰）舐（恬）糠及米吳與膠西知名諸侯也一時見察恐不得安肆矣吳王身有內病（疾）不能朝請二十餘年常患見疑無以自白今脅肩累（絫）足猶懼不見釋竊聞大王以爵事有適（過）所聞諸侯削地罪不至此此恐不得（止）削地而已王曰然有之子將柰何高曰同惡相助相好相留同情相成（求）同欲相趨同利相死今吳王自以為與

大王同憂願因時循理棄軀以除患害於天下億（意）亦可乎（膠西王）瞿然駭曰寡人何敢如是今主上雖急固有死耳安得不載（事）高曰御史大夫鼂（朝）錯熒（營）惑天子侵奪諸侯蔽忠塞賢朝廷疾怨諸侯皆有倍畔（背叛）之意人事極矣彗星出蝗蟲數起此萬世一時而愁勞聖人之所以起也故吳王欲內以鼂（朝）錯為討（誅）外隨（從）大王後車彷徉（方洋）天下所鄉者降所指者下天下莫敢不服大王誠幸而許之一言則吳王率楚王略函谷關守

諸侯地不能為方郡什二為叛逆以憂太后非計也今承一帝尚云不易假令事成兩主分爭患乃益生漢書語甚勁然不及此

濟北字不當去使人精神意思感動如見當日正在而曰之下數語人情宛此於諸王乘其間有不從者又不忍言之故先言後日所賜以說之亦不可無此數字王與膠西王約或是令膠西先起至正月戊午乃誅漢吏起耳此正月戊午與齊王飲藥自殺皆異膠西獨為渠率似亦是上反字是

滎陽敖倉之粟距漢兵治次舍須大王大王有幸而臨之則天下可并兩主分割不亦可乎王曰善高歸報吳王吳王猶恐其不與（果）乃身自為使（者）至使於膠西面結（約）之膠西群臣或聞王謀諫曰（漢書接下文諸侯地）承一帝至樂也（尚云不易）今大王與吳西鄉第（假）令事成兩主分爭患乃始結（益生漢書連下文王不聽）諸侯之地不足（能）為漢郡什二而為畔（叛）逆以憂太后非長策（計）也（漢書連上文令承一帝）王弗（不）聽遂發使約齊菑川膠

東濟南濟北皆許諾而曰城陽景王有義攻諸呂勿與事定分之耳諸侯既新削罰振（震）恐多怨鼂錯及削吳會稽豫章郡書至則吳王先起兵膠西正月戊午誅漢吏二千石以下膠（西）膠東菑川濟南楚趙亦然（皆）反遂發兵西齊王後悔飲藥自殺畔（背）約（城守）濟北王城壞未完其郎中令劫守其王不得發兵膠西（王膠東王）為渠率膠東（與）菑川濟南共攻圍臨菑趙王遂亦反陰使匈奴與連兵七國之發也吳王悉其士卒下令國中曰寡人年

來得悲壯古勁如此自然百言諸王幸教我是老成遜與錯字不可奏作賊臣無功天下只甚切當

以者常也以為常事語好

詿字好志失字是形容

漢書錯註紋未能明如字曰南越直長沙者因王子定之師古曰直當也言越地之北當長沙也

擇直閩濱生聚其變又閱深甘

六十二身自將少子年十四亦為士卒先諸年上與寡人比同下與少子等者皆發發二十餘萬人南使閩越東越閩東越亦發兵從孝景帝前三年正月甲子初起兵於廣陵西涉淮因并楚兵發使遺諸侯書曰吳王劉濞敬問膠西王膠東王菑川王濟南王趙王楚王淮南王衡山王廬江王故長沙王子幸教寡人以漢有賊臣錯無功天下侵奪諸侯之地使吏劾繫訊治以僇侵辱之為故不以諸侯人君禮遇劉氏骨肉絕先帝功臣進任姦人

宄註詿亂天下欲危社稷陛下多病志失逸不能省察欲舉兵誅之謹聞教敝國雖狹地方三千里人民雖少精兵可具五十萬寡人素事南越三十餘年其王諸君皆不辭分其卒兵以隨寡人又可得三十餘萬寡人雖不肖願以身從諸王南越直長沙者因王子定長沙以北西走蜀漢中告越楚王淮南三王與寡人西面齊諸王與趙王定河間河內或入臨晉關或與寡人會雒陽燕王趙王固故與胡王有約燕王北定代雲中摶轉胡衆入蕭

作鋒非闕猶堤也

又紙出楚淮所根底何其也

古字去不用

古字織

有用字是

語意兩人亦非後來所有何衆漢間氣象雖如此後人修史此等反書或不録者又并删亦足矣

關走長安匡正天子下以安高廟願王勉之楚元王子淮南三王或不沐洗十餘年怨入骨髓欲一壹有所出之久矣寡人未得諸王之意未敢聽今諸王苟能存亡繼絕振弱伐暴以安劉氏社稷之所願也敝吳國雖貧寡人節衣食之用積金錢脩兵革聚穀糧食夜以繼日三十餘年矣凡皆為此願諸王勉用之能斬捕大將者賜金五千斤封萬戶列將三千斤封五千戶裨將二千斤封二千戶二千石千斤封千戶千石五百斤封五百戶皆為

列侯其以軍若城邑降者卒萬人邑萬戶如得大將人戶五千如得列將人戶三千如得裨將人戶千如得二千石其小吏皆以差次受爵金佗封賜皆倍軍法其有故爵邑者更益勿因願諸王明以令士大夫弗不敢欺也寡人金錢在天下者往往而有非必取於吳諸王日夜用之弗不能盡有當賜者告寡人寡人且往遺之敬以聞七國反書聞天子天子乃遣太尉條侯周亞夫將三十六將軍往擊吳楚遣曲周侯酈寄擊趙將軍欒布擊齊大

盎言亘其不足憂本作何聚片旅談獨錯在復所謂非言錯而何難謂錯智襄武器之不復見下俯仰當棄於言曰頭擧事時吳恐知不復措盎之對其間矣使錯所折之不忠無說遂如反若謂誅錯以謝在此人且不平此國所共動錯獨守計亦以欲加之非作故論錯於此之端而明其不足遂發上親行以應其勢故安然得而聞之後信誤矣漢書名為誅錯甚是不用罷下

將軍竇嬰屯滎陽監齊趙兵切吳楚反書聞兵未發竇嬰未行言故吳相袁爰盎盎時家居詔召入見此下至唯上孰計之漢書入鼂錯傳上方與鼂錯調兵笇軍食上問袁盎曰君嘗為吳相知吳臣田祿伯為人乎今吳楚反於公意何如對曰不足憂也今破矣上曰吳王即山鑄錢煑海水為鹽誘天下豪傑白頭舉事若此其計不百全豈發乎何以言其無能為也袁盎對曰吳有銅鹽之利則有之安得豪傑而誘之誠令吳得豪傑亦且輔王而

為義不反矣吳所誘皆無賴子弟亡命鑄錢姦人故相率誘以反鼂錯曰袁盎策之善上問曰計安出盎對曰願屏左右上屏人獨錯在盎曰臣所言人臣不得知也乃屏錯錯趨避東廂恨甚上卒問盎以下至無血刃俱罷一段錯傳及漢濞兩見文大同小異漢濞傳於召入見下接云上問以吳楚之計盎對曰吳楚相遺書曰高皇帝王子弟各有分地今賊臣鼂錯擅適過諸侯削奪之地故以故反為名為西共誅鼂錯復故地而罷方今計

有[illegible]年別

盎謂誅錯則七國當罷誅錯而無益于罷除錯何事甚矣其欲爵之哉

不用滎陽可鄧都尉之策在吳已攻梁梁已破守後亦皆以自救其實可非

獨有斬鼂錯發使赦吳楚七國復其故削地則兵可無血刃而俱罷於是上嘿然良久曰顧誠何如吾不愛一人以謝天下盎曰臣愚計無出此願唯上孰計之漢書濞傳血刃而俱罷下云上從其議遂斬錯語具在盎傳乃拜以盎為太常奉宗廟使吳王吳王弟子德侯為宗正漢書此下直接下文輔親戚盎客裝治行後十餘日上使中尉召錯紿載行東市錯衣朝衣斬東市漢書自客裝至此雖見錯傳則遣袁盎奉宗廟宗正輔親戚使告至吳

如盎策至吳楚吳楚兵已攻梁壁矣宗正以親故先入見諭吳王使拜受詔吳王聞袁盎來亦知其欲說已笑而應曰我已為東帝尚何誰拜不肯見盎而留之軍中欲劫使將盎不肯使人圍守且殺之盎得夜出步亡去走梁軍遂歸報條侯將乘六乘傳會兵滎陽至雒陽見劇孟喜曰七國反吾乘傳至此不自意全又以為諸侯已得劇孟劇孟今無動吾據滎陽滎陽以東無足憂者至雒陽問故父絳侯故客鄧都尉曰策安出客曰吳兵銳甚難

與爭鋒楚兵輕不能久方今為將軍計莫若引兵
東北壁昌邑以梁委吳吳必盡銳攻之將軍深溝
高壘使輕兵絕淮泗口塞吳饟道使彼吳梁相敝
而糧食竭乃以全彊制其罷極破吳必矣條侯曰
善從其策遂堅壁昌邑南輕兵絕吳饟道吳王之
初發也吳臣田祿伯為大將軍田祿伯曰兵屯聚
而西無佗奇道難以就立功臣願得五萬人別循
江淮而上收淮南長沙入武關與大王會此亦一
奇也吳王太子諫曰王以反為名此兵難以藉人

藉人亦且反王奈何且擅兵而別多佗利害未可
知也徒自損耳吳王即不許田祿伯吳少將桓將
軍說王曰吳多步兵步兵利險漢多車騎車騎利
平地願大王所過城邑不下直棄去疾西據雒陽
武庫食敖倉粟阻山河之險以令諸侯雖毋入關
天下固以定矣即大王徐行留下城邑漢軍車騎
至馳入梁楚之郊事敗矣吳王問吳諸老將老將
曰此少年推鋒之計可耳安知大慮乎於是王不
用桓將軍計王專并將其兵未度淮諸賓客皆得

邳要此字

何以至為

為將校尉行間候司馬獨周丘不得用周丘者下
邳人亡命吳酤酒無行吳王濞薄之弗任周丘
乃上謁說王曰臣以無能不得待罪行間臣非敢
求有所將也願得請王一漢節必有以報王王乃
予之周丘得節夜馳入下邳下邳時聞吳反皆城
守至傳舍召令令入戶使從者以罪斬令遂召昆
弟所善豪吏告曰吳反兵且至至屠下邳不過食
頃今先下家室必完能者封侯至矣出乃相告曰
下邳皆下周丘一夜得三萬人使人報吳王遂將

其兵北略城邑比至陽城兵十餘萬破陽城中尉
軍聞吳王敗走自度無與共成功即引兵歸下邳
未至疽發背死二月中吳王兵既破敗走於是
天子制詔將軍曰蓋聞為善者天報之以福為非
者天報之以殃高皇帝親表功德建立諸侯幽
王悼惠王絕無後孝文皇帝哀憐加惠王幽王子
遂悼惠王子卬等令奉其先王宗廟為漢藩國德
配天地明並日月而吳王濞倍德反義誘受天下
亡命罪人亂天下幣稱病不朝二十餘年有司

亦不須而字

謂其有惑於楚也 使楚死事相三字具見奇

亦不須條侯不得入字

赦請漢罪孝文皇帝寬之欲其改行為善今乃與
楚王戊趙王遂膠西王卬濟南王辟光菑川王賢
膠東王雄渠約從誅反為逆無道起兵以危宗廟
賊殺大臣及漢使者迫刼萬民伐夭殺無罪燒殘
民家掘其丘冢甚為虐暴今卬等又重逆無
道燒宗廟鹵御物朕甚痛之朕素服避正殿將軍
其勸士大夫擊反虜擊反虜者深入多殺為功斬
首捕虜比三百石以上者皆殺之無有所置敢有議
詔及不如詔者皆要斬初吳王之渡淮與楚王遂

西敗棘壁乘勝而前銳甚梁孝王恐遣六將軍擊
之吳又敗梁兩將軍士卒皆還走梁梁數使使報
條侯求救條侯不許又使使惡短條侯於上上使
人告條侯救梁復又守便宜不行梁使韓安國及
楚死事相弟張羽為將軍乃得頗敗吳兵吳兵欲
西梁城守堅不敢西即走條侯軍會下邑欲戰條
侯壁不肯戰吳糧絕卒飢數挑戰遂夜犇條侯壁驚
東南條侯使備西北果從西北不得入吳大敗士
卒多飢死乃畔散於是吳王乃與其麾戲下壯士

數千人夜亡去渡江走淮奔丹徒保東越東越兵
可萬餘人乃使人收聚亡卒漢使人以利啗東越
東越即紿吳王吳王出勞軍即使人鏦殺吳王盛
其頭馳傳以聞吳王子子華太子駒亡走閩越吳
王之棄其軍亡也軍遂潰往往稍降太尉條侯及
梁軍楚王戊軍敗自殺三王之圍齊臨菑也三月
不能下漢兵至膠西膠東菑川王各引兵歸國膠
西王乃袒徒跣席藁飲水謝太后王太子德曰漢
兵遠還臣觀之已罷可襲願收大王餘兵擊之不

勝乃而逃入海未晚也王曰吾士卒皆已壞不可
發用弗聽漢將弓高侯穨當遺王書曰奉詔誅不
義降者赦除其罪復故不降者滅之王何處須以
從事王肉袒叩頭漢軍壁謁曰臣卬奉法不謹驚
駭百姓乃苦將軍遠道至于窮國敢請菹醢之罪
弓高侯執金鼓見之曰王苦軍事願聞王發兵狀
王頓首膝行對曰今者鼂錯天子用事臣變更高
皇帝法令侵奪諸侯地卬等以為不義恐其敗亂
天下七國發兵且以誅錯今聞錯已誅卬等謹以

罷兵歸將軍曰王苟以錯為不善何不以聞及未
有詔虎符擅發兵擊義國以此觀之意非徒欲誅
錯也乃出詔書為王讀之讀之訖曰王其自圖之
王曰如卬等死有餘罪遂自殺太后太子皆死膠
東菑川濟南王皆伏誅死國除納于漢酈將軍圍
攻趙十月而下之趙王自殺濟北王以刼故得不
誅徙王菑川初吳王首反并將楚兵連齊趙正月
起兵三月皆破滅獨趙後下復置元王少子平陸
侯禮為楚王續元王後徙汝南王非王吳故地為
江都王
太史公贊曰吳王之王由父省也擅山海之利能
薄賦斂以使其衆以擅山海利逆亂之萌自其子
興爭技發難卒亡其本親越謀宗竟以夷隕鼂錯
為國遠慮禍反近身袁盎權說初寵後辱故古者
諸侯地不過百里山海不以封毋親夷狄以疏其
屬蓋謂吳邪防此矣鼂錯為國遠慮禍反及身毋
為權首反將受其咎豈謂盎錯哉邪
班馬異同

班馬異同
魏其武安侯列傳第四十七　史記一百七
竇田灌韓傳第二十二　漢書五十二
魏其侯竇嬰者字王孫孝文皇后從兄子也父世
觀津人也喜賓客孝文時嬰為吳相病免孝景初
即位為詹事帝弟梁孝王者孝景弟也其母竇太
后愛之梁孝王朝因燕昆弟燕飲是時上未立太
子酒酣上從容言曰千秋萬歲之後傳梁王太后
驩竇嬰引卮酒進上曰天下者高祖天下父子相
傳此漢之約也上何以得擅傳梁王太后由此憎
竇嬰竇嬰亦薄其官因病免太后除竇嬰門籍不
得入朝請孝景三年吳楚反上察宗室諸竇毋無
如竇嬰賢乃召嬰嬰入見固辭謝病不足任太
后亦慙於是上曰天下方有急王孫寧可以讓邪
乃拜嬰為大將軍賜金千斤嬰乃言袁盎欒布
諸名將賢士在家者進之所賜金陳之廊廡下軍
吏過輒令財取為用金無入家者竇嬰守滎陽監
齊趙兵七國兵已盡破封竇嬰為魏其侯諸游士

說莫能來不成說相提不可解以是俗語須酌之按相提二字[illegible]

史記好第與其者沾沾又好者字在下故其語[illegible]

去後字極好師古曰姓生也言同子也若[illegible]所生

孟康曰黃帝史孔甲所作銘也

賓客爭[illegible]孝景時每朝議大事條侯[illegible]
其侯諸列侯莫敢與亢禮孝景四年立栗太子使
魏其侯以嬰為太子傅孝景七年栗太子廢魏其
嬰數爭不弗能得魏其謝病屏居藍田南山之下
數月諸竇賓客辯士說之莫能來梁人高遂乃說
魏其嬰曰能富貴將軍者上也能親將軍者太后
也今將軍傅太子太子廢而不能爭爭不能得拔
又弗不能死自引謝病擁趙女屏閒處而不朝相
提而論祗如慧是自明揚主上之過有如兩宮螫

史漢異同卷 八 田蚡 二十 李稱

螫將軍則妻子毋無類矣魏其侯嬰然之乃遂起
朝請如故桃侯免相竇太后數言魏其侯孝景帝
曰太后豈以為臣有愛不相魏其者魏其者沾沾
自喜耳多易難以為相持重遂不用用建陵侯衛
綰為丞相
武安侯田蚡者孝景王皇后同母弟也生長陵魏
其竇嬰已為大將軍後方盛蚡為諸曹郎未貴往
來侍酒魏其嬰所跪起如子姪姓及孝景晚節蚡
益貴幸為太中大夫蚡辯有口學槃盂諸書王太

[illegible]

料一素字佳

漢書未如字雖不明然足據

因而[illegible]者注[illegible]

皇后賢之孝景崩武帝初即位即日太子立稱制
所鎮撫多有田蚡賓客計筴蚡弟田勝皆以太后
弟孝景後三年封蚡以舅封為武安侯弟勝為周
陽侯武安侯蚡新欲用事為相卑下賓客進名士
家居者貴之欲以傾魏其諸將相上所填撫多蚡
賓客計策會建元元年丞相綰病免上議置丞相
太尉籍福說武安侯蚡曰魏其侯貴久矣素天下
士素歸之今將軍初興未知如魏其即上以將軍
為丞相必讓魏其魏其為丞相將軍必為太尉太

史漢異同卷 八 田蚡 三 刘俊

尉丞相尊等耳又有讓賢名武安侯蚡乃微言太
后風上於是乃以魏其侯嬰為丞相武安侯蚡為
太尉籍福賀魏其侯嬰因弔曰君侯資性喜善疾
惡方今善人譽君侯故至丞相然君侯且疾惡惡
人衆亦且毀君侯君侯能兼容則幸久不能今以
毀去矣魏其嬰不聽魏其嬰蚡武安俱好儒術推
轂趙綰為御史大夫王臧為郎中令迎魯申公欲
設明堂令列侯就國除關以禮為服制以興太平
舉適諸竇宗室毋節行者除其屬籍時諸外家為

列侯列侯多尚公主皆不欲就國以故毀日至竇
太后太后好黃老之言而魏其武安嬰蚡趙綰王
臧等務隆推儒術貶道家言是以竇太后滋不説
魏其等及建元二年御史大夫趙綰請毋奏事東
宮竇太后大怒曰此欲復爲新垣平邪乃罷逐趙
綰王臧等而免丞相嬰太尉蚡以柏至侯許昌爲
丞相武彊侯莊青翟爲御史大夫魏其武安嬰蚡
由此以侯家居武安侯蚡雖不任職以王太后故
親幸數言事多效天下吏士吏趨勢利者皆去魏

史漢異同卷十六田蚡　四

其嬰而歸武安蚡武安蚡日益橫建元六年竇太
后崩丞相昌御史大夫青翟坐喪事不辦免上以
武安侯蚡爲丞相大司農韓安國爲御史大夫天
下士郡國諸侯愈益附武安蚡蚡武安者爲人貌
侵生貴甚又以爲諸侯王多長上初即位富於春
秋蚡以肺腑爲京師相非痛折節以禮詘之天下
不肅當是時丞相入奏事坐語移日所言皆聽薦
人或起家至二千石權移主上上乃曰君除吏已
盡未吾亦欲除吏嘗請考工地益宅上怒曰君何

不遂取武庫是後乃退嘗召客飲坐其兄蓋侯南
北鄉自坐東鄉以爲漢相尊不可以兄故私撓武
安由此滋驕治宅甲諸第田園極膏腴而市買郡
縣器物相屬於道前堂羅鐘鼓立曲旃後房婦女
以百數諸侯奉金玉奏珍物狗馬玩好不可勝數
魏其而嬰失竇太后益疏不用無勢諸客公稍稍
自引而怠傲驁唯灌將軍夫獨不失否故魏其嬰
日默默墨墨不得志意而獨厚遇灌將軍夫也
灌將軍夫者字仲孺潁陰人也夫父張孟嘗常爲

史漢異同卷十六灌夫　五

潁陰侯灌嬰舍人得幸因進之至二千石故蒙灌
氏姓爲灌孟吳楚反時潁陰侯灌何嬰爲將軍屬
太尉請灌孟爲校尉夫以千人與父俱灌孟年老
潁陰侯強請之鬱鬱不得意故戰常陷堅遂死吳
軍中漢軍法父子俱從軍有死事得與喪歸灌夫
不肯隨喪歸奮曰願取吳王若將軍頭以報父之
仇於是灌夫被甲持戟募軍中壯士所善願從者
數十人及出壁門莫敢前獨兩二人及從奴十數
餘騎馳入吳軍至吳將麾下所殺傷數十人不得

郊字好

重家居長安

所然諾既而後已

前復馳還走入漢壁皆亡其奴獨與一騎歸夫身
中大創十餘適有萬金良藥故得無死夫創少瘳
又復請將軍曰吾益知吳壁中曲折請復往將軍
壯而義之恐亡夫乃言太尉太尉乃召固止之吳
已軍破灌夫以此名聞天下潁陰侯言之上上以
夫為中郎將數月歲坐法去後家居長安長安中
諸公莫弗不稱之孝景時至由是復為代相孝景
崩今上武帝初即位以為淮陽天下交郊勁兵處
故徙夫為淮陽太守建元元年入為太僕二年夫

與長樂衛尉竇甫飲輕重不得夫醉搏甫甫竇太
后昆弟也上恐太后誅夫徙夫為燕相數歲坐法
免去官家居長安灌夫為人剛直使酒不好面諛
貴戚諸有勢在己之右不欲加禮必陵之諸士在
己之左愈貧賤猶尤益禮敬與鈞稠人廣衆薦寵
下輩士亦以此多之夫不喜好文學好喜任俠已
然諾諸所與交通無非豪桀大猾家累數千萬食
客日數十百人陂池田園宗族賓客為權利橫於
潁川潁川兒乃謌之曰潁水清灌氏寧潁水濁灌

班字不可去如相侍中為背客

引繩兩人共以貧賤人也謂兩人共引一繩擠都到底不得後入直根揺之批之猶批頰之批之如此乃可如而不足也乃可厭

字大不是

全得旦字

不宜與且往大非不宜者謂服不當往祖客非謂蚡不宜不來也宜往迎以服請鄭重而不辭不水也皆謝往為動不宜不成語

昨日忽忘是作其字者

從坐上與徙坐不同

氏族灌夫家居雖富然失勢卿相侍中賓客益衰
及魏其侯竇嬰失勢亦欲倚灌夫引繩批排根生
平慕之後棄之者灌夫亦倚魏其得嬰而通列侯
宗室為名高兩人相為引重其游如父子然相得
驩甚無厭恨相知之晚也灌夫嘗有服過丞相蚡
丞相蚡從容曰吾欲與仲孺過魏其侯會仲孺有
服灌夫曰將軍乃肯幸臨況魏其侯夫安敢以服
為解請語魏其侯帳具將軍旦日蚤臨武安蚡許
諾灌夫具以語魏其侯如所謂武安侯魏其嬰嬰

與其夫人益市牛酒夜灑洒埽早帳張具至旦平明
令門下候伺至日中丞相蚡不來嬰魏其謂灌夫
曰丞相豈忘之哉灌夫不懌曰夫以服請不宜往
乃駕自往迎丞相蚡丞相蚡特前戲許灌夫殊無
意往及夫至門丞相蚡尚臥也於是夫入見曰將
軍昨日幸許過魏其魏其夫妻治具自旦至今未
敢嘗食武安鄂蚡啎謝曰吾昨日醉忽忘與仲孺
言乃駕往往又徐行灌夫愈益怒及飲酒酣夫起
舞屬丞相蚡丞相蚡不起夫從從坐上語侵之魏

丞今用蚡字

正用自字讓好不成語猶謂如此

其爲皆作無所不可愛雖然滑稽然不可謂數頃田三字上下絶句

其嬰乃扶灌夫去謝丞相蚡丞相蚡卒飲至夜極
驩而去丞相後蚡嘗使籍福請魏其嬰城南田
魏其嬰大望曰老僕雖棄將軍雖貴寧可以勢相
奪乎不許灌夫聞怒罵籍福籍福惡兩人有郄乃
謾自好謝丞相蚡曰魏其老且死易忍且待之已
而武安蚡聞魏其灌夫嬰夫實怒不予田亦怒曰
魏其子嘗殺人蚡活之蚡事魏其無所不可何愛
數頃田且灌夫何與也吾不敢復求田武安由此
大怨怒灌夫魏其元光四年春丞相蚡言灌夫家

在潁川橫甚民苦之請案之上曰此丞相事何請
灌夫亦持丞相蚡陰事為姦利受淮南王金與語
言賓客居間遂止已俱解夏丞相蚡取燕王女為
夫人有太后詔召列侯宗室皆往賀魏其侯嬰過
灌夫欲與俱夫謝曰夫數以酒失得過丞相丞相
今者又與夫有郄魏其嬰曰事已解彊與俱飲酒
酣武安蚡起為壽坐皆避席伏已魏其侯嬰為壽
獨故人避席耳餘半膝席灌夫不悅起行酒至武
安蚡武安蚡膝席曰不能滿觴夫怒因嘻笑曰將

盈之者強勸之也若畢之則為夫語時武安不肯拙

不用也字

軍貴人也屬畢之時武安蚡不肯行酒次至臨汝
侯灌賢臨汝侯賢方與程不識耳語又不避席夫
無所發怒惡乃罵臨汝侯賢曰生平生毀程不識
不直一錢今日長者為壽乃效女曹兒呫囁耳語
武安蚡謂灌夫曰程李俱東西宮衛尉今衆辱程
將軍仲孺獨不為李將軍地乎灌夫曰今日斬頭
陷穴胸何知程李乎坐乃起更衣稍稍去魏其侯
嬰去麾戲灌夫夫出武安蚡遂怒曰此吾驕灌夫
罪也乃令騎留灌夫灌夫欲出不得出籍福起為

謝案灌夫項令謝夫愈怒不肯謝順武安蚡乃麾
戲騎縛夫置傳舍召長史曰今日召宗室有詔劾
灌夫罵坐不敬繫居室遂按其前事遣吏分曹逐
捕諸灌氏支屬皆得罪棄市罪魏其侯嬰大媿為
資使賓客請莫能解武安蚡吏皆為耳目諸灌氏
皆亡匿夫繫遂不得告言武安蚡陰事魏其嬰銳
身為救灌夫嬰夫人諫魏其曰灌將軍得罪丞相
與太后家忤迕寧可救邪魏其侯嬰曰侯自我得
之自我捐之無所恨且終不令灌仲孺獨死嬰獨

故使灌夫事實今意如此亦須寫得到看來書用史記本語而每失之故知史記自不同也韓安國長者本右魏其意不附不進言武安太史之多一字便見非有大惡事杯酒不足引他過以誅明白豈更待何如後形容到當時

生乃匿其家竊出上書立召入具告言灌夫醉飽事不足誅上然之賜魏其嬰食曰東朝廷辯之魏其嬰之東朝盛推灌夫之善言其醉飽得過乃丞相以他事誣罪之武安蚡又盛毀灌夫所為橫恣罪逆不道魏其嬰度不無可奈何因言丞相蚡短武安蚡曰天下幸而安樂無事蚡得為肺腑附所好音樂狗馬田宅蚡所愛倡優巧匠之屬不如魏其灌夫日夜招聚天下豪傑壯士與論議腹誹而心謗不仰視天而俯俛畫地辟睨兩宮間幸天下

史漢異同二十卷　八灌夫　十一

有變而欲有大功臣乃不如魏其等所為於是上問朝臣兩人孰是御史大夫韓安國曰魏其言灌夫父死事身荷戟馳入不測之吳軍身被數十創名冠三軍此天下壯士非有大惡爭杯酒不足引他過以誅也魏其言是也丞相亦言灌夫通姦猾侵細民家累巨萬橫恣潁川輘轢宗室侵犯骨肉此所謂枝大於本幹脛大於股不折必披丞相言亦是唯明主裁之主爵都尉汲黯是魏其內史鄭當時是魏其後不敢堅對餘皆莫敢對上怒內

轅下駒進退皆不定

俱宗室意當時孫后族同姓既曰宗室家人常語耳不知云何徒出此

首鼠者出穴探人行云云安國探去意也兩端自剖為句較所首鼠無兩端較自喜為自矜重耳

繫去聲字

史曰公平生數言魏其武安長短今日廷論局趣效轅下駒吾并斬若屬矣即罷起入上食太后太后亦已使人候伺具以告語太后太后怒不食曰今我在也而人皆藉吾弟令我百歲後皆魚肉之矣乎且帝寧能為石人邪此特帝在即錄錄設百歲後是屬寧有可信者乎上謝曰俱宗室外家故廷辯之不然此一獄吏所決耳是時郎中令石建為上分別言兩人事武安蚡已罷朝出止車門召韓御史大夫安國載怒曰與長孺共一老禿翁何

史漢異同二十卷　八灌夫　十二

為首鼠兩端韓御史安國良久謂丞相蚡曰君何不自喜夫魏其毀君君當免冠解印綬歸曰臣以肺腑附幸得待罪固非其任魏其言皆是如此上必多君有讓不廢君魏其必內愧杜門齰舌自殺今人毀君君亦毀人之譬如賈豎女子爭言何其無大體也武安蚡謝罪曰爭時急不知出此於是上使御史簿責魏其嬰所言灌夫頗不讎欺謾劾繫都司空孝景時魏其嬰常受遺詔曰事有不便以便宜論上及繫灌夫罪至族事日急諸公莫敢

言罪又律害非至不可解始偽引用何耳開陳忿為大恨故不必為劾已也

不必上使

二字是衍後不史記漢書皆

復明言於上魏其嬰乃使昆弟子上書言之幸得
復召見書奏上而案尚書大行無遺詔詔書獨藏
魏其嬰家嬰家丞封乃劾魏其嬰矯先帝詔害罪
當棄市五年十月悉論灌夫及家支屬魏其嬰良
久乃聞聞有劾即恚陽病痱不食欲死或聞上無
意殺魏其魏其嬰復食治病議定不死矣乃有蜚
語為惡言聞上故以十二月晦論棄市渭城其春
武安侯病蚡疾一身盡痛若有擊者事呼服謝罪
上使巫視鬼者視瞻之見曰魏其侯與灌夫共守
史漢異同卷十一〈灌夫〉 十三
笞欲殺之竟死子恬嗣元朔三年中武安侯坐衣
襜褕入宮不敬有罪免後淮南王安謀反覺治王
前始安入朝時武安侯蚡為大尉時迎王安至霸
上謂王安曰上未有太子大王最賢高祖孫即宮
車晏駕非大王立尚當誰立哉淮南王大喜厚遺
金錢財物上自魏其嬰夫事時不直武安蚡特為
太后故耳及聞淮南王金事上曰使武安侯在者
族矣
太史公贊曰魏其武安竇嬰田蚡皆以外戚重灌

夫用一時決筴而各名顯魏其之舉以吳楚武安
之貴在日月之際並位卿相大業定矣然魏其嬰
誠不知時變灌夫無亡術而不遜兩人相翼乃成
禍亂武安蚡負貴而好權杯酒責望陷彼兩賢嗚
呼哀哉驕溢凶德參會待時而發藉福區區其間
惡能救斯敗哉以韓安國之見器臨其摯而顛墜
陵夷以憂死遇合有命悲夫若王恢為兵首而受
其咎豈命也虖遷怒及人命亦不延衆庶不載竟
被惡言嗚呼哀哉禍所從來矣
史漢異同卷十一〈灌夫〉 十三

班馬異同

家史

至親故太易詐字何可無

為艱難三字斟酌形容有蓋有感動餘音特辭耳

豈可以從字為小節父兄帝王語謂然然復讀上與太后敢留之語氣之氣近請大縣是功大

班馬異同

韓長孺列傳第四十八　史記一百八　漢書同竇田傳

御史大夫韓安國者字長孺梁成安人也後徙睢陽嘗受韓子雜家說於騶鄒田生所事梁孝王為中大夫吳楚反時孝王使安國及張羽為將扞吳兵於東界張羽力戰安國持重以故吳不能過梁吳楚已破安國張羽名由此顯梁梁孝王景帝母弟竇太后愛之以至親故令得自請置相二千石出入遊戲僭於天子天子聞之心弗不善也太后知帝不弗善迺怒梁使者弗見案責王所為韓安國為梁使見大長公主而泣曰何梁王為人子之孝為人臣之忠而太后曾弗不省也夫前日吳楚齊趙七國反時自關以東皆合從而西鄉惟梁最親為艱限難梁王念太后帝在中而諸侯擾亂一言泣數行而下跪送臣等六人將兵擊卻吳楚吳楚以故兵不敢西而卒破亡梁王之力也今太后以小節苛禮責望梁王梁王父兄皆帝王而所見者大故出稱蹕入言警車旗皆帝所賜也即欲以

於過則大過為小節鄙陋矣何益於事哉古人言說詞形勢閭言依此此自見讀者尚不能當時情仰發神骨其史得其體小用時字予字可增小字又好

政要重此一語

為言之帝欲是太后令長公主并已意不欲自言之更自姚也

此語甚力非他人曲說詭計自是出首後宗室為上亦可田甲之用摘其甲云其名不足責耳

三字不可去却
與字大夫

侘婞鄙小縣驅馳國中欲以夸諸侯令天下盡知太后帝愛之也今梁使來輒案責之梁王恐日夜涕泣思慕不知所為何梁王之為子忠孝為臣忠而太后弗不䘏也大長公主具以告太后太后喜曰為帝言之帝言之帝心迺解而免冠謝太后曰兄弟不能相教迺為太后遺憂悉見梁使厚賜之其後梁王益親驩太后長公主更賜安國可直千餘金名由此顯結於漢其後安國坐法抵罪蒙獄吏田甲辱安國安國曰死灰獨不復然乎田甲曰然即溺之居無何幾梁內史缺漢使使者拜安國為梁內史起徒中為二千石田甲亡走安國曰甲不就官我滅而宗甲因肉袒謝安國笑曰可溺矣公等足與治乎卒善遇之梁內史之缺也孝王新得齊人公孫詭說之欲請以為內史竇太后聞所迺詔王以安國為內史公孫詭羊勝說孝王求為帝太子及益地事恐漢大臣不聽迺陰使人刺漢用事謀臣及殺故吳相袁盎景帝遂聞詭勝等計畫迺遣使捕詭勝必得漢使十輩至梁相以下舉

不用者字

去孝字也

本無此耳安國直以意言之如耳聞者則以形以為見也故此語為為此哭而不可謂無

但語常有引用得切然不可刪

訹字書

史無卒

國大索月餘不弗得內史安國聞詭勝匿孝王所
安國迺入見王而泣曰主辱者臣死大王無良臣
故紛紛至此今詭勝不得請辭賜死王曰何至此
安國泣數行下曰大王自度於皇帝孰與太上皇
之與高皇帝及皇帝之與臨江王親孝王曰弗如
也安國曰夫太上皇臨江親父子之間然而高帝
曰提三尺劍取天下者朕也故太上皇終不得制
事居于櫟陽臨江王適長太子也以一言過廢王
臨江用宮垣事卒自殺中尉府何者治天下終不

以用私亂公語曰雖有親父安知其不為虎雖有
親兄安知其不為狼今大王列在諸侯悅訹一邪
臣浮說犯上禁撓明法天子以太后故不忍致法
於大王太后日夜涕泣幸大王自改而大王終不
覺寤有如太后宮車即晏駕大王尚誰攀乎語未
卒孝王泣數行而下謝安國曰吾今出詭勝之即
日詭勝自殺漢使還報梁事皆得釋安國之力也
於是景帝太后益重安國孝王卒恭共王即位安
國坐法失官居家居建元中武帝即位武安侯田

有地為出與蚡終始

蔡近胡

集字又別

不屬字老成用古語不屬人為也漂風彊弩語此為之和親漢書彊弩之議為反漢用見前史出入潤色各以語到馳騁為上非必次第本然也

翁者壹字之訛

蚡為漢太尉親貴用事安國以五百金物遺蚡蚡
言安國太后天子亦上素聞其安國賢即召以為
北地都尉遷為大司農閩越東越相攻遣安國及
大行王恢將兵未至越越殺其王降漢兵亦罷建
元六年武安侯其年田蚡為丞相安國為御史大
夫匈奴來請和親天子上下其議大行王恢燕人
也數為邊吏習知胡事議曰漢與匈奴和親率不
過數歲即復倍背約不如勿許興舉兵擊之安國
曰千里而戰即兵不獲利今匈奴負戎馬之足懷

禽鳥獸之心遷徙鳥舉集難得而制也得其地不
足以為廣有其眾不足以為彊自上古不弗屬為
人漢數千里爭利則人馬罷虜以全制其敝勢必
危殆臣故以為且彊弩之極矢不能穿魯縞衝風
之末力不能漂鴻毛非初不勁末力衰也擊之不
便不如和親群臣議者多附安國於是上許和親
其明年則元光元年鴈門馬邑豪聶翁壹因大行
王恢言上曰匈奴初和親親信邊可誘以利致之
伏兵襲擊必破之道也上迺召問公卿曰朕飾子

女以配單于幣帛文錦賂之甚厚單于侍命加謾
侵盜無已邊竟數驚朕甚閔之今欲舉兵攻之何
如大行恢對曰陛下雖未言臣固願效之臣聞全
代之時北有彊胡之敵內連中國之兵然尚得養
老長幼種樹以時倉廩常實匈奴不輕侵也今以
陛下之威海內為一天下同任又遣子弟乘邊守
塞轉粟輓輸以為之備然匈奴侵盜不已者無它
以不恐之故耳臣切以為擊之便御史大夫安國
曰不然臣聞高皇帝嘗圍於平城匈奴至者投鞍

高如城者數所平城之饑七日不食天下歌之及
解圍反位而無忿怒之心夫聖人以為天下為度
者也不以己私怒傷天下之功故迺遣劉敬奉金
千斤以結和親至今為五世利孝文皇帝又嘗一
擁天下之精兵聚之廣武常谿然終無尺寸之功
而天下黔首無不憂者孝文寤於兵之不可宿故
復合和親之約此二聖之迹足以為效矣臣竊以
為勿擊便恢曰不然臣聞五帝不相襲禮三王不
相復樂非故相反也各因世宜也且高帝身被堅

執銳蒙霧露沐霜雪行幾十年所以不報平城之
怨者非力不能所以休天下之心也今邊竟數驚
士卒傷死中國槥車相望此仁人之所隱也臣故
曰擊之便安國曰不然臣聞利不十者不易業功
不百者不變常是以古之人君謀事必就祖發政
占古語重作事也且自三代之盛夷狄不與正朔
服色非威不能制彊弗能服也以為遠方絕地不
牧之民不足煩中國也且匈奴輕疾悍亟之兵也
至如猋風去如收電畜牧為業弧弓射獵逐獸隨

草居處無常難得而制今使邊郡久廢耕織以支
胡之常事其勢不相權也臣故曰勿擊便恢曰不
然臣聞鳳鳥乘於風聖人因於時昔秦繆公都雍
地方三百里知時宜之變攻取西戎辟地千里并
國十四隴西北地是也及後蒙恬為秦侵胡辟數
千里以河為竟累石為城樹榆為塞匈奴不敢飲
馬於河置烽燧然後敢牧馬夫匈奴獨可以威服
不可以仁畜也今以中國之盛萬倍之資遣百分
之一以攻匈奴譬猶以彊弩射且潰之癰也必不

罷行矣若是則北發月氏可得而臣也臣故曰擊
之便安國曰不然臣聞用兵者以飽待饑正治以
待其亂定舍以待其勞故接兵覆衆伐國墮城常
坐而役敵國此聖人之兵也且臣聞之衝風之衰
不能起毛羽彊弩之末力不能入魯縞夫盛之有
衰猶朝之必莫也今將卷甲輕舉深入長敺難以
為功從行則迫脅衡行則中絕疾則糧乏徐則後
利不至千里人馬乏食兵法曰遺人獲也意者有
它繆巧可以禽之則臣不知也不然則未見深入

之利也臣故曰勿擊便恢曰不然夫草木遭霜者
不可以風過清水明鏡不可以形逃通方之士不
可以文亂今臣言擊之者固非發而深入也將順
因單于之欲誘而致之邊吾選梟騎壯士陰伏而
處以為之備審遮險阻以為其戒吾勢已定或營
其左或營其右或當其前或絕其後單于可禽百
全必取上曰善廼從恢議陰使聶翁一為閒亡入
匈奴謂單于曰吾能斬馬邑令丞吏以城降財物
可盡得單于愛信之以為然而許聶翁壹之聶翁

漢無是

安傳三十餘萬作伏兵者誤
[illegible]

壹乃還詐斬死罪囚縣其頭馬邑城示視單于使
者為信曰馬邑長吏已死可急來於是單于穿塞
將十萬餘騎入武州塞當是時漢伏兵車騎材官
三十餘萬匿馬邑旁谷中衛尉李廣為驍騎將軍
太僕公孫賀為輕車將軍大行王恢為將屯將軍
太中大夫李息為材官將軍御史大夫韓安國為
護軍將軍諸將皆屬護軍約單于入馬邑而漢兵
兵縱發王恢李息李廣別從代主擊其輜重於是
單于入漢長城武州塞未至馬邑百餘里行掠鹵

徒見畜牧於野不見一人單于怪覺之攻烽燧得
武州尉史欲刺問尉史尉史曰漢兵數十萬伏馬
邑下單于顧謂左右曰幾為漢所賣乃引兵還去
出塞曰吾得尉史乃天也命尉史為天王語在匈
奴傳塞下傳言單于已引去漢兵追至塞度弗及
即罷王恢等兵三萬聞單于不與漢合度往擊輜
重必與單于精兵戰漢兵勢必敗則以便宜皆罷
兵皆無功天子上怒王恢不出擊單于輜重擅引
兵罷也恢曰始約為虜入馬邑城兵與單于接而

得見蚡千五百金

甚似其口語

智足以當世取舍謂身雖在其中而以為當者皆大體不得不然而出於忠厚為一語略盡其處或史筆語無兩得字不得至他於當于平又此耳

臣擊其輜重可得利今單于聞不至而還臣以三
萬人衆不敵禔（祇）取辱耳臣固知還而斬然得完
陛下士三萬人於是下恢廷尉廷尉當恢逗撓當
斬恢私行千金丞相蚡蚡不敢言於上而言於太
后曰王恢首造為馬邑事今不成而誅恢是為匈
奴報讎也上朝太后太后以丞相蚡言告（於）上上
曰首為馬邑事者恢也故發天下兵數十萬從其
言為此且縱單于不可得恢所部擊其輜重猶頗
可得以慰士大夫心今不誅恢無以謝天下於是

恢聞之迺自殺安國為人多大畧智足以當世取
舍而出於忠厚焉貪嗜於財（利）然所推舉皆廉士
賢於己者也於梁舉壺遂臧固郅（至）他皆天下名
士士亦以此稱慕之唯天子以為國器安國為御
史大夫四歲餘（五年）丞相田蚡薨安國行丞相
事奉引墮車蹇天子議置相欲用安國（為丞相）
使使視之蹇甚迺更以平棘侯薛澤為丞相安國
病免數月蹇愈上復以安國為中尉歲餘徙為衛
尉（而）車騎將軍衛青擊匈奴出上谷破胡龍城

去得是

此為匈奴所欺

又莊又壯濟法大奇

精神其氣在默默然也

前罷屯漁陽入東方直不發也

史家因韓長孺之不得相言韓長孺之所與而亦不得相者以為有壯國取而發之得後世賢者讀之[illegible]自容與[illegible]諸公曰[illegible]安國不及[illegible]

將軍李廣為匈奴所得復失之公孫敖大亡卒皆
當斬贖為庶人明年匈奴大入邊殺遼西太守及
入鴈門所殺略數千人車騎將軍衛青擊之出鴈
門衛（語在青傳）尉安國為材官將軍屯於漁陽捕
生虜言匈奴遠去即上書言方田作時請且罷軍
屯罷軍屯月餘匈奴大入上谷漁陽安國壁迺有
七百餘人出與戰不勝復（安國傷）入壁匈奴虜畧
千餘人及畜產而去上天子聞之怒使使責讓安
國徙安國益東屯右北平是時匈奴虜言當入東

方安國始為御史大夫及護軍後稍斥疏下遷而
新幸壯將軍衛青等有功益貴安國既（斥）疏遠默
默也將屯又為匈奴所欺失亡多甚自愧幸得罷
歸迺益東徙屯意忽忽不樂數月病嘔（歐）血死安
國以元朔二年中卒（壺遂與太史遷等定漢律曆
官至詹事其人深中篤行君子上方倚欲以為相
會其病卒）
太史公曰余與壺遂定律曆觀韓長孺之義壺遂
之深中隱厚世之言梁多長者不虛哉壺遂官至

詹事天子之荷以為漢相會遂卒不然壹遂之內
廉行脩斯鞠躬君子也

班馬異同

從一出語甚異謂小徙成紀以此然不可致

更爲今字

史記非一事

文帝大有心知廣至矣然非人君之言也萬戶侯固不在我哉知人不用用不及與不知同折關取旗皆是實事者

此屬國惜才過於文帝語意甚備

史記錯出非是

班馬異同

李將軍列傳第四十九　史記一百九

李廣蘇建傳第二十四　漢書五十四

李將軍廣者隴西成紀人也其先曰李信秦時為將逐得燕太子丹者也故槐里徙成紀廣家世世受射孝文帝十四年匈奴大入蕭關而廣以良家子從軍擊胡用善騎射殺首虜多為漢中郎廣從弟李蔡亦為郎皆為武騎常侍秩八百石嘗從行有所衝陷折關及射獵格殺猛獸而文帝曰惜乎子廣不遇逢時如令子當高帝時祖世萬戶侯豈足道哉及孝景帝初立即位廣為隴西都尉徙為騎郎將吳楚軍反時廣為驍騎都尉從太尉亞夫擊吳楚軍取旗顯功名戰昌邑下顯名以梁王授廣將軍印故還賞不行徙為上谷太守數與匈奴日以合戰典屬國公孫昆邪為上泣曰李廣才氣天下無雙自負其能數與虜敵戰恐亡之於是上乃徙廣為上郡太守後廣轉為邊郡太守徙上郡嘗為隴西北地鴈門代郡雲中太守皆以力

騎殺十餘級最是得中貴人意處見小輕敵還守又好且退且引故可測
為上郡守知三人中必射雕者然後身前且合戰為有血脈非日日合戰何從知射雕者哉此上又有以力戰為名其意與日合戰同漢書易為字是但不省以力戰為名耶和三人亡馬步行行數十里諸貴人返又廣遂已後且遠射雕
若已縛漢數千騎見而驚以為誘兵爰則將能明此見數出智者也
精神在重一前字
中見驚將至此證

戰為名匈奴大入入上郡天子上使中貴人從廣
勒習兵擊匈奴中貴人將騎數十騎縱從見匈奴
三人與戰三人還射傷中貴人殺其騎且盡中貴
人走廣廣曰是必射雕者也廣乃遂從百騎往馳
三人三人亡馬步行行數十里廣令其騎張左右
翼而廣身自射彼三人者殺其二人生得一人果
匈奴射雕者也已縛之上馬山望匈奴有數千騎
見廣以為誘騎皆驚上山陳廣之百騎皆大驚恐
欲馳還走廣曰吾我去大軍數十里今如此以百

騎走匈奴追射我立盡今我留匈奴必以我為大
將軍誘之誘必不敢擊我擊廣令諸騎曰前前未
到匈奴陳二里所止令曰皆下馬解鞍其騎曰虜
多且近如是解鞍即有急奈何廣曰彼虜以我為
走今皆解鞍以示不走去用堅其意於是胡騎遂
不敢擊有白馬將出護其兵李廣上馬與十餘騎
奔射殺胡白馬將而復還至其百騎中解鞍令士
皆縱馬卧是時會暮胡兵終怪之不亦敢擊夜半
時胡兵亦以為漢有伏軍兵於旁欲夜取之即胡

去燕以下數字也
程不識為人何為於此可去不去
語在下是
涨背是

皆引兵而去平旦李廣乃歸其大軍大軍不知廣
所之故弗從後從為隴西北地鴈門雲中太守居
久之孝景崩武帝立即位左右以為言廣名將也
於由是廣以上郡太守入為未央衛尉而程不識
時亦為長樂衛尉程不識故與李廣俱以邊太守
將軍屯及出擊胡而廣行無部伍曲行陣就善水
草屯頓舍止人人自便不擊刁斗以自衛莫府省
約文書籍事然亦遠斥候未嘗遇害程不識正部
曲行伍營陣擊刁斗士吏治軍簿至明軍不得

休息自便然亦未嘗遇害不識曰李廣將軍極簡
易然虜卒犯之無以禁也而其士卒亦佚樂咸樂
為之死我軍雖煩擾然虜亦不得犯我是時漢邊
郡李廣程不識皆為名將然匈奴畏李廣之略士
卒亦多樂從李廣而苦程不識程不識孝景時以
數直諫為太中大夫為人廉謹於文法後漢誘單
于以馬邑城誘單于使大軍伏馬邑旁谷而廣為
驍騎將軍領屬護軍將軍是時單于覺之去漢軍
皆無功其後四歲廣以衛尉為將軍出鴈門擊匈

絡而盛之是

抱兒無出脫

自敗陽以至下史吏當以贖罪皆為庶人意甚悲

奴匈奴兵多破敗廣軍生得廣單于素聞廣賢令
曰得李廣必生致之胡騎得廣廣時傷病置廣兩
馬間絡而盛之卧行十餘里廣佯死睨其旁有一
胡兒騎善馬廣暫騰而上胡兒馬上因推墮抱兒
取其弓鞭馬南馳數十里復得其餘軍因引而入
塞匈奴捕者騎數百追之廣行取胡兒弓射殺追
騎以故得脫於是至漢漢下廣吏吏當廣所失亡
失多為虜所生得當斬贖為庶人頃之家居數歲
廣家與故潁陰侯孫屏野居藍田南山中射獵嘗

史漢異同卷 李廣 四

夜從一騎出從人田間飲還至霸陵亭霸陵尉醉
呵止廣廣騎曰故李將軍尉曰今將軍尚不得夜
行何乃故也止宿廣宿亭下居無何匈奴入殺遼
西殺太守敗韓將軍韓將軍後徙居右北平死於
是天子上乃召拜廣為右北平太守廣即請霸陵
尉與俱至軍斬之上書自陳謝罪上報曰將軍者
國之爪牙也司馬法曰登車不式遭喪不服振旅
撫師以征不服率三軍之心同戰士之力故怒形
則千里竦威振則萬物伏是以名聲暴於夷貉威

有之字壯

皆兵出將傳以充李將平之辭

此段只合在此漢書非

後潛乎鄰國夫報忿除害捐殘去殺朕之所圖於
將軍也若乃免冠徒跣稽顙請罪豈朕之指哉將
軍其率師東轅彌節白檀以臨右北平盛秋廣居
右北平在郡匈奴聞之號曰漢之飛將軍避之數
歲不敢入右北平界廣出獵見草中石以為虎而
射之中石沒鏃矢視之石也他日因復更射之終
不能復入石矣廣所居郡聞有虎嘗自射之及居
右北平射虎虎騰傷廣廣亦竟射殺之連下文石
建卒廣廉歷七郡太守前後四十餘年得賞賜輒

史漢異同卷 李廣 五

分其麾戲下飲食與士卒共之終廣之身為二千
石四十餘年家無餘財終不言家生產事廣為人
長猨臂其善射亦天性也雖其子孫他人學者莫
能及廣廣訥口少言與人居則畫地為軍陳射闊
狹以飲事以射為戲竟死廣之將兵乏絕之處見
水士卒不盡飲廣不近水士卒不盡食餐廣不嘗
食寬緩不苛士以此愛樂為用其射見敵急非在數
十步之內度不中不發發即應弦而倒用此其將兵
數困辱其及射猛獸亦數為所傷云居頃之石建卒於

是上召廣代建為郎中令元朔六年廣復為後將
軍從大將軍軍出定襄擊匈奴諸將多中首虜率
以功為侯者而廣軍無功後三歲廣以郎中令將
四千騎出右北平博望侯張騫將萬騎與廣俱異
道行可數百里匈奴左賢王將四萬騎圍廣廣軍
士皆恐廣乃使其子敢往馳之敢獨與從數十騎
馳直貫胡騎出其左右而還告廣曰胡虜易與耳
軍士乃安廣為圜陳外向鄉胡急擊之矢下如雨
漢兵死者過半漢矢且盡廣乃令士持滿毋發而

史漢異同卷一　李廣　六　江波

廣身自以大黃射其裨將殺數人胡虜益解會日
暮吏士皆無人色而廣意氣自如益治軍軍中自
是服其勇也明日復力戰而博望侯軍亦至匈奴
軍乃解去漢軍罷弗能追是時廣軍幾沒罷歸漢
法博望侯留遲後期當死贖為庶人廣軍功自如
當無賞初廣之與從弟李蔡俱為郎事孝文
帝景帝時蔡積功勞至二千石孝武帝時至代相以
元朔五年中為輕車將軍從大將軍擊右賢王有功
中率封為樂安侯元狩二年中代公孫弘為丞相蔡

漢書損益不及史記數語此類極多部較明折

太史公孫意言李將軍不幸故引弟蔡首末說侍至列然三公下是很與取明氣者偏精對懷口語如愧而可幾微可與在三而字兩然年日固命也能使人隨波蔡校尉固好然有才不及中人足矣

一事不可少

不可少亦不可行水草少云

為人在下中名聲出廣下甚遠甚然廣不得爵邑
官不過九卿而蔡為列侯位至三公諸廣之軍吏
及士卒或取封侯廣嘗與望氣王朔燕語曰自漢
擊匈奴而廣未嘗不在其中而諸部妄校尉以
下才能不及中人然以擊胡軍功取侯者數十人
而廣不為後人然終無尺寸之功以得封邑者何
也豈吾相不當侯邪且固命也朔曰將軍自念豈
嘗有所恨者乎廣曰吾嘗為隴西守羌嘗反吾誘
而降降者八百餘人吾詐而同日殺之至今大恨

史漢異同卷一　李廣　七　活

獨此耳朔曰禍莫大於殺已降此迺將軍所以不
得侯者也　以下漢書接上廣歷七郡太守　後二歲　元
狩四年　大將軍驃騎將軍大出擊匈奴廣數自請
行天子上以為老弗許良久乃許之以為前將軍
是歲元狩四年也廣既從大將軍青擊匈奴既出
塞青捕虜知單于所居迺自以精兵走之而令廣
并於右將軍軍出東道東道少回遠而大軍行水
草少其勢不屯行廣辭自請曰臣部為前將軍今
大將軍乃徙令臣出東道且臣結髮而與匈奴戰

謂其數奇未嘗不如其才能也用人者當自用當其陰誡只欲為青地故予長又一語云恐不得所欲而大將軍亦欲使敖俱侯皆自謂單于可唾手得矣至上此亦附語妙欲不可追

軍亡導豈可去或之

今迺(令)一得當單于臣願居前先死單于大將軍

青亦陰受上誡(指)以為李廣老數奇毋令當單于

恐不得所欲而是時公孫敖新失侯為中將軍從

大將軍大將軍亦欲使敖與(俱)當單于故徙前將

軍廣廣時知之固自辭於大將軍大將軍不(弗)聽

令長史封書與廣之莫府曰急詣部如書廣不謝

大將軍而起行意甚慍怒而就部引兵與右將

軍食其合軍出東道軍亡導或(惑)失道後大將軍

大將軍與單于接戰單于遁走弗能得而還南絕

不用曰與失字

使長史持糒醪與前封書因以長史急責對簿皆半實知見詰次皆不少歸古只傳謂又狀也

廣軍哭其士大夫哭一軍皆哭

幕遇前(兩)將軍右將軍廣已見大將軍還入軍

大將軍使長史持糒醪遺廣因問廣食其失道狀

曰青欲上書報天子失軍曲折廣未對大將軍使

長史急責廣之幕府對上簿廣曰諸校尉無(亡)罪

乃我自失道吾今自上簿至莫府廣謂其麾下曰

廣結髮與匈奴大小七十餘戰今幸從大將軍出

接單于兵而大將軍又徙廣部行回遠而又迷失

道豈非天哉且廣年六十餘矣終不能復對刀筆

之吏矣遂引刀自剄廣軍士大夫一軍皆哭百姓

悽慘……

聞之知與不知無老壯皆為垂涕(泣)而右將軍獨

下吏當死贖為庶人廣子三人(子)曰當戶椒敢皆

為郎天子(上)與韓嫣戲嫣少不遜當戶擊嫣嫣走

於是天子(上)以為勇(能)當戶早死乃拜椒為代郡

太守皆先廣死當戶有遺腹子名陵廣死軍中時

敢從驃騎將軍廣死明年李蔡以丞相坐侵孝景

園詔賜冢地陽陵當得二十畝蔡盜取三頃頗賣

得四十餘萬又盜取神道外壖地一畝葬其中當

下(獄)吏治蔡亦自殺不對獄國除李敢以校尉從

敢以一戰代父郎中令且侯也

字別

史記有情理

驃騎將軍擊胡左賢王力戰奪左賢王旗鼓斬首

多賜爵關內侯食邑二百戶代廣為郎中令頃之

怨大將軍青之恨其父迺擊傷大將軍大將軍匿

諱之居無何敢從上雍至甘泉宮獵驃騎將軍去

病與青有親(怨敢傷青)射殺敢去病時方貴幸上

(為)諱云鹿觸殺之居歲餘去病死而敢有女為太

子中人愛幸敢男禹有寵於太子然好利亦有勇

嘗與侍中貴人飲侵陵之莫敢應後愬之上上召

禹使刺虎縣下圈中未至地有詔引出之禹從落

太史公以陵被禍至陵附匈奴如遷正亦得体筆作皆可愛

年少紹所絶幕欲刺虎上壯之遂救止焉而當戶
有遺腹子陵將兵擊胡兵敗降匈奴後人告禹謀
欲亡使陵下吏死李氏凌遲衰微矣
李陵字少卿既壯選為侍中建章監監諸騎善
騎射愛人謙讓下士卒甚得名譽天子武帝以為
有廣之風李氏世將而使將八百騎嘗深入匈奴
二千餘里過居延視地形無所不見虜而還拜為
騎都尉將丹陽楚人勇敢五千人教射酒泉張掖
以屯衛備胡數歲年漢遣貳師將軍伐大宛使陵

將五校兵隨後行至塞會貳師還上賜陵書陵留
吏士與輕騎五百出燉煌至鹽水迎貳師還復留
屯張掖天漢二年秋貳師將軍李廣利將三萬騎
出酒泉擊匈奴右賢王於祁連天山而使召陵將
其射士步兵五千人出居延北可千餘里欲使為
貳師將輜重陵召見武臺叩頭自請曰臣所將屯
邊者皆荊楚勇士奇才劍客也力扼虎射命中願
得自當一隊到蘭干山南以分匈奴單于兵毋令
專走貳師軍也上曰將惡相屬邪吾發軍多毋

…陵對無所事騎臣願以少擊眾步兵五千
人涉單于庭上壯而許之因詔彊弩都尉路博德
將兵半道迎陵軍博德故伏波將軍亦羞為陵後
距奏言方秋匈奴馬肥未可與戰臣願留陵至春
俱將酒泉張掖騎各五千人並擊東西浚稽可必
禽也書奏上怒疑陵悔不欲出而教博德上書廼
詔博德吾欲予李陵騎云欲以少擊眾今虜入西
河其引兵走西河遮鉤營之道詔陵以九月發出
遮虜障至東浚稽山南龍勒水上徘徊觀虜即亡

所見從浞野侯趙破奴故道抵受降城休士因騎
置以聞所與博德言者云何具以書對陵於是將
其步卒五千人出居延北行三十日至浚稽山止
營舉圖所過山川地形使麾下騎陳步樂還以聞
步樂召見道陵將率得士死力上甚說拜步樂為
郎陵既至期還浚稽山與單于以兵八相值騎
可三萬圍擊陵軍陵軍五千人兵矢既盡士死者
過半居兩山間以大車為營陵引士出營外為陳
前行持戟盾後行持弓弩令曰聞鼓聲而縱聞金

連弩射匈奴服虔曰三十弩共一弦也張晏曰三十絭共一臂師古曰張說是劉云皆無理要說也蓋古之合弹并力弩相連以後激前則一弩而持三十弩之力或自有這才可以為要也後發此語以待考索

彎而止虜見漢軍少直前就營陵搏戰攻之千弩
俱發應弦而倒虜還走上山漢軍追擊而所殺數
千傷匈奴亦萬餘人單于大驚召左右地兵八萬
餘騎攻陵陵且戰且引且戰進鬭八日南行數日
抵山谷中連戰士卒中矢傷三創者載輦兩創者
將車一創者持兵戰陵曰吾士氣少衰而鼓不起
者何也軍中豈有女子乎始軍出時關東群盜妻
子徙邊者隨軍為卒妻婦大匿車中陵搜得皆劒
斬之明日復戰斬首三千餘級引兵東南循故龍

城道行四五日抵大澤葭葦中虜從上風縱火陵
亦令軍中縱火以自救南行至山下單于在南山
上使其子將騎擊陵陵軍步鬭樹木間復殺數千
人因發連弩射單于單于下走是日捕得虜言單
于曰此漢精兵擊之不能下日夜引吾南近塞得
毋有伏兵乎諸當戶君長皆言單于自將數萬騎
擊漢數千人不能滅後無以復使邊臣令漢益輕
匈奴復力戰山谷間尚四五十里得平地不能破
延還是時陵軍益急匈奴騎多戰一日數十合復

殺傷虜二千餘人虜不利欲去會陵軍候管敢為
校尉所辱亡降匈奴具言陵軍無後救射矢且盡
獨將軍麾下及成安侯校各八百人為前行以黃
與白為幟當使精騎射之即破矣成安侯者潁川
人父韓千秋故濟南相奮擊南越戰死武帝封子
延年為侯以校尉隨陵單于得敢大喜使騎並攻
漢軍疾呼曰李陵韓延年趣降遂還未到居延百
餘里匈奴遮狹絕道陵食乏而救兵不到虜遮道
急擊攻招降陵陵居谷中虜在山上四面射矢如

雨下漢軍南行未至鞮汗山一日五十萬矢皆盡
即棄車去士尚三千餘人徒斬車輻而持之軍吏
持尺刀抵山入陿谷單于遮其後乘隅下壘石士
卒多死不得行昏後陵便衣獨步出營止左右無
隨我丈夫一取單于耳良久陵還太息曰兵敗死
矣軍吏或曰將軍威振匈奴天命不遂後求道徑
還歸如浞野侯為虜所得後亡還天子客遇之況
於將軍乎陵曰公止吾不死非壯士也於是盡斬
旌旗及珍寶埋地中陵歎曰復得數十矢足以脫

矣今無兵復戰天明坐受縛矣各鳥獸散猶有得
脫歸報天子者令軍士人持二升糒一半冰期至
遮虜鄣者相待夜半時擊鼓起士鼓不鳴陵與韓
延年俱上馬壯士從者十餘人虜騎數千追之韓
延年戰死陵曰無面目報陛下遂降軍人分匈奴
其兵盡沒餘亡散脫至塞得歸漢者四百餘人陵
敗處去塞百餘里邊塞以聞上欲陵死戰召陵母
及婦使相者視之無死喪色後聞陵降上怒甚責
問陳步樂步樂自殺群臣皆罪陵上以問太史令

司馬遷遷盛言陵事親孝與士信常奮不顧身以
殉國家之急其素所畜積也有國士之風今舉事
一不幸全軀保妻子之臣隨而媒糵其短誠可痛
也且陵提步卒不滿五千深輮戎馬之地抑數萬
之師虜救死扶傷不暇悉舉引弓之民共攻圍之
轉鬬千里矢盡道窮士張空拳冒白刃北首爭死
敵得人之死力雖古名將不過也身雖陷敗然其
所摧敗亦足暴於天下彼之不死宜欲得當以報
漢也初上遣貳師大軍出財令陵為助兵及陵與

單于相值而貳師功少上以遷誣罔欲沮貳師為
陵游說下遷腐刑久之上悔陵無救曰陵當發出
塞乃詔彊弩都尉令迎軍坐預詔之得令老將生
姦詐乃遣使勞賜陵餘軍得脫者陵在匈奴歲餘
上遣因杅將軍公孫敖將兵深入匈奴迎陵敖軍
無功還曰捕得生口言李陵教單于為兵以備漢
軍故臣無所得上單于既得陵素聞其家聲及戰
又壯乃以其女妻陵而貴之漢聞於是族陵家母
弟妻子皆伏誅自是之後李氏名敗而隴西之士

大夫以李氏居門下者皆用為愧恥焉其後漢遣
使使匈奴陵謂使者曰吾為漢將步卒五千人橫
行匈奴以亡救而敗何負於漢而誅吾家使者曰
漢聞李少卿教匈奴為兵陵曰廼李緒非我也李緒
本漢塞外都尉居奚侯城匈奴攻之緒降而單于
客遇緒常坐陵上陵痛其家以李緒而誅使人刺
殺緒大閼氏欲殺陵單于匿之北方大閼氏死廼
還單于壯陵以女妻之立為右校王衛律為丁靈
王皆貴用事衛律者父本長水胡人律生長漢善

協律都尉李延年延年薦言律使匈奴使還會延
年家收律懼并誅亡還降匈奴匈奴愛之常在單
于左右陵居外有大事迺入議昭帝立大將軍霍
光左將軍上官桀輔政素與陵善遣陵故人隴西
任立政等三人俱至匈奴招陵立政等至單于置
酒賜漢使者李陵衛律皆侍坐立政等見陵未得
私語即目視陵而數數自循其刀環握其足陰諭
之言可還歸漢也後陵律持牛酒勞漢使博飲兩
人皆胡服椎結立政大言曰漢已大赦中國安樂

主上富於春秋霍子孟上官少叔用事以此言微
動之陵墨不應孰視而自循其髮答曰吾已胡服
矣有頃律起更衣立政曰咄少卿良苦霍子孟上
官少叔謝女陵曰霍與上官無恙乎立政曰請少
卿來歸故鄉毋憂富貴陵字立政曰少公歸易耳
恐再辱奈何語未卒衛律還頗聞餘語曰李少卿
賢者不獨居一國范蠡徧遊天下由余去戎入秦
今何語之親也因罷去立政隨謂陵曰亦有意乎
陵曰丈夫不能再辱陵在匈奴二十餘年元平元

平病死

太史公贊曰傳曰其身正不令而行其身不正雖
令不從其李將軍之謂也余睹李將軍悛悛恂恂
如鄙人口不能道出辭及死之日天下知與不知
皆為盡哀流涕彼其忠實中心誠信於士大夫也
諺曰桃李不言下自成蹊此言雖小可以諭喻大
也然三代之將道家所忌自廣至陵遂亡其宗哀
哉

班馬異同

士長於北家推本先聖之後如神明以為天祿以古匈奴祖禹公於有國業長馬而使民中國時有之豈夫冊以報抑鴻水之功出則與興之久矣亦莫能共也

兒能騎羊引弓射鳥鼠其俗常宜寫出如畫

得其所以然者寬則隨畜田獵牛因而射史記明

不用飲字

何公有府一姓大略是亦近西戎而匈奴發於西戎及武王都鎬始放逐之於涇洛之北則昔者其居於岐後亦勃偶然發人謂

班馬異同

匈奴列傳第五十　史記一百十

匈奴傳第六十四　漢書九十四

匈奴其先祖夏后氏之苗裔也曰淳維唐虞以上有山戎獫狁葷粥居于北蠻邊隨草畜牧而轉移其畜之所多則馬牛羊其奇畜則橐駞佗驢驘駃騠騊駼驒騱奚逐水草遷徙毋無城郭常處居耕田之業然亦各有分地毋無文書以言語為約束兒能騎羊引弓射鳥鼠少長則射狐兔用為肉食

史漢異同二十五卷　八匈奴　一　陳文

士力能彎弓盡為甲騎其俗寬則隨畜因射田獵禽獸為生業急則人習戰攻以侵伐其天性也其長兵則弓矢短兵則刀鋌利則進不利則退不羞遁走苟利所在不知禮義自君王以下咸食畜肉衣其皮革被旃裘壯者食肥美老者飲食其餘貴壯健賤老弱父死妻其後母兄弟死者皆取其妻妻之其俗有名不諱而無姓字夏道衰而公劉失其稷官變于西戎邑于豳其後三百有餘歲戎狄攻大王亶父亶父亡走于岐下而豳人悉從亶父

以戎狄間周覆借物為不善以夷以涇洛為非計不知本末之論而道則無不可其涇洛之北涇渭所善戰何而有世衰之異

評如識

得四白狼四白鹿而荒服不至甫刑之辟又何與荒服而為之知老人議較依稱有其意而已

詩人以薄伐為實有儒者遂以為美以為不純之塞外者險人之見知禁襄公救周而不能不東徙得其所至亦不過岐山之下是古公故都其又甚待為地外哉

史記少宣王中興一節漢書有然其情也不以皆是筆力

而邑焉作周其後百有餘歲周西伯昌伐畎夷氏後十有餘年武王伐紂而營雒邑復居于酆鄗鎬放逐戎夷涇洛之北以時入貢命名曰荒服其後二百有餘年周道衰而周穆王伐犬畎戎得四白狼四白鹿以歸自是之後荒服不至於是周遂作甫呂刑之辟至穆王之後孫懿王時王室遂衰戎狄交侵暴虐中國中國被其苦詩人始作疾而歌之曰靡室靡家獫狁之故豈不日戒獫狁孔棘至懿王曾孫宣王興師命將以征伐之詩人美大其

史漢異同二十五卷　八匈奴　二　陳文

功曰薄伐獫狁至于太原出車彭彭城彼朔方是時四夷賓服稱為中興二百有餘年至于周幽王用寵姬褒姒之故與申侯有郤申侯怒而與犬畎戎共攻殺周幽王于驪山之下遂取周之焦穫地鹵獲而居于涇渭之間侵暴中國秦襄公救周於是周平王去酆鄗鎬而東徙于雒邑當是之時秦襄公伐戎至岐邠始列為諸侯是後六十有五年而山戎越燕而伐齊齊釐公與戰于齊郊其後四十四年而山戎伐燕燕告急于齊齊桓公北伐山

此戎狄不可去[illegible]

「晉之西河上郡[illegible]之隴而以[illegible]古今者此不可不攷也[illegible]秦自西戎來[illegible]而用之而西戎八國服一語[illegible]可見

戎山戎走其後二十有餘年而戎狄至洛邑伐周襄王襄王出奔于鄭之氾邑初周襄王欲伐鄭故取戎狄翟女為后與戎狄兵共伐鄭已而黜狄翟后狄翟后怨而襄王後母曰惠后有子子帶欲立之於是惠后與狄翟后子帶為內應開戎狄翟戎狄翟以故得入破逐周襄王而立子帶為天子王於是戎狄翟或居于陸渾東至於衛侵盜尤甚暴虐中國中國疾之故詩人歌之曰戎狄是膺薄伐玁狁至于太原出輿彭彭城彼朔方周襄王既

居外四年乃使使告急于於晉晉文公初立欲脩霸業乃興師伐逐戎翟誅子帶迎內周襄王居于雒邑當是之時秦晉為彊國晉文公攘戎翟居于河西圁圁洛之間號曰赤翟白翟秦穆公得由余西戎八國服於秦故自隴以西有緜諸緄畎戎翟豲之戎在岐梁山涇漆之北有義渠大荔烏氏胊衍之戎而晉北有林胡樓煩之戎燕北有東胡山戎各分散居谿谷自有君長往往而聚者百有餘戎然莫能相一自是之後百有餘年晉悼公使

[illegible]

宣太后之誘義渠[illegible]在武[illegible]出武[illegible]以此[illegible]長城[illegible]恬之後又因故也

趙亦效秦為之耳

冠帶戰國七而三國邊於匈奴[illegible]又止

魏絳和戎翟戎翟朝晉後百有餘年趙襄子踰句注而破之并代以臨胡貉其後既與韓魏共滅智伯分晉地而有之則趙有代句注之以北而魏有河西上郡以與戎界邊其後義渠之戎築城郭以自守而秦稍蠶食之至於惠王遂拔義渠二十五城惠王擊伐魏魏盡入西河及上郡于秦秦昭王時義渠戎王與宣太后亂有二子宣太后詐而殺義渠戎王於甘泉遂起兵伐殘滅義渠於是秦有隴西北地上郡築長城以拒胡而趙武靈王亦變

俗胡服習騎射北破林胡樓煩築長城自代並陰山下至高闕為塞而置雲中鴈門代郡其後燕有賢將秦開為質於胡胡甚信之歸而襲破走東胡東胡卻千餘里與荊軻刺秦王秦舞陽者開之孫也燕亦築長城自造陽至襄平置上谷漁陽右北平遼西遼東郡以拒胡當是之時冠帶戰國七而三國邊於匈奴其後趙將李牧時匈奴不敢入趙邊後秦滅六國而始皇帝使蒙恬將數十萬之眾北擊胡悉收河南地因河為塞築四十四縣城臨

侵字如犬牙相入者

史記存

河徙適戍以充之而通直道自九原至雲陽因邊
山險塹谿谷可繕者治繕之起臨洮至遼東萬餘
里又渡河據陽山北假中當是之時東胡彊而月
氏盛匈奴單于曰頭曼頭曼不勝秦北徙十有餘
年而蒙恬死諸侯畔秦中國擾亂諸秦所徙適戍
邊者皆復去於是匈奴得寬復稍度河南與中國
界於故塞單于有太子名冒頓後有所愛閼氏
生少子而單于頭曼欲廢冒頓而立少子乃使
冒頓質於月氏冒頓既質於月氏而頭曼急擊月

史漢異同 廿卷　匈奴　五

氏月氏欲殺冒頓冒頓盜其善馬騎之亡歸頭曼
以為壯令將萬騎冒頓乃作為鳴鏑習勒其騎射
令曰鳴鏑所射而不悉射者斬之行獵鳥獸有不
射鳴鏑所射者輒斬之已而冒頓以鳴鏑自射其
善馬左右或不莫敢射者冒頓立斬不射善馬者
之居頃之復以鳴鏑自射其愛妻左右或頗恐不
敢射冒頓又復斬之居頃之冒頓出獵以鳴鏑射
單于善馬左右皆射之於是冒頓知其左右皆可
用從其父單于頭曼獵以鳴鏑射頭曼其左右亦

皆隨鳴鏑而射殺單于頭曼遂盡誅其後母與弟
及大臣不聽從者於是冒頓自立為單于冒頓既
立是時東胡彊盛聞冒頓殺父自立乃使使謂冒
頓曰欲得頭曼時有號千里馬冒頓問羣臣群臣
皆曰千里馬此匈奴寶馬也勿與予冒頓曰奈何
與人鄰國而愛一馬乎遂與之千里馬居頃之東
胡以為冒頓畏之乃使使謂冒頓曰欲得單于一
閼氏冒頓復問左右左右皆怒曰東胡無道乃求
閼氏請擊之冒頓曰奈何與人鄰國愛一女子乎

史漢異同 廿卷　匈奴　六

遂取所愛閼氏與予東胡東胡王愈益驕西侵與
匈奴間中間有棄地莫居千餘里各居其邊為甌
脫東胡使使謂冒頓曰匈奴所與我界甌脫外棄
地匈奴非不能至也吾欲有之冒頓問群臣群臣
或曰此棄地予之亦可勿予亦可於是冒頓大怒
曰地者國之本也奈何予之人諸言與予之者皆
斬之冒頓上馬令國中有後者斬遂東襲擊東胡
東胡初輕冒頓不為備及冒頓以兵至擊大破滅
東胡王而虜其民人眾及畜產既歸西擊走月氏

燕使攻奪所使
蒙恬所奪匈奴
地若與漢關又
地謂如燕有
明非後人所及

南并樓煩白羊河南王侵燕代悉復收秦所使蒙恬所奪匈奴地者與漢關故河南塞至朝那膚施遂侵燕代是時漢兵方與項羽相距中國罷於兵革以故冒頓得自彊控弦之士三十餘萬自淳維以至頭曼千有餘歲時大時小別散分離尚矣其世傳不可得而次云然至冒頓而匈奴最彊大盡服從北夷而南與中國諸夏為敵國其世傳國姓官號乃可得而記云單于姓攣鞮氏其國稱之曰撐犁孤塗單于匈奴謂天為撐犁謂子為孤塗單

張田

于者廣大之貌也言其象天單于然也置左右賢王左右谷蠡王左右大將左右大都尉左右大當戶左右骨都侯匈奴謂賢曰屠耆故常以太子為左屠耆王自如左右賢王以下至當戶大者萬餘騎小者數千凡二十四長立號曰萬騎其諸大臣皆世官呼衍氏蘭氏其後有須卜氏此三姓其貴種也諸左方王將居東方直上谷以往者東接穢貉朝鮮右方王將居西方直上郡以西接月氏氐羌而單于之庭直代雲中各有分地逐水草移徙

包字肪
臟字是

而左右賢王左右谷蠡王最為大國左右骨都侯輔政諸二十四長亦各自置千長百長什長裨小王相封都尉當戶且渠之屬歲正月諸長小會單于庭祠五月大會蘢城祭其先天地鬼神秋馬肥大會蹛林課校人畜計其法拔刃尺者死坐盜者沒入其家有罪小者軋大者死獄久者不過滿十日一國之囚不過數人而單于朝出營拜日之始生夕拜月其坐長左而北鄉日上戊巳其送死有棺槨金銀衣裘而無封樹喪服近幸臣妾從

張田

死者多至數千十百人舉事而候星月常隨月盛壯則以攻戰月虧則退兵其攻戰斬首虜賜一卮酒而所得鹵獲因以予之得人以為奴婢故其戰人人自為趣趨利善為誘兵以冒包敵故其見敵則逐利如鳥之集其困敗則瓦解雲散矣戰而扶輿死者盡得死者家財後北服渾庾窳屈射丁靈零鬲隔昆龍新新犂犁之國於是匈奴貴人大臣皆服以冒頓單于為賢是時漢初定中國徙韓王信於代都馬邑匈奴大攻圍馬邑韓王信降匈奴

說佯敗走誘漢兵又匿精兵見老弱漢又多步兵步兵又多未至頓縱是以至中外不相救餉一句曲盡其實

此處戰得有理

匈奴得信因引兵南踰句注攻太原至晉陽下高
帝自將兵往擊之會冬大寒雨雪卒之墮指者十
二三於是冒頓詳陽敗走誘漢兵漢兵逐擊冒頓
冒頓匿其精兵見其羸弱於是漢悉兵多步兵三
十二萬北逐之高帝先至平城步兵未盡到冒頓
縱精兵四三十餘萬騎圍高帝於白登七日漢兵
中外不得相救餉匈奴騎其西方盡白馬東方盡
青駹馬北方盡烏驪馬南方盡騂馬高帝乃廼使
使間厚遺閼氏閼氏謂冒頓曰兩主不相困今得

史漢異同三十五卷　匈奴　九　宮福郎

漢地而單于終非能居之也且漢王亦有神單于
察之冒頓與韓王信之將王黃趙利期而黃利兵
又久不來疑其與漢有謀亦取閼氏之言乃廼解
開圍之一角於是高皇帝令士皆持滿傅矢外鄉
從解角直出竟得與大軍合而冒頓遂引兵而去
漢亦引兵而罷使劉敬結和親之約是後韓王信
為匈奴將及趙利王黃等數倍背約侵盜代鴈門
雲中居無幾何陳豨反又與韓信合謀擊代漢使
樊噲往擊之復拔收代鴈門雲中郡縣不出塞是

師古曰諸王女曰翁主言其父自主婚

為漢者只當云須以我以奴辭語婉答皆有但不可飲者而不敬自證

時匈奴以漢將數率衆往降故冒頓常往來侵盜
代地於是漢高祖患之高帝乃使劉敬奉宗室女
公翁主為單于閼氏歲奉匈奴絮繒酒米食物各
有數約為昆兄弟以和親冒頓乃廼少止後燕王
盧綰復反率其黨數千且萬人降匈奴往來苦上
谷以東終高祖崩世孝惠呂高太后時漢初定故
匈奴冒頓寖以驕冒頓乃廼為書使使遺高后妄
言曰孤僨之君生於沮澤之中長於平野牛馬之
域數至邊境願遊中國陛下獨立孤僨獨居兩主

史漢異同三十五卷　匈奴　十　宮福郎

不樂無以自虞願以所有易其所無高后大怒召
丞相平及樊噲季布等議斬其使者發兵而欲擊
之樊噲曰臣願得十萬衆橫行匈奴中問季布布
諸將曰以高帝賢武然尚困於平城噲可斬也前
陳豨反於代漢兵三十二萬噲為上將軍時匈奴
圍高帝於平城噲不能解圍天下歌之曰平城之
下亦誠苦七日不食不能彀弩今歌唫之聲未絕
傷痍者甫起而噲欲搖動天下妄言以十萬衆橫
行是面謾也且夷狄譬如禽獸得其善言不足喜

惡言不足怒也於是高后乃止曰善令大謁者張
澤報書曰單于不忘弊邑賜之以書弊邑恐懼退
日自圖年老氣衰髮齒墮落行步失度單于過聽
不足以自汙敝邑無罪宜在見赦竊有御車二乘
馬二駟以奉常駕冒頓得書復使使來謝曰未嘗
聞中國禮義陛下幸而赦之因獻馬遂復與匈奴
和親至孝文帝初立即位復脩和親之事其三年
夏五月匈奴右賢王入居河南地為冦於是孝文
帝下詔曰漢與匈奴約為昆弟無侵害邊境所以

輸遺匈奴甚厚今右賢王離其國將衆居河南地
非常故往來入塞捕殺吏卒敺侵盜上郡葆塞蠻
夷殺略人民令不得居其故陵轢邊吏入盜甚驁
無道非約也於是孝文帝詔丞相灌嬰發邊吏
車騎八萬五千詣高奴遣丞相灌嬰將擊右賢王右
賢王走出塞文帝幸太原是時濟北王反文帝歸
罷丞相擊胡之兵其明年單于遺漢書曰天所立
匈奴大單于敬問皇帝無恙前時皇帝言和親事
稱書意合歡漢邊吏侵侮右賢王右賢王不請聽

後義盧侯難氏支等計與漢吏相距恨絶二主之
約離兄昆弟之親皇帝讓書再至發使以書報不
來漢使不至漢以其故不和鄰國不附今以小少
吏之敗約故罰右賢王使之西求月氏擊之以
天之福吏卒良馬彊力彊以夷滅月氏盡斬殺
降下定之定樓蘭烏孫呼揭及其旁二十六國皆
以已為匈奴諸引弓之民并為一家北州已以定
願寢兵休士卒養馬除前事復故約以安邊民以
應始古始使少者得成其長老者得安其處世世

平樂未得皇帝之志也故使郎中係雩虖淺奉書
請獻橐佗一匹騎馬二匹駕二駟皇帝即不欲匈
奴近塞則且詔吏民遠舍使者至即遣之以六月
中來至新新望之地書至漢議擊與和親孰便公
卿皆曰單于新破月氏乘勝不可擊也且得匈奴
地澤鹵非可居也和親甚便漢許之孝文皇帝前
六年漢遺匈奴書曰皇帝敬問匈奴大單于無恙
使郎中係雩虖淺遺朕書曰云右賢王不請聽後
義盧侯難氏等計絶二主之約離兄弟之親漢以

宋祁曰漢書貴作單此并作胥紕胥紕相近戰國策云趙武靈王賜周紹具帶黃金師比延篤云胡革帶鉤也則此帶鉤亦名師比則胥紕與師比相近而說異耳犀毗胥紕師比名同即今鉤搭

宗人女翁主自為小異同

中行說不欲行史載其言必聞其辭可識不及觀漢書也世傳其此人若以爲晉然問不多此疏與家等皆見重知奴人衆不能當漢之一郡者以

故不和鄰國不附今以小吏敗約故罰右賢王使西擊月氏盡定之願寢兵休士卒養馬除前事復故約以安邊民使少者得成其長老者得安其處世世平樂朕甚嘉之此古聖王之意忘也漢與匈奴約為兄弟所以遺單于甚厚倍背約離兄弟之親者常在匈奴然右賢王事已在赦前單于勿深誅單于若稱書意明告諸吏使無負約有信敬如單于書使者言單于自將伐并國有功甚苦兵事服繡袷綺衣繡袷長襦錦袷袍各一比余疏一黃

金飾具帶一黃金胥紕犀毗一繡十疋錦三二十疋赤綈綠繒各四十疋使中大夫意謁者令肩遺單于後頃之冒頓死子稽粥立號曰老上單于老上稽粥單于初立孝文皇帝復遣宗室人女公翁主為單于閼氏使宦者燕人中行說傅公翁主說不欲行漢彊使說曰必我行也為漢患者中行說既至因降單于單于甚親幸之初匈奴單于好漢繒絮食物中行說曰匈奴人衆不能當漢之一郡然所以彊之者以衣食異無仰卬於漢也今單

于變俗好漢物漢物不過什二則匈奴盡歸於漢矣其得漢繒絮以馳草棘中衣袴皆裂敝以示視不如旃裘之完堅善也得漢食物皆去之以示視不如湩酪之便美也於是說教單于左右疏記以計課識其人衆畜物牧漢遺單于書牘以尺一寸牘辭曰皇帝敬問匈奴大單于無恙所遺物及言語云云中行說令單于遺漢書以尺二寸牘及印封皆令廣大長倨傲驁其辭曰天地所生日月所置匈奴大單于敬問漢皇帝無恙所以遺物

言語亦云云漢使或言曰匈奴俗賤老中行說窮漢使曰而漢俗屯戍從軍當發者其老親豈有不自脫奪溫厚肥美以齎送飲食行戍者乎漢使曰然中行說曰匈奴明以戰攻戰為事其老弱不能鬭故以其肥美飲食壯健壯健者蓋以自為守衛如此父子各得久相保何以言匈奴輕老也漢使曰匈奴父子乃同穹廬而臥父死妻其後母兄弟死盡取妻其妻妻之無冠帶之飾節闕庭之禮中行說曰匈奴之俗人食畜肉飲其汁衣其皮畜食

前院長本已具此人但言故欲紅定此意者其樂耳和其他何此言自是其地當輕中國云耳

佯字极可悪至乃易姓父而愈[illegible]視此兩句亦[illegible]余無異然[illegible]其亦[illegible]所[illegible]哉

作業者并指室壁城郭數語如此文之人物[illegible]如畫情令人語祭

此不倚辭苦惡最自口語

奇兵是

出兵安旁與軍其象相應齊整

草飲水隨時轉移故其急則人習騎射寬則人樂無事其約束輕（徑）易行也君臣簡易（可久）一國之政猶一身（體）也父子兄弟死取（則妻）其妻妻之惡種姓之失也故匈奴雖亂必立宗種今中國雖詳（陽）不取其父兄之妻親屬益疏則相殺至（乃）到易姓皆從此類（也）且禮義之敝上下交怨望而室屋之極生力必屈（焉）夫力耕桑以求衣食築城郭以自備故其民急則不習戰功（攻）緩則罷於作業嗟土室之人顧無多辭令喋喋而佔佔冠固何當自

是之後漢使欲辯論者中行說輒曰漢使無（毋）多言顧漢所輸匈奴繒絮米糵令其量中必善美而已矣何以言為乎且所給備善則已不備（苦）而苦惡則候秋熟以騎馳蹂而（通）稼穡耳（也）日夜教單于候利害處孝文皇帝十四年匈奴單于十四萬騎入朝那蕭關殺北地都尉卬虜人民畜產甚多遂至彭陽使奇（騎）兵入燒回中宮候騎至雍甘泉於是文帝以中尉周舍郎中令張武為將軍發車千乘騎十萬（騎）軍長安旁以備胡寇而拜昌侯

[illegible]者

[illegible]兩絲是

渫惡[illegible]降其進取之利下各降其進以之利自謂兩國民利其漢者作令降其趨降如字訓下給不可解然於無所[illegible]

盧卿為上郡將軍甯侯魏遬為北地將軍隆慮侯周竈為隴西將軍東陽侯張相如為大將軍成侯董赤為前將軍大發車騎往擊胡單于留塞內月餘乃去漢逐出塞即還不能有所殺匈奴日已（以）驕歲入邊殺掠（略）人民畜產甚多雲中遼東最甚至代郡萬餘人漢（甚）患之乃（迺）使使遺匈奴書單于亦使當戶報謝復言和親事孝文帝後二年使使遺匈奴書曰皇帝敬問匈奴大單于無恙使當戶且居渠雕渠難郎中韓遼遺朕馬二匹已至敬

受先帝制長城以北引弓之國受命（令）單于長城以內冠帶之室朕亦制之使萬民耕織射獵衣食父子無（毋）離臣主相安俱無暴逆（虐）今聞渫惡民貪降其進取之利（趨）倍（背）義絕約忘萬民之命離兩主之驩然其事已在前矣書曰（云）二國已和親兩主驩說寢兵休卒養馬世世昌樂闓（翕）然更始朕甚嘉之聖人者日新改作更始使老者得息幼者得長各保其首領而終其天命朕與單于俱由此道順天恤民世世相傳施之無窮天下莫不咸

來者不止知服刑咎之謂令所遺叛同所降漢 者單于亦勿使問其降從之罪有從人之言也此但去前事與捐往細等不足重出 只漢過不先四字見得負約常在單于大字明單去曰字見數語山叢語至 失之好 漢書備有意

使嘉使漢與匈奴鄰國之敵之國匈奴處北地寒
殺氣早降故詔吏遺單于秫蘖金帛絲綿絮佗物
歲有數今天下大安萬民熙熙獨朕與單于為之
父母朕追念前事薄物細故謀臣計失皆不足以
離兄昆弟之驩朕聞天不頗覆地不偏載朕與單
于皆捐往細故俱蹈大道也墮壞前惡以圖長久
使兩國之民若一家子元元萬民下及魚鼈上及飛
鳥跂行喙息蠕蝡動之類莫不就安利而辟危殆
故來者不止天之道也俱去前事朕釋逃虜民單

于無毋言章尼等朕聞古之帝王約分明而無不
食言單于留志天下大安和親之後漢過不先單
于其察之單于既約和親於是制詔御史曰匈奴
大單于遺朕書言和親已定亡人不足以益衆廣
地匈奴無入塞漢無出塞犯令約者殺之可以久
親後無咎俱便朕已許之其布告天下使明知之
後四歲年老上稽粥單于死子軍臣立為單于既
立孝文皇帝復與匈奴和親而中行說復事之漢
復與匈奴和親軍臣單于立四歲歲餘匈奴復絕

武帝史作今帝漢書作武帝閱字是

和戎大入上郡雲中各三萬騎所殺畧甚衆而去
於是漢使三將軍軍屯北地代屯句注趙屯飛狐
口緣邊亦各堅守以備胡寇又置三將軍軍長安
西細柳渭北棘門霸上以備胡胡騎入代句注邊
烽火通於甘泉長安數月漢兵至邊匈奴亦去遠
塞漢兵亦罷後歲餘孝文帝崩孝景帝立而趙王
遂乃迺陰使人於匈奴吳楚反欲與趙合謀入邊
漢圍破趙匈奴亦止自是之後孝景帝復與匈奴
和親通關市給遺匈奴單于遣公翁主如故約終

孝景帝世時時小入盜邊無大寇今武帝即位明
和親約束厚遇通關市饒給之匈奴自單于以下
皆親漢往來長城下漢使馬邑人聶翁壹奸蘭
闌出物與匈奴交易詳陽為賣馬邑城以誘單于
單于信之而貪馬邑財物乃迺以十萬騎入武州
塞漢伏兵三十餘萬馬邑旁御史大夫韓安國為
護軍將軍護四將軍以伏單于單于既入漢塞未
至馬邑百餘里見畜布野而無人牧者怪之乃攻
亭是時鴈門尉史行徼見寇葆此亭知漢兵謀單

曰字又切至
六字

于得欲殺刺之尉史知漢謀乃廼下告單于漢兵所居單于大驚曰吾固疑之乃引兵還出曰吾得尉史天也天使若言以尉史爲天王漢兵約單于入馬邑而縱兵單于不至以故漢兵無所得漢將軍王恢部出代擊胡輜重聞單于還兵多不敢出漢以恢本建造兵謀而不進斬誅恢自是之後匈奴絕和親攻當路塞往往入盜於漢邊不可勝數然匈奴貪尚樂關市嗜耆漢財物漢亦尚通關市不絕以中之自馬邑軍後五年歲之秋漢使四將

軍各萬騎擊胡關市下將軍衛青出上谷至蘢龍城得胡首虜七百人公孫賀出雲中無所得公孫敖出代郡爲胡所敗七千餘人李廣出鴈門爲胡所敗而匈奴生得廣廣後得道亡歸漢因敖廣敖廣贖爲庶人其冬匈奴數千人入盜邊漁陽尤甚漢使將軍韓安國屯漁陽備胡其明年秋匈奴二萬騎入漢殺遼西太守略二千餘人胡又入敗漁陽太守軍千餘人圍漢將軍安國安國時千餘騎亦且盡會燕救之至匈奴乃廼去匈奴又入鴈門

斗辟語奇作陡字句然什字即斗字之誤

漢書所削陟字九字

殺畧千餘人於是漢使將軍衛青將三萬騎出鴈門李息出代郡擊胡得首虜數千人其明年衛青復出雲中以西至隴西擊胡之樓煩白羊王於河南得胡首虜數千牛羊百餘萬於是漢遂取河南地築朔方復繕故秦時蒙恬所爲塞因河而爲固利漢亦棄上谷之什斗辟縣造陽地以予胡是歲漢之元朔二年也其後冬匈奴軍臣單于死其軍臣單于弟左谷蠡王伊稚斜自立爲單于攻破敗軍臣單于太子於單於單亡降漢漢封單于爲涉

陟安侯數月而死伊稚斜單于旣立其夏匈奴數萬騎入殺代郡殺太守恭共友及畧千餘人其秋又入鴈門殺畧千餘人其明年匈奴又復入代郡定襄上郡各三萬騎殺畧數千人匈奴右賢王怨漢奪之河南地而築朔方數爲寇盜邊及入河南侵擾朔方殺掠吏民甚衆其明年春漢以遣衛青爲大將軍將六將軍十餘萬人出朔方高闕擊胡右賢王以爲漢兵不能至飲酒醉漢兵出塞六七百里夜圍右賢王右賢王大驚脫身逃走諸精騎

不用將軍

乃字是

介獨不可解介與分字似

往往隨後去漢將軍得右賢王人衆男女萬五千
人裨小王十餘人其秋匈奴萬騎入殺代郡殺都
尉朱英夬畧千餘人其明年春漢復遣大將軍衛
青將六將軍兵十餘萬騎乃仍再出定襄數百里
擊匈奴得首虜前後凡萬九千餘級而漢亦亡兩
將軍軍三千餘騎右將軍建得以身脫而前將軍
翕侯趙信兵不利降匈奴趙信者故胡小王降漢
漢封爲翕侯以前將軍與右將軍幷軍分行介獨
遇單于兵故盡沒單于既得翕侯以爲自次王用

其姊妻之與謀漢信教單于益北絕幕以誘罷漢
兵徼極而取之無毋近塞單于從其計之其明年
胡騎殺萬人騎入上谷殺數百人其明年春漢使
驃騎將軍去病將萬騎出隴西過焉支者山千餘
里擊匈奴得胡首虜騎萬八千餘級破得休屠王
祭天金人其夏驃騎將軍復與合騎侯數萬騎出
隴西北地二千里擊匈奴過居延攻祁連山得胡首
虜三萬餘人級裨小王以下七十餘人是時匈奴
亦來入代郡鴈門殺畧數百人漢使博望侯及李

中國騎兵之數一十四萬騎並不與則步兵又不可加也前後師出之盛未有如此衆馬者欲其肥故言出塞深入有數千里衆者只非其爲祖亦未必可久身帝道也獨頓與膚伯爲耳當時力士推壯知此諸將人人能戰至匈奴自知不如而走此雖漢初諸彭韓有不及者未可以兵去病非能臣也

將軍廣出右北平擊匈奴右左賢王右左賢王圍
李將軍廣卒可廣軍四千人且盡死者過半殺虜
亦過當會博望侯軍救至李將軍得脫漢盡失亡
數千人其軍合騎侯後驃票騎將軍期及與博望
侯皆當死贖爲庶人其秋單于怒渾昆耶邪王休
屠王居西方爲漢所殺虜數萬人欲召誅之渾昆
耶邪王與休屠王恐謀降漢漢使驃騎將軍往迎之
渾昆耶邪王殺休屠王幷將其衆降漢凡四萬餘
人號十萬於是漢已得渾耶王昆邪則隴西北地

河西益少胡寇徙關東貧民處所奪匈奴河南地
新秦中以實之而西減北地以西戍卒半其明年
春匈奴入右北平定襄各數萬騎殺畧千餘人而
去其明年春漢謀曰以爲翕侯信爲單于計居幕
北以爲漢兵不能至乃粟馬發十萬騎私負私從
馬凡十四萬匹糧重不與焉令大將軍青驃票騎
將軍去病中分軍大將軍出定襄驃票騎將軍出
代咸約絕幕擊匈奴匈奴單于聞之遠其輜重以
精兵待於幕北與大將軍接戰一日會暮大風起

去病封禪雖見威然自平城以來能如此者六則自匈奴建中國千餘歲一時也周得中策漢得者之總武帝帝文帝之後抗以意氣作成旋赫然集古如此張貴生不及見也讀匈奴傳至此氣奪欲盡

漢兵縱左右翼圍單于單于自度戰不能如漢兵單于遂獨身與壯騎數百潰漢圍西北遁走漢兵夜追之不得行斬捕斬匈奴首虜凡萬九千級北至闐寶顏山趙信城而還單于之遁走其兵往往與漢兵軍相亂而隨單于單于久不與其大衆相得其右谷蠡王以爲單于死乃自立爲單于眞單于復得其衆而右谷蠡王乃去其單于號復其故位爲右谷蠡王漢驃票騎將軍之出代二千餘里與左賢王接戰漢兵得胡首虜凡七萬餘級人

史記纂百十卷　匈奴

前見從驃騎封民以所傷臨海又以渡河置田官蠶食接非將帥武臣力能使不敢欽馬則陷赤子於塞外使中行說之資豈不鐵騎露寄蔡耶以此推見切責城卒八半非容易者不知後來此設者樊貴如何戮將功狀平實以渙數以少馬死以多

左賢王將皆遁走驃票騎封於狼居胥山禪姑衍臨翰海而還是後匈奴遠遁而幕南無王庭漢渡河自朔方以西至令居往往通渠置田官吏卒五六萬人稍蠶食地接匈奴以北初漢兩將軍大出圍單于所殺虜八九萬而漢士卒物故者亦萬數萬漢馬死者十餘萬匹匈奴雖病遠去而漢亦馬亦少無以復往匈奴單于用趙信之計遣使於漢好辭請和親天子下其議或言和親或言遂臣之丞相長史任敞曰匈奴新破困宜可使爲外臣朝

[illegible]

請於邊漢使任敞於單于單于聞敞計大怒留之不遣先是漢亦有所降匈奴使者單于亦輒留漢使相當漢方復收士馬會驃票騎將軍去病死於是漢久不北擊胡數歲伊稚斜單于立十三年死子烏維立爲單于是歲漢元鼎三年也烏維單于立而漢天子武帝始出巡狩郡縣其後漢方南誅兩越不擊匈奴匈奴亦不侵入邊烏維單于立三年漢已滅南兩越遣故太僕公孫賀將萬五千騎出九原二千餘里至浮苴井而還不見匈奴一

史記纂百十卷　匈奴

故從驃侯以破奴嘗從驃騎出[illegible]

一要本作字

人漢又遣故從驃票侯趙破奴萬餘騎出令居數千里至匈奴河水而還亦皆不見匈奴一人而還是時天子巡邊親至朔方勒兵十八萬騎以見武節而使郭吉風告單于郭吉既至匈奴匈奴主客問所使郭吉禮卑禮言好言曰吾見單于而口言單于見吉吉曰南越王頭已縣縣於漢北闕下今單于能即能前與漢戰天子自將兵待邊單于即不能即亟南面而臣於漢何徒但遠走亡匿於幕北寒苦無水草之地毋爲也語卒而單于大怒立斬

郭吉不歸而天子亦遂以見匈奴遂此之利亦出寇之雖常時親社如此在所無侶行若不細柔前北六七年矣出暴戰亂閣與勝其君臣相以殺累無不可為利欲偏也計漢之意使有也奴哉不用以年面矣見矣黥面者始自別其為漢以人不出入不用也漢中國子不用其中去不肯信使以下叙前日之慶與所以斷匈奴好因恐之者

政在三叉字而匈奴終不敢以言此前終不敢

次第語皆明

主客見者而留郭吉不歸遷辱之北海上而單于終不肯為寇於漢邊休養息士馬習射獵數使使於漢好辭甘言求請和親漢使王烏等窺匈奴匈奴法漢使非去節而以墨黥其面者不得入穹廬王烏北地人習胡俗去其節黥面得入穹廬單于愛之詳陽許曰吾甘言為遣其太子入漢為質於漢以求和親漢使楊信使於匈奴是時漢東拔穢貉朝鮮以為郡而西置酒泉郡以鬲隔絕胡與羌通之路漢又西通月支大夏又以公翁主妻

史漢異同三卷一　匈奴　卅五　施元文

烏孫王以分匈奴西方之援國又北益廣田至胘靁胘雷為塞而匈奴終不敢以為言是歲翕侯信死漢用事者以匈奴為已弱可臣從也楊信為人剛直屈強素非貴臣也單于不親單于欲召入不肯去節單于乃廼坐穹廬外見楊信楊信既見說單于說曰即欲和親以單于太子為質於漢單于曰非故約故約漢常遣公翁主給繒絮食物有品以和親而匈奴亦不復擾邊今乃欲反古令吾太子為質無幾矣匈奴俗見漢使非中貴人其儒先

以為使為欲說也故書生未則見折其辯又恐

皆空紿特結一段不信而單于見欠何可無及字

生以為欲說折其辭辯其少年以為欲刺折其氣每漢使兵入匈奴匈奴輒報償漢留匈奴使匈奴亦留漢使必得當乃廼肯止楊信既歸漢使王烏而單于等如匈奴匈奴復讇以甘言欲多得漢財物紿謂王烏曰吾欲入漢見天子面相約結為兄弟王烏歸報漢漢為單于築邸于長安匈奴曰非得漢貴人使吾不與誠語匈奴使其貴人至漢病漢予服藥欲愈之不幸而死而漢使路充國佩二千石印綬往使因送其喪厚葬幣直數千金曰此

史漢異同三卷　匈奴　卅六　施元文

漢貴人也單于以為漢殺吾貴使者乃留路充國不歸諸所言者單于特空紿王烏殊無意入漢及遣太子來質於是匈奴數使奇兵侵犯漢邊漢乃廼拜郭昌為拔胡將軍及浞野侯屯朔方以東備胡路充國留匈奴三歲單于死烏維單于立十歲而死子烏詹師廬為單于年少號為兒單于是歲元封六年也自此之是後單于益西北左方兵直雲中右方兵直酒泉燉煌郡兒單于立漢使兩使者一人弔單于一人弔右賢王欲以乖其國

[illegible]入其國正欲相知匈奴殺[illegible]左大都尉之前未必非出[illegible]于之効也[illegible]使父降之城與長安之所但甚耳

近字是

此期至而還亦似刎刎無謂焉[illegible]所得且可誅而深中若外有漢兵通貫而內亂政殆可兼殆破奴與都尉也圍中夜出自取水非有謂則一兵亡及耳何至生得得亦何至即知其爲浞野耶一軍皆沒可疑翁侯死後護有此何匈奴之得聊也史記不可解漢書是

使者入匈奴匈奴悉將致單于單于怒而盡悉留漢使漢使留匈奴者前後十餘輩而匈奴使來漢亦輒留之相當是歲漢使貳師將軍廣利西伐大宛而令因杅將軍敖築受降城其冬匈奴大雨雪畜多飢寒死而兒單于年少好殺伐國中人多不安左大都尉欲殺單于使人閒告漢曰我欲殺單于降漢漢遠漢即兵來兵迎近我我即發初漢聞此言故築受降城猶以爲遠其明年春漢使浞野侯破奴將二萬餘騎出朔方西北二千餘里期至

浚稽山而還浞野侯既至期而還左大都尉欲發而覺單于誅之發左方兵擊浞野侯浞野侯行捕首虜得數千人還未至受降城四百里匈奴兵八萬騎圍之浞野侯夜自出自求水匈奴閒捕生得浞野侯因急擊其軍軍中郭縱爲護維王爲渠相與謀曰及諸校尉畏亡將軍而誅之莫相勸而歸軍遂沒于匈奴匈奴兒單于大喜遂遣奇兵攻受降城不能下乃寇侵入邊而去其明年單于欲自攻受降城未至到病死兒單于立三歲而死子年

何武帝所遣之多才也左右貴幸之臣得封侯有任文不知何如人又其擧故乃能悉遣所失不然則恥使辱[illegible]大宛歲利新大宛王其[illegible][illegible]之如使仲[illegible]御史大夫進則進又亦未易至此也語不終而止史之所削歟

少匈奴乃廼立其季父烏維單于弟右賢王呴句犂黎湖爲單于是歲太初三年也呴句犂黎湖單于立漢使光祿徐自爲出五原塞數百里遠者千餘里築城障列亭至廬盧朐而使游擊將軍韓說長平侯衞伉屯其旁使彊弩都尉路博德築居延澤上其秋匈奴大入定襄雲中定襄五原朔方殺畧數千人敗數二千石而去行破壞光祿所築城列亭鄣障又使右賢王入酒泉張掖畧數千人會任文擊救盡復失其所得而去是歲聞貳師將軍破

大宛斬其王而還匈奴單于欲遮之不能敢至其冬欲攻受降城會單于病死呴句犂黎湖單于立一歲死匈奴乃立其弟左大都尉且鞮侯立爲單于漢既誅大宛威震外國天子意欲遂困胡乃廼下詔曰高皇帝遺朕平城之憂高后時單于書絕悖逆昔齊襄公復百九世之讎春秋大之是歲太初四年也且鞮侯單于既初立恐漢襲之盡歸漢使之不降者路充國等於漢得歸單于初立恐漢襲乃自謂我兒子安敢望漢天子漢天子我丈

始知一時病在甲兵漏泄其言所談匈奴饑貪未可予幣好也尚昧先國以然彼附于蘇武又以尊幣待伍勃然長驕大耳特禮意稍報雖矣哉

武帝以雄才臨氣變化一時人物而用之能虎一時晚年欲輯貪悠至以數才人失士大夫心喪師萬里外即所遣蘇武牙將咎其善意非異時楊信郭吉比也至節錄盡牧羝海上帝於其福智盡矣備武非言語識論之臣

人行也漢遣中郎將蘇武厚幣賂遺單于單于益
驕禮甚倨非漢所望也其明年浞野侯破奴得亡
歸漢其明年漢使貳師將軍廣利以兵三萬騎出
酒泉擊右賢王於天山得胡首虜萬餘級而還匈
奴大圍貳師將軍幾不得脫漢兵物故什六七漢
復又使因杅將軍敖出西河與強弩都尉會涿涂
邪山毋亡所得又使騎都尉李陵將步騎兵五千
人出居延北千餘里與單于會合戰陵所殺傷萬
餘人兵及食盡欲解歸匈奴單于圍陵陵降匈奴

其兵遂沒得還脫歸漢者四百人單于乃貴陵
以其女妻之後二歲漢復使貳師將軍將六萬騎
步兵十七萬出朔方強弩都尉路博德將萬餘人
與貳師會游擊將軍說將步騎兵三萬人出五原
因杅將軍敖將萬騎步兵三萬人出鴈門匈奴
聞悉遠其累重於余吾水北而單于以十萬騎待
水南與貳師將軍接戰貳師乃解而引歸與單于
連戰十餘日貳師聞其家以巫蠱族滅因并眾
降匈奴得來還千人一兩人耳游擊說亡所得因

開所殺十多雖有功亦少不見賞節也

問褒誚不得不褒則何可諱矣察應曰不參終始利害也彼已若猶詩人譏辭曰彼已之子是也彼已謂好彼知已所引詩非是索隱以不參句之非意亦欲為微隱者然已若太史不滿當時以為順從

君之欲所謂帝圖積大氣食蒜將體業建功不深又以惜其志未盡成者何前後之興也則其中有難言者矣引漢紀已漢記尤尚尤漢武帝之建立如此猶謂將不得人則後經將矣將相非武帝所急也當其自為將相者

杅敖與左賢王戰不利引歸是歲漢兵之出擊匈
奴者不得言功多少功不得御有詔捕太醫令隨
但言貳師將軍家室族滅使廣利得降匈奴
太史公曰孔子著春秋隱桓之間則章至定哀之
際則微為其切當世之文而罔褒忌諱之辭也世
俗之言匈奴者患其徼一時之權而務讇納其說
以便偏指不參彼已將率席中國廣大氣奮人主
因以決策是以建功不深堯雖賢興事業不成得
禹而九州寧且欲興聖統唯在擇任將相哉唯在

擇任將相哉
贊曰書戒蠻夷猾夏詩稱戎狄是膺春秋有道守
在四夷久矣夷狄之為患也故自漢興忠言嘉謀
之臣曷嘗不運籌策相與爭於廟堂之上乎高祖
時則劉敬呂后時樊噲季布孝文時賈誼朝錯孝
武時王恢韓安國朱買臣公孫弘董仲舒人持所
見各有同異然總其要歸兩科而已縉紳之儒則
守和親介冑之士則言征伐皆偏見一時之利害
而未究匈奴之終始也自漢興以至于今曠世歷

年久於春秋其與匈奴有修文而和親之矣有用
武而克伐之矣有卑下而承事之矣有威服而臣
畜之矣詘伸異變強弱相反是故其詳可得而言
也昔和親之論發於劉敬是時天下初定新遭平
城之難故從其言約結和親賂遺單于冀以救安
邊境孝惠高后時遵而不違匈奴寇盜不為衰止
而單于反以加驕倨逮至孝文與通關市妻以漢
女增厚其賂歲以千金而匈奴數背約束邊境屢
被其害是以文帝中年赫然發憤遂躬戎服親御

鞍馬從六郡良家材力之士馳射上林講習戰陳
聚天下精兵軍於廣武顧問馮唐與論將帥喟然
歎息思古名臣此則和親無益已然之明效也仲
舒親見四世之事猶復欲守舊文頗增其約以為
義動君子利動貪人如匈奴者非可以仁義說也
獨可說以厚利結之於天耳故與之厚利以沒其
意與盟於天以堅其約質其愛子以累其心匈奴
雖欲展轉奈失重利何奈欺上天何奈殺愛子何
夫賦斂行賂不足以當三軍之費城郭之固無以

異於貞士之約而使邊城守境之民父兄緩帶稚子
咽哺胡馬不窺於長城而羽檄不行於中國不亦
便於天下乎察仲舒之論考諸行事乖知其未合
於當時而有闕於後世也當孝武時雖征伐克獲
而士馬物故亦略相當雖開河南之野建朔方之
郡亦棄造陽之北九百餘里匈奴人民每來降漢
單于亦輒拘留漢使以相報復其桀驁尚如斯安
肯以愛子而為質乎此不合當時之言也若不置
質空約和親是襲孝文既往之悔而長匈奴無已

之詐也夫邊城不選守境武略之臣修障隧備塞
之具厲長城勁弩之械恃吾所以待邊寇而務賦
斂於民遠行貨賂割剝百姓以奉寇讎信甘言守
空約而幾胡馬之不窺不已過乎至孝宣之世承
武帝奮擊之威直匈奴百年之運因其壞亂幾亡
之阨權時施宜覆以威德然後單于稽首臣服遣
子入侍三世稱藩賓於漢庭是時邊城晏閉牛馬
布野三世無犬吠之警黎庶亡干戈之役後六十
餘載之間遭王莽篡位始開邊隙單于由是歸怨

自絶葬逐斬其侍子過境之禍搆矣故呼韓邪始朝於漢漢議其儀而蕭望之曰戎狄荒服言其來服荒忽無常時至時去宜待以客禮讓而不臣如其後嗣遁逃竄伏使於中國不爲叛臣及孝元時議罷守塞之備侯應以為不可可謂盛不忘衰安必思危遠見識微之明矣至單于咸棄其愛子昧利不顧侵掠所獲歲鉅萬計而和親賂遺不過千金安在其不棄質而失重利也仲舒之言漏於是矣夫規事建議不圖萬世之固而媮恃一時之事

者未可以經遠也若乃征伐之功秦漢行事嚴尤論之當矣故先王度土中立封畿分九州列五服物土貢制外内或修政刑或修文德遠近之勢異也是以春秋内諸夏而外夷狄夷狄之人貪而好利被髮左衽人面獸心其與中國殊章服異習俗飲食不同言語不通辟居北垂寒露之野逐草隨畜射獵為生隔以山谷雍以沙幕天地所以絶内外也是故聖王禽獸畜之不與約誓不就攻伐約之則費賂而見欺攻之則勞師而招寇其地不可耕而食也其民不可臣而畜也是以外而不内疏而不戚政教不及其人正朔不加其國來則懲而御之去則備而守之其慕義而貢獻則接之以禮讓羈縻不絶使曲在彼盖聖王制御蠻夷之常道也

班馬異同

衛將軍驃騎列傳第五十一　史記百一十一

衛青去病列傳二十五　漢書五十五

大將軍衛青者字仲卿其父鄭季河東平陽人也其父鄭季為吏以縣吏給事平陽侯家平陽侯曹壽尚武帝姊陽信長公主季與侯妾主家僮衛媼通生青青有同母兄衛長子君及而姊衛子夫子夫自平陽公主家得幸天子武帝故青冒姓為衛氏字仲卿長子更字長君母號為衛媼媼長女衛

君孺次女少兒次女即則子夫後子夫男弟步廣皆冒衛氏青為侯家人少時歸其父其父使牧羊先民母之子皆奴畜之不以為兄弟數青嘗從人入至甘泉居室有一鉗徒相青曰貴人也官至封侯青笑曰人奴之生得毋無笞罵即足矣安得封侯事乎青壯為侯家騎從平陽主建元二年春青姊子夫得入宮幸上皇后堂邑大長公主女也無子妬大長公主聞衛子夫幸有身妬之乃使人捕青青時給事建章未知名大長公主執囚青欲殺之其友騎郎公孫敖與壯士往篡取之以故得不死上聞廼召青為建章監侍中及同母昆弟貴賞賜數日間累千金君孺為太僕公孫賀妻少兒故與陳掌通上召貴掌公孫敖由此益貴顯子夫為夫人青為太中大夫元光五六年拜青為車騎將軍擊匈奴出上谷太僕公孫賀為輕車將軍出雲中太中大夫公孫敖為騎將軍出代郡衛尉李廣為驍騎將軍出鴈門軍各萬騎青至籠城斬首虜數百騎將軍敖亡七千騎衛尉李廣為虜所得得

脫歸皆當斬贖為庶人賀亦無功唯青賜爵關內侯是後匈奴仍侵犯邊語在匈奴傳元朔元年春衛夫人有男立為皇后其秋青為車騎將軍出鴈門復將三萬騎出鴈門擊匈奴斬首虜數千人明年匈奴入殺遼西太守虜略漁陽二千餘人敗韓將軍軍漢令將軍李息擊之出代郡青斬首虜數千明年令車騎將軍青復出雲中以西至高闕遂略河南地至于隴西捕首虜數千畜數十百餘萬走白羊樓煩王遂以取河南地為朔方郡以三千

八百戶封青為長平侯青校尉蘇建有功以千一
百戶封建為平陵侯使建築朔方城青校尉張次
公有功封為岸頭侯使建築朔方城天子上曰匈
奴逆天理亂人倫暴長虐老以盜竊為務行詐諸
蠻夷造謀藉兵數為邊害故興師遣將以征厥罪
詩不云乎薄伐玁狁至于太原出車彭彭城彼朔
方今車騎將軍青度西河至高闕獲首虜二千三
百級車輜畜產畢收為鹵已封為列侯遂西定河
南地按榆谿舊塞絕梓領梁北河討蒲泥破符離

斬輕銳之卒捕伏聽者三千七二十一七級執訊
獲醜驅馬牛羊百有餘萬全甲兵而還益封青三
千八百戶其明年後匈奴此歲入殺代郡太守友
入略鴈門千餘人其明年匈奴大入代定襄上郡
朔方所殺略漢數千人甚衆語在匈奴傳其明年
元朔之五年春漢令車騎將軍青將三萬騎出高
闕衛尉蘇建為游擊將軍左內史李沮為彊弩將
軍太僕公孫賀為騎將軍代相李蔡為輕車將軍
皆領屬車騎將軍俱出朔方大行李息岸頭侯張

次公為將軍俱出右北平咸擊匈奴匈奴右賢王
當衛青等兵以為漢兵不能至此飲醉漢兵夜至
圍右賢王右賢王驚夜逃逃獨與其愛妾一人壯
騎數百馳潰圍北去漢輕騎校尉郭成等逐追數
百里不及弗得得右賢裨王十餘人眾男女萬五
千餘人畜數千十百萬於是引兵而還至塞天子
使使者持大將軍印即軍中拜車騎將軍青為大
將軍諸將皆以兵屬大將軍大將軍立號而歸天
子上曰大將軍青躬率戎士師大捷獲匈奴王十

有餘人益封青六八千七百戶而封青子伉為宜
春侯青子不疑為陰安侯青子登為發干侯青固
謝曰臣幸得待罪行間賴陛下神靈軍大捷皆諸
校尉力戰之功也陛下幸已益封臣青臣青子在
繈褓中未有勤勞上幸列裂地封為三侯非臣待
罪行間所以勸士力戰之意也伉等三人何敢受
封天子上曰我非忘諸校尉功也今固且圖之乃
詔御史曰護軍都尉公孫敖三從大將軍擊匈奴
常護軍傅校獲王以千五百戶封敖為合騎侯都

尉韓說從大將軍出窳渾至匈奴右賢王庭爲
麾下搏戰獲王以千三百戶封說爲龍頟侯騎將
軍公孫賀從大將軍獲王以千二百戶封賀爲南
窌侯輕車將軍李蔡再從大將軍獲王以千六百
戶封蔡爲樂安侯校尉李朔校尉趙不虞校尉公
孫戎奴各三從大將軍獲王以千三百戶封朔爲
涉陟軹侯以千三百戶封不虞爲隨成侯以千三
百戶封戎奴爲從平侯將軍李沮李息及校尉豆
如意中郎將綰皆有功賜爵關內侯沮息如意食

邑各三百戶其秋匈奴入代殺都尉朱英其明年
春大將軍青出定襄合騎侯敖爲中將軍太僕賀
爲左將軍翕侯趙信爲前將軍衛尉蘇建爲右將
軍郎中令李廣爲後將軍左內史李沮爲彊弩將
軍咸屬大將軍斬首數千級而還月餘悉復出定
襄擊匈奴斬首虜萬餘人右將軍蘇建前將軍趙
信并軍三千餘騎獨逢單于兵與戰一日餘漢兵
且盡前將軍信故胡人降爲翕侯見急匈奴誘
之遂將其餘騎可八百犇降單于右將軍蘇建盡

亡其軍獨以身得亡去自歸大將軍青大將軍青
問其罪正閎長史安議郎周霸等建當云何霸曰
自大將軍出未嘗斬裨將今建棄軍可斬以明將
軍之威閎安曰不然兵法小敵之堅大敵之禽也
今建以數千當單于數萬力戰一日餘士盡皆不
敢有二心自歸自歸而斬之是示後無反意也不
當斬大將軍青曰青幸得以肺腑附待罪行間不
患無威而霸說我以明威甚失臣意且使臣職雖
當斬將以臣之尊寵而不敢自擅專誅於境外而

具其歸天子天子自裁之於是以見風爲人臣不
敢專權不亦可乎軍吏皆曰善遂囚建詣行在所
入塞罷兵是歲也霍去病始侯漢書此下別起霍
去病傳
大將軍姊子霍去病大將軍青姊少兒子也其父
霍仲孺先與少兒通生去病及衛皇后尊少兒更
爲詹事陳掌妻去病以皇后姊子年十八幸爲天
子侍中善騎射再從大將軍大將軍受詔予與壯
士爲剽姚校尉與輕勇騎八百直棄大將軍數

百里赴利斬捕首虜過當於是天子上曰剽票姚
校尉去病斬首捕虜二千二十八級及得相國當
戶斬單于大父行籍若侯產生捕季父羅姑比冊
冠軍以二千六五百戶封去病為冠軍侯上谷太
守郝賢四從大將軍捕斬首虜二千餘人三百級
以千一百戶封賢為衆終利侯騎士孟已有功賜
爵關內侯邑二百戶是歲失兩大將軍軍亡翕侯
軍功不多故大將軍青不益封右將軍蘇建至天
子上不弗誅赦其罪贖為庶人大將軍青既還賜

千金是時王夫人方幸於上甯乘說大將軍青曰
將軍所以功未甚多身食萬戶三子皆為侯者徒
以皇后故也今王夫人幸而宗族未富貴願將軍
奉所賜千金為王夫人親壽大將軍青乃以五百
金為王夫人親壽天子上聞之問大將軍青大將
軍青以實言對上乃拜甯乘為東海都尉校尉張
騫從大將軍以嘗使大夏留匈奴中久導道軍知
善水草處軍得以無饑渴因前使絕國功封騫
為博望侯冠軍侯去病既侯三歲元狩二三年春

以冠軍侯去病為驃騎將軍將萬騎出隴西有功
天子上曰驃騎將軍率戎士踰烏盭討遬濮涉狐
奴歷五王國輜重人衆攝慴讋者弗取冀幾獲單
于子轉戰六日過焉支山千有餘里合短兵鏖皋
蘭下殺折蘭王斬盧胡侯王銳悍者誅全甲獲醜
執渾邪王子及相國都尉捷首虜八千餘九百六
十級收休屠祭天金人師率減什七益封去病二
千二百戶其夏驃騎將軍去病與合騎侯敖俱出
北地異道博望侯張騫郎中令李廣俱出右北平

異道皆擊匈奴郎中令廣將四千騎先至博望侯
騫將萬騎在後至匈奴左賢王將數萬騎圍郎中
令廣郎中令廣與戰二日死者過半所殺亦過當
博望侯騫至匈奴兵引去博望侯騫坐行留當斬
贖為庶人而驃騎將軍去病出北地已遂深入與
合騎侯失道不相得驃騎將軍去病踰居延至祁
連山捕首虜甚多天子上曰驃騎將軍踰涉鈞耆
濟居延遂過臻小月氏攻祁連山揚武乎鱳得得
單于單桓酋涂王及相國都尉以衆降下者二千

五百人可謂能舍服知成而止矣捷斬首虜三千
二百級獲五王五王母單于閼氏王子五十九人
相國將軍當戶都尉六十三人師大率減什三益
封去病五千四百戶賜校尉從至小月氏者爵左
庶長鷹擊司馬破奴再從驃騎將軍斬遬濮王捕
稽且王右千騎將得王王母各一人王子以下四
十一人捕虜三千三百三十人前行捕虜千四百
人以千五百戶封破奴為從驃票侯校尉句王高
不識從驃票騎將軍捕呼于屠耆王王子以下十

一人捕虜千七百六十八人以千一百戶封不識
為宜冠侯校尉僕多有功封為煇渠侯合騎侯敖
坐行留不與驃票騎將軍會當斬贖為庶人諸宿
將所將士馬兵亦不如驃騎去病驃騎去病所將
常選然亦敢深入常與壯騎先其大將軍軍亦有
天幸未嘗困絕也然而諸宿將常坐留落不遇耦
由此驃騎去病日以親貴比大將軍其秋後單于
怒渾邪王居西方數為漢所破亡數萬人以驃票
騎之兵也單于怒欲召誅渾邪王渾邪王與休屠

王等謀欲降漢使人先遣使向邊境要遮漢人令
報天子要道邊是時大行李息將城河上得渾邪
王使即馳傳以聞天子上聞之於是恐其以詐降
而襲邊乃令驃騎將軍去病將兵往迎之驃騎既
渡度河與渾邪王衆相望渾邪王裨王將見漢軍
而多欲不降者頗遁去驃騎去病乃馳入得與渾
邪王相見斬其欲亡者八千人遂獨遣渾邪王乘
傳先詣行在所盡將其衆渡度河降者數萬人號
稱十萬既至長安天子所以賞賜者數十巨鉅萬

封渾邪王萬戶為漯陰侯封其裨王呼毒尼為下
摩侯鷹庇雁庇為煇渠侯禽黎為河綦侯大當戶
銅離調雖為常樂侯於是天子嘉驃騎去病之
功曰驃票騎將軍去病率師攻征匈奴西域王渾
邪王及厥衆萌咸相犇奔率以軍糧接食并將控
弦萬有餘人誅獟駻悍獲捷首虜八千餘級降異
國之王三十二人戰士不離傷十萬之衆咸畢
懷集服仍與興之勞爰及河塞庶幾無患幸既永
綏矣以千七百戶益封驃票騎將軍減隴西北地

上郡戍卒之半以寬天下之繇後居頃之乃迺分
徙處降者於邊五郡故塞外而皆在河南因其故
俗為屬國其明年匈奴入右北平定襄殺畧漢卒
餘人其明年天子上與諸將議曰翕侯趙信為單
于畫計常以為漢兵不能度幕輕留今大發士卒
其勢埶必得所欲是歲元狩四年也元狩四年春
上令大將軍青驃票騎將軍去病將各五萬騎步
兵轉者踵軍數十萬而敢力戰深入之士皆屬驃
騎去病驃騎去病始為出定襄當單于捕虜虜言

單于東乃迺更令驃騎去病出代郡令大將軍青
出定襄郎中令李廣為前將軍太僕公孫賀為左
將軍主爵趙食其為右將軍平陽侯襄為後將軍
皆屬大將軍兵即度幕人馬凡五萬騎與驃騎等
咸擊匈奴單于趙信為單于謀曰漢兵既即度幕
人馬罷匈奴可坐收虜耳乃迺悉遠北其輜重皆
以精兵待幕北而適直大將軍青軍出塞千餘里
見單于兵陳而待於是大將軍青令武剛車自環
為營而縱五千騎往當匈奴匈奴亦縱從可萬騎

會日且入而大風起砂沙礫擊面兩軍不相見漢
益縱左右翼繞單于單于視漢兵多而士馬尚彊
戰而匈奴不利薄暮單于遂乘六贏壯騎可數百
直冒漢圍西北馳去時已昏漢匈奴相紛拏殺傷
大當漢軍左校捕虜言單于未昏而去漢軍因發
輕騎夜追之大將軍青軍因隨其後匈奴兵亦散
走遲會明行二百餘里不得單于頗捕斬首虜萬
餘級遂至窴顏山趙信城得匈奴積粟食軍軍留
一日而還悉燒其城餘粟以歸大將軍青之與單

于會也而前將軍廣右將軍食其軍別從東道或
失道後擊單于大將軍引還過幕南乃得迺相逢
前將軍右將軍大將軍青欲使使歸報令長史簿
責前將軍廣廣自殺右將軍食其至下吏贖為庶
人大將軍青軍入塞凡斬捕首虜萬九千級是時
匈奴衆失單于十餘日右谷蠡王聞之自立為單
于單于後得其衆右王乃迺去單于之號驃騎將
軍去病亦將五萬騎兵車重與大將軍軍等而無
卑裨將悉以李敢等為大校當裨將出代右北平

二千餘里直左方兵所斬捕功已多於大將軍青
軍既皆還天子上曰驃票騎將軍去病率師躬將
所獲葷粥允之士約輕齎絕大幕涉獲單于章渠
以誅北車耆轉擊左大將軍斬雙獲旗鼓歷涉離
度難侯濟弓閭盧獲屯頭王韓王等三人將軍相
國相當戶都尉八十三人封狼居胥山禪於姑衍登
臨翰海執鹵訊獲醜七萬有四百四十三級師率
減什三二取食於敵逴卓行殊遠而糧不絕以五
千八百戶益封驃票騎將軍右北平太守路博德

屬驃票騎將軍會與興城不失期從至檮余山斬
首捕虜二千七八百級以千六百戶封博德為符
邳離侯北地都尉邢衛山從驃票騎將軍獲王以
千二百戶封山為義陽侯故歸義侯因淳王復陸
支樓專剸王伊即靬皆從驃票騎將軍有功以千
三百戶封復陸支為壯杜侯以千八百戶封伊即
靬為衆利侯從驃票侯破奴昌武侯安稽從驃票
騎有功益封各三百戶漁陽太守解校尉敢皆獲
得鼓旗鼓賜爵為關內侯解食邑三百戶敢二百

戶校尉自為爵大左庶長軍吏卒為官賞賜甚多
而大將軍青不得益封軍吏卒皆無封侯者唯河
西太守常惠雲中太守遂成受賞遂成秩諸侯相
賜食邑二百戶黃金百斤惠爵關內侯兩軍之出
塞塞閱官及私馬凡十四萬匹而後復入塞者不
滿三萬匹乃遷益置大司馬位及大將軍驃票騎
將軍皆為大司馬定令令驃票騎將軍秩祿與大
將軍等自是之後大將軍青日退衰而驃騎去病
日益貴舉大將軍青故人門下多去事驃騎去病

輒得官爵唯獨任安不肯去驃騎將軍去病為人
少言不泄有氣敢任往天子上嘗欲教之孫吳孫
兵法對曰顧方略何如耳不至學古兵法天子上
為治第令驃騎視之對曰匈奴未不滅無以家為
也由此上益重愛之然少而侍中貴不省士其從
軍天子上為遣太官齎數十乘既還重車餘棄粱
肉而士有飢者其在塞外卒乏糧或不能自振而
驃騎去病尚穿域蹋鞠也事多此類大將軍青
為人仁善喜士退讓以和柔自媚於上然於天下

未有稱也驃騎將軍去病自四年軍後三年歲元
狩六年而卒薨天子上悼之發屬國玄甲軍陳自
長安至茂陵為冢象像祁連山謚之并武與廣地
曰景桓侯子嬗嗣代侯嬗少字子侯上愛之幸其
壯而將之居六歲元封元年嬗為奉車都尉從封
太山而薨卒謚哀侯無子絕國除自驃騎將軍去
病死後大將軍青長子宜春侯伉坐法失侯後五
歲伉弟二人陰安侯不疑及發干侯登皆坐酎金
失侯失侯後二歲冠軍侯國除絕其後四年元封

五年大將軍青卒薨謚為烈侯子伉嗣代為長平
侯六年坐法免自大將軍青圍單于之後十四年
歲而卒竟不復擊匈奴者以漢馬少而又方南誅
兩越東伐朝鮮擊羌西南夷以故久不伐胡初青
既尊貴而平陽侯曹壽有惡疾就國長公主問列
侯誰賢者左右皆言大將軍主笑曰此出吾家常
騎從我奈何左右曰於今尊貴無比於是長公主
風白皇后皇后言之上廼詔青大將軍以其得尚
平陽長公主與主合葬起冢象廬山云故長平侯

伉代侯六歲坐法失侯左右兩大將軍及諸裨將
名最大將軍青凡七出擊匈奴斬捕首虜五萬餘
級一與單于戰收河南地遂置朔方郡再益封凡
萬一六千八三百戶封三子為侯侯三千三百戶
并之二萬五千七二百戶其校尉裨將及校尉以
從大將軍侯者九人其裨將及校尉已為特將者
十四五人為裨將者曰李廣張騫公孫賀李蔡曹
襄韓說蘇建皆自有傳無傳者曰
將軍公孫賀賀義渠人其先胡種賀父渾邪景帝

時為平曲侯坐法失侯賀武帝為太子時舍人武
帝立八歲以太僕為輕車將軍軍馬邑後四歲以
輕車將軍出雲中後五歲以騎將軍從大將軍有
功封為南窌侯後一歲以左將軍再從大將軍出
定襄無功後四歲以坐酎金失侯後八歲以浮沮
將軍出五原二千餘里無功後八歲以太僕為丞
相封葛繹侯賀七為將軍出擊匈奴無大功而再
侯為丞相坐子敬聲與陽石公主奸為巫蠱族滅
無後

將軍李息郁郅人也事景帝至武帝立八歲為材
官將軍軍馬邑後六歲為將軍出代後三歲為將
軍從大將軍出朔方皆無功凡三為將軍其後常
為大行
將軍公孫敖義渠人以郎事武景帝至武帝立十
二歲為驃騎將軍出代亡卒七千人當斬贖為庶
人後五歲以校尉從大將軍有功封為合騎侯後
一歲以中將軍從大將軍再出定襄無功後二歲
以將軍出北地後驃騎失期當斬贖為庶人後二

歲以校尉從大將軍無功後十四歲以因杅將軍
築受降城七歲復以因杅將軍再出擊匈奴至余
吾亡士卒多下吏當斬詐死亡居民間五六歲後
發覺復繫坐妻為巫蠱族凡四為將軍出擊匈奴
一侯
將軍李沮雲中人事景帝武帝立十七歲以左內
史為彊弩將軍後一歲復為彊弩將軍
將軍李蔡成紀人也事孝文帝景帝武帝以輕車
將軍從大將軍有功封為樂安侯已為丞相坐法
死
將軍張次公河東人以校尉從衞大將軍青有功
封為岸頭侯其後太后崩為將軍軍北軍後一歲
為將軍後從大將軍凡再為將軍後坐法失侯次
公父隆輕車武射也以善射景帝幸近之也
將軍蘇建杜陵人以校尉從衞將軍青有功為平
陵侯以將軍築朔方四歲為游擊將軍從大將軍
出朔方後一歲以右將軍再從大將軍出定襄亡
翕侯失軍當斬贖為庶人其後為代郡太守卒冢

在大猶鄉
將軍趙信以匈奴相國降為翕侯武帝立十七歲
八年為前將軍與單于匈奴戰敗降匈奴
將軍張騫以使通大夏還為校尉從大將軍有功
封為博望侯後三歲為將軍出右北平失期當斬
贖為庶人其後使通烏孫為大行而卒冢在漢
中
將軍趙食其祋祤人也武帝立二十二歲八年以
主爵都尉從大將軍斬首六百六十級元狩三年

賜爵關內侯黃金百斤明年為右將軍從大將軍
出定襄迷失道當斬贖為庶人
將軍曹襄以平陽侯為後將軍從大將軍出定襄
襄曹參孫也
將軍韓說弓高侯庶孫也以校尉從大將軍有功
為龍頟侯坐酎金失侯元鼎六年以待詔為橫海
將軍擊東越有功為按道侯以太初三年為游擊
將軍屯於五原外列城為光祿勳掘蠱太子宮衛
太子殺之

將軍郭昌雲中人也以校尉從大將軍元封四年
以太中大夫為拔胡將軍屯朔方還擊昆明無功
奪印
將軍荀彘太原廣武人以御見侍中用為校尉數
從大將軍以元封三年為左將軍擊朝鮮無功以
坐捕樓船將軍坐法死誅
最驃票騎將軍去病凡六出擊匈奴其四出以將軍
斬捕首虜十一萬餘級及渾邪王以衆降數萬
遂開河西酒泉之地西方益少胡寇四益封凡萬

王七千一七百戶其校尉吏有功為侯者凡六人
而後為將軍者二人
將軍路博德西河平州人以右北平太守從驃票
騎將軍有功封為符邳離侯驃票騎死後博德以
衛尉為伏波將軍伐破南越益封其後坐法失侯
為彊弩都尉屯居延卒
將軍趙破奴故九太原人嘗亡入匈奴已而歸漢
為驃票騎將軍司馬出北地時有功封為從驃票侯
侯坐酎金失侯後一歲為匈河將軍攻胡至匈河

水無功後二歲擊虜樓蘭王後復封為浞野侯
後六歲以為浚稽將軍將二萬騎擊匈奴左賢王
左賢王與戰兵八萬騎圍破奴破奴生為虜所得
遂沒其軍居匈奴中十歲復與其太子安國亡入
漢後坐巫蠱族自衛氏興大將軍青首封其後枝
屬五人為五侯凡二十四歲而五侯盡皆奪國衛
氏無為侯者征和中戾太子敗衛氏遂滅而霍去
病弟光貴盛自有傳
太史公贊曰蘇建語余曰吾嘗說責貴大將軍至尊

[illegible]下之賢士大夫毋無稱焉願將軍觀古名
將所招選擇賢者勉之哉大將軍青謝曰自魏其
武安之厚賓客天子常切齒彼親附待士大夫招
賢絀不肖者人主之柄也人臣奉法遵職而已
何與招士驃票騎亦放方此意其為將如此

班馬異同

平津侯主父列傳第五十二　史記一百一十二

公孫弘傳第二十八　漢書五十八

主父徐嚴列傳第三十四　漢書六十四

丞相公孫弘者齊菑川國薛縣人也字季少時為薛獄吏有辠免家貧牧豕海上年四十餘乃學春秋雜說養後母孝謹建元元年天子武帝初即位招賢良文學之士是時弘年六十徵以賢良徵為博士使匈奴還報不合上意上怒以為不能弘乃

移病免歸元光五年有詔復徵賢良文學菑川國復推上公孫弘弘讓謝國人曰臣前已嘗西應命以用不能罷歸願更推選國人固推弘弘至太常太常令所徵儒士各對上策詔諸儒制曰蓋聞上古至治畫衣冠異章服而民不犯陰陽和五穀登六畜蕃甘露降風雨時嘉禾興朱草生山不童澤不涸麟鳳在郊藪龜龍游於沼河洛出圖書父不喪子兄不哭弟北發渠搜南撫交阯舟車所至人迹所及跂行喙息咸得其宜朕甚嘉之今何道而

繇乎此子大夫修先聖之術明君臣之義講論洽
聞有聲乎當世敢問子大夫天人之道何所本始
吉凶之效安所期焉禹湯水旱厥咎何由仁義禮
智四者之宜當安設施屬統垂業物鬼變化天命
之符廢興何如天文地理人事之紀子大夫習焉
其悉意正議詳具其對著之于篇朕將親覽焉靡
有所隱弘對曰臣聞上古堯舜之時不貴爵賞而
民勸善不重刑罰而民不犯躬率以正而遇民信
也末世貴爵厚賞而民不勸深刑重罰而姦不止

其上不正遇民不信也夫厚賞重刑未足以勸善
而禁非必信而已矣是故因能任官則分職治去
無用之言則事情得不作無用之器則賦斂省不
奪民時不妨民力則百姓富有德者進無德者退
則朝廷尊有功者上無功者下則羣臣逡罰當罪
則姦邪止賞當賢則臣下勸凡此八者治民之本
也故民者業之即不爭理得則不怨有禮則不暴
愛之則親上此有天下之急者也故法不遠義則
民服而不離和不遠禮則民親而不暴故法之所

罰義之所去也和之所賞禮之所取也禮義者民
之所服也而賞罰順之則民不犯禁矣故畫衣冠
異章服而民不犯者此道素行也臣聞之氣同則
從聲比則應今人主和德於上百姓和合於下故
心和則氣和氣和則形和形和則聲和聲和則天
地之和應矣故陰陽和風雨時甘露降五穀登六
畜蕃嘉禾興朱草生山不童澤不涸此和之至也
故形和則無疾無疾則不夭故父不喪子兄不哭
弟德配天地明並日月則麟鳳至龜龍在郊河出

圖洛出書遠方之君莫不說義奉幣而來朝此和
之極也臣聞之仁者愛也義者宜也禮者所履也
智者術之原也致利除害兼愛無私謂之仁明是
非立可否謂之義進退有度尊卑有分謂之禮擅
殺生之柄通壅塞之塗權輕重之數論得失之道
使遠近情偽必見於上謂之術凡此四者治之本
道之用也皆當設施不可廢也得其要則天下安
樂法設而不用不得其術則主蔽於上官亂於下
此事之情屬統垂業之本也臣聞堯遭洪水使禹

治之、未聞禹之有水也、若湯之旱、則桀之餘烈也、
桀紂行惡、受天之罰、禹湯積德、以王天下、因此觀
之、天德無私親、順之和起、逆之害生、此天文地理
人事之紀、臣弘愚戇、不足以奉大對、時對者百餘
人、太常奏弘第居下、策奏、天子擢弘對為第一、召
入見、狀貌甚麗、拜為博士、待詔金馬門、弘復上疏
曰、陛下有先聖之位、而無先聖之名、有先聖之民
而無先聖之吏、是以勢同而治異、先世之吏正、故
其民篤、今世之吏邪、故其民薄、政弊而不行、令倦

而不聽、夫使邪吏行弊政、用倦令治薄民、民不可
得而化、此治之所以異也、臣聞周公旦治天下、朞
年而變、三年而化、五年而定、唯陛下之所志、書奏
天子以冊書答曰、問弘稱周公之治、弘之材能自
視孰與周公賢、弘對曰、愚臣淺薄、安敢比材於周
公、雖然、愚心曉然見治道之可以然也、夫虎豹馬
牛、禽獸之不可制者也、及其教馴服習之、至可牽
持駕服、唯人之從、臣聞揉曲木者不累日、銷金石
者不累月、夫人之於利害好惡、豈比禽獸木石之

類哉、朞年而變、臣弘尚竊遲之、上異其言、是時方
通西南夷道、置郡、邑巴蜀民苦之、詔使弘視之焉
還奏事、盛毀西南夷無所用、上不聽、弘為人恢奇
多聞、常稱以為人主病不廣大、人臣病不儉節、弘
為布被、食不重肉、後母死、服喪三年、每朝會議、開
陳其端、令使人主自擇、不肯面折庭爭、於是天子
上察其行敦慎厚、辯論有餘、習文法吏事、而又緣
飾以儒術、上大說之、二歲中、至左內史、弘奏事
有所不可、不肯庭辯之、嘗與主爵都尉汲黯請閒

汲黯先發之、弘推其後、天子上常說、所言皆聽、以
此日益親貴、嘗與公卿約議、至上前、皆倍背其約
以順上旨、汲黯庭詰弘曰、齊人多詐而無情實、始
為與臣等建此議、今皆倍背之、不忠、上問弘、弘謝
曰、夫知臣者以臣為忠、不知臣者以臣為不忠、上
然弘言、左右幸臣每毀弘、上益厚遇之、弘為人談
笑多聞、常稱以為人主病不廣大、人臣病不儉節
養後母孝謹、後母卒、服喪三年、為內史數年、元朔
三年、張歐免、以弘遷為御史大夫、是時通西南夷、

之與置滄蒼海北築朔方之郡弘數諫以為罷敝
中國以奉無用之地願罷之於是天子上乃使朱
買臣等難弘置朔方之便發十策弘不得一弘迺
謝曰山東鄙人不知其便若是願罷西南夷滄蒼
海而專奉朔方上迺許之汲黯曰弘位在三公奉
祿甚多然為布被此詐也上問弘弘謝曰有之夫
九卿與臣善者無過黯然今日庭詰弘誠中弘之
病夫以三公為布被誠飾詐欲以釣名且臣聞管
仲相齊有三歸侈擬於君桓公以霸亦上僭於君

晏嬰相景公食不重肉妾不衣絲齊國亦治此亦
下比於民今臣弘位為御史大夫而為布被自九
卿以下至於小吏無差誠如汲黯言且無汲黯忠
陛下安得聞此言天子上以為有謙讓愈益厚賢
之元朔中卒以弘代薛澤為丞相先是漢常以列
侯為丞相唯弘無爵上於是下詔曰朕嘉先聖之
道開廣門路宣招四方之士蓋古者任賢而序位
量能以授官勞大者厥祿厚德盛者獲爵尊故武
功以顯重而文德以行褒其以高成之平津鄉戶

六百五十封丞相弘為平津侯其後以為故事
丞相封自弘始也時上方興功業婁舉賢良弘自
見為舉首起徒步數年至宰相封侯於是起客館
開東閤以延賢人與參謀議連下文弘身食一肉
脫粟弘為人然其性意忌外寬內深諸嘗常與弘
有郤隙者無遠近雖佯陽與善後竟陰報其禍過
殺主父偃徙董仲舒於膠西皆弘之力也連下文
弘身後淮南食一肉脫粟之飯故人所善賓客仰
衣食弘奉祿皆以給之家無所餘士亦以此賢之

連上文然其性意忌淮南衡山王謀反治黨與
方急弘病甚自以為無功而封侯居位至丞宰相
位宜佐明主鎮填撫國家使人由臣子之道今諸
侯有畔逆之計此皆宰相大臣奉職不稱也恐竊
病死無以塞責乃上書曰臣聞天下之通道五所
以行之者三曰君臣父子兄弟夫婦長幼朋友之
序交此五者天下之通道也仁知智仁勇此三者
天下之通德所以行之者也故曰力行近乎仁好
問近乎智知力行近乎仁知恥近乎勇知此三者

則知所以自治知所以自治然後知所以治人天下未有不能自治而能治人者也此百世不易之道也今陛下躬行大孝鑒三王建周道兼文武招俫四方之士任厲賢予祿序位量能授官將以厲百姓勸賢材也今臣弘罷愚駑之質無汗馬之勞陛下過意擢臣弘卒伍之中封為列侯致位三公臣弘行能不足以稱加素有負薪之病疾恐先狗馬填溝壑終無以報德塞責願歸侯印乞骸骨避賢者路天子上報曰古者賞有功褒有德守成

尚上文遭遇右武未有易此者也朕宿昔夙夜庶幾獲承至尊位懼不能寧惟所與共為治者君宜知之蓋君子善善及後世惡惡君宜知之君若謹兹行常在朕躬君不幸罹霜露之病疾何恙不已乃上書歸侯乞骸骨是章朕之不德也今事少間君其存精神止念省思慮一精神輔助以醫藥以自持因賜告牛酒雜帛居數月病有瘳視事元狩二年弘病凡為丞相御史六歲年八十終竟以丞相終位其後李蔡嚴青翟趙周石慶公孫賀

劉屈氂繼踵為丞相自蔡至慶丞相府客館丘虛而已至賀屈氂時壞以為馬廄車庫奴婢室矣唯慶以惇謹復終相位其餘盡伏誅云弘子度嗣為平津侯度為山陽太守十餘歲詔徵鉅野令史成詣公車度留不遣坐法失侯論為城旦元始中脩功臣後下詔曰漢興以來股肱在位身行儉約輕財重義未有若公孫弘者也位在宰相封侯而為布被脫粟之飯奉祿以給故人賓客無有所餘可謂減於制度而率下篤俗者也與內富厚而外為

詭服以釣虛譽者殊科夫表德章義所以率世厲俗聖王之制也其賜弘後子孫之次見為適者爵關內侯食邑三百戶

主父偃者齊國臨菑人也學長短縱橫之術晚乃迺學易春秋百家之言游齊諸生子間莫能厚遇也齊諸儒生相與排擯不容於齊家貧假貸無所得迺北游燕趙中山皆莫能厚遇為客甚困孝武元光元年中以為諸侯莫足游者元光元年乃廼西入關見衛將軍衛將軍數言上上不召省資用

之留久諸公侯賓客多厭之乃上書闕下朝奏暮
召入見所言九事其八事為律令一事諫伐匈奴
其辭曰臣聞明主不惡切諫以博觀忠臣不敢避
重誅以直諫是故事無遺策而功流萬世今臣不
敢隱忠避死以效愚計願陛下幸赦而少察之司
馬法曰國雖大好戰必亡天下雖平忘戰必危天
下既平天子大凱愷春蒐秋獮諸侯春振旅秋治
兵所以不忘戰也且夫怒者逆德也兵者凶器也
爭者末節也古之人君一怒必伏尸流血故聖王

重行之夫務戰勝窮武事者未有不悔者也昔秦
皇帝任戰勝之威蠶食天下并吞戰國海內為一
功齊三代務勝不休欲攻匈奴李斯諫曰不可夫
匈奴無城郭之居委積之守遷徙鳥舉難得而
制也輕兵深入糧食必絕踵運糧以行重不及事
得其地不足以為利也得遇其民不可役調而守
也勝必殺棄之非民父母也靡敝中國快甘心匈
奴非長策完計也秦皇帝不聽遂使蒙恬將兵而
攻胡辟郤地千里以河為境地固澤鹹鹵不生五

穀然後發天下丁男以守北河暴兵露師十有餘
年死者不可勝數終不能踰河而北是豈人眾之
不足兵革之不備哉其勢不可也又使天下蜚飛
芻輓粟起於東黃腄琅邪邪負海之郡轉輸北河
率三十鍾而致一石男子疾耕不足於糧饟餉
女子紡績不足於帷幕百姓靡敝孤寡老弱不能
相養道路死者相望蓋天下始畔叛秦也及至高
皇帝定天下略地於邊聞匈奴聚於代谷之外而
欲擊之御史成進諫曰不可夫匈奴之性獸聚而

鳥散從之如搏影景今以陛下盛德攻匈奴臣竊
危之高帝不聽遂北至於代谷果有平城之圍高
皇帝蓋悔之甚乃迺使劉敬往結和親之約然後
天下忘亡干戈之事故兵法曰興師十萬日費千
金夫秦常積眾暴兵數十萬人雖有覆軍殺將係
虜單于之功亦適足以結怨深讎不足以償天下
之費夫上虛府庫下敝百姓甘心於外國非完事
也夫匈奴難得而制非一世也行盜侵驅毆所以
為業也天性固然上及自虞夏殷周固弗不程督

禽獸畜之不屬比為人夫上不觀虞夏殷周之統
而下脩循近世之失此臣之所以大憂恐百姓之
所疾苦也且夫兵久則變生事苦則慮易乃使邊
境之民靡敝愁苦而有離心將吏相疑而外市故
尉佗章邯得以成其私也夫而秦政之所以不行
者權分乎二子此得失之效也故周書曰安危在
出令存亡在所用願陛下詳察孰計之少加意而
孰慮加察焉是時趙人徐樂齊人嚴安亦俱上書
言世務各一事漢書此下連下文書奏上召見別

起徐樂傳

徐樂燕郡無終人也上書曰臣聞天下之患在於
土崩不在於瓦解古今一也何謂土崩秦之末世
是也陳涉無千乘之尊尺土之地身非王公大人
名族之後無鄉曲之譽非有孔曾墨曾子之賢陶
朱猗頓之富也然起窮巷奮棘矜偏袒大呼而天
下從風此其故何也由民困而主不恤下怨而上
不知也俗已亂而政不脩此三者陳涉之所以為
資也是此之謂土崩故曰天下之患在於乎土崩

何謂瓦解吳楚齊趙之兵是也七國謀為大逆號
皆稱萬乘之君帶甲數十萬威足以嚴其境內財
足以勸其士民然不能西攘尺寸之地而身為禽
於中原者此其故何也非權輕於匹夫而兵弱於
陳涉也當是之時先帝之德澤未衰而安土樂俗
之民衆故諸侯無境竟外之助此之謂瓦解故曰
天下之患不在瓦解由是此觀之天下誠有土崩
之勢雖布衣窮處之士或首惡難而危海內陳涉
是也況三晉之君或存乎天下雖未有大治也誠

能無土崩之勢雖有彊國勁兵不得旋踵而身為
禽矣吳楚齊趙是也況羣臣百姓能為亂乎哉此
二體者安危之明要也賢主之所留意而深察也
間者關東五穀數不登年歲未復民多窮困重之
以邊境之事推數循理而觀之則民且宜有不安
其處者矣不安故易動易動者土崩之勢也故賢
主獨觀萬化之原明於安危之機脩之廟堂之上
而銷未形之患也其要期使天下無土崩之勢而
已矣故雖有彊國勁兵陛下逐走獸射蜚鳥弘游

燕之國淫縱恣之觀極馳騁之樂自若也金石絲
竹之聲不絕於耳帷帳之私俳優侏儒之笑不乏
於前而天下無宿憂名何必湯武夏子俗何必成
康雖然臣竊以為陛下天然之聖質寬仁之資而
誠以天下為務則禹湯武之名不難侔而成康之
俗末必不可復興也此二體者立然後處尊安之
實揚名廣譽於當世親天下而服四夷餘恩遺德
為數世隆南面負背扆依攝袂而揖王公此陛下
之所服也臣聞圖王不成其敝足以安安則陛下

何求而不得何為威而不成何奚征而不服乎哉
漢書徐傳止此下别起嚴安傳

嚴安者臨菑人也以故丞相史上書曰臣聞鄒子
曰政教文質者所以云救也當時則用過則舍之
有易則易之故守一而不變者未睹治之至也今
天下人民用財侈靡車馬衣裘宮室皆競脩飾調
五聲使有節族雜五色使有文章重五味方丈於
前以覩欲天下彼民之情見美則願之是教民以
侈也侈而無節則不可贍民離本而徼末矣末不
可徒得故搢紳者不憚為詐帶劒者夸殺人以矯
奪而世不知媿故姦軌浸長夫佳麗珍怪固順於
耳目故養失而泰樂失而淫禮失而采教失而偽
偽采淫泰非所以範民之道也是以天下人民逐
利無已犯法者眾臣願為民制度以防其淫使貧
富不相燿以和其心心既和平其性恬安恬安不
營則盜賊銷盜賊銷則刑罰少刑罰少則陰陽和
四時正風雨時草木暢茂五穀蕃孰六畜遂字民
不夭厲和之至也臣聞周有天下其治三百餘歲

成康其隆也刑錯四十餘年而不用及其衰也亦
三百餘歲年故五伯更起五伯者常佐天子興利
除害誅暴禁邪匡正海內以尊天子五伯既沒賢
聖莫續天子孤弱號令不行諸侯恣行彊陵弱眾
暴寡田常篡齊六卿分晉並為戰國此民之始苦
也於是彊國務攻弱國備脩守合從連橫衡馳車
擊轂介冑生蟣蝨民無所告愬及至秦王蠶食
天下并吞戰國稱號曰皇帝主一海內之政壞諸
侯之城銷其兵鑄以為鐘虡示不復用元元黎民

得免於戰國逢明天子人人自以為更生嚮使秦
緩其刑罰薄賦斂省繇役貴仁義賤權利上篤厚
下智佞巧變風易俗化於海內則世世必安矣秦
不行是風而脩循其故俗為智巧權利者進篤厚
忠信正者退法嚴政峻令苛諂諛者衆日聞其美
意廣心軼逸欲肆威海外乃使蒙恬將兵以北攻
彊胡辟地進境戍於北河蜚飛芻輓粟以隨其後
又使尉佗屠睢將樓船之士南攻百越使監禄鑿
渠運糧深入越越人遁逃曠日持久糧食乏絕

越人擊之秦兵大敗秦乃使尉佗將卒以戍越當
是時秦禍北構於胡南挂於越宿兵於無用之地
進而不得退行十餘年丁男被甲丁女轉輸苦不
聊生自經於道樹死者相望及秦皇帝崩天下大
叛陳勝吳廣舉陳武臣張耳舉趙項梁舉吳田儋
舉齊景駒舉郢周市舉魏韓廣舉燕窮山通谷豪
士並起不可勝載也然本皆非公侯之後非長官
之吏也無尺寸之勢起閭巷杖棘矜應時而皆動
不謀而俱起不約而同會壤長地進至于伯王時

教使然也秦貴為天子富有天下滅世絕祀者窮
兵之禍也故周失之弱秦失之彊不變之患也今
欲招徇南夷朝夜郎降羌僰略濊蔵州建城邑深
入匈奴燔其龍龍城議者美之此人臣之利也非
天下之長策也今中國無狗吠之驚警而外累於
遠方之備靡敝國家非所以子民也行無窮之欲
甘心快意結怨於匈奴非所以安邊也禍結挐而
不解兵休而復起近者愁苦遠者驚駭非以持久
也今天下鍛甲砥摩劍橋矯箭累控弦轉輸運軍

糧未見休止此天下之所共憂也夫兵久而變起
事煩而慮生今外郡之地或幾千里列城數十形
束壤制旁帶脅諸侯非公宗室之利也上觀齊晉
之所以亡者公室卑削六卿大盛也下觀覽秦之
所以滅者刑嚴法文刻深欲大無窮也今郡守之
權非特六卿之重也地幾千里非特閭巷之資也
甲兵器械非特棘矜之用也以遭逢萬世之變則
不可稱勝諱也後以安為騎馬令此下文漢書歸
主父傳書奏天子天子上召見三人謂曰公等

安在何相見之晚也於是上乃拜主父偃徐樂嚴
安皆為郎中偃數見上疏言事詔拜偃遷為謁者
中郎遷樂為中大夫一歲中四遷偃偃說上曰古
者諸侯地不過百里彊弱之形易制今諸侯或連
城數十地方千里緩則驕奢易為淫亂急則阻其
彊強而合從以逆京師今以法割削之則逆節萌
起前日鼂錯是也今諸侯子弟或十數而適嗣代
立餘雖骨肉無尺寸地之封則仁孝之道不宣願
陛下令諸侯得推恩分子弟以地侯之彼人人喜

得所願上以德施實分其國不削而必稍自銷弱
矣於是上從其計又說上曰茂陵初立天下豪傑
并兼并之家亂衆之民皆可徙茂陵內實京師外
銷姦猾此所謂不誅而害除上又從其計之尊立
衛皇后及發燕王定國陰事蓋偃有功焉大臣皆
畏其口賂遺累千金人或說偃曰太橫矣主父偃
曰臣結髮游學四十餘年身不得遂親不以為子
昆弟不收賓客棄我我阨日久矣且丈夫生不五
鼎食死即則五鼎烹耳吾日暮途遠故倒行暴逆

施之偃盛言朔方地肥饒外阻河蒙恬築城之以
逐匈奴內省轉輸戍漕廣中國滅胡之本也上覽
其說下公卿議皆言不便公孫弘曰秦時常發三
十萬衆築北河終不可就已而棄之主父偃盛言
其便朱買臣難詘弘上竟用主父計遂置立朔方
郡本偃計也元朔二年中主父偃言齊王內有淫
佚失之行僻上拜主父偃為齊相至齊遍召昆弟
賓客散五百金予之數之曰始吾貧時昆弟不我
衣食賓客不我內門今吾相齊諸君迎我或千里

吾與諸君絕矣毋復入偃之門乃使人以王與姊
奸事動王王以為終不得脫罪恐效燕王論死乃
自殺有司以聞主父偃始為布衣時嘗游燕趙及
其貴發燕事趙王恐其為國患欲上書言其陰事
為偃居中不敢發及其為齊相出關即使人上書
告言主父偃受諸侯金以故諸侯子弟多以得封
者及齊王以自殺上聞上大怒以為主父偃劫其
王令自殺乃徵下吏治主父偃服受諸侯之金實
不劫齊王令自殺上欲勿誅是時公孫弘為御史

大夫乃言爭曰齊王自殺無後國除為郡入漢主
父偃本首惡陛下不非誅主父偃無以謝天下乃
遂族主父偃主父偃方貴幸時賓客以千數及其
族死無一人視收者唯獨洨孔車收葬之焉天子
上後聞之以為孔車為長者也
太史公曰公孫弘行義雖脩然亦遇時漢興八十
餘年矣上方鄉文學招俊乂以廣儒墨弘為舉首
主父偃當路諸公皆譽之及名敗身誅士爭言其
惡悲夫

史漢異同三十五卷　八　二十　江

班馬異同

犬子必當時俗語以為取賤鄙猶若漢書以為愛也師古曰父母愛之不欲稱斥故為此名也

漢書以為郎辭是師古曰當時郎尚號曰夫子

相如志在辭賦梁客皆辭賦之故自病免有志

侯字是

賦成而王卒而困是臨邛令長故人之困貲無他料理頗相與設此一段妙出此言是一段小說耳子長以奇若之如聞如見乃并與其精神意氣隨事盡就稿至今讀而想見之可觀使後人為之則無矣

僮僕皆通書傳之稱

二人字長卿三人則卓氏程鄭為三姓卓氏知

班馬異同

司馬相如列傳第五十七　史記一百一十七

司馬相如傳上第二十七　漢書五十七

司馬相如者字長卿蜀郡成都人也字長卿少時
好讀書學擊劒故其親名之曰犬子相如旣學慕
藺相如之為人也更名相如以貲嘗為郎事孝景
帝為武騎常侍非其好也會景帝不好辭賦是時
梁孝王來朝從游說之士齊人鄒陽淮陰枚乘吳
莊嚴忌夫子之徒相如見而說之因病免客游梁

史漢異同三十五卷　司馬相如上　二十一　華福

梁孝王令與諸生同舍相如得與諸生侯游士居
數歲乃著子虛之賦會梁孝王卒相如歸而家
貧無以自業素與臨邛令王吉相善吉曰長卿久
宦游不遂而困來過我於是相如往舍都亭臨邛
令繆為恭敬日往朝相如相如初尚見之後稱病
使從者謝吉吉愈益謹肅臨邛中多富人而卓王
孫家僮客八百人程鄭亦數百人二人乃相謂曰
令有貴客為具召之并召令令既至卓氏客以百
數至日中謁請司馬長卿長卿謝病不能往臨

小小不飲　臣初至臨卭令及　[illegible]　[illegible]　之一[illegible]　臨琴心挑之四　[illegible]　無礼[illegible]四[illegible]　[illegible]　其[illegible]　[illegible]　不得當一語此恐　人情[illegible]而不　自言人亦不能　言者未必非[illegible]　人所忽而實矣　也　[illegible]　[illegible]有貧有富者　如[illegible]　[illegible]　[illegible]如為亡命　家夫女失全[illegible]

卭令不敢嘗食身自往迎相如相如為不得已而
強往一坐盡傾酒酣臨卭令前奏琴曰竊聞長卿
好之願以自娛相如辭謝為鼓一再行是時卓王
孫有女文君新寡好音故相如繆與令相重而以
琴心挑之相如之臨卭時從車騎雍容閒雅甚都
及飲卓氏弄琴文君竊從戶窺之心悅而好之恐
不得當也既罷相如乃使令侍人重賜文君侍者
通殷勤文君夜亡奔相如相如乃與馳歸成都家
居徒四壁立卓王孫大怒曰女至不材我不忍殺

史漢異同二十六卷　司馬相如上　二　華[illegible]

何獨在人世上哉此女兒播文君必能附賦好之者意非獨琴也

一錢不分是

長卿自為句

宋[illegible]如字讀亦字作小說

一錢不分一錢也人或謂王孫王孫終不聽文君
久之不樂謂長卿曰長卿第俱如臨卭從昆弟假
貸猶足以為生何至自苦如此相如與俱之臨卭
盡賣其車騎買一酒舍酤酒而乃令文君當鑪相
如身自著犢鼻褌與庸保傭雜作滌器於市中卓
王孫聞而恥之為杜門不出昆弟諸公更謂王孫
曰有一男兩女所不足者非財也今文君既已失
身於司馬長卿長卿故倦游雖貧其人材足依也且又
令客獨奈何相辱如此卓王孫不得已分予文君

長卿故貧不檢其身至滌器皆王吉之謀所以動王孫於昆弟諸公者必多自其身[illegible]蜀風俗日[illegible]古者賤[illegible]游俠中之[illegible]長卿[illegible]為其所用得此一時為快千古[illegible]古今[illegible]成[illegible]長卿以[illegible]此至[illegible]

賦家其體不重節

僮百人錢百萬及其嫁時衣被財物文君乃與相
如歸成都買田宅為富人居久之蜀人楊得意為
狗監侍上上讀子虛賦而善之曰朕獨不得與此
人同時哉得意曰臣邑人司馬相如自言為此賦
上驚乃召問相如相如曰有是然此乃諸侯之事
未足觀也請為天子游獵之賦賦成奏之上許令
尚書給筆札相如以子虛虛言也為楚稱烏有先
生者烏有此事也為齊難無亡是公者無亡是人
也欲明天子之義故空虛藉此三人為辭以推天

史漢異同二十六卷　司馬相如上　三　張田

子諸侯之苑囿其卒章歸之於節儉因以風諫奏
之天子天子大說其辭曰楚使子虛使於齊齊王
悉發境內之士備車騎之眾與使者出田田罷子
虛過詫姹烏有先生而無亡是公在存焉坐定烏
有先生問曰今日田樂乎子虛曰樂獲多乎曰少
然則何樂對曰僕樂齊王之欲夸僕以車騎之眾
而僕對以雲夢之事也曰可得聞乎子虛曰可王
駕車千乘選徒萬騎田於于海濱列卒滿澤罘罔
彌山揜兔轔鹿射麋腳格麟騖於鹽浦割鮮染

輸，射中獲多，矜而自功。顧謂僕曰：楚亦有平原廣澤游獵之地饒樂若此者乎？楚王之獵何與寡人？僕下車對曰：臣楚國之鄙人也，幸得宿衛十有餘年，時從出游，游於後園，覽於有無，然猶未能徧覩也，又烏足以言其外澤者乎！齊王曰：雖然，略以子之所聞見而言之。僕對曰：唯唯。臣聞楚有七澤，嘗見其一，未覩其餘也。臣之所見，蓋特其小小者耳，名曰雲夢。雲夢者，方九百里，其中有山焉。其山則盤紆岪鬱，隆崇嵂崒，岑崟參差，日月蔽

虧；交錯糾紛，上干青雲；罷池陂陀，下屬江河。其土則丹青赭堊，雌黃白坿，錫碧金銀，衆色炫燿，照爛龍鱗。其石則赤玉玫瑰，琳瑉琨珸（珉昆吾），瑊玏玄厲，瑌石武夫。其東則有蕙圃，衡蘭芷若，射干芎藭，昌蒲江離，蘼蕪諸柘，巴苴。其南則有平原廣澤，登降陁靡，案衍壇曼，緣以大江，限以巫山。其高燥則生葴菥苞荔，薛莎青薠；其卑溼則生藏莨蒹葭，東蘠雕胡，蓮藕觚盧，菴閭（奄閭）軒于，衆物居之，不可勝圖。其西則有湧泉清池，激

若雨獸可

水推移，外發芙蓉蔆華，內隱鉅石白沙。其中則有神龜蛟鼉，瑇瑁鼈黿。其北則有陰林巨樹，楩柟豫章，桂椒木蘭，蘗離朱楊，樝梨梬栗，橘柚芬芳。其上則有赤猨蠷蝚，鵷雛孔鸞，騰遠射干。其下則有白虎玄豹，蟃蜒貙犴，兕象野犀，窮奇獌狿。於是乎乃使專諸之倫，手格此獸。楚王乃駕馴駮之駟，乘雕玉之輿，靡魚須之橈旃，曳明月之珠旗，建干將之雄戟，左烏嗥之雕弓，右夏服之勁箭。陽子驂乘，纖阿為御，案節未舒，即陵狡獸。

轔蛩蛩，蹵距虛，軼野馬而轊騊駼，乘遺風而射游騏，儵眒淒浰，雷動猋至，星流霆擊，弓不虛發，中必決眥，洞胸達腋，絕乎心繫，獲若雨獸，掩草蔽地。於是楚王乃弭節裴回，翱翔容與，覽乎陰林，觀壯士之暴怒，與猛獸之恐懼，徼受詘，殫覩衆物之變態。於是鄭女曼姬，被阿錫，揄紵縞，雜纖羅，垂霧縠，襞積褰縐，紆徐委曲，鬱橈谿谷，衯衯裶裶，揚袘卹削，蜚纖垂髾，扶輿猗靡，噏呷萃蔡，下靡蘭蕙，上拂羽蓋，錯翡

[illegible]
[illegible]
也然亦不得為
佳只一行乎更
三句内足以見
其賦之盛然
變化向背雅出
於行目之間者
如矢在上[illegible]
蓋則[illegible]絕出
翠之威[illegible]
[illegible]
[illegible]
問全體忽彷彿
[illegible]
[illegible]
般[illegible]以下七字
最有形容
忽而後發謂[illegible]
性也
[illegible]
[illegible]
[illegible]
以下[illegible]可觀
陽雲之臺即陽
[illegible]
[illegible]
[illegible]
之雅[illegible]
[illegible]
何足以難

翠之威蕤縿繞玉綏縹乎眇眇忽忽若神仙之
彷彿於是乃群相與獠於蕙圃媻珊勃窣上金隄
揜翡翠射鵔鸃微矰出纖繳施弋白鵠連駕鵝
雙鶬下玄鶴加怠而後發游於清池浮文鷁揚桂
栧枻枻張翠帷建羽蓋罔瑇瑁鉤紫貝摐金鼓吹
鳴籟榜人歌聲流喝水蟲駭波鴻沸涌泉起奔揚
會礧石相擊硠硠礚礚若雷霆之聲聞乎數百里
之外將息獠者擊靈鼓起烽燧車案行騎就隊纚
乎淫淫班般乎裔裔於是楚王乃登陽雲之臺泊

乎無為澹乎自持勺藥之和具而後御之不若大
王終日馳騁而曾不下輿脟割輪淬自以為娛臣
竊觀之齊殆不如於是王默然無以應僕也烏有
先生曰是何言之過也足下不遠千里來況齊國
王悉發境內之士而備車騎之衆以與使者出田
乃欲戮力致獲以娛左右也何名為夸哉問楚地
之有無者願聞大國之風烈先生之餘論也今足
下不稱楚王之德厚而盛推雲夢以為高驕奢言
淫樂而顯侈靡竊為足下不取也必若所言固非

語更俊於此矣
齊尚不多而氣
以宏衣吐已極即
無又不能過也

楚國之美也有而言之是章君之惡也無而言之
是害足下之信也章君之惡而傷私義二者無一
可而先生行之必且輕於齊而累於楚矣且齊東
有陼鉅海南有琅邪觀乎成山射乎之罘浮渤澥
游孟諸邪與肅慎為鄰右以湯谷為界秋田乎青
丘彷徨乎海外吞若雲夢者八九其於胸中曾不
蔕芥若乃俶儻瑰瑋異方殊類珍怪鳥獸萬端鱗
萃充仞其中者不可勝記禹不能名卨不能計
然在諸侯之位不敢言游戲之樂苑囿之大先生

又見客是以王辭而不能復何為無用以應哉無
是公听然而笑曰楚則失矣而齊亦未為得也夫
使諸侯納貢者非為財幣所以述職也封疆畫界
者非為守禦所以禁淫也今齊列為東藩而外私
肅慎捐國踰限越海而田其於義固未可也且二
君之論不務明君臣之義而正諸侯之禮徒事爭
於游戲之樂苑囿之大欲以奢侈相勝荒淫相
越此不可以揚名發譽而適足以貶君自損也
且夫齊楚之事又焉烏足道邪乎君未睹夫巨麗

上林者即無是也尸左蒼梧右西極而北紫若父丹水紫淵若有若無雖以錯淮涇渭酆鎬潦其間使虛實相半聽者眩耳八川分派者猶言八面非以上文水名也潦潏對始終出入之語也其曠與以此起離宮綦五百里然指陸境不足道但從反之證出於淫瀝態使不可知不可窮盡得其意有非水矣如亦不足可多也水變無盡而欲以窮勞般乎如騁如變為盡文不知

經營相背之已足欲窮夢者豈其少此用其意則又欲包舉括楚則入於上林豎以天子之盛無可以爭故曰經乎桂林之中而配以過乎泱莽之野言無足也四字又有模寫奔揚四字有滴容依遠長後肆乎求歸臨派想象情性之語賦之書狀者魚鳥飛潛直可以名數識亦欲出於人之所不知為情狀精將異名者若非但齊與楚則求以欲所無也其下草木亦然

也獨不聞天子之上林乎左蒼梧右西極丹水更其南紫淵徑其北終始霸滻出入涇渭酆鎬潦潏紆餘委蛇經營乎其內蕩蕩兮乎八川分流相背而異態東西南北馳騖往來出乎椒丘之闕行乎洲淤之浦徑乎桂林之中過乎泱漭之野汩乎渾混流順阿而下赴隘陿之口觸穹石激堆埼沸乎暴怒洶湧滂濆彭湃滭浡弗滵宓汩偪側泌瀄橫流逆折轉騰潎洌滂濞沆溉穹隆雲橈宛澶宛潬膠戾踰波趨浥涖涖下瀨批巖衝擁奔

揚滯沛臨坻注壑瀺灂霣墜沈沈隱隱砰磅訇礚潏潏淈淈湁潗鼎沸馳波跳沫汩急漂疾悠遠長懷寂漻無聲肆乎永歸然後灝溔潢漾安翔徐回翯乎滈滈東注太湖衍溢陂池於是乎蛟龍赤螭魱䲛螹離鰅鰫鰬魠禺禺魼鰨揵鰭掉尾振鱗奮翼潛處乎深巖魚鱉讙聲萬物衆夥明月珠子玓瓅江靡蜀石黃碝水玉磊砢磷磷爛爛采色澔旰叢積乎其中鴻鷫鵠鴇駕鵝鸀玉鳿鵁交鶄精旋目煩鶩鷛庸鶏渠鰔箴鴜疵

此周覽氾觀與前泱漭之野同類出而出之前性則之強弱不得不然注白出東沼入於西陂入字忽見而止最最是有態語南北之相反一句之物或二三四雖以此無端犀若總二四與二四則獻

且為名物各四五句止獨汎淫而下往言其往水會偕衆谿然後乃自多顧名狀流如谿亦伏上龍蠖虧谷下泚滿而引似所目改耳

鵁鸕羣浮乎其上汎淫泛氾濫隨風澹淡與波搖蕩掩奄薄草水渚唼喋菁藻咀嚼菱藕於是乎崇山矗矗直巃嵸崔巍深林巨木嶄巖參參差九嵕巀嶭南山峩峩巖陁甗錡摧崣崛山崎振谿谿通谷蹇產溝瀆谽呀豁閜阜陵別隖崴磈嵔瘣丘虛堀礨隱轔鬱㠥登降施靡陂池貏豸沇溶淫鬻散渙夷陸亭皋千里靡不被築掩以綠蕙被以江離糅以蘼蕪雜以流留夷尃布結縷欑戾莎揭車衡蘭槀本射干茈薑蘘荷葴橙持若

蓀鮮枝支黃礫蔣苧青薠布濩閎澤延曼太原麗靡廣衍應風披靡吐芳揚烈郁郁斐斐菲菲衆香發越肸蠁布寫晻薆咇茀於是乎周覽泛氾觀縝紛軋芴芒芒恍忽視之無端察之無崖涯日出東沼入於西陂其南則隆冬生長踊水躍波其獸則獑胡旄貘犛沈牛麈麋赤首圜題窮奇象犀其北則盛夏含凍裂地涉冰揭河其獸則麒麟角端騊駼橐駝蛩蛩驒騱駃騠驢騾於是乎離宮別館彌山跨谷高廊四注重坐

前言山之峯如□□若其之又以為堂□者曾之以如城又四□以為房邪從以為階□上亦有理宮室本不止此然長卷以下大略具矣故前之以形容俛仰而足奔星以下殊得賦体恭字尤佳即頫字也

垂綏□□□說

曲閣華榱璧璫輦道纚屬步櫚周流長途中宿夷嵏築堂累臺增成巖突洞房頫俛杳眇而無見仰攀艸橑而捫天奔星更於閨闥宛虹拖於楯軒青虬蚴蟉於東廂象輿婉蟬於西清靈圄燕於閒館偓佺之倫暴於南榮醴泉湧於清室通川過乎於中庭盤石振崖嶔巖倚傾嵯峨嶕嶫刻削崢嶸山玫瑰碧琳珊瑚叢生瑉玉旁唐玢豳文鱗磷赤瑕駁犖雜臿其間垂綏琬琰和氏出焉於是乎盧橘夏熟黃甘橙楱枇杷橪柿

亭柰厚朴梬棗楊梅櫻桃蒲陶隱夫薁棣荅遝離支羅乎後宮列乎北園貤丘陵下平原揚翠葉扤紫莖發紅華秀朱榮煌煌扈扈照曜鉅野沙棠櫟櫧華氾楓檘枰櫨留落胥餘仁頻并閭欃檀木蘭豫章女貞長千仞大連抱夸條直暢實葉葰茂攢立叢倚連卷累佹崔錯㩻骫坑衡閜砢垂條扶於落英幡纚紛溶箾蔘猗柅從風瀏蒞卉吸歙蓋象金石之聲管籥之音柴池茈虒旋還乎後宮雜遝累輯被

長嘯哀鳴以前皆狀相應涎涎不似後宮不移又似日出入語

近如追而逐焉郭群非郭□言駭之貌然不安□也矣

生者生得之耳

直手直足

□之□□散去

山緣谷循阪下隰視之無端究之無窮於是乎玄猿素雌蜼玃飛鸓蛭蜩蠼蝚螹胡豰蛫棲息乎其間長嘯哀鳴翩幡互經夭蟜枝格偃蹇杪顛於是乎踰絕梁騰殊榛捷垂條踔稀間牢落陸離爛熳遠遷若此輩者數千百處嬉游往來宮宿館舍庖廚不徙後宮不移百官備具於是乎背秋涉冬天子校獵乘鏤象六玉虬拖蜺旌靡雲旗前皮軒後道游孫叔奉轡衛公驂乘扈從橫行出乎四校之中鼓嚴簿縱獵者江河為阹

泰山為櫓車騎靁起殷天動地先後陸離離散別追淫淫裔裔緣陵流澤雲布雨施生貔豹搏豺狼手熊羆足野羊蒙鶡蘇絝白虎被班文跨野馬陵三嵕之危下磧歷之坻徑陵赴險越壑厲水推蜚廉弄解豸格瑕蛤鋋猛氏羂要褭射封豕箭不苟害解脰陷腦弓不虛發應聲而倒於是乎乘輿弭節徘徊翱翔往來睨部曲之進退覽將帥之變態然後浸潭促節儵敻遠去流離輕禽蹴履狡獸轊白鹿捷

六字雜見又好明文選作明敵止乘騎選作之

騎若干連下…選非人民選作人臣

從兕軼赤電遺光耀追怪物出宇宙彎繁弱滿
白羽射游梟櫟蜚虡擇肉而後發先中而命處
弦矢分藝殪仆然後揚節而上浮陵驚風歷駭飆
乘虛無與神俱轔玄鶴亂昆鷄遒孔鸞促鵔鸃
拂鷖鳥捎鳳皇捷鴛鶵掩焦明道盡塗殫迴車而
還招消搖乎襄羊降集乎北紘率乎直指闇乎
反鄉蹷石闕歷封巒過鳷鵲望露寒下棠梨
息宜春西馳宣曲濯鷁牛首登龍臺掩細柳觀士
大夫之勤略鈞獵者之所得獲觀徒車之所轔

史漢異同卷一　司馬相如上　十二

閵轢乘騎之所蹂若人民之所蹈躤與其窮極
倦𠋫驚憚讋伏不被創刃而死者佗佗籍籍填
坑滿谷揜平彌澤於是乎游戲懈怠置酒乎昊顥
天之臺張樂乎膠葛之宇撞千石之鐘立萬石
之鉅建翠華之旗樹靈鼉之鼓奏陶唐氏之舞
聽葛天氏之歌千人倡萬人和山陵為之震動川
谷為之蕩波巴俞宋蔡淮南干遮文成顛歌族
舉遞奏金鼓迭起鏗鎗闛鞈洞心駭耳
荊吳鄭衛之聲韶濩武象之樂陰淫案衍之音鄢

莊有形容

郢繽紛激楚結風俳優侏儒狄鞮之倡所以娛耳
目而樂心意者麗靡爛漫於前靡曼美色於後
若夫青琴宓妃之徒絕殊離俗妖冶嫻都靚
莊刻飭便嬛綽約柔橈嬛嬛嫵媚孅
弱抴曳獨繭之褕袣眇閻易以戌削媥姺徶
循便姍嫳屑與世殊服芬香漚鬱酷烈淑郁皓
齒粲爛宜笑的皪長眉連娟微睇綿藐色授魂與
心愉於側於是酒中樂酣天子芒然而思似若
有亡曰嗟乎此泰奢侈朕以覽聽餘閒無事棄日

史漢異同卷一　司馬相如上　十三

順天道以殺伐時休息於此恐後世靡麗遂往
而不反非所以為繼嗣創業垂統也於是乎乃
解酒罷獵而命有司曰地可以墾辟悉為農郊以
贍萌隸隤牆填塹使山澤之民得至焉實陂池
而勿禁虛宮館而勿仞發倉廩以振貧窮補不
足恤鰥寡存孤獨出德號省刑罰改制度易服色
更正朔與天下為始於是歷吉日以齋戒襲朝
衣服乘法駕建華旗鳴玉鸞游乎六藝之囿馳騖
乎仁義之塗覽觀春秋之林射貍首兼騶虞弋玄

長鈍註詩張敗六藝春秋禮式易又雅之文鶴怪獸間亦未易与儒者語之也本欲為正道以朴素而勝舭甚字多由消夫鳥獸草木之名不過此類也

鶴建（舞）干戚載雲罕揜群雅悲伐檀樂樂胥脩容
乎禮園翱翔于（乎）書圃述易道放怪獸登明堂坐
清廟恣群臣奏得失四海之內靡不受獲於斯之
時天下大說嚮風而聽隨流而化喟（[illegible]）然興道而
遷義刑錯而不用德隆乎（於）三皇功羨於五帝若
此故獵乃可喜也若夫終日暴露馳騁勞神苦形
罷車馬之用抏士卒之精費府庫之財而無德厚
之恩務在獨樂不顧衆庶忘國家之政而貪雉兎
之獲則仁者不由也從此觀之齊楚之事豈不哀

史漢異同卷二十六　司馬相如上　十四　[illegible]

哉地方不過千里而囿居九百是草木不得墾辟
而民無所食也夫以諸侯之細而樂萬乘之所侈
僕恐百姓之被其尤也於是二子愀然改容超若
自失逡巡避席曰鄙人固陋不知忌諱乃今日見
教謹聞（受）命矣賦奏天子以為郎無（亡）是公言天
子上林廣大山谷水泉萬物及子虛言楚雲夢所
有甚衆侈靡多過其實且非義理所尚（止）故刪取
其要歸正道而論之

此數語蛇足更不可解以為刪相如賦耶則非望者尚數班氏刪史記者亦不見刪何也

班馬異同

班馬異同

司馬相如傳下　漢書五十七

有此字又明

興法字可疑識良郎漢書註行服日累與東累之不知說同經客之也以其遠使相如說經附何如相如辨士之以文尚以為上故深入父老于將之罪而於居乃所為不甚從始非同詰游臨之體令人乃取以為法此論文字之所以不同也

相如為郎數歲會唐蒙使（畧）通夜郎西僰中發巴
蜀吏卒千人郡又多為發轉漕萬餘人用（軍）興法
誅其渠帥巴蜀民大驚恐上聞之乃使（遣）相如責
唐蒙等因喻告巴蜀民以非上意檄曰告巴蜀太
守蠻夷自擅不討之日久矣時侵犯邊境勞士大
夫陛下即位存撫天下輯（集）安中國然後興師出
兵北征匈奴單于怖駭交臂受事詘（屈）膝請和康

史漢異同卷二十六　司馬相如　二　余本立

居西域重譯請朝（納貢）稽首來享移師東指閩越
相誅右弔番禺太子入朝南夷之君西僰之長常
效貢職不敢怠墮延頸舉踵喁喁然皆爭歸（鄉風）
慕義欲為臣妾道里遼遠山川阻深不能自致夫
不順者已誅而為善者未賞故遣中郎將往賓之
發巴蜀之士民各五百人以奉幣帛衛使者不然
靡有兵革之事戰鬬之患今聞其乃發軍興制驚
懼子弟憂患長老郡又擅為轉粟運輸皆非陛下
之意也當行者或亡逃自賊殺亦非人臣之節也

長者雅壯言然於附來書得人

甚有力也

謂之檄則宜有戲嚴撫循者他味殊捨合循何使名不然字與肝腦塗後幹語以為別則發光理以為宜則與手間皆以下語皆非體也

夫邊郡之士聞烽舉燧燔皆攝弓而馳荷兵而走流汗相屬惟恐居後觸白刃冒流矢義不反顧計不旋踵人懷怒心如報私讎彼豈樂死惡生非編列之民而與巴蜀異主哉計深慮遠急國家之難而樂盡人臣之道也故有剖符之封析珪而爵位為通侯居列東第終則遺顯號於後世傳土地於子孫事行甚忠敬居位甚安佚名聲施於無窮功烈著而不滅是以賢人君子肝腦塗中原膏液潤野草埜中而不辭也今奉幣役使至南夷即自

賊殺或亡逃抵誅身死無名諡為至愚恥及父母為天下笑人之度量相越豈不遠哉然此非獨行者之罪也父兄之教不先子弟之率不謹也寡廉鮮恥而俗不長厚也其被刑戮不亦宜乎陛下患使者有司之若彼悼不肖愚民之如此故遣信使諭百姓以發卒之事因數之以不忠死亡之罪讓三老孝弟以不教誨之過責方今田時重煩百姓已親見近縣恐遠所谿谷山澤之民不徧聞檄到亟下縣道使咸知諭陛下之意唯毋忽也相如還

狀為鮮恥而不不長厚本似不功者其中必有何渭旣繫而起者直排顯有之耳故深做為深厚敵詞以成切之抗訓言然讀其檄者今猶來撫也

信使師古曰誠信之人以為使也已親見近縣也師古曰近縣之人使者已自見而已論矣

王然然與于壺充國皆不可知矣

此檄作者至矣

報唐蒙已略通夜郎因通西南夷道發巴蜀廣漢卒作者數萬人治道二歲道不成士卒多物故費以巨億萬計蜀民及漢用事者多言其不便是時邛筰之君長聞南夷與漢通得賞賜多多欲願為內臣妾請吏比南夷天子上問相如相如曰邛筰冉駹者近蜀道亦易通秦異時嘗通為郡縣矣至漢興而罷今誠復通為置郡縣愈於南夷天子上以為然乃拜相如為中郎將建節往使副使者王然于壺充國呂越人馳四乘之傳因巴蜀吏幣物

以賂西南夷至蜀蜀太守以下郊迎縣令負弩矢先驅蜀人以為寵於是卓王孫臨邛諸公皆因門下獻牛酒以交驩卓王孫喟然而歎自以得使女尚司馬長卿晚而乃厚分與其女財與男等同司馬長卿相如使便略定西南夷邛筰冉駹斯榆之君皆請為內臣妾除邊關關益斥西至沫若水南至牂柯為徼通零關靈山道橋孫水以通邛都筰還報天子天子大說相如使時蜀長老多言通西南夷之不為用唯大臣亦以為然相如欲諫業

賦之能體

一句使盡所以為賦

相如蜀人當以巴蜀之不變則無今日便是無辭之辭

已建之不敢乃著書藉以蜀父老為辭而已詰難之以風天子且因宣其使指令百姓皆知天子之意其辭曰漢興七十有八載德茂存乎六世威武紛紜云湛恩汪濊群生澍霑濡洋溢乎方外於是乃命使西征隨流而攘風之所被罔不披靡因朝冉從駹定筰存邛略斯榆舉苞蒲蒲結軼還轅東鄉將報至于蜀都耆老大夫薦搢紳先生之徒二十有七人儼然造焉辭畢因進曰蓋聞天子之於夷狄也其義羈縻勿絕而已今罷三郡之士通夜

郎之塗三年于茲而功不竟士卒勞倦萬民不贍今又接之以西夷百姓力屈恐不能卒業此亦使者之累也竊為左右患之且夫邛筰西僰之與中國並也歷年茲多不可記已仁者不以德來彊者不以力并意者其殆不可乎今割齊民以附夷狄弊所恃以事無用鄙人固陋不識所謂使者曰烏謂此邪乎必若所云則是蜀不變服而巴不化俗也余僕尚惡聞若說然斯事體大固非觀者之所覯也余之行急其詳不可得聞已請為大夫粗陳

今下雖明無之亦可

[illegible]在前古之上

其略蓋世必有非常之人然後有非常之事有非常之事然後有非常之功非常者固常人之所異也故曰非常之原元黎民懼焉及臻厥成天下晏如也昔者鴻水浡沸出氾濫衍溢民人登升降移徙崎嶇而不安夏后氏戚之乃堙鴻水原決江疏河灑灑沈贍澹菑東歸之於海而天下永寧當斯之勤豈惟民哉心煩於慮而身親其勞躬傶骿胝無胈膚不生毛故休烈顯乎無窮聲稱浹乎于茲且夫賢君之踐位也豈特委瑣握躖拘文牽俗循

誦習傳當世取說云爾哉必將崇論閎竑議創業垂統為萬世規故馳騖乎兼容并包而勤思乎參天貳地且詩不云乎普天之下莫非王土率土之濱莫非王臣是以六合之內八方之外浸潯潯衍溢懷生之物有不浸潤於澤者賢君恥之今封疆之內冠帶之倫咸獲嘉祉靡有闕遺矣而夷狄殊俗之國遼絕異黨之地域舟輿不通人迹罕至政教未加流風猶微內之則犯義侵禮於邊境外之則邪行橫作放弒殺其上君臣易位尊卑失序

句句有鋒力

横出一語

大段語如賦體收受命以下本不可缺而綿綿至此明顯者然頗不切封禪之事已見於此

父兄不辜幼孤為奴係纍號泣內嚮而怨曰
蓋聞中國有至仁焉德洋而恩普物靡不得其所
今獨曷為遺己舉踵思慕若枯旱之望雨盭夫為
之垂涕況乎上聖又惡能已故北出師以討彊胡
南馳使以誚勁越四面風德二方之君鱗集仰流
願得受號者以億計故乃關沫若徼牂牁鏤零靈
山梁孫原創道德之塗垂仁義之統將博恩廣施
遠撫長駕使疏逖不閉阻深智爽闇昧得耀乎光
明以偃甲兵於此而息討誅伐於彼遐邇一體中

史漢異同二十七卷一　司馬相如　六

外提提福不亦康乎夫拯民於沉溺奉至尊之休
德反衰世之陵遲爽繼周氏之絕業斯乃天子之
急務也百姓雖勞又惡可以已哉且夫王者事固
未有不始於憂勤而終於佚樂者也然則受命之
符合在於此矣方將增泰山之封加梁父之事鳴
和鸞揚樂頌上咸五下登三觀者未睹指聽者未
聞音猶鷦焦明朋已翔乎寥廓而羅者猶視乎藪
澤悲夫於是諸大夫芒茫然喪其所懷來而失厥
所以進喟然並稱曰允哉漢德此鄙人之所願聞

不可少此卓氏時時見得相如之為人

篤實深摯語意長可為本務去鋪張十賦不及此一字一句形容深至如木朽株盡為害天禍許益為世所稱者夷險動物其如此

方遠不然然不遠雖萬全無患然本非天子之所宜近此何其老成婉曲亦感動得深諫進退辭説

蔟一後字

須在識一亦字乃住而於二字皆不可省

也百姓雖怠勞請以身先之敞罔靡徙因遷延而
辭避其後人有上書言相如使時受金失官居歲
餘復召為郎相如口吃而善著書常有消渴疾病
與卓氏婚饒於財故其進仕事宦未嘗肯與公卿
國家之事常稱病疾閒居不慕官爵常從上至長
楊獵是時天子方好自擊熊彘豕馳逐野壄獸相
如因上疏諫之其辭曰臣聞物有同類而殊能者
故力稱烏獲捷言慶忌勇期賁育臣之愚竊以為
人誠有之獸亦宜然今陛下好陵阻險射猛獸卒

史漢異同二十七卷一　大司馬相如　七　石勝

然遇軼材之獸駭不存之地犯屬車之清塵輿不
及還轅人不暇施巧雖有烏獲逢蒙之伎力不得
用枯木朽株盡為害難矣是胡越起於轂下而羌
夷接軫也豈不殆哉雖萬全而無患然本非天子
之所宜近也且夫清道而後行中路而後馳猶時
有銜橛之變而況乎涉乎蓬蒿豐草馳騁乎丘墳
前有利獸之樂而內無存變之意其為禍害也
不亦難矣夫輕萬乘之重不以為安而樂出於萬
有一危之塗以為娛臣竊為陛下不取也蓋明者

而感者白雉為情班氏刪後四語最工可謂詩中絶句之體而精刻猶以為未足也

札得……悲慨若協歌音嗟賦何不當錯叙折只此賦起語已盛其節叙特好不謹信故不惜刪……史欲何如表未前賦只也如此當也難……不欲多

遠見於未萌而智者避危於無形禍固多藏於隱
微而發於人之所忽者也故鄙諺曰家累累千金
者坐不垂堂此言雖小可以喻諭大臣願陛下之
留意幸察上善之還過宜春宮相如奏賦以哀二
世行失也其辭曰登陂陁之長阪兮坌入曾宮之
嵯峨臨曲江之隑州兮望南山之參差巖巖深山
之谾谾兮通谷豁兮谽谷閜呀汩淢噏習歙以永逝
兮注平皋之廣衍觀衆樹之塕蓊薆兮覽竹林之
榛榛東馳土山兮北揭石瀨彌弭節容與兮歷弔

史漢彙纂二十七卷　司馬相如　八

二世持身不謹兮亡國失勢信讒不寤兮宗廟滅
絶嗚呼哀哉操行之不得兮墳墓蕪穢而不脩兮
魂無亡歸而不食夐邈絶而不齊兮彌久遠而愈
佅精罔閬而飛揚兮拾九天而永逝嗚呼哀哉相
如拜為孝文園令天子上既美子虛之事相如見
上好僊道因曰上林之事未足美也尚有靡者臣
嘗為大人賦未就請具而奏之相如以為列僊之
傳儒居山澤間形容甚臞此非帝王之僊仙意也
乃遂就奏大人賦其辭曰世有大人兮在于中州

[illegible]

如此又非帝王

宅彌萬里兮曾不足以少留悲世俗之迫隘兮朅
輕舉而遠遊垂乘絳幡之素蜺兮載雲氣而上浮
建格澤之長脩竿兮總光耀之采旄垂旬始以為
幓兮抴曳彗星而為髾掉指橋以偃蹇寋兮又旖
旎猗柅以招搖攬欃槍以為旌兮靡屈虹而為綢
紅杳渺眇以眩玄湣兮猋風涌而雲浮駕應龍象
輿之蠖略逶委麗兮驂赤螭青虯虬之蚴幽蟉蜿
蜒低卬夭蟜据裾以驕驁兮詘折隆窮躩以連卷
沛艾赳螑仡以佁儗兮放散畔岸驤以孱顏跮踱

史漢彙纂二十七卷　司馬相如　九

輵轄蠚容以委麗麗兮綢繆蜩蟉偃蹇寋怵㚟以
梁倚糾蓼叫奡踏以艐艐路兮蔑蒙踊躍騰而狂
趡趡莅颯卉卉翕歙熛猋至電過兮煥然霧除霍
然雲消邪絶少陽而登太陰兮與真人乎相求互
折窈窕以右轉兮橫厲飛泉以正東悉徵靈圉而
選之兮部乘署衆神於瑤光使五帝先導兮反太
一而從陵陽左玄冥而右含黔雷兮前陸長離而
後潏湟皇厮征伯僑而役羨門兮屬詔岐伯使
尚方祝融警警蹕而蹕御兮清氛氣氣而後行屯余

車其而萬乘兮綷雲蓋而樹華旗使句芒其將行
兮吾欲往乎南嬉（娭）歷唐堯於崇山兮過虞舜於
九疑紛湛湛其差錯兮雜遝膠葛（轕）以方馳騷擾
衝蓯其相紛拏兮滂濞泱軋灑（麗）以林離鑽（攢）羅
列聚叢以蘢茸兮衍曼流爛壇（㙻）以陸離徑入靁
室之砰磷鬱律兮洞出鬼谷之堀（掘）礨嵬磈（㠑）
（魁）徧覽八紘而觀四荒（海）兮揭渡九江而越五河
經營炎火而浮弱水兮杭絕浮渚而涉流沙奄息
總（葱）極氾濫水嬉（娭）兮使靈媧鼓瑟（琴）而舞馮夷

史漢評林卷一百一十七 司馬相如 十一

時若薆薆將混濁兮召屏翳誅風伯而刑雨師西
望崑崙之軋沕洸（荒）忽兮直徑馳乎三危排閶闔
而入帝宮兮載玉女而與之歸舒（登）閬風而搖集
兮亢鳥騰而一（壹）止低回陰山翔以紆曲兮吾乃
今目（日）睹西王母皬（暠）然白首戴勝而穴處兮亦
幸有三足烏為之使必長生若此而不死兮雖濟
萬世不足以喜回車朅來兮絕道不周會食幽都
呼吸沆瀣兮餐朝霞兮噍咀芝英兮嘰瓊華嬐侵
僸祲（尋）潯而高縱兮紛鴻涌（湧）而上厲貫列缺之

倒景兮涉豐隆之滂沛（濞）馳游道而脩（循）降兮
騖遺霧而遠逝迫區中之隘陜兮舒節出乎北垠
遺屯騎於玄闕兮軼先驅於寒門下崢嶸而無地
兮上寥廓而無天視眩眠（泯）而無見兮聽惝怳
（敞）怳而無聞乘虛無（亡）而上假（遐）兮超無友而獨
存相如既奏大人之頌（賦）天子大說飄飄有凌（陵）
雲之氣似遊天地之閒意相如既病免家居茂陵
天子曰司馬相如病甚可往從悉取其書若不然
後失之矣使所忠往而相如已死家無遺書問其

史漢評林卷一百一十七 司馬相如下 十二 張田

妻對曰長卿固未嘗有書也時時著書人又取去
即空居長卿未死時為一卷書曰有使者來求書
奏之無他書其遺札書言封禪事奏所忠所忠奏
其書焉天子異之其書辭曰伊上古之初肇自昊
穹兮生民歷撰（選）列辟以迄于（乎）秦率邇者踵武
逖聽（逖）者風聲紛綸葳蕤堙滅而不稱者不可勝
數也續韶（繼招）夏崇號謚略可道者七十有二君
罔若淑而不昌疇逆失而能存軒轅之前遐哉邈
乎其詳不可得聞也（巳）五三六經載籍之傳維見

可觀也書曰元首明哉股肱良哉因斯以談君莫
盛於唐堯臣莫賢於后稷后稷創業於唐公劉發
迹於西戎文王改制爰周郅隆大行越成而後陵
夷陵衰微千載無亡聲豈不善始善終哉然無異
端慎所由於前謹遺教於後耳故軌迹夷易易遵
也湛恩濛涌龐洪易豐也憲度著明易則也垂統
理順易繼也是以業隆於繈褓而崇冠乎于二后
揆厥所元終都攸卒未有殊尤絕迹可考于於今
者也然猶躡梁父甫登泰山建顯號施尊名大漢

之德逢逢涌原泉沕潏漫衍曼羨旁魄四塞雲專
布霧散上暢九垓下泝八埏懷生之類霑濡浸潤
協氣橫流武節飄猋逝邇陝陿游原迥闊泳沫末
首惡湮鬱沒闇昧昭晳晰昆蟲凱澤闓懌回首面
內然後囿騶虞之珍群徼麋鹿之怪獸䆃導一莖
六穗於庖犧雙觡共抵之獸獲周餘珍收放龜于
岐招翠黃乘龍於沼鬼神接靈圉賓於閒館奇物
譎詭俶儻窮變欽哉符瑞臻茲猶以為薄不敢道
封禪蓋周躍魚隕杭休之以燎微夫斯之為符也

以登介山丘不亦恧乎進讓攘之道其何其爽歟
於是大司馬進曰陛下仁育群生義征不憓譓諸
夏樂貢百蠻執贄德侔往初功無與二休烈浹液
洽符瑞衆變期應紹至不特創見意者泰山梁父
設壇場望幸蓋號以況榮上帝垂恩儲祉將以薦
慶成陛下謙嗛讓而弗發也挈三神之驩缺王道
之儀群臣恧焉或謂且天為質闇示珍符固不可
辭若然辭之是泰山靡記而梁父靡罔幾也亦各
並時而榮咸濟厥世而屈說者尚何稱於後而云

七十二君乎哉夫脩德以錫符奉符以行事不為
進越也故聖王弗替而脩禮地祇謁款天神勒功
中嶽岳以彰至尊舒盛德發號榮受厚福以浸黎
民也皇皇哉斯事天下之壯觀王者之丕卒業不
可貶也願陛下全之而後因雜薦縉紳先生之略
術使獲燿曜日月之末光絕炎以展采錯事猶兼
正列其義校祓飭飾厥文作春秋一藝將襲舊六
為七攄之無窮俾萬世得激清流揚微波蜚英聲
騰茂實前聖之所以永保鴻名而常為稱首者用

此雨此濡爲天與水可潤澤於雨之所不及布濩者水之所不足也滲皆偏我則雨潤澤爲不辭

旼旼睦睦謂其故曰蓋聞其聲又曰於亦於舜謂此亦有此辭皆以爲歌宜有此似是漢書改爲於舜与亦牛通矣

相發允答爲句則下可解矣已交自已天人相接自相發允答自允合古語如此皆當厚

此宜命掌故悉奏其義儀而覽焉於是天子沛然改容曰愉俞乎朕其試哉乃遷思回慮總公卿之議詢封禪之事詩大澤之博廣符瑞之富乃遂作頌曰自我天覆雲之油油甘露時雨厥壤可游滋液滲漉何生不育嘉穀六穗我穡曷蓄非唯雨之又潤澤之非唯濡之偏我氾尃布濩之萬物熈熈懷而慕思之名山顯位望君之來君乎兮君乎兮侯不邁哉般般之獸樂我君囿白質黑章其儀可嘉旼旼睦睦君子之能態蓋聞其聲今觀視其

來厥塗靡蹤從天瑞之徵茲亦爾於舜虞氏以興濯濯之麟游彼靈畤孟冬十月君徂郊祀馳我君輿帝以用享祉三代之前蓋未嘗有宛宛黃龍興德而升采色炫玄燿熿煥炳煇煌正陽顯見覺寤黎烝於傳載之云受命所乘厥之有章不必諄諄依類託寓諭以封巒披藝觀之天人之際已交上下相發允答聖王之德事兢兢翼翼也故曰於興必慮衰安必思危是以湯武至尊嚴不失肅祗舜在假典顧省厥遺此之謂也司馬相如既卒五

儀也謂其祀大旂與循恐有所謂遺也其殆以幼于大麓亦封禪者乎然可揚搉故出於此

亦維字以下班氏之詞也

歲天子上始祭后土八年而遂先禮中嶽封于泰山至梁甫禪肅然相如他所著若遺平陵侯書與五公子相難草木書篇不采采其尤著公卿者云

太史公贊曰司馬遷稱春秋推見至隱易本隱以之顯大雅言王公大人而德逮黎庶小雅譏小已之得失其流及上所以言雖外殊其合德一也相如雖多虛辭濫說然要其要歸引之於節儉此亦與詩之風諫何異楊雄以爲靡麗之賦勸百而風一猶馳騁鄭衛之聲曲終而奏雅不已虧戲乎余

采其語可論者著于篇

班馬異同

班馬異同

淮南衡山列傳第五十八　史記一百一十八

淮南衡山傳第十四　漢書四十四

伍被傳第十五　漢書四十五

淮南厲王長者高祖帝少子也其母故趙王張敖美人高祖帝八年從東垣過趙趙王獻之美人厲王母也得幸焉有身趙王敖弗不敢內宮為築外宮而舍之及貫高等謀反柏人事發覺并逮治王盡收捕王母兄弟美人繫之河內厲王母亦繫告吏曰日得幸上有身子吏以聞上上方怒趙王未及理厲王母厲王母弟趙兼因辟陽侯言呂后呂后妬弗不肯白辟陽侯不彊爭及厲王母已生厲王恚即自殺吏奉厲王詣上上悔令呂后母之而葬厲王其母真定真定厲王母之家在焉父世縣也高祖十一年十月淮南王黥布反立子長為淮南王王黥布故地凡四郡上自將兵擊滅布即立子長為淮南厲王遂即位厲王蚤失母常附呂后孝惠呂后時以故得幸無患害而然常心怨辟陽

[illegible]

[illegible]

侯弗不[illegible]孝文帝初即位淮南王自以為最親驕蹇數不奉法上以親故常寬赦之三年入朝甚橫從上入苑囿獵與上同車輦常謂上大兄厲王有材力力能扛鼎乃往請辟陽侯辟陽侯出見之即自袖鐵褒金椎椎辟陽侯之令命從者魏敬剄刑之厲王乃馳走詣闕下肉袒而謝曰臣母不當坐趙時事其時辟陽侯力能得之呂后弗不爭罪一也趙王如意子母無罪呂后殺之辟陽侯弗不爭罪二也呂后王諸呂欲以危劉氏辟陽侯弗不爭罪三也臣謹為天下誅賊臣辟陽侯報母之仇謹伏闕下請罪孝文帝傷其志為親故弗不治赦厲王之當是時自薄太后及太子諸大臣皆憚厲王厲王以此歸國益驕恣不用漢法出入稱警蹕稱制自為作法令擬於天子數上書不遜順文帝重自切責之時帝舅薄昭為將軍尊重上令昭予厲王書諫數之曰竊聞大王剛直而勇慈惠而厚貞信多斷是天以聖人之資奉大王也甚盛不可不察今大王所行不稱天資皇帝初即位易侯

邑在淮南者大王不肯皇帝卒易之使大王得三縣之實甚厚大王以未嘗與皇帝相見入朝見未埋足卒之歡而殺列侯以自為名皇帝不使吏與其間赦大王甚厚漢法二千石缺輒言漢補大王逐漢所置而請自置相二千石皇帝骫天下正法而許大王甚厚大王欲屬國為布衣守冢真定皇帝不許使大王毋失南面之尊甚厚大王宜日夜奉法度脩貢職以稱皇帝之厚德今迺輕言恣行以負謗於天下甚非計也夫大王以千里為宅居

以萬民為臣妾此高皇帝之厚德也高帝蒙霜露沫風雨赴矢石野戰攻城身被創痍以為子孫成萬世之業艱難危苦甚矣大王不思先帝之艱苦日夜怵惕脩身正行養犧牲豐粢盛奉祭祀以無忘先帝之功德而欲屬國為布衣甚過且夫貪讓國土之名輕廢先帝之業不可以言孝父為之基而不能守不賢不求守長陵而求之真定先母後父不誼數逆天子之令不順言節行以高兄無禮幸臣有罪大者立斷小者肉刑不仁貴布衣一劍之任賤王侯之位不知不好學問大道觸情妄行不詳此入者危亡之路也而大王行之棄南面之位奮諸賁之勇常出入危亡之路臣之所見高皇帝之神必不廟食於大王之手明白昔者周公誅管叔放蔡叔以安周齊桓殺其弟以反國秦始皇殺兩弟遷其母以安秦頃王亡代高帝奪之國以便事濟北舉兵皇帝誅之以安漢故周齊行之於古秦漢用之於今大王不察古今之所以安國便事而欲以親戚之意望於太上不可得也亡之諸

侯游宦事人及舍匿者論皆有法其在王所吏主者坐今諸侯子為吏者御史主為軍吏者中尉主客出入殿門者衛尉太行主諸從蠻夷來歸誼及以亡名數自占者內史縣令主相欲委下吏無與其禍不可得也王若不改漢繫大王邸論相以下為之柰何夫墮父大業退為布衣所哀幸臣皆伏法而誅為天下笑以羞先帝之德甚為大王不取也宜急改操易行上書謝罪曰臣不幸早失先帝少孤呂氏之世未嘗忘死陛下即位臣怙恩德驕

韋近蓋然字與
音出當考疑董
人從行以載兵
也

漢書所節皆是
推所不當得欲
以有為處是深
入其罪不當去
如淳曰律有罪
失官爵稱士伍
也開章人名

使漢書不節去
則與上令男子
但等皆不謂近
語亦重復

毅行多不軌追念辠過恐懼伏地待誅不敢起臣
常聞之必喜大王昆弟歡忻於上群臣皆得延壽
於下上下得宜海內常安願孰計而疾行之行之
有疑禍如發矢不可追已王得書不說六年令男
子但等七十人與棘蒲侯柴武太子奇謀以輂輂
車四十乘反谷口令人使閩越匈奴事覺治之延
使使召淮南王淮南王至長安丞相臣張蒼典客
臣馮敬行御史大夫事與宗正臣逸廷尉臣賀備
盜賊中尉臣福雜奏昧死言淮南王長廢先帝法

不聽天子詔居處無度為黃屋蓋乘輿出入擬於
天子擅為法令不用漢法及所置吏以其郎中春
為丞相收聚收漢諸侯人及有罪亡者匿與居為治
家室賜與其財物爵祿田宅爵或至關內侯奉以
二千石所不當得欲以有為大夫但士伍開章等
七十人與棘蒲侯太子奇謀反欲以危宗廟社稷
使開章陰告長與謀使閩越及匈奴發其兵開章
之淮南見長長數與坐語飲食為家室娶婦以二
千石俸奉之開章使人告但已言之王春使使報

長賦如此

[illegible]

命者之罪總罪
人以下非多非
人字也得罪人
字疑明謂以罪
人亡不自有人
告無告謂本無
告者劾係治賊
其以上血欲免
城旦以下皆繫
也上字疑是
南海下以若
民王姓則無獻
璧書之理史記
無帝字則疑民
是漢書長民字
有帝字則南海
王不當無聞
此其手所奉也
致字疑
有此制可其帝
[illegible]

但等吏事覺知使長安尉奇等往捕開章長匿不
予與故中尉簡忌謀殺以閉口為棺槨衣衾葬之
肥陵邑謾吏曰不知安在又佯聚土樹表其上曰
開章死埋葬此下及長身自賊殺無罪者一人令
吏論殺無罪者六人為亡命棄市罪詐捕命者以
除罪擅罪人罪人無告劾繫治城旦舂以上十四
人赦免罪人死罪十八人城旦舂以下五十八人
賜人爵關內侯以下九十四人前日長病陛下心
憂苦之使使者賜書棗脯長不欲受賜不肯見拜

使者南海民處廬江界中者反淮南吏卒擊之陛
下以淮南民貧苦遣使者齎賜長帛五千匹以
賜吏卒勞苦者長不欲受賜謾言曰無勞苦者南
海民王織上書獻璧帛皇帝忌擅燔其書不以聞
吏請召治忌長不遣謾言曰忌病舂又請長願入
見長怒曰汝欲離我自附漢長所犯不軌當棄市
臣請論如法制曰朕不忍致其法於王其與列侯
吏二千石議臣蒼臣敬臣逸臣福臣賀昧死言臣
謹與列侯吏二千石臣嬰等四十三人議皆曰長

[illegible]

相傳則語從

公子發是

人生語亦不可缺

不奉法度不聽天子詔乃陰聚徒黨及謀反者厚
養亡命欲以有為臣等議宜論如法制曰朕不忍
致法於王其赦長死罪廢勿王臣蒼等昧死言長
有大死罪陛下不忍致法幸赦廢勿王有司奏臣
請處蜀郡嚴道邛郵遣其子子母從居縣為築蓋
家室皆廩日三食給薪菜鹽豉炊食器席蓐臣等
昧死請請布告天下制曰計食長給肉日五斤酒
二斗令故美人才材人得幸者十人從居他可於
是盡誅所與謀者於是迺遣淮南王長載以輜車

令縣以次傳是時袁爰盎諫上曰上素驕淮南王
弗不為置嚴傅相傳以故至此且淮南王為人剛
今暴摧折之臣恐其卒逢霧露病死陛下為有殺
弟之名奈何上曰吾特苦之耳今令復之縣傳淮
南王者皆不敢發車封淮南王乃謂侍者曰誰謂
乃公勇者吾安能勇吾以驕故不聞吾過故至此
人生一世間安能邑邑如此迺不食而死縣傳者
不敢發車封至雍雍令發封之以死聞上悲哭甚
悲謂袁爰盎曰吾不聽從公言卒亡淮南王盎曰

不用此淮南王字

淮南王不可奈何願陛下自寬上曰為之奈何盎
曰獨斬丞相御史以謝天下迺可上即令丞相御
史逐考逮諸縣傳送淮南王不發封餽侍者皆棄
市乃以列侯葬淮南王於雍置守冢三十戶家孝
文八年上憐淮南王淮南王有子四人年皆七八
歲乃封子安為阜陵侯子勃為安陽侯子賜為周
陽周侯子良為東城侯孝文十二年民有作歌歌
淮南厲王曰一尺布尚可縫一斗粟尚可舂兄弟
二人不能相容上聞之乃嘆曰昔堯舜放逐骨肉

周公殺管蔡天下稱聖何者不以私害公天下豈
以為我為貪淮南王地邪迺徙城陽王王淮南故地
而追尊諡淮南王為厲王置園復如諸侯儀孝文
十六年徙淮南王喜復故城陽上憐淮南厲王廢
法不軌自使失國蚤死天迺徙淮南王喜復王故
城陽而乃立其厲王三子王淮南故地三分之阜
陵侯安為淮南王安陽侯勃為衡山王周陽周侯
賜為廬江王皆復得厲王時地三分之東城侯良
前薨無後也孝景三年吳楚七國反吳使者至淮

南淮南王欲發兵應之其相曰大王必欲發兵應
吳臣願為將王乃屬相兵之淮南相已將兵因城
守不聽王而為漢漢亦使曲城侯將兵救淮南淮
南以故得完吳使者至廬江廬江王弗不應而往
來使越吳使者至衡山衡山王堅守無二心孝景
四年吳楚已破衡山王朝上以為貞信乃勞苦之
曰南方卑溼徙衡山王王於濟北所以褒之及薨
遂賜謚為貞王廬江王以邉越數使使相交故徙
為衡山王王江北淮南王如故

淮南王安為人好讀書鼓琴不喜弋獵狗馬馳騁
亦欲以行陰德拊循百姓流名譽天下招致賓客
方術之士數千人作為內書二十一篇外書甚衆
又有中篇八卷言神仙黃白之術亦二十餘萬言
時武帝方好藝文以安屬為諸父辯博善為文辭
甚尊重之每為報書及賜常召司馬相如等視草
廼遣初安入朝獻所作內篇新出上愛祕之使為
離騷傳旦受詔日食時上又獻頌德及長安都國
頌每宴見談說得失及方技賦頌昏暮然後罷時

時怨望厲王死時欲畔逆未有因也及建元二年
淮南王安初入朝素雅善太尉武安侯武安侯時
為太尉乃逆王迎之霸上與王語曰方今上無太
子大王親高皇帝孫行仁義天下莫不聞即宮車
一日晏駕非大王尚當誰立者淮南王大喜厚遺
武安侯金財物寶賂陰結其群臣賓客江淮間多
輕薄以厲王遷死感激安拊循百姓為畔逆事建
元六年彗星見淮南王心怪之或說王曰先吳軍
起時彗星出長數尺然尚流血千里今彗星長竟

天天下兵當大起王心以為上無太子天下有變
諸侯並爭愈益治器械攻戰具積金錢賂遺郡國
諸侯游士奇材諸辯士為方畧者妄作妖言諂阿
諛王王喜多賜予之金錢而謀反滋甚淮南王有
女陵慧有口辯王愛陵常多予金錢為中詗長安
約結上左右元朔二三年上賜淮南王几杖不朝
淮南王王后荼王愛幸之王后生太子遷為太子
遷取王皇太后外孫脩成君女為太子妃王謀為
反具畏太子妃知而內泄事廼與太子謀令詐弗

此欲發兵與事後所異但恐發兵未明耳

不須此字

不愛三月不同席王乃詳陽為怒太子閉太子使
與妃同內三月太子終不近妃妃求去王乃上書
謝歸去之王后荼太子遷及女陵得愛幸擅國權
侵奪民田宅妄致繫人元朔五年太子學用劍自
以為人莫及聞郎中靁雷被巧乃召與戲被一再
辭讓誤中太子太子怒被恐此時有欲從軍者輒
詣京師長安被即願奮擊匈奴太子遷數惡被於
王王使郎中令斥免欲以禁後元朔五年被遂亡
至之長安上書自明詔下其事下廷尉河南河南

治逮淮南太子王王后計欲無毋遣太子遂發兵
反計未定猶豫與十餘日未定會有詔即訊太子
當是時淮南相怒壽春丞留太子逮不遣劾不敬
王以請相相弗不聽王使人上書告相事下廷尉
治蹤從跡連王王使人候伺漢公卿公卿請逮捕
治王王恐事欲發兵太子遷謀曰漢使即逮王王
令人衣衛士衣持戟居庭中王旁有非是者則即
刺殺之臣亦使人刺殺淮南中尉廼舉兵未晚也
是時上不許公卿請而遣漢中尉宏即訊驗王王

但直格一夫當以棄市不特識罪而棄市亦格匈奴者以為難得也

此中尉一再自處皆若皆為漢有事

按即喜字是

此處合去伍被

聞漢使來即如太子謀計漢中尉至王視漢中尉
其顏色和訊問王以斥靁被事耳王自度無何不
發中尉還以聞公卿治者曰淮南王安擁雍閼求
奮擊匈奴者靁被等廢格明詔當棄市詔弗不許
公卿請廢勿王上詔弗不許公卿請削五縣詔可
削二縣使中尉宏赦淮南王其罪罰以削地中
尉入淮南界宣言赦王王初聞漢公卿請誅之未
知得削地聞漢使來恐其捕之乃與太子謀刺之
如前計及中尉至即賀王王以故不發其後自傷

曰吾行仁義見削地寡人甚恥之然淮南王削地
之後其為反謀益甚諸使者道從長安來為妄妖
言言上無男漢不治即喜即言漢廷治有男王即
怒以為妄言非也王日夜與伍被左吳等案輿地
圖部署兵所從入王曰上無太子宮車即晏駕廷
大臣必徵膠東王不即常山王諸侯並爭吾可以
無備乎且吾高祖帝孫親行仁義陛下遇我厚吾
能忍之萬世之後吾寧能北面臣事豎子乎漢書
漣下文王有孽子漢書此下文入伍傳伍被楚人

也或言其五子胥後也被以材能稱為淮南中郎
是時淮南王安好術學折節下士招致英雋以百
數被為冠首久之淮南王陰有邪謀被數微諫後
王坐東宮召伍被欲與謀計事呼之曰將軍上被
悵然曰上寬赦大王王復安得此亡國之語言乎
臣聞昔子胥諫吳王吳王不用迺曰臣今見麋鹿
游姑蘇之臺也今臣亦將見宮中生荊棘露霑衣
也於是王怒繫伍被父母囚之三月王復召被曰
將軍許寡人乎被曰不直來小臣將為大王畫計

耳臣聞聰者聽於無聲明者見於未形故聖人萬
舉而萬全昔文王一動而功顯于千萬世列為三
代王此所謂因天心以動作者也故海內不期而
隨此千歲之可見者夫百年之秦近世之吳楚亦
足以喻國家之存亡矣被傳連下文曰方今漢廷
治乎被曰臣不敢避子胥之誅願大王母為吳王
之聽昔往者秦為無道殘賊天下絕先王之道毀
術士燔詩書藏聖跡棄禮義尚詐力任刑罰法轉
負海瀕之粟致之于西河當是之時男子疾耕不

足於糟糠粮餽女子紡績不足於盖形遣蒙恬築
長城東西數千里暴兵露師常數十萬死者不可
勝數僵尸千里流野流血頃畝千里於是百姓力
竭屈欲為亂者十家室而五又使徐福入海求仙
藥神異物還為偽辭曰臣見海中大神言曰汝西
皇之使邪臣荅曰然汝何求曰願請延年益壽藥
神曰汝秦王之禮薄得觀而不得取即從臣東南
至蓬萊山見芝成宮闕有使者銅色而龍形光上
照天於是臣再拜問曰宜何資以獻海神曰以令

名男子若振女與百工之事即得之矣秦皇帝大
說多齎珍寶遣振童男女三千人資之五穀種種
百工而行徐福得平原廣大澤止王不來於是百
姓悲痛相愁思欲為亂者十家室而六又使尉佗
踰五嶺攻百越尉佗知中國勞極止王南越不來
使人上書求女無夫家者三萬人以為士卒衣補
秦皇帝可其萬五千人行者不還往者莫返於是
百姓離心瓦解欲為亂者十家室而七漢書伍傳
連下文與萬乘之駕至叩心怨上欲為亂者十室

五十五六七初此等文之成漢有多寡為入而不如多

漢此段精神

言小小不到亦以致敗謂史稍平

漢書此句亦宜存之又且不讀失史之鄙也

而八止客謂高皇帝曰時可矣高皇帝曰待之聖
人當起東南間不一年㪍陳勝吳廣大呼發矣高
皇帝始於豐沛一倡劉項並和天下不期而響應
者不可勝數也此所謂蹈瑕釁候間因秦之亡時
而動者也百姓願之若枯旱之望雨故起于行陳
之中而立為天子以成帝王之功功高三王德傳
無窮今大王見高皇帝初得天下之易也獨不觀
近世之吳楚乎漢書伍傳連下文當今陛下臨制
至被以為過矣止夫吳王賜號為劉氏祭酒受几

史漢異同卷二十八　淮南王安　十五

杖而復不朝王四郡之衆地方數千里內鑄消采
山銅以為錢東煑海水以為鹽上取伐江陵之木
以為船一船之載當中國數十兩車國富民衆行
珠玉金帛珍寶賂諸侯宗室大臣獨竇氏不與計
定謀成與七國合從舉兵而西破於大梁敗於狐
父奔走而東還至於丹徒為越人所禽之死於丹
徒頭足異處身死滅絕祀絕為天下笑戮夫以吳
越之衆不能成功者何也誠逆天道違衆而不知
見時也漢書伍傳連下文王曰男子之所死者止

漢書被流涕處勃史記若談如賦近乎小說矣

合去又此字

不見其福也方今且大王之兵衆不能十分吳楚
之一天下安寧又有萬倍於吳楚之時願大王
從用臣之計大王不從臣之計今見大王事必不
成而語先泄也臣聞微子過故國而悲於是作
麥秀之歌是痛紂之不用王子比干之言也故孟
子曰紂貴為天子死曾不若匹夫是紂先自絕
於天下久矣非死之日而天下去之也今臣亦竊
悲大王棄千乘之君必且將賜絕命之書為群臣
先身死於東宮也於是王氣怨結而不揚涕滿

史漢異同卷二十八　淮南王安　十六

匡而橫流即被因流涕而起歷階而去伍傳連下
文下王復召問被止王有孼子不害最長王弗不
愛王王后太子皆不以為子兄數不害有子建材
高有氣常怨望太子不省其父又怨時諸侯皆得
分子弟為侯而淮南王獨有二兩子一子為太子
而建父獨不得為侯建陰結交欲告敗害太子以
其父代之太子知之數捕繫而榜笞建建且知太
子之欲謀欲殺漢中尉即使所善壽春莊芷嚴正
以元朔六年上書於天子曰毒藥苦於口利於病

忠言逆於耳利於行今淮南王孫建材能高淮南
王王后荼荼子太子遷常疾害建建父不害無罪
擅數捕繫欲殺之今建在可徵問具知淮南王陰
事書既聞上以其事下廷尉廷尉下河南治是時
歲元朔六年也故辟陽侯孫審卿善丞相公孫弘
怨淮南厲王殺其大父乃深購陰求淮南事而搆
之於弘弘迺疑淮南有畔逆計謀深探窮治其獄
河南治建辭引淮南太子及黨與初王數以舉兵
謀問伍被被常諫之以吳楚七國為效王引陳勝

吳廣被復言形勢不同必敗亡及建見治王恐國
陰事泄欲發復問被被為言發兵權變語在被傳
漢書連下文於是王銳欲發淮南王患之欲發問
伍被曰方今漢廷治乎亂乎伍被曰天下治王意
不說謂伍被曰公何以言天下治也被對曰被竊
觀朝廷之政君臣之義父子之親夫婦之別長幼
之序也皆得其理上之舉錯遵古之道風俗紀綱
未有所缺也重裝富賈周流天下道無不通故交
易之道行南越賓服羌僰入貢獻東甌入降朝廣

漢書須士卒休
乃舍穿井然
後理宜如舉穿井
事須共得水乃
飲取足漢書
下亦多士卒兩
字

長榆開朔方匈奴折翅傷翼失援不振雖未及古
太平之時然猶為治也王怒被謝死罪王又謂被
曰山東即有兵變漢必使大將軍將而制山東公
以為大將軍何如人也被曰臣被所善者黃義從
大將軍擊匈奴還告被曰言大將軍遇士大夫有
以禮於與士卒有恩衆皆樂為之用騎上下山若
如蜚飛材幹材力絕人被以為材能如此數將習
兵未易當也及謁者曹梁使長安來言大將軍號
令明當敵勇敢常為士卒先須士卒休乃舍穿井

未通須士卒盡得水乃敢飲軍罷士卒盡已渡踰
河迺度皇太后所賜金帛發盡以賞賜軍吏雖古
名將弗不過也王默然曰夫蓼太子知略不世出
非常人也以為漢廷公卿列侯皆如沐猴而冠耳
被曰獨先刺大將軍乃可舉事漢書伍傳連下文
王復問被曰淮南王見建已徵治恐國陰事且覺
欲發被又以為難王乃復問被曰公以為吳興舉
兵是邪非也邪被曰以為非也漢書伍傳此下連
上文夫吳王賜號起至不見時也一段止無下文

男子之所死者一言耳此數語被為己死不疑陂眾不盡也求於人所不能道泄得一旦渦成皐者四十餘人
彼非一日一時之言故畫…不…

吳王至富貴也舉事不當身死冊徙頭足異處子
孫無遺類臣為吳王悔之甚願王孰慮之無為吳
王之所悔王曰男子之所死者一言耳且吳何知
反漢將一日過成皐者四十餘人今我令樓緩先
要成皐之口周被下潁川兵塞轘轅伊闕之道陳
定發南陽兵守武關河南太守獨有雒陽耳何足
憂然此北尚有臨晉關河東上黨與河內趙國界
者通谷數行人言曰絕成皐之口道天下不通據
三川之險招山東天下之兵舉事如此公以為何

如被曰臣見其禍未見其福也漢書伍傳連下文
後漢逃淮南王孫建繫治之起至未見其福上王
曰左吳趙賢朱驕如皆以為有福什事八九成公
獨以為有禍無福何也被曰大王之群臣近幸素
能使眾者皆前繫詔獄餘無可用者王曰陳勝吳
廣無立錐之地千百人之聚起於大澤奮臂大呼
而天下響應西至於戲而兵百二十萬今吾國雖
小然而勝兵者可得二十餘萬非直適戍之眾鐖
鑿棘矜也公何以言有禍無福被曰漢書伍傳連

其秦士之風

亡文臣不敢避子胥之誅往者秦為無道殘賊天
下興萬乘之駕作阿房之宮收太半之賦發閭左
之戍父不寧子兄不便安弟政苛刑峻慘天下熬
然若焦民皆引領而望傾耳而聽悲號仰天叩心
而怨上故陳勝大呼天下響應欲為亂者十室而
八漢書伍傳連上文客謂高皇帝曰當今陛下臨
制天下一壹齊海內汎氾愛蒸庶布德施惠口雖
未言聲疾雷霆震令雖未出化馳如神心有所懷
威動萬千里下之應上猶影景響響也而大將軍

材能不特非直章邯楊熊也大王以陳勝吳廣諭
論之被以為過矣伍傳連上文且大王之兵眾
不能什分吳楚之一至王復召同被曰苟如公言
不可以徼幸邪被曰必不得已被有愚計王曰奈
何被曰當今諸侯無異心百姓無怨氣朔方之郡
田土地廣水草美民徒者不足以實其地臣之愚
計可偽為丞相御史請書徙郡國豪傑任俠及有
耐罪以上以赦令除其罪家產五十萬以上者
皆徙其家屬朔方之郡益發甲卒急其會日又偽

字是

為左右都司空上林中都官詔獄逮書以逮諸侯
太子及幸臣如此則民怨諸侯懼即使辯武士隨
而說之儻可以徼幸什得一乎王曰此可也雖
然吾以為不至若此專發而已於是王說欲發乃
令官奴入宮中作皇帝璽丞相御史大夫大將軍軍
吏中二千石都官令丞印及旁近郡太守都尉印
漢使節法冠欲如伍被計使人偽為得罪而西事
大將軍丞相一日發兵使人即刺殺大將軍衛青
而說丞相弘下之如發蒙耳王欲發國中兵恐其

相二千石不聽王迺與伍被謀先殺相二千石偽
為失火宮中相二千石救火至即因殺之計未決
又欲令人衣求盜衣持羽檄從東南方來呼言曰
南越兵入界欲因以發兵乃使人至之廬江會稽
為求盜未發史漢書本傳連下文廷尉以建辭連
太子遷伍傳後漢逮淮南王孫建繫治之王恐陰
事泄謂問伍被曰事至吾欲遂發天下勞苦有間
矣諸侯頗有失行皆自疑我吾舉兵西鄉諸侯必
有應我者即無應柰何即還略衡山勢不得不

利害深處

此偷字支離因其見被自救故得反覆詳備非竊意之也

發被曰南收略衡山以擊廬江有尋陽之船守下
雉之城結九江之浦絕豫章之口彊弩臨江而守
以禁南郡之下東收江都保會稽南通勁越屈彊
江淮間猶可以得延歲月之壽耳未見其福也王
曰善無以易此急則走越耳伍傳連上文王曰左
吳趙賢於是廷尉以王孫建辭連淮南王太子遷
聞上遣廷尉監因拜與淮南中尉逮捕太子至淮
南淮南王聞與太子謀召相二千石欲殺而發兵
召相相至內史以出為解中尉曰臣受詔使不得

見王王念獨殺相而內史中尉不來無益也即罷
相王計猶豫與計未決太子念所坐者謀刺殺漢
中尉所與謀殺者已死以為口絕乃謂王曰群臣
可用者皆前繫今無足與舉事者王以為非時發
恐無功臣願會逮王亦愈偷欲休即許太子太子
即自剄刑不殊伍被自詣吏因具告與淮南王謀
反反蹤跡具如此伍傳下接天子以伍被雅辭吏
因捕太子王后圍王宮盡求捕王所與謀反賓客
在國中者索得反具以聞上下公卿治所連引與

無人臣之言

…林曰非吏故
…師古曰為
近幸之人非吏
人者
本只是非吏論
又取本字紙為
句甚奇然者是
此贖死耳

淮南王謀反列侯二千石豪傑數千人皆以罪輕
重受誅衡山王賜淮南王弟也當坐收有司請逮
捕衡山王天子上曰諸侯各以其國為本不當相
坐與諸侯王列侯會肄丞相諸侯議趙王彭祖列
侯臣讓等四十三人議皆曰淮南王安甚大逆無
道謀反明白當伏誅膠西王臣端議曰淮南王安
廢法度行邪辟有懷詐偽心以亂天下熒營惑百
姓背倍畔宗廟妄作妖言春秋曰臣毋無將將而
誅安罪重於將謀反形已定臣端所見其書節印

史漢異同卷二十八　淮南王安　二十三

圖及他逆無亡道事驗明白甚大逆無道當伏其
法而論國吏二百石以上及比者宗室近幸臣不
在法中者不能相教當皆免官削爵為士伍毋
得宦為吏者其非吏他贖死金二斤八兩以章臣
安之罪使天下明知臣子之道毋敢復有邪僻倍
背畔之意丞相弘廷尉湯等以聞天子上使宗正
以符節治王未至淮南王安自剄刑殺王后荼太
子遷諸所與謀反者皆族伐裁連下文國除天子
以伍被雅辭多引漢之美欲勿誅廷尉張湯進曰

被不可赦張湯
漢書有與被其獄
謂以畫剝竟哉

後有中男孝則
亦為之少男

心結賓客總書
之

右曰內史故
以具言王之
治狀與此注以
為治內史

漢書作衡山王…
失不去何也疑
多衡字漢省如
字文勝郎不可
解誤寫刺字是

被首為之王畫反計被罪無赦遂誅被國除為九
江郡
衡山王賜王后乘舒生子三人長男爽為太子次
男孝次女無采少男孝又姬徐來生子男女四人
美人厥姬生子二人衡山王淮南王衡山兄弟相
責望禮節間不相能衡山王聞淮南王作為畔逆
反具亦心結賓客以應之恐為所并元光六年衡
山王入朝其謁者衛慶有方術欲上書事天子王
怒故劾慶死罪彊榜服之衡山內史以為非是卻

史漢異同卷二十八　淮南王安　二十四

其獄王使人上書告內史內史治言王不直王又
數侵奪人田壞人冢以為田有司請逮治衡山王
天子上不許為置吏二百石以上衡山王以此恚
與奚慈張廣昌謀求能為兵法候星氣者日夜從
縱容史王密謀反事王后乘舒死立徐來為王后
厥姬俱幸兩人相妒厥姬乃惡王后徐來於太子
曰徐來使婢蠱道殺太子母太子心怨徐來徐來
兄至衡山太子與飲以刃刺刑傷王后兄之王后
以此怨怒太子數毀惡太子之於王太子女弟無

數以數讓亦是

采嫁棄歸與奴奸又與客奸太子數以數讓無采
之無采怒不與太子通王后聞之即善遇無采無
采及中兄孝孝少失母附王后王后以計愛之與
共毀太子王以故數繫笞太子元朔四年中人有
賊傷王后假母者王疑太子使人傷之笞太子後
王病太子時稱病不侍孝王后無采惡太子太子

詞自言病矣而又有喜色也

實不病自言病有喜色王於是大怒欲廢太子而
立其弟孝王后知王決廢太子又欲并廢孝王后
有侍者善舞王幸之王后欲令侍者與孝亂以汚

[illegible]言明

之欲并廢兄弟二子而以立其己子廣代太子之
太子爽知之念后數惡己無已時欲與亂以止其
口王后飲太子太子前為壽因據王后股求與王
后卧王后怒以告王王乃召欲縛而笞之太子知
王常欲廢己而立其弟孝乃謂王曰孝與王御者

自作狀別語又詞

奸無采與奴奸王彊食請上書即倍背王去王使
人止之莫能禁王乃自駕追捕太子太子妄惡言
王械繫太子宮中孝日益以親幸王奇孝材能廼
佩之王印號曰將軍令居外宅家多給金錢招致

[illegible]

賓客賓客來者微知淮南衡山有逆計皆日夜從
容將養勸之王廼使孝客江都人救枚赫陳喜作
輣車鍭鍛矢刻天子璽將相軍吏印王日夜求壯
士如周丘等數稱引吳楚反時計畫以約束衡山
王非敢效淮南王求即天子位畏淮南起并其國
以為淮南已西發兵定江淮之間而有之望如是
元朔五年秋衡山王當朝六年過淮南淮南王廼昆
弟語除前郤隙約束反具衡山王即上書謝病上
賜書不朝元朔六年中衡山王廼使人上書請廢

太子爽立孝為太子爽聞即使所善白嬴之長安
上書言衡山王與子謀逆言孝作輣兵車鍭鍛矢
與王御者奸欲以敗孝白嬴至長安未及上書即
吏捕嬴以淮南事繫王聞爽使白嬴上書之恐其
言國陰事即上書反告太子爽所以為不道棄市

[illegible]所為不在[illegible]中下非止一事

罪事事下沛郡治元朔符七元年冬有司公卿下
沛郡求捕所與淮南王謀反者未得得陳喜於衡
山王子孝家吏劾孝首匿喜孝以為陳喜雅數與
王計謀反恐其發之聞律先自告除其罪又疑太

具字且閒

不用此孝字

史記文簡漢書告字複以辭告父雖異不如告不孝直兩字頓

迺以下刪削皆妙

子使白嬴上書發其事即先自告告所與謀反者
救赦赫陳喜等廷尉治事驗公卿請逮捕衡山王王
治之天子上曰勿捕遣中尉安大行息即問王王
具以情實對吏皆圍王宮而守之中尉大行還以
聞公卿請遣宗正大行與沛郡雜治王王聞即自
剄殺孝先自告反告除其罪孝坐與王御婢奸棄
市及王后徐來亦坐蠱殺前王后乘舒及太子爽
坐告王告父不孝皆棄市諸坐與衡山王謀反者
皆族誅國除為衡山郡

太史公贊曰詩之所謂戎狄是膺荊舒是懲信
哉是言也淮南衡山親為骨肉疆土千里列為在
諸侯不務遵藩臣職以承輔天子而專剸挾邪
辟之計謀為畔逆仍父子再亡國各不終其身為
天下笑此非獨王過也亦其俗薄臣下漸靡使然
也夫荊楚僄勇輕悍好作亂迺自古記之矣

有不至字又好

然字若屬下句又有力看然爲以然自初使越時似別生議制又刷其平生如

此敍所至爲朝廷重

責大指而已又不苛小令人以爲多矣弘大體又好

汲黯列傳第六十　史記一百二十

汲黯鄭莊傳第二十　漢書四十八

汲黯字長孺濮陽人也其先有寵於古之衛君也
至黯七世世為卿大夫黯以父任孝景時為太子
洗馬以莊嚴見憚孝景帝崩太子武帝即位黯為
謁者東越粵相攻上使黯往視之不至至吳而還
報曰越粵人相攻固其俗然不足以辱天子之使
者河內失火延燒千餘家上使黯往視之還報曰

家人失火屋比延燒不足憂也臣過河南內河南
內貧人傷水旱萬餘家或父子相食臣謹以便宜
持節發河南內倉粟以賑貧民臣請歸節伏矯制
之罪上賢而釋之遷為滎陽令黯恥為令稱疾
病歸田里上聞乃迺召拜為中大夫以數切諫不
得久留內遷為東海太守黯學黃老之言治官理
民好清靜擇丞史而任之其治責大指而已不細
苛小黯多病臥閨閤內不出歲餘東海大治稱之
上聞召以為主爵都尉列於九卿治務在無為而

面折不能容人之過古語頗如此甚佳忍字切

皆子長鋪意然明其人善灌夫鄭當時亦借以明之皆傳中品目

未嘗拜常揖甚不厭多

莊助為請欲使得去也間何如人者有惜其去意莊助欲明黯之先言無以踰人至守城深堅四字可以托六尺之孤可以寄百里之命也說得又親切過於子長矣

已弘引大體不拘文法黯為人性倨少禮面折不
能容人之過合己者善待之不合己者不弗能忍
見士亦以此不附焉然好學游俠任氣節內行脩
絜其好直諫數犯主之顏色常慕傅柏袁盎之為
人也善灌夫鄭當時及宗正劉棄疾亦以數直諫
不得久居位當是時太后弟武安侯田蚡為丞相
中二千石來拜謁蚡不弗為禮然黯見蚡未嘗拜
常揖之天子上方招文學儒者上曰吾欲云云黯
對曰陛下內多欲而外施仁義奈何欲效唐虞之

史漢彙考卷一　汲黯　二

治乎虖上默然怒變色而罷朝公卿皆為黯懼上
退謂左右人曰甚矣汲黯之戇也群臣或數黯黯
曰天子置公卿輔弼之臣寧令從諛承意陷主於
不義乎虖且已在其位縱愛身奈辱朝廷何黯多
病病且滿三月上常賜告者數終不愈瘉最後病
莊嚴助為請告上曰汲黯何如人哉也助曰使黯
任職居官無以踰瘉人然至其輔少主守城成深
堅招之不來麾之不去雖自謂賁育亦不弗能奪
之矣上曰然古有社稷之臣至如汲黯近之矣大

不読漢書偏去此等招之不來麾之不去此等力亦不可及武帝問莊助言曰然古有社稷臣至如黯近之矣儒生知此未必能道也將言望見黯避帳中故先從衛青弘常日見特時說來如此則前所謂尊重後所謂封侯皆為不足道矣傳中描寫黯無不了了處

漢書言見空字亦勝非苦於就行放析就功如不可雜始伍以為苛破析苛

碎須要如己意自為功耳

然漢多吏民至巧弄上犹文法操持取必而儒術者無以折之故湯等數奏決讞見幸此史夫一弄字則為上分別文法矣古人語別具者深文巧詆陷人於罪使不得反其真以勝為功何其深切痛至非老深闇鹿測相周遊不能為此言也漢書以為不切

將軍青侍中上踞厠而視之丞相弘燕閒見上或
時不冠至如嘗黯見上不冠不見也上嘗坐武帳
中黯前奏事上不冠望見黯避帳帷中使人可其
奏其見敬禮如此張湯方以更定律令為廷尉黯
數質責湯於上前曰公為正卿上不能褒先帝之
功業下不能抑化天下之邪心安國富民使囹圄
空虛二者無一焉非苦於就行放析就功何乃空
取高皇帝約束紛更之為而公以此無種矣黯時
與湯論議湯辯常在文深小苛黯伉厲守高不能

史漢彙考卷一　汲黯　三

屈忿憤發罵曰天下謂刀筆吏不可以為公卿果
然必湯也令天下重足而立側反目而視矣是時
漢方征匈奴招懷四夷黯務少事承上間常言與
胡和親毋無起兵上方嚮儒術尊公孫弘及事益
多吏民巧弄上分別文法湯等數奏決讞以幸而
黯常毀儒面觸弘等徒懷詐飾智以阿人主取容
而刀筆之吏專深文巧詆陷人於罪罔使不得反
其真以勝自為功上愈益貴弘湯弘湯深心疾黯
唯天子雖上亦不說也欲誅之以事弘為丞相乃

難惑以非不特半淡雖余錢亦能行也
振落字占雅有味
此處漢書字字是
積薪又見然實亦無不強可謂觀錯其無學亦近

廼言上曰右内史界部中多貴人宗室難治非素
重臣不弗能任請從黯爲右内史爲右内史數歲
官事不廢大將軍青既益尊姊爲皇后然黯與亢
禮人或說黯曰自天子欲令群臣下大將軍大將
軍尊重益貴誠重君不可以不拜黯曰夫以大將
軍有揖客反不重邪大將軍聞愈賢黯數請問以
國家朝廷所疑遇黯過加於平生日淮南王謀反
憚黯曰黯好直諫守節死義難惑以非至如說丞
相公孫弘等如發蒙振落耳天子上既數征匈奴

史漢異同卷二十八　汲黯　四

有功黯之言益不用始黯列爲九卿矣而公孫弘
張湯爲小吏及弘湯稍益貴與黯同位黯又非毀
弘湯等已而弘至丞相封爲侯湯至御史大夫故
黯時丞相史皆與黯同列或尊用過之黯褊心不
能無少望見上前言曰陛下用群臣如積薪耳後
來者居上上默然有間黯罷上曰人果不可以無
學觀汲黯之言也日益甚矣居無何匈奴渾邪王
率帥衆來降漢發車二萬乘縣官無亡錢從民貰
馬民或匿馬馬不具上怒欲斬長安令黯曰長安

倔斬黯民乃肯出馬真意經丞相之言也要緊字
發縣事情文書出入俱盡或物字改資字大明微字文語謂不能得其利更自以利與之耳
漢書好

令無罪獨斬臣黯民乃廼肯出馬且匈奴畔其主
而降漢漢徐以縣次傳之何至令天下騷動罷弊
中國而廿心以事夷狄之人乎上默然及後渾邪
王至賈人與市者坐當死者五百餘人黯入請間
見高門曰夫匈奴攻當路塞絕和親中國興舉兵
誅之死傷者不可勝計而費以巨鉅萬百數臣愚
以爲陛下得胡人皆以爲奴婢以賜從軍死事者
家所鹵獲因予與之以謝天下之苦塞百姓之心
今縱不能渾邪率帥數萬之衆來降虛府庫賞賜

史漢異同卷二十八　汲黯　五

發良民侍養譬若奉驕子愚民安知市買長安中
物而文吏繩以爲闌出財物于如邊關乎陛下縱
不能得匈奴之資贏以謝天下又以微文殺無知
者五百餘人是所謂庇其葉而傷其枝者也臣竊
爲陛下不弗取也上默然不弗許曰吾久不聞汲
黯之言今又復妄發矣後數月黯坐小法會赦免
官於是黯隱於田園居者數年會更立五銖錢民
多盜鑄錢者楚地尤甚上以爲淮陽楚地之郊也
乃召拜黯拜爲淮陽太守黯伏謝不受印綬詔數

今病句絶

黯棄逐居郡與前願留禁闥者足以[illegible]明忠言之心

兩語盡古今奸臣之態

增阿字佳

增淮陽是

因以黯故生以安故因以安故又及段宏可謂孱懦甚不切者及言衛人仕者然後一時出處有可羨者又與傳黯一語有[illegible]於古之術者相類云

彊予然後奉詔詔召見黯上泣黯為上泣曰臣自
以為填溝壑不復見陛下不意陛下復收用之臣
常有狗馬之心今病力不能任郡事臣願為中郎
出入禁闥補過拾遺臣之願也上曰君薄淮陽邪
吾今召君矣顧淮陽吏民不相得吾徒得君之重
臥而治之黯既辭行過大行李息曰黯棄逐居郡
不得與朝廷議也矣然御史大夫張湯智足以拒
諫詐足以飾非務巧佞之語辯數之辭非肯正為
天下言專阿主意主意所不欲因而毀之主意所

史漢異同二十九卷　汲黯　十一

欲因而譽之好興事舞文法內懷詐以御主心外
挾賊吏以為威重公列九卿不早言之何公與之
俱受其戮矣息畏湯終不敢言黯居郡如其故治
淮陽政清後張湯果敗上聞黯與息言抵息罪令
黯以諸侯相秩居淮陽十七歲而卒卒後上以黯
故官其弟汲仁至九卿子汲偃至諸侯相黯姑姊
子司馬安亦少與黯為太子洗馬安文深巧善宦
官四至九卿以河南太守卒昆弟以安故同時至
二千石者十人濮陽段宏始事蓋侯信信任宏宏

置驛馬[illegible]欲速其也

如恐不見謂身繫此自見全非

[illegible]

官亦再至九卿然衛人仕者皆嚴憚汲黯出其下
鄭當時者字莊陳人也其先鄭君嘗為事項籍將
籍死已而屬漢高祖令諸故項籍臣名籍鄭君獨
不奉詔詔盡拜名籍者為大夫而逐鄭君鄭君死
孝文時鄭莊當時以任俠自喜脫張羽於厄阨聲
聞梁楚之閒孝景時為太子舍人每五日洗沐常
置驛馬長安諸郊存諸故人請謝賓客夜以繼日
至其明旦常恐不徧莊當時好黃老之言其慕長
者如恐不稱自見年少官薄然其游知交皆其大

史漢異同三十二卷　汲黯　七

父行天下有名之士也武帝立即位莊當時稍遷
為魯中尉濟南太守江都相至九卿為右內史以
武安侯魏其時議貶秩為詹事遷為大司農令莊
當時為太史誡大吏戒門下客至無亡貴賤無亡
留門下者執賓主之禮以其貴下人莊性廉又不
治其產業卬仰奉賜以給諸公然其餽遺人不過
算具器食每朝候上之閒說未嘗不言天下之長
者其推轂士及官屬丞史誠有味其言之也常引
以為賢於己未嘗名吏與官屬言若恐傷之聞人

武帝平鄭莊知其平生知客人語

莊任人是自保舉下賓客又說人然皆適貧說只是借

因當時皆汲黯上有無子故下回說家貧賓而從賓客家此兩人皆居郡卒卒時後皆無餘財濟當何誤也

之善言進之上唯恐後山東士諸公以此翕然稱
鄭莊鄭莊使視決河自請治行五日上曰吾聞鄭
莊行千里不齎糧請治行者何也然鄭莊當時在
朝常趨和承意不敢甚引斥臧當否及晚節漢征
匈奴招四夷天下費多財用益匱益當時為大司
農莊任人賓客為大農僦人入多逋負司馬安為
淮陽太守發其事莊當時以此陷罪贖為庶人頃
之守長史上以為老以莊為還汝南太守數歲以
官卒昆弟以當時故至二千石者六七人鄭莊當

時始與汲黯始列為九卿廉內行修絜此兩人中
廢家貧賓客益落及居郡卒後當時死家無餘
貲財莊兄弟子孫以莊故至二千石六七人焉先
是下邽翟公為廷尉賓客亦填門及廢門外可設
爵網後復為廷尉客欲往翟公大署其門曰一死
一生乃知交情一貧一賤乃知交態一貴一賤交
情乃見
太史公曰夫以汲鄭之賢有勢則賓客十倍無勢
則否況衆人乎下邽翟公有言始翟公為廷尉賓

客闐門及廢門外可設雀羅翟公復為廷尉賓
客欲往翟公乃大署其門曰一死一生乃知交情
一貧一富乃知交態一貴一賤交情乃見汲鄭亦
云悲夫漢贊同張馮傳

班馬異同

太史公語不多而意深厚去令若治之具而非制治清濁之源說得大綱說到姦偽萌起上下相遁即借法為欺未嘗不以法從事而無情實故至於不振及此時非酷吏救

止安能愉快須之快非止酷吏上語數語勢皆不得不然

峻潔

錯本非酷吏此也直借言刻著之不可為耳

班馬異同

酷吏列傳第六十二　史記一百二十二

張湯傳第二十九　漢書五十九

杜周傳第三十　漢書六十

孔子曰導之以政齊之以刑民免而無恥導之以德齊之以禮有恥且格老氏稱上德不德是以有德下德不失德是以無德法令滋章盜賊多有太史公曰信哉是言也法令者治之具而非制治清濁之源原也昔天下之網罔嘗密矣然姦偽萌軌愈起其極也上下相遁至於不振當是之時吏治若救火揚沸非武健嚴酷惡能勝其任而愉快乎言道德者溺其於職矣故曰聽訟吾猶人也必也使無訟乎下士聞道大笑之非虛言也漢興破觚而為圜斲雕琱而為朴樸號為網罔漏於吞舟之魚而吏治烝烝蒸蒸不至於姦黎民艾安由是觀之在彼不在此高后時酷吏獨有侯封刻轢宗室侵辱功臣呂氏已敗遂禽夷侯封之家孝景時鼂錯以刻深頗用術輔其資而七國之亂發怒於

只仕字絕句較俊

多致字字是精氣

錯錯卒以被戮其後有郅都甯成之屬倫

郅都者河東大揚陽人也以郎事孝文帝孝景帝時都為中郎將敢直諫面折大臣於朝嘗從入上林賈姬如在廁野彘卒來入廁上目都都不行上欲自持兵救賈姬都伏上前曰亡一姬復一姬進天下所少寧賈姬等乎邪陛下縱自輕奈宗廟太后何上還彘亦去不傷賈姬太后聞之賜都金百斤上亦賜金百斤由此重郅都濟南瞯氏宗人三百餘家豪猾二千石莫能制於是景帝乃拜都為濟南太守都至則族滅誅瞯氏首惡餘皆股栗居歲餘郡中不拾遺旁十餘郡守畏都如大府都為人勇有氣力公廉不發私書問遺無所受請寄無所聽常自稱曰已倍背親而出仕身固當奉職死節官下終不顧妻子矣郅都遷為中尉丞相條侯至貴倨居也而都揖丞相是時民朴樸畏罪自重而都獨先嚴酷致行法不避貴戚列侯宗室見都側目而視號曰蒼鷹臨江王徵詣中尉府對簿臨江王欲得刀筆為書謝上而都禁吏不弗予與魏

此䟫字謂騎射者
漢書無竟太后字甚疑此竟字何用
好氣二字亦前所無

其侯使人以間與子臨江王臨江王既得為書謝
上因自殺竇太后聞之怒以危法中都都免歸家
孝景帝乃遣使使持節即拜都為鴈門太守而便
道之官得以便宜從事匈奴素聞郅都節居舉邊
為引兵去竟郅都死不近鴈門匈奴至為偶人象
郅都令騎馳射莫能中其見憚如此匈奴患之竇
太后乃竟中都以漢法景帝曰都忠臣欲釋之竇
太后曰臨江王獨非忠臣邪乎於是遂斬郅都也
寧寧成者南陽穰人也以郎謁者事景帝好氣為

人小少吏必陵其長吏為人上操下急如束溼薪
滑猾賊任威稍遷至濟南都尉而郅都為守始前
數都尉皆步入府因吏謁守如縣令其畏郅都如
此及成往直陵凌都出其上都素聞其聲於是善
遇與結驩久之郅都死後長安左右宗室多暴犯
法於是上召寧成為中尉其治效郅都其廉弗如
然宗室豪桀人皆人人惴恐武帝即位徙為內史
外戚多毀成之短抵罪髡鉗是時九卿罪死即死
必被刑而成刑極刑自以為不復收於是遯解脫

貲恐貰是
二與[illegible]

詐刻傳出關歸家稱曰仕不至二千石賈不至千
萬安可比人乎乃遯貰貸買陂田千餘頃假貧民
役使數千家數年會赦致產數千萬金為任俠持
吏長短出從數十騎其使民威重於郡守
周陽由者其父趙兼以淮南王舅侯周陽故因姓
周陽氏爲由以宗家任為郎事孝文及景帝景帝
時由為郡守武帝即位吏治尚循修謹甚然由居
二千石中最為暴酷驕恣所愛者撓法活之所憎
者曲法誅滅之所居郡必夷其豪為守視都尉如

令為都尉必陵太守奪之治與汲黯俱為忮司馬
安之文惡俱在二千石列同車未嘗敢均茵伏馮
由後由為河東都尉時與其守勝屠公爭權相告
言罪勝屠公當抵罪義議不受刑自殺而由棄市
自寧成周陽由之後事益多民巧法大抵吏之
治類多成由等矣

於是文見條侯之長者貴案相之言也

趙禹者斄人也以佐史補中都官用廉為令史事
太尉周亞夫亞夫為丞相禹為丞相史府中皆稱
其廉平然亞夫弗任曰極知禹無害然文深不可

亦具天資編得之此非學力可至使無刀筆則劾鼠而已杜所知遇皆當時酷吏之類之合非苟然者

為之是此湯字何可無

無害者猶言莫能敗也

何可無巫字

語自切中與前傳相監司同

以居大府令上武帝時禹以刀筆吏積勞稍遷為
御史上以為能至太中大夫與張湯論定諸律令
作見知吏傳得相監司用以法益刻蓋自此始
連下文張湯傳內禹為人廉止官屬陰罪又連後
趙禹中廢至以壽卒于家結傳
張湯者杜陵人也其父為長安丞出湯為兒守舍
還而鼠盜肉其父怒笞湯湯掘窟得盜鼠及餘
肉劾鼠掠治傳爰書訊鞫論報并取鼠與肉具獄
磔堂下其父見之視其文辭如老獄吏大驚遂使

史漢異同評卷八　張湯　五一

書獄父死後湯為長安吏久之周陽侯始為諸卿
時嘗繫長安湯傾身事為之及出為侯大與湯交
徧見湯貴人湯給事內史為寧窾成掾以湯為無
害言大府調為茂陵尉治方中武安侯為丞相徵
湯為史時薦言之天子補侍御史使案事治陳皇
后巫蠱獄深竟黨與於是上以為能稍遷至太中
大夫與趙禹共定諸律令務在深文拘守職之吏
已而趙禹遷為中尉徙為至少府而張湯為廷尉
兩人交驩而兄事禹禹為人廉倨禍為吏以來舍

[illegible]

毋無食客公卿相造請禹禹終不行報謝務在絕
知友賓客之請孤立行一意而已見文法輒取亦
不覆案求官屬陰罪自禹為人廉已下至此止漢
書入趙禹傳下禹志在奉公孤立而湯為人多詐
舞智以御人始為小吏乾沒與長安富賈田甲魚
翁叔之屬交私及列九卿收接天下名士大夫已
心內雖不合然陽浮慕道與之是時上方鄉文學
湯決大獄欲傅古義乃請博士弟子治尚書春秋
補廷尉史平亭疑法奏讞疑事必豫奏先為上分

史漢異同評卷八　張湯　六

別其原上所是受而著讞決法廷尉絜契令揚主
之明奏事即譴湯應擁謝鄉上意所便必引正監
掾史賢者曰固為臣議如此上責臣臣弗用愚抵
於此罪常釋聞閒即奏事上善之曰臣非知為此
奏乃延正監掾史某所為之其欲薦吏揚人之善
蔽解人之過如此所治即上意所欲罪舉予監史
深禍刻者即上意所欲釋與予監史史輕平者
所治即豪必舞文巧詆即下戶羸弱時口言雖文
致法上財裁察於是往往釋湯所言湯至於大吏

[illegible]

蔽字解字

深禍語好

[illegible]

意即索隱下尸[illegible]
[illegible]亦卻老吏[illegible]
[illegible]口[illegible]文[illegible]
決上[illegible]自
為[illegible]而導上
[illegible]
正不用往往[illegible]
語而必擇可加
[illegible]
[illegible]舞文
多不[illegible]句
從多依於文學之士句
[illegible]上[illegible]欲釋
亦[illegible]二人卒死
[illegible]可見
[illegible]
弘皆刻深故要湯如其意也
所排大臣謂[illegible]
雖大臣決獄小[illegible]
為所排也非巧
詆也
舞言國家用度
日晏天子忘食
必更可善特也
如上所載亦誰
不能也
史記有力
求請辭

内行修也交通賓客飲食於故人子弟為吏及貧
昆弟調護之尤厚其造請諸公不避寒暑是以湯
雖文深意忌不專平然得此聲譽而深刻吏多
為爪牙用者依於文學之士丞相弘數稱其美及
治淮南衡山江都反獄皆窮根本嚴助及伍被上
欲釋之湯爭曰伍被本畫造反謀而助親幸出入
禁闥爪牙腹心之臣乃交私諸侯如此弗誅後不
可治於是上可論之其治獄所巧排大臣自以為
功多此類於繇是湯益尊任遷為御史大夫會渾

邪等降漢大興兵伐匈奴山東水旱貧民流徙皆
仰卬給縣官縣官空虛於是湯丞承上指請造白
金及五銖錢籠天下鹽鐵排富商大賈出告緡令
鉏豪彊并兼之家舞文巧詆以輔法湯每朝奏事
語國家用日晏旰天子忘食丞相取充位天下事
皆決於湯百姓不安其生騷動縣官所興未獲其
利姦吏並侵漁於是痛繩以罪辠則自公卿以下
至於庶人咸指湯湯嘗病天子上至自至舍視病
其隆貴如此匈奴來請求和親群臣議上前博士

史書生語
天下字非
也曰為句
猶若字是
又陸容云及於田
甲而湯思無所
答矣

狄山曰和親便上問其便山曰兵者凶器未易數
動高帝欲伐匈奴大困平城乃遂結和親孝惠高
后時天下安樂及孝文帝欲事匈奴北邊蕭然苦
兵矣孝景時吳楚七國反景帝往來兩東宮間天
下寒心者數月吳楚已破竟景帝不言兵天下富
實今自陛下舉興兵擊匈奴中國以空虛邊民大
困貧由此是觀之不如和親上問湯湯曰此愚儒
無知狄山曰臣固愚忠若御史大夫湯乃詐忠若
湯之治淮南江都以深文痛詆諸侯別疏骨肉使

藩臣不自安臣固知湯之為詐忠於是上作色曰
吾使生居一郡能無使虜入盜乎山曰不能曰居
一縣對曰不能復曰居一障間山自度辯窮且下
吏曰能於是上迺遣山乘鄣至月餘匈奴斬山頭
而去自是以後群臣震慴讋湯之客田甲雖賈人
有賢操始湯為小吏時與錢通及湯為大吏而甲
所以責湯行義過失亦有烈士之風湯為御史大
夫七歲敗河東人李文故嘗與湯有郤隙已而為
御史中丞恚懟數從中文書事有可以傷湯者不

師古曰導擇也以上擇米故曰導官時或以諸獄皆滿故權寄在此繫之非本獄所也

欲陰云云而陽不省亦為人深其弟又不知而怨是以幾於詐也

徒誠一告字上下句讀不成有告字則上告字是告湯以共變為句下告字是湯告文以事字為句

此湯念字亦是驚嘆說出來便以亡戲敗

莊助使人言買臣本不切只欲是買臣所以達助者本意欲然而以是試幸則皆助力也至淮

能吞地湯所愛史魯謁居知湯不弗平使人上蜚飛變告文姦事事下湯湯治論殺文而湯心知謁居為之上問曰言變事蹤跡從蹤安起湯佯陽驚曰此殆文故人怨之謁居病卧閭里主人湯自往視疾病為謁居摩足趙國以冶鑄為業王數訟鐵官事湯常排趙王趙王求湯陰事謁居嘗案趙王趙王怨之幷上書告湯大臣也史謁居有病湯至為摩足疑與為大姦事下廷尉謁居病死事連其弟弟繫導官湯亦治他囚導官見謁居弟欲陰為之而詳陽不省謁居弟弗不知而怨湯使人上書告湯與謁居謀共變告李文事下減宣宣嘗與湯有郤隙及得此事窮竟其事未奏也會人有盜發孝文園瘞錢丞相青翟朝與湯約俱謝至前湯念獨丞相以四時行園當謝湯無與也不謝丞相謝上使御史案其事湯欲致其文丞相見知丞相患之三長史皆害湯欲陷之始長史朱買臣會稽人也讀春秋莊助使人言買臣買臣以楚辭與助俱幸侍中為太中大夫用事而湯乃為小吏跪伏

[illegible]

怨及發士又怪本見怨史文作

此術字是長短之學與上縱横字皆謂深文者湯皆張是賢蘇張之謀蠅欲為術辯此為長短國名短長術也

且欲奏請田信輒先知之即漏泄機事所以致上問曰吾所為賈人輒先知之所謂居物致富本亦何罪至益及其物始明是類有以吾謀告之者則上深入湯過也此及尔定迫也序是何足以言好即其以謝告射則其始之告李文司以上圍設害變數故此語入之使湯不自匿上亦疑之出其詐繫不相得故田信先

使買臣等前已而湯為廷尉治淮南獄排擠莊助買臣固怨望及湯為御史大夫買臣以會稽守為主爵都尉列於九卿數年坐法廢守長史見湯湯坐牀上丞史遇買臣弗為禮買臣楚士深怨常欲死之素怨湯語在其傳王朝齊人也以術至右內史邊通學長短剛暴彊人也官再至濟南相故皆居湯右已而失官守長史詘體於湯湯數行丞相事知此三長史素貴常陵折之以故三長史合謀曰始湯約與君謝已而賣君今欲劾君以宗廟事此欲代君耳吾知湯陰事使吏捕案湯左田信等曰湯且欲奏為請奏信輒先知之居物致富與湯分之及他姦事事辭頗聞上問湯曰吾所為賈人輒先知之益居其物是類有吾謀告之者湯不謝湯又詳陽驚曰固宜有減宣亦奏謁居等事天子上果以湯懷詐面欺使使八輩簿責湯湯具自道無此不服於是上使趙禹責湯禹至讓湯曰君何不知分也君所治夷滅者幾何人矣今人言君皆有狀天子重致君獄欲令君自為計何多以對簿

為湯乃遗為書謝曰湯無寸尺之功起刀筆吏陛下幸致位為三公無以塞責然謀陷湯罪者三長史也遂自殺湯死家產直不過五百金皆所得奉賜無他業昆弟諸子欲厚葬湯湯母曰湯為天子大臣被汙惡言而死何厚葬乎載以牛車有棺而無槨天子上聞之曰非此母不能生此子乃盡案誅三長史丞相青翟自殺出田信上惜湯復稍遷其子安世漢書湯傳止此趙禹中廢已而為廷尉始條侯以為禹賊深弗任及禹為少府

比九卿禹酷急至晚節事益多吏務為嚴峻而禹治加緩而名為平王溫舒等後起治峻酷於禹禹以老徙為燕相數歲悖亂有罪免歸後湯十餘年以壽卒于家漢書自中廢以下入趙禹傳後

漢書作峻高又好

結

義縱者河東人也為少年時嘗與張次公俱攻剽為群盜縱有姊姁以醫幸王太后王太后問有子兄弟為官者乎姊曰有弟無行不可太后乃遗告上上拜義姁弟縱為中郎補上黨郡中令治敢

行往少溫溫藉縣無逋事舉第一遷為長陵及長安令直法行治不避貴戚以捕案太后外孫脩成君子仲中上以為能遷為河內都尉至則族滅其豪穰氏之屬河內道不拾遺而張次公亦為郎以勇悍從軍敢深入有功封為岸頭侯寧成家居上欲以為郡守御史大夫弘曰臣居山東為小吏時寧成為濟南都尉其治如狼牧羊成不可使令治民上乃拜成為關都尉歲餘關東吏隸郡國出入關者號曰寧見乳虎無值寧成

不用此句

之怒其暴如此義縱自河內遷為南陽太守聞寧成家居南陽及縱至關寧成側行送迎然縱氣盛弗為禮至郡遂案寧氏盡破碎其家成坐有罪及孔暴之屬皆奔亡南陽吏民重足一迹而平氏朱彊杜衍杜周為縱爪牙之吏任用遷為廷尉史軍數出定襄定襄吏民亂敗於是徙縱為定襄太守縱至掩定襄獄中重罪輕繫二百餘人及賓客昆弟私入相視者亦二百餘人縱一壹切捕鞫曰為死罪解脫是日皆報殺四百餘人其後

猾民佐吏，此佐之，已最是猾狀可憎。

平為小治，姦亦不勝，指見酷吏之無益，人以不服人，日小定，明日即不可行，此而誅之亦不勝，取說是。酷吏傳所稱有眼目，以累此為武帝，此語皆可畏。

以告緡為亂民，捕其為告緡者，此在酷吏中亦是抑民之豪，而以此死，罪非其義。縱欲阻行其意，張湯亦欲阻行其意耳。

一椎埋兩義

多數字是

往字是

此人者即上十餘人，百罪即陰重罪。先作犬在手，有遊則因我滅之，漢書以得

郡中不寒而栗，猾民佐吏為治。是時趙禹、張湯以深刻為九卿矣，然其治尚寬，輔法而行，而縱以鷹擊毛摯為治。後會更五銖錢白金起，民為姦，京師尤甚，乃（迺）以縱為右內史，王溫舒為中尉。溫舒至惡，其所為不（弗）先言縱，縱必以氣凌之，敗壞其功。其治，所誅殺甚多，然取為小治，姦益不勝，直指始出矣。吏之治以斬殺縛束為務，閻奉以惡用矣。縱廉，其治放（效）郅都。上幸鼎湖，病久，已而卒起幸甘泉，道多不治。上怒曰：「縱以我為不復行此道乎？」嗛

銜之。至冬，楊可方受告緡，縱以為此亂民，部吏捕其為可使者。天子聞，使杜式治，以為廢格沮事，棄縱市。後一歲，張湯亦死。

王溫舒者，陽陵人也。少時椎埋為姦。已而試補縣亭長，數廢（數）。為吏，以治獄至廷尉史。事張湯，遷為御史，督盜賊，殺傷甚多，稍遷至廣平都尉。擇郡中豪敢任（往）吏十餘人，以為爪牙，皆把其陰重罪，而縱使督盜賊，快其意所欲得。此人雖有百罪，弗法；即有避，（回）因其事夷之，亦滅宗。以其故齊趙之郊

此人為句，則此人乃賊也。下避回字尤無理，夷之滅亦無謂。

專出郡中豪猾是

犁來雖不可解，可引用

漢書全似全不似

此禍猾吏亦無不朽

此稱廉武，此稱武帝，豈不甚甚？可謂漢書之史亦更動得有哉

盜賊不敢近廣平，廣平聲為道不拾遺。上聞，遷河內太守。素居廣平時，皆知河內豪姦之家，及往，以九月而至，令郡具私馬五十疋，為驛自河內至長安，部吏如居廣平時方略，捕郡中豪猾，郡中豪猾相連坐千餘家。上書請，大者至族，小者乃死，家盡沒入償臧。奏行不過二三日，得可，事論報，至流血十餘里。河內皆怪其奏，以為神速。盡十二月，郡中毋（無）聲，毋敢夜行，野無犬吠之盜。其頗不得，失之旁郡國，（追求）黎來，會春，溫舒頓足歎曰：「嗟乎，令

冬月益展一月，足吾事矣。」其好殺伐行威不愛人如此。天子聞之，以為能，遷為中尉。其治復放河內，徙諸名（徙請召猾）禍猾吏與從事，河內則楊皆、麻戊，關中楊贛、成信等。義縱為內史，憚（之）未敢恣治。及縱死，張湯敗後，徙為廷尉，而尹齊為中尉。坐

法抵罪遷下楊僕傳內溫舒後為中尉

尹齊者，東郡茌平人也。以刀筆吏稍遷至御史。事張湯，張湯數稱以為廉武，（帝）使督盜賊，所斬伐不避貴戚。（執）遷為關內都尉，聲甚於寧成。上以為

大史公墟人心術在此等間不足以動乃彷彷然言之當未有不得然者也資於之數可酷吏令成八可不談之致熱此史記酷吏盡此一傳漢書以酷吏[illegible]入而楊僕不知該書天然僕之敗整亦未見有也

能遷拜為中尉吏民益凋彫敝輕尹齊木強少文

豪惡吏伏匿而善吏不能為治以故事多廢抵罪

上復徙溫舒為中尉後復徙為淮陽都尉王溫舒敗

連下楊僕傳內後數年病死而楊僕以嚴酷為主

爵都尉

楊僕者宜陽人也以千夫為吏河南守案舉以為

能遷為御史使督盜賊關東治放尹齊以為敢摯

摯行稍遷至主爵都尉列九卿天子上以為能南

越反拜為樓船將軍有功封將梁侯東越反上欲

史漢異同三十卷　楊僕

復使將為其伐前勞以書敕責之曰將軍之功獨

有先破石門尋陿非有斬將搴旗之實也烏足以

驕人哉前破番禺捕降者以為虜掘死人以為獲

是一過也建德呂嘉逆罪不容於天下將軍擁精

兵不窮追超然以東越為援是二過也士卒暴露

連歲為朝會不置酒將軍不念其勤勞而造佞巧

請乘傳行塞因用歸家懷銀黃垂三組夸鄉里是

三過也失期內顧以道惡為解失尊尊之序是四

過也欲請蜀刀問君賈幾何對曰率數百武庫日

出兵而陽不知挾偽干君是五過也受詔不至蘭

池宮明日又不對假令將軍之吏問之不對令之

不從其罪何如推此心以在外江海之間可得信

乎今東越深入將軍能率衆以掩過不僕惶恐對

曰願盡死贖罪與王溫舒俱破東越後復與左將

軍荀彘俱擊朝鮮為荀彘所縛語在朝鮮傳還免

為庶人居久之病死漢書楊僕傳止此下起減宣

傳而溫舒復為中尉為人少文居廷廷惛惛不辯

至於中尉則心開督盜賊素習關中俗知豪惡吏

史漢異同三十卷　楊僕

[illegible]

豪惡吏盡復為用為方略吏苛察盜賊惡少年

投缿購告言姦置伯落格長以牧狀司姦盜賊

溫舒為人多諂善事有勢勢者即無勢勢者視之

如奴有勢勢家雖有姦如山弗犯即無勢勢者雖

貴戚必侵侵辱舞文巧詆請下戶之猾以焄動大豪

其治中尉如此姦猾窮治大抵氐盡靡爛獄中行

論無出者其爪牙吏虎而冠於是中尉部中中猾

以下皆伏有勢勢者為游聲譽稱治治數歲其吏

多以權貴富溫舒擊東越還議有不中意者坐以

員騎時

余實曰尹齊死亡以欲以燒燒之亦飛去於廣以死亡去故主此得如極無此理蓋漢書作收亡去則死不知所指語似欠又不如是亡去自不必飛

使寬緩可以人人而嚴于十而治則但務長為萬世長盛矣子長於陰必蘽戮當時所以不近人情者在此豈若盡究無以爲

小法抵罪免是時天子上方欲作通天臺而未有人溫舒請覆中尉脫卒得數萬人作上說拜為少府徙為右內史治如其故姦邪少禁坐法失官復為右輔行中尉事如故操歲餘會宛軍發詔徵豪吏溫舒匿其吏華成及人有變告溫舒受員騎錢他姦利事罪至族自殺其時兩弟及兩婚家亦各自坐他罪而族光祿勳徐自為曰悲夫夫古有三族而王溫舒罪至同時而五族乎溫舒死家直累數千金 漢書王溫舒傳止此下起尹齊傳後數歲

年尹齊亦以淮陽都尉病死家直不滿五十金所誅滅淮陽甚多及死仇家欲燒其尸尸妻亡去歸葬 漢書此段結上文尹齊傳後下揚僕傳自溫舒等以惡為治而是時郡守都尉諸侯相二千石欲為治者其治大抵盡放 放王溫舒 等而吏民益輕犯法盜賊滋起南陽有梅免白 百 政楚有殷 段 中杜少齊有徐勃燕趙之閒有堅盧范生之屬大群至數千人擅自號攻城邑取庫兵釋死罪縛辱郡太守都尉殺二千石為檄告縣趣 趨 具食小群盜

宮者不必之以大辟小罪輕犯法而不可禁向非其實如此諸謂酷吏所能不可盡用哉此子長之意也

品格也

至此乃與起語上下相匿至於不振皆相應

以百數掠鹵鄉里者不可勝 稱 數也於是天子上始使御史中丞丞相長史使 督之猶弗能禁也乃使光祿大夫范昆諸輔部 都尉及故九卿張德等衣繡衣持節虎符發兵以興擊斬首大部或至萬餘級及以法誅通 行 飲食坐 相 連諸郡甚者數千人數歲乃 迺 頗得其渠率散卒失亡復聚黨阻山川者往往而群居無可奈何於是作沈命法曰群盜起不發覺發覺而 弗 捕弗滿品者二千石以下至小吏主者皆死其後小吏畏誅雖有盜不 弗 敢

發恐不能得坐課累府府亦使其不言故盜賊寖又多上下相為匿以文辭避 文 法焉 漢書自是時郡守尉諸侯相以下入減宣傳後

減宣者楊人也以佐史無害給事河東守府衛將軍青使買馬河東見宣無害言上徵為大廄丞官事辦稍遷至御史及中丞使治主父偃及治淮南反獄所以微文深詆殺者甚眾稱為敢決疑數廢數起為御史及中丞者幾二十歲王溫舒免為中尉而宣為左內史其治米鹽事大小皆關其手自

因編郎相坪

妒無外寬即內深且次骨何謂雖強辨文過語而當於古今尚有可推見者不獨法也

部署縣名曹實貿物官吏令丞不弗得擅搖痛以重法繩之居官數年一切郡中為小治辨辯然獨宣以小致治大能因力自行之難以為經中廢為右扶風坐怨怒其吏成信信亡藏臧上林中宣使郿令將軍卒闌入上林中蠶室門攻亭格殺信吏卒格信時射中上林苑門宣下吏詆罪以為大逆當族自殺而杜周任用連上文楊僕傳內是時郡守都尉

杜周者南陽杜衍人也義縱為南陽太守以周為

爪牙舉薦之張湯為廷尉史事張湯湯數言其無害至御史使案邊失亡所論殺甚衆多奏事中上意任用與減宣相編更為中丞者十餘歲其治與宣相放然周少言重遲外寬而內深次骨宣為左內史周為廷尉其治大抵放張湯而善候伺司上所欲擠者因而陷之上所欲釋者久繫待問而微見其冤狀客有讓謂周曰君為天子下決平不循三尺法專以人主意指為獄獄者固如是乎周曰三尺安出哉前主所是著為律後主所是疏為令

當時為是何古之法乎至周為廷尉詔獄亦益多矣二千石繫者新故相因不減百餘人郡吏大府舉之廷尉一歲至千餘章章大者連逮證案數百小者數十人遠者數千近者數百里會獄吏因責如章告劾不服以笞掠定之於是聞有逮證皆亡匿獄久者至更數赦十有餘歲而相告言大抵氐盡詆以不道以上廷尉及中都官詔獄逮至六七萬人吏所增加十有餘萬餘人周中廢後為執金吾逐盜捕治桑弘羊衛皇后昆弟子刻深天

子上以為盡力無私遷為御史大夫家兩子夾河為守其治暴酷皆甚於王溫舒等矣始杜周初徵為廷史有一馬且不全及身久任事至列三公列而子孫尊官兩子夾河為郡守家訾累數巨萬矣治皆酷暴唯小子延年行寬厚云

太史公贊曰自郅都以下杜周十人者此皆以酷烈為聲然郅都伉直引是非爭天下大體張湯以知陰陽阿邑人主與俱上下時數辯當否國家賴其便趙禹時據據法守正杜周從諛以少言為

[illegible]

重自張湯死後網周密多詆嚴官事蒞寖以耗廢
九卿碌碌奉其官職救過不贍給何暇論繩墨之
外乎自是以至哀平酷吏衆多然莫足數此其知
名見紀者也然此十人中其廉者足以為儀表其
汙者足以為戒方略教導道壹切禁姦止邪一切
亦皆彬彬質有其文武焉雖慘酷斯稱其位矣湯
周子孫貴盛故別傳至若蜀守馮當暴挫廣漢李
貞擅磔人東郡彌僕鋸項天水駱璧推減河東褚
廣妄殺京兆無忌馮翊殷周蝮鷙水衡閻奉朴擊
賣請何足數哉何足數哉

班馬異同

[illegible]

班馬異同
游俠傳第六十四　史記一百二十四
游俠傳第六十二　漢書九十二
韓子曰儒以文亂法而俠以武犯禁二者皆譏而
學士多稱於世云至如以術取宰相卿大夫輔翼
其世主功名俱著於春秋固無可言者及若季次
原憲閭巷人也讀書懷獨行君子之德義不苟合
當世當世亦笑之故季次原憲終身空室蓬戶褐
衣疏食不厭死而已四百餘年而弟子志之不倦

今游俠其行雖不軌於正義然其言必信其行必
果已諾必誠不愛其軀赴士之阸困既已存亡死
生矣而不矜其能羞伐其德蓋亦有足多者焉且
緩急人之所時有也太史公曰昔者虞舜窘於井
廩伊尹負於鼎俎傅說匿於傅險呂尚困於棘津
夷吾桎梏百里飯牛仲尼畏匡菜色陳蔡此皆學
士所謂有道仁人也猶然遭此菑況以中材而涉
亂世之末流乎其遇害何可勝道哉鄙人有言曰
何知仁義已饗其利者為有德故伯夷醜周餓死

好主言爲不害此所謂之烈義而讀貨殖

首陽山而文武不以其故貶王跖蹻暴戾其徒誦義無窮由此觀之竊鉤者誅竊國者侯侯之門仁義存非虛言也今拘學或抱咫尺之義久孤於世豈若卑論儕俗與世沉浮而取榮名哉而布衣之徒設取予然諾千里誦義爲死不顧世此亦有所長非苟而已也故士窮窘而得委命此豈非人之所謂賢豪間者邪誠使鄉曲之俠予季次原憲比權量力効功於當世不同日而論矣要以功見言信俠客之義又曷可少哉古布衣之俠靡得而聞

史漢異同卷廿八　游俠傳　二

既說鄉曲之俠又說閭巷之俠又說匹夫之俠節節不放過要見雖之人難以此直至扞當時之文與其後豪之徒又擧而愈明

已近世延陵孟嘗春申平原信陵之徒皆因王者親屬藉於有土卿相之富厚招天下賢者顯名諸侯不可謂不賢者矣比如順風而呼聲非加疾其勢激也至如閭巷之俠脩行砥名聲施於天下莫不稱賢是爲難耳然儒墨皆排擯不載自秦以前匹夫之俠湮滅不見余甚恨之以余所聞漢興有朱家田仲王公劇孟郭解之徒雖時扞當世之文罔然其私義廉絜退讓有足稱者名不虛立士不虛附至如朋黨宗彊比周設財役貧豪暴侵凌孤弱恣欲自快游俠亦醜之余悲世俗不察其意而猥以朱家郭解等令與暴豪之徒同類而共笑之也

漢書游俠傳首段正有本末一段千古不磨之論為千古立言者也

古者天子建國諸侯立家自卿大夫以至于庶人各有等差是以民服事其上而下無覬覦孔子曰天下有道則政不在大夫百官有司奉法承令以修所職失職有誅侵官有罰夫然故上下相順而庶事理焉周室既微禮樂征伐自諸侯出桓文之後大夫世權陪臣執命陵夷至於戰國合從連衡

史漢異同卷三十一　游俠傳　三

力政爭強繇是列國公子魏有信陵趙有平原齊有孟嘗楚有春申皆藉王公之勢競爲游俠雞鳴狗盜無不賓禮而趙相虞卿棄國捐君以周窮交魏齊之厄信陵無忌竊符矯命戮將專師以赴平原之急皆以取重諸侯顯名天下搤掔而游談者以四豪爲稱首於是背公死黨之議成守職奉上之義廢矣及至漢興禁網疏闊未之匡改也是故代相陳豨從車千乘而吳濞淮南皆招賓客以千數外戚大臣魏其武安之屬競逐於京師布衣游

但以意寫朱家平生如所知何暇字字較其何以首尾千百爲

劇孟郭解之徒馳騖於閭閻權行州域力折
公侯衆庶榮其名迹覬而慕之雖其陷於刑辟自
與殺身成名若季路仇牧死而不悔也故曾子曰
上失其道民散久矣非明王在上視之以好惡齊
之以禮法民曷繇知禁而反正乎古之正法五伯
三王之辠人也而六國五伯之辠人也夫四豪者
又六國之辠人也況於郭解之倫以匹夫之細竊
殺生之權其罪已不容於誅矣觀其溫良泛愛振
窮周急謙退不伐亦皆有絕異之姿惜乎不入於

道德苟放縱於末流殺身亡宗非不幸也自魏其
武安淮南之後天子切齒衛霍改節然郡國豪桀
處處各有京師親戚冠蓋相望亦古今常道莫足
言者唯成帝時外家王氏賓客爲盛而樓護爲帥
及王莽時諸公之間陳遵爲雄閭里之俠原涉爲
魁

魯朱家者魯人與高祖同時也魯人皆以儒教而
朱家用俠聞所藏臧活豪士以百數其餘庸人不
不可勝言然終不伐其能歆飲其德諸所嘗施唯

漢書無上將軍字則語衰

恐見之振人不贍先從貧賤始家無亡餘財衣不
完兼采食不重味乘不過軥牛專趨人之急甚於
己之私既陰脫季布將軍之阨及布尊貴終身不
見也自關以東莫不延頸願交焉楚田仲以俠聞
喜劍父事朱家自以爲行弗及也田仲已死而後
雒陽有劇孟漢書朱家傳止此下別起劇孟傳
劇孟者洛陽人也周人以商賈爲資而劇孟以任
俠顯諸侯吳楚反時條侯爲太尉乘傳車東將至
河南得劇孟喜曰吳楚舉大事而不求劇孟吾知

其無能爲已矣天下騷動宰相大將軍得之若得
一敵國云劇孟行大類朱家而好博多少年之戲
然劇孟母死自遠方送喪蓋千乘及劇孟死家無
餘十金之財而符離人王孟亦以俠稱江淮之間
是時濟南瞯氏陳周庸膚亦以豪聞景帝聞之使
使盡誅此屬其後代諸白梁韓毋辟陽翟薛兄陝
韓孺紛紛復出焉

郭解河內軹人也字翁伯溫善相人者許負外孫
也解父以任俠孝文時誅死解爲人短小精悍

之不可爲也哀哉
臧猶小向後是藉偉與蕭同不同暫時人可觀陰賊感槩有休與休乃向分漢書可此從折節後生

時繫不同

以誠自歸故去之若杯酒之過自不可殺也其稱姊名亦見於此

不飲酒少時陰賊(感槩)慨不快意身所殺甚衆以
軀借交(藉友)報仇藏(臧)命作姦剽攻不休及鑄錢
掘冢固不可勝數適有天幸窘急常得脫若遇赦
及解年長更折節爲儉以德報怨厚施而薄望然
其自喜爲俠益甚既已振人之命不矜其功而陰
賊著於心卒(本)發於睚眦如故云而少年慕其行
亦輒爲報仇(讎)不使知也解姊子負解之勢(埶)與
人飲使之嚼(釂)非其任彊必灌之人怒拔刀刺殺
解姊子亡去解姊怒曰以翁伯之義(時)人殺吾子

子賊不得棄其尸於道(旁)弗葬欲以辱解解使人
微知賊處賊窘自歸具以實告解解曰公殺之固
當吾兒不直遂去其賊罪(辜)其姊子乃收而葬之
諸公聞之皆多解之義益附焉解出入人皆避之
有一人獨箕踞視之解遣人問其名姓(名)客欲殺
之解曰居邑屋至不見敬是吾德不修也彼何罪
辜乃陰屬(請)尉史曰是人吾所急(重)也至踐更時
脫之每至踐(直)更數過吏弗求怪之問其故乃解
使脫之箕踞者乃(迺)肉袒謝罪少年聞之愈益慕

居中間和解之

爲之請情聲海樂侯大兵遠猶是師古曰與然扎送不令稱猶之

解之行雒(洛)陽人有相仇者邑中賢豪居間者
以十數終不聽客乃(迺)見郭解解夜見仇家仇家
曲聽解解乃謂仇家曰吾聞雒陽諸公在此間
多不聽者今子幸而聽解解奈何乃從他縣奪人
邑中賢大夫權乎乃(迺)夜去不使人知曰且無(毋)
用庸待我待我去令雒陽豪居其間乃(迺)聽之
解(爲人短小)執恭敬(餘出未嘗有騎)不敢乘車入
其縣廷(庭)之旁郡國爲人請求事事可出出之不
可者各厭其意然後乃(迺)敢嘗酒食諸公以此故

嚴重之爭爲用邑中少年及旁近縣賢豪夜半過
門常十餘車請得解客舍養之及徙豪富茂陵也
解家貧不中訾吏恐不敢不徙衛將軍爲言郭解
家貧不中徙上曰解布衣權至使將軍爲言此其
家不貧解家遂徙諸公送者出千餘萬軹人楊季
主子爲縣掾舉徙解(爾之解兄子)斷楊掾頭由此
楊氏與郭氏爲仇解入關關中賢豪知與不知聞
其聲爭交驩解解爲人短小不飲酒出未嘗有騎
已(邑人)又殺楊季主楊季主家上書人又殺之闕

下上聞乃迺下吏捕解解亡置其母家室夏陽身至臨晉臨晉籍少公翁素不知解解冒因求出關籍少公翁已出解解轉入大原所過輒告主人家處吏逐之跡至籍少公翁少公翁自殺口絕久之乃得解窮治所犯爲而解所殺皆在赦前軹有儒生侍使者坐客譽郭解生曰郭解專以姦犯公法何謂賢解客聞之殺此生斷其舌吏以此責解解實不知殺者殺者亦竟絕莫知爲誰吏奏解毋罪無辜御史大夫公孫弘議曰解布衣爲任俠行權以睚眦殺人解雖弗不知此罪甚於解知殺之當大逆無道遂族郭解翁伯自是之後爲俠者極衆敖而無足數者然關中長安樊仲中子槐里趙王孫長陵高公子西河郭翁仲中太原鹵魯公翁孺臨淮兒長卿東陽田陳君孺雖爲俠而逡逡恂恂有退讓君子之風至若北道姚氏西道諸杜南道仇景東道趙他佗羽公子南陽趙調之徒此盜跖而居民間者耳曷足道哉此乃鄉者朱家之所羞也

太史公曰吾視郭解狀貌不及中人言語不足採者然天下無賢與不肖知與不知皆慕其聲言俠者皆引以爲名諺曰人貌榮名豈有既乎於戲惜哉

偶合是徐廣曰遇亦作偶昔以色幸者多矣若及古人亦只如此

班馬異同

佞幸列傳第六十五　史記一百二十五

佞幸傳第六十三　漢書九十三

諺曰力田不如逢年善仕不如遇合固無虛言非獨女以色媚而士宦亦有之昔以色幸者多矣至漢興佞幸寵臣高祖至暴抗也然時則有籍孺以佞幸孝惠時有閎孺此兩人非有材能徒但以婉佞媚貴幸與上卧起公卿皆因關說故孝惠時郎侍中皆冠鵔鸃貝帶傅脂粉化閎籍之屬也兩人

徙家安陵其後寵臣孝文時中寵臣士人則鄧通宦者則趙同談北宮伯子北宮伯子以愛人長者而趙同以星氣幸常為文帝參乘鄧通無技能孝武時士人則韓嫣宦者則李延年孝元時宦者則弘恭石顯孝成時士人則張放淳于長孝哀時則有董賢孝景昭宣時皆無寵臣景帝惟有郎中令周仁昭帝時駙馬都尉秺侯金賞嗣父車騎將軍日磾爵為侯二人之寵取過庸不篤宣帝時侍中中郎將張彭祖少與帝微時同席研書及帝即尊

[illegible]

增一日字其譌不能有所薦士訛謬

文帝恭儉主也既與至惜百金日中人之產曰為天下守財獨賜通累數十鉅萬又予銅山為私錢何寵好之至此也當時功臣名將未聞有一敢勸者顯為一者何說負三字又好數宜如齰與嗽異嗽自山角文亦逆

位彭祖以舊恩封陽都侯出常參乘號為愛幸其人謹敕無所聞損為其小妻所毒薨國除鄧通蜀郡南安人也以濯船為黃頭郎孝文帝嘗夢欲上天不能有一黃頭郎從後推之上天顧見其衣裻尻帶後穿覺而之漸臺以夢中陰目求推者郎即見鄧通其衣後穿夢中所見也召問其名姓姓鄧氏名通鄧猶登也文帝甚說焉尊幸之日日異通亦愿謹不好外交雖賜洗沐不欲出於是文帝賞賜通巨鉅萬以十數官至上大夫文帝時時間如

鄧通家遊戲然鄧通無他技能不能有所薦士達獨自謹其身以媚上而已上使善相人者相通曰當貧餓死文帝上曰能富通者在我也何謂說貧乎於是賜鄧通蜀嚴道銅山得自鑄錢鄧氏錢布天下其富如此文帝嘗病癰鄧通嘗為帝上唶嗽吮之文帝上不樂從容問通曰天下誰最愛我者乎通曰宜莫如若太子太子入問病疾文帝上使太子唶齰癰太子唶齰癰而色難之已而聞鄧通嘗為帝唶上齰吮之太子心慙由繇是此怨心恨

乃不用蒲太子踏臨景帝刻薄人也張不思此人為鄧父吃鄧何罪帝問通對非為此也古帝不宜使北通且然從何誠史猶常不樂以不語即路得之耳目有不能盡凡文見於當者如此

漢書有此不可解

此文仁仁即如王孫嫣索隱曰仁字文

之字無益

不用始字共字

蹕字自為句道未行甚明

江都王怨甚武帝以寵佞嫣

通矣及文帝崩景帝立鄧通免家居居無何人有
告鄧通盜出徼外鑄錢下吏驗問頗有之遂竟案
盡沒入之鄧通家尚負責數巨萬長公主賜鄧
通吏輒隨沒入之一簪不得著身於是長公主乃
令假衣食竟不得名一錢寄死人家趙談者以星
氣幸北宮伯子長者愛人故親近然皆不比鄧通
孝景帝時中無寵臣然獨郎中令周文仁仁寵最
過庸不乃甚焉今天子中寵臣士人則韓王孫嫣
宦者則李延年

韓嫣者字王孫弓高侯頹當之孽孫也今上武帝
為膠東王時嫣與上學書相愛及上為太子愈益
親嫣嫣善騎射善佞聰慧上即位欲事伐匈奴胡
而嫣先習胡兵以故益尊貴官至上大夫賞賜擬
於鄧通始時嫣常與上共臥起江都王入朝有
詔得從上入獵上林中天子車駕蹕道未行而先
使嫣乘副車從數十百騎騖馳視獸江都王望見
以為天子辟從者伏謁道傍旁嫣驅不見既過江
都王怒為皇太后泣曰請得歸國入宿衛比韓嫣

漢書是

不可用刑字

新聲好之

將者略可如也

太后繇由此嗛銜嫣嫣侍上出入永巷不以姦
聞皇太后皇太后怒使使賜嫣死上為謝終不能
得嫣遂死而嫣弟案道侯韓說其弟也亦佞愛幸
以軍功封案道侯巫蠱時為戾太子所殺子增封
龍雒侯大司馬車騎將軍自有傳
李延年中山人也身及父母及身兄弟及女皆故
倡也延年坐法腐刑給事狗監中而平陽公主言
延年女弟善舞上見心說之及入永巷得幸號李
夫人列外戚傳而召貴延年延年善歌為變新變

聲而是時也上方興天地諸祠欲造樂令司馬相
如等作詩頌歌弦之延年輒善承意弦歌次所造
初詩為之新聲曲而李夫人產昌邑王甚弟女亦
幸有子男延年繇是貴為協律都尉佩二千石印
綬號協聲律而與上臥起其貴愛幸埒如韓嫣也
久之延年其弟季寖與中人亂出入驕恣及其女
弟李夫人卒後其愛弛則上遂禽誅延年昆兄弟
宗族也自是之後內寵嬖臣大底氏外戚之家然
不足數也衛青霍去病亦皆以外戚貴愛幸然頗

周材亦以功能自進

太史公曰甚哉愛憎之時彌子瑕之行足以觀後人佞幸矣雖百世可知也

贊曰柔曼之傾意非獨女德蓋亦有男色焉觀籍閎鄧韓之徒非一而董賢之寵尤盛父子並為公卿可謂貴重人臣無二矣然進不繇道位過其任莫能有終所謂愛之適足以害之者也漢世衰於元成壞於哀平哀平之際國多釁矣主疾無嗣弄臣為輔鼎足不彊棟幹微撓一朝帝崩姦臣擅命

董賢縊死丁傅流放辜及母后奪位幽廢咎在親便嬖所任非仁賢故仲尼著損者三友王者不私人以官殆為此也

[illegible]也

[illegible]此則小說之[illegible]也

[illegible]

滑稽列傳第六十六　史記一百二十六

孔子曰六藝於治一也禮以節人樂以發和書以道事詩以達意易以神化春秋以道義太史公曰天道恢恢豈不大哉談言微中亦可以解紛

淳于髡者齊之贅壻也長不滿七尺滑稽多辯數使諸侯未嘗屈辱齊威王之時喜隱好為淫樂長夜之飲沉湎不治委政卿大夫百官荒亂諸侯並侵國且危亡在於旦暮左右莫敢諫淳于髡說之

以隱曰國中有大鳥止王之庭三年不蜚又不鳴王知此鳥何也王曰此鳥不飛則已一飛沖天不鳴則已一鳴驚人於是乃朝諸縣令長七十二人賞一人誅一人奮兵而出諸侯振驚皆還齊侵地威行三十六年語在田完世家中威王八年楚大發兵加齊齊王使淳于髡之趙請救兵齎金百斤車馬十駟淳于髡仰天大笑冠纓索絕王曰先生少之乎髡曰何敢王曰笑豈有說乎曰今者臣從東方來見道傍有禳田者操一豚蹄酒一盂而祝

謂所持者下者俱偶然

二參者以二者參之謂有進於前此不足爲前

無此理

曰甌窶滿篝汙邪滿車五穀蕃熟穰穰滿家臣見其所持者狹而所欲者奢故笑之於是齊威王乃益齎黃金千鎰白璧十雙車馬百駟髡辭而行至趙趙王與之精兵十萬革車千乘楚聞之夜引兵而去威王大說置酒後宮召髡賜之酒問曰先生能飲幾何而醉髡對曰臣飲一斗亦醉飲一石亦醉威王曰先生飲一斗而醉惡能飲一石哉其說可得聞乎髡曰賜酒大王之前執法在傍御史在後髡恐懼俯伏而飲不過一斗徑醉矣若親有嚴

客髡帣韝鞠䠊侍酒於前時賜餘瀝奉觴上壽數起飲不過二斗徑醉矣若朋友交遊久不相見卒然相覩歡然道故私情相語飲可五六斗徑醉矣若乃州閭之會男女雜坐行酒稽留六博投壺相引為曹握手無罰目眙不禁前有墮珥後有遺簪髡竊樂此飲可八斗而醉二參日暮酒闌合尊促坐男女同席履舄交錯杯盤狼籍堂上燭滅主人留髡而送客羅襦襟解微聞薌澤當此之時髡心最歡能飲一石故曰酒極則亂樂極則悲萬事盡

不然有是事有其不必有是言諫臣爲之非所稽何

其至此無根甚矣良說士也

然言不可極極之而衰以諷諫焉齊王曰善乃罷長夜之飲以髡為諸侯主客宗室置酒髡嘗在側

其後百餘年楚有優孟

優孟者故楚之樂人也長八尺多辯常以談笑諷諫楚莊王之時有一愛馬衣以文繡置之華屋之下席以露床啗以棗脯馬病肥死使群臣喪之欲以棺槨大夫禮葬之左右爭之以為不可王下令曰有敢以馬諫者罪至死優孟聞之入殿門仰天大哭王驚而問其故優孟曰馬者王之所愛也以

楚國堂堂之大何求不得而以大夫禮葬之薄請以人君禮葬之王曰何如對曰臣請以彫玉為棺文梓為槨楩楓豫章為題湊發甲卒為穿壙老弱負土齊趙陪位於前韓魏翼衛其後廟食太牢奉以萬戶之邑諸侯聞之皆知大王賤人而貴馬也王曰寡人之過一至此乎為之奈何優孟曰請為大王六畜葬之以壠竈為槨銅歷為棺齎以薑棗薦以木蘭祭以糧稻衣以火光葬之於人腹腸於是王乃使以馬屬太官無令天下久聞也楚相孫

叔敖知其賢人也善待之病且死屬其子曰我死汝必貧困若往見優孟言我孫叔敖之子也居數年其子窮困負薪逢優孟與言曰我孫叔敖之子也父且死時屬我貧困往見優孟優孟曰若無遠有所之即為孫叔敖衣冠抵掌談語歲餘像孫叔敖楚王及左右不能別也莊王置酒優孟前為壽莊王大驚以為孫叔敖復生也欲以為相優孟曰請歸與婦計之三日而為相莊王許之三日後優孟復來王曰婦言謂何孟曰婦言慎無為楚相不

足為也如孫叔敖之為楚相盡忠為廉以治楚楚王得以霸今死其子無立錐之地貧困負薪以自飲食必如孫叔敖不如自殺因歌曰山居耕田苦難以得食起而為吏身貪鄙者餘財不顧耻辱身死家室富又恐受賕枉法為姦觸大罪身死而家滅貪吏安可為也念為廉吏奉法守職竟死不敢為非廉吏安可為也楚相孫叔敖持廉至死方今妻子窮困負薪而食不足為也於是莊王謝優孟乃召孫叔敖子封之寢丘四百戶以奉其祀後十

語自好

不成文字

世不絕此知可以言時矣其後二百餘年秦有優旃

優旃者秦倡侏儒也善為笑言然合於大道秦始皇時置酒而天雨陛楯者皆沾寒優旃見而哀之謂之曰汝欲休乎陛楯者皆曰幸甚優旃曰我即呼汝汝疾應曰諾居有頃殿上上壽呼萬歲優旃臨檻大呼曰陛楯郎郎曰諾優旃曰汝雖長何益幸雨立我雖短也幸休居於是始皇使陛楯者得半相代始皇嘗議欲大苑囿東至函谷關西至雍

陳倉優旃曰善多縱禽獸於其中寇從東方來令麋鹿觸之足矣始皇以故輟止二世立又欲漆其城優旃曰善主上雖無言臣固將請之漆城雖於百姓愁費然佳哉漆城蕩蕩寇來不能上即欲就之易為漆耳顧難為蔭室於是二世笑之以其故止居無何二世殺死優旃歸漢數年而卒

太史公曰淳于髡仰天大笑齊威王橫行優孟搖頭而歌負薪者以封優旃臨檻疾呼陛楯得以半更豈不亦偉哉

班馬異同

只三語亦自奇

班馬異同

日者列傳第六十七　史記一百二十七

自古受命而王王者之興何嘗不以卜筮决於天命哉其於周尤甚及秦可見代王之入任於卜者太卜之起由漢興而有

司馬季主者楚人也卜於長安東市宋忠為中大夫賈誼為博士同日俱出洗沐相從論議誦易先王聖人之道術究徧人情相視而嘆賈誼曰吾聞古之聖人不居朝廷必在卜醫之中今吾已見三

公九卿朝士大夫皆可知矣試之卜數中以觀采二人即同輿而之市游於卜肆中天新雨道少人司馬季主閒坐弟子三四人侍方辯天地之道日月之運陰陽吉凶之本二大夫再拜謁司馬季主視其狀貌如類有知者即禮之使弟子延之坐坐定司馬季主復理前語分別天地之終始日月星辰之紀差次仁義之際列吉凶之符語數千言莫不順理宋忠賈誼瞿然而悟獵纓正襟危坐曰吾望先生之狀聽先生之辭小子竊觀於世未嘗見

也今何居之卑何行之汙司馬季主捧腹大笑曰觀大夫類有道術者今何言之陋也何辭之野也今夫子所賢者何也所高者誰也今何以卑汙長者二君曰尊官厚祿世之所高也賢才處之今所處非其地故謂之卑言不信行不驗取不當故謂之汙夫卜筮者世俗之所賤簡也世皆言曰夫卜者多言誇嚴以得人情虛高人祿命以說人志擅言禍災以傷人心矯言鬼神以盡人財厚求拜謝以私於已此吾之所恥故謂之卑汙也司馬季主

曰公且安坐公見夫被髮童子乎日月照之則行不照則止問之日月疵瑕吉凶則不能理由是觀之能知別賢與不肖者寡矣賢之行也直道以正諫三諫不聽則退其譽人也不望其報惡人也不顧其怨以便國家利衆為務故官非其任不處也祿非其功不受也見人不正雖貴不敬也見人有汙雖尊不下也得不為喜去不為恨非其罪也雖累辱而不愧也今公所謂賢者皆可為羞矣卑疵而前孅趨而言相引以勢相導以利比周賓正以

求尊譽以受公奉事私利枉主法獵農民以官為威以法為機求利逆暴譬無異於操白刃劫人者也初試官時倍力為巧詐飾虛功執空文以誷主上用居上為右試官不讓賢陳功見偽增實以無為有以少為多以求便勢尊位食飲驅馳從姬歌兒不顧於親犯法害民虛公家此夫為盜不操矛弧者也攻而不用弦刃者也欺父母未有罪而弒君未伐者也何以為高賢才乎盜賊發不能禁夷貊不服不能攝姦邪起不能塞官耗亂不能治四

時不和不能調歲穀不熟不能適才賢不為是不忠也才不賢而託官位利上奉妨賢者處是竊位也有人者進有財者禮是偽也子獨不見鴟梟之與鳳凰翔乎蘭芷芎藭棄於廣野蒿蕭成林使君子退而不顯衆公等是也述而不作君子義也今夫卜者必法天地象四時順於仁義分策定卦按式正棊然後言天地之利害事之成敗昔先王之定國家必先龜策日月而後乃敢代正時日乃後入家產子必先占吉凶後乃有之自伏羲作八卦

莊書上德

不自知其爲縱忽暴天地所不足

以戰國策士所譚其列其言又好

周文王演三百八十四爻而天下治越王勾踐放文王八卦以破敵國覇天下由是言之卜筮有何負哉且夫卜筮者掃除設坐正其冠帶然後乃言事此有禮也言而鬼神或以饗忠臣以事其上孝子以養其親慈父以畜其子此有德者也而以義置數十百錢病者或以愈且死或以生患或以免事或以成嫁子娶婦或以養生此之為德豈直數十百錢哉此夫老子所謂上德不德是以有德今夫卜筮者利大而謝小老子之云豈異於是乎莊

子曰君子內無饑寒之患外無刼奪之憂居上而敬居下不為害君子之道也今夫卜筮者之為業也積之無委聚藏之不用府庫徙之不用輜車負裝之不重止而用之無盡索之時持不盡索之物游於無窮之世雖莊氏之行未能增於是也子何故而云不可卜哉天不足西北星辰西北移地不足東南以海為池日中必移月滿必虧先王之道乍存乍亡公責卜者言必信不亦惑乎公見夫談士辯人乎慮事定計必是人也然不能以一言說

[illegible]以古語有[illegible]語正在此

不嫌可厭獨不窮精

人主意故言必稱先王語必道上古慮事定計飾先王之成功語其敗害以恐喜人主之志以求其欲多言誇嚴莫大於此矣然欲彊國成功盡忠於上非此不立今夫卜者者導惑教愚也夫愚惑之人豈能以一言而知之哉言不厭多故騏驥不能與罷驢為駟而鳳凰不與燕雀為群而賢者亦不與不肖者同列故君子處卑隱以辟衆自匿以辟倫微見德順以除群害以明天性助上養下多其功利不求尊譽公之等喁喁者也何知長者之道

乎宋忠賈誼忽而自失芒乎無色悵然噤口不能言於是攝衣而起再拜而辭行洋洋也出市門僅能自上車伏軾低頭卒不能出氣居三日宋忠見賈誼於殿門外乃相引屏語相謂自嘆曰道高益安勢高益危居赫赫之勢失身且有日矣夫卜而有不審不見奪糈為人主計而不審身無所處此相去遠矣猶天冠地屨也此老子之所謂無名者萬物之始也天地曠曠物之熙熙或安或危莫知居之我與若何足預彼哉彼久而愈安雖曾氏之

正義綽非太史公作脫其辨非參宗又豈指生所能正護曰史記至元成間十篇有錄無書而褚先生補日者龜策言辭多鄙陋非太史之本意也

義未有以異也久之宋忠使匈奴不至而還抵罪

而賈誼為梁懷王傅王墮馬薨誼不食毒恨而死

此務華絶根者也

太史公曰古者卜人所以不載者多不見于篇及

至司馬季主余志而著之

班馬異同

史漢異同　卷二十四　日者　六

班馬異同

貨殖列傳第六十九　史記一百二十九

貨殖列傳第六十一　漢書九十一

老子曰至治之極鄰國相望雞狗之聲相聞民各

甘其食美其服安其俗樂其業至老死不相往來

必用此為務輓近世塗民耳目則幾無行矣太史

公曰夫神農以前吾不知已至若詩書所述虞夏

以來耳目欲極聲色之好口欲窮芻豢之味身安

即教論

逸樂而心誇矜勢能之榮使俗之漸民久矣雖戶

說得有本有末作此固迂生之比也

史漢異同　卷十五　貨殖　二　余本立

說以眇論終不能化故善者因之其次利道之其

論教至親切處

次教誨之其次整齊之最下者與之爭夫山西饒

材竹穀纑旄玉石山東多魚鹽漆絲聲色江南出

枏梓薑桂金錫連丹沙犀瑇瑁珠璣齒革龍門碣

石北多馬牛羊旃裘筋角銅鐵則千里往往山出

棊置此其大較也皆中國人民所喜好謡俗被服

飲食奉生送死之具也故待農而食之虞而出之

工而成之商而通之此寧有政教發徵期會哉人

各任其能竭其力以得所欲故物賤之徵貴貴之

此[illegible]貨殖為見淺之[illegible]貨殖十[illegible]當中史記中之特一日而無則殊子為不足棄殺業當是也

是謂刀筆

文字有序

極其推明之

貼一句而法管子

其筆不老

愈見其淺而深可見

徵賤各勸其業樂其事若水之趨下日夜無休時不召而自來不求而民出之豈非道之所符而自然之驗邪周書曰農不出則乏其食工不出則乏其事商不出則三寶絕虞不出則財匱少財匱少而山澤不辟矣此四者民所衣食之原也原大則饒原小則鮮上則富國下則富家貧富之道莫之奪予而巧者有餘拙者不足故太公望封於營丘地潟鹵人民寡於是太公勸其女功極技巧通魚鹽則人物歸之繈至而輻湊故齊冠帶衣履天下

海岱之間斂袂而往朝焉其後齊中衰管子脩之設輕重九府則桓公以霸九合諸侯一匡天下而管氏亦有三歸位在陪臣富於列國之君是以齊富彊至於威宣也故曰倉廩實而知禮節衣食足而知榮辱禮生於有而廢於無故君子富好行其德小人富以適其力淵深而魚生之山深而獸往之人富而仁義附焉富者得勢益彰失勢則客無所之以而不樂夷狄益甚諺曰千金之子不死於市此非空言也故曰天下熙熙皆為利來天下壤壤皆為利往夫千乘之王萬家之侯百室之君尚猶患貧而況匹夫編戶之民乎

[illegible]

昔先王之制自天子公侯卿大夫士至于皂隸抱關擊柝者其爵祿奉養宮室車服棺槨祭祀死生之制各有差品小不得僭大賤不得踰貴夫然故上下序而民志定於是辨其土地川澤丘陵衍沃原隰之宜教民種樹畜養五穀六畜及至魚鼈鳥獸雚蒲材幹器械之資所以養生送終之具靡不皆育育之以時而用之有節屮木未落斧斤不入

於山林豺獺未祭罝網不布於壄澤鷹隼未擊矰弋不施於徯隧既順時而取物然猶山不茬蘖澤不伐夭蝝魚麛卵咸有常禁所以順時宣氣蕃阜庶物稸足功用如此之備也然後四民因其土宜各任智力夙興夜寐以治其業相與通功易事交利而俱贍非有徵發期會而遠近咸足故易曰后以財成輔相天地之宜以左右民備物致用立成器以為天下利莫大乎聖人此之謂也管子云古之四民不得雜處士相與言仁誼於閒宴工相與

識技巧於官府，商相與語財利於市井，農相與謀稼穡於田埜，朝夕從事，不見異物而遷焉。故其父兄之教不肅而成，子弟之學不勞而能，各安其居而樂其業，甘其食而美其服，雖見奇麗紛華，非其所習，辟猶戎翟之與于越，不相入矣。是以欲寡而事節，財足而不爭。於是在民上者，道之以德，齊之以禮，故民有耻而且敬，貴誼而賤利。此三代之所以直道而行，不嚴而治之大畧也。及周室衰，禮法墮，諸侯刻桷丹楹，大夫山節藻梲，八佾舞於庭，雍徹

於堂，其流至乎士庶人，莫不離制而棄本，稼穡之民少，商旅之民多，穀不足而貨有餘。陵夷至乎桓文之後，禮誼大壞，上下相冒，國異政，家殊俗，耆欲不制，僭差亡極。於是商通難得之貨，工作亡用之器，士設反道之行，以追時好而取世資。偽民背實而要名，姦夫犯害而求利，篡弒取國者為王公，圉奪成家者為雄桀。禮誼不足以拘君子，刑戮不足以威小人。富者木土被文錦，犬馬餘肉粟，而貧者短褐不完，唅菽飲水。其為編戶齊民，同列而以財

力相君，雖為僕虜，猶亡慍色。故夫飾變詐為姦軌者，自足乎一世之間；守道循理者，不免於饑寒之患。其教自上興，繇法度之無限也。故列其行事，以傳世變云。

昔者越王勾踐困於會稽之上，乃（迺）用范蠡、計然。計然曰：知鬭則脩備，時用則知物，二者形則萬貨之情可得而觀已（見矣）。故歲在金穰，水毀，木饑，火旱。旱則資舟，水則資車，物之理也。六歲穰，六歲旱，十二歲一大饑。夫糶，二十病農，九十病末。末病

則財不出，農病則草不辟矣。上不過八十，下不減三十，則農末俱利。平糶齊物，關市不乏，治國之道也。積著之理，務完物，無息幣。以物相貿易，腐敗而食之貨勿留，無敢居貴。論其有餘不足，則知貴賤。貴上極則反賤，賤下極則反貴。貴出如糞土，賤取如珠玉。財幣欲其行如流水。（推此類而脩之）十年，國富，厚賂戰士，士赴矢石，如渴得飲，遂報彊吳，觀兵中國，號稱五霸。范蠡既雪會稽之耻，（范蠡）乃喟然而嘆曰：計然之策七，十越用其五而得意。既

[illegible]知鬭則脩備以明時用則知物其[illegible]時則[illegible]有欲鬭而後十也知物之為[illegible]用備知欲知已所以[illegible]安穰小數皆大榮之論非謂之然下穰六年旱十二十飢亦然一水

一旱有時作無時給不常[illegible]常旱也二十九十八十皆言斗

完者無不有也息幣即無藏幣

貴時不出則反賤矣故如糞土言及時也多見賤者欲更貴而失所當

此七此五亦大槩指言之

……人善治生者能擇人而任時皆是非陶朱公語也皆與世有益必不可易之言也

廢著雖當時語意以發著耳猶化居也

饒益不成語益疑是字之偽下句能足厭糟糠之入來故須語

富好行德得勢而益彰各自照應

如論此得時於鄙謀新俗樂觀時變盡地力相反雖以此傾天下可也人棄我取人取我

已以施於國吾欲用施之家乃延乘扁舟浮於江
湖變名易姓適齊為鴟夷子皮之陶為朱公朱公
以為陶天下之中諸侯四通貨物所交易也乃延
治產積居與時逐而不責於人故善治生產者能
擇人而任時十九年之中間三致千金而再分散
與貧交友疏昆弟此所謂富好行其德者也後年
衰老而聽子孫子孫脩業而息之遂至巨鉅萬故
言富者皆稱陶朱公
子贛既學於仲尼退而仕於衛廢著發貯鬻財於

史漢異同評卷 八 貨殖 六 官福郎

曹魯之間七十子之徒賜最為饒益而顏淵箪食
瓢飲在于陋巷原憲不厭糟糠匿於窮巷子貢結
四馬連騎束帛之幣以聘享諸侯所至國君無不分
庭與之抗亢禮夫使孔子名布揚於天下者子貢
先後之也此所謂得勢而益彰者乎然孔子賢顏
淵而譏子贛曰回也其庶乎屢空賜不受命而貨
殖焉意則屢中
白圭周人也當魏文侯時李克務盡地力而白圭
樂觀時變故人棄我取人取我與夫歲孰取穀予

于此老子之所發言

惡至卯二字積著率歲字正義曰貯律二音即白圭云云

此語雖足……

之絲漆繭出取帛絮與之食太陰在卯穰明歲衰惡
惡至午旱明歲美至酉穰明歲衰惡至子大旱明
歲美有水至卯積著率歲倍欲長錢取下穀長石
斗取上種能薄飲食忍嗜欲節衣服與用事僮僕
同苦樂趨時若猛獸摯鳥之發故曰吾治生產猶
伊尹呂尚之謀孫吳用兵商鞅行法是也是故其
智不足與權變勇不足以決斷仁不能以取予彊
不能以有所守雖欲學吾術終不告之矣也蓋天
下言治生者祖白圭白圭其有所試矣能試有所

史漢異同評卷 八 貨殖 七 陳天祿

長非苟而已也
猗頓用鹽鹽起而邯鄲郭縱以鐵鑄冶成業與王
者埒富
烏氏倮贏畜牧及衆斥賣求奇繒物間獻遺戎王
戎王什倍其償與之予畜畜至用谷量馬牛馬秦
始皇帝令倮贏比封君以時與列臣朝請而
巴蜀寡婦清其先得丹穴而擅其利數世家亦不
訾清寡婦也能守其業用財自衛人不敢見侵犯
秦始皇帝以為貞婦而客之為築女懷清臺運下

文秦漢之制列侯封君食租稅夫倮鄙人牧長清
窮鄉寡婦禮抗萬乘名顯天下豈非以富邪
漢興海內為一開關梁弛山澤之禁是以富商大
賈周流天下交易之物莫不通得其所欲而徙豪
傑諸侯彊族於京師關中自汧雍以東至河華膏
壤沃野千里自虞夏之貢以為上田而公劉適邠
太王王季在岐文王作豐武王治鎬故其民猶有
先王之遺風好稼穡殖五穀地重重為邪及秦文
孝繆居雍隙隴蜀之貨物而多賈獻孝公徙櫟邑

史漢異同三十五卷一八貨殖 八

櫟邑北郤戎翟東通三晉亦多大賈武昭治咸陽
因以漢都長安諸陵四方輻湊並至而會地小人
眾故其民益玩巧而事末也南則巴蜀巴蜀亦沃
野地饒卮薑丹砂石銅鐵竹木之器南御滇僰僮
西近邛笮笮馬旄牛然四塞棧道千里無所不通
唯褒斜綰轂其口以所多易所鮮天水隴西北地
上郡與關中同俗然西有羌中之利北有戎翟之
畜畜牧為天下饒然地亦窮險唯京師要其道故
關中之地於天下三分之一而人眾不過什三然

量其富什居其六昔唐人都河東殷人都河內周
人都河南夫三河在天下之中若鼎足王者所更
居也建國各數百千歲土地小狹民人眾都國諸
侯所聚會故其俗纖儉習事楊平陽陳西賈秦翟
北賈種代種代石北也地邊胡數被寇人民矜懻
忮好氣任俠為姦不事農商然迫近北夷師旅亟
往中國委輸時有奇羨其民羯羠不均自全晉之
時固已患其慓悍而武靈王益厲之其謠俗猶有
趙之風也故楊平陽陳掾其間得所欲溫軹西賈

史漢異同三十五卷一八貨殖 九

上黨北賈趙中山中山地薄人眾猶有沙丘紂淫
地餘民民俗懁急仰機利而食丈夫相聚遊戲悲
歌忼慨起則相隨椎剽休則掘冢作巧姦冶多美
物為倡優女子則鼓鳴瑟跕屣游媚貴富入後宮
徧諸侯然邯鄲亦漳河之間一都會也北通燕涿
南有鄭衛鄭衛俗與趙相類然近梁魯微重而矜
節濮上之邑徙野王野王好氣任俠衛之風也夫
燕亦勃碣之間一都會也南通齊趙東北邊胡上
谷至遼東地踔遠人民希數被寇大與趙代俗相

[illegible]之說曰[illegible]文顯性之捷[illegible]也

類而民雕捍少慮有魚鹽棗栗之饒北鄰烏桓夫
餘東綰穢貉朝鮮真番之利
洛陽東賈齊魯南賈梁楚故泰山之陽則魯其陰
則齊齊帶山海膏壤千里宜桑麻人民多文綵布
帛魚鹽臨菑亦海岱之間一都會也其俗寬緩闊

持剌猶好持論[illegible]非持物[illegible]持剌人[illegible]閒矣

達而足智好議論地重難動搖怯於衆鬭勇於持
刺故多劫人者大國之風也其中具五民而鄒魯
濱洙泗猶有周公遺風俗好儒備於禮故其民齪
齪頗有桑麻之業無林澤之饒地小人衆儉嗇畏

罪遠邪及其衰好賈趨利甚於周人夫自鴻溝以
東芒碭以北屬巨野此梁宋也陶睢陽亦一都會
也昔堯作游成陽舜漁於雷澤湯止于亳其俗猶
有先王遺風重厚多君子好稼穡雖無山川之饒
能惡衣食致其蓄藏越楚則有三俗夫自淮北沛

郢都得有本不得不稱帝王而已

陳汝南南郡此西楚也其俗剽輕易發怒地薄寡
於積聚江陵故郢都西通巫巴東有雲夢之饒陳
在楚夏之交通魚鹽之貨其民多賈徐僮取慮則
清刻矜己諾彭城以東東海吳廣陵此東楚也其
俗類徐僮朐繒以北俗則齊浙江南則越夫吳自
闔廬春申王濞三人招致天下之喜游子弟東有
海鹽之饒章山之銅三江五湖之利亦江東一都
會也衡山九江江南豫章長沙是南楚也其俗大
類西楚郢之後徙壽春亦一都會也而合肥受南
北潮皮革鮑木輸會也與閩中干越雜俗故南楚

好辭巧說謂詞辯之類此後何與於貨殖真足謂談其心理也採取之不幽自東貴都[illegible]梁楚已有吞吳并學之意故隨

好辭巧說少信江南卑溼丈夫早夭多竹木豫章
出黃金長沙出連錫然堇堇物之所有取之不足
以更費九疑蒼梧以南至儋耳者與江南大同俗

此所及漆縷不必及口及全書一語而更穫[illegible]好忽然而出忽然而入

而揚越多焉番禺亦其一都會也珠璣犀瑇瑁果
布之湊
潁川南陽夏人之居也夏人政尚忠朴猶有先王
之遺風潁川敦愿秦末世遷不軌之民於南陽南
陽西通武關鄖關東南受漢江淮宛亦一都會也
俗雜好事業多賈其任俠交通潁川故至今謂之

夫天下物所鮮所多人民謠俗秋其題因其敘見下

夏人夫天下物所鮮所多人民謠俗山東食海鹽
山西食鹽鹵領南沙北固往往出鹽大體如此矣

總之又如大條鋪敘

總之楚越之地地廣人希飯稻羮魚或火耕而水

蓏以為蓏音郎果反 [illegible] 為讀皆同上古 [illegible] 一夕字也

形容無不[illegible] [illegible]

謂人設道[illegible]之[illegible]與岩穴之[illegible]義皆自有所見 [illegible]人於不可從 [illegible]可以[illegible] 不可以[illegible]至 [illegible]吏久久更富 又有[illegible]為廉者

必資[illegible]生[illegible] 也[illegible]者能自 保[illegible]任[illegible] 更富也[illegible] [illegible] 利[illegible] 歸亦不可[illegible]

蓏果隋蠃蛤不待賈而足地勢饒食無饑饉之患
以故呰窳偷生無積聚而多貧是故江淮以南無
凍餓之人亦無千金之家沂泗水以北宜五穀桑
麻六畜地小人衆數被水旱之害民好畜藏故秦
夏梁魯好農而重民三河宛陳亦然加以商賈齊
趙設智巧仰機利燕代田畜而事蠶自漢興海內
至此漢書間用其語於地理志中由此觀之賢人
深謀於廊廟論議朝廷守信死節隱居巖穴之士
設為名高者安歸乎歸於富厚也是以廉吏久久

史漢書卷百二十九　貨殖　十二

更富廉賈歸富富者人之情性所不學而俱欲者
也故壯士在軍攻城先登陷陣卻敵斬將搴旗前
蒙矢石不避湯火之難者為重賞使也其在閭巷
少年攻剽椎埋劫人作姦掘冢鑄幣任俠并兼借
交報仇篡逐幽隱不避法禁走死地如騖者其實
皆為財用耳今夫趙女鄭姬設形容揳鳴琴揄長
袂躡利屣目挑心招出不遠千里不擇老少者奔
富厚也游閑公子飾冠劍連車騎亦為富貴容也
弋射漁獵犯晨夜冒霜雪馳阬谷不避猛獸之害

等至距竭

也不販以遠故

為得味也博戲馳逐鬬雞走狗作色相矜必爭勝
者重失負也醫方諸食技術之人焦神極能為重
糈也吏士舞文弄法刻章偽書不避刀鋸之誅者
沒於賂遺也農工商賈畜長固求富益貨也此有
知盡能索耳終不餘力而讓財矣諺曰百里不販
樵千里不販糴居之一歲種之以穀十歲樹之以
木百歲來之以德德者人物之謂也今有無秩祿
之奉爵邑之入而樂與之比者命曰素封秦漢之
制列侯封者君食租稅歲率戶二百千戶之君則

史漢書卷百二十九　貨殖　十三

二十萬朝覲聘享出其中庶民農工商賈率亦歲
萬息二千戶百萬之家則即二十萬而更徭縣租
賦出其中衣食欲恣所好美矣故曰陸地牧馬
二百蹄號牛蹄角千號角千足羊澤中千足彘水
居千石魚陂波山居千章之材安邑千樹棗燕
秦千樹栗蜀漢江陵千樹橘淮北常山已南河
濟之間千樹萩陳夏千畝漆桼齊魯千畝桑麻渭
川千畝竹及名國萬家之城帶郭千畝畝鍾之田
若千畝卮茜千畦薑韭此其人皆與千戶侯等連

下文諺曰以貧求貧 然是富給之資也不窺市井
不行異邑坐而待收身有處士之義而取給焉若
至家貧親老妻子軟弱歲時無以祭祀進醵飲食
被服不足以自通如此不慙恥則無所比矣是以
無財作力少有鬭智既饒爭時此其大經也今治
生不待危身取給則賢人勉焉是故本富為上末
富次之姦富最下無巖處奇士之行而長貧賤好
語仁義亦足羞也
凡編戶之民富相什則卑下之伯則畏憚之千則

役萬則僕物之理也 諺曰夫用以貧求富農不如
工工不如商刺繡文不如倚市門此言末業貧者
之資也通邑大都酤一歲千釀醯醬千瓨 醬 千
甔 儋 屠牛羊彘千皮販穀糶 糴 千鍾薪稾千車船
長千丈木千章竹竿萬个其軺車百乘牛車千輛
兩 木器髹 漆 者千枚銅器千鈞素木鐵器若巵茜
千石馬蹄躈 號噭 千牛千足羊彘千雙僮手指千
筋角丹沙千斤其帛絮細布千鈞文采千匹榻 荅
布皮革千石漆 桼 千大斗蘗 小 麴鹽豉千瓵 合 鮐鮆

千斤鮿千石鮑千鈞棗栗千石者三之狐貂 貂 裘
千皮羔羊裘千石旃席千具佗 它 果菜 采 千鍾 種
子貸金錢千貫節駔會貪賈三之廉賈五之此亦
比千乘之家此其大率也 逆下文蜀卓氏 佗雜業
不中什二則非吾財也請略道當世千里之中賢
人所以富者令後世得以觀擇焉
蜀卓氏之先趙人也用鐵冶富秦破趙遷卓氏 之
蜀卓氏見虜略獨夫妻推輦行詣遷處諸遷虜少
有餘財爭與吏求近處處葭萌唯卓氏曰此地狹

陿 薄吾聞汶 岷 山之下沃野 埊 下有蹲 踆 鴟至死
不饑民工於 作布 市易賈乃求遠遷致之臨邛大
喜 憙 即鐵山鼓鑄運籌策 筭 賈 傾滇蜀之民富至
僮 童 千八百人田池射獵之樂擬於人君
程鄭山東遷虜也亦冶鑄賈椎 魋 髻 結 之民富埒
卓氏俱居臨邛 程卓既衰至成哀間成都羅裒訾
至鉅萬初裒賈京師隨身數十百萬為平陵石氏
持錢其人彊力石氏訾次如苴親信厚資遣之令
往來巴蜀數年間致千餘萬裒舉其半賂遺曲陽

鄒魯以曹邴故去文學而趨利[illegible]即前其技固人之諺凡使人歎也

刁間稱語如此又傳之文

纖字非纖嗇之[illegible]下[illegible]數可見正[illegible]巧[illegible]洛陽街[illegible]

定陵侯依其權力賒貸郡國人莫敢負擅鹽井之
利期年所得自倍遂殖其貨
宛孔氏之先梁人也用鐵冶為業秦伐滅魏遷孔
氏南陽大鼓鑄規陂池田連車騎游諸侯因通商
賈之利有游閑公子之賜與名然其贏得過當愈
於纖嗇家致富數千金故南陽行賈盡法孔
氏之雍容
魯人俗儉嗇而曹邴丙氏尤甚以鐵冶起富至巨
萬然家自父兄子孫弟約俛頫有拾仰卬有取

貰貸行賈徧郡國鄒魯以其故多去文學而趨利
者以曹邴氏也
齊俗賤奴虜而刀間獨愛貴之桀黠奴人之所患
也唯刀間收取使之逐漁鹽商賈之利或連車騎
交守相然愈益任之終得其力起富數千萬故曰
寧爵毋刀言其能使豪奴自饒而盡其力也刀
間既衰至成哀間臨菑姓偉訾五千萬
周人既纖而師史尤甚轉轂以百數賈郡國無
所不至洛陽街居在齊秦楚趙之中貧人學事

言形勝任法貴者皆老於商家以久賈不求為[illegible]故曰設任此等亦為周人賈事可任也

所以証人棄我取之必然

師古解善富與史異

說從關道時惟長此等皆豪其下故又又其楚

富家相矜以久賈數過邑不入門設任用此等故
師史能致七十千萬師史既衰至成哀王莽時雒
陽張長叔薛子仲訾亦十千萬莽皆以為納言士
欲法武帝然不能得其利
宣曲任氏之其先為督道倉吏秦之敗也豪傑皆
爭取金玉而任氏獨窖倉粟楚漢相距滎陽也民
不得耕種米石至萬而豪傑金玉盡歸任氏任氏
以此起富富人爭奢侈而任氏折節為儉力田畜
田畜人爭取賤賈任氏獨取貴善富者數世然任

公家約非田畜所出生弗不衣食公事不畢則身
不得飲酒食肉以此為閭里率故富而主上重之
塞之斥也唯橋姚桃以已致馬千匹牛倍之羊萬
頭粟以萬鍾計
吳楚七國兵之起時長安中列侯封君行從軍旅
齎貸子錢家子錢家以為侯邑國在關東關東成
敗未決莫肯與予唯無毋鹽氏出捐千金貸其息
什之三月吳楚平一歲之中則無毋鹽氏之息什
倍用此富埒關中

亦知談兵

椎埋無謂當是推埋識去就與下面與時俯仰語相似然不其可推窮必非椎埋者

關中富商大賈大抵盡諸田田嗇牆田闌蘭韋家
栗氏安陵杜杜氏亦巨萬前富者既衰自元成
訖王莽京師富人杜陵樊嘉茂陵摯網平陵如氏
苴氏長安丹王君房豉樊少翁王孫大卿為天下
高訾樊嘉五千萬其餘皆鉅萬矣王孫卿以財養
士與雄桀交王莽以為京司市師漢司東市令也
此其章章尤異者也皆非有爵邑奉祿弄法犯
姦而富盡椎埋去就與時俯仰獲其贏利以末致
財用本守之以武一切用文持之變化有概故足

術也若至力農畜工虞商賈為權利以成富大者
傾郡中者傾縣下者傾其餘郡國富民兼業顓利
以貨賂自行取重於鄉里者不可勝數夫纖嗇筋
力治生之正道也而富者必用奇勝故秦陽以田
農掘業而秦陽以蓋甲一州掘冢奸事也而田叔
以起博戲惡業也而桓發用之富行賈丈夫賤行
也而雍樂成以饒翁伯以販脂辱處也而雍伯千
金傾縣邑張氏以賣漿小業也而張氏千萬隃侈
質氏以灑削薄技也而郅氏鼎食濁氏以胃脯簡

徵耳濁氏而連騎張里以馬醫淺方張里而擊鍾
皆越法矣此皆誠壹之所致由是觀之富無經業
則貨無常主能者輻湊不肖者瓦解千金之家比
一都之君巨萬者乃與王者同樂豈所謂素封者
邪非也然常循守事業積累贏利漸有所起至於
蜀卓宛孔齊之刁間公擅山川銅鐵魚鹽市井之
入運其籌策上爭王者之利下錮齊民之業皆陷
不軌奢僭之惡又況掘冢搏掩犯姦成富曲叔稽
發雍樂成之徒猶復齒列傷化敗俗大亂之道也

嘉靖十六年歲次丁酉山人高濲覆校

班馬異同

右史漢異同近從鄒侍講借録凡三
冊此書吾郡前輩家有之相傳作於
須溪而編內不載觀其評論批點臻
極精妙信非須溪不能然文獻通考
云倪思撰班馬異同三十五卷思以
班史仍史記之舊而多刪改務趨簡
嚴或刪而遺其事實或改而失其本
意因其異可以知其優劣所論政與
今所録者合而卷數亦同豈非書作

於倪而評論批點出於須溪邪
永樂壬寅八月既望廬陵楊士奇識

序刻班馬異同後
古稱史才最難左氏而下惟子長孟堅為史家
宗優劣之評紛紛迄未有定倪思氏又合二書
校其異同凡遷盈辭固所刊落者暨抹其旁竄
定增益者細書于下若仍舊文則迄止以屬之
以故簡帙甚約而二書之文凡百餘萬言咸備
無遺其用意亦精勤矣哉簡端時有論斷是遷
者什七八且商畧往蹟標表徵辭犁然咸當于
人心相傳出劉須溪氏今亦無所考或者即出

思手蓋據其異同而附著所見云耳大抵班書
較遷史誠為簡嚴然遺事實而失本意亦往往
有如昔人之所譏者矧首創與纂述功有難易
則二子之甲乙可槩見矣舊未有刻本吉郡士
大夫家多私相傳寫予始獲見於今少宰鍾石
費公所手錄以歸丙戌秋被
命校書于建將攜刻焉既中尼不行乃令後官
于茲一日侍御中谿李公出所輯史記題評一
帙將校刻以廣其傳其為評訂殆且百家而史

班馬異同評三十五卷浙江汪汝瑮家藏本

宋倪思撰劉辰翁評辰翁字會孟廬陵人景定壬戌廷試對策忤賈似道置丙第遂以親老請掌濂溪書院後召入史館及除太常博士皆不就宋亡後隱居以終其文集散佚僅存四景詩及須溪記鈔蓋不及十分之一今從永樂大典裒輯遺篇始稍成卷帙惟所評諸書尚傳此本亦其一也辰翁人品頗高潔而文章多涉僻澁其點論古書尤好爲纖詭新穎之詞實於數百年前預開明末竟陵之派此書據文義以評得失尚較爲切實然於顯然共見者往往贅論而筆削微意罕所發明又倪思原書本較其文之異同辰翁所評乃多及其事之是非大抵以意斷制無所考証既非論文又非論古未免兩無所取楊士奇跋以爲臻極精妙過矣舊無專刻僅附倪思書以行然究爲以辰翁之書亂思之書故有疑班馬異同即爲辰翁作者語詳班馬異同條下今各著録俾兩不相淆焉

史漢方駕

[明] 許相卿

明萬曆十三年徐禾刻本

史漢方駕凡例引

許聞造曰文獻通攷云班馬異同三十五卷撰自倪思夫班仍馬舊中多刪改務趨簡嚴而刪或遺其事實改或失其本意著異同而辨優劣思之用心蓋其勤哉廼思以標識巨細分別同異

家大人以爲不便疾讀撰爲此書義取並駕旨若列眉斯

家大人所自謂奇絶者乎萬曆乙酉歲爰副剞劂而發其凡例如左

史漢同者從中大書

史漢異者分左右行書左史右漢

綱領處大標 ——

劣句意細抹 ——

精意 ○○○○○○○

粹語 、、、、、、

史漢方駕目録

曹褒　韓說　郭昌
荀彘　路博德　趙破奴
第二十五卷　史傳五十二　漢傳二十八　三十四
公孫弘　主父偃
第二十六卷　史傳五十七　漢傳二十七
司馬相如
第二十七卷　史傳五十八　漢傳十四
淮南王長　安　衡山王賜
第二十八卷　史傳六十　漢傳二十

汲黯　鄭當時
第二十九卷　史酷吏傳六十二　漢傳二十九　三十　六十
郅都　甯成　周陽由
趙禹　張湯　義縱
王溫舒　楊僕　減宣
杜周　尹齊
第三十卷　史游俠傳六十四　漢傳六十二
魯朱家　劇孟　郭解
第三十一卷　史佞幸傳六十五　漢傳六十三

鄧通　韓嫣　李延年
第三十二卷　史滑稽傳六十六
淳于髡　優孟　優旃
第三十三卷　史日者傳六十七
司馬季主
第三十四卷　史貨殖傳六十九　漢傳六十一
范蠡　計然　子贛　白圭
猗頓　烏氏倮　巴寡婦清
蜀卓氏　程鄭　宛孔氏

曹邴氏　刁閒　師史
任氏
第三十五卷　史傳五十　漢傳六十四
匈奴

史漢方駕目錄終

其妖艶於井上劉荒嶠上從人望其氣皆成龍非漢作之記日與龍交也非其人理不如為校焉雖但見其

上有如此者或疑其氣來可知或陰陽所感未可知取一女字大疑類面與大凡……謂類也王媼武負疑為一人故又言武負王媼以別之又言此兩家也明高祖於酒……報矣不知此二婦……甚否

史漢方駕卷第一

浙湖許相卿台仲甫　撰輯

徐　禾仲年甫　校錄

史紀八　漢紀一

高祖沛豐邑中陽里人也姓劉氏字季父曰太公母曰劉媼其先劉媼嘗息大澤之陂夢與神遇是時雷電晦冥父太公往視則見蛟龍於其上已而有身遂產高祖高祖為人隆準而龍顏美須髯左股有七十二黑子寬仁而愛人喜施意豁如也常有大度不事家人生產作業及壯試為吏為泗水亭長廷中吏無所不狎侮好酒及色常從王媼武負貰酒時飲醉臥武負王媼見其上常有龍怪之高祖每酤留飲酒讎數倍及見怪歲竟此兩家常折券棄責高祖嘗繇咸陽縱觀秦皇帝喟然太息曰嗟乎大丈夫當如此也單父人呂公善沛令辟仇從之客因家沛焉沛中豪傑吏聞令有重客皆往賀蕭何為主吏主進令諸大夫曰進不滿千錢坐之堂下高祖為亭長素易諸吏乃紿為謁曰賀錢萬實不持一錢謁入呂公大驚

文穎曰飲酒者下坐于在明之明

呂公以其交豈必能自高求人於天下此天作之合豈得論以賴德比由頭氏識以力爭經營雖矣何物女子溯大負則大哉……其……之皆其家學之可見者

但見其風流本色於竹皮冠見之甚自愛重

起迎之門呂公者好相人見高祖狀貌因重敬之引入坐上坐蕭何曰劉季固多大言少成事高祖因狎侮諸客遂坐上坐無所詘酒闌呂公因目固留高祖高祖竟酒後呂公曰臣少好相人相人多矣無如季相願季自愛臣有息女願為季箕帚妾酒罷呂媼怒呂公曰公始常欲奇此女與貴人沛令善公求之不與何自妄許與劉季呂公曰此非兒女子所知也卒與劉季高祖呂公女乃呂后也生孝惠帝魯元公主高祖為亭長時常告歸之田呂后與兩子居田中耨有一老父過請飲呂后因餔之老父相呂后曰夫人天下貴人也令相兩子見孝惠帝曰夫人所以貴者乃此男也相魯元公主亦皆貴老父已去高祖適從旁舍來呂后具言客有過相我子母皆大貴高祖問曰未遠乃追及問老父老父曰鄉者夫人嬰兒子皆似君君相貴不可言高祖乃謝曰誠如父言不敢忘德及高祖貴遂不知老父處高祖為亭長乃以竹皮為冠令求盜之薛治之時時冠之及貴常冠所謂劉氏冠乃是也高祖以亭長為縣送徒驪山徒多道亡自度

此俱故又非神仙之比

比至皆亾之到豐西澤中亭止飲乃夜皆解縱所送
徒曰公等皆去吾亦從此逝矣徒中壯士願從者十
餘人高祖被酒夜徑澤中令一人行前行前者還報
曰前有大蛇當徑願還高祖醉曰壯士行何畏乃前
拔劍擊斬蛇蛇遂分為兩徑開行數里醉因臥後人
來至蛇所有一老嫗夜哭人問嫗何哭嫗曰人殺吾
子故哭之人曰嫗子何為見殺嫗曰吾子白帝子也
化為蛇當道今為赤帝子斬之故哭人乃以嫗為不
誠欲告之嫗因忽不見後人至高祖覺後人告高祖

一代興王自宜顧瞻有符異然斬蛇與自負何自知之雖然因多見者耳呂后偶之作氣家人大悟諸沛中有聞於者何而多為從人往往為之辭

高祖乃心獨喜自負諸從者日益畏之秦始皇帝常
曰東南有天子氣於是因東游以厭當之高祖即自
疑亡匿隱於芒碭山澤巖石之間呂后與人俱求常
得之高祖怪問之呂后呂后曰季所居上常有雲氣故
從往常得季高祖心又喜沛中子弟或聞之多欲附者
矣秦二世元年秋七月陳涉等起蘄至陳而自立為楚
王號為張楚遣武臣張耳陳餘略趙地八月武臣自立為趙王
郡縣皆多殺其長吏以應陳涉九月沛令恐欲以沛
應涉掾主吏蕭何曹參乃曰君為秦吏今欲背之率

蕭何在呂公時以本為大官小

此事只為沛令誤則召之而後又誅之殆呂公之敎也一說沛令呂得罪故呂公所以不去也

沛子弟恐不聽願君召諸亾在外者可得數百人因
以劫眾眾不敢不聽乃令樊噲召劉季高祖劉季之眾已
數十百人矣於是樊噲從劉季高祖來沛令後悔恐其有
變乃閉城城守欲誅蕭曹蕭曹恐踰城保劉季高祖
乃書帛射城上謂沛父老曰天下苦秦久矣今父
老雖為沛令守諸侯並起今屠沛沛今共誅令擇子
弟可立者立之以應諸侯則家室完不然父子俱屠
無為也父老乃率子弟共殺沛令開城門迎劉季高祖欲
以為沛令劉季高祖曰天下方擾諸侯並起今置將不善

真天子之言

一敗塗地吾非敢自愛恐能薄不能完父兄子弟此
大事願更相推擇可者蕭曹等皆文吏自愛恐事不
就後秦種族其家盡讓劉季高祖諸父老皆曰平生所聞
劉季諸珍奇怪當貴且卜筮之莫如劉季最吉於是劉季高祖
數讓眾莫敢為高祖乃立季為沛公祠黃帝祭蚩尤
於沛庭而釁鼓旗幟皆赤由所殺蛇白帝子所殺者
赤帝子故上赤於是少年豪吏如蕭曹樊噲等皆為
收沛子弟得二三千人是月項梁與兄子羽起吳田儋
與從弟榮橫起齊自立為齊王韓廣自立為燕王魏

只從後語即是不辨

咎自立爲魏王陳涉之將周章西入關至戲秦將章
邯距破之秦二年十月沛公攻胡陵方與還守豐秦
二世二年陳涉之將周章軍西至戲而還燕趙齊魏
皆自立爲王項氏起吳秦泗川監平將兵圍豐二日
出與戰破之命雍齒守豐十一月沛公引兵之薛秦
泗川守壯兵敗於薛走至戚沛公左司馬得泗川守
壯殺之沛公還軍亢父至方與周市來攻方與未戰
陳王使趙王武臣爲其將所殺十二月楚王陳涉爲其御莊
賈所殺魏人周市略地周市豐沛使人謂雍齒曰豐故梁
徙也今魏地已定者數十城齒今下魏魏以齒爲侯
守豐不下且屠豐雍齒雅不欲屬沛公及魏招之即
反爲魏守豐沛公引兵攻豐不能取沛公病還之沛
沛公怨雍齒與豐子弟叛之閏正月張耳等立趙後趙
歇爲趙王東陽甯君秦嘉立景駒爲假楚王在留沛公乃
往從之欲道得張良遂與俱見景駒請兵以攻豐是時
秦將章邯從陳別將司馬尼將兵北定楚地屠相至
碭東陽甯君沛公引兵西與戰蕭西不利還收兵聚
留二月引兵攻碭三日拔之乃取碭因收碭兵得五六千人與

故合九千人三月攻下邑拔之還軍豐聞項
梁在擊殺景駒秦嘉止薛沛公從騎百餘往見之項梁益沛
公卒五千人五大夫將十人沛公還引兵攻豐從項
梁月餘拔之雍齒奔魏五月項羽已拔襄城還項梁盡召別
將居薛聞陳王定死因六月沛公如薛與項梁共立楚後懷王孫心爲楚
懷王治盱台項梁號武信君居數月北章邯破殺魏王咎齊王田儋於臨濟七月大霖
雨沛公攻亢父章邯圍田榮於東阿沛公與項梁共
救東阿田榮大破秦軍齊軍章邯東阿田榮歸楚獨追北使沛公項
羽別攻追北至城陽攻屠之其城軍濮陽之東復與秦軍章邯戰
又破之秦軍章邯復振守濮陽環水楚軍沛公項羽去而攻定
陶八月田榮立田儋子市爲齊王定陶未下沛公與
項羽西略地至雍丘之下與秦軍戰大破敗之斬三川
守李由還攻外黃外黃未下項梁再破秦軍有驕色
宋義諫不聽秦益章邯兵九月章邯夜銜枚擊項梁
定陶大破之殺定陶項梁死沛公與項羽方攻陳留聞項梁死引兵士卒恐乃與呂將軍俱
呂臣引兵而東徙懷王自盱台都彭城呂臣軍彭城
東項羽軍彭城西沛公軍碭遂下魏咎弟豹自立

邯已破項梁軍，則以爲楚地兵不足憂，乃渡河北擊
趙，大破之。當是之時，趙歇爲王，保鉅鹿城。秦將王離
圍之鉅鹿城。此所謂河北之軍也。秦二世三年，楚懷
王以項梁軍破，恐，徙盱台，都彭城。魏咎弟豹自立爲魏王。後九月，懷王
并呂臣、項羽軍自將之，以沛公爲碭郡長，封爲武安侯，
將碭郡兵。以封項羽爲魯公，封長安侯，號爲魯公。呂臣
爲司徒，其父呂青爲令尹。趙上章邯已破項梁，趙數
請救，懷王乃以宋義爲上將軍，項羽爲次將，范增爲
末將，北救趙。令沛公西略地入關。初懷王與諸將約，先入定

關中者王之。當是時，秦兵彊，常乘勝逐北，諸將莫利
先入關。獨項羽怨秦破項梁軍，奮，願與沛公西入
關。懷王諸老將皆曰：項羽爲人慓悍猾賊。項羽嘗攻
襄城，襄城無遺類，皆阬之，諸所過無不殘滅。且楚數
進取，前陳王、項梁皆敗，不如更遣長者扶義而西，告
諭秦父兄。秦父兄苦其主久矣，今誠得長者往，毋侵
暴，宜可下。今項羽慓悍，今不可遣。獨沛公素寬大長
者，可遣。卒不許項羽，而遣沛公西略地，收陳王、項梁
散卒。乃道碭至成陽，與杠里攻秦軍，秦壁破。秦二

軍。楚軍出兵擊王離，大破之。秦三年十月，齊將田都畔田榮，將兵助項羽救趙。
沛公攻破東郡尉於成武。十一月，項羽殺宋義，并其
兵渡河，自立爲上將軍，諸將黥布等皆屬。十二月，沛
公引兵西，遇彭越昌邑，因與俱攻秦軍，戰不利。還至
栗，遇剛武侯，奪其軍，可四千餘人，并之。與魏將皇欣、
魏申徒武蒲之軍并，合攻秦軍，破之。故齊王建孫田安
下濟北，從項羽救趙。羽大破秦軍鉅鹿下，虜王離，走
章邯。二月，沛公從碭北攻昌邑，遇彭越，越助攻昌邑。
昌邑未拔。沛公西過高陽，酈食其爲里監門，曰：諸將

過此者多，吾視沛公大度。乃求見說沛公。沛公
方踞牀，使兩女子洗足。酈生不拜，長揖曰：足下必欲
誅無道秦，不宜踞見長者。於是沛公起，攝衣謝之，延
上坐。食其說沛公襲陳留，得秦積粟。乃以酈食其爲
廣野君，以其弟商爲將，將陳留兵。三月，與偕攻開封，開封
未拔。西與秦將楊熊會戰白馬，又戰曲遇東，大破之。
楊熊走之滎陽，二世使使者斬之以徇。四月，南攻潁
陽，屠之。因張良遂略韓地。是時趙別將司馬
卬方欲渡河入關，沛公乃北攻平陰，絕河津，南戰雒

陽東軍不利還從轘轅至陽城收軍中馬騎六月與南
陽守齮戰犨東大破之略南陽郡南陽守齮走保城
守宛沛公引兵過而宛西張良諫曰沛公雖欲急入關
秦兵尚衆距險今不下宛宛從後擊彊秦在前此危
道也於是沛公乃夜引兵軍從他道還更偃旗幟遲明圍
宛城三匝而南陽守欲自剄其舍人陳恢曰死未晚也
乃踰城見沛公曰臣聞足下約先入咸陽者王之今
足下留守宛宛大郡之都也縣連城數十人民衆積蓄
其吏民多人自以為降必死故皆堅守乘城今足下盡日

止攻士死傷者必多引兵去宛宛必隨足下後足下
前則失咸陽之約後又有彊宛之患為足下計莫若
約降封其守因使止守引其甲卒與之西諸城未下
者聞聲爭開門而待足下足下通行無所累沛公曰
善乃以宛守七月南陽守齮降封為殷侯封陳恢千戶引兵西
無不下者至丹水高武侯鰓襄侯王陵降西陵還攻
胡陽遇番君別將梅鋗與偕皆降攻析酈所過毋得
鹵掠秦民秦民喜遣魏人甯昌使秦使者未來是時章邯
已以軍降項羽於趙矣初項羽與宋義北救趙及有

羽殺宋義代為上將軍諸將黥布皆屬破
羽以為趙王歇印申陽下河南八月沛公攻武關入
秦秦如將王離軍降章邯諸侯皆附及趙高已恐乃殺二世
使人來欲約分王關中沛公以為詐乃用不許九月趙高立二世
兄子子嬰為秦王子嬰誅滅趙高遣將將兵距嶢關沛
公欲擊之張良計曰秦兵尚強未可輕願先遣人益張
旗幟於山上為疑兵使酈生食其陸賈往說秦將啗以
利秦將果欲連和沛公欲許之張良曰此獨其將欲因襲攻武關
叛恐其士卒不從不如因其怠懈擊之沛公引兵繞
嶢關踰蕢山擊秦軍大破之又與秦軍戰於藍田南

益張疑兵旗幟諸所過毋得鹵掠秦人喜秦軍解因
大破之遂至藍田又戰其北秦兵大敗乘勝遂破之
漢元年冬十月五星聚于東井沛公兵遂先諸侯至
霸上秦王子嬰素車白馬係頸以組封皇帝璽符節
降軹道旁諸將或言誅秦王沛公曰始懷王遣我固
以能寬容且人已服降又殺之不祥乃以秦王屬吏
遂西入咸陽欲止宮休舍樊噲張良諫乃封秦重寶
財物府庫還軍霸上蕭何盡收秦丞相府圖籍文書
十一月召諸縣父老豪傑曰父老苦秦苛法久矣誹

謗者族，偶（偶）語者弃市。吾與諸侯約，先入關者王之，吾
當王關中。與父老約，法三章耳：殺人者死，傷人及盜
抵罪。餘悉除去秦法。諸（吏人）吏人皆案（案）堵如故。凡吾所以
來，為父（老）兄除害，非有所侵暴，無（毋）恐！且吾所以還（還）軍霸
上，待諸侯至而定約（要）束耳。」乃使人與秦吏行（至）縣鄉
邑，告諭之。秦（人）民大喜，爭持牛羊酒食獻饗（享）軍士。沛公
又讓不受，曰：「倉粟多，非乏，不欲費（人）民。」民又益喜，惟恐
沛公不為秦王。或說沛公曰：「秦富十倍天下，地形彊。
今聞章邯降項羽，（項）羽乃號為雍王，王關中。今則來，

沛公恐不得有此。可急使（兵）守函谷關，無（毋）內諸侯軍，
稍徵關中兵以自益距之。」沛公然其計，從之。十二月
中，項羽果率（帥）諸侯兵西（欲），欲入關，關門閉。聞沛公已定
關中，（羽）大怒，使黥布等攻破函谷關。十二月中，遂至
戲下。沛公左司馬曹（無）毋傷聞（項）羽　項王怒，欲攻沛公，使人
言（項）羽曰：「沛公欲王關中，令子嬰為相，珍寶盡有之。」
欲以求封。亞父勸項羽擊沛公，方饗士，旦日合戰。是
時項羽兵四十萬，號百萬；沛公兵十萬，號二十萬，力
不敵。會項伯欲活張良，夜往見良，因以文諭項羽，項

羽乃止。沛公從百餘騎，驅之鴻門，見謝項羽。項羽曰：
「此沛公左司馬曹無傷言之。不然，籍何以至此。」沛公
以樊噲、張良故，得解歸。歸，立誅曹無傷。項羽遂引兵西
沛公歸數日，
屠燒咸陽，殺秦降王子嬰，燒秦宮室，所過無不殘破。
秦（人）民大失望，然恐，不敢不服耳。項羽使人還報懷王。
懷王曰：「如約。」項羽怨懷王不肯令與沛公俱西入關，
而北救趙，後天下約。乃曰：「懷王者，吾家項梁所立耳，
非有功伐，何以得（專）主約！本定天下，諸將及（與）籍也。」乃
佯尊懷王為義帝，實不用其命。正月，項羽自

立為西楚霸王，王梁、楚地九郡，都彭城。負約，更立沛
公為漢王，王巴、蜀、漢中四十一縣，都南鄭。三分關中，
立秦三將：章邯為雍王，都廢丘；司馬欣為塞王，都櫟
陽；董翳為翟王，都高奴。楚將瑕丘申陽為河南王，都
洛陽。趙將司馬卬為殷王，都朝歌。趙王歇徙王代。趙
相張耳為常山王，都襄國。當陽君黥布為九江王，都
六。懷王柱國共敖為臨江王，都江陵。番君吳芮為衡
山王，都邾。故齊王建孫田安為濟北王。徙魏王豹為
西魏王，都平陽。徙燕王韓廣為遼東王。燕將臧荼為

[illegible]
於高祖紀載
項王之卒三萬人……從杜南入蝕中……
[illegible]

燕王都薊 故燕王韓廣徙王遼東 廣不聽 臧荼攻殺
之無終 封成安君陳餘河間三縣 居南皮 封梅鋗十
萬戶
都代 故趙王歇為代王 趙相張耳為常山王 漢王
怨羽之背約 欲攻之 丞相蕭何諫 乃止 夏四月 兵
罷戲下 諸侯各就國（羽） 漢王之國 項王使卒三萬人從
楚與諸侯之慕從者數萬人 從杜南入蝕中
漢王
去輒
張良辭歸韓 漢王送至褒中 因說漢王燒絕棧道 以
備諸侯盜兵襲之 亦示項羽無東意 漢王既至南鄭
諸將及士卒多道亡歸 士卒皆歌思東歸 多道亡 韓信說
漢王
還者 韓信為治粟都尉 亦亡去 蕭何追之 因薦於
漢王曰 必欲爭天下 非信無可與計事者 於是漢王
齋戒設壇場 拜信為大將軍 問以計策 信對曰 項羽
王諸將之有功者 而王獨居（君王於）南鄭 是遷也 軍吏士
卒皆山東之人也 日夜企而望歸 及其鋒而用之 可
以有大功 天下已定 人皆自寧 不可復用 不如決策
東鄉 爭權天下 項羽出關 使人徙義帝 曰古之帝者
向因陳羽可圖三秦易并之計 漢王大說 遂聽信
地方千里 必居上游 乃使使徙義帝長沙郴縣 趣義
帝行 群臣稍倍叛之 乃陰令衡山王臨江王擊之 殺
義帝江南 項羽怨田榮 立齊將田都為齊王 田榮怒

史漢方駕卷十　太高紀　十三

[illegible]

因自立為齊王 殺田都而反楚 予彭越將軍印 令反
梁地 楚令蕭公角擊彭越 彭越大破之 陳餘怨項羽
之弗王已也 令夏說說田榮 請兵擊張耳 齊予陳餘
兵 擊破常山王張耳 張耳亡歸漢 迎趙王歇於代 復
立為趙王 趙王因立陳餘為代王 項羽大怒 北擊齊
八月 漢王用韓信之計 從故道還 襲雍王章邯 邯
迎擊漢陳倉 雍兵敗 還走 止戰好畤 又復大敗 走廢丘
漢王遂定雍地 東至咸陽 引兵圍雍王廢丘 而遣諸
將略地 定隴西北地上郡 令
田榮聞羽徙齊王市於膠東 而立田都為齊
王 大怒 以齊兵迎擊田都 都走降楚 六月 田榮殺田
市 自立為齊王 時彭越在鉅野 衆萬餘人 無所屬 榮
與越將軍印 因令反梁地 越擊殺濟北王安 榮遂并
三齊之地 燕王韓廣亦不肯徙遼東 秋八月 臧荼殺
韓廣 并其地 塞王欣 翟王翳皆降漢 初 項梁立韓後
公子成為韓王 張良為韓司徒 羽以良從漢王 韓王
成又無功 故不遣就國 與俱至彭城 殺之 及聞漢王
并關中 而齊梁畔之 羽大怒 乃以故吳令鄭昌為韓
王 距漢 令蕭公角擊彭越 越敗角兵 時張良徇韓地

史漢方駕卷十　太高紀　十四

漢以殺義帝聲……

遺羽書曰漢欲得關中如約即止不敢復東羽以故無西意而北擊齊九月漢王遣將軍薛歐王吸出武關因王陵兵從南陽以迎太公呂后於沛羽聞之發兵距之陽夏不得前令故兵令鄭昌為韓王距漢兵

二年冬十月項羽使九江王布殺義帝於郴陳餘亦怨羽獨不王已從田榮藉助兵以擊常山王張耳耳敗走降漢漢王厚遇之陳餘迎代王歇還趙歇立餘為代王張良自韓間行歸漢漢王以為成信侯漢王東略地塞王欣翟王翳河南王申陽皆降韓王昌不降置河南郡如陝鎮撫關外父老

使韓太尉韓信擊破之於是置隴西北地上郡渭南河上中地郡關外置河南郡更立韓太尉信為韓王漢王還歸都櫟陽使諸將略地拔隴西以萬人若以一郡降者封萬戶繕治河上塞諸故秦苑囿園池皆令人民得田之春正月羽擊田榮城陽榮敗走平原平原民殺之齊皆降楚楚焚其城郭齊人復畔之諸將拔北地虜雍王弟章平大赦罪人漢王之出關至陝撫關外父老還張耳來見漢王厚遇之二月癸未令民除秦社稷更立漢社稷施恩德賜民爵蜀漢民給軍事勞苦復勿租稅二歲關中卒從軍者復家一歲舉民年五十以上有修行能帥眾為善置以為三老鄉一人擇鄉三老一人為縣三老與縣令丞尉以事相教復勿繇戍以十月賜酒肉三月漢王自臨晉渡河魏王豹降將兵從下河內虜殷王卬置河內郡至脩武陳平亡楚來降漢王與語說之使參乘監諸將南渡平陰津至雒陽新城三老董公遮說漢王以義帝求故曰臣聞順德者昌逆德者亡兵出無名事故不成故曰明其為賊敵乃可服項羽為無道放殺其主天下之賊

也夫仁不以勇義不以力三軍之眾為之素服以告之諸侯為此東伐四海之內莫不仰德此三王之舉也漢王曰善非夫子無所聞於是漢王聞之為義帝發喪袒而大哭哀臨三日發使告諸侯曰天下共立義帝北面事之今項羽放殺義帝於江南大逆無道寡人親為發喪諸侯皆縞素悉發關內兵收三河士南浮江漢以下願從諸侯王擊楚之殺義帝者是時項王北擊齊田榮與戰城陽田榮敗走平原平原民殺之齊皆降楚楚因焚燒其城郭係虜其

子女齊人叛之
漢此段在前故秦苑囿園池令民得田之夏四月
榮弟横收得數萬人立榮子廣為齊王齊王反楚城
陽項羽雖聞漢東既已連齊兵欲遂破之而後擊漢
漢王以故得劫五諸侯兵東伐楚到外黃彭越將三
萬人歸漢漢王拜越為魏相國令定梁地漢王遂入
彭城收羽美人貨賂置酒高會羽聞之乃引兵去齊令其將擊齊
而自以精兵三萬人從魯出胡陵至蕭晨擊漢軍大
戰彭城靈壁東睢水上大破漢軍多殺士卒睢水為
之不流圍漢王三帀大風從西北起折木發屋揚砂乃取漢王父母妻子於沛

石晝晦楚軍大亂而漢王得與數十騎遁去過沛使
人求室家室家亦已亡不相得漢王道逢孝惠魯元
載行楚騎追漢王漢王急推墮二子滕公下收載遂
得脫審食其從太公呂后間行反遇楚軍羽常置之
軍中以為質當是時諸侯見楚彊漢敗皆亡去漢
復為楚塞王欣亡入楚翟王翳降楚殷王卬死呂后兄周呂
侯為漢將兵居下邑漢王往從之稍收士卒軍碭漢
王乃西過梁地至虞使謁者隨何之九江王布所曰
公能令九江王布使舉兵叛楚項王必留擊之得留

數月吾取天下必矣隨何往說九江王布布果背楚
楚五月楚使龍且往擊之漢王屯滎陽漢王之敗彭城而西行使人求
家室家室亦已不相得敗後乃獨得孝惠六月漢王還櫟陽壬午立為太子大赦罪人令太子守櫟陽諸
侯子在關中者皆集櫟陽為衛引水灌廢丘廢丘降
章邯自殺更名廢丘為槐里於是雍州定八十餘縣置河上渭南中地隴西
上郡令祠官祀天地四方上帝山川以時祀之興關
內卒乘塞是時九江王關中大飢米斛萬錢人相食令民就食
蜀漢秋八月漢王如滎陽隨何既說黥布布

起兵攻楚楚使項聲龍且攻布布與龍且戰不勝十
二月布與隨何間行歸漢漢王分之兵與俱收兵至
成皐漢王屯滎陽蕭何發
關中老弱未傅者悉詣軍韓信亦收兵與漢王會兵復大振與楚戰滎陽南破楚京索間破之
三年魏王豹謁歸視親疾至則絕河津反為楚漢王
上年五月下連六月漢王如滎陽酈
生食其往說魏王豹豹不聽漢王以韓信為左丞相與曹參

漢作黃金四萬斤……所謂逼下以

灌嬰俱擊魏食其還漢王問魏大將誰也對曰柏直
王曰是口尚乳臭不能當韓信騎將誰也曰馮敬曰
是秦將馮無擇子也雖賢不能當灌嬰步卒將誰也
曰項它曰是不能當曹參吾無患矣九月信等虜豹
傳詣滎陽遂定魏地置三郡曰河東太原上黨郡信漢王
乃令使人請兵三萬人願以北擧燕趙東擊齊南絕楚糧
道漢王與之三年冬十月韓信張耳與韓信遂東下
井陘擊趙斬陳餘獲趙王歇其明年立張耳爲趙王
漢王軍滎陽南
有食之十一月癸卯晦日有食之

史漢方駕卷二 十九

築甬道屬之河以取敖倉與項羽相距歲餘
羽數侵奪漢甬道漢軍乏食遂與酈食其謀撓楚權
食其欲立六國後以樹黨漢王刻印將遣食其立之
以問張良良發八難漢王輟飯吐哺罵曰豎儒幾敗
乃公事令趣銷印遂下又問陳平夏四月項羽圍漢
王滎陽漢王請和割滎陽以西者爲漢亞父勸項羽急王不
攻滎陽漢王患之乃用遂下陳平反間既行又問陳平乃之
從其計與陳平黃金四萬斤以間疏楚君臣於是項遂上夏
四月項羽圍漢滎陽陳平反間既行羽果乃疑亞父亞

父大怒是時勸項羽遂下滎陽及其見疑乃怒辭老願賜而去發病
骸骨歸卒伍未至彭城而死漢軍絕食乃五月將軍紀信曰事急
[illegible]
矣臣請誑楚可以間出於是陳平夜出女子東門二
千餘人被甲楚因四面擊之將軍紀信乃乘王車黃屋
爲漢王誑楚左纛曰食盡漢王降楚楚皆呼萬歲之城東觀以
故漢王得與數十騎出西門遁令御史大夫周苛魏
豹樅公守滎陽諸將卒不能從者盡在城中羽見紀信問漢王安在曰已出去矣
羽燒殺信而周苛樅公相謂曰反國之王難與守城
因殺魏豹漢王之出滎陽至成皋自成皋入關收兵

史漢方駕卷二 二十

欲復東袁生說漢王曰漢與楚相距滎陽數歲漢常
困願君王出武關項羽必引兵南走王深壁令滎陽
成皋間且得休息使韓信等得輯河北趙地連燕齊
君王乃復走滎陽未晚也如此則楚所備者多力分
漢得休息復與之戰破楚必矣漢王從其計出軍宛
葉間與黥布行收兵項羽聞漢王在宛果引兵南漢
王堅壁不與戰是時彭越渡睢水與項聲薛公戰下
邳彭越大破楚軍項羽乃引兵殺薛公羽使終公守成皋而自東擊彭
越漢王亦引兵北擊破終公復軍成皋六月項羽已破

使韓信東擊齊[illegible]
[illegible]

走彭越聞漢王復軍成皐乃復引兵西拔滎陽 誅 城生
得周苛樅謝苛為我將以公為上將軍封三萬戶周
苛罵曰若不趣降漢今為虜矣若非漢王敵也羽亨
周苛 并殺 樅公而虜韓王信遂圍成皐漢王跳獨與
滕公共車出成皐玉門北渡河 馳宿 小脩武自稱使
者晨馳入張耳韓信壁而奪之軍乃使張耳北 益收
兵趙地 使韓信東擊齊 秋七月有星孛于大角 漢王得韓信軍 則復
大振 引兵 八月 臨河南 鄉軍小脩武 南 欲復戰郎中鄭忠
乃說止漢王 使 高壘深塹勿 與 戰漢王聽其計使盧

史漢方駕卷一 高祖 圭

綰劉賈將卒二萬人騎數百渡白馬津入楚地 佐彭
越燒楚積聚復擊破楚軍燕郭西 遂復梁地 攻下睢陽外黃十
餘城淮陰已受命東未渡平原漢王使酈食其往說齊
七 九月 連下年 羽謂海春侯
王田廣 廣叛楚 與漢和 共擊項羽 四年冬十月 韓信用蒯通計
遂襲破齊齊王 烹 酈生東走高密項羽聞韓信 已舉
河北兵 破齊 趙 且欲擊楚 則 使龍且 周蘭 往擊之 連下漢果
數挑成皐戰 韓信與 戰 騎將 灌嬰擊 大 破楚軍殺 楚
將龍且 追至陽城 虜 齊王廣 齊 相田橫 自立為齊王
奔彭越 嘗此時彭越將兵居梁地往來苦楚兵絕其
糧食 連下年十一月漢立張耳

以今人耳目[illegible]論哉
[illegible]此小小曲折卻少不得
項羽聞韓信已舉河北兵破齊且欲擊楚此史家[illegible]
[illegible]

四年項羽乃謂海春侯大司馬曹咎曰謹守成皐 若 印
漢 王 欲 挑戰慎勿與戰 無 勿 令得東而已我十五日必
定梁地復從將軍 乃行 陳留外黃睢陽下之 羽引兵東擊 彭越 連上年漢王使
酈食其說齊 漢果數挑 楚軍 成皐戰 楚軍不出使人辱之
五六日大司馬 咎 怒度兵汜水士卒半渡漢擊之大
破楚軍盡得楚國金玉貨賂大司馬咎長史欣皆自
剄汜水上 項 漢王引兵渡河復取成皐軍廣武就敖倉
食 羽至睢陽 羽下梁地十餘城 聞海春侯破乃引兵還漢軍方
圍鍾離眛於滎陽東 項 聞羽至盡走險阻 羽亦軍廣武

史漢方駕卷一 高祖 圭

信之欲王齊在[illegible]
[illegible]下後丁壯苦[illegible]
羽於是[illegible]
[illegible]不以為相何功
為第一哉

與漢相守 連下丁壯苦軍旅 韓信已破齊使人言曰
齊邊楚權輕不為假王恐不能安齊漢王 怒 欲攻之
留侯 張良 曰不如因而立之使自為守 乃 春二月 遣張良操
印 投 立韓信為齊王 連下 秋七月立黥布 項羽聞龍
且軍破則恐使盱台人武涉往說韓信韓信不聽 楚
漢久相持未決丁壯苦軍旅老弱罷轉 饋餉 漢王 項 羽
相與臨廣武之間而語 項 羽欲與漢王獨身挑戰漢
王數 項 羽曰 吾始與 項 羽俱受命懷王曰先 入 定關
中者王之 項 羽負約王我於蜀漢罪一 項 也 羽矯殺卿

子冠軍而自尊，罪二也。項羽已救趙，當還報，而擅劫
諸侯兵入關，罪三也。懷王約入秦無暴掠，項羽燒秦
宮室，掘始皇帝冢，私收其財物，罪四也。又彊殺秦降
王子嬰，罪五也。詐阬秦子弟新安二十萬，王其將，罪
六也。項羽皆王諸將善地，而徙逐故主，令臣下爭叛逆，
罪七也。項羽出逐義帝彭城，自都之，奪韓王地，并王梁
楚，多自予，罪八也。項羽使人陰弒義帝江南，罪九也。夫
為人臣而弒其主，殺已降，為政不平，主約不信，天
下所不容，大逆無道，罪十也。吾以義兵從諸侯誅殘

史漢方駕卷一　高祖

賊，使刑餘罪人擊公，何苦乃與公挑戰！項羽大
怒，伏弩射中漢王。漢王傷胸，乃捫足曰：虜中吾指！漢
王病創臥，張良彊請漢王起行勞軍，以安士卒，毋令
楚乘勝於漢。漢王出行軍，病甚，因馳入成皋。病愈，十一月
遣上韓信與灌嬰擊破楚軍，漢立張耳為趙王。漢王
疾瘉，西入關，至櫟陽，存問父老，置酒，梟故塞王欣頭
櫟陽市。留四日，復如軍，軍廣武。關中兵益出。而當此時，
彭越將兵居梁地，往來苦楚兵，絕其糧食。田橫往從漢
已破齊。秋七月，立黥布為淮南王。八月，初為算賦。凡

燕人來致梟騎助漢。漢王下令：軍士不幸死者，吏
為衣衾棺斂，轉送其家。四方歸心焉。項羽數擊彭越
等，齊王信又進兵擊楚。項羽恐，食盡，韓信又進兵擊楚，項羽患之。漢遣陸賈說羽，請
太公，羽弗聽。漢復使侯公說羽，羽乃與漢王約，中分
天下，割鴻溝以西者為漢，鴻溝而東者為楚。九月，項王歸
漢王父母妻子太公呂后，軍中皆呼萬歲。乃封侯公為平國君。歸而別去。項
羽解而東歸。漢王欲引而西歸，用留侯、陳平計，乃進兵。張良陳平諫曰：今漢
有天下大半，而諸侯皆附；楚兵罷食盡，此天亡楚之時
不因其機而遂取之，所謂養虎自遺患也。漢王從之

史漢方駕卷一　高祖

五年冬十月，漢王追項羽至陽夏南，止軍，與齊王信、
魏相國建成侯彭越期會而擊楚軍。至固陵，不會。楚擊漢軍，
大破之。漢王復入壁，深塹而守之。用張良計。謂張良曰：諸侯不從，
奈何？良對曰：楚兵且破，未有分地，其不至固宜。君王
能與共天下，可立致也。齊王信之立，非君王意，信亦
不自堅。彭越本定梁地，始君王以魏豹故，拜越為相
國。今豹死，越亦望王，而君王不早定。今能取睢陽以
北至穀城，皆以王彭越；從陳以東傅海，與齊王信。信
家在楚，其意欲復得故邑。能出捐此地以許兩人，使

各自為戰則楚易敗也於是漢王發使使韓信彭越
至皆引兵來十一月劉賈入楚地圍壽春漢王使人
誘楚大司馬周殷殷叛楚以舒屠六舉九
江兵而迎之武王行屠城父隨何劉賈齊梁諸侯皆
大會
圍羽垓下立武王布為淮南王
五年高祖與諸侯兵共擊楚軍與項羽決勝垓下淮
陰侯將三十萬自當之孔將軍居左費將軍居右皇
帝在後絳侯柴將軍在皇帝後項羽之卒可十萬淮
陰先合不利卻孔將軍費將軍縱楚兵不利淮陰侯
復乘之大敗垓下項羽卒聞漢軍四面皆楚歌以為
漢盡得楚地項羽乃敗而走是以兵大敗使騎將
灌嬰追殺項羽東城斬首八萬遂略定楚地
魯為楚堅守不下漢王引天下兵欲屠之為其守節
禮義之國乃持羽頭示其父兄魯乃降遂
王封羽為魯公及死魯又為之堅守故以魯公號葬
項羽於穀城漢王為發喪哭臨而去封項伯等四人
為列侯賜姓劉氏諸民略在楚者皆歸之漢王還至
定陶馳入齊王壁奪其軍正月初項羽所立臨江王共

敖前死子驩立為王不降遣盧綰劉賈擊虜之
正月追尊兄伯號曰武哀侯下令曰楚地已定義帝
亡後欲存恤楚眾以定其主齊王信習楚風俗更立
為楚王王淮北都下邳魏相國建成侯彭越勤勞魏
民卑下士卒常以少擊眾數破楚軍其以魏故地王
之號曰梁王都定陶又曰兵不得休八年萬民與苦
甚今天下事畢其赦天下殊死以下於是諸侯上疏及將
相相與共請尊漢王為皇帝
曰楚王韓信韓王信淮南王英布梁王彭越故衡山
王吳芮趙王張敖燕王臧荼昧死再拜言大王陛下
先時秦為亡道天下誅之大王先得秦王定關中於
天下功最多存亡定危救敗繼絕以安萬民功盛德
厚又加惠於諸侯王有功者使得立社稷地分已定
而位號比擬亡上下之分大王功德之著於後世不
宣昧死再拜上皇帝尊號漢王曰寡人聞帝者賢者
有也虛言亡實之名非所取也今諸侯王皆推高寡
人將何以處之哉諸侯王皆曰大王起於細微滅亂
秦威動海內又以辟陋之地自漢中行威德誅不義
立有功平定四海內功臣皆受地食邑非私之也大

[illegible]

不尊號皆疑不信臣等以死守之
王德施四海諸侯王不足以道之居帝位甚實宜願
大王以幸天下 漢王三讓不得已曰諸侯王幸君必以為
便便國家於天下之民則可矣於是諸侯王及太尉長安侯
臣綰等三百人與博士稷嗣君叔孫通謹擇良日二
月甲午乃上尊號漢王即皇帝位于汜水之陽尊王后曰
義帝無後齊王韓信習楚風俗徙為楚王都下邳立
曰皇后太子曰皇太子追尊先媼曰昭靈夫人詔曰
建成侯彭越為梁王都定陶故韓王信為韓王都陽
故衡山王吳芮與子二人兄子一人從百粵之兵以
翟徙衡山王吳芮為長沙王都臨湘番君之將梅鋗
佐諸侯誅暴秦有大功諸侯立以為王項羽侵奪之
有功從入武關故德番君淮南王布燕王臧荼趙王
地謂之番君其以長沙豫章象郡桂林南海立番君

史漢方駕卷一

敖皆如故天下大定高祖都雒陽諸侯皆臣屬故臨
芮為長沙王又曰故粵王亡諸世奉粵祀秦侵奪其
江王驩為項羽叛漢令盧綰劉賈圍之不下數月而
地使其社稷不得血食諸侯伐秦亡諸身帥閩中兵
降殺之雒陽
以佐滅秦項羽廢而弗立今以為閩粵王王閩中地
勿使失職帝乃西都洛陽夏五月兵皆罷歸家詔曰
諸侯子在關中者復之十二歲其歸者復之六歲食半之民前或
之一歲高祖
相聚保山澤不書名數今天下已定令各歸其縣復
故爵田宅吏以文法教訓辨告勿笞辱民以飢餓自
賣為人奴婢者皆免為庶人軍吏卒會赦其亡罪而
亡爵及不滿大夫者皆賜爵為大夫故大夫以上賜

[illegible]

爵各一級其七大夫以上皆令食邑非七大夫以下
皆復其身及戶勿事又曰七大夫公乘以上皆高爵
也諸侯子及從軍歸者甚多高爵吾數詔吏先與田
宅及所當求於吏者亟與爵或人君上所尊禮久立
吏前曾不為決甚亡謂也異日秦民爵公大夫以上
令丞與亢禮今吾於爵非輕也吏獨安取此且法以
有功勞行田宅今小吏未嘗從軍者多滿而有功者
顧不得背公立私守尉長吏教訓甚不善其令諸吏
善遇高爵稱吾意且廉問有不如吾詔者以重論之

史漢方駕卷一

帝置酒雒陽南宮上高祖曰通列侯諸將毋無敢隱朕皆言
其情吾所以得有天下者何項氏之所以失天下者何
高起王陵對曰陛下嫚慢而侮人項羽仁而敬愛人然陛
下使人攻城略地所降下者因以予之與天下同利
也項羽妒賢嫉能有功者害之賢者疑之戰勝而不
予與人功得地而不予與人利此其所以失天下也高祖上
曰公知其一未知其二夫運籌策帷帳幄之中決勝於
千里之外吾不如子房鎮塡國家撫百姓給餽餉饟不
絕糧道吾不如蕭何連百萬之軍衆戰必勝攻必取吾

陛下嫚而侮人
項羽仁而愛人
所[illegible]有
先[illegible]之風
其[illegible]仁[illegible]之
[illegible]亦食人所
不[illegible]及也

三者不如不[illegible]
君臣相知之深
其能明功賞[illegible]
服諸將[illegible]是
矣以下[illegible]何
上[illegible]非他人所
[illegible]

利幾今按同時反者毛不應以羽亾後高祖入守潁川上項羽從家事通侯籍召之文是當時通有侯籍曰通侯

不如韓信此三者皆人傑也吾能用之此吾所以取
天下者也項羽有一范增而不能用此其所以爲我
擒也高帝欲長都雒陽齊人劉
禽也羣臣說服初田橫歸彭越項羽已城橫懼誅與
賓客亾入海上恐其久爲亂迺使者赦橫曰橫來大
者王小者侯不來且發兵加誅橫懼乘傳詣雒陽未
至三十里自殺上壯其節爲流涕發卒二千人以王
禮葬焉戍卒婁敬求見說上曰陛下取天下與周異及留侯
而都雒陽不便不如入關據秦之固上以問張良良
因勸上入都關中高祖是日車駕西入都關中都長安拜婁敬

爲奉春君賜姓劉氏六月壬辰大赦天下秋七月燕
王臧荼反上攻下代地高祖自將擊征之得燕王臧荼郎九月虜荼詔
諸侯王視有功者立以爲燕王荊王臣信等十人皆
曰太尉長安侯盧綰功最多請立以太尉盧綰爲燕王
使丞相噲將兵平攻代地其秋利幾反上高祖自將兵擊破
之利幾走利幾者項氏之將項羽敗利幾爲陳令公不
隨項羽亾降上高祖高祖侯之潁川上高祖至雒陽舉通
侯籍召之而利幾恐故反後九月徙諸侯子關中治
長樂宮

五日一朝古未有此典也文王世子五不爲此狀本紀見此觀以姑息愛人主以謀敬待人父何賜金之有是大可恨惟太上刻見師表乃世記之之爲家法雖人主子

六年高祖冬十月令天下縣邑城迺下人告楚王信謀反
上歸櫟陽五日一朝太公如家人父子禮太公家令
說太公曰天亾無二日土亾無二王今高祖皇帝雖子人主也
太公雖父人臣也奈何令人主拜人臣如此則威重
不行後上高祖朝太公擁篲迎門卻行上高祖大驚下扶
太公太公曰帝人主也奈何以我亂天下法於是上高
祖乃尊太公爲太上皇心善家令言賜黃金五百斤
十二月
夏五月丙午詔曰人之至親莫親於父子故父有天
下傳歸於子子有天下尊歸於父此人道之極也前

日天下大亂兵革並起萬民苦殃朕親被堅執銳自
帥士卒犯危難平暴亂立諸侯偃兵息民天下大安
此皆太公之教訓也諸王通侯將軍羣卿大夫已尊
朕爲皇帝而太公未有號今上尊太公曰太上皇遷
下秋九月匈奴圍韓王信信人有上變事告楚王信謀
反上問左右左右爭欲擊之用陳平計乃僞遊雲夢
十二月會諸侯於陳楚王信迎謁卽因執之是日大詔曰天下
既安豪傑有功者封侯新立未能盡圖其功身居軍
九年或未習法令或以其故犯法大者成刑吾甚憐

[illegible]

之北。赦天下。田肯賀上，因說高祖曰：甚善，陛下得韓信，又治秦中。秦，形勝之國也，帶河阻山，縣隔千里，持戟百萬，秦得百二焉。地埶便利，其以下兵於諸侯，譬猶居高屋之上建瓴水也。夫齊，東有琅邪、即墨之饒，南有泰山之固，西有濁河之限，北有勃海之利。地方二千里，持戟百萬，縣隔千里之外，齊得十二焉。故此東西秦也。非親子弟，莫可使王齊矣。高祖曰：善。賜黃金五百斤。（後十餘日封）（上還至雒陽，赦）韓信，封為淮陰侯，（分其）（甲申）地為二國。高祖曰：齊，古之建國也。始剖符封功臣曹參等為通侯。

史漢方駕卷十　高祖

[illegible]

今為郡縣，其復以為諸侯。將軍劉賈數有大功，以及擇寬惠脩絜者王齊荊地。春正月丙午，韓王信等奏請以故東陽郡、鄣郡、吳郡五十三縣立劉賈為荊王；王以淮東。碭郡、薛郡、郯郡三十六縣立弟文信君交為楚王；王淮西。以雲中、鴈門、代郡五十三縣立兄宜信侯喜為代王。以膠東、膠西、臨淄、濟北、博陽、城陽郡七十三縣立子肥為齊王，王七十餘城，民能齊言者皆屬齊。以太原郡三十一縣為韓國。乃論功與諸列侯剖符行封。徙韓王信太原，都晉陽。上已封大功臣三十餘人，其餘爭功未得行封。上居南宮，從復

[illegible]

道上見諸將往往耦語，以問張良。良曰：陛下與此屬共取天下，今已為天子，而所封皆故人所愛，所誅皆平生仇怨。今軍吏計功，以天下為不足用徧封，而恐以過失及誅，故相聚謀反耳。上曰：為之奈何？良曰：取上素所不快，計群臣所共知最甚者一人，先封以示群臣。三月，上置酒，封雍齒，因趣丞相急定功行封。罷酒，群臣皆喜曰：雍齒且侯，吾屬無患矣。還上上歸櫟陽。秋九月，匈奴圍韓王信於馬邑，信降匈奴。

七年（匈奴攻韓王信馬邑，信因與同謀反太原，白土）（冬十月，上自將擊韓王信於銅鞮，斬其將。信亡

史漢方駕卷十　高祖

走匈奴。與其將）曼丘臣、王黃共立故趙後趙利為王以反。高祖自往擊之。收信散兵，與匈奴共距漢。上從晉陽連戰，乘勝逐北至樓煩，會天大寒，士卒墮指者什二三，遂至平城，為匈奴所圍。圍我平城七日，用陳平祕計得出，使樊噲留定代地。立兄劉仲為代王。十二月，上還過趙，不禮趙王。是月，匈奴攻代，代王喜棄國。春，令郎中有罪耐以上請之。民產子，復勿事二歲。二月，高祖自平城過趙、雒陽，至長安。長樂宮成，丞相已下徙治長安。蕭何治未央宮。

八年冬，上東擊韓王信餘反寇於東垣。還下過趙

[illegible]

趙相貫高 蕭何治丞相營作未央宮立東闕北闕前殿武庫太倉上高祖還見其宮闕壯麗甚怒謂蕭何曰天下匈匈苦戰數歲成敗未可知是何治宮室過度也蕭何曰天下方未定故可因遂以就宮室且夫天子以四海為家非令壯麗無以重威且無令後世有以加也上高祖乃說自櫟陽徙都長安置宗正官以序九族夏四月行如雒陽運上八年冬上東擊韓信運過趙柏人趙相貫高等恥上不禮其王陰謀欲弒上高祖高祖上欲宿心動因不留問縣名何曰柏人上曰柏人者迫於人也去弗宿

史漢方駕卷十 高紀

運下十一月令士卒從軍代王喜劉仲棄國亡自歸雒陽赦以為合陽侯辛卯立子如意為代王運上令赦令郎中有罪耐十一月令士卒從軍死者為櫝歸其縣上給衣衾棺斂具祠以少牢長吏視葬十二月行自東垣至春三月行如雒陽令吏卒從軍至平城及守城邑者皆復終身勿事爵非公乘以上毋得冠劉氏冠賈人毋得衣錦繡綺縠絺紵罽操兵乘騎馬秋八月吏有罪未發覺者赦之九月行自雒陽至淮南王梁王趙王楚王皆從

九年趙相運下冬十月淮南梁趙楚朝未央十二月行如雒陽貫高等事謀逆發覺夷逮捕高等并捕趙王敖下獄詔敢有隨王罪三族郎中田叔孟舒等十人自髡鉗為王家奴從王就獄王實不知其謀春正月廢趙王敖為宣平侯是歲徙代王如意為趙王王趙國丙寅前有罪殊死已下皆赦之二月行自雒陽至賢趙臣田叔孟舒等十人召見與語漢廷臣無能出其右者上說盡拜為郡守諸侯相[illegible]運下夏六月乙未晦日有食之十一月徙貴齊楚大族昭氏屈氏景氏懷氏齊田氏五

史漢方駕卷十 高祖

姓關中與利田宅運上十二月行如雒陽冬十月淮南王梁王趙王楚王朝未央宮廢高祖大朝諸侯群臣置酒未央前殿高祖上奉玉卮起為太上皇壽曰始大人常以臣無賴不能治產業不如仲力今某之業所就孰與仲多殿上群臣皆呼稱萬歲大笑為樂運上

[illegible]

十一月徙齊楚大族夏六月乙未晦日有蝕之十年冬十月淮南王黥布梁王彭越燕王盧綰荊王劉賈楚王劉交齊王劉肥長沙王吳芮皆來朝長樂宮[illegible]春夏無事五月太上皇后崩秋七月癸卯太上皇崩櫟

陽宮趙王梁王皆來送葬 赦櫟陽囚 更命酈邑曰新 死罪已下 八月
豐 八 令諸侯王皆立太上皇廟于國都 九月 趙代相國陳豨
反 代地 上曰豨嘗爲吾使甚有信代地吾所急也故
封豨爲列侯以相國守代今乃與王黃等劫掠代地
代地吏民非有罪也 其赦代吏民 九月 能去豨黃來歸者皆赦之 上自
東往擊之 至邯鄲上喜曰豨不南據邯鄲而阻漳水
吾知其無能爲也 聞 矣趙相周昌奏常山二十五城亡其
二十城請誅守尉上曰守尉反乎對曰不上曰是力
不足以罪上令周昌選趙壯士可令將者白見四人

史漢方駕卷一 高祖

上嫚罵曰豎子能爲將乎四人慙皆伏地上封各千
戶以爲將左右諫曰從入蜀漢伐楚賞未徧行今封
此何功上曰非汝所知陳豨反趙代地皆豨有吾以
羽檄徵天下兵未有至者今計唯獨邯鄲中兵耳吾
何愛四千戶不以慰趙子弟皆曰善又求樂毅有後
乎得其孫叔封之樂鄉號華成君問豨將皆故賈人
也 上曰吾知 所以與之矣乃多以金購 豨將 豨將多
降者
十一年 高祖 冬上 在邯鄲 誅豨等未畢 豨將侯敞將萬餘

封毅子孫於樂 毅保存以傾動 百世之下猶能 而後之也其後 寶在本紀中

人游行王黃 將騎千餘 軍曲逆張春渡 將卒萬餘人度
河擊聊城 攻 漢使將軍郭蒙與齊將擊大破之太尉周
勃道太原入定代地至馬邑馬邑不下 即攻殘之豨
將趙利守東垣高祖攻之不下 月餘 卒罵上 高祖 高
怒城降卒 令出 罵者斬之 不罵者原之於是乃分趙山 諸將堅守不降反寇者復租
北立子恒以爲代王都晉陽 賦三歲 春 正月 淮陰侯韓信謀
反 關中 長安 夷三族 夏 將軍柴武斬韓王信於參合上還雒
陽詔曰代地居常山之北與夷狄邊趙乃從山南有
之遠數有胡寇難以爲國頗取山南太原之地益屬

史漢方駕卷一 高祖

代代之雲中以西爲雲中郡則代受邊寇益少矣王
相國通侯吏二千石擇可立爲代王者燕王綰相國
何等三十三人皆曰子恒賢知溫良請立以爲代王
都晉陽大赦天下 二月詔曰欲省賦甚今獻未有程
吏或多賦以爲獻而諸侯王尤多民疾之令諸侯王
通侯常以十月朝獻及郡各以其口數率人歲六十
三錢以給獻費又曰蓋聞王者莫高於周文伯者莫
高於齊桓皆待賢人而成名今天下賢者智能豈特
古之人乎患在人主不交故也士奚由進今吾以天

漢責律得全在 收拾諸將不知 子長何故失厥 又不知班氏何 從得之以爲潤 色問諸臣與此 等乃並寶生是 封漢尚在北可 亦未必辨此何 以春秋問某之後 春秋問策之後 別爲評令之祖

秦漢間役欲及知不擧者越之罪呂后之過也

許定及地擇以予瑕于而皆出於臣下矣諸將

將有以觀帝矣

之璽賢士大夫定有天下以爲一家欲其長久世世
奉宗廟亡絶也賢人已與我共平之矣而不與吾共
安利之可乎賢士大夫有肯從我游者吾能尊顯之
布告天下使明知朕意御史大夫昌下相國相國酇
侯下諸侯王御史中執法下郡守其有意稱明德者
必身勸爲之駕遣詣相國府署行義年有而弗言覺
免年老癃病勿遣三月梁王彭越謀反廢遷蜀後欲
反遂夷三族詔曰擇可以爲梁王淮陽王者燕王綰
相國何等請立子恢爲梁王子友爲淮陽王罷東郡

頗益梁罷潁川郡頗益淮陽夏四月行自雒陽至令
豐人徙關中者皆復終身五月詔曰粵人之俗好相
攻擊前時秦徙中縣之民南方三郡使與百粵雜處
會天下誅秦南海尉它居南方長治之甚有文理中
縣人以故不耗減粵人相攻擊之俗益止俱賴其力
今立它爲南粵王使陸賈即授璽綬它稽首稱臣六
月令士卒從入蜀漢關中者皆復終身秋七月淮南
王黥布反上問諸將滕公言故楚令尹薛公有籌策
上召見薛公言布形勢上善之封薛公千戶遣下郡

安得猛士兮守四方古人以爲霸心之所存舞亦自歌信祇能若所無於布反同將者將皆盡於況國顧寂寥有傷心者矣治鎧壯而思猛士自是亦道所及哉者其傷心之所存乎

王相國擇立乃發上郡北地隴西車騎巴蜀材官及
中尉卒三萬人爲皇太子衛軍霸上布果如薛公言
東并擊殺荆王劉賈地北渡劫其兵度淮擊楚楚王交走入薛
高祖上赦天下死罪以下皆令從軍徵諸侯兵上自往將以
擊之布詔王相國擇可立爲淮南王者羣臣請立子長
爲淮南王 遣上上乃發上郡
十二年冬十月上破高祖已擊布軍于會缶甄布走令別將
追之上高祖還歸過沛留置酒沛宮悉召故人父老子
弟佐酒發沛中兒得百二十人教之歌酒酣上高祖擊

筑自爲歌詩曰大風起兮雲飛揚威加海內兮歸故
鄉安得猛士兮守四方令兒皆和習之上高祖乃起舞
慷慨傷懷泣數行下謂沛父兄曰游子悲故鄉吾雖
都關中萬歲之後吾魂魄猶樂思沛且朕自沛公
以誅暴逆遂有天下其以沛爲朕湯沐邑復其民世
世無有所與沛父兄老諸母故人日樂飲極驩道舊故
爲笑樂十餘日上高祖欲去沛父兄固請留高祖高祖
曰吾人衆多父兄不能給乃去沛中空縣皆之邑西
獻高祖復留止張飲三日沛父兄皆頓首曰沛幸得

復豐未 後脩唯陛下哀憐之 高祖曰豐者吾所生長極
不忘耳吾特以為其以雍齒故反我為魏沛父兄固請
乃之并復豐比沛 於是拜陛下劉將擊布 詔曰吳古之建國
也日者荊王兼有其地今死亡後朕欲復立吳王其
議可者長沙王臣等言沛侯劉濞重厚請立為吳王
已拜上召濞相曰汝狀有反相因撫其背曰漢後五
十年東南有亂豈汝邪然天下同姓一家汝愼無反
濞頓首曰不敢 上十一月行過淮南 漢別將擊布
軍洮水南北皆大破之追得斬布番陽 鄱陽 與別將兵 問劫

史漢方駕卷十一 高祖 三十

定代斬陳豨於當城 還上詔曰吳古之建國 十一月
高祖自布軍至長安 行 自淮南還過魯以太牢祠孔子 十二月 詔 高祖曰
秦始皇帝楚隱王陳涉魏安釐王齊湣王趙悼襄王
皆絕無後其予守冢各十家 秦始皇帝守冢二十家 楚
魏齊各十家趙及魏公子無忌各五家 令視其冢復 赦代地吏民
為陳豨趙利所劫掠者皆赦之 陳豨降將言豨反時
亡與他事
燕王盧綰使人之豨所與陰謀 上使辟陽侯審食其
迎綰綰稱病 辟陽侯審食其歸具言綰反有端矣 二月使樊
噲周勃將兵擊燕王綰 赦燕吏民與反者 詔曰燕王綰與吾有故愛之

如子聞與陳豨有謀吾以為亡所故使人迎綰綰稱
病不來謀反明矣燕吏民非有罪也賜其吏六百石
以上爵各一級與綰居去來歸者赦之加爵亦一級
詔諸侯王議可立為燕王者長沙王臣等請立皇子
建為燕王 高祖詔曰南武侯織亦粵之世也立以為南海
王 三月詔曰吾立為天子帝有天下十二年于今矣
與天下之豪士賢大夫共定天下同安輯之其有功
者上致之王次為列侯下乃食邑而重臣之親或為
列侯皆令自置吏得賦斂女子公主為列侯食邑者

史漢方駕卷十一 高祖 三十一

呂后以一婦人 因以無及問至 後又問其次又

皆佩之印賜大第室吏二千石徙之長安受小第室
入蜀漢定三秦者皆世世復吾於天下賢士功臣可
謂亡負矣其有不義背天子擅起兵者與天下共伐
誅之布告天下使明知朕意 上擊布時為流矢所中
行道病 病甚呂后迎良醫醫入見 高祖問醫 曰病可
治 不醫曰 病可治於是 上 高祖嫚罵之曰吾以布衣提
三尺劍取天下此非天命乎命乃在天雖扁鵲何益
遂不使治病 賜金五十斤罷之 已而呂后問曰陛
下百歲後蕭相國即死令誰代之上曰曹參可問

次如何何其虛
之速由王陵則
勃任當將不以
餘將當所從易
時置之手至如
人春任使於是
益信史劉氏得
與並加老蘇云
高祖生甲寅在
始皇即位之前
一年始皇在位
三十七年至胡
亥元年凡四
十矣又六年而
秦亡北征帝位
七年而即位之
秋則殘又冬臧
茶又六年韓信
又七年擒王信

其次上曰王陵可然陵少戇陳平可以助之陳平智
有餘然難以獨任周勃重厚少文然安劉氏者必勃
也可令爲太尉呂后復問其次上曰此後亦非而所乃
知也盧綰與數千人騎居塞下候伺幸上病愈自入謝
四月甲辰高祖帝崩于長樂宮四日不發喪盧綰聞之呂后
與審食其謀曰諸將故與帝爲編戶民今北面爲臣
此常怏怏心鞅鞅今乃事少主非盡族是天下不安以故不
發喪人或聞之以語酈將軍酈商將軍往見審食其曰吾
聞帝已崩四日不發喪欲誅諸將誠如此天下危矣

交圍平城入年
討韓王信陳豨
丹越九年趙謀
反十年陳豨反
十一年信反越
反布反自擊布
歸道病及反七
年之間無歲不
戰無人不反計
其從容酬永庇
太上皇與過沛
時不過沛時以
乙巳十月北崩
以丙午四月平
五十三而生少
帝大歲死年三
十一矣

陳平灌嬰將十萬守滎陽樊噲周勃將二十萬定燕
代此聞帝崩諸將皆誅必連兵還鄉以攻關中大臣
內叛諸侯外反亡可翹足而待也審食其入言之乃
以丁未發喪大赦天下盧綰聞之高祖崩遂亡入匈奴[illegible]
速上呂后與審食其[illegible]五月丙寅葬長陵己巳立太下皇
子羣臣皆反至太上皇廟羣臣皆曰高祖起微細
撥亂世反之正平定天下爲漢太祖功最高上尊號
爲曰高皇帝太子襲號爲皇帝孝惠帝也令郡國諸侯
各立高祖廟以歲時祠及孝惠五年思高祖之悲樂
監門戍卒見之如舊初順民心作三章之約天下既

沛以沛宮爲高祖原廟高祖所教歌兒百二十人皆
定命蕭何次律令韓信申軍法張蒼定章程叔孫通
令爲吹樂後有缺輒補之高帝八男長庶齊悼惠王
制禮儀陸賈造新語又與功臣剖符作誓丹書鐵契
肥次孝惠呂后子次戚夫人子趙隱王如意次代王
金匱石室藏之宗廟雖日不暇給規摹弘遠矣
恒已立爲孝文帝薄太后子次梁王恢呂太后時徙
爲趙共王次淮陽王友呂太后時徙爲趙幽王次淮
南厲王長次燕王建
太史公曰夏之政忠忠之敝小人以野故殷人承之
以敬敬之敝小人以鬼故周人承之以文文之敝小
人以僿故救僿莫若以忠三王之道若循環終而復

平長案漢書同
陳仁錫曰[illegible]
有高故曰得天
統矣朝以十月
顧寧人[illegible]

顏氏述劉氏承
堯食采食邑于
下邳四市將劉
向頌漢爲劉祿

始周秦之間可謂文敝矣秦政不改反酷刑法豈不
繆乎故漢興承敝易變使人不倦得天統矣朝以十
月車服黃屋左纛葬長陵
贊曰春秋晉史蔡墨有言陶唐氏既衰其後有劉累
學擾龍事孔甲范氏其後也而大夫范宣子亦曰祖
自虞以上爲陶唐氏在夏爲御龍氏在商爲豕韋氏
在周爲唐杜氏晉主夏盟爲范氏范氏爲晉士師魯
文公世奔秦後歸于晉其處者爲劉氏劉向云戰國
時劉氏自秦獲於魏秦滅魏遷大梁都于豐故周市
說雍齒曰豐故梁徙也是以頌高祖云漢帝本系出

旗幟上赤……

自唐帝降及于周在秦作劉涉魏而東遂爲豐公豐公蓋人上皇父其遷曰漢頌高在豐鮮焉及高祖即位置祠祀官則有秦晉梁荆之巫世祠天地綴之以祀豈不信哉由是推之漢承堯運德祚已盛斷蛇著符旗幟上赤協于火德自然之應得天統矣

史漢方駕卷第一　終

史漢方駕卷第二

浙滸許相卿台仲甫　撰輯
徐　木仲　甫　校録

史紀七　漢傳一

項籍者下相人也字羽初起時年二十四其季父項梁梁父即楚將項燕爲秦將王翦所戮者也項氏世世爲楚將封於項故姓項氏項籍少時學書不成去學劍又不成項梁怒之籍曰書足以記名姓而已劍一人敵不足學學萬人敵耳於是項梁奇其意乃教籍以兵法籍大喜略知其意又不肯竟學梁嘗有櫟陽逮乃請蘄獄掾曹咎書抵櫟陽獄掾司馬欣以故事皆得已項梁嘗殺人與籍避仇於吳中吳中賢士大夫皆出項梁下每吳中有大繇役及喪項梁常爲主辦陰以兵法部勒賓客及子弟以是知其能秦始皇帝東游會稽渡浙江梁與籍俱觀籍曰彼可取而代也梁掩其口曰毋妄言族矣梁以此奇籍籍長八尺餘二寸力能扛鼎才氣過人雖吳中子弟皆已憚籍矣秦二世元年七月陳勝陳涉等起大澤中其九月

兵中子弟憚籍爲吳中賢士大夫皆出梁下雖此梁所以尤賢也

漢史與從史删中……本有用……

書先發通志也謨以爲梁詐又求柏楚非守意同時俱聞適楚適制於亦不足柏楚所謂所持梁家兵中部勒家法吳少年如在掌握故得以稱假守守名梁計事須何故亦不可無也
師古曰眴音舜動目而使之也

此各畢不自了事乃能作此反外奇事所以秦亡秦之驗在此

會稽假守通謂素賢梁乃召與計事梁曰方今江西皆
反秦此亦天亡秦之時也吾聞先即發制人後則為發制於
人所制吾欲發兵使公及桓楚將是時桓楚亡在澤守歎曰聞夫子楚將世家唯足下耳
中梁曰吳有奇士桓楚亡在澤中人莫知其處獨籍
知之耳梁乃出誡籍持劍居外待梁復入與守坐語曰
請召籍使受命令召桓楚守曰諾梁召籍入須臾梁眴
籍曰可行矣於是籍遂拔劍擊斬守頭項梁持守頭
佩其印綬門下大驚擾亂籍所擊殺數十百人一府
中皆慴讋伏莫敢復起梁乃召故人所知豪吏諭以所

為起大事遂舉吳中兵使人收下縣得精兵八千人
梁部署吳中豪傑梁為校尉候司馬有一人不得用自官
言於梁梁曰某前時某喪使公主某事不能辦以此故不
任用公衆乃皆服於是梁為會稽守將籍為裨將徇下
縣秦二年廣陵人召平於是為陳王勝徇廣陵未能下
聞陳王勝敗走秦兵又將軍章邯且至乃迺渡江矯陳王令命拜
梁為楚王上柱國曰江東已定急引兵西擊秦項梁
乃迺以八千人渡江而西聞陳嬰已下東陽使使欲與
連和俱西陳嬰者故東陽令史居縣中素信謹稱為

長者東陽少年殺其令相聚數千人欲置立長無適用
乃請陳嬰嬰謝不能遂彊立之嬰為長縣中從之者得
二萬人少年欲立嬰便為王異軍蒼頭特起陳嬰母
謂嬰曰自吾我為迺汝家婦未嘗聞汝先古之故有未貴者今
暴得大名不祥不如有所屬事成猶得封侯事敗易
以亡非世所指名也嬰乃迺不敢為王謂其軍吏曰項
氏世世將家有名功於楚今欲舉大事將非其人不可
我倚名族亡秦必矣於是其衆從其言之迺以其兵屬項梁
項梁渡淮黥英布蒲將軍亦以其兵屬焉凡六七萬人

軍下邳當是時秦嘉已立景駒為楚王軍彭城東欲
以距項梁項梁謂軍吏曰陳王先首事戰不利未聞
所在今秦嘉倍背陳王而立景駒大逆無亡道乃進迺引兵擊
秦嘉秦嘉軍敗走追之至胡陵嘉還戰一日嘉死軍
降景駒走死梁地項梁已并秦嘉軍軍胡陵將引軍
而西章邯軍至栗項梁使別將朱雞石餘樊君與戰
餘樊君死朱雞石軍敗亡走胡陵項梁乃迺引兵入薛
誅朱雞石項梁前使項羽別攻襄城襄城堅守不下
已拔皆阬之還報項梁項梁聞陳王定死召諸別將

此六國楚最無罪秦欺者亡秦之上策然楚敗是類亦未盡然楚雖人猶所懷王三戶之亡不以楚亡卒復立為懷王然卒曰懷此古所未有如與公子扶蘇之當時人事如此而事不可及之其計也然從梁如陳勝即早自立矣何哉

會薛計事此時沛公亦從沛往焉居鄛人范增年七
十素居家好奇計往說項梁曰陳勝敗固當夫秦滅
六國楚最無罪自懷王入秦不反楚人憐之至今故
楚南公稱曰楚雖三戶亡秦必楚也今陳勝首事不
立楚後而自立其勢不長今君起江東楚蠭起之將
皆爭附君者以君世世楚將為能復立楚之後也於
是項梁然其言乃求楚懷王孫心在民間為人牧羊
立以為楚懷王從民所望也陳嬰為楚上柱國封五
縣與懷王都盱台項梁自號為武信君居數月引兵

攻亢父與齊田榮司馬龍且軍初章邯既殺齊王田儋於臨菑田假復自立
為齊王儋弟榮走保東阿章邯追圍之梁引兵救東
阿大破秦軍於東阿田榮即引兵歸逐其王假假亡
走楚假相田角亡走趙角弟田閒故齊將居趙不敢
歸田榮立田儋子市為齊王項梁已破東阿下軍遂
追秦軍數使使趣齊兵欲與俱西田榮曰楚殺田假
趙殺田角田閒乃發兵項梁曰田假為與國之王窮
來從歸我不忍殺之趙亦不殺田角田閒以市於齊齊
遂不肯發兵助楚項梁使羽與沛公及項羽別攻城

陽屠之西破秦軍濮陽東秦兵收入濮陽沛公項羽
乃攻定陶定陶未下去西略地至雝丘大破秦軍斬
李由還攻外黃外黃未下項梁起東阿西北至定陶
再破秦軍項羽等又斬殺李由益輕秦有驕色宋義乃
諫項梁曰戰勝而將驕卒惰者敗今卒少惰矣秦兵
日益臣為君畏之項梁弗聽乃使宋義使於齊道遇
齊使者高陵君顯曰公將見武信君乎曰然義曰臣
論武信君軍必敗公徐行即免死疾行則及禍秦果
悉起兵益章邯夜銜枚擊楚軍大破之定陶項梁死

沛公與項羽去外黃攻陳留陳留堅守不能下沛公項
羽相與謀曰今項梁軍破士卒恐乃與呂臣軍俱引
兵而東呂臣軍彭城東項羽軍彭城西沛公軍碭章
邯已破項梁軍則以為楚地兵不足憂乃渡河北擊
趙大破之當此之時趙歇為王陳餘為將張耳為相
皆走入鉅鹿城章邯令秦將王離涉閒圍鉅鹿章邯軍其
南築甬道而輸之粟陳餘為將將卒數萬人而軍鉅
鹿之北此所謂河北之軍也楚兵已破於定陶懷王
恐從盱台之彭城并項羽呂臣軍自將之以呂臣為

司徒以其父呂青為令尹

[illegible]

司徒以其父呂青爲令尹以沛公爲碭郡長封爲武安侯將碭郡兵初宋義所遇齊使者高陵君顯在楚軍見楚懷王曰宋義論武信君之軍必敗居數日軍果敗兵未戰而先見敗徵此可謂知兵矣王召宋義與計事而大說之因置以爲上將軍項羽爲魯公爲次將范增爲末將救趙諸別將皆屬宋義號爲卿子冠軍行北救趙至安陽留四十六日不進秦三年項羽謂宋義曰今吾聞秦軍圍趙王鉅鹿疾引兵渡河楚擊其外趙應其內破秦軍必矣宋義曰不然夫搏牛之蝱不可以破蟣蝨今秦攻趙戰勝則兵罷我承其敝不勝則我引兵鼓行而西必舉秦矣故不如先鬭秦趙夫被堅執銳義不如公坐而運策公不如義因下令軍中曰猛如虎很如羊貪如狼彊不可使者皆斬之乃遣其子宋襄相齊身送之至無鹽飲酒高會天寒大雨士卒凍飢項羽曰將戮力而攻秦久留不行今歲饑民貧士卒食芋菽軍無見糧乃飲酒高會不引兵渡河因趙食與趙并力攻秦乃曰承其敝夫以秦之彊攻新造之趙其勢必舉趙趙舉而秦彊何敝

[illegible]

之承且國兵新破王坐不安席埽境內而專屬於將軍國家安危在此一舉今不恤士卒而徇其私非社稷之臣項羽晨朝上將軍宋義即其帳中斬宋義頭出令軍中曰宋義與齊謀反楚楚王陰令羽誅之當是時諸將皆慴服莫敢枝梧皆曰首立楚者將軍家也今將軍誅亂乃相與共立羽爲假上將軍使人追宋義子及之齊殺之使桓楚報命於懷王懷王因使項羽爲上將軍當陽君蒲將軍皆屬項羽項羽已殺卿子冠軍威震楚國名聞諸侯乃遣當陽君蒲將軍將卒二萬人渡河救鉅鹿戰少利陳餘復請兵項羽乃悉引兵渡河皆沈船破釜甑燒廬舍持三日糧以示士卒必死無一還心於是至則圍王離與秦軍遇九戰絕其甬道大破之殺蘇角虜王離涉間不降楚自燒殺當是時楚兵冠諸侯諸侯軍救鉅鹿下者十餘壁莫敢縱兵及楚擊秦諸將皆從壁上觀楚戰士無不一以當十楚兵呼聲動天諸侯軍無不人人惴恐於是已破秦軍項羽召見諸侯將入轅門無不膝行而前莫敢仰視項羽由是始爲諸

二世不聞欣從章邯計猶高也不待其歸走其意已失不復出投項羽之為

侯上將軍諸侯皆屬焉章邯軍棘原項羽軍漳南相持未戰秦軍數卻二世使人讓章邯章邯恐使長史欣請事至咸陽留司馬門三日趙高不見有不信之心長史欣恐還走其軍不敢出故道趙高果使人追之不及欣至軍報曰趙高用事於中下無可為者相國趙高顓國主斷今戰能勝高必疾妬吾功戰不能勝不免於死願將軍孰計之陳餘亦遺章邯書曰白起為秦將南征鄢郢北阬馬服攻城略地不可勝計而竟賜死蒙恬為秦將北逐戎人開榆中地數千里竟斬陽周何者功多秦不能盡封因以法誅之今將軍為秦將三歲矣所亡失以十萬數而諸侯並起滋益多彼趙高素諛日久今事急亦恐二世誅之故欲以法誅將軍以塞責使人更代將軍以脫其禍夫將軍居外久多內隙有功亦誅無功亦誅且天之亡秦無愚智皆知之今將軍內不能直諫外為亡國將孤特獨立而欲常存豈不哀哉將軍何不還兵與諸侯為從約共攻秦分王其地南面稱孤此孰與身伏鈇質妻子為戮乎章邯狐疑陰使候始成使項羽欲約

約未成項羽使蒲將軍日夜引兵度三戶軍漳南與秦戰再破之項羽悉引兵擊秦軍汙水上大破之章邯使人見項羽欲約項羽召軍吏謀曰糧少欲聽其約軍吏皆曰善項羽乃與期洹水南殷虛上已盟章邯見項羽而流涕為言趙高項羽乃立章邯為雍王置楚軍中使長史欣為上將軍將秦軍為前行前漢

元年羽將諸侯兵三十餘萬行略地至河南遂西到新安異時諸侯吏卒異時故繇使屯戍過秦中秦中吏卒遇之多無狀及秦軍降諸侯諸侯吏卒乘勝多奴虜使之輕折辱秦吏卒秦吏卒多竊言曰章將軍等詐吾屬降諸侯今能入關破秦大善即不能諸侯虜吾屬而東秦必盡誅吾父母妻子諸將微聞其計以告項羽項羽乃召黥布蒲將軍計曰秦吏卒尚眾其心不服至關中不聽事必危不如擊殺之而獨與章邯長史欣都尉翳入秦於是楚軍夜擊阬秦卒二十餘萬人新安城南行略定秦地函谷關有兵守關不得入又聞沛公已破咸陽項羽大怒使當陽君等擊關項羽遂入至于戲西沛公軍霸上未得與項羽相見沛公欲王關中

信羽聞其不言……[illegible]

羽拊兒
獨有秦府庫珍寶亞父范增亦大怒勸羽擊沛公饗
士旦日合戰羽季父項伯素善張良良時從沛公項
伯夜以語良良與俱死沛公因伯自解於羽明日沛
公從百餘騎至鴻門謝羽自陳封秦府庫還軍灞上
以待大王閉關以備他盜不敢背德羽意既解范增
欲害沛公賴張良樊噲得免語在高紀連下後數日
羽乃屠咸陽 沛公左司馬曹無毋傷聞羽怒欲攻沛公
使人言於項羽曰沛公欲王關中使子嬰為相珍寶
盡有之 項羽大怒曰旦日饗士卒為擊破沛公軍當 欲以求封亞父

是時項羽兵四十萬在新豐鴻門沛公兵十萬在灞
上 范增說項羽曰沛公居山東時貪於財貨好美姬
今入關財物無所取婦女無所幸此其志不在
小吾令使人望其氣皆為龍虎成五采色此天子氣也急
擊之勿失 楚左尹項伯者項羽季父也左尹 於是饗士旦日合戰是時羽兵四十萬號
百萬沛公兵十萬號二十萬力不敵會羽季父左尹
項伯素善留侯張良 張良是時從沛公項伯乃夜馳
之沛公軍私見張良具告以事其實欲呼張良與俱去曰
毋從俱死也 張良曰臣為韓王送沛公沛公今事有

項王為人不忍於此可見此伯之所以救當增之所以不救然也

急以去不義不可不告以去不義乃與項伯俱語良乃入具告沛公沛公大驚
曰為之奈何張良曰誰為大王為此計者曰鯫生說
我曰距關毋內諸侯秦地可盡王也故聽之良曰[illegible]
大王士卒足以當項王乎沛公默然曰固不如也且
為之奈何張良曰請往謂項伯言沛公不敢背項王
也沛公曰君安與項伯有故張良曰秦時與臣游項
伯殺人臣活之今事有急故幸來告良沛公曰孰與
君少長良曰長於臣沛公曰君為我呼入吾得兄事
之張良出要項伯項伯即入見沛公沛公奉卮酒為與伯

壽約為婚姻曰吾入關秋毫不無所敢取有所近籍吏民
封府庫而待將軍所以遣將守關者備他盜之出入
與非常也日夜望將軍至到豈敢反乎耶願伯具明言臣之
不敢倍背德也 項伯許諾謂即夜復去戒沛公曰旦日不
可不蚤早自來謝項于沛公曰諾於是項伯復夜去至
軍中具以沛公言報項王告羽因言曰沛公不先破關中
兵公巨豈敢入乎且今人有大功而擊之不祥義也不如因
善遇之羽項王許諾沛公旦日從百餘騎來見羽項王至
鴻門謝曰臣與將軍戮力而攻秦將軍戰河北臣戰

按劍而跽跽長跪也
肆劍拔劍上讀
云拜長跪置地
曳盆客立翔跽
必然者

河南然不自意能先入關能破秦與得復見將軍復於此相
見今者有小人之言令將軍與臣有郤項羽項王曰此沛
公左司馬曹無毋傷言之不然籍何以生至此羽項王即日
因留沛公與飲項王項伯東嚮坐亞父南嚮坐亞父
者范增也沛公北嚮坐張良西嚮侍范增數目羽項王
舉所佩玉玦以示之者三項王默然不應范增起出
召項莊謂曰君王為人不忍若汝入前為壽壽畢請以
劍舞因擊沛公於坐殺之不者若屬皆且為所虜莊
則入為壽壽畢曰君王與沛公飲軍中無以為樂請

史漢方駕卷十　秦項羽　十二

以劍舞因項王曰諾項莊拔劍起舞項伯亦拔劍起舞
常以身翼蔽沛公莊不得擊於是張良至軍門見樊
噲樊噲曰今日之事何如良曰甚急今者項莊拔劍
以酒噲因譙讓羽有項沛公起如廁招樊噲出置車
舞其意常在沛公也噲曰此迫矣臣請入與之同命
官屬獨騎與樊噲靳彊滕公紀成步從間道走軍使
噲即帶劍擁盾入軍門交戟之衛士欲止不內樊噲
張良留謝羽羽問沛公安在曰聞將軍有意督過之
側其盾以撞衛士仆地噲遂入披帷西嚮立瞋目視
脫身去間至軍故使臣獻璧羽受之又獻玉斗范增
項王頭髮上指目眦盡裂項王按劍而跽曰客何為
增怒撞其斗起曰吾屬今為沛公虜矣漢自沛公左
者張良曰沛公之參乘樊噲者也項王曰壯士賜之
司馬曹無傷聞羽至此漢紀文增入此見異同後
卮酒則與斗卮酒噲拜謝起立而飲之項王曰賜之

河至關上未許
內廣欲稱臣之
沛以漢中王之義
脈故坦之心猶
消此耳

彘肩則與一生彘肩樊噲覆其盾於地加彘肩上拔
劍切而啗之項王曰壯士能復飲乎樊噲曰臣死且
不避卮酒安足辭夫秦王有虎狼之心殺人如不能
舉刑人如恐不勝天下皆叛之懷王與諸將約曰先
破秦入咸陽者王之今沛公先破秦入咸陽毫毛不
敢有所近封閉宮室還軍霸上以待大王來故遣將
守關者備他盜出入與非常也勞苦而功高如此未
有封侯之賞而聽細說欲誅有功之人此亡秦之續
耳竊為大王不取也漢自噲即帶劍擁盾入軍門至
此節皆敘語在噲傳項王未有以應曰坐樊噲從良

史漢方駕卷十　項羽　十三

坐坐須臾沛公起如廁因招樊噲出沛公已出項王
使都尉陳平召沛公沛公曰今者出未辭也為之奈
何樊噲曰大行不顧細謹大禮不辭小讓如今人方
為刀俎我為魚肉何辭為於是遂去乃令張良留謝
良問曰大王來何操曰我持白璧一雙欲獻項王玉
斗一雙欲與亞父會其怒不敢獻公為我獻之張良
曰謹諾當是時項王軍在鴻門下沛公軍在霸上相
去四十里沛公則置車騎脫身獨騎與樊噲夏侯嬰

靳彊紀信等四人持劍盾步走從酈山下道芷陽間
行沛公謂張良曰從此道至吾軍不過二十里耳度
我至軍中公乃入沛公已去間至軍中張良入謝曰
沛公不勝桮杓不能辭謹使臣良奉白璧一雙再拜
獻大王足下玉斗一雙再拜奉大將軍足下項王曰
沛公安在良曰聞大王有意督過之脫身獨去已至
軍矣項王則受璧置之坐上亞父受玉斗置之地拔
劍撞而破之曰唉豎子不足與謀奪項王天下者必
沛公也吾屬今為之虜矣沛公至軍立誅殺曹無傷

史漢方駕卷十 項羽 十四

居數日項羽引兵西屠咸陽殺秦降王子嬰燒秦宮
室火三月不滅收其貨寶婦女而東人或說秦民失望
於是韓生說項羽王曰關中阻山帶河四塞之地肥饒
可都以伯霸項王見秦宮室皆已以燒殘破又心懷思欲
東歸曰富貴不歸故鄉如衣繡夜行誰知之者說者
曰人言楚人沐猴而冠耳果然項羽王聞之烹說者斬韓生初
王懷王與諸將約先入關者王其地羽既背約使人致
命於懷王懷王曰如約乃尊懷王為義帝項王欲自羽迺曰懷王者吾家武信君
王先王諸將相謂曰
所立耳非有功伐何以得顓主約天下初發難時

假立諸侯後以伐秦然身被堅執銳首事暴露於野
三年滅秦定天下者皆將相諸君與籍之力也義帝懷王
雖無功故固當分其地而王之諸將皆曰善乃羽迺陽尊
懷王為義帝曰古之王者地方千里必居上游乃徙之
長沙郴縣迺分天下立以王諸將為侯王羽與項王范增疑
沛公之有天下業已講解又惡負約恐諸侯叛之乃
陰謀曰巴蜀道險秦之遷人民皆居之蜀乃曰巴蜀亦關
中地也故立沛公為漢王王巴蜀漢中都南鄭而三分
分關中王秦降將以距塞漢王道項王乃立章邯為雍

史漢方駕卷十 項羽 十五

王王咸陽以西都廢丘長史司馬欣者故為櫟陽獄
掾史嘗有德於項梁都尉董翳者本勸章邯降楚故立
司馬欣為塞王王咸陽以東至河都櫟陽立董翳為
翟王王上郡都高奴徙魏王豹為西魏王王河東都
平陽瑕丘公申陽者張耳嬖臣也先下河南郡迎楚
河上故立申陽為河南王都雒陽韓王成因故都都
陽翟趙將司馬卬定河內數有功故立卬為殷王王
河內都朝歌徙趙王歇為代王代趙相張耳素賢又
從入關故立耳為常山王王趙地都襄國當陽君黥布

布爲楚將常冠軍故立布爲九江王都六鄱君吳芮
率百越佐諸侯又從入關故立芮爲衡山王都邾義
帝柱國共敖將兵擊南郡功多因立敖爲臨江王都
江陵從燕王韓廣爲遼東王燕將臧荼從楚救趙因
從入關故立荼爲燕王都薊徙齊王田市爲膠東王
齊將田都從共救趙因從入關故立都爲齊王都臨
菑故秦所滅齊王建孫田安項羽方渡河救趙田安
下濟北數城引其兵降項羽故立安爲濟北王都博
陽田榮者數負項梁又不肯將兵從楚擊秦以故不

封成安君陳餘棄將印去不從入關然素聞其賢
有功於趙聞其在南皮故因環封之三縣番君將梅
鋗功多故封十萬戶侯項王自立爲西楚霸王王梁
楚地九郡都彭城漢之元年四月諸侯罷戲下各就
國項王出之國使人徙義帝曰古之帝者地方千里
必居上游乃使使徙義帝長沙郴縣趣義帝行其群
臣稍稍背叛之乃陰令衡山臨江王擊殺之江中韓
王成無軍功項王不使之國與俱至彭城廢以爲侯
已又殺之臧荼之國因逐韓廣之遼東廣弗聽荼擊

殺廣無終并王其地田榮聞項羽徙齊王市膠東而
立齊將田都爲齊王乃大怒不肯遣齊王市之膠東因
以齊反迎擊田都田都走楚齊王市畏項王乃亡之
膠東就國田榮怒追擊殺之即墨榮因自立爲齊王
而西擊殺濟北王田安并王三齊榮與彭越將軍印
令反梁地梁定越遂擊殺濟北王田安田榮遂并王三齊
之地遷下時漢王還定三秦陳餘陰使張同夏說說
齊王田榮曰項羽爲天下宰不平今盡王故王於醜
地而王其群臣諸將善地逐其故主趙王乃北居代

餘以爲不可聞大王起兵且不聽不義願大王資餘
兵請以擊常山以復趙王請以國爲扞蔽齊王許之
因遣兵之趙陳餘悉發三縣兵與齊并力擊常山大
破之張耳走歸漢陳餘迎故趙王歇於代反之趙趙
王因立陳餘爲代王是時漢王還定三
秦項羽聞漢王皆已并關中且東齊趙叛之大怒乃
以故吳令鄭昌爲韓王以距漢令蕭公角等擊彭越
彭越敗蕭公角等漢使張良徇韓乃遺項王書曰漢
王失職欲得關中如約即止不敢東又以齊梁反書

遣項羽曰齊欲與趙并滅楚楚以此故無西意而北
擊齊徵兵九江王布布稱疾不往行使將將數千人往行
項羽由此怨布也漢之二年冬項羽陰使九江王布殺義
帝郴上陳餘使張同夏說說齊王榮羽遂北至城陽
田榮亦將兵會戰田榮不勝走至平原平原民殺之
羽遂北燒夷齊城郭宮室皆阬田榮降卒係虜其老
弱婦女徇齊至北海多所殘滅齊人相聚而叛之
於是田榮弟田橫收齊亡卒得數萬人反城陽項王
因留連戰未能下春漢王部劫五諸侯兵凡五十六萬
人東伐楚項王聞之即令諸將擊齊而自以精兵三
萬人南從魯出胡陵四月漢王皆已入彭城收其貨
寶美人日置酒高會項羽王乃西從蕭晨擊漢軍而東
至彭城日中大破漢軍漢軍皆走相隨入穀泗水殺
漢卒十餘萬人漢卒皆南走山楚又追擊至靈壁東
睢水上漢軍卻爲楚所擠多殺漢卒十餘萬人皆入
睢水睢水爲之不流連下漢王乃與數十騎遁去圍
漢王三匝於是大風從西北而起折木發屋揚沙石
窈冥晝晦逢迎楚軍楚軍大亂壞散而漢王乃得與

正義曰古者二十而傅三年耕有一年儲故二十三年而後役之如淳曰律年二十三而傅之疇官各從其父疇內學之高不滿六尺二寸以下爲罷癃漢儀注曰年五十六衰老乃得免爲庶民就田里今老弱未嘗傅者皆發之未二十三爲弱過五十六爲老

數十騎遁去欲過沛收家室而西楚亦使人追之沛語在高紀
取漢王家家皆亡不與漢王相見漢王道逢得孝惠
魯元乃載行楚騎追漢王漢王急推墮孝惠魯元車
下滕公常下收載之如是者三曰雖急不可以驅奈
何棄之於是遂得脫求太公呂后不相遇審食其從
太公呂后閒行求漢王反遇楚軍楚軍遂與歸報項
王項王常置軍中是時呂后兄周呂侯爲漢將兵居
下邑漢王閒往從之稍稍收其士卒至滎陽諸敗軍
皆會蕭何亦發關中老弱未傅悉詣滎陽復大振楚
起於彭城常乘勝逐北與漢戰滎陽南京索閒漢敗
楚楚以故不能過滎陽而西項王之救彭城追漢王
至滎陽田橫亦得收齊立田榮子廣爲齊王漢王之
敗彭城諸侯皆復與楚而背漢漢軍滎陽築甬道屬
之河以取敖倉食漢之三年項王數侵奪漢甬道漢
王食乏恐請和割滎陽以西爲漢項王欲聽之歷陽
侯范增曰漢易與耳今釋弗取後必悔之項王乃與
范增急圍滎陽漢王患之乃用陳平計與金四萬斤以閒
項王項王使者來爲大牢具舉欲進之見使者詳驚
楚君臣語在陳平傳

食宜據仰和使這使宣將軍亦少座不成就下後以十人兄了少將斷其群臣又奪其奇計離必其相疑者也增逆王十有以知其失身迫人於陛而見解之漢下保據以出女子東擊東怜工且漢真以羽率土兩漢業已成卑早定智乃謂其臣也

愕曰吾以爲亞父使者乃反項王使者更持去以惡
食食項王使者使者歸報項王項王乃羽以故疑范增與
漢有私稍奪之權范增大怒曰天下事大定矣君王
自爲之願賜骸骨歸卒伍項王許之行未至彭城疽
發背而死於是漢將紀信說漢王曰事已急矣請爲
漢王出降以誑楚爲王王可以間出楚軍遽下故漢王得與數十騎於是
漢王夜出女子滎陽東門被甲二千人楚兵四面擊
之紀信乘黃屋車傅左纛曰城中食盡漢王降楚軍
皆呼萬歲故漢王亦得與數十騎從城西門出遽下云

史漢方駕卷十　秦項羽　廿

世有…敗中降者必不然受降知受敵漢毛突得問出哉

周苛樅公走成皋項王見紀信問漢王安在信曰漢
王已出矣項王燒殺紀信令漢王使御史大夫周苛樅
公魏豹守滎陽遽下漢王西入關周苛樅公謀曰反
國之王難與守城乃共殺魏豹楚下滎陽城生得周
苛項王謂周苛曰爲我將我以公爲上將軍封三萬
戶周苛罵曰若不趨降漢漢今爲虜矣若若非漢王敵
也項王羽怒烹周苛幷殺樅公生得周苛以下漢書高
紀文漢王之出滎陽南走西入關收兵還出宛葉得間與九江王黥布
行收兵復入保成皋漢之四年項王羽聞之卽引兵南漢王堅壁不與戰遽下是

時彭越渡睢進兵圍成皋漢王逃跳獨與滕公得出成
皐北門渡河至走脩武從張耳韓信軍諸將稍稍得出
成皋從漢王楚遂拔成皋欲西漢使兵距之鞏令其遽下漢王得韓信軍
不得西是時彭越渡河擊楚東阿睢與項聲薛公戰下邳殺楚將
軍薛公項王羽乃自東擊彭越漢王亦引兵北軍成皋
羽已破走彭越引兵西下滎陽城亨周苛殺樅公虜
韓王信遂上進圍成皋漢王得韓信軍留淮陰侯兵欲渡河南
鄭忠說漢王乃止壁河內使盧綰劉賈將兵渡白馬津入
楚地佐彭越共擊破楚軍燕郭西燒楚其積聚項王東攻下梁

史漢方駕卷十　秦項羽　廿一

項伯有大功於漢父子間然語知此羽亦不欲何也又似不消之者

擊破之走彭越漢王則引兵渡河復取成皋軍廣武
地十餘城羽聞之遽下謂海春侯大司馬曹咎曰乃
就敖倉食項王已定東海來西與漢俱臨廣武而軍
相守數月當此時彭越數反梁地絕楚糧食項王患
之爲高俎置太公其上告漢王曰今不急下吾烹亨太
公漢王曰吾與若項羽俱北面受命懷王曰約爲兄弟
吾翁卽若汝翁必欲烹而亨廼翁則幸分我一桮杯羹羽項王怒
欲殺之項伯曰天下事未可知且爲天下者不顧家
雖殺之無益祗益禍恐耳羽項王從之楚漢久相持未決迺使人
丁壯苦軍旅老弱罷轉漕項王謂漢王曰天下匈匈

數歲者徒以吾兩人耳願與漢王挑戰決雌雄毋徒
苦罷天下之民父子爲也漢王笑謝曰吾寧鬬智不能
鬬力羽項王令壯士出挑戰漢有善騎射者曰樓煩楚挑
戰三合樓煩輒射殺之羽項王大怒乃自被甲持戟挑
戰樓煩欲射之羽項王瞋目叱之樓煩目不敢視手不能
敢發遂走還入壁不敢復出漢王使人間問之乃項羽
王也漢王大驚於是項王羽與乃即漢王相與臨廣武閒
而語漢王數之羽十罪語在高紀項王怒欲一戰漢王不
聽項王伏弩射中漢王漢王傷走入成皋項王聞淮
陰侯已舉河北反梁地絕楚糧食又韓信破齊趙且欲擊楚羽乃使從
兄子項它爲大將龍且爲裨將救齊韓信往擊之淮陰侯與戰騎將灌
嬰擊之大破楚軍殺龍且韓信追至城陽虜齊王廣信遂因
自立爲齊王羽項王聞之龍且軍破則恐使盱台人武涉
往說信語在信傳淮陰侯淮陰侯弗聽是時彭越復反下梁地絕
楚糧項王乃謂海春侯大司馬曹咎等曰謹守成皋
則漢欲挑戰慎勿與戰毋令得東而已我十五日必
誅彭越定梁地復從將軍乃於是引兵東行四年羽擊陳
留外黃外黃不下數日已降羽項王怒悉令男子年十

五以上詣城東欲阬之外黃令舍人兒年十三往說
項王羽曰彭越強劫外黃外黃恐故且降待大王大王
至又皆阬之百姓豈有所歸心哉從此以東梁地十
餘城皆恐莫肯下矣羽項王然其言乃赦外黃當阬者
而東至睢陽聞之皆爭下項王漢果數挑楚軍戰楚
軍不出使人辱之五六日大司馬怒渡兵汜水士卒
半渡漢擊之大破楚軍盡得楚國金玉貨賂大司馬
咎長史翳塞王欣皆自剄汜水上大司馬咎者故蘄
獄掾長史欣亦故櫟陽獄吏兩人嘗有德於項梁是欣故塞王羽
以項王信任之羽當是時項王在睢陽聞海春侯軍敗
則引兵還漢軍方圍鍾離眜於滎陽東項王至漢軍羽
畏楚盡走險阻是時羽亦軍廣武相守連上乃爲高俎置
太公時漢軍盛關中兵益出食多羽項王兵罷食少絕漢遣陸
賈說項王請太公項王勿聽漢王復使侯公往說項羽
王項王乃與漢王約中分天下割鴻溝以西者爲漢
鴻溝而東者爲楚項王許之即歸漢王父母妻子軍
皆呼萬歲漢王乃封侯公爲平國君匿弗肯復見曰
此天下辯士所居傾國故號爲平國君項王已約乃羽

引兵解而東歸漢欲西歸張良陳平說曰漢有天下
大半而諸侯皆附之楚兵罷食盡此天亡楚之時也
不如因其饑而遂取之今釋弗擊此所謂養虎自遺
患也漢王聽之漢五年漢王乃進兵追羽項王至陽夏南
止軍與淮陰侯韓信建成侯彭越期會而擊楚軍至
固陵而信越之兵不會楚擊漢軍大破之漢王復入
故陵復爲明所敗漢王用張良計致齊王信建成侯
壁深塹而自守謂張子房曰諸侯不從約爲之柰何
彭越兵不及
對曰楚兵且破信越未有分地其不至固宜君王能
與共分天下今可立致也即不能事未可知也君王

史漢方駕卷十　項籍　廿四

能自陳以東傅海盡與韓信睢陽以北至穀城以與
彭越使各自爲戰則楚易敗也漢王曰善於是乃發
使者告韓信彭越曰幷力擊楚楚破自陳以東傅海
與齊王睢陽以北至穀城與彭相國使者至韓信彭
越皆報曰請今進兵韓信乃從齊往自信越之兵至
此漢與高紀語小異劉賈軍從入楚地圍壽春並行屠城
父至垓下大司馬周殷叛楚以舒屠六舉九江兵隨
劉賈彭越迎黥布與齊梁諸侯皆大會羽垓下詣項王項王
軍壁垓下兵少食盡漢帥軍及諸侯兵圍之數重羽夜

聞漢軍四面皆楚歌項王乃大驚曰漢皆已得楚乎
是何楚人之多也項王則夜起飲帳中有美人名虞
氏常幸從駿馬名騅常騎之於是項王乃悲歌忼慨
自爲歌詩曰力拔山兮氣蓋世時不利兮騅不逝騅
不逝兮可奈何虞兮虞兮奈若何歌數闋美人和之
項王泣下數行下左右皆泣莫能仰視於是項王乃
上馬騎麾下壯士騎從者八百餘人直夜直潰圍南
出馳平明漢軍乃覺之令騎將灌嬰以五千騎追
之項王渡淮騎能屬者百餘人耳項王至陰陵迷失

史漢方駕卷十　項籍　廿五

道問一田父田父紿曰左左乃陷大澤中以故漢追
及之項王乃復引兵而東至東城乃有二十八騎漢
騎追者數千人項王自度不得脫謂其騎曰吾起兵
至今八歲矣身七十餘戰所當者破所擊者服未嘗
敗北遂霸有天下然今卒困於此此天之亡我非戰
之罪也今日固決死願爲諸君決戰必三勝之爲諸
君潰圍斬將刈旗令諸君知吾非用兵罪天
亡我非戰之罪也乃分其騎以爲四隊四於是引其騎因四隤山而爲圜陣
外嚮漢軍圍之數重項王謂其騎曰吾爲公取彼一

四隊四嚮故復會爲三處開合使不可測爲四四隤山爲圜陣則一大陣外圍

如淳曰面謂不正視也亦似以[illegible]向後

將令四面騎馳下期山東爲三處於是項羽王大呼馳
下漢軍皆披靡遂斬殺漢一將是時赤泉侯楊喜爲郎騎將
追羽羽還項王項王瞋目而叱之喜赤泉侯人馬俱驚辟易數
里與其騎會爲三處漢軍不知羽項王所居在乃分軍爲
三復圍之項羽王乃迺馳復斬漢一都尉殺數十百人復
聚其騎亡其兩騎耳乃迺謂其騎曰何如騎皆伏服曰如
大王言於是項羽王乃遂引欲東欲渡烏江烏江亭長檥船
待謂項羽王曰江東雖小地古千里衆數十萬人亦足
王也願大王急渡今獨臣有船漢軍至無亡以渡項羽王

笑曰迺天之亡我我何渡爲且籍與江東子弟八千
人渡江而西今無亡一人還縱江東父兄憐而王我我
何面目見之哉縱彼不言籍獨不愧於心乎乃謂亭
長曰吾知公長者也吾騎此馬五歲所當無亡敵嘗一
日行千里吾不忍殺之以賜公乃迺令騎皆下去馬步行
持短兵接戰羽獨籍所殺漢軍數百人羽項王身亦被
十餘創顧見漢騎司馬呂馬童曰若非吾故人乎馬
童面之指王翳曰此項王也項羽王乃迺曰吾聞漢購我
頭千金邑萬戶吾爲若德公得乃迺自刎剄而死王翳取其頭

餘騎相蹂踐躪爭項羽王相殺者數十人最其後郎中騎
楊喜騎司馬呂馬童郎中呂勝楊武各得其一體五
人共會其體皆是故分其地爲五封呂馬童爲中水
侯封王翳爲杜衍侯封楊喜爲赤泉侯封楊武爲吳
防侯封呂勝爲涅陽侯項王迺已死楚地皆降漢獨魯
不下漢乃引天下兵欲屠之爲其守禮義爲主死節
乃持項王頭視魯魯父兄乃降始楚懷王初封項籍
爲魯公及其死魯最後下故以魯公禮葬項羽王於穀城
漢王爲發哀泣之而去諸項氏枝屬漢王皆不誅乃

封項伯等四人爲射陽侯桃侯平皋侯玄武侯皆項
氏賜姓劉氏
贊 太史公曰吾聞之周生曰亦有言舜目蓋重瞳子又聞
項羽亦又重瞳子羽豈其苗裔邪何其興之暴也夫秦
失其政陳涉首難豪傑蠭起相與並爭不可勝數然
羽非有尺寸乘勢起隴畝之中三年遂將五諸侯
兵滅秦分裂天下而戒海內封王侯政由羽出號
爲霸王位雖不終近古以來未嘗有也及羽背關懷
楚放逐義帝而自立怨王侯叛已難矣自矜功伐奮

其私智而不師古謂始霸王之國業欲以力征經營天下
五年卒亾其國身死東城尚不覺寤而不自責過失
迺引天亾我非用兵之罪也豈不謬哉

史漢方駕卷二尾

史漢方駕卷第三

浙渤許相卿台仲甫　撰輯
徐　禾仲年甫　校錄

史世家二十三　漢傳九

蕭相國何者沛豐人也以文無害爲沛主吏掾高祖
爲布衣時何數以吏事護高祖高祖爲亭長常左右
之高祖以吏繇咸陽吏皆送奉錢三何獨以五秦御
史監郡者與從事常辨之何乃給泗水卒史事第一
秦御史欲入言徵何何固請得毋行及高祖起爲沛

公何常爲丞督事沛公至咸陽諸將皆爭走金帛財
物之府分之何獨先入收秦丞相御史律令圖書藏
之沛公爲漢王以何爲丞相項王與諸侯屠燒咸陽
而去漢王所以具知天下阸塞戶口多少彊弱之處
民所疾苦者以何具得秦圖書也初諸侯相與約先
入關破秦者王其地沛公既先定秦項羽後至欲攻
沛公沛公謝之得解羽遂屠燒咸陽與范增謀曰巴
蜀道險秦之遷民皆居蜀迺曰蜀漢亦關中地也故
立沛公爲漢王而三分關中地王秦降將以距漢王

漢王怒欲謀攻項羽周勃灌嬰樊噲皆勸之何諫之
曰雖王漢中之惡不猶愈於死乎漢王曰何爲乃死
也何曰今衆弗如百戰百敗不死何爲周書曰天予
不取反受其咎語曰天漢其稱甚美夫能詘於一人
之下而信於萬乘之上者湯武是也臣願大王王漢
中養其民以致賢人收用巴蜀還定三秦天下可圖
也漢王曰善乃遂就國以何爲丞相何進言韓信漢
王以信爲大將軍說語在淮陰侯事中漢王引兵東定
三秦語在信傳何以丞相留收巴蜀塡撫諭告使給

軍食漢二年漢王與諸侯擊楚何守關中侍太子治
櫟陽爲法令約束立宗廟社稷宮室縣邑輒奏上可
許以從事即不及奏上輒以便宜施行上來以聞
中計戶口轉漕給軍漢王數失軍遁去何常興關
中卒輒補缺上以此專屬任何關中事漢三年漢王
與項羽相距京索之間上數使使勞苦丞相鮑生謂
丞相何曰今王暴衣露蓋數使使勞苦君者有疑君心
也爲君計莫若遣君子孫昆弟能勝兵者悉詣軍所
上必益信君於是何從其計漢王大說漢五年既已殺

項羽定天下論功行封羣臣爭功歲餘功不決高
祖以蕭何功最盛封爲酇侯所食邑多八千戶功臣
皆曰臣等身被堅執兵多者百餘戰少者數十合攻
城略地大小各有差今蕭何未嘗有汗馬之勞徒持
文墨議論不戰顧反居臣等上何也高帝曰諸君知
獵乎曰知之知獵狗乎曰知之高帝曰夫獵追殺獸
兔者狗也而發蹤指示獸處者人也今諸君徒能
得走獸耳功狗也至如蕭何發蹤指示功人也且諸
君獨以身隨我多者兩三人今蕭何舉宗數十人

皆隨我功不可忘也羣臣皆莫敢言列侯畢已受
封及奏位次皆曰平陽侯曹參身被七十創攻城略
地功最多宜第一上已撓功臣多封蕭何至位次未
有以復難之然心欲何第一關內侯鄂君千秋時爲謁
者進曰羣臣議皆誤夫曹參雖有野戰略地之功此
特一時之事夫上與楚相距五歲常失軍亡衆逃身
遁者數矣然蕭何常從關中遣軍補其處非上所詔
令召而數萬衆會上之乏絕者數矣夫漢與楚相守
滎陽數年軍無見糧蕭何轉漕關中給食不乏陛下

雖數亾山東蕭何常全關中以待陛下此萬世之功
也今雖亾曹參等百數何鈌於漢漢得之不必待以
全秦何欲以一旦之功而加萬世之功哉蕭何當第
一曹參次之上高祖曰善於是乃令蕭何第一賜帶劒
履上殿入朝不趨上曰吾聞進賢受上賞蕭何功雖
高待鄂君乃益明於是因鄂君千秋故所食關內侯邑
二千戶封爲安平侯是日悉封何父母兄弟十餘人
皆有食邑乃益封何二千戶以帝嘗繇咸陽時何送
我獨贏奉錢二也漢十一年陳豨反上高祖自將至邯
鄲未罷淮陰侯謀反關中呂后用蕭何計誅淮陰侯
語在淮陰事中上已聞淮陰侯誅使使拜丞相何爲
相國益封五千戶令卒五百人一都尉爲相國衛諸
君皆賀召平獨弔召平者故秦東陵侯秦破爲布衣
貧種瓜於長安城東瓜美故世俗謂之東陵瓜從召
平以爲名也召平謂相國何曰禍自此始矣上暴露於
外而君守於中非被矢石之事而益君封置衛者以
今者淮陰侯新反於中有疑君心矣夫置衛衛君非
以寵君也願君讓封勿受悉以家私財佐軍何則上心

說相國從其計高帝乃大喜漢十二年秋黥布反上
自將擊之數使使問相國何爲相國爲上在軍乃拊
循勉力百姓悉以所有佐軍如陳豨時客有說相國
曰君滅族不久矣夫君位爲相國功第一可復加
哉然君初入關中本得百姓心十餘年矣皆附君常復
孳孳得民和上所爲數問君者畏君傾動關中今君
胡不多買田地賤貰貸以自汙上心乃安於是相國
從其計上乃大說上罷布軍歸民道遮行上書言相
國彊賤買民田宅數千萬上至相國謁上笑曰夫
相國乃利民民所上書皆以與相國曰君自謝民相
國因爲民請曰長安地狹上林中多空地棄願令民
得入田毋收稾爲禽獸食上大怒曰相國多受賈人
財物乃爲請吾苑乃下相國廷尉械繫之數日王衛
尉侍前問曰相國何大罪陛下繫之暴也上曰吾聞
李斯相秦皇帝有善歸主有惡自與今相國多受賈
豎金而爲民請吾苑以自媚於民故繫治之王衛尉
曰夫職事苟有便於民而請之真宰相事陛下柰
何乃疑相國受賈人錢乎且陛下距楚數歲陳豨黥

布衣時陛下自將而往當是時相國守關中關中搖足則關以西非陛下有也相國不以此時為利今乃利賈人之金乎且秦以不聞其過亡天下夫李斯之分過又何足法哉陛下何疑宰相之淺也上高帝不懌是日使使持節赦出相國相國年老素恭謹入徒跣謝高帝上曰相國休矣相國為民請吾苑吾不許我不過為桀紂主而相國為賢相吾故繫相國欲令百姓聞吾過何素不與曹參相能及何病孝惠自臨視相國病因問曰君即百歲後誰可代君者對曰知臣莫如主孝惠曰曹參何如何頓首曰帝得之矣臣死不恨矣何置田宅必居窮辟處為家不治垣屋曰令後世賢師吾儉不賢毋為勢家所奪孝惠二年相國何卒謚為文終侯後嗣以罪失侯者四世絕天子輒復求何後封續酇侯功臣莫得比焉

酇謚曰文終侯子祿嗣無子高后乃封何夫人同為酇侯小子延為筑陽侯孝文元年罷同更封延為酇侯薨子遺嗣薨無子文帝復以遺弟則嗣有罪免景帝二年制詔御史故相國蕭何高皇帝大功臣所與為天下也今其祀絕朕甚憐之其以武陽縣戶二千封何孫嘉為列侯嘉則弟也薨子勝嗣後有罪免武帝元狩中復下詔御史以酇戶二千四百封何曾孫慶為酇侯布告天下令明知朕報蕭相國德也慶薨子壽成嗣坐為太常犧牲瘦免宣帝時詔丞相御史求問蕭相國後在者得玄孫建世等十二人復下詔以酇戶二千封建世為酇侯傳子至孫獲坐使奴殺人減死論成帝時復封何玄孫之子南䜌長喜為酇侯傳子至曾孫王莽敗乃絕

太史公曰蕭相國何於秦時為刀筆吏錄錄未有奇節及漢興依日月之末光何謹守管籥因民之疾秦法順流與之更始淮陰黥布等皆以誅滅而何之勳爛焉位冠群臣聲施後世與閎夭散宜生等爭烈矣

蕭相國第一宅從秋為首爻之一而謚何得千斤万而獨全名乎家無所爲後來分明更不須別若非矣而自貸嘗讀後世行以至爲上相具存與大臣之居人共所稱者所勝狀摘形容畢見語至頁回窮処勞家所奉是使人悲之

史漢方駕卷第三

史漢方駕卷第四

浙許許相卿台仲甫 撰輯
徐 禾仲年甫 校鋟

史世家二十四 漢傳九

平陽侯曹參者沛人也秦時爲沛獄掾而蕭何爲主吏居縣爲豪吏矣高祖爲沛公而初起也參以中涓從將擊胡陵方與攻秦監公軍大破之東下薛擊泗水守軍薛郭西復攻胡陵取之徙守方與方與反爲魏擊之豐反爲魏攻之賜爵七大夫北擊秦司馬尼欣軍碭東破之取碭狐父祁善置又攻下邑以西至虞擊秦將章邯車騎攻爰戚及亢父先登遷爲五大夫北救東阿擊章邯軍陷陳追至濮陽攻定陶取臨濟南救雍丘擊李由軍破之殺李由虜秦候一人秦將章邯破殺項梁也沛公與項羽引兵而東楚懷王以沛公爲碭郡長將碭郡兵於是乃封參爲執帛號曰建成君遷爲戚公屬碭郡其後從攻東郡尉軍破之成武南擊王離軍成陽南復攻之杠里大破之追北西至開封擊趙賁軍破之圍趙賁開封城中西擊秦

將楊熊軍於曲遇破之虜秦司馬及御史各一人遷爲執珪從西攻陽武下轘轅緱氏絕河津還擊趙賁軍尸北破之從南攻犨與南陽守齮戰陽城郭東陷陳取宛虜齮盡定南陽郡從西攻武關嶢關取之前攻秦軍藍田南又夜擊其北秦軍大破之遂至咸陽滅秦項羽至以沛公爲漢王漢王封參爲建成侯從至漢中遷爲將軍從還定三秦初攻下辯故道雍斄擊章平軍於好畤南破之圍好畤取壤鄉擊三秦軍壤東及高櫟破之復圍章平章平出好畤走因擊趙賁內史保軍破之東取咸陽更名曰新城參將兵守景陵二十日三秦使章平等攻參參出擊大破之賜食邑於寧秦參以將軍引兵圍章邯於廢丘以中尉從漢王出臨晉關至河內下脩武渡圍津東擊龍且項他定陶破之東取碭蕭彭城擊項籍軍漢軍大敗走參以中尉圍取雍丘王武反於外黃程處反於燕往擊盡破之柱天侯反於衍氏又進破取衍氏擊羽嬰於昆陽追至葉還攻武彊因至滎陽參自漢中爲將軍中尉從擊諸侯及項羽敗還至滎陽凡二歲

高祖三年拜爲假左丞相入屯兵關中月餘魏王豹
反以假左丞相別與韓信東攻魏將軍孫遬軍東張
大破之因攻安邑得魏將王襄擊魏王於曲陽追至
東垣生獲魏王豹取平陽得魏王母妻子盡定魏地
凡五十二城賜食邑平陽因從韓信擊趙相國夏說
軍於鄔東大破之斬夏說韓信與故常山王張耳引
兵下井陘擊成安君陳餘而令參還圍趙別將戚公
軍於鄔城中戚公出走追斬之乃引兵詣敖倉漢
王之所韓信已破趙爲相國東擊齊參以右丞相屬
韓信攻破齊歷下軍遂取臨菑還定濟北郡攻著漯
陰平原鬲盧已而從韓信擊龍且軍於上假密大破
之斬龍且虜其將軍周蘭定齊凡得七十餘縣得
故齊王田廣相田光其守相許章及故齊膠東將軍
田既韓信立爲齊王引兵東詣陳與漢王共破項羽
而參留平齊未服者項籍已死天下定漢王爲皇帝
韓信徙爲楚王齊爲郡參歸漢相印高帝以長
子肥爲齊王而以參爲齊相國以高祖六年賜爵列
侯與諸侯剖符世世勿絕食邑平陽萬六百三十
戶號曰平陽侯除前所食邑以齊相國擊陳豨將張
春軍破之黥布反參以齊相國從悼惠王將車騎
十二萬人與高祖會擊黥布軍大破之南至蘄還定
竹邑相蕭留參功凡下二國縣一百二十二得王二
人相三人將軍六人大莫敖郡守司馬候御史各一
人孝惠帝元年除諸侯相國法更以參爲齊丞相參
之相齊齊七十城天下初定悼惠王富於春秋參盡
召長老諸先生問所以安集百姓如齊故俗諸儒以
百數言人人殊參未知所定聞膠西有蓋公善治黃
老言使人厚幣請之既見蓋公蓋公爲言治道貴清
靜而民自定推此類具言之參於是避正堂舍蓋公
焉其治要用黃老術故相齊九年齊國安集大稱賢
相惠帝二年蕭何卒參聞之告舍人趣治行吾將入
相居無何使者果召參參去屬其後相曰以齊獄市
爲寄慎勿擾也後相曰治無大於此者乎參曰不然
夫獄市者所以并容也今君擾之姦人安所容也吾
是以先之始參微時與蕭何善及爲將相有郤至
何且死所推賢唯參參代何爲漢相國舉事無所變

木詘即木訥長大不可解

更一壹遵蕭何之約束擇郡國吏木詘長大訥於文辭重厚
長者即召除為丞相史吏之言文刻深欲務聲名者
輒斥去之日夜飲醇酒卿大夫已下吏及賓客見參
不事事來者皆欲有言至者參輒飲以醇酒度閒之欲
有所言復飲之醉而後去終莫得開說以為常相舍
後園近吏舍吏舍日飲歌呼從吏惡之無如之何乃
請參遊游園中聞吏醉歌呼從吏幸相國召按之乃
反取酒張坐飲亦大歌呼與相應和參見人之有細過
專掩匿覆蓋之府中無事參子窋為中大夫惠帝怪

參平生智七十創較等外本無可有者無置公一書裁所用平民數聲盡公以來作史歌呼又不待畫只是一篇模寫太許多紙不可厭以其細不一讀也

相國不治事以為豈少朕與乃謂窋曰若女歸試私從
容問而乃父曰高帝新棄群臣帝富於春秋君為相國
日飲無所請事何以憂天下乎然無言吾告若女也窋
既洗沐歸時閒侍自從其所諫參參怒而笞窋之二百
曰趣入侍天下事非若乃所當言也至朝時惠帝讓參
曰與窋胡治乎乃者我使諫君也參免冠謝曰陛下
自察聖武孰與高皇帝上曰朕乃安敢望先帝乎曰
陛下觀臣能孰與蕭何賢上曰君似不及也參曰陛
下言之是也且高皇帝與蕭何定天下法令既明今具

本來攻城野戰材也及為相國稱清用於人一語淡淡參之功氣脈在此存之後文從之而并太史公議此正不知此參之所以成淮陰也又何參信見何所為畫一出何傳料參乃全

陛下垂拱參等守職遵而勿失不亦可乎惠帝曰善
君休矣參為漢相國出入三年卒謚曰懿侯子窋代
侯百姓歌之曰蕭何為法顜講若畫一曹參代之守而
勿失載其清淨靖民以寧壹一平陽侯窋高后時為
御史大夫孝文帝立免為侯立二十九年卒謚為靜傳國至曾孫
侯子奇代侯立七年卒謚為簡侯子時代侯時尚平
陽公主生子襄時病癘歸國立二十三年卒謚夷侯
子襄代侯襄尚衛長公主生子宗立十六年卒謚為武帝時為將軍擊匈奴薨
共侯子宗代侯征和二年中宗坐太子死國除嗣有罪完為城旦至哀帝時乃封參玄孫

孟堅取子長語相因特附參其

極言合道辭意其語最合道第例一私字

之孫本始為平陽侯二千戶王莽時薨子宏嗣建武中先降河北封平陽侯至今八侯
太史公曰曹相國參攻城野戰之功所以能多若此
者以與淮陰侯俱及信已滅而列侯成功唯獨參擅
其名參為漢相國清靜極言合道然百姓離秦之酷
後參與休息無為故天下俱稱其美矣
贊曰蕭何曹參皆起秦刀筆吏當時錄錄未有奇節
漢興依日月之末光何以信謹守管籥參與韓信俱
征伐天下既定因民之疾秦法順流與之更始二人

閒平若并二人同心一語獨不驗中行陳平具妙得奇論白不足辨也

同心遂安海内淮陰黥布等已滅唯何參擅功名位冠羣臣聲施後世爲一代之宗臣慶流苗裔盛矣哉

史漢方駕卷第四

[illegible]

史漢方駕卷第五

浙菏許相卿台仲甫 撰輯
徐 禾仲年甫 校閱

史世家二十五 漢傳十

留侯張良者字子房其先韓人也大父開地相韓昭侯宣惠王襄哀王父平相釐王悼惠王悼惠王二十三年平卒卒二十歲秦滅韓良年少未宦事韓韓破良家僮三百人弟死不葬悉以家財求客刺秦王爲韓報仇以大父父五世相韓故良嘗學禮淮陽東見倉海君得力士爲鐵椎重百二十斤秦皇帝東游至博浪沙中良與客狙擊秦皇帝博浪沙中誤中副車秦皇帝大怒大索天下求賊甚急爲張良故也良乃更名姓亡匿下邳良嘗閒從容步游下邳圯上有一老父衣褐至良所直墮其履圯下顧謂良曰孺子下取履良愕然欲毆之爲其老彊忍下取履父曰履我良業爲取履因長跪履之父以足受笑而去良殊大驚隨目之父去里所復還曰孺子可教矣後五日平明與我會此良因怪之跪曰諾五日平明良往

父已先在怒曰與老人期後何也去曰後五日早會五日雞鳴良往父又先在復怒曰後何也去曰後五日復早來五日良夜未半往有頃父亦來喜曰當如是出一編書曰讀此則爲王者師矣後十年興十三年孺子見我濟北穀城山下黃石即我矣遂去無他言不復見旦日視其書乃太公兵法也良因異之常習誦讀之居下邳爲任俠項伯常殺人從良匿後十年陳涉等起兵良亦聚少年百餘人景駒自立爲楚假王在留良欲往從之道遇沛公沛公將數千人略地下邳西遂屬焉沛公拜良爲廄將良數以太公兵法說沛公沛公善之常用其策良爲他人言皆不省良曰沛公殆天授故遂從之不去見景駒及沛公之薛見項梁項梁立楚懷王良乃說項梁曰君已立楚後而韓諸公子橫陽君成賢可立爲王益樹黨項梁使良求韓成立以爲韓王以良爲韓司徒與韓王將千餘人西略韓地得數城秦輒復取之往來爲游兵潁川沛公之從雒陽南出轘轅良引兵從沛公下韓十餘城擊破楊熊軍沛公乃令韓王成留守陽翟

與良俱南攻下宛西入武關沛公欲以兵二萬人擊秦嶢關下軍良說曰秦兵尚彊未可輕臣聞其將屠者子賈豎易動以利願沛公且留壁使人先行爲五萬人具食益爲張旗幟諸山上爲疑兵令酈食其持重寶啗秦將秦將果畔欲連和俱西襲咸陽沛公欲聽之良曰此獨其將欲叛耳恐士卒不從不從必危不如因其解擊之沛公乃引兵擊秦軍大破之遂北至藍田再戰秦兵竟敗遂至咸陽秦王子嬰降沛公沛公入秦宮宮室帷帳狗馬重寶婦女以千數意欲留居之樊噲諫沛公出舍沛公不聽良曰夫秦爲無道故沛公得至此夫爲天下除殘賊宜縞素爲資今始入秦即安其樂此所謂助桀爲虐且忠言逆耳利於行毒藥苦口利於病願沛公聽樊噲言沛公乃還軍霸上項羽至鴻門下欲擊沛公項伯乃夜馳入沛公軍私見張良欲與俱去良曰臣爲韓王送沛公今事有急亡去不義乃具以語沛公沛公大驚曰爲將奈何良曰沛公誠欲倍項羽邪沛公曰鯫生教我距關毋內諸侯秦地可盡王也故聽之良曰沛公

自度能卻項羽乎沛公默然良久曰固不能也今為
柰何良因乃固要項伯項伯見沛公沛公與伯飲為壽
結賓婚令項伯具言沛公不敢倍背項羽王所以距關者
備他它盜也及見項羽後解語在項羽傳事中漢元年正
月沛公為漢王王巴蜀漢王賜良金百溢珠二斗良
具以獻項伯漢王亦因令良厚遺項伯使請漢中地
項王乃許之遂得漢中地漢王之國良送至褒中遣
良歸韓良因說漢王曰王何不燒絕所過棧道示天
下無還心以固項王意乃遣使良還行燒絕棧道良歸

史漢方駕卷五 留侯 四

至韓韓王成以良從漢王故項王不遣韓王成之國
從與俱東良說項王曰漢王燒絕棧道無還心矣乃至彭城殺之時漢王還定三秦良從間道項
羽書曰漢王失職欲得關中如約即止不敢東又以
齊王田榮反書告項王遺羽曰齊與趙欲并滅楚項王以此羽故
無西憂漢心而發兵北擊齊項王竟不肯遣韓王乃
以為侯又殺之彭城良亡以閒行歸漢王漢王亦已還
定三秦矣復以良為成信侯從東擊楚至彭城漢王
兵敗而還至下邑漢王下馬踞鞍而問曰吾欲捐關
以東等棄之誰可與共功者良進曰九江王黥布楚

子房因事進言皆中便有三人

梟將與項王有郤隙彭越與齊王田榮反梁地此兩人
可急使而漢王之將獨韓信可屬大事當一面即欲
捐之捐之此三人則楚可破也漢王乃遣隨何說九
江王布而使人連彭越及魏王豹反使韓信特將北兵
擊之因舉燕代齊趙然卒破楚者此三人力也張良
多病未嘗特將兵也常為畫策臣時時從漢王漢三年
項羽急圍漢王於滎陽漢王憂恐與酈食其謀撓
楚權酈生食其曰昔湯伐桀封其後於杞武王誅伐紂封其
後於宋今秦失德棄義無侵伐諸侯社稷滅六國之後

史漢方駕卷五 留侯 五

使無立錐之地陛下誠能復立六國後世畢已受印
此其君臣百姓必皆戴陛下之德莫不鄉風慕義
願為臣妾德義已行陛下南鄉南面稱霸伯楚必斂衽而朝
漢王曰善趣刻印先生因行佩之矣酈生食其未行張良
從外來謁漢王漢王方食曰子房前客有為我計撓
楚權者具以酈生語計告良曰於子房何如良曰誰為
陛下畫此計者陛下事去矣漢王曰何哉張良對曰
臣請藉借前箸以為大王籌之曰昔者湯武伐桀紂而封其
後於杞者度能制桀之其死命也今陛下能制項籍之

死命乎曰未能也其不可一矣也武王伐紂封其後於
宋者度能得紂之頭也今陛下能得項籍之頭乎曰
未能也其不可二也武王入殷表商容之閭式釋箕子
之拘封比干之墓今陛下能封聖人之墓表賢者之
閭式智者之門乎曰未能也其不可三也二矣發鉅橋之
粟散鹿臺之財錢以賜貧窮今陛下能散府庫以賜貧
窮乎曰未能也其不可三四矣殷事以已畢偃革爲軒倒
置載干戈覆以虎皮以示天下不復用兵今陛下能偃
武行文不復用兵乎曰未能也其不可四五矣休馬華

山之陽示以無所爲今陛下能休馬無所用乎曰未
能也其不可六五矣放牛桃林之陰以示天下不復輸
積今陛下能放牛不復輸積乎曰未能也其不可六七
矣且夫天下游士離左其親戚棄墳墓去故舊從陛下
游者徒欲日夜望咫尺之地今乃立復六國立韓魏燕
趙齊楚之後天下唯無復立者游士各歸事其主從其親
戚反其故舊墳墓陛下誰與與誰取天下乎其不可七八
矣且夫楚唯無彊毋彊六國立者復橈而從之陛下焉得
而臣之其不可八矣誠用此客之謀陛下事去矣漢王

輟食吐哺罵曰豎儒幾敗而公事令趣銷印後漢四年
韓信破齊而欲自立爲齊王漢王怒張良說漢王漢
王使良授齊王信印語在淮陰侯事中信傳五年冬其秋漢王追楚
至陽夏南戰不利而壁固陵諸侯期不至良說漢王
漢王用其計諸侯皆至語在項籍事中高紀漢六年正月
封功臣良未嘗有戰鬭功高帝曰運籌策帷帳中決
勝千里外子房功也自擇齊三萬戶良曰始臣起下
邳與上會留此天以臣授陛下陛下用臣計幸而時
中臣願封留足矣不敢當三萬戶乃封張良爲留侯

與蕭何等俱封六年上已封大功臣二十餘人其餘
日夜爭功而不決未得行封上在雒陽南宮從複道
望見諸將往往相與坐沙中語上曰此何語留侯曰
陛下不知乎此謀反耳上曰天下屬安定何故而反
良留侯曰陛下起布衣以此屬取天下今陛下已爲
天子而所封皆蕭曹故人所親愛而所誅者皆平生
所仇怨今軍吏計功以天下不足以徧封此屬畏
陛下不能盡封又恐又見疑平生過失及誅故即相
聚而謀反耳上乃憂曰爲之柰何留侯曰上平生所

憎羣臣所共知誰最甚者上曰雍齒與我有故怨數
嘗窘辱我我欲殺之為其功多故不忍良留侯曰今急
先封雍齒以示羣臣羣臣見雍齒先封則人人自堅
矣於是上乃置酒封雍齒為什方侯而急趣丞相御
史定功行封羣臣罷酒皆喜曰雍齒尚為侯我屬無
患矣劉敬說高帝曰都關中上疑之左右大臣皆山
東人多勸上都雒陽雒陽東有成皋西有殽黽倍河
向伊雒其固亦足恃良留侯曰雒陽雖有此固其中小
不過數百里田地薄四面受敵此非用武之國也夫

史漢方駕卷五　張良

關中左殽函右隴蜀沃野千里南有巴蜀之饒北有
胡苑之利阻三面而守獨以一面東制諸侯諸侯
安定河渭漕輓天下西給京師諸侯有變順流而下
足以委輸此所謂金城千里天府之國也劉敬說是
也於是高帝即日駕西都關中良留侯從入關留侯性
多病即道引不食穀杜門不出歲餘上欲廢太子立
戚夫人子趙王如意大臣多諫爭未能得堅決者也
呂后恐不知所為人或謂呂后曰留侯善畫計筴上
信用之呂后乃使建成侯呂澤劫良留侯曰君常為上

四人者在當時必知名者高帝嘗招之不出而人不知有子房知之上高此四人吾見迥別此其策所以為難於言下　須知此乃足是謀士

謀臣今上日欲易太子君安得高枕而臥乎良留侯曰
始上數在急困之中幸用臣筴今天下安定以愛
欲易太子骨肉之間雖臣等百餘人何益呂澤彊要
曰為我畫計良留侯曰此難以口舌爭也顧上有所不
能致者天下有四人四人者年老矣皆以為上慢侮
人故逃匿山中義不為漢臣然上高此四人今公誠
能無愛金玉璧帛令太子為書卑辭安車因使辯士
固請宜來來以為客時時從入朝令上見之則必異
而問之問之上知此四人賢則一助也於是呂后令

史漢方駕卷五　張良　九

呂澤使人奉太子書卑辭厚禮迎此四人四人至客
建成侯所漢十一年黥布反上病欲使太子將往擊
之四人相謂曰凡來者將以存太子太子將兵事危
矣乃說建成侯曰太子將兵有功則位不益太子無
功還則從此受禍矣且太子所與俱諸將皆嘗與上
定天下梟將也今使太子將之此無異使羊將狼也
皆不肯為盡力其無功必矣臣聞母愛者子抱今
戚夫人日夜侍御趙王如意常抱居前上曰終不使
不肖子居愛子之上明乎其代太子位必矣君何不

又聞及呼臣送至霸上

[illegible]

急請呂后承閒爲上泣言黥布天下猛將也善用兵今諸將皆陛下故等夷乃令太子將此屬無異使羊將狼莫肯爲用且使布聞之則鼓行而西耳上雖病彊載輜車臥而護之諸將不敢不盡力上雖苦爲妻子計於是呂澤立夜見呂后呂后承閒爲上泣涕而言如四人意上曰吾惟之豎子固不足遣乃公自行耳於是上自將兵而東羣臣居守皆送至灞上留侯病自彊起至曲郵見上曰臣宜從病甚楚人剽疾願上無與楚人爭鋒因說上曰令太子爲將軍監關中兵上曰子房雖病彊臥而傅太子是時叔孫通已爲太傅留侯行少傅事漢十二年上從擊破布軍歸疾益甚愈欲易太子留侯諫不聽因疾不視事叔孫太傅稱說引古今以死爭太子上詳許之猶欲易之及燕置酒太子侍四人者從太子年皆八十有餘鬚眉皓白衣冠甚偉上怪之問曰彼何爲者四人前對各言其姓名曰東園公角里先生綺里季夏黃公上乃大驚曰吾求公數歲公辟逃我今公何自從吾兒游乎四人皆曰陛下輕士善罵臣等義不受

[illegible]

辱故恐而亡匿今竊聞太子爲人仁孝恭敬愛士天下莫不延頸欲爲太子死者故臣等來耳上曰煩公幸卒調護太子四人爲壽已畢趨去上目送之召戚夫人指示四人者曰我欲易之彼四人輔之羽翼已成難動矣呂后真而主矣戚夫人泣涕上曰爲我楚舞吾爲若楚歌歌曰鴻鵠高飛一舉千里羽翮已就橫絕四海橫絕四海當可奈何雖有矰繳尚安所施歌數闋戚夫人噓唏流涕上起去罷酒竟不易太子者留侯本招此四人之力也留侯從上擊代出奇計下馬邑及立蕭何相國所與上從容言天下事甚衆非天下所以存亡故不著留侯乃稱曰家世相韓及韓滅不愛萬金之資爲韓報讎彊秦天下振動今以三寸舌爲帝者師封萬戶位列侯此布衣之極於良足矣願棄人閒事欲從赤松子游耳乃學辟穀道引輕身會高帝崩呂后德留侯乃彊食之曰人生一世閒如白駒過隙何至自苦如此乎留侯不得已彊聽而食後八年卒謚爲文成侯子不疑代侯子房始所見下邳圯上老父與太公書者後十三年從

非有自序奇事

精按古有鬼神卽從無鬼神說漢傳奇怪亦不得不示引而歸之天其正直出高帝口語爲重及論其形貌亦如夫然自失言笑負情卻不禦至今渊歎

高帝過濟北果見穀城山下黃石取而寶祠之 留侯 及良 死幷葬黃石冢每上冢伏臘祠黃石 留侯不疑 子 嗣侯 孝文帝五 三 年坐不敬國除

太史公曰學者多言無鬼神然言有物至如留侯所見老父予書亦可怪矣高祖離困者數矣而留侯常有功力焉豈可謂非天乎上曰夫運籌策帷帳之中決勝千里之外吾不如子房余以爲其人計魁梧奇偉至見其圖狀貌如婦人好女蓋孔子曰以貌取人失之子羽留侯亦云

史漢方駕卷第六

浙濟許相卿台仲甫　撰輯
徐　禾仲年甫　校錄

史世家二十六　漢傳十

不見平治黃老術漢傳皆語非弃於此然餐甚多本卞遂家口語也弃亦謂也

陳丞相平者陽武戶牖鄉人也少時家貧好讀書治黃帝老子之術有田三十畝獨與兄伯居伯常耕田縱平使游學平爲人長大美色人或謂陳平曰貧何食而肥若是其嫂嫉平之不視家生產曰亦食糠覈耳有叔如此不如無有伯聞之逐其婦而弃之及平長可娶妻富人莫肯與者貧者平亦恥之久之戶牖富人有張負張負女孫五嫁而夫輒死人莫敢娶平欲得之邑中有大喪平家貧侍喪以先往後罷爲助張負既見之喪所獨視偉平平亦以故後去負隨平至其家家乃負郭窮巷以弊席爲門然門外多有長者車轍張負歸謂其子仲曰吾欲以女孫予陳平張仲曰平貧不事事一縣中盡笑其所爲獨柰何予女乎負曰人固有好美如陳平而長貧賤者乎卒與女爲平貧乃假貸幣以聘予酒肉之資以內婦負誡

其孫曰毋以貧故事人不謹事兄伯如事父事嫂如母平既娶張氏女用益饒游道日廣里中社平爲宰分肉甚均父老曰善陳孺子之爲宰平曰嗟乎使平得宰天下亦如此肉矣陳涉起而王陳使周市略地立魏咎爲魏王與秦軍相攻於臨濟陳平固已前謝其兄伯從少年往事魏王咎於臨濟魏王以爲太僕說魏王王不聽人或讒之陳平亾去久之項羽略地至河上陳平往歸之從入破秦賜平爵卿項羽之東王彭城也漢王還定三秦而東

殷王反楚項羽乃以平爲信武君將魏王咎客在楚者以往擊降殷而還項王使項悍拜平爲都尉賜金二十溢居無何漢攻下殷項王怒將誅定殷者將吏陳平懼誅乃封其金與印使使歸項王而平身間行杖劍亾渡河船人見其美丈夫獨行疑其亾將要中當有金玉目之欲殺平平心恐乃解衣而佐刺船船人知其無有乃止平遂至脩武降漢因魏無知求見漢王漢王召入是時萬石君奮爲漢王中涓受平謁入見平平等七人俱進賜食

王曰罷就舍矣平曰臣爲事來所言不可以過今日於是漢王與語而說之問曰子居楚何官曰爲都尉是日拜平爲都尉使參乘典護軍諸將盡讙曰大王一日得楚之亾卒未知高下而即與共載使監護長者漢王聞之愈益幸平遂與東伐項王至彭城爲楚所敗引而還收散兵至滎陽以平爲亞將屬韓王信軍廣武絳灌等或讒陳平曰平雖美丈夫如冠玉耳其中未必有也臣聞平居家時盜其嫂事魏不容亾歸楚歸楚不中又亾歸漢今日大王尊官之令護軍臣聞平受諸將金金多者得善處金少者得惡處平反覆亂臣也願王察之漢王疑之召讓魏無知無知曰有漢王曰公言其賢人何也對曰臣所言者能也陛下所問者行也今有尾生孝已之行而無益於勝敗之數陛下何暇用之乎楚漢相距臣進奇謀之士顧其計誠足以利國家不耳且盜嫂受金又何足疑乎漢王召讓平曰先生事魏不中遂事楚而去今又從吾游信者固多心乎平曰臣事魏王魏

王不能用臣說故去事項王項王不能信人其所任愛非諸項即妻之昆弟雖有奇士不能用平乃去楚聞漢王之能用人故歸大王臣身來不受金無以爲資誠臣計畫有可采者願大王用之使無可用者大王所賜金具在請封輸官得請骸骨漢王乃謝厚賜拜以爲護軍中尉盡護諸將諸將乃不敢復言其後楚急攻絕漢甬道圍漢王於滎陽城久之漢王患之請割滎陽以西以和項王項王不聽漢王謂陳平曰天下紛紛何時定乎陳平曰項王爲人恭敬愛人士之

廉節好禮者多歸之至於行功爵邑重之士亦以此不附今大王慢而少禮士之廉節者不來然大王能饒人以爵邑士之頑鈍嗜利無恥者亦多歸漢誠各去其兩短襲其兩長天下指麾則定矣然大王資侮人不能得廉節之士顧楚有可亂者彼項王骨鯁之臣亞父鍾離眛龍且周殷之屬不過數人耳大王誠能出捐數萬斤金行反間間其君臣以疑其心項王爲人意忌信讒必內相誅漢因舉兵而攻之破楚必矣漢王以爲然乃出黃金四萬斤與陳平恣所爲

不問其出入陳平既多以金縱反間於楚軍宣言諸將鍾離眛等爲項王將功多矣然而終不得裂地而王欲與漢爲一以滅項氏而分王其地項羽果意不信鍾離眛等項王既疑之使使至漢漢王爲太牢之具舉進見楚使即詳驚曰吾以爲亞父使乃項王使也復持去更以惡草具進楚使楚使歸具以報項王項王果大疑亞父亞父欲急攻下滎陽城項王不信不肯聽亞父聞項王疑之乃大怒曰天下事大定矣君王自爲之願請骸骨歸歸未至彭城疽發背

而死陳平乃夜出女子二千人滎陽城東門楚因擊之陳平乃與漢王從城西門夜出去遂入關收散兵而復東其明年淮陰侯信破齊自立爲假齊王使使言之漢王漢王大怒而罵陳平躡漢王漢王亦悟乃厚遇齊使使張子房卒立信爲齊王於是封平以戶牖鄉用其奇計策卒滅楚常以護軍中尉從定燕王臧荼漢六年人有上書告楚王韓信反高帝問諸將諸將曰亟發兵坑豎子耳高帝默然以問陳平平固辭謝曰諸將云何上具告之陳平曰人之上書言信

反人有聞知者乎曰不有曰信知之乎曰不知
平曰陛下精兵孰與楚上曰不能過也平曰陛下
將有能過韓信者乎上曰莫及也平曰今兵不
如楚精而將不能及而舉兵攻之是趣之戰也竊爲
陛下危之上曰爲之柰何平曰古者天子巡狩會諸
侯南方有雲夢陛下第出僞游雲夢會諸侯於陳陳
楚之西界信聞天子以好出游其勢必無事而郊迎
謁謁而陛下因禽之此特一力士之事耳高帝以爲
然乃發使告諸侯會陳吾將南游雲夢上因隨以行

行未至陳楚王信果郊迎道中高帝豫具武士見信
至即執縛之載後車信呼曰天下已定我固當烹高
帝顧謂信曰若毋聲而反明矣武士反接之遂會諸
侯于陳盡定楚地還至雒陽赦信以爲淮陰侯而與
功臣剖符定封於是與平剖符爲戶牖侯世世勿絕爲戶
牖侯平辭曰此非臣之功也上曰吾用先生謀計
戰勝克敵非功而何平曰非魏無知臣安得進上曰
若子可謂不背本矣乃復賞魏無知其明年平以護軍
中尉從攻反者韓王信於代卒至平城爲匈奴所圍

七日不得食高帝用陳平奇計使單于閼氏圍以
得開高帝既出其計秘世莫得聞高帝南過曲逆上
其城望見其屋室甚大曰壯哉縣吾行天下獨見
洛陽與是耳顧問御史曰曲逆戶口幾何對曰始秦
時三萬餘戶間者兵數起多亡匿今見五千餘戶於
是乃詔御史更以陳平爲曲逆侯盡食之除前所食
戶牖其平自初從至天下定後常以護軍中尉從攻
臧荼陳豨及黥布凡六出奇計輒益邑凡六益封奇
計或頗秘世莫得聞也高帝從破布軍還病創徐行

至長安燕王盧綰反上使樊噲以相國將兵攻之既
行人有短惡噲者高帝怒曰噲見吾病乃冀我死也
用陳平謀而召絳侯周勃受詔牀下曰陳平亟馳傳
載勃代噲將平至軍中即斬噲頭二人既受詔馳傳
未至軍行計之曰樊噲帝之故人也功多且又乃呂
后女弟呂須之夫有親且貴帝以忿怒故欲斬之則
恐後悔寧囚而致上上自誅之未至軍爲壇以節
召樊噲噲受詔即反接載檻車傳詣長安而令絳侯周
勃代將將兵定燕反縣平行聞高帝崩平恐呂太后

從漢後從高帝大累於此時其節知不淺哉

及呂須讒怒乃馳傳先去逢使者詔平與灌嬰屯於
滎陽平受詔立復馳至宮哭甚哀因奏事喪前呂太
后哀之曰君勞出休矣平畏讒之就因固請之得宿
衞中太后乃以爲郎中令日傅教孝惠是後呂須讒
乃不得行樊噲至則赦復爵邑孝惠帝六年相國曹
參卒以安國侯王陵爲右丞相陳平爲左丞相漢書
下別起陵傳王陵者故沛人也始爲縣豪高祖微時
兄事陵連下及高祖起沛陵爲人少文任氣好直言
連下爲右丞相二歲及高祖起沛入至咸陽陵亦自

史漢方駕卷六　八

聚黨數千人居南陽不肯從沛公及漢王之還擊項
籍乃以兵屬漢項羽取陵母置軍中陵使至則東
鄉坐陵母欲以招陵陵母既私送使者泣曰願爲老
妾語陵善謹事漢王漢王長者也毋以老妾故持二心
妾以死送使者遂伏劍而死項王怒亨陵母陵卒從
漢王定天下以善雍齒雍齒高帝之仇而陵又本無
從漢之意從高帝以故後封陵爲安國侯安國侯既連上陵爲
人少文爲右丞相二歲孝惠帝崩高后欲立諸呂爲
王問王陵王陵曰不可問陳平陳平曰可高皇帝刑白馬而盟曰非劉氏而

王者天下共擊之今王呂氏非約也太后不悅問左
丞相平及絳侯周勃等皆曰高帝定天下王子弟今
太后稱制欲王昆弟諸呂無所不可太后喜罷朝陵
讓平勃曰始與高帝啑血而盟諸君不在邪今高帝
崩太后女主欲王呂氏諸君縱欲阿意背約何面目
見高帝於地下乎平曰於面折廷爭臣不如君全社
稷定劉氏後君亦不如臣陵無以應之於是呂太后
怒乃詳欲廢陵迺陽遷陵爲帝太傅實不用陵奪之相權陵怒謝疾病
免杜門竟不朝請十年而薨七年卒陵之免丞相呂太后乃

史漢方駕卷六　九

徙平爲右丞相以辟陽侯審食其爲左丞相左丞相
不治常給事於中食其亦沛人也漢王之敗彭城西
楚取太上皇呂后爲質食其以舍人侍呂后其後從
破項籍爲侯幸於呂太后及爲相居中不治監宮中如郎
中令公卿百官皆因決事呂須常以前陳平爲高
帝謀執樊噲數讒平曰陳平爲丞相非治事日飲醇
酒戲婦人女陳平聞日益甚呂太后聞之私獨喜面質
呂須於陳平前曰鄙語曰兒婦人口不可用顧君與
我何如耳無畏呂須之讒也諸呂太后多立諸呂爲王

陳平僞聽之及呂太后崩平與太尉勃合謀卒誅諸呂立孝文皇帝陳平本謀也審食其免相孝文帝立以爲太尉勃親以兵誅呂氏功多陳平欲讓勃位乃謝病孝文帝初立怪平病問之平曰高祖時勃功不如臣平及誅諸呂臣功亦不如勃願以右丞相讓勃於是孝文帝乃以絳侯太尉勃爲右丞相位次第一平徙爲左丞相位次第二賜平金千斤益封三千戶居頃之孝文皇帝既益明習國家事朝而問右丞相勃曰天下一歲決獄幾何勃謝曰不知問天下一歲錢穀出入幾何勃又謝不知汗出沾背愧不能對於是上亦問左丞相平平曰有主者上曰主者謂誰乎平曰陛下即問決獄責廷尉問錢穀責治粟內史上曰苟各有主者而君所主者何事也平謝曰主臣陛下不知其駑下使待罪宰相宰相者上佐天子理陰陽順四時下育萬物之宜外鎮撫四夷諸侯內親附百姓使卿大夫各得任其職焉孝文帝乃稱善右丞相大慚出而讓陳平曰君獨不素教我對陳平笑曰君居其位不知其任耶且陛下即問長安中盜賊數君欲強對邪於是絳侯自知其能不如平遠矣居頃之絳侯謝病請免相陳平專爲一丞相

孝文帝二年丞相陳平卒謚曰獻侯子共侯買代侯二年卒子簡侯恢代侯二十三年卒子何代侯三十三年何坐略人妻棄市國除始陳平曰我多陰謀是道家之所禁吾世即廢亦已矣終不能復起以吾多陰禍也然其後曾孫陳掌以衛氏親貴戚願得續封陳氏然終不得也

太史公曰陳丞相平少時本好黃帝老子之術方其割肉俎上之時其意固已遠矣傾側擾攘楚魏之間卒歸高帝常出奇計救紛糾之難振國家之患及呂后時事多故矣然平竟自脫定宗廟以榮名終稱賢相豈不善始善終哉非知謀孰能當此者乎

史漢方駕卷第六

史漢方駕卷第七

浙許許相卿台仲甫　撰輯

徐　禾仲年甫　校鋟

史世家二十七　漢傳十

絳侯周勃者沛人也其先卷人也徙沛勃以織薄曲
爲生常以吹簫給喪事材官引彊高祖之爲沛公
初起勃以中涓從攻胡陵下方與方與反與戰卻敵
攻豐擊秦軍碭東還軍留及蕭復攻碭破之下下邑
先登賜爵五大夫攻虞取之擊章邯車騎殿定

魏地攻轅戚東緡以往至栗取之攻齧桑先登擊秦
軍阿下破之追至濮陽下甄城攻都關定陶襲取宛
朐得單父令夜襲取臨濟攻張以前至卷破之擊
李由軍雍丘下攻開封先至城下爲多後章邯破殺
項梁沛公與項羽引兵東如碭自初起沛還至碭一
歲二月楚懷王封沛公號安武侯爲碭郡長沛公
拜勃爲虎賁令以令從沛公定魏地攻東郡尉於城武
武破之擊王離軍破之攻長社先登攻潁陽緱氏絕
河津擊趙賁軍尸北南攻南陽守齮破武關嶢關攻

秦軍於藍田至咸陽滅秦項羽至以沛公爲漢王漢
王賜勃爵爲威武侯從入漢中拜爲將軍還定三秦
至秦賜食邑懷德攻槐里好畤最北擊趙賁內史保
於咸陽最北攻漆擊章平姚卬軍西定汧還下郿頻
陽圍章邯廢丘破之西擊盜巴軍破之攻上邽東
守嶢關擊項籍攻曲逆最還守敖倉追項籍籍已
死因東定楚地泗水東海郡凡得二十二縣還守雒
陽櫟陽賜與潁陽侯共食鍾離以將軍從高帝擊反
者燕王臧荼破之易下所將卒當馳道爲多賜爵列

侯剖符世世勿絕食絳八千二百八十戶號絳侯以
將軍從高帝擊反韓王信於代降下霍人以前至武
泉擊胡騎破之武泉北轉攻韓信軍銅鞮破之還降
太原六城擊韓信胡騎晉陽下破之下晉陽後擊韓
信軍於硰石破之追北八十里還攻樓煩三城因擊
胡騎平城下所將卒當馳道爲多勃遷爲太尉擊陳
豨屠馬邑所將卒斬豨將軍乘馬降擊韓信陳豨
趙利軍於樓煩破之得豨將宋最鴈門守圂因轉攻
得雲中守遫丞相箕肆將勳定鴈門郡十七縣雲

得豨如似是誤 人名皇甫謐曰 豨舍之也施姓 屠渾都縣名上 公一云御史大 夫姓施名屠渾 都

中郡十二縣因復擊豨靈丘破之斬豨（得豨）丞相程縱將軍陳武都尉高肆（肆）定代郡九縣燕王盧綰反勃以相國代樊噲將擊下薊得綰大將抵丞相偃守陘太尉弱御史大夫施屠渾都破綰軍上蘭（復）（從）擊（破）綰軍沮陽追至長城定上谷十二縣右北平十六縣（遼）西遼東二十九縣漁陽二十二縣最從高帝得相國一人丞相二人將軍二千石各三人別破軍二下城三定郡五縣七十九得丞相大將各一人勃為人木彊敦厚高帝以為可屬大事勃不好文學每召諸生說士東鄉坐而責之趣為我語其椎少文如此勃既定燕而歸高祖（高祖）已崩矣以列侯事孝惠帝孝惠帝六年置太尉官以勃為太尉十（歲）年高后崩呂祿以趙王為漢上將軍呂產以呂王為漢相國秉漢權欲危劉氏勃為太尉不得入軍門陳平為丞相不得任事於是勃與平謀卒誅諸呂而立孝文皇帝其語在呂后孝文事中陰謀以為少帝及濟川淮陽恒山王皆非惠帝子呂太后以計詐名他人子殺其母養之後宮令孝惠子之立以為後用彊呂氏今已滅諸呂少帝即長用事吾屬無類矣不如視諸侯賢者立之遂迎立代王

[illegible]

是為孝文皇帝東牟侯興居朱虛侯章弟也曰誅諸呂臣無功請得除宮迺與太僕汝陰滕公入宮滕公前謂少帝曰足下非劉氏不當立迺顧麾左右執戟者仆兵罷有數人不肯去兵宦者令張釋諭告亦去滕公召乘輿車載少帝出少帝曰欲將我安之滕公曰就舍舍少府迺奉天子法駕迎皇帝代邸報曰宮謹除皇帝入未央宮有謁者十人持戟衛端門曰天子在也足下何為者不得入太尉往諭迺引兵去皇帝遂入是夜有司分部誅濟川淮陽常山王及少帝於邸文帝既立（即位）以勃為右丞相賜金五千斤食邑萬戶居十（月）餘月人或說勃曰君既誅諸呂立代王威震天下而君受厚賞處尊位以寵久之（即）則禍及身矣勃懼亦自危迺（乃）謝請歸相印上許之歲餘陳丞相平卒上復（以）用勃為丞相十餘月上曰前日吾詔列侯就國或（頗）未能行丞相（吾）所重其（為朕）率先列侯之國迺（乃）免相就國歲餘每河東守尉行縣至絳絳侯勃自畏恐誅常被甲令家人持兵以見之其後人有上書告勃欲反下廷尉廷尉下其事長安逮捕勃治之勃恐

不知置辭吏稍侵辱之勃以千金與獄吏獄吏迺書
牘背示之曰以公主爲證公主者孝文帝女也勃太
子勝之尚之故獄吏教引爲證初勃之益封受賜盡
以予薄昭及繫急薄昭爲言薄太后太后亦以爲無
反事文帝朝太后以冒絮提文帝曰絳侯綰皇帝璽
將兵於北軍不以此時反今居一小縣顧欲反邪文
帝既見勃絳侯獄辭乃謝曰吏事方驗而出之於是使
使持節赦勃絳侯復爵邑勃絳侯既出曰吾嘗將百萬軍
然安知獄吏之貴乎絳侯也勃復就國孝文帝十一年卒

謚爲武侯子勝之代侯六歲尚公主不相中坐殺人
死國除絕一歲文帝乃擇絳侯勃子賢者河内守亞
夫封爲條侯續絳侯後亞夫自未侯爲河内守
時許負相之曰君後三歲而侯侯八歲爲將相持國
秉貴重矣於人臣無二其後九歲而君餓死亞夫笑
曰臣之兄已代父侯矣有如卒子當代亞夫何說侯
乎然既已貴如負言又何說餓死指示我許負指其
口曰有從理入口此餓死法也居三歲其兄絳侯勝
之有罪孝文帝擇絳侯勃子賢者皆推亞夫乃封亞夫

爲條侯續絳侯後文帝之後六年匈奴大入邊乃以
宗正劉禮爲將軍軍霸上祝茲侯徐厲爲將軍軍棘
門以河内守亞夫爲將軍軍細柳以備胡上自勞軍
至霸上及棘門軍直馳入將以下騎出入送迎已而
之細柳軍軍士吏被甲銳兵刃彀弓弩持滿天子先
驅至不得入先驅曰天子且至軍門都尉曰將軍令
曰軍中聞將軍之令不聞天子之詔有頃上至又
不得入於是上乃使使持節詔將軍曰吾欲入勞軍
亞夫乃傳言開壁門壁門士請車騎曰將軍

約軍中不得驅馳於是天子乃按轡徐行至中營將
軍亞夫持兵揖曰介冑之士不拜請以軍禮見天子
爲動改容式車使人稱謝皇帝敬勞將軍成禮而去
既出軍門羣臣皆驚文帝曰嗟乎此真將軍矣曩者
霸上棘門軍若兒戲耳其將固可襲而虜也至如亞
夫可得而犯邪稱善者久之月餘三軍皆罷乃拜亞
夫爲中尉孝文帝且崩時誡太子曰即有緩急周亞
夫真可任將兵文帝崩拜亞夫爲車騎將軍孝景帝
三年吳楚反亞夫以中尉爲太尉東擊吳楚因自請

以梁委之絕其糧道自是而定功在吾擧然絕爲梁委之也

上曰楚兵剽輕難與爭鋒願以梁委之絕其食道乃可制也上許之太尉亞夫既發至霸上趙涉遮說亞夫曰將軍東誅吳楚勝則宗廟安不勝則天下危能用臣之言乎亞夫下車禮而問之涉曰吳王素富懷輯死士久矣此知將軍且行必置間人於殽黽阸陿之間且兵事上神密將軍何不從此右去走藍田出武關抵雒陽間不過差一二日直入武庫擊鳴鼓諸侯聞之以爲將軍從天而下也太尉如其計至雒陽使吏搜殽黽間果得吳伏兵遂請涉爲護軍亞夫至會兵

此則可爲使來即起何益乃不可知爲吳宿備中雖長已

滎陽吳方攻梁梁急請救太尉亞夫引兵東北走昌邑深壁而守梁王使使請太尉亞夫太尉亞夫守便宜不肯往梁上書言景帝景帝使使詔救梁太尉亞夫不奉詔堅壁不出而使輕騎兵弓高侯等絕吳楚兵後食道吳楚兵乏糧飢欲退數挑戰終不出夜軍中驚內相攻擊擾亂至於太尉帳下太尉亞夫終臥不起頃之復定後吳奔壁東南陬太尉亞夫使備西北已而其精兵果奔西北不得入吳楚兵既餓乃引而去太尉亞夫出精兵追擊大破之吳王濞吳王濞棄其軍而與壯士數千人亡走保於

江南丹徒漢兵因乘勝遂盡虜之降其兵購吳王千金月餘越人斬吳王頭以告凡相守攻三月而吳楚破平於是諸將乃以太尉計謀爲是由此梁孝王與太尉亞夫有郤歸復置太尉官五歲遷爲丞相景帝甚重之景帝上廢栗太子丞相亞夫固爭之不得景帝上由此疏之而梁孝王每朝常與太后言條侯亞夫之短竇太后曰皇后兄王信可侯也景帝上讓曰始南皮及章武侯先帝不侯及臣即位乃侯之信未得封也竇太后曰人主各以時行耳自竇長君在時竟不得侯死後乃封

其子彭祖顧得侯吾甚恨之帝趣侯信也景帝上曰請得與丞相計之丞相議之亞夫曰高皇帝約非劉氏不得王非有功不得侯不如約天下共擊之今信雖皇后兄無功侯之非約也景帝上默然而止其後匈奴王徐盧等五人降漢景帝上欲侯之以勸後丞相亞夫曰彼背其主降陛下陛下侯之則何以責人臣不守節者乎景帝上曰丞相議不可用乃悉封徐盧等爲列侯亞夫因謝病景帝中三年以病免相頃之景帝上居禁中召條侯亞夫賜食獨置大胾無切肉又不置櫡條侯心

不平顧謂尚席取箸景帝上視而笑曰此非不足君所|乎條侯亞夫免冠謝上上曰起條侯亞夫因趨出上景帝以目送|之曰此鞅鞅快快者非少主臣也居無何條侯亞夫子為父買|工官尚方甲楯五百被可以葬者取庸苦之不與予錢|庸知其盜買縣官器怨怒而上變告子事連汙條侯亞夫書|既聞上上下吏吏簿責條侯亞夫條侯亞夫不對景帝上罵之曰|吾不用也召詣廷尉廷尉責問曰君侯欲反邪問亞夫|曰臣所買器乃葬器也何謂反邪乎吏曰君侯縱不欲|反地上即欲反地下耳吏侵之益急初吏捕條侯亞夫亞夫

條侯亞夫欲自殺其夫人止之以故不得死遂入廷尉因不|食五日嘔歐血而死國除絕一歲景帝上乃更封絳侯勃|他它子堅為平曲侯續絳侯後傳十九年卒謚為共侯子|建德代侯十三年為太子太傅[illegible]坐酎金不善免官後元鼎五|年有罪國除條侯亞夫果餓死死後景帝上乃封王信為蓋|侯至平帝元始二年繼絕世復封勃玄孫之子恭為|絳侯千戶|太史公曰絳侯周勃始為布衣時鄙朴人也才能不|過凡庸及從高祖定天下在將相位諸呂欲作亂勃

臣國家難復之乎正雖伊尹周公何以加哉亞夫之[illegible]|用兵持威重執堅刃[illegible]穰苴曷有加焉足己而不學守|節不遜[illegible]終以窮困悲夫

史漢方駕卷第七

史漢方駕卷第八

浙湋許相卿台仲甫　撰輯

徐　秂仲年甫　校鋟

史世家十八　漢傳一

陳勝者字涉陽城人也字涉　吳廣者字叔陽夏人也字叔
陳涉少時嘗與人傭耕傭耕輟耕之壟上悵然甚久之曰
茍富貴無相忘傭者笑而應曰若為傭耕何富貴也
陳涉太息曰嗟乎燕雀安知鴻鵠之志哉秦二世元
年秋七月發閭左適戍漁陽九百人也大澤鄉陳勝

吳廣皆次當行為屯長行至蘄大澤鄉會天大雨道
不通度已失期失期法皆斬陳勝吳廣乃謀曰今亡
亦死舉大計亦死等死死國可乎陳勝曰天下苦秦
久矣吾聞二世少子也不當立當立者乃公子扶蘇
扶蘇以數諫故不得立上使外將兵今或聞無罪二
世殺之百姓多聞其賢未知其死也項燕為楚將數
有功愛士卒楚人憐之或以為死或以為亡今誠以
吾眾詐自稱公子扶蘇項燕為天下唱宜多應者吳
廣以為然乃行卜卜者知其指意曰足下事皆成有

功然足下卜之鬼乎陳勝吳廣喜念鬼曰此教我先
威眾耳乃丹書帛曰陳勝王置人所罾魚腹中卒買
魚烹食得魚腹中書已以怪之矣又間令吳廣之次
近所旁叢祠中夜篝火狐鳴呼曰大楚興陳勝王卒
皆夜驚恐旦日卒中往往語皆指目陳勝吳廣
素愛人士卒多為用者將尉醉廣故數言欲亡忿恚
尉令辱之以激怒其眾尉果笞廣尉劍挺廣起奪而
殺尉陳勝佐之并殺兩尉召令徒屬曰公等遇雨皆
已失期失期當斬藉弟令毋斬而戍死者固十六七

且壯士不死則已死則舉大名耳王侯將相寧有
種乎徒屬皆曰敬受命乃詐稱公子扶蘇項燕從民
欲也袒右稱大楚為壇而盟祭以尉首陳勝自立為
將軍吳廣為都尉攻大澤鄉收兵而攻蘄蘄下
乃令符離人葛嬰將兵徇蘄以東攻銍酇苦柘譙皆
下之行收兵比至陳車六七百乘騎千餘卒數萬人
攻陳陳守令皆不在獨守丞與戰譙門中不勝守丞
死乃入據陳數日號令召三老豪傑與皆來會計事
三老豪傑皆曰將軍身被堅執銳伐無道誅暴秦復

立楚國之社稷功宜爲王陳勝涉乃立爲王號爲張楚
當此時於是諸郡縣苦秦吏者皆刑其長吏殺之以應陳勝
涉乃以吳叔廣爲假王監諸將以西擊滎陽令陳人武
臣張耳陳餘徇趙地令汝陰人鄧宗徇九江郡當此
時楚兵數千人爲聚者不可勝數葛嬰至東城立襄
彊爲楚王嬰後聞陳王已立因殺襄彊還報至陳陳勝
王誅殺葛嬰陳王令魏人周市北徇魏地吳廣圍滎
陽李由爲三川守守滎陽吳叔弗能下陳王徵國之
豪傑與計以上蔡人房君蔡賜爲上柱國周文陳之

史漢合編卷八　陳勝列傳　三

賢人也嘗爲項燕軍視日事春申君自言習兵陳王
與之將軍印西擊秦行收兵至關車千乘卒數十萬
至戲軍焉秦令少府章邯免驪山徒人奴產子悉發
以擊楚大軍盡敗之周文敗走出關止次曹陽二三
月章邯追敗之復走次澠池十餘日章邯擊大破
之周文自剄軍遂不戰武臣到邯鄲自立爲趙王陳
餘爲大將軍張耳召騷爲左右丞相陳王怒捕繫武
臣等家室欲誅之柱國曰秦未亡而誅趙王將相家
屬此生一秦也不如因而立之陳王乃遣使者賀趙

而徙繫武臣等家屬宮中而封其張耳子張敖爲成都
君趣趙兵亟入關趙王將相相與謀曰王王趙非楚
意也楚已誅秦必加兵於趙計莫如毋西兵使使北
徇燕地以自廣也趙南據大河北有燕代楚雖勝秦
不敢制趙若楚不勝秦必重趙趙乘秦楚之弊可以
得志於天下趙王以爲然因不西兵而遣故上谷卒
史韓廣將兵北徇燕地燕故貴人豪傑謂韓廣曰楚
已立王趙又已立王燕雖小亦萬乘之國也願將軍
立爲燕王韓廣曰廣母在趙不可燕人曰趙方西憂

史漢合編卷八　陳勝列傳　四

秦南憂楚其力不能禁我且以楚之彊不敢害趙王
將相之家今趙獨安敢害將軍之家乎韓廣以爲然
乃自立爲燕王居數月趙奉燕王母及家屬歸之燕
當此之時諸將之徇地者不可勝數周市北徇地至
狄狄人田儋殺狄令自立爲齊王以齊反擊周市市
軍散還至魏地欲立魏後故寧陵君咎爲魏王時咎
在陳王所不得之魏魏地已定欲相與立周市爲魏
王周市不肯使者五反陳王乃立寧陵君咎爲魏王
遣之國周市卒爲相將軍田臧等相與謀曰周章軍

已破矣秦兵旦暮至我圍滎陽城弗能下秦軍至必大敗不如少遺兵足以守滎陽悉精兵迎秦軍今假王驕不知兵權不可與計非誅之事恐敗因相與矯陳王令以誅吳叔獻其首於陳王陳王使使賜田臧楚令尹印使為上將田臧乃使諸將李歸等守滎陽城自以精兵西迎秦軍於敖倉與戰田臧死軍破章邯進兵擊李歸等滎陽下破之李歸等死陽城人鄧說將兵居郯章邯別將擊破之鄧說軍散走陳銍人伍徐將兵居許章邯擊破之伍徐軍皆散走陳陳王

誅鄧說陳王初立時陵人秦嘉銍人董緤符離人朱雞石取慮人鄭布徐人丁疾等皆特起將兵圍東海守慶於郯陳王聞乃使武平君畔為將軍監郯下軍秦嘉不受命秦嘉自立為大司馬惡屬武平君告軍吏曰武平君年少不知兵事勿聽因矯以王命殺武平君畔章邯已破伍徐擊陳柱國房君死章邯又進兵擊陳西張賀軍陳王出監戰軍破張賀死臘月陳王之汝陰還至下城父其御莊賈殺以降秦陳勝葬碭謚曰隱王陳王故涓人將軍呂臣為倉頭軍起新

陽攻陳下之殺莊賈復以陳為楚初陳王至陳令銍人宋留將兵定南陽入武關留已徇南陽聞陳王死南陽復為秦宋留不能入武關乃東至新蔡遇秦軍宋留以軍降秦秦傳留至咸陽車裂留以徇秦嘉等聞陳王軍破出走乃立景駒為楚王引兵之方與欲擊秦軍定陶下使公孫慶使齊王欲與并力俱進齊王曰聞陳王戰敗不知其死生楚安得不請而立王公孫慶曰齊不請楚而立王楚何故請齊而立王且楚首事當令於天下田儋誅殺公孫慶秦左右校復

攻陳下之呂將軍走收兵復聚鄱盜當陽君黥布之兵相收復攻秦左右校破之青波復以陳為楚會項梁立懷王孫心為楚王陳勝王凡六月已為王王陳其故人嘗與傭耕者聞之之陳扣宮門曰吾欲見涉宮門令欲縛之自辯數乃置不肯為通陳王出遮道而呼涉陳王聞之乃召見載與俱歸入宮見殿屋帷帳客曰夥頤涉之為王沈沈者楚人謂多為夥故天下傳之夥涉為王由陳涉始客出入愈益發舒言陳王故情或說陳王曰客愚無知顓妄言輕威

王斬之諸陳王故人皆自引去由是無親陳王者陳
王以朱房防爲中正胡武爲司過主司羣臣諸將徇地
至令之不是者繫而罪之以苛察爲忠其所不善者
弗下吏輒自治之陳王信用之諸將以其故不親附
此其所以敗也陳勝雖已死其所置遣侯王將相竟
亡秦由涉首事也高祖時爲陳涉置守冢三十家碭
至今血食王莽敗廼絕

史漢方駕卷第九

浙濟許相卿台仲甫 撰輯
徐 禾仲年甫 校錄

史傳二十九 漢傳二

張耳者大梁人也其少時及魏公子毋忌爲客張耳
嘗亡命游外黃外黃富人女甚美嫁庸奴亡其夫去
抵父客父客素知張耳乃謂女曰必欲求賢夫從張
耳女聽乃卒爲請決嫁之張耳張耳是時脫身游女
家厚奉給張耳張耳以故致千里客乃宦魏爲外黃
令名由此益賢

陳餘者亦大梁人也好儒術數游趙苦陘富人公乘
氏以其女妻之亦知陳餘非庸人也餘年少父事張
耳兩人相與爲刎頸交秦之滅大梁也張耳家外黃
高祖爲布衣時嘗數從張耳游客數月秦滅魏數歲
已聞此兩人魏之名士也購求有得張耳千金陳餘
五百金張耳陳餘乃變名姓俱之陳爲里監門以自
食兩人相對里吏嘗有過笞陳餘陳餘欲起張耳躡
之使受笞吏去張耳乃引陳餘之桑下而數之曰始

吾與公言何如今見小辱而欲死一吏乎 陳餘然之
秦詔書購求兩人兩人亦反用門者以令里中 陳涉
起蘄至入陳 兵數萬 張耳陳餘上謁陳涉 涉及左右
生平數聞張耳陳餘賢 未嘗見 見即大喜 陳中豪傑
父老乃說陳涉曰將軍身被堅執銳 率士卒以誅暴
秦復立楚社稷 存亡繼絕 功德宜為王 且夫監臨天
下諸將不為王不可願將軍立為楚王也 陳涉問此
兩人兩人對曰 夫秦為無道破人家國滅人社稷絕
人後世罷百姓之力盡百姓之財 將軍瞋目張膽出

萬死不顧一生之計為天下除殘也今始至陳而王
之示天下私願將軍毋王急引兵而西遣人立六國
後自為樹黨 為秦益敵也 敵多則力分與眾則兵彊
如此野無交兵 縣無守城 誅暴秦據咸陽以令諸侯
諸侯亡而得立以德服之如此 則帝業成矣今獨王
陳恐天下解矣 也 陳涉不聽遂立為王 陳耳餘乃復說陳
王曰大王興梁楚而西務在入關未及收河北也臣
嘗游趙知其豪傑及地形 願請奇兵北略趙地於是
陳王許之以故所善陳人武臣為將軍 邵騷為護軍

以張耳陳餘為左右校尉予卒三千人 北略趙地武
臣等從白馬渡河至諸縣說其豪傑曰秦為亂政虐
刑以殘賊天下數十年矣北有長城之役南有五嶺
之戍外內騷動百姓罷敝頭會箕斂以供軍費財匱
力盡民不聊生重之以苛法峻刑使天下父子不相
安 陳王奮臂為天下倡始 王楚之地方二千里莫
不響應家自為怒人自為鬭各報其怨而攻其讎 縣
殺其令丞郡殺其守尉今以張大楚王陳使吳廣周
文將卒百萬西擊秦於此時而不成封侯之業者非

人豪也 諸君試相與計之 夫天下同心而苦秦久矣
因天下之力而攻無道之君報父兄之怨而成割地
有土之業此士之一時也 豪傑皆然其言 乃行收兵
得數萬人號武臣為武信君下趙十餘城餘皆城守
莫肯下乃引兵東北擊范陽 范陽人蒯通說 其 范陽令
曰
徐君降武信君又說武信君以侯印封范陽令語在
通傳述下魏豹間之此下拙入通傳 通說范陽令徐
公曰臣范陽百姓蒯通也 竊閔公之將死故弔之雖
然賀公得通而生也 范陽令徐公再拜曰何以弔之 對曰秦

夫重足下為范陽令十餘年矣殺人之父孤人之子
斷人之足黥人之首甚衆不可勝數然而慈父孝子莫所以
不敢倳作事刃於公之腹中者畏秦法耳也今天下大亂秦
於政不施然則慈父孝子且倳將爭拔刃於公之腹中以復
其然而成其名此臣適之所以弔公者也今諸侯畔秦矣
武信君兵且至而君堅守范陽少年皆爭殺君下武
而生也曰趙武信君不知通不肯使人擬問其死生
信君若急遣臣見武信君可轉禍為福在今矣范陽
通且見武信君而說文
令乃使蒯通見武信君曰足下必將戰勝然後略地
攻得然後下城臣竊以為過矣殆用誠聽臣之計冊可不攻

而降城不戰而略地不攻而下城傳檄而千里定可
乎武信君彼將曰何謂也臣蒯通因對曰今范陽令宜整頓其
士卒以守戰者也怯而畏死貪而好富貴故欲以其
城先天下降畏君以為秦所置吏誅殺如前十城先下君而君不剄之則邊地之城
也然今皆將相告曰范陽少年亦方殺其令自以城距君先降而身死必
何不齎臣侯印拜范陽令范陽令則以城下君少年將嬰城固守皆為金城湯池不可攻也為君計者莫
亦不敢殺其令令若以青蓋朱輪迎范陽令乘朱輪華轂使驅馳燕趙
燕趙之郊則邊城郊見之皆將相告曰此范陽令先下
若也即喜矣燕趙城可毋戰而降
而引富貴以相平俯如阪上走丸也

不用其策……
……六國……
……

此臣之所謂傳檄而千里定者也武信君從其計因
使蒯遣通賜范陽令侯印徐公再拜具車馬
迎通遂以此說武臣武臣以車百乘騎二百
徐公燕趙之郊……趙地聞之不戰以城下
者三十餘城至邯鄲張耳陳餘聞周章軍入關至戲
却又聞諸將為陳王徇地多以讒毀得罪誅怨陳王
不用其策不以為將而以為校尉乃說武臣曰陳
王起蘄至陳而王非必立六國後今將軍以三千
人下趙數十城獨介居河北不王無以填之且陳王
聽讒還報恐不得脫於禍又不如立其兄弟不即立

趙後將軍毋失時時間不容息武臣乃聽之遂立為
趙王以陳餘為大將軍張耳為右丞相邵騷為左丞
相使人報陳王陳王大怒欲盡族武臣等家而發兵
擊趙陳王相國房君諫曰秦未亡而誅武臣等家
此又生一秦也不如因而賀之使急引兵西擊秦陳
王然之從其計徙繫武臣等家宮中封張耳子敖為
成都君陳王使使者賀趙令趣發兵西入關張耳陳
餘說武臣曰王王趙非楚意特以計賀王楚已滅秦
必加兵於趙願王毋西兵北徇燕代南收河內以自

廣趙南據大河北有燕代楚雖勝秦必不敢制趙趙王以為然因不西兵而使韓廣略燕李良略常山張黶略上黨韓廣至燕燕人因立廣為燕王趙王乃與張耳陳餘北略地燕界趙王間出為燕軍所得燕將囚之欲與分趙地半乃歸王使者往燕輒殺之以固求地張耳陳餘患之有廝養卒謝其舍中曰吾為二公說燕與趙王載歸舍中人皆笑曰使者往十餘輩輒死若何以能得王乃走燕壁燕將見之問燕將曰知臣何欲燕將曰若欲得趙王耳曰君知張耳陳餘

何如人也燕將曰賢人也曰知其志何欲燕將曰欲得其王耳趙養卒乃笑曰君未知此兩人所欲也夫武臣張耳陳餘杖馬箠下趙數十城此亦各欲南面而王豈欲為卿相終已邪夫臣之與主豈可同日而道哉顧其勢初定未敢參分而王且以少長先立武臣為王以持趙心今趙地已服此兩人亦欲分趙而王時未可耳今君乃囚趙王此兩人名為求趙王實欲燕殺之此兩人分趙自立而王夫以一趙尚易燕況以兩賢王左提右挈而責殺王之罪滅燕易矣燕

將以為然乃歸趙王養卒為御而歸李良已定常山還報趙王趙王復使良略太原至石邑秦兵塞井陘未能前秦將詐稱二世使人遺李良書不封曰良嘗事我得顯幸良誠能反趙為秦赦良罪貴良良得書疑不信乃還之邯鄲益請兵未至道逢趙王姊出飲從百餘騎李良望見以為王伏謁道旁王姊醉不知其將使騎謝李良李良素貴起慚其從官從官有一人曰天下畔秦能者先立且趙王素出將軍下今女兒乃不為將軍下車請追殺之李良既得秦書固

欲反趙未決因此怒遣人追殺王姊道中遂將其兵襲邯鄲邯鄲不知竟殺武臣邵騷趙人多為張耳陳餘耳目者以故得脫出收其兵得數萬人客有說張耳陳餘曰兩君羈旅而欲附趙難獨立立趙後扶以義輔可就功乃求得趙歇立為趙王居信都李良進兵擊陳餘陳餘敗李良李良走歸章邯章邯引兵至邯鄲皆徙其民河內夷其城郭張耳與趙王歇走入鉅鹿城王離圍之陳餘北收常山兵得數萬人軍鉅鹿北章邯軍鉅鹿南棘原築甬道屬河餉王離王離兵

厲陳澤亦知張耳
口語字更之

食多急攻鉅鹿鉅鹿城中食盡兵少張耳數使人召
前陳餘陳餘自度兵少不能敵秦不敢前數月張耳
大怒怨陳餘使張黶陳澤往讓陳餘曰始吾與公爲
刎頸交今王與耳旦暮且死而公擁兵數萬不肯相
救安在其相爲死苟必信胡不赴秦軍俱死且有什
餘什一二相全陳餘曰吾度前終不能救趙徒盡亡軍
且餘所以不俱死欲爲趙王張君報秦今必俱死如
以肉委餓虎何益張黶陳澤曰事已急要以俱死立
信安知後慮陳餘曰吾死顧以爲無益必如公言乃

謀[illegible]則趙急
爭來救此張且
又耳相語決心
諸侯來乃張耳
救北趙王歇能
使人至此又非
以趙事責餘因
約不得不救與
不救陳澤也有
爲張耳求趙後
立之耳乃輸其
義以致動激切
之耳

使五千人令張黶陳澤先嘗秦軍至皆沒當是時燕
齊楚聞趙急皆來救張敖亦北收代兵得萬餘人來
皆壁餘旁未敢擊秦項羽兵數絕章邯甬道王離軍
乏食項羽悉引兵渡河遂破章邯章邯引兵解諸侯
軍乃敢擊圍鉅鹿秦軍遂虜王離涉閒自殺卒存鉅
鹿者楚力也於是趙王歇張耳乃得出鉅鹿謝諸侯
張耳與陳餘相見責讓陳餘以不肯救趙及問張黶
陳澤所在陳餘怒曰張黶陳澤以必死責臣臣使將
五千人先嘗秦軍皆沒不出張耳不信以爲殺之數

問陳餘陳餘怒曰不意君之望臣深也豈以臣爲重
去將哉乃脫解印綬推予張耳張耳亦愕不敢受陳
餘起如廁客有說張耳曰臣聞天予不取反受其咎
今陳將軍與君印君不受反天不祥急取之張耳乃
佩其印收其麾下而陳餘還亦望張耳不讓遂趨出
張耳遂收其兵陳餘獨與麾下所善數百人之河上
澤中漁獵由此陳餘張耳遂有郤趙王歇復居信都
張耳從項羽諸侯入關漢元年二月項羽立諸侯王
張耳雅游人多爲之言項羽亦素數聞張耳賢

乃分趙立張耳爲常山王治信都信都更名襄國陳
餘客多說項羽曰陳餘張耳一體有功於趙項羽以
陳餘不從入關聞其在南皮即以南皮旁三縣以封
之而徙趙王歇王代張耳之國陳餘愈益怒曰張耳
與餘功等也今張耳王餘獨侯此項羽不平及齊王
田榮畔楚陳餘乃使夏說說田榮曰項羽爲天下宰
不平盡王諸將善地徙故王王惡地今趙王乃居代
願王假臣兵請以南皮爲扞蔽田榮欲樹黨於趙以
反楚乃遣兵從陳餘陳餘因悉三縣兵襲常山王張

人有求甲似張耳者高祖以耳故[illegible]殺此類事者[illegible]

耳張耳敗走念諸侯無可歸者曰漢王與我有舊故
而項羽又彊立我我欲之楚甘公曰漢王之入關五
星聚東井東井者秦分也先至必王楚雖強後必屬
漢張耳走漢漢王亦還定三秦方圍章邯廢丘張耳
謁漢王漢王厚遇之陳餘已敗張耳皆復收趙地迎
趙王於代復爲趙王趙王德陳餘立以爲代王陳餘
爲趙王弱國初定不之國留傅趙王而使夏說以相
國守代漢二年東擊楚使使告趙欲與俱陳餘曰漢
殺張耳乃從於是漢王求人類張耳者斬之持其頭

耳何以能立其[illegible]一年死以魯元與其子其故人也[illegible]

遺陳餘陳餘乃遣兵助漢漢之敗於彭城西陳餘亦
復覺張耳不死即背漢漢三年韓信已定魏地遣張
耳與韓信擊破趙井陘斬陳餘泜水上追殺趙王歇
襄國漢四年夏立張耳爲趙王漢五年秋張耳薨謚曰景
王子敖嗣立爲趙王尚高祖長女魯元公主爲趙王
敖后漢七年高祖從平城過趙趙王朝夕袒韝蔽自
上食禮甚卑有子壻禮高祖箕踞詈甚慢易之趙
相貫高趙午等年六十餘故張耳客也生平爲氣乃
怒曰吾王孱王也說王敖曰夫天下豪桀並起能者先

[illegible]張耳之[illegible]

立今王事高祖皇帝甚恭而高祖皇帝遇王無禮請爲王殺之張
敖齧其指出血曰君何言之誤且先人亡國賴高祖皇帝
得復國德流子孫秋豪皆高祖皇帝力也願君無復出口
貫高趙午等十餘人皆相謂曰乃吾等非也吾王長
者不倍德且吾等義不辱今怨高祖皇帝辱我王故欲殺
之何乃汙王爲乎令事成歸王事敗獨身坐耳漢八
年上從東垣還過趙貫高等乃壁人柏人要之置廁
上過欲宿心動問曰縣名爲何曰柏人柏人者迫於
人也不宿而去漢九年貫高怨家知其謀乃上變告

柏人[illegible]不[illegible]

之於是上皆并逮捕趙王貫高諸反者趙午等十餘人皆
爭自剄貫高獨怒罵曰誰令公等爲之今王實無謀
而并捕王公等皆死誰當白王不反者乃檻車膠致
與王詣長安治張敖之罪上乃詔趙群臣賓客有敢
從王皆族貫高與客孟舒等十餘人皆自髡鉗爲王
家奴從來貫高至對獄曰獨吾屬爲之王實不知也
吏治榜笞數千刺剟身無可擊者終不復言呂后數
言張王以魯元公主故不宜有此上怒曰使張敖據
天下豈少而女乎不聽廷尉以貫高事辭聞上曰壯

間泄公者亦信不乏又封貫赦高上為人所推

士誰知者以私問之中大夫泄公曰臣之邑子素知
之此固趙國立名義不侵為然諾者也上使泄公持
節問之箯輿前仰視曰泄公邪泄公勞苦如生平驩
與語問張王果有計謀不高曰人情寧不各愛其
父母妻子乎今吾三族皆以論死豈以王易吾親哉
顧為王實不反獨吾等為之具道本指所以為者王
不知狀於是泄公入具以報上上乃赦趙王上賢貫
高為人能自立然諾使泄公具告之曰張王已出
因赦貫高貫高喜曰吾王審出乎泄公曰然泄公曰

史漢方駕卷九　十二

上多足下故赦足下貫高曰所以不死一身無餘者
白張王不反也今王已出吾責已塞死不恨矣且人
臣有篡殺之名何面目復事上哉縱上不殺我我
不愧於心乎乃仰絕亢遂死當此之時名聞天下張
敖已出以尚魯元公主如故封為宣平侯於是上賢
張王諸客以鉗奴從張王入關無不為諸侯相郡守
者詔在田叔傳及孝惠高后文帝孝景時張王客子孫
皆得為二千石張初孝惠時齊悼惠王獻城陽郡尊魯
元公主為太后高后元年魯元太后薨後六年宣平

侯敖復高后六年薨呂太后立敖子偃為魯元王以母
呂太后女故呂后封為魯元王元王弱兄弟少乃封也又憐其年少孤
張敖他姬前婦子二人壽為樂昌侯侈為信都侯高后崩
諸呂無道大臣誅之而廢魯元王及二樂昌侯信都侯
孝文帝即位復封故魯元王偃為南宮侯續張氏堯子生嗣
武帝時生有罪免國除元光中復封偃孫廣國為睢
陵侯堯子昌嗣太初中昌坐不敬免國除孝平元始
二年繼絕世封敖玄孫慶忌為宣平侯食千戶
贊太史公曰張耳陳餘世傳所稱賢者其賓客廝役皆英

史漢方駕卷九　十三

非天下俊桀所居國無不取卿相者然張耳陳餘始
居約時相然信以死豈顧問哉及據國爭權卒相滅
亡何鄉者相慕用之誠後相倍之戾也豈非以勢利交哉
名譽雖高賓客雖盛所由殆與太伯延陵季子異矣
人益之甚隔是矣

史漢九卷

史漢方駕卷第十

浙湝許相卿台仲甫　撰輯
徐　禾仲年甫　校録

史傳三十　三十一　漢傳三　四

魏豹者故魏諸公子也其兄魏咎故魏時封爲寗陵君秦滅魏遷咎爲家人陳勝之起王也咎往從之陳勝王使魏人周市徇魏地魏地已下欲相與立周市爲魏王周市曰天下昏亂忠臣乃見今天下共畔秦其義必立魏王後乃可齊趙使車各五十乘立周市爲魏王市辭不受迎魏咎於陳五反陳王乃遣立咎爲魏王章邯已破陳王乃進兵擊魏王於臨濟魏王乃使周市出請救於齊楚齊楚遣項它田巴將兵隨市救魏章邯遂擊破殺周市等軍圍臨濟咎爲其民約降約定咎自燒殺魏豹亡走楚楚懷王予魏豹數千人復徇魏地項羽已破秦降章邯豹下魏二十餘城立豹爲魏王豹引精兵從項羽入關漢元年項羽封諸侯欲有梁地乃徙魏王豹於河東都平陽爲西魏王漢王還定三秦渡臨晉魏王豹以國屬焉遂

從擊楚於彭城漢王敗還至滎陽豹請歸視親病至國即絕河津畔漢漢王聞魏豹反方東憂楚未及擊謂酈生曰緩頰往說魏豹能下之吾以萬戶封若酈生往說豹豹謝曰人生一世間如白駒過隙耳今漢王慢而侮人罵詈諸侯羣臣如罵奴耳非有上下禮節也吾不忍復見也於是漢王遣韓信擊豹遂虜豹於河東傳豹詣滎陽以豹國爲郡漢王令豹守滎陽楚圍之急周苛曰反國之王難與共守遂殺魏豹

彭越者昌邑人也字仲常漁鉅野澤中爲群盜陳勝項梁之起少年或謂越曰諸豪桀相立畔秦仲可以來亦效之彭越曰兩龍方鬬且待之居歲餘澤間少年相聚百餘人往從彭越曰請仲爲長越謝曰臣不願也少年彊請乃許與期旦日日出會後期者斬旦日日出十餘人後後者至日中於是越謝曰臣老諸君彊以爲長今期而多後不可盡誅誅最後者一人令校長斬之皆笑曰何至是請後不敢於是越乃引一人斬之設壇祭乃令徒屬徒屬皆大驚畏

越莫不敢仰視乃行略地收諸侯散卒得千餘人沛公之從碭北擊昌邑彭越助之昌邑未下沛公引兵西彭越亦將其衆居鉅野澤中收魏敗散卒項籍入關王諸侯還歸彭越衆萬餘人毋所屬漢元年秋齊王田榮畔叛項王漢乃使人賜彭越將軍印使下濟陰以擊楚楚命蕭公角將兵擊越越大破楚軍漢王二年春與魏王豹及諸侯東擊楚彭越將其兵三萬餘人歸漢於外黄漢王曰彭將軍收魏地得十餘城欲急立魏後今西魏王豹亦魏王咎從弟也眞魏後乃拜

彭越爲魏相國擅將其兵略定梁地漢王之敗彭城解而西也彭越皆復亡其所下城獨將其兵北居河上漢王三年彭越常往來爲漢游兵擊楚絕其後糧於梁地漢四年冬項王與漢王相距滎陽彭越攻下睢陽外黄十七城項王聞之乃使曹咎守成皋自東收彭越所下城邑皆復爲楚越將其兵北走穀城漢五年秋項王之南走陽夏彭越復下昌邑旁二十餘城得穀十餘萬斛以給漢王食漢王敗使使召彭越并力擊楚越曰魏地初定尚畏楚未可去漢王追楚

爲項籍所敗固陵乃謂留侯曰諸侯兵不從爲之奈何留侯曰齊王信之立非君王之意信亦不自堅彭越本定梁地功多始君王以魏豹故拜彭越爲魏相國今豹死毋後且越亦欲王而君王不蚤定與此兩國約即勝楚睢陽以北至穀城皆許以王彭相國從越又言陳以東傅海與齊王信所以語韓信諾在高紀齊王信家在楚此其意欲復得故邑君王能出捐此地許二人二人今可致即不能事未可知也於是漢王乃發使使彭越如留侯策使者至彭越乃悉引兵會垓下遂破楚五年項籍已

死春立彭越爲梁王都定陶六年朝陳九年十年皆來朝長安十年秋陳豨反代地高帝自往擊之至邯鄲徵兵梁王梁王稱病使將將兵詣邯鄲高帝怒使人讓梁王梁王恐欲自往謝其將扈輒曰王始不往見讓而往往即爲禽矣不如遂發兵反梁王不聽稱病梁王怒其太僕欲斬之太僕亡走漢告梁王與扈輒謀反於是上使使掩捕梁王梁王不覺捕梁王囚之雒陽有司治反形已具請論如法上赦以爲庶人傳處蜀青衣西至鄭逢呂后從長安東來欲之雒陽道

見彭王彭王為呂后泣涕自言無罪願處故昌邑呂后許諾與俱東至雒陽呂后白上曰彭王壯士也今徙之蜀此自遺患不如遂誅之妾謹與俱來於是呂后乃令其舍人告彭越復謀反廷尉王恬開奏請族之上乃可遂夷越宗族國除

太史公曰魏豹彭越雖故賤然已席卷千里南面稱孤喋血乘勝日有聞矣懷畔逆之意及敗不死而虜囚身被刑戮何哉中材已上且羞其行況王者乎彼無異故智略絕人獨患無身耳得攝尺寸之柄其雲蒸龍變欲有所會其度以故幽囚而不辭云

黥布者六人也姓英氏秦時為布衣少年有客相之曰當刑而王及壯坐法黥布欣然笑曰人相我當刑而王幾是乎人有聞者共俳笑之布已論輸麗山麗山之徒數十萬人布皆與其徒長豪桀交通迺率其曹偶亡之江中為群盜陳勝之起也布乃見番君與其眾叛秦聚兵數千人番君以其女妻之章邯之滅陳勝破呂臣軍布乃引兵北擊秦左右校破之清波引兵而東聞項梁定江東會稽涉江而西陳嬰以項

氏世為楚將迺以兵屬項梁渡淮南英布蒲將軍亦以兵屬項梁項梁涉淮而西擊景駒秦嘉等布常冠軍項梁至薛聞陳王定死迺立楚懷王以項梁號為武信君英布為當陽君項梁敗死定陶懷王徙都彭城諸將英布亦以諸侯將皆保聚彭城當是時秦急圍趙趙數使人請救懷王懷王使宋義為上將軍范增為末將項籍為次將英布蒲將軍皆為將軍悉屬宋義北救趙及項籍殺宋義於河上懷王因立籍為上將軍諸將皆屬項籍項籍使布先涉渡河擊秦軍布數有利

籍迺悉引兵涉河從之遂破秦軍降章邯等楚兵常勝功冠諸侯諸侯兵皆以服屬楚者以布數以少敗眾也項籍之引兵西至新安又使布等夜擊坑章邯秦卒二十餘萬人至關不得入又使布等先從閒道破關下軍遂得入至咸陽布常為軍前鋒項王封諸將立布為九江王都六漢元年四月諸侯皆罷戲下各就國項氏立懷王為義帝徙都長沙迺陰令九江王布等行擊之其八月布使將擊義帝追殺之郴漢二年齊王田榮畔楚項王往擊齊徵兵九江九江王

布稱病不往遣將將數千人行漢之敗楚彭城布又
稱病不佐楚項王由此怨布數使使者誚讓召布布
愈恐不敢往項王方北憂齊趙西患漢所與者獨布九江王又多布材欲親用之以故未擊漢三年漢王與
楚大戰彭城不利出梁地至虞謂左右曰如彼等者
無足與計天下事者謁者隨何進曰不審陛下所謂
漢王曰孰能爲我使淮南令之發兵倍楚留項王於
齊數月我之取天下可以百全隨何曰臣請使之迺
與二十人俱使淮南至因太宰主之三日不得見隨

何因說太宰曰王之不見何必以楚爲強以漢爲弱
此臣之所以爲使使何得見言之而是邪是大王所
欲聞也言之而非邪使何等二十人伏斧質淮南市
以明王倍漢而與楚也太宰迺言之王王見之隨何
曰漢王使臣敬進書大王御者竊怪大王與楚何
親也淮南王曰寡人北鄉而臣事之隨何曰大王與
項王俱列爲諸侯北鄉而臣事之必以楚爲強可以
託國也項王伐齊身負板築以爲士卒先大王宜悉
淮南之衆身自將之爲楚軍前鋒今迺發四千人以

助楚夫北面而臣事人者固若是乎夫漢王戰於彭
城項王未出齊也大王宜騷淮南之衆日夜會兵渡淮
戰彭城下大王撫萬人之衆無一人渡淮者垂拱而
觀其孰勝夫託國於人者固若是乎大王提空名以
鄉楚而欲厚自託臣竊爲大王不取也然而大王不
背楚者以漢爲弱也夫楚兵雖強天下負之以不義
之名以其背盟約而殺義帝也然而楚王恃戰勝
自彊漢王收諸侯還守成皋滎陽下蜀漢之粟深溝
壁壘分卒守徼乘塞楚人還兵間以梁地深入敵國

八九百里欲戰則不得攻城則力不能老弱轉糧千
里之外楚兵至滎陽成皋漢堅守而不動進則不得
攻退則不能解故曰楚兵不足恃也使楚勝漢則
諸侯自危懼而相救夫楚之強適足以致天下之兵
耳故楚不如漢其勢易見也今大王不與萬全之漢
而自託於危亡之楚臣竊爲大王惑之臣非以淮南
之兵足以亡楚也夫大王發兵而倍楚項王必留留
數月漢之取天下可以萬全臣請與大王提劍而歸
漢漢王必裂地而封大王又況淮南淮南必大王

[illegible]

有也故漢王敬使使臣進愚計願大王之留意也淮南王曰請奉命陰許畔楚與漢未敢泄也楚使者在方急責英布發兵舍傳舍隨何直入坐楚使者上坐曰九江王已歸漢楚何以得發兵布愕然楚使者起何因說布曰事已構以獨可遂殺楚使者無毋使歸而疾走漢并力布曰如使者教因起兵而擊之耳於是殺使者因起兵而攻楚楚使項聲龍且攻淮南項王留而攻下邑數月龍且擊攻淮南破布軍布欲引兵走漢恐楚項王殺擊之故間行與隨何俱歸漢淮南王至上漢王

史漢方駕卷十　英布　九

方踞牀洗而召布入見布甚大怒悔來欲自殺出就舍帳御飲食從官如漢王居布又大喜過望於是迺使人入之九江楚已使項伯收九江兵盡殺布妻子布使者頗得故人幸臣將衆數千人歸漢漢益分布兵而與俱北收兵至成皐四年秋七月立布為淮南王與擊項籍漢五年布使人入之九江得數縣六五年布與劉賈入九江誘大司馬周殷周殷反楚遂舉九江兵與漢擊楚破之垓下項籍死天下定上置酒上對衆折隨何之功謂何為腐儒為天下安用腐儒哉隨何

[illegible]

跪曰夫陛下引兵攻彭城楚王未去齊也陛下發步卒五萬人騎五千能以取淮南乎上曰不能隨何曰陛下使何與二十人使淮南至如陛下之意是何之功賢於步卒五數萬人騎五千也然而陛下謂何腐儒為天下安用腐儒何也上曰吾方圖子之功迺以隨何為護軍中尉布遂剖符為淮南王都六九江廬江衡山豫章郡皆屬布七焉六年朝陳八七年朝雒陽九年朝長安十一年高后誅淮陰侯布因心恐夏漢誅梁王彭越醢之盛其醢以徧賜諸侯至淮南淮南王方獵

史漢方駕卷十　英布　十

何所以長布厚矣其行淮陰何如其為乎

見醢因大恐陰令人部聚兵候伺旁郡警急布有所幸姬疾病請就醫醫家與中大夫賁赫對門姬數如醫家賁赫自以為侍中迺厚餽遺從姬飲醫家姬侍王從容語次譽赫長者也王怒曰汝女安從知之具說狀道王疑其與亂赫恐稱病王愈怒欲捕赫赫言上變事乘傳詣長安布使人追不及赫至上變言布謀反有端可先未發誅也上讀以其書語蕭相國相國相國曰布不宜有此恐仇怨妄誣之請繫赫使人微驗淮南王淮南王布見赫以罪亡上變固已疑其言國陰事漢使

又來頗有所驗遂族赫家發兵反反書聞上迺赦賁
赫以爲將軍上召諸將問曰布反爲之奈何皆曰發
兵擊之坑阬豎子耳何能爲乎汝陰侯滕公召故楚令以問其客
尹問之令尹薛公薛公曰是固當反滕公曰上裂地而王封之疏
爵而貴之南面而立萬乘之主其反何也令尹薛公曰往前
年殺彭越前往年殺韓信此三人者皆同功一體之人也
自疑禍及身故反耳滕公言之上曰臣客故楚令尹
薛公者其人有籌筴之計可問上乃召見問薛公薛
公對曰布反不足怪也使布出於上計山東非漢之

史漢方駕卷十　黥布　十二

有也出於中計勝敗之數未可知也出於下計陛下
安枕而臥矣上曰何謂上計令尹薛公對曰東取吳西取
楚并齊取魯傳檄燕趙固守其所山東非漢之有也
何謂中計東取吳西取楚并韓取魏據敖倉之粟塞
成皋之口陰勝敗之數未可知也何謂下計東取吳西
取下蔡歸重於越身歸長沙陛下安枕而臥漢無事
矣上曰是計將安出令尹薛公對曰出下計上曰何謂胡爲廢
上中計而出下計令尹薛公曰布故驪山之徒也自致萬
乘之主此皆爲身不顧後爲百姓萬世慮者也故曰

出下計上曰善封薛公千戶迺立皇子長爲淮南王
上遂發兵自將東擊布布之初反謂其將曰上老矣
厭兵必不能來使諸將諸將獨患淮陰彭越今皆已
死餘不足畏也故遂反果如薛公揣籌之東擊荆荆王
劉賈走死富陵盡刼其兵渡淮擊楚楚發兵與戰徐
僮間爲三軍欲以相救爲奇或說楚將曰布善用兵
民素畏之且兵法諸侯自戰其地爲散地今別爲三
彼敗吾一軍餘皆走安能相救不聽布果破其一軍
其二軍散走遂西與上兵遇蘄西會甀缶布兵精甚上

史漢方駕卷十　黥布　十三

迺壁庸城望布軍置陳如項籍軍上惡之與布相望
見遥謂布曰何苦而反布曰欲爲帝耳上怒罵之遂
大戰破布軍敗布走渡淮數止戰不利與百餘人走江
南布故與番君婚以故長沙哀王使人給誘布僞與俱
亡誘走越故信而隨之至番陽番陽人殺布茲鄉民田
舍遂滅黥布立皇子長爲淮南王封賁赫爲期思列侯
諸將率多以功封者六人
太史公曰英布者其先豈春秋所見楚滅英六皋陶
之後哉身被刑法何其拔興之暴也項氏之所坑殺

人以千萬數而布常爲首虐功冠諸侯用此得王亦不免於身爲世大僇禍之興自愛姬殖妒媢生患竟以滅國

史漢方駕卷第十

史漢方駕卷第十一

浙游許相卿台仲甫　撰輯
徐　禾仲年甫　校録

史傳三十二　漢傳四

淮陰侯韓信者淮陰人也始爲布衣時貧無行不得推擇爲吏又不能治生商賈常從人寄食飲人多厭之者常數從其下鄉南昌亭長寄食數月亭長妻患之乃晨炊蓐食食時信往不爲具食信亦知其意怒竟絕去至城下釣諸母漂有一母見信飢飯信竟漂數十日信喜謂漂母曰吾必有以重報母母怒曰大丈夫不能自食吾哀王孫而進食豈望報乎淮陰屠中少年有侮信者曰若雖長大好帶刀劍中情怯耳衆辱之曰信能死刺我不能死出我袴下於是信孰視之俛出袴下蒲伏一市人皆笑信以爲怯及項梁渡淮信乃杖劍從之居戲下無所知名項梁敗又屬項羽羽以爲郎中信數以策干項羽羽不用漢王之入蜀信亡楚歸漢未得知名爲連敖坐法當斬其輩十三人皆已

斬至信信乃仰視適見滕公曰上不欲就天下乎
何為斬壯士滕公奇其言壯其貌釋而不斬與語大
說之言於上上拜以為治粟都尉上未之奇也
信數與蕭何語何奇之至南鄭諸將行道亡者數十
人信度何等已數言上上不我用即亡何聞信亡不
及以聞自追之人有言上曰丞相何亡上大怒如失
左右手居一二日何來謁上上且怒且喜罵何曰若
亡何也何曰臣不敢亡也臣追亡者耳上曰若所追
者誰何曰韓信也上復罵曰諸將亡者以十數公無

所追追信詐也何曰諸將易得耳至如信者國士無
雙王必欲長王漢中無所事信必欲爭天下非信無
所與計事者顧王策安所決耳王曰吾亦欲東耳安
能鬱鬱久居此乎何曰王計必欲東能用信信即留
不能用信信終亡耳王曰吾為公以為將何曰雖為
將信必不留王曰以為大將何曰幸甚於是王欲召
信拜之何曰王素慢無禮今拜大將如呼小兒耳此
乃信所以去也王必欲拜之擇良日齋戒設壇場具
禮乃可耳王許之諸將皆喜人人各自以為得大將

至拜大將乃韓信也一軍皆驚信已拜禮畢上坐王
曰丞相數言將軍將軍何以教寡人計策信謝因問
王曰今東鄉爭權天下豈非項王邪漢王曰然信曰
大王自料勇悍仁強孰與項王漢王默然良久曰不
如也信再拜賀曰惟信亦以為大王不如也然臣嘗
事之請言項王之為人也項王喑噁叱咤千人皆
廢然不能任屬賢將此特匹夫之勇耳項王見人恭
敬慈愛言語姁姁人有疾病涕泣分食飲至使人
有功當封爵者印刓忍不能予此所謂婦人之仁

也項王雖霸天下而臣諸侯不居關中而都彭城有
背義帝之約而以親愛王諸侯不平諸侯之見項王
遷逐義帝江南亦皆歸逐其主而自王善地項王
所過無不殘滅者天下多怨百姓不親附特劫
於威強服耳名雖為霸實失天下心故曰其強易弱
今大王誠能反其道任天下武勇何所不誅以天下
城邑封功臣何所不服以義兵從思東歸之士何所
不散且三秦王為秦將將秦子弟數歲矣所殺亡不
可勝計又欺其眾降諸侯至新安項王詐坑秦降卒

二十餘萬人唯獨邯欣翳得脫秦父兄怨此三人痛
入於骨髓今楚彊以威王此三人秦民莫愛也大王之
入武關秋毫無亾所害除秦苛法與秦民約法三章耳
秦民無亾不欲得大王王秦者於諸侯之約大王當王
關中關中民戶咸知之大王失職入漢中秦之蜀民無亾不恨
者今大王舉而東三秦可傳檄而定也於是漢王大
喜自以為得信晚遂聽信計部署諸將所擊八月漢
王舉兵東出陳倉定三秦漢二年出關收魏河南韓
殷王皆降合令齊趙共擊楚四月至彭城漢兵敗散而

史漢方駕卷十一　韓信　四

還信復收發兵與漢王會滎陽復擊破楚京索之間以
故楚兵卒不能西漢之敗卻彭城塞王欣翟王翳亾
漢降楚齊趙亦反漢與楚和六月魏王豹謁歸視親魏亦告
疾至國即絕河關反漢與楚約和漢王使酈生往說
魏王豹豹不聽乃下其八月以信為左丞相擊魏信問酈
生魏得毋用周叔為大將乎曰柏直也信曰豎子
耳遂進兵擊魏魏王盛兵蒲坂反塞臨晉信乃益為疑
兵陳船欲渡臨晉而伏兵從夏陽以木罌缻渡軍襲
安邑魏王豹驚引兵迎信信遂虜豹定魏為河東郡使

原缺第六葉

此已計先定卒皆有功勝楚壁云

漢王與兵三萬人才破趙即收其精兵用見當時乃以兵法其餘信皆所用又非而力有而能亦成如此皆亦人有法古無此也

人請漢王願益兵三萬人臣請以北舉燕趙東擊齊
南絕楚之糧道西與大王會於滎陽漢王與兵三萬
人遣張耳與信俱引兵東北進擊趙代後九月破代兵
禽夏說閼與信之下魏破代漢輒使人收其精兵詣
滎陽以距楚信與張耳以兵數萬欲東下井陘擊趙
趙王成安君陳餘聞漢且襲之也聚兵井陘口號稱
二十萬廣武君李左車說成安君曰聞漢將韓信涉
西河虜魏王禽夏說新喋血閼與今乃輔以張耳議
欲以下趙此乘勝而去國遠鬬其鋒不可當臣聞千

史漢方駕卷十一　韓信　五

里餽糧士有飢色樵蘇後爨師不宿飽今井陘之道
車不得方軌騎不得成列行數百里其勢糧食必在
其後願足下假臣奇兵三萬人從間道絕其輜重足
下深溝高壘堅營勿與戰彼前不得鬬退不得還吾
奇兵絕其後使野無所掠鹵不至十日而兩將之頭
可致於戲下願君留意臣之計否必不為二子所禽
矣成安君儒者也常稱義兵不用詐謀奇計謂曰吾
聞兵法什則圍之倍則戰之今韓信兵號數萬其實
不過數千能千里而襲我亦已罷極今如此避而不

王歇信乃令軍中毋斬殺廣武君有能生得之者購千金於是有縛廣武君而致戲下者信乃解其縛東鄉坐西鄉對而師事之諸將效首虜休畢皆賀因問信曰兵法有右背山陵前左水澤今者將軍令臣等反背水陳曰破趙會食臣等不服然竟以勝此何術也信曰此在兵法顧諸君弗不察耳兵法不曰陷之死地而後生置之亡地而後存乎且信非得素拊循士大夫也此所謂驅市人而戰之也其勢非置之死地使人人自為戰今即予之生地皆走寧尚可得而用之乎

諸將皆服曰善非臣所及也於是信問廣武君曰僕欲北攻燕東伐齊何若而有功廣武君辭謝曰臣聞敗軍之將不可以言勇亡國之大夫不可以圖存今臣敗亡之虜何足以權大事乎信曰僕聞之百里奚居虞而虞亡在秦而秦霸非愚於虞而智於秦也用與不用聽與不聽也誠令成安君聽足下計若信者亦已為禽矣以不用足下故信得侍耳因固問曰僕委心歸計願足下勿辭廣武君曰臣聞智者千慮必有一失愚者千慮亦必有一得

故曰狂夫之言聖人擇焉顧恐臣計未必足用願效愚忠夫成安君有百戰百勝之計一旦而失之軍敗鄗下身死泜水上今將軍涉西河虜魏王禽夏說閼與一舉而下井陘不終朝破趙二十萬眾誅成安君名聞海內威震天下農夫莫不輟耕釋耒褕衣甘食傾耳以待命者若此將軍之所長也然而眾勞卒罷其實難用也今將軍欲舉倦弊之兵頓之燕堅城之下欲戰恐久力不能拔情見勢屈曠日持久糧食單竭若而弱燕不服齊必距境而以自彊也燕齊二國

相持而不下則劉項之權未有所分也若此者將軍所短也臣愚竊以為亦過矣故善用兵者不以短擊長而以長擊短信曰然則何由廣武君對曰方今為將軍計莫如案甲休兵鎮趙撫其孤百里之內牛酒日至以饗士大夫醳兵北首燕路而後遣辯士奉咫尺之書暴其所長於燕燕必不敢不聽從燕已從使諠言者東告齊齊必從風而服雖有智者亦不知為齊計矣如是則天下事皆可圖也兵固有先聲而後實者此之謂也韓信曰善從其策奉教於是用

廣武君策發使使燕燕從風而靡乃遣使報漢因請
立張耳爲趙王趙以鎮撫其國漢王許之乃立張耳
爲趙王楚數使奇兵渡河擊趙趙王耳韓信往來救
趙因行定趙城邑發兵詣漢楚方急圍漢王於滎陽
漢王南出宛葉間得黥布九江王布走入成皋楚又
復急圍之四年六月漢王出成皋東渡河獨與滕公俱從
張耳軍脩武至宿傳舍晨自稱漢使馳入趙壁張耳
韓信未起即其臥內上奪其印符以麾召諸將易置
之信耳起乃知獨漢王來大驚漢王奪兩人軍即令

張耳備守趙地拜韓信爲相國收趙兵未發者擊齊
信引兵東未渡平原聞漢王使酈食其已說下齊韓
信欲止范陽辯士蒯通說信寸擊齊語在通傳信然
其計遂渡河襲歷下軍至臨菑齊王走高密遣使
使於楚請救此下刪移蒯通傳曰將軍受詔擊齊而
漢獨發間使下齊寧有詔止將軍乎何以得毋行也
且酈生一士伏軾掉三寸之舌下齊七十餘城將軍
將數萬衆歲餘乃下趙五十餘城爲將數歲反不
如一豎儒之功乎於是信然之從其計遂渡河齊已

原缺第十一葉

聽酈生即留之縱酒罷備漢守禦信因襲齊歷下軍
遂至臨菑齊王田廣以酈生賣己而亨之因敗走
高密信遂定齊地自立爲齊假王〔蒯傳止此〕使使之於楚請
救韓信已定臨菑遂東追廣至高密西楚亦使龍且
將號稱二十萬救齊齊王廣與龍且并軍與信戰未合
人或說龍且曰漢兵遠鬬窮寇久戰其鋒不可當也
齊楚自居其地戰兵易敗散不如深壁令齊王使其
信臣招所亡城亡城聞其王在楚來救必反漢漢兵
二千里客居齊齊城皆反之其勢無所得食可毋戰

而降也龍且曰吾平生知韓信爲人易與耳寄食於
漂母無資身之策受辱於跨下無兼人之勇不足畏
也且夫救齊不戰而降之吾何功今戰而勝之齊之
半可得何爲而止遂戰與信夾濰水陳韓信乃夜令
人爲萬餘囊滿盛沙以壅水上流引軍半渡擊龍且
佯不勝還走龍且果喜曰固知信怯也遂追信渡水
信使人決壅囊水大至龍且軍大半不得渡即急擊
殺龍且龍且水東軍散走齊王廣亡去信遂追北至
城陽皆虜楚卒漢四年遂皆降平齊使人言漢

右投則漢王勝左投則項王勝項王今日亾則次取足下足下與項王有故何不反漢與楚連和參三分天下而王之齊今釋此時而自必於漢王以擊楚且爲智者固若此耶乎韓信謝曰臣得事項王數年官不過郎中位不過執戟言不聽畫策不用故倍背楚而歸漢漢王授我上將軍印予我數萬之衆解衣衣我推食食我言聽計用故吾得以至於此夫人深親信我我倍之不祥雖死不易幸爲信謝項王武涉已去齊人蒯通知天下權在韓信欲爲奇策而感動之以相人說韓信深說以三分天下鼎足而王語

韓在通傳漢此下刪蒯通入通傳乃先微感信曰僕嘗受相人之術韓信曰先生相人何如對曰貴賤在於骨法憂喜在於容色成敗在於決斷以此參之萬不失一韓信曰善先生相寡人何如對曰願少間信曰左右去矣通曰相君之面不過封侯又危而不安相君之背貴乃不可言韓信曰何謂也蒯通因請間曰天下初發難也俊雄豪桀建號壹呼天下之士雲合霧集魚鱗雜遝熛至風起當此之時憂在亾秦而已今楚漢分爭使天下無罪之人肝膽塗地父子暴骸骨流離

故此節顛頓也殺之日苟自容而已

於中野不可勝數楚人起彭城轉鬬逐北至於滎陽乘利席卷威震天下然兵困於京索之間迫西山而不能進者三年於此矣漢王將數十萬之衆距鞏洛阻山河之險一日數戰無尺寸之功折北不救敗滎陽傷成皋遂走宛葉之間此所謂智勇俱困者也夫楚人起彭城轉鬬逐北至滎陽乘利席卷威震天下然兵困於京索之間迫西山而不能進三年於此矣鋭氣挫於險塞而糧食竭於內府百姓罷極怨望容容無所歸倚以臣料之其勢非天下之賢聖其勢固不

能息天下之禍當今之時兩主之命縣於足下足下爲漢則漢勝與楚則楚勝臣願披腹心輸肝膽效愚計恐足下不能用也誠能聽臣之計莫若兩利而俱存之參分天下鼎足而居其勢莫敢先動夫以足下之賢聖有甲兵之衆據彊齊從燕趙出空虛之地而制其後因民之欲西鄉爲百姓請命則天下風走而響應矣孰敢不聽割大弱彊以立諸侯諸侯已立天下服聽而歸德於齊案齊之故有膠泗之地懷諸侯以德深拱揖讓則天下之君王相率而朝於齊

六王故謂何從楚漢皆可乘也

割大弱強以立諸侯以見其策之於此者漢統從漢而立功[illegible]今齊無地可割後者則之不如其志[illegible]

後何待而動因其可動者弱之因鼎北轉東以什轉涎下文齊故非自剖弱也諸有深淺謀有遠近意在言外不當失去之大有所失

矣蓋聞天與弗取反受其咎時至弗行反受其殃願
足下孰慮之韓信曰漢王遇我甚厚載我以其車衣
我以其衣食我以其食吾聞之乘人之車者載人之
患衣人之衣者懷人之憂食人之食者死人之事吾
豈可以鄉利倍義乎蒯生曰足下自以為善漢王
欲建萬世之業臣竊以為誤矣始常山王成安君為
布衣時相與為刎頸之交後爭張黶陳澤之事二人
相怨常山王背項王奉項嬰頭而竄逃歸於漢王漢
王借兵而東下戰於鄗北殺成安君泜水之南頭

史漢方駕卷十一　韓信　十四

足異處卒為天下笑此二人相與天下之至驩也然
而卒相禽者何也患生於多欲而人心難測也今
足下欲行忠信以交於漢王必不能固於二君之相
與也而事多大於張黶陳澤之事者故臣以為足下
必漢王之不危己亦誤矣大夫種范蠡存亡越霸勾
踐立功成名而身死亡語曰野獸已盡而獵狗亨夫敵國
破謀臣亡故以交友言之則不過張耳之與成安君
者也以忠信言之則不過大夫種范蠡之於勾踐也
此二人者宜足以觀矣願足下深慮之且臣聞之勇

略震主者身危而功蓋天下者不賞臣請言大王功
略足下涉西河虜魏王禽夏說引兵下井陘誅成安
君之罪以令於趙脅燕定齊南摧楚人之兵數十萬
東殺龍且西鄉以報此所謂功無二於天下而略
不世出者也今足下戴震主之威挾不賞之功戴震
主之威歸楚楚人不信歸漢漢人震恐足下欲持是
安歸乎夫勢在人臣之位而有震主之威名高天下
竊為足下危之韓信謝曰先生且休矣吾將念
之後數日蒯通復說曰夫聽者事之候也計者事存亡

史漢方駕卷十一　韓信　十五

之機也聽過計失而能久安者鮮矣聽不失一二者
不可亂以言計不失本末者不可紛以辭夫隨厮養
之役者失萬乘之權守儋石之祿者闕卿相之位故
知者決之斷也疑者事之害也審豪氂之小計遺天
下之大數智誠知之決弗敢行者百事之禍也故
曰猛虎之猶豫不若蜂蠆之致螫騏驥之蹢躅不如
駑馬之安步孟賁之狐疑不如庸夫之必至也雖有
舜禹之智吟而不言不如瘖聾之指麾也此言貴能
行之也夫功者難成而易敗時者難值而易失也時

子倍不再來願足下詳察之計 信猶豫
不忍倍漢又自以爲功多漢終不奪我齊遂謝蒯通
蒯通說不聽已詳往爲巫 漢王之困固陵用張良計
召齊王信遂將兵會垓下項羽已破 高祖襲奪齊王信
軍 漢五年正月徙齊王信爲楚王都下邳信至國召
所從食漂母賜千金及下鄉南昌亭長賜百錢曰
公小人也爲德不卒召辱己之少年令出胯下者以
爲楚中尉告諸將相曰此壯士也方辱我時我寧不
能殺之邪殺之無名故忍而就於此項王亡將鍾離

史漢方駕卷二十 六韓信 十六

眛家在伊廬素與信善項王敗後眛亡歸信漢王怨眛
聞其在楚詔楚捕眛 信初之國行縣邑陳兵出入漢
六年人有變上書告楚王信欲反書聞上患之用陳平計天子巡狩會諸侯南方有雲夢發使告諸侯會陳
吾將游於雲夢者實欲襲信信弗知高祖且至楚信
欲發兵反自度無罪欲謁上恐見禽人或說信曰斬
眛謁上上必喜無患信見眛計事眛曰漢所以不擊
取楚以眛在公所若欲捕我以自媚於漢吾今日死
公亦隨手亡矣乃罵信曰公非長者卒自剄信持其

首謁高祖於陳上高祖令武士縛信載後車信曰果若
人言狡兔死良狗亨高鳥盡良弓藏敵國破謀臣亡
天下已定我固當亨 上曰人告公反遂械繫信至雒
陽赦信罪以爲淮陰侯信知漢王畏惡其能常稱病
不朝從信由此日怨望居常鞅鞅羞與絳灌等列信嘗
過樊將軍噲噲跪拜送迎言稱臣曰大王乃肯臨
臣信出門笑曰生乃與噲等爲伍上常從容與信言
諸將能不各有差上問曰如我能將幾何信曰陛下
不過能將十萬上曰於君何如曰臣多多而益善

史漢方駕卷二十 六韓信 十七

耳上笑曰多多益善何爲爲我禽信曰陛下不能將
兵而善將將此乃信之所以爲陛下禽也且陛下所
謂天授非人力也後陳豨拜爲鉅鹿守辭於淮陰
侯淮陰侯挈其手辟左右與之步於庭仰天而
嘆曰子可與言乎欲與子有言也豨曰唯將軍
令之淮陰侯曰公之所居天下精兵處也而公陛下
之信幸臣也人言公之畔陛下必不信再至陛下乃
疑矣三至必怒而自將吾爲公從中起天下可圖也
陳豨素知其能也信之曰謹奉教漢十一年陳豨果

反上高帝自將而往信稱病不從陰使人至豨所曰弟
舉兵吾從此助公信乃謀與家臣夜詐詔赦諸官
徒奴欲發以兵襲呂后太子部署已定待豨報其舍人
得罪於信信囚欲殺之舍人弟上書變告信欲反狀
於呂后呂后欲召恐其黨不就乃與蕭相國謀詐令
人從上所來言豨已得死列侯群臣皆賀相國紿信
曰雖疾強入賀信入呂后使武士縛信斬之長樂鐘
室信方斬曰吾悔不用蒯通之計乃為兒女子所詐
豈非天哉遂夷信三族高祖已從豨軍來至見信死

且喜且哀之問曰信死亦何言呂后曰信言恨不用
蒯通計高祖曰是齊辯士蒯通也召欲亨之通至自
說釋赤誅語在通傳漢信傳止此以下蒯通入通傳
乃詔齊捕蒯通蒯通至上曰若教淮陰侯反乎對曰
然臣固教之豎子不用臣之策故令自夷於此如彼
豎子用臣之計陛下安得而夷之乎上怒曰亨之通
曰嗟乎冤哉亨也上曰若教韓信反何冤對曰秦之
[illegible]
綱絕而維弛山東大擾異姓並起英俊烏集秦失其
鹿天下共逐之於是高材疾足者先得焉跖之狗吠

太史公所稱生 蒯通傳內載 其言武涉已上 蒯通又求此皆 可以當說者 中又有成安君 武又有說韓王 長兩策敗蒙路 此余為並不能 別為蒯傳從漢 移此於彼說客 之見也

堯堯非不仁狗因吠非其主當彼時臣獨知齊王
韓信非知陛下也且秦失其鹿天下共逐之高材者
先得天下銳精持鋒欲為陛下所為者甚眾顧力不
能耳又可盡亨之邪高帝曰置之乃釋通之罪
可誅邪上廼赦之至齊悼惠王時曹
參為相禮下賢人請通為客初齊王田榮怨項羽謀
舉兵畔之劫齊士不與者死齊處士東郭先生梁石
君在劫中強從及田榮敗二人醜之相與入深山隱
居客謂通曰先生之於曹相國拾遺補過舉賢進能
齊國莫若先生者先生知梁石君東郭先生世俗所

不及何不進之於相國乎通曰諾臣之里婦與里之
諸母相善也里婦夜亡肉姑以為盜怒而逐之婦晨
去過所善諸母語以事而謝之里母曰女安行我今
令而家追女矣即束縕請火於亡肉家曰昨暮夜犬
得肉爭鬭相殺請火治之亡肉家遽追呼其婦故里
母非談說之士也束縕乞火非還婦之道也然物有
相感事有適可臣請乞火於曹相國廼見相國曰婦
人有夫死三日而嫁者有幽居守寡不出門者足下
即欲求婦何取曰取不嫁者通曰然則求臣亦猶是

多見評者以一時語衡抑揚過城張其大首爲發不如贊作傳外衣情所不足或以自笑非沒後人會以為安之許也

也彼東郭先生梁石君齊之俊士也隱居不嫁未嘗卑節下意以求仕也願足下使人禮之曹相國曰敬受命皆以為上賓通論戰國時說士權變亦自序其說凡八十一首號曰雋永初通善齊人安期生安期生嘗干項羽羽不能用其策而項羽欲封此兩人兩人卒不肯受

太史公曰吾如淮陰淮陰人為余言韓信雖為布衣時其志與衆異其母死貧無以葬然乃行營高敞地令其旁可置萬家余視其母冢良然假令韓信學道謙讓不伐己功不矜其能則庶幾哉於漢家勳可以比周召太公之徒後世血食矣不務出此而天下已集乃謀畔逆夷滅宗族不亦宜乎

史漢方駕卷第十一

史漢方駕卷第十二

浙嶺許相卿台仲甫 撰輯

徐 禾仲年甫 校錄

史傳三十五 漢傳十一 樊噲 夏侯嬰 灌嬰 酈商

舞陽侯樊噲者沛人也以屠狗為事後與高祖俱隱於芒碭山澤間陳勝初起蕭何曹參使噲求迎高祖初從高祖起豐攻下沛高祖立為沛公以噲為舍人從攻胡陵方與還守豐擊泗水監豐下破之復東定沛破泗水守薛西與司馬𡰥戰碭東卻敵斬首十五級賜爵國大夫常從沛公擊章邯軍濮陽攻城先登斬首二十三級賜爵列大夫復常從從攻城陽先登下戶牖破李由軍斬首十六級賜上間爵從攻圍東郡守尉於成武卻敵斬首十四級捕虜十一人賜爵五大夫從擊秦軍出亳南河間守軍於杠里破之擊破趙賁軍開封北以卻敵先登斬候一人首六十八級捕虜二十七人賜爵卿從攻破楊熊軍於曲遇攻宛陵先登斬首八級捕虜四十四人賜爵封號賢成君從攻長社轘轅絕河津東攻秦軍於尸南攻秦軍於犨破南陽守齮

於陽城東攻宛城先登西至酈以郤敵斬首二十四
級捕虜四十人賜重封攻武關至霸上斬都尉一人
首十級捕虜百四十六人降卒二千九百人項羽在
戲下欲攻沛公沛公從百餘騎因項伯面見項羽謝
無有閉關事項羽既饗軍士中酒亞父謀欲殺沛公
令項莊拔劍舞坐中欲擊沛公項伯常肩蔽之時獨
沛公與張良得入坐樊噲在營外聞事急乃持鐵盾
入到營營衛止噲噲直撞入立帳下項羽目之問
為誰張良曰沛公參乘樊噲也項羽曰壯士賜之卮
酒彘肩噲既飲酒拔劍切肉食盡之項羽曰能復飲
乎噲曰臣死且不辭豈特卮酒乎且沛公先入定咸
陽暴師霸上以待大王大王今日至聽小人之言與
沛公有隙臣恐天下解心疑大王也項王默然沛公
如廁麾樊噲去既出沛公留車騎獨騎一馬與樊噲
等四人步從從間道山下歸走霸上軍而使張良
謝項羽項羽亦因遂已無誅沛公之心矣是日微樊
噲奔入營誚讓項羽沛公事幾殆明日項羽入屠
咸陽立沛公為漢王漢王賜噲爵為列侯號臨武侯

還為郎中從入漢中還定三秦別擊西丞白水北雍
輕車騎於雍南破之從攻雍斄城先登擊章平軍好
時攻城先登陷陣斬縣令丞各一人首十一級虜二
十人遷為郎中騎將從擊秦車騎壤東卻敵遷為將
軍攻趙賁下郿槐里柳中咸陽灌廢丘最至櫟陽賜
食邑杜之樊鄉從攻項籍屠煮棗擊破王武程處軍
於外黃攻鄒魯瑕丘薛項羽敗漢王於彭城盡復取
魯梁地噲還至滎陽益食平陰二千戶以將軍守廣
武一歲項羽引而東從高祖擊項籍下陽夏虜楚周
將軍卒四千人圍項籍於陳大破之屠胡陵項籍既
死漢王為皇帝以噲堅守戰有功益食八百戶
其秋從高帝攻反燕王臧荼虜荼定燕地楚王
韓信反噲從至陳取信定楚更賜爵列侯與諸侯剖
符世世勿絕食舞陽號為舞陽侯除前所食以將軍
從高祖攻反者韓王信於代自霍人以往至雲中與
絳侯等共定之益食千五百戶因擊陳豨與曼丘臣
軍戰襄國破柏人先登降定清河常山凡二十七
縣殘東垣遷為左丞相破得綦毋卬尹潘軍於無終

兵將軍擊敵得守代西史文以令而非漢得是非將其人

索隱曰抵薊至入抵者至薊之名也未見誠之爲人名

新序所得縣會於此而索隱哉索隱而史不知其誤

廣昌破豨別將胡人王黃軍於代南因擊韓信軍於參合軍所將卒斬韓信破豨胡騎橫谷斬將軍趙既虜代丞相馮梁守孫奮大將王黃將軍大將十一人太僕解福等十人與諸將共定代鄉邑七十三其後燕王盧綰反噲以相國擊盧綰破其丞相抵薊南定燕地凡縣十八鄉邑五十一益食邑千三百戶定食舞陽五千四百戶從斬首百七十六級虜二百八十八人七別破軍七下城五定郡六縣五十二得丞相一人將軍十二人二千石以下至三百石十一人噲以呂

不揣其曾繁陳而樊噲灌同見所爲群臣絳灌反曾等耳噲入絳灌聞之豈曾不能獨府主流涕數語輒根高高有帝水之象有骨肉之愁不獨以噲口舌而三反四正曲情詞俱娟臣是于長學乃至一絕字鳴痛而淚俱遂更千萬語不能盡更千萬人不能道此一字可謂可悟可高

后女弟呂須爲婦生子伉故其比諸將最親先黥布反時高祖嘗病甚惡見人臥禁中詔戶者無得入羣臣羣臣絳灌等莫敢入十餘日噲乃排闥直入大臣隨之上獨枕一宦者臥噲等見上流涕曰始陛下與臣等起豐沛定天下何其壯也今天下已定又何憊也且陛下病甚大臣震恐不見臣等計事顧獨與一宦者絕乎且陛下獨不見趙高之事乎高帝笑而起其後盧綰反高帝使噲以相國擊燕是時高帝病甚人有惡噲黨於呂氏即上一日宮車晏駕則噲欲以

一[illegible]因而長此狂下少年所盡作者無額垛留開中排闥樸似羈故噲將若哉只一蕪字不見果何人何朝弟有其效莫群出來故便不用公不用曰而高帝悁之即無去矣字神動也

兵盡誅戚氏趙王如意之屬高帝聞之大怒乃使陳平載絳侯代將而即軍中斬噲陳平畏呂后執噲詣長安至則高祖已崩呂后釋噲使得復爵邑孝惠六年樊噲卒謚爲武侯子伉代侯而伉母呂須亦爲臨光侯高后時用事專權大臣盡畏之伉代侯九歲高后崩大臣誅諸呂呂須婘屬因誅伉舞陽侯中絕數月孝文帝既立乃復封噲他庶子市人爲舞陽侯復故爵邑市人立二十九歲卒謚爲荒侯子他廣代侯六歲其侯家舍人得罪他廣怨之乃上書曰荒侯市人

病不能爲人令其夫人與其弟亂而生他廣他廣實非荒侯子不當代後詔下吏孝景中六年他廣奪侯爲庶人國除

世封噲玄孫之子章爲舞陽侯邑千戶

曲周侯酈商者高陽人也陳勝起時商聚少年東西略人得數千人沛公略地至陳留六月餘商以所將卒四千人屬沛公於岐從攻長社先登賜爵封信成君從沛公攻緱氏絕河津破秦軍洛陽東從攻下宛穰定十七縣別將攻旬關西定漢中項羽滅秦立沛公爲漢王漢王賜商爵信成君以將軍爲隴西都尉

別小將定北地上郡破雍章邯別將軍於烏氏因類軍栒邑
蘇駔軍於泥陽賜食邑武成城六千戶漢書有此以隴西都尉從
擊項籍軍五月出鉅野與鍾離眛戰疾鬬受梁相國
印益食邑四千戶以梁相國將從擊項羽二歲三月
攻胡陵項羽既已死漢王為即帝位其秋燕王臧荼反商
以將軍從擊荼戰龍脫先登陷陳破荼軍易下卻敵
遷為右丞相賜爵列侯與諸侯剖符世世勿絕食邑
涿郡五千戶號曰涿侯以右丞相別定上谷因攻代
受趙相國印以右丞相趙相國別與絳侯等定代郡

鴈門得代丞相程縱守相郭同將軍已以下至六百石
十九人還以將軍為將太上皇衛一歲七十月以右丞相
擊陳豨殘東垣又以右丞相從高帝擊黥布攻其前
拒垣陷兩陳得以破布軍更食封為曲周侯食邑五千一
百戶除前所食凡別破軍三降定郡六縣七十三得
丞相守相大將軍各一人小將軍二人二千石以下
至六百石十九人商事孝惠高后呂后高后崩時商病疾不
治事其子寄字況與呂祿善及高后崩大臣欲誅諸
呂呂祿為將軍軍於北軍太尉勃不得入北軍於是

病不治事胡之使令其子又見其賣交此其右相子炎傳不敢顧

乃廼使人劫酈商令其子況寄紿呂祿呂祿信之故與出
游而太尉勃乃廼得入據北軍遂以誅諸呂商是歲商薨
卒謚為曰景侯子寄嗣代侯天下稱酈況賣交友也孝景前時
三年吳楚齊趙反上以寄為將軍圍趙城七十月不能
下得俞侯欒布自平齊來廼乃下趙城滅趙王自殺除
國孝景中二年寄欲取平原君為夫人景帝怒下寄
吏有罪奪侯況上廼封景帝乃以商他它子堅封為繆侯奉商續酈氏
後傳至玄孫繆靖侯卒子康侯遂成立遂成卒子懷侯世宗立
世宗卒子侯終根立武帝時為太常坐法巫蠱誅國除元

始中賜高祖時功臣自酈商以下子孫爵皆關內侯
食邑凡百餘人
汝陰侯夏侯嬰沛人也為沛廐司御每送使客還過
沛泗上亭與高祖語未嘗不移日也嬰已而試補縣
吏與高祖相愛高祖戲而傷嬰人有告高祖高祖時
為亭長重坐傷人告故不傷嬰嬰證之後獄覆嬰坐
高祖繫歲餘掠笞數百終以是脫高祖高祖之初與
徒屬欲攻沛也嬰時以縣令史為高祖使上降沛一
日高祖為沛公賜嬰爵七大夫以嬰為太僕常奉車

謂傷人為罪重則殺人人當死如被高時傷嬰外又傷別人也其後相告乃自謂元不傷嬰時嬰厚故嬰復證其不傷人故坐繫當身自受傷故欲不傷則傷及在又從之而生

從用並擊狼荼是以不傳寫備也不錄三以兵車趣攻戰疾每乘不省文以見其所及疾者又功狀之狀而知先後與陷陣傳各有實既曰常以太僕奉車又曰復常奉車又曰因復常奉車又曰復常奉車以復劇以太僕復以太僕凡五轉傳又以太僕五字長皆于自服其傳古此而嬰以太僕終其身自此沛公奉車至滅秦上廣元止見行作奉車所敘知此漢初削之但曰常奉車卽進不疑此

從攻胡陵平嬰與蕭何降泗水監平平以胡陵降賜嬰爵五大夫從擊秦軍碭東攻濟陽下戶牖破李由軍雍丘下以兵車趣攻戰疾破之賜爵執帛常以太僕奉車從擊章邯軍東阿濮陽下以兵車趣攻戰疾破之賜爵執珪復常奉車從擊趙賁軍開封楊熊軍曲遇嬰從捕虜六十八人降卒八百五十人得印一匱又因復常奉車從擊秦軍雒陽東以兵車趣攻戰疾賜爵封轉為滕公令因復奉車從攻定南陽戰於藍田芷陽以兵車趣攻戰疾至霸上項羽至滅秦立沛公

為漢王漢王賜嬰爵列侯號昭平侯復為太僕從入蜀漢還定三秦從擊項籍至彭城項羽大破漢軍漢王敗不利馳去見孝惠魯元載之漢王急馬罷虜在後常蹶兩兒欲棄之嬰常收竟載之徐行面雍樹乃馳漢王怒行欲斬嬰者十餘卒得脫而致孝惠魯元於豐漢王既至滎陽收散兵復振賜嬰食祈陽邑沂復常奉車從擊項籍下邑追至陳卒定楚至魯益食茲氏漢王立為帝其秋燕王臧荼反嬰以太僕從擊荼明年從至陳取楚王信更食汝陰剖符世世勿絕以

太僕從擊代至武泉雲中益食千戶因從擊韓信軍胡騎晉陽旁大破之追北至平城為胡所圍七日不得通高帝使使厚遺閼氏冒頓乃開其圍一角高帝出欲馳嬰固徐行弩皆持滿外向卒以得脫益食嬰細陽千戶復以太僕從擊胡騎句注北大破之以太僕擊胡騎平城南三陷陳功為多賜所奪邑五百戶以太僕從擊陳豨黥布軍陷陳卻敵益食千戶定食汝陰六千九百戶除前所食嬰自上初起沛常為太僕竟高祖崩以太僕事孝惠孝惠帝惠帝及高后德嬰之脫

孝惠魯元於下邑之間也乃賜嬰縣北第第一曰近我以尊異之孝惠帝崩以太僕事高后高后崩代王之來嬰以太僕與東牟侯入清宮廢少帝以天子法駕迎代王代邸與大臣共立為孝文皇帝復為太僕八歲卒諡為懿諡曰文侯子夷侯竈立七年卒子共侯賜立傳至曾孫三十一年卒子侯頗尚平陽公主立十九歲元鼎二年坐與父御婢姦罪自殺國除初嬰為滕令奉車故號滕公及曾孫頗尚主主隨外家姓號孫公主故滕公子孫更為孫氏

潁陰侯灌嬰者睢陽販繒者也高祖之為沛公略地
至雍丘下章邯殺項梁而沛公還軍於碭嬰初以
中涓從擊破東郡尉於成武及秦軍於杠里疾鬭賜
爵七大夫又從攻秦軍亳南開封曲遇戰疾力賜爵
執帛號宣陵君從攻陽武以西至雒陽破秦軍尸北
北絕河津南破南陽守齮陽城東遂定南陽郡西入
武關戰於藍田疾力至霸上賜爵執珪號昌文君沛
公立為漢王拜嬰為郎中從入漢中十月拜為中謁
者從還定三秦下櫟陽降塞王還圍章邯於廢丘未

拔從東出臨晉關擊降殷王定其地擊項羽將龍且
魏相項佗軍定陶南疾戰破之賜嬰爵列侯號昌文
侯食杜平鄉復以中謁者從降下碭以至彭城項羽
擊大破漢王漢王遁而西嬰從還軍於雍丘王武魏
公申徒反從擊破之攻下外黃西收兵軍於滎陽楚
騎來眾漢王乃擇軍中可為車騎將者皆推故秦騎
士重泉人李必駱甲習騎兵今為校尉可為騎將漢
王欲拜之必甲曰臣故秦民恐軍不信臣臣願得大
王左右善騎者傅之灌嬰雖少然數力戰乃拜灌嬰

為中大夫令李必駱甲為左右校尉將郎中騎兵擊
楚騎於滎陽東大破之受詔別擊楚軍後絕其餉道
起陽武至襄邑擊項羽之將項冠於魯下破之所將
卒斬右司馬騎將各一人擊破柘公王武軍於燕西
所將卒斬樓煩將五人連尹一人擊王武別將桓嬰
白馬下破之所將卒斬都尉一人以騎度河南送漢
王到雒陽使北迎相國韓信軍於邯鄲還至敖倉嬰
遷為御史大夫三年以列侯食邑杜平鄉以御史大
夫受詔將郎中騎兵東屬相國韓信擊破齊軍於歷

下所將卒虜車騎將軍華毋傷及將吏四十六人降
下臨菑得齊守相田光追齊相田橫至嬴博破其
騎所將卒斬騎將一人生得騎將四人攻下嬴博破
齊將軍田吸於千乘所將卒斬吸東從韓信攻龍且
留公旋於高密卒斬龍且生得右司馬連尹各一人
樓煩將十人身生得亞將周蘭齊地已定韓信自立
為齊王使嬰別將擊楚將公杲於魯北破之轉南破
薛郡長身虜騎將一人攻博陽前至下相以東南僮
取慮徐度淮盡降其城邑至廣陵項羽使項聲薛公

此同蘭茔然後寧又似是必當通者此分合皆有考

郯公復定淮北嬰度淮北擊破項聲郯公下邳斬薛
公下邳壽春擊破楚騎於平陽遂降彭城虜柱國
項佗降留薛沛酇蕭相攻苦譙復得亞將周蘭與漢
王會頤鄉從擊項籍軍於陳下破之所將卒斬樓煩
將二人虜騎將八人賜益食邑二千五百戶項籍敗
垓下去也嬰以御史大夫受詔將車騎別追項籍至
東城破之所將卒五人共斬項籍皆賜爵列侯降左
右司馬各一人卒萬二千人盡得其軍將吏下東城
歷陽渡江破吳郡長吳下得吳守遂定吳豫章會稽

史記卷　灌嬰　十二

郡還定淮北凡五十二縣漢王立為皇帝賜益嬰
邑三千戶其秋以車騎將軍從擊破燕王臧荼明年
從至陳取楚王信還剖符世世勿絕食潁陰二千五
百戶號曰潁陰侯以車騎將軍從擊反韓王信於代
至馬邑受詔別降樓煩以北六縣斬代左相破胡騎
將於武泉北復從擊韓信胡騎晉陽下所將卒斬胡
白題將一人又受詔并將燕趙齊梁楚車騎擊破胡
騎於硰石至平城為胡所困從還軍東垣從擊陳豨
受詔別攻豨丞相侯敞軍曲逆下破之卒斬敞及特

將五人降曲逆盧奴上曲陽安國安平攻下東垣黥
布反以車騎將軍先出攻布別將於相破之斬亞將
樓煩將三人又進擊破布上柱國軍及大司馬軍又
進破布別將肥誅嬰身生得左司馬一人所將卒斬
其小將十人追北至淮上益食邑二千五百戶布已破
高帝歸定令嬰食潁陰五千戶除前所食邑凡從所
得二千石二人別破軍十六降城四十六定國一郡
二縣五十二得將軍二人柱國相國各一人二千石
十人嬰自破布歸高帝崩嬰以列侯事孝惠帝及呂

史記卷　灌嬰　十三

漢書且入誅不當為王者以下……呂氏……[illegible]

太后太后崩呂祿等以趙王自置為將軍軍長安為
亂齊哀王聞之舉兵西且入誅不當為王者上將軍
呂祿等聞之乃遣嬰為大將軍將軍往擊之嬰行至滎
陽乃與絳侯等謀因屯兵滎陽風齊王以誅呂氏事
齊兵止不前絳侯等既誅諸呂齊王罷兵歸嬰亦罷
兵自滎陽歸與絳侯陳平共立代王為孝文皇帝孝
文皇帝於是益封嬰三千戶賜黃金千斤拜為太尉
三歲絳侯勃免相嬰為丞相罷太尉官是歲匈
奴大入北地上郡令丞相嬰將騎八萬五千往擊匈

[illegible]

奴匈奴去濟北王反詔乃罷嬰之兵後歲餘嬰以丞
相卒薨諡曰懿侯傳至孫子平侯阿代侯二十八年卒子強代
侯十三年強有罪絕二歲武帝復元光三年天子封灌嬰孫
賢為臨汝侯孝嬰續灌氏後後八歲坐行賕有罪國除
太史公曰吾適豐沛問其遺老觀故蕭曹樊噲滕公
之家及其素異哉所聞方其鼓刀屠狗賣繒之時豈
自知附驥之尾垂名漢廷德流子孫哉余與他廣通
為言高祖功臣之興時若此云
贊曰仲尼稱犁牛之子騂且角雖欲勿用山川其舍

諸言士不繫於世類也語曰雖有鎡基不如逢時信
矣樊噲夏侯嬰灌嬰之徒方其鼓刀僕御販繒之時
豈自知附驥之尾勒功帝籍慶流子孫哉當孝文時
天下以酈寄為賣友夫賣友者謂見利而忘義也若
寄父為功臣而又執劫雖摧呂祿以安社稷誼存君
親可也

史漢方駕卷第十二

史漢方駕卷第十三

浙海許相卿台仲甫　撰輯

徐　禾仲年甫　校錄

史傳三十八　漢傳十一　傅寬　靳歙　周緤

陽陵侯傅寬以魏五大夫騎將從為舍人起橫陽從
攻安陽杠里擊趙賁軍於開封及擊楊熊曲遇陽武
斬首十二級賜爵卿從至霸上沛公立為漢王漢王
賜寬封號共德君從入漢中遷為右騎將從定三秦
賜食邑雕陰從擊項籍待懷賜爵通德侯從擊項冠

周蘭龍且所將卒斬騎將一人敖下益食邑屬淮陰
擊破齊歷下軍擊田解屬相國參殘博益食邑因定
齊地剖符世世勿絕封為陽陵侯二千六百戶除前
所食為齊右丞相備齊五歲為齊相國四月擊陳豨
屬太尉勃以相國代丞相噲擊豨一月徙為代相國
將屯二歲為代丞相將屯孝惠五年卒諡為景侯子
頃侯精立二十四年卒子共侯則立十二年卒子侯至曾孫
偃立三十一年坐與淮南王謀反死誅國除
信武侯靳歙以中涓從起宛朐攻濟陽破李由軍擊

秦軍亳南開封東北斬騎千人將一人首五十七級
捕虜七十三人賜爵封號臨平君又戰藍田北斬車
司馬二人騎長一人首二十八級捕虜五十七人至
霸上沛公立為漢王賜歙爵建武侯遷為騎都尉從
定三秦別西擊章平軍於隴西破之定隴西六縣所
將卒斬車司馬候各四人騎長十二人從東擊楚至
彭城漢軍敗還保雍丘去擊反者王武等略梁地別
將西擊邢說軍菑南破之身得說都尉二人司馬候十
二人降吏卒四千六百八十人破楚軍滎陽東三年

食邑四千二百戶別之河內擊趙將賁郝軍朝歌
破之所將卒得騎將二人車馬二百五十匹從攻安
陽以東至棘蒲下七十縣別攻破趙軍得其將司馬二
人候四人降吏卒二千四百人從攻下邯鄲別下平
陽身斬守相所將卒斬兵守郡守各一人降鄴從攻
朝歌邯鄲及別擊破趙軍降邯鄲郡六縣還軍敖倉
破項籍軍成皋南擊絕楚饟道起滎陽至襄邑破項
冠軍魯下略地東至繒郯下邳南至蘄竹邑擊項悍
濟陽下還擊項籍軍陳下破之別定江陵降江陵柱

國大司馬以下八人身得江陵王生致之雒陽因定
南郡從至陳取楚王信剖符世世勿絕定食四千六
百戶號為信武侯以騎都尉從擊代攻韓信平城下還
軍東垣有功遷為車騎將軍并將梁趙齊燕楚車騎
別擊陳豨丞相敞破之因降曲逆從擊黥布有功益
封定食邑五千三百戶凡斬首九十級虜百四十二
人別破軍十四降城五十九定郡國各一縣二十三
得王柱國各一人二千石以下至五百石三十九人
高后五年歙卒謚為肅侯子亭代侯一十一年坐事

國人過律擅役三年奪侯國除
蒯成侯緤者沛人也姓周氏常為高祖參乘以舍人
從高祖起沛至霸上西入蜀漢還定三秦常為參乘
賜食邑池陽從東擊項羽滎陽絕甬道從出度平陰
遇淮陰侯兵襄國軍乍利乍不利終無離上心以
緤為信武侯食邑三千三百戶高祖十二年以緤為
蒯成侯除前所食邑上欲自擊陳豨蒯成侯泣曰始
秦攻破天下未嘗自行今上常自行是為無人可使
者乎上以為愛我賜入殿門不趨殺人不死至十二年更封緤為

此數子皆當身
開未嘗附驥而
人校已行其緊
至篤尽君子何
疏表哉曰篤厚
君子長厚始猶
今言敦篤如也

蒯成侯孝文五年薨緤以壽終謚爲貞侯子昌代侯有罪國除至孝景中二年封緤子應爲鄲侯薨謚曰康侯子仲居代侯至元鼎三年居爲太常有罪國除

太史公曰陽陵侯傅寬信武侯靳歙皆高爵從高祖起山東攻項籍誅殺名將破軍降城以十數未嘗困辱此亦天授也蒯成侯周緤操心堅正身不見疑上欲有所之未嘗不垂涕此有傷心者然可謂篤厚君子矣

史漢方駕卷第十三

史漢方駕卷第十四

浙嶴許相卿台仲甫　撰輯
　　徐　禾仲年甫　校鍰

史傳三十六　漢傳十二　張蒼　周昌　任敖　申屠嘉

張丞相蒼者陽武人也好書律曆秦時爲御史主柱下方書有罪亡歸及沛公略地過陽武蒼以客從攻南陽蒼坐法當斬解衣伏質身長大肥白如瓠時王陵見而怪其美士乃言沛公赦勿斬遂從西入武關至咸陽沛公立爲漢王入漢中還定三秦陳餘擊走常山王張耳耳歸漢漢乃以張蒼爲常山守從淮陰侯擊趙蒼得陳餘趙地已平漢王以蒼爲代相備邊寇已而徙爲趙相相趙王耳耳卒相趙王其子敖復徙相代王燕王臧荼反高祖往擊之蒼以代相從攻臧荼有功以六年中封爲北平侯食邑千二百戶遷爲計相[illegible]一月更以列侯爲主計四歲是時蕭何爲相國而張蒼乃自秦時爲柱下御史明習天下圖書計籍蒼又善用筭律曆故令蒼以列侯居相府領主郡國上計者黥布反亡漢立皇子長爲淮南王而張蒼相之

十四年遷爲御史大夫
周昌者沛人也其從兄曰周苛秦時皆爲泗水卒史
及高祖起沛擊破泗水守監於是周苛周昌自卒史
從沛公沛公以周昌爲職志周苛爲客從入關破秦
沛公立爲漢王以周苛爲御史大夫周昌爲中尉漢
王四年楚圍漢王滎陽急漢王遁出去而使周苛守
滎陽城楚破滎陽城欲令周苛將苛罵曰若趣降漢
王不然今爲虜矣項羽怒亨周苛漢王於是乃拜周
昌爲御史大夫常從擊破項籍以六年中與蕭曹等

史漢方駕卷十四　周昌　二

俱封封周昌爲汾陰侯周苛子周成以父死事封爲
高景侯昌爲人彊力敢直言自蕭曹等皆卑下之昌
嘗燕時入奏事高帝方擁戚姬昌還走高帝逐得騎
周昌項問曰我何如主也昌仰曰陛下即桀紂之主
也於是上笑之然尤憚周昌及高帝欲廢太子而立
戚姬子如意爲太子大臣固爭之莫能得上以留侯
策即止而周昌廷爭之彊上問其說昌爲人吃又盛
怒曰臣口不能言然臣期期知其不可陛下雖欲廢
太子臣期期不奉詔上欣然而笑既罷呂后側耳於

東廂聽見周昌爲跪謝曰微君太子幾廢是後戚姬
子如意爲趙王年十歲高祖憂即萬歲之後不全也
趙堯年少爲符璽御史趙人方與公謂御史大夫周
昌曰君之史趙堯年雖少然奇士才也君必異之是且
代君之位周昌笑曰堯年少刀筆吏耳何能至是乎
居頃之趙堯侍高祖高祖獨心不樂悲歌群臣不知
上之所以然趙堯進請問曰陛下所爲不樂非爲趙
王年少而戚夫人與呂后有隙卻備萬歲之後而趙
王不能自全乎高祖曰然吾私憂之不知所出堯曰

史漢方駕卷十四　周昌　三

陛下獨宜爲趙王置貴彊相及呂后太子群臣素所
敬憚者乃可高祖曰然吾念之欲如是而群臣誰可
者堯曰御史大夫周昌其人有堅忍質直且自呂后
太子及大臣皆素嚴敬憚之獨昌可高祖曰善於是乃
召周昌謂曰吾欲固欲煩公公彊爲我相趙王周昌
泣曰臣初起從陛下陛下獨奈何中道而弃之於諸
侯乎高祖曰吾極知其左遷然吾私憂趙王念非公
無可者公不得已彊行於是徙御史大夫周昌爲趙
相既行久之高祖持御史大夫印弄之曰誰可以爲

御史大夫者孰視趙堯曰無以易堯遂拜趙堯爲御
史大夫堯亦前有軍功食邑及以御史大夫從擊陳
豨有功封爲江邑侯高祖崩呂太后使使召趙王其
相周昌令王稱疾不行使者三反周昌固爲口高帝置臣
趙王王年少竊聞太后怨戚夫人欲召趙王幷誅之
臣不敢遣趙王於是高王且亦疾不能奉詔太后怒之迺使
使召周昌周昌至謁高后太高后怒而罵周昌曰爾不
知我之怨戚氏乎而不遣趙王何昌既徵高后使
使召趙王趙王果來至長安月餘飲藥而死周昌因
謝病不朝見三歲而死後五歲謚曰悼侯傳子至孫意有罪
國除景帝復封昌孫左車爲安陽侯有罪國除初趙
堯既代周昌爲御史大夫高祖崩事惠帝終世高后
元年怨聞御史大夫江邑侯趙堯前高帝時定趙王如意之畫
乃抵堯罪以廣阿侯任敖爲御史大夫
任敖者故沛人也少爲獄吏高祖嘗辟吏吏繫呂后
遇之不謹任敖素善高祖怒擊傷主呂后吏及高祖
初起敖以客從爲御史守豐二歲高祖立爲漢王東
擊項籍敖遷爲上黨守陳豨反時敖堅守封爲廣阿

侯食邑千八百戶高后時爲御史大夫三歲免以孝文
元年薨諡曰懿侯傳子至曾孫越人坐爲太常廟酒
酸不敬國除初任敖免平陽侯曹窋代敖爲御史大
夫高后崩不與大臣共誅諸呂免以淮南相
張蒼爲御史大夫蒼與絳侯等尊立代王爲孝文皇
帝四年丞相灌嬰卒張蒼爲丞相自漢興至孝文二
十餘年會天下初定將相公卿皆軍吏張蒼爲計相
時緒正律曆以高祖十月始至霸上因故因秦時本
以十月爲歲首弗革推五德之運以爲漢當水德之
時上黑如故吹律調樂入之音聲及以比定律令若
百工天下作程品至於爲丞相卒就之故漢家言律
曆者本之張蒼蒼本好書無所不觀無所不通而尤
善律曆張蒼德安國侯王陵王陵者安國侯也及蒼
貴常父事王陵陵死後蒼爲丞相洗沐常先朝陵夫
人上食然後敢歸家蒼爲丞相十餘年魯人公孫臣
上書陳終始五德傳言漢土德時其符有黃龍當見
詔當改正朔易服色事下其議張蒼張蒼以爲非是罷
之其後黃龍見成紀於是文帝召公孫臣以爲博士

以五尺八尺以[illegible]爲稱[illegible]爲得耳古今人物高下[illegible]

草立土德時之曆制度更元年張丞相蒼由此自絀謝病稱老蒼任人爲中候大爲姦利上以讓蒼蒼遂病免蒼爲丞相十五歲而免孝景前五年蒼卒謚爲文侯子康侯代八年卒子類代爲侯八年坐臨諸侯喪後就位不敬國除至孫類有罪初張蒼父長不滿五尺及生蒼蒼長八尺餘爲侯丞相蒼子復長八尺及孫類長六尺餘坐法失侯蒼之免相後老口中無齒食乳女子爲乳母妻妾以百數嘗孕者不復幸蒼年百有餘歲而卒著書十八篇言陰陽律歷事

申屠丞相嘉者梁人也以材官蹶張從高帝擊項籍遷爲隊率從擊黥布軍爲都尉孝惠時爲淮陽守孝文帝元年舉故吏士二千石從高皇帝者悉以爲關內侯食邑二十四人而申屠嘉食邑五百戶張蒼已爲丞相十六年嘉遷爲御史大夫張蒼免相孝文帝以欲用皇后弟竇廣國爲丞相曰恐天下以吾私廣國廣國賢有行故欲相之念曰恐天下以吾私廣國久之念不可而高帝時大臣又皆多死餘見無可者乃以御史大夫嘉爲丞相因故邑封爲故安侯嘉爲人廉直門不受

疏非無人又見無一可者

私謁是時太中大夫鄧通方隆愛幸賞賜累巨萬文帝嘗燕飲通家其寵如是是時丞相入朝而通居上傍有怠慢之禮丞相奏事畢因言曰陛下愛幸羣臣則富貴之至於朝廷之禮不可以不肅上曰君勿言吾私之罷朝坐府中嘉爲檄召鄧通詣丞相府不來且斬通通恐入言文帝文帝曰汝第往吾今使人召若通至丞相府免冠徒跣頓首謝嘉坐自如故不爲禮責曰夫朝廷者高皇帝之朝廷也通小臣戲殿上大不敬當斬吏今行斬之通頓首首盡出

血不解文帝度丞相已困通使使者持節召通而謝丞相曰此吾弄臣君釋之鄧通既至爲文帝泣曰丞相幾殺臣嘉爲丞相五歲孝文帝崩孝景帝即位二年鼂錯爲內史貴幸用事諸法令多所請變更議以適罰侵削諸侯而丞相嘉自絀所言不用疾錯錯爲內史門東出不便更穿一門南出南出者太上皇廟堧垣也嘉聞之欲因此以法錯擅穿宗廟垣爲門奏請誅錯錯客有語錯錯恐夜入宮上謁自歸景帝上至朝嘉丞相奏請誅內史錯景帝上曰錯所穿非真廟垣乃

外堧垣故他冗官居其中且又我使爲之錯無罪
嘉謂長史曰吾悔不先斬錯乃先請之爲錯所賣至
舍因歐血而死謚爲節侯傳子共侯蔑代三年卒子至孫
侯去病代三十一年卒子侯臾代六歲坐爲九江太
守受故官送有罪國除自申屠嘉死之後景帝時開
封侯陶青桃侯劉舍爲丞相及今上武帝時柏至侯許昌
平棘侯薛澤武強侯莊青翟高陵侯趙周等爲丞相
皆以列侯繼嗣娖娖廉謹爲丞相備員而已無所能
發明功名有著於當世者

太史公曰張蒼文學律曆爲漢名相而絀賈生公孫
臣等言正朔服色事而不遵明用秦之顓頊曆何哉
周昌木彊人也任敖以舊德用申屠嘉可謂剛毅守
節矣然無術學殆與蕭曹陳平異矣

史漢方駕十四卷終

史漢方駕卷第十五

浙嶲許相卿台仲甫　撰輯

徐　禾仲年甫　校錄

史傳三十七　漢傳十三　酈食其　陸賈　朱建

酈生食其者陳留高陽人也好讀書家貧落魄無以
爲衣食業爲里監門吏然縣中賢豪不敢役縣中
皆謂之狂生及陳勝項梁等起諸將徇地過高陽者
數十人酈生聞其將皆握齱好苛禮自用不能聽大
度之言酈生乃深自藏匿後聞沛公將兵略地陳留
郊沛公麾下騎士適酈生里中子也沛公時時問邑
中賢士豪俊騎士歸酈生見謂之曰吾聞沛公慢而
易人多大略此真吾所願從游莫爲我先若見沛公
謂曰臣里中有酈生年六十餘長八尺人皆謂之狂
生生自謂我非狂生騎士曰沛公不好儒諸客冠儒
冠來者沛公輒解其冠溲溺其中與人言常大罵未
可以儒生說也酈生曰弟言之騎士從容言如酈生
所誡者沛公至高陽傳舍使人召酈生酈生至入謁
沛公方倨牀使兩女子洗足而見酈生酈生入則長

揖不拜曰足下欲助秦攻諸侯乎且欲率諸侯破秦攻秦
也沛公罵曰豎儒夫天下同苦秦久矣故諸侯相率乎
而攻秦何謂助秦攻諸侯乎食其酈生曰必欲聚徒合義
兵誅無道秦不宜踞見長者於是沛公輟洗起攝衣
延酈生上坐謝之食其酈生因言六國從橫時沛公喜賜
酈生食問曰計將安出食其酈生曰足下起糾合之衆收
散亂之兵不滿萬人欲以徑入彊秦此所謂探虎口
者也夫陳留天下之衝四通五達之郊也今其城中
又多積粟臣善知其令今請得使之令下足下即不聽

足下舉兵攻之臣爲内應於是遣酈生行食其往沛公引兵
隨之遂下陳留號酈食其爲廣野君食其酈生言其弟酈
商使將數千人從沛公西南略地食其酈生常爲說客馳
使諸侯漢三年秋項羽擊漢拔滎陽漢兵遁保鞏洛
楚人聞淮陰侯韓信破趙彭越數反梁地則分兵救之淮陰韓信
方東擊齊漢王數困滎陽成皋計欲捐成皋以東
屯鞏洛以拒楚食其酈生因曰臣聞之知天之天者王事
可成不知天之天者王事不可成王者以民人爲天
而民人以食爲天夫敖倉天下轉輸久矣臣聞其下

乃有藏粟甚多楚人拔滎陽不堅守敖倉迺引而東
令適卒分守成皋此乃天所以資漢也方今楚易取
而漢反卻自奪其便臣竊以爲過矣且兩雄不俱立
楚漢久相持不決百姓騷動海内搖蕩農夫釋耒工
女下機天下之心未有所定也願足下急復進兵收
取滎陽據敖倉之粟塞成皋之險杜太行之道距蜚
狐之口守白馬之津以示諸侯效實形制之勢則天
下知所歸矣方今燕趙已定唯齊未下今田廣據千
里之齊田閒將二十萬之衆軍於歷城諸田宗彊負

海岱阻河濟南近楚齊人多變詐足下雖遣數十萬
師未可以歲月破也臣請得奉明詔說齊王使爲漢
而稱東藩上曰善迺從其畫復守敖倉而使酈生說食其
齊王曰王知天下之所歸乎王曰不知也曰王知天
下之所歸則齊國可得而有也若不知天下之所歸
即齊國未可得保也齊王曰天下何所歸食其曰天
下歸漢齊王曰先生何以言之曰漢王與項王戮力
西面擊秦約先入咸陽者王之漢王先入咸陽項王
負約不與而王之漢中項王遷殺義帝漢王聞之起

蜀漢之兵擊三秦出關而責義帝之（負）處收天下之兵立諸侯之後降城即以侯其將得賂即（則）以分其士與天下同其利豪英賢（才）材皆樂為之用諸侯之兵四面而至蜀漢之粟方船而下項王有（倍）背約之名殺義帝之負於人之功無所記於人之罪無所忘戰勝而不得其賞拔城而不得其封非項氏莫得用事為人刻印刓（刓）而不能授攻城得賂積財而不能賞天下畔之賢（才）材怨之而莫為之用故天下之士歸於漢王可坐而策也夫漢王發蜀漢定三秦涉西河之外援上

黨之兵下井陘誅成安君破北魏舉三十二城此（蚩）尤之兵也非人之力也天之福也今已據敖（倉）庾之粟塞成皋之險守白馬之津杜太行之阪（阪）距蜚（飛）狐之口天下後服者先亡矣王疾先下漢王齊國社稷可得而保也不下漢王危亡可立而待也田廣以為然迺聽酈生（食其）罷歷下兵守戰備與酈生（食其）日縱酒淮陰侯（韓信）聞酈生伏（食其馮）軾下齊七十餘城迺夜度兵平原襲齊齊王田廣聞漢兵至以為酈生（食其）賣已迺曰汝能止漢軍我活汝不然我將亨汝酈生曰舉大事不細謹盛德不辭讓而公不為若更言齊王遂亨酈生（食其）引兵東丞漢

十二年曲周侯酈商以丞相將兵擊黥布有功高祖舉列侯功臣思酈（食其）酈食其子疥數將兵功未當侯上以其父故封疥為高梁侯後更食武陽卒子遂嗣三世元狩元年中武遂侯平生坐詐詔衡山王取百斤金當棄市病死國除也

陸賈者楚人也以客從高祖定天下名為有口辯士居左右常使諸侯及高祖時中國初定尉他（佗）平南越因王之高祖使陸賈賜尉他（佗）印為南越王陸生（賈）至尉

他（佗）魋結箕踞見陸生（賈）陸生因進說他（佗）曰足下中國人親戚昆弟墳墓在真定今足下反天性棄冠帶欲以區區之越與天子抗衡為敵國禍且及身矣且夫秦失其政（正）諸侯豪桀（傑）並起唯漢王先入關據咸陽項羽倍（背）約自立為西楚霸王諸侯皆屬可謂至彊然漢王起巴蜀鞭笞天下劫略諸侯遂誅項羽滅之五年之間海內平定此非人力天之所建也天子聞君王王南越而不助天下誅暴逆將相欲移兵而誅王天子憐百姓新勞苦故且休之遣臣授君王印剖符通

使君王宜郊迎北面稱臣乃欲以新造未集之越屈
彊於此漢誠聞之掘燒君王先人冢夷滅宗族使
一偏將將十萬衆臨越則越殺王降漢如反覆手耳
於是尉他廼蹶然起坐謝陸生曰居蠻夷中久殊失
禮義因問陸生曰我孰與蕭何曹參韓信賢陸生曰
王似賢也復問曰我孰與皇帝賢陸生曰皇帝起豐
沛討暴秦誅彊楚為天下興利除害繼五帝三皇之
業統天下理中國中國之人以億計地方萬里居天
下之膏腴人衆車輿萬物殷富政由一家自天地剖

泮未始有也今王衆不過數十萬皆蠻夷崎嶇山海
閒譬若漢一郡王何乃比於漢尉他大笑曰吾不起
中國故王此使我居中國何渠不若漢廼大說陸生
留與飲數月曰越中無足與語至生來令我日聞所
不聞賜陸生橐中裝直千金他送亦千金陸生卒拜
尉他為南越王令稱臣奉漢約歸報高帝大說拜賈
為太中大夫陸生時時前說稱詩書高帝罵之曰迺
公居馬上而得之安事詩書陸生曰居馬上得之寧
可以馬上治之乎且湯武逆取而以順守之文武並

用長久之術也昔者吳王夫差智伯極武而亡秦任
刑法不變卒滅趙氏鄉使秦已并天下行仁義法先
聖陛下安得而有之高帝不懌而有慙色迺謂陸生
曰試為我著秦所以失天下吾所以得之者何及古
成敗之國陸生乃粗述存亡之徵凡著十二篇每奏
一篇高帝未嘗不稱善左右呼萬歲號其書曰新語
孝惠帝時呂太后用事欲王諸呂畏大臣及有口者
陸生自度不能爭之迺病免家居以好畤田地善可
以家焉有五男迺出所使越得橐中裝賣千金分其

子子二百金令為生產陸生常安車駟馬從歌舞
鼓琴瑟侍者十人寶劍直百金謂其子曰與汝約過
汝汝給吾人馬酒食極欲十日而更所死家得寶劍
車騎侍從者一歲中往來過他客率不過再三過
數見不鮮無久慁公為也呂太后時王諸呂諸呂擅
權欲劫少主危劉氏右丞相陳平患之力不能爭恐
禍及己常燕居深念陸生往不請直入坐而陳丞
相方深念不時見陸生陸生曰何念之深也陳平曰
生揣我何念陸生曰足下位為上相食三萬戶侯可

今案危特如本語稱仰擬說意有所主遂成名言

猶從狹及此此今人以爲不足以爲戲易吾言今以平昃讖亦不可測也

謂極富貴無欲矣然有憂念不過患諸呂少主耳陳平曰然爲之柰何陸生（賈）曰天下安注意相天下危注意將將相和（調）則士豫（務）附士（豫）附天下雖有變（即）權（則）不分權不分爲社稷計在兩君掌握耳臣常欲謂太尉絳侯絳侯與我戲易吾言君何不交驩太尉深相結爲陳平畫呂氏數事陳平用其計迺以五百金爲絳侯壽厚具樂飲太尉太尉亦報如之（此）兩人深相結則呂氏謀益（衰）衰陳平（迺）乃以奴婢百人車馬五十乘錢五百萬遺陸生（賈）爲（飲）食飲費陸生（賈）以此游漢廷公

史漢方駕卷十五　陸賈　八

卿間名聲藉甚及誅諸呂立孝文帝陸生（賈）頗有力（爲）孝文（帝）即位欲使人之南越陳（平）丞相等乃言陸生（賈）爲太中大夫往使尉佗（陸賈令尉佗）去黃屋稱制令比諸侯皆如意（旨）（指）語在南越（語中）（傳）陸生竟以壽終

平原君朱建者楚人也故嘗爲淮南王黥布相有辠（罪）去後復事布（黥）布欲反時問平原君（建）（平原君建）（諫）止之布不聽而聽梁父侯遂反漢（既）已誅布聞（平原君建）平原君諫不與謀得不誅語在黥布（語中）（傳）高祖賜建號平原君家徙長安爲人辯有口刻廉剛直家於長安行不苟合義不取容辟陽

建本不取辟陽侯而陸生云以其母故遊不知君與此無一言有未知則爲居死矣知字必異

侯行不正得幸呂太后時辟陽侯欲知平原君（建）（平原君建）不肯見及平原君（建）母死陸生素與平原君（建）善過之平原君家貧未有以發喪方假（貸）貸服具陸生（賈）令平原君（建）發喪陸生往見辟陽侯賀曰平原君母死辟陽侯曰平原君母死何乃賀我（乎）陸生（賈）曰前日君侯欲知平原君平原君義不知君以其母故今其母死君誠厚送喪則彼爲君死矣辟陽侯（迺）乃奉百金往稅（襚）列侯貴人以辟陽侯故往（賻）稅凡五百金久之人或毀辟陽侯（於孝惠帝）孝惠帝大怒下吏欲誅之

史漢方駕卷十五　朱建　九

閎不可令取容文字見閎籍孺非其所有雖言者又未嘗不知孺也

呂太后慙不可以言大臣多害辟陽侯行欲遂誅之辟陽侯困急（因）使人欲見平原君（建）（平原君建）辭曰獄急不敢見君（建）乃求見孝惠（帝）幸臣閎籍孺說之曰君所以得幸帝天下莫不聞今辟陽侯幸太后而下吏道路皆言君讒欲殺之今日辟陽侯誅旦日太后含怒亦誅君（君）何不肉袒爲辟陽侯言（於）帝帝聽君出辟陽侯太后大驩兩主（共）（俱）幸君君（貴）富貴益倍矣於是閎籍孺大恐從其計言帝（帝）果出辟陽侯辟陽侯之囚欲見平原君（建）（若平原君）不見辟陽侯（辟陽侯）以爲

惜也失其子名

自朱子傳後乃世所傳酈生書

也細史問不可知皆可言異乎兵好刪存之

倍已背之大怒及其成功出之延大驚呂太后崩大臣誅
諸呂辟陽侯於諸呂至深而卒不誅計畫所以全者
皆陸生平原君之力也孝文帝時淮南厲王殺辟陽
侯黨以諸呂故孝文帝聞其客平原君朱建爲計策使吏捕
欲治聞吏至門平原君建欲自殺諸子及吏皆曰事未
可知何早自殺爲平原君建曰我死禍絕不及而身矣乃
遂自剄孝文帝聞而惜之曰吾無殺建意也殺之迺召
其子拜爲中大夫使匈奴單于無禮迺罵單于遂死
何奴中初沛公引兵過陳留酈生踵軍門上謁曰[redacted]

陽賤民酈食其竊聞沛公暴露將兵助楚誅不義敬
勞從者願得望見口畫天下便事使者入通沛公方
洗問使者曰何如人也使者對曰狀貌類大儒衣儒
衣冠側注沛公曰爲我謝之言我方以天下爲事未
暇見儒人也使者出謝曰沛公敬謝先生方以天下
爲事未暇見儒人也酈生瞋目案劍叱使者曰走復
入言沛公吾高陽酒徒也非儒人也使者懼而失謁跪
拾謁還走復入報曰客天下壯士也叱臣臣恐至失
謁曰走復入言而公高陽酒徒也沛公遽雪足杖矛

曰延客入酈生入揖沛公曰足下甚苦暴衣露冠將
兵助楚討不義足下何不自喜也臣願以事見而曰
吾方以天下爲事未暇見儒人也夫足下欲興天下
之大事而成天下之大功而以目皮相恐失天下之
能士且吾度足下之智不如吾勇又不如吾若欲就
天下而不相見竊爲足下失之沛公謝曰鄉者聞先
生之容今見先生之意矣迺延而坐之問所以取天
下者酈生曰夫足下欲成大功不如止陳留陳留者
天下之據衝也兵之會地也積粟數千萬石城守甚

堅臣素善其令願爲足下說之不聽臣臣請爲足下
殺之而下陳留足下將陳留之衆據陳留之城而食
其積粟招天下之從兵從兵以成足下橫行天下莫
能有害足下者矣沛公曰敬聞命矣於是酈生迺夜
見陳留令說之曰夫秦爲無道而天下畔之今足下
與天下從則可以成大功今獨爲亡秦嬰城而堅守
臣竊爲足下危之陳留令曰秦法至重也不可以妄
言妄言者無類吾不可以應先生所以教臣者非臣
之意也願勿復道酈生留宿卧夜半時斬陳留令首

踰城而下報沛公沛公引兵攻城懸令首於長竿以示城上人曰趣下而令頭已斷矣今後下者必先斬之於是陳留人見令已死遂相率而下沛公沛公舍陳留南城門上因其庫兵食積粟留出入三月從兵以萬數遂入破秦

太史公曰世之傳酈生書多曰漢王已拔三秦東擊項籍而引軍於鞏洛之間酈生被儒衣往說漢王迺非也自沛公未入關與項羽別而至高陽得酈生兄弟余讀陸生新語書十二篇固當時之辯士至平原君子與余善是以得具論之

[illegible]

史漢方駕十五卷終

史漢方駕卷第十六

浙濟許相卿台仲甫　撰輯

徐　禾仲年甫　校録

史傳三十九　漢傳十三　劉敬　叔孫通

劉敬者齊人也漢五年戍隴西過雒陽高帝在焉婁敬脫輓輅衣其羊裘見齊人虞將軍曰臣願見上言便事宜虞將軍欲與之鮮衣婁敬曰臣衣帛衣帛見衣褐衣褐見終不敢易衣於是虞將軍入言上上召入見賜食已而問婁敬婁敬說曰陛下都洛雒陽豈欲與周室比隆哉上曰然婁敬曰陛下取天下與周室異周之先自后稷堯封之邰積德累絫善十有餘世公劉避桀居豳太王以狄伐故去豳杖馬箠去居岐國人爭隨歸之及文王為西伯斷虞芮之訟始受命呂望伯夷自海濱來歸之武王伐紂不期而會孟津之上八百諸侯皆曰紂可伐矣遂滅殷成王即位周公之屬傅相焉迺營成周洛邑都洛以此為天下之中也諸侯四方納貢職道里均矣有德則易以王無德則易以亡凡居此者欲令周務以德致人不欲依阻險令後

[illegible]

[illegible]

世驕奢以虐民也及周之盛時天下和治四夷鄉風慕義懷德附離而並事天子不屯一卒不戰一士八夷大國之民莫不賓服效其貢職及周之衰也分而爲兩天下莫朝周周不能制也非其德薄也而形勢弱也今陛下起豐沛收卒三千人以之徑往而卷蜀漢定三秦與項羽戰滎陽爭成皋之口大戰七十小戰四十使天下之民肝腦塗地父子暴骨中野不可勝數哭泣之聲未絕傷痍者未起而欲比隆於成康之時臣竊以爲不侔也且夫秦地被山帶河四塞以爲固卒然有急百萬之衆可具也因秦之故資甚美膏腴之地此所謂天府者也陛下入關而都之山東雖亂秦之故地可全而有也夫與人鬬不搤其肮拊其背未能全其勝也今陛下入關而都按秦之故地此亦搤天下之亢而拊其背也高帝問群臣群臣皆山東人爭言周王數百年秦二世則亡不如都周上疑未能決及留侯明言入關便即日車駕西都關中於是上曰本言都秦地者婁敬婁者乃劉也賜姓劉氏拜爲郎中號爲奉春君漢七年韓王信反高帝

史漢方駕卷十六　劉敬　二

[illegible]

自往擊之至晉陽聞信與匈奴欲共擊漢上大怒使人使匈奴匈奴匿其壯士肥牛馬但見其老弱及羸畜使者十輩來皆言匈奴可易擊上使劉敬復往使匈奴還報曰兩國相擊此宜夸矜見所長今臣往徒見羸瘠老弱此必欲見短伏奇兵以爭利愚以爲匈奴不可擊也是時漢兵已踰句注二十餘萬兵已業行上怒罵劉敬曰齊虜以口舌得官今乃妄言沮吾軍械繫敬廣武遂往至平城匈奴果出奇兵圍高帝白登七日然後得解高帝至廣武赦敬曰吾不用公言以困平城吾皆已斬前使十輩言可擊者矣迺封敬二千戶爲關內侯號爲建信侯高帝罷平城歸韓王信亡入胡當是時冒頓爲單于兵彊控弦四三十萬數苦北邊上患之問劉敬劉敬曰天下初定士卒罷於兵革未可以武服也冒頓殺父代立妻群母以力爲威未可以仁義說也獨可以計久遠子孫爲臣耳然恐陛下不能爲上曰誠可何爲不能顧爲奈何劉敬對曰陛下誠能以適長公主妻之厚奉遺之彼知漢適女送厚蠻夷必慕以爲閼氏生子必爲

史漢方駕卷十六　劉敬　三

太子代單于何者貪漢重幣陛下以歲時漢所餘彼所鮮數問遺因使辯士風諭以禮節冒頓在固爲子壻死則外孫爲單于豈嘗聞外孫敢與大父抗禮者哉兵可無戰以漸臣也若陛下不能遣長公主而令宗室及後宮詐稱公主彼亦知不肯貴近無益也高帝曰善欲遣長公主呂后日夜泣曰妾惟以一太子一女奈何弃之匈奴上竟不能遣長公主而取家人子名爲長公主妻單于使劉敬往結和親約劉敬從匈奴來因言匈奴河南白羊樓煩王去長安近者七

百里輕騎一日一夜可以至秦中秦中新破少民地肥饒可益實夫諸侯初起時非齊諸田楚昭屈景莫能興今陛下雖都關中實少人北近胡寇東有六國之族宗彊一日有變陛下亦未得高枕而卧也臣願陛下徙齊諸田楚昭屈景燕趙韓魏後及豪桀名家居關中無事可以備胡諸侯有變亦足率以東伐此彊本弱末之術也上曰善迺使劉敬徙所言關中十餘萬口

叔孫通者薛人也秦時以文學徵待詔博士數歲陳勝起山東使者以聞二世召博士諸儒生問曰楚戍卒攻蘄入陳於公何如博士諸生三十餘人前曰人臣無將將即反罪死無赦願陛下急發兵擊之二世怒作色叔孫通前曰諸生言皆非也夫天下合爲一家毀郡縣城鑠其兵示天下不復用且明主在其上法令具於下使人人奉職四方輻輳安敢有反者此特群盜鼠竊狗盜耳何足置之齒牙間哉郡守尉今捕論何足憂二世喜曰善盡問諸生諸生或言反或言盜於是二世令御史按諸生言反者下吏非所宜

言諸生言盜者皆罷之迺賜叔孫通帛二十匹衣一襲拜爲博士叔孫通已出宮反舍諸生曰先生何言之諛也通曰公不知也我幾不脫於虎口迺亡去之薛薛已降楚矣及項梁之薛叔孫通從之敗於定陶從懷王懷王爲義帝徙長沙叔孫通留事項王漢二年漢王從五諸侯入彭城叔孫通降漢王漢王敗而西因竟從漢叔孫通儒服漢王憎之迺變其服服短衣楚製漢王喜叔孫通之降漢從儒生弟子百餘人然通無所言進專言諸故群盜壯士進之弟子皆竊

焉曰事先生數年幸得從降漢今不能進臣等專言
大猾何也叔孫通聞之迺謂曰漢王方蒙矢石爭天
下諸生寧能鬬乎故先言斬將搴旗之士諸生且待
我我不忘矣漢王拜叔孫通爲博士號稷嗣君漢五
年已并天下諸侯共尊漢王爲皇帝於定陶叔孫通
就其儀號高帝悉去秦苛儀法爲簡易群臣飲酒爭
功醉或妄呼拔劍擊柱高帝患之叔孫通知上益厭
之也說上曰夫儒者難與進取可與守成臣願徵魯
諸生與臣弟子共起朝儀高帝曰得無難乎叔孫通

曰五帝異樂三王不同禮禮者因時世人情爲之節
文者也故夏殷周之禮所因損益可知者謂不相復
也臣願頗采古禮與秦儀雜就之上曰可試爲之令
易知度吾所能行爲之於是叔孫通使徵魯諸生三
十餘人魯有兩生不肯行曰公所事者且十主皆面
諛以得親貴今天下初定死者未葬傷者未起又欲
起禮樂禮樂所由起積德百年積德而後可興也吾
不忍爲公所爲公所爲不合古吾不行公往矣無汙
我叔孫通笑曰若真鄙儒也不知時變遂與所徵三

十人西及上左右爲學者與其弟子百餘人爲綿蕞
野外習之月餘叔孫通曰上可試觀上既觀使行禮
曰吾能爲此迺令群臣習肄會十月漢七年長樂宮
成諸侯群臣皆朝十月儀先平明謁者治禮引以次
入殿門廷中陳車騎步卒衛宮設兵張旗志傳言曰趨
殿下郎中俠陛陛數百人功臣列侯諸將軍軍吏以
次陳西方東鄉文官丞相以下陳東方西鄉大行設
九賓臚句傳於是皇帝輦出房百官執戟傳警引諸
侯王以下至吏六百石以次奉賀自諸侯王以下莫

不振恐肅敬至禮畢盡伏置法酒諸侍坐殿上皆伏
抑首以尊卑次起上壽觴九行謁者言罷酒御史執
法舉不如儀者輒引去竟朝置酒無敢讙譁失禮者
於是高帝曰吾迺今日知爲皇帝之貴也迺拜叔孫
通爲太常賜金五百斤叔孫通因進曰諸弟子儒生
隨臣久矣與臣共爲儀願陛下官之高帝悉以爲郎
叔孫通出皆以五百斤金賜諸生諸生迺皆喜曰叔
孫生誠聖人也知當世之要務漢九年高帝徙叔孫
通爲太子太傅漢十二年高祖欲以趙王如意易太

貴侯誠犯吸若役誰背甘實不貴人所難言此非所欺也

子叔孫通諫上曰昔者晉獻公以驪姬之故廢太子
立奚齊晉國亂者十數年爲天下笑秦以不早定扶
蘇令趙高得以詐立胡亥詐立自使滅祀此陛下所
親見今太子仁孝天下皆聞之呂后與陛下攻苦食
啖其可背哉陛下必欲廢適而立少臣願先伏誅以
頸血汙地高帝曰公罷矣吾特直戲耳叔孫通曰太子
天下本本一搖天下振振動奈何以天下爲爲戲高帝曰
吾聽公言及上置酒見留侯所招客從太子入見上
乃遂無易太子志矣高帝崩孝惠即位乃謂叔孫生通

曰先帝園陵寢廟群臣莫能習徙通爲奉太常定宗廟
儀法及稍定漢諸儀法皆叔孫生爲太常所論著也
孝惠帝爲東朝長樂宮及間往來數蹕煩人氏乃作複
道方築武庫南通叔孫生奏事因請間曰陛下何自築
複道高帝寢衣冠月出游高廟高廟漢太祖奈何令
後世子孫奈何乘宗廟道上行哉孝惠帝大懼曰急
壞之通叔孫生曰人主無過舉今已作百姓皆知之矣今
壞此則示有過舉願陛下爲原廟渭北衣冠月出游
之益廣多宗廟大孝之本也上乃詔有司立原廟原

叔孫通諫最爲切當時東朝長樂宮此複道既築於高廟南孝於太祖矣通曰游衣冠甚嚴又令高廟大祖孫之人得至此使高帝所知則足將惠帝時可以所謂以飾過故阿徵說然不知於微而月出游爲此意甚古設其衣冠其時食類也

謂衣冠出複道下乃曰乘宗廟道上行惧後人以此爲出游實樂之使從故示未滿其事甚誠防微杜漸之情乃謂其所處此者然獨以似此不然也求何足爲於禮復何出哉

廟起以複道故孝惠帝嘗春出游離宮通叔孫生曰古
者有春嘗果方今櫻桃孰可獻願陛下出因取櫻桃
獻宗廟上乃許之諸果獻由此興
太史公曰高祖以征伐定天下而縉紳之徒騁其知
辯並成大業語曰千金之裘非一狐之腋也臺榭之
材非一木之枝三代之際非一士之智也信哉夫高
祖起微細定海內謀計用兵可謂盡之矣然而劉敬
脫輓輅一說建萬世之安智豈可專耶叔孫通希世
度務制禮進退與時變化卒爲漢家儒宗大直若詘

太史公以酈陸爲一類附以朱建三人事略相似其所言絕世不遷不說其辯相從而此而

就而立一旦之儀遇其時也酈生自許監門待王然

道固委蛇蓋謂是乎
後出猶不免烹錢朱建始名廉直既距辟陽不終其
節亦以喪身陸賈位止大夫致仕諸呂不受辱責從
容平勃之間附會將相以彊社稷身名俱榮其最優
乎

同之類以爲酈生不相類至以叔孫通劉敬繼可以其大叔孫何說哉

史漢方駕十六卷終

史漢方駕卷第十七

浙湖許相卿台仲甫　撰輯
徐　禾仲年甫　校鋟

史傳四十　漢傳七　季布　欒布

季布者楚人也為氣任俠有名於楚項籍使將兵數窘漢王及項羽滅高祖購求布千金敢有舍匿罪及三族季布匿濮陽周氏周氏曰漢購將軍急迹且至臣家將軍能聽臣臣敢獻計即不能願先自剄季布許之迺髡鉗季布衣褐衣置廣柳車中并與其家僮

數十人之魯朱家所賣之朱家心知是季布也迺買而置之田誡其子曰田事聽此奴必與同食朱家迺乘軺車之洛陽見汝陰侯滕公滕公留朱家飲數日因謂滕公曰季布何大罪而上求之急也滕公曰布數為項羽窘上上怨之故必欲得之朱家曰君視季布何如人也曰賢者也朱家曰臣各為其主用季布為項籍用職耳項氏臣豈可盡誅邪今上始得天下而獨以己之私怨求一人何示天下之不廣也且以季布之賢而漢求之急如此此不北走胡即南走越耳夫忌壯士以資敵國此伍子胥所以鞭荊平王之墓也君何不從容為上言之邪汝陰侯滕公心知朱家大俠意季布匿其所迺許曰諾待間果言如朱家指上迺赦季布當是時諸公皆多季布能摧剛為柔朱家亦以此名聞當世季布召見謝上拜為郎中孝惠時為中郎將單于嘗為書嫚呂太后不遜呂后大怒召諸將議之上將軍樊噲曰臣願得十萬衆橫行匈奴中諸將皆阿呂太后意曰以噲言為然季布曰樊噲可斬也夫以高帝將兵四十餘萬衆困於平城噲時亦在其

中今噲奈何以十萬衆橫行匈奴中面欺且秦以事於胡陳勝等起于今創痍未瘳噲又面諛欲搖動天下是時殿上皆恐太后罷朝遂不復議擊匈奴事季布為河東守孝文時人有言其賢者孝文召欲以為御史大夫復有人又言其勇使酒難近至留邸一月見罷季布因進曰臣無功竊寵待罪河東陛下無故召臣此人必有以臣欺陛下者今臣至無所受事罷去此人必有毀臣者夫陛下以一人之譽而召臣以一人之毀而去臣臣恐天下有識者聞之有以闚陛下也

上默然慙（良久）曰河東吾股肱郡故特召君耳布（辭）
之官（楚人）曹丘生（辯士）數招權顧金錢事貴人趙（同）談
等與竇長君善（季）布聞之寄書諫（竇）長君曰吾聞曹
丘生非長者勿與通及曹丘生歸欲得書請（季）布（竇）
長君曰季將軍不說足下足下無往固請書遂行使
人先發書（季）布果大怒待曹丘曹丘至（則）揖（季）布曰
楚人諺曰得黃金百（斤）不如得季布一諾足下何以
得此聲（於）梁楚之間哉且僕（與）楚人足下（亦）楚人（也）僕
游揚足下之名於天下顧不（重邪）（矣乎）何足下距僕之深

也（季）布（乃）（廼）大說引入留數月為上客厚送之（季）布名
所以益聞者曹丘揚之也（季）布弟季心氣蓋關中遇
人恭謹為任俠方數千里士皆爭為之死嘗殺人亡
之吳從（袁）（爰）絲匿長事（袁）（爰）絲弟畜灌夫籍福之屬嘗為
中司馬中尉郅都不敢不加（禮）少年多時時竊（籍）（借）其
名以行當是時季心以勇布以諾著聞關中（季）布母
弟丁公為楚將（丁公為項羽）逐窘高祖彭城西短
兵接（高祖）（漢王）急顧（謂）丁公曰兩賢豈相（戹）（厄）哉（於是）丁公
引兵而還（漢王遂解去）及項王滅丁公謁見（高祖）高

祖以丁公徇軍中曰丁公為項王臣不忠使項王失
天下者（迺）丁公也遂斬（之）丁公曰使後世為人臣者無
效丁公（也）
欒布者梁人也（始梁王）彭越為家人時嘗與布游窮
困（賃傭）（賣庸）於齊為酒（人）（家）保數歲（彭）越去（之巨野中為盜）
而布為人所略賣為奴於燕為其（家）主家報仇燕將
臧荼舉以為都尉（臧）荼（後）為燕王以布為將及（臧）荼
反漢擊燕虜布梁王彭越聞之（迺）（乃）言上請贖布以為
梁大夫使於齊未（還）（反）漢召彭越責以謀反夷三族已

而梟彭越頭於雒陽下詔曰有（敢）收視者輒捕之布
從齊還奏事彭越頭下祠而哭之吏捕布以聞上召
布罵曰若與彭越反邪吾禁人勿收若獨祠而哭之
與（越）反明矣趣亨之方提（趨）湯布顧曰願一言而死
上曰何言布曰方上之困（於）彭城敗滎陽成皋間項
王所以（遂）不能（遂）西徙以彭越居梁地與漢合從苦
楚也當是之時彭王（壹）一顧與楚則漢破與漢（而）（則）楚破
且垓下之會微彭王項氏不亡天下已定彭王剖符
受封亦欲傳之萬世今（漢）陛下一徵兵於梁彭王病不

[illegible]

行而陛下疑以爲反反形未見以苛細小案誅滅之臣
恐功臣人人自危也今彭王已死臣生不如死請就
亨於是上乃釋布罪拜爲都尉孝文時爲燕相至將
軍布迺稱曰窮困不能辱身下志非人也富貴不能
快意非賢也於是嘗有德者厚報之有怨者必以法
滅之吳楚反時以軍功封俞侯復爲燕相燕齊之
間皆爲欒布立社號曰欒公社景帝中五年薨子賁
嗣侯孝武時坐爲太常犧牲不如令國除
太史公曰以項羽之氣而季布以勇顯名於楚身履典

史漢方駕卷十七　五　五百二十

軍搴旗者數矣可謂壯士然及至被刑戮爲人奴而
不死何其下也彼必自負其材故受辱而不羞欲有
所用其未足也故終爲漢名將賢者誠重其死夫婢
妾賤人感慨而自殺者非能勇也其計畫無俚之至
耳欒布哭彭越趣湯田叔隨張敖赴死如歸者彼誠知所
處不自重其死雖往古烈士何以加哉

史漢方駕十七卷終

[illegible]

史漢方駕卷第十八

浙海許相卿台仲甫　撰輯
徐　禾仲年甫　校録

史傳四十一　漢傳十九　袁盎鼂錯

袁盎者楚人也字絲其父故爲羣盗徙處安
陵高后時盎嘗爲呂祿舍人及孝文帝即位盎兄噲
任盎爲郎中絳侯爲丞相朝罷趨出意得甚上禮
之恭常自送之袁盎進曰陛下以丞相何如人也上
曰社稷臣盎曰絳侯所謂功臣非社稷臣社稷臣主

史漢方駕卷十八　一

在與在主亡與亡方呂后時諸呂用事擅相王劉氏
不絶如帶是時絳侯爲太尉主兵柄弗能正呂后崩
大臣相與共畔諸呂太尉主兵適會其成功所謂功
臣非社稷臣丞相如有驕主色陛下謙讓臣主失禮
竊爲陛下不取也後朝上益莊丞相益畏已而絳侯
望袁盎曰吾與而兄善今兒廷毁我盎遂不謝及絳
侯免相之國國人上書告以爲反徵繫清室宗室諸
公莫敢爲言唯袁盎明絳侯無罪絳侯得釋盎頗有
力絳侯乃大與盎結交淮南厲王朝殺辟陽侯居處

驕甚袁盎諫曰諸侯太驕必生患可適削地上弗用淮南王益橫及棘蒲侯柴武太子謀反事覺治連淮南王淮南王徵上因遷之蜀檻車傳送袁盎時爲中郎將乃諫曰陛下素驕淮南王弗稍禁以至此今又暴摧折之淮南王爲人剛如有遇霧露行道死陛下竟爲以天下之大弗能容有殺弟之名柰何上弗聽遂行之淮南王至雍病死聞上輟食哭甚哀盎入頓首請罪上曰以不用公言至此盎曰上自寬此往事豈可悔哉且陛下有高世之行者三此不足以毀名上曰吾高世行三者何事盎曰陛下居代時太后嘗病三年陛下不交睫不解衣湯藥非陛下口所嘗弗進夫曾參以布衣猶難之今陛下親以王者修之過曾參孝遠矣夫諸呂用事大臣專制然陛下從代乘六乘傳馳不測之淵雖賁育之勇不及陛下陛下至代邸西向讓天子位者再南面讓天子位者三夫許由一讓而陛下五以天下讓過許由四矣且陛下遷淮南王欲以苦其志使改過有司衛不謹故病死於是上乃解曰將柰何盎曰淮南王有三子唯

在陛下耳於是文帝立其三子皆爲王盎由此名重朝廷袁盎常引大體忼慨宦者趙同以數幸常害袁盎袁盎患之盎兄子種爲常侍騎持節夾乘說盎曰君與鬬廷辱之使其毀不用君上不復信於是上朝東宮趙同參乘袁盎伏車前曰臣聞天子所與共六尺輿者皆天下豪英今漢雖乏人陛下獨柰何與刀鋸之餘共載於是上笑下趙同趙同泣下車上從霸陵上欲西馳下峻阪袁盎騎並車擥轡上曰將軍怯邪盎言曰臣聞千金之子坐不垂堂百金之子不騎衡聖主不乘危而徼幸今陛下騁六騑馳下峻山如有馬驚車敗陛下縱自輕柰高廟太后何上乃止上幸上林皇后慎夫人從其在禁中常同席坐及坐郎署長布席袁盎引卻慎夫人坐慎夫人怒不肯坐上亦怒起入禁中盎因前說曰臣聞尊卑有序則上下和今陛下既已立后慎夫人迺妾妾主豈可與同坐哉且陛下幸之即厚賜之陛下所以爲慎夫人適所以禍之也陛下獨不見人彘乎於是上迺說召語慎夫人慎夫人賜盎金五十斤然袁盎亦以數直諫不得

久居中調爲隴西都尉仁愛士卒士卒皆爭爲死還
爲齊相徙爲吳相辭行種謂盎曰吳王驕日久國多
姦今苟欲劾治彼不上書告君即利劍刺君矣南方
卑溼君能日飲毋苛時說王曰毋反而已如此幸得
脫盎用種之計吳王厚遇盎盎告歸道逢丞相申屠
嘉下車拜謁丞相從車上謝袁盎袁盎還愧其吏乃
之丞相舍上謁求見丞相丞相良久而乃見之盎因跪
曰願請間丞相曰使君所言公事之曹與長史掾議
之吾且奏之即私邪吾不受私語袁盎即跪說曰君

史漢方駕卷十六　袁盎　四

爲丞相自度孰與陳平絳侯丞相曰吾不如袁盎曰
善君即自謂不如夫陳平絳侯輔翼高帝定天下爲
將相而誅諸呂存劉氏君乃爲材官蹶張遷爲隊率
積功至淮陽守非有奇計攻城野戰之功且陛下從
代來每朝郎官者上書疏未嘗不止輦受其言言不
可用置之言可采未嘗不稱善何也則欲以致
天下賢英士大夫上日聞所不聞明所不知日益聖
智而君今自閉鉗天下之口而日益愚夫以聖主責愚
相君受禍不久矣丞相乃再拜曰嘉鄙野人乃不知

將軍幸教引入與入坐爲上客盎素不好鼂錯鼂錯
所居坐盎去盎所居坐錯亦去兩人未嘗同堂語
及孝文帝崩孝景帝即位鼂錯爲御史大夫使吏案
袁盎受吳王財物抵罪詔赦以爲庶人吳楚反聞鼂
錯謂丞史曰夫袁盎多受吳王金錢專爲蔽匿言不
反今果反欲請治盎宜知其計謀丞史曰事未發治
之有絕今兵西向治之何益且袁盎不宜有謀鼂錯
猶與未決人有告袁盎者袁盎恐夜見竇嬰爲言吳
所以反者願至上前口對狀竇嬰入言上上乃召袁

史漢方駕卷十六　袁盎　五

盎入見鼂錯在前及盎請辟人賜罷鼂錯去固恨甚
袁盎具言吳所以反狀以錯故獨急斬錯以謝吳
兵乃可罷其語具在吳事中使袁盎爲太常竇嬰爲
大將軍兩人素相與善逮吳反諸陵長者長安中賢
大夫爭附兩人車隨者日數百乘及鼂錯已誅袁
盎以太常使吳吳王欲使將不肯欲殺之使一都尉
以五百人圍守盎軍中初袁盎自其爲吳相時嘗有從
史從史嘗盜愛盎侍兒盎知之弗泄遇之如故人有
告從史言君知爾與侍者通乃亡歸袁盎驅自追之

[illegible]

遂以侍者賜之，復為從史。及（袁）盎使吳，見守，從史適

（為）（在）守盎校尉（為）司馬，（迺）乃悉以其裝齎置二石醇醪。會天

寒，士卒飢渴，飲（酒）醉，西南陬卒（卒）皆臥。司馬夜引（袁）

盎起，曰：「君可以去矣，吳王期旦日斬君。」盎弗信，曰：「公

何為者？」司馬曰：「臣故為（君）從史盗（君）侍兒者也。」盎乃

驚謝曰：「公幸有親，吾不足（以累）公。」司馬曰：「君第去，臣

亦且亡，避吾親，君何患！」乃（迺）以刀決（張）道，從醉卒直（出）

出。司馬與分背，（袁）盎解節（毛）懷之，（杖）步行七八十里，明

見梁騎，（騎馳）去，遂歸報。吳楚已破，上更以元王子平陸

侯禮為楚王，（袁）盎為楚相。嘗上書（有所言）不用。（袁）盎

病免居家，（居家）與閭里浮沈，相隨行，鬭雞走狗。雒陽劇

孟嘗過（袁）盎，盎善待之。安陵富人有謂盎曰：「吾聞劇

孟博徒，將軍何自通之？」盎曰：「劇孟雖博徒，然母死，客

送葬車千餘乘，此亦有過人者。且緩急人所有。夫一

旦有急叩門，不以親為解，不以存亡為辭，天下所望

者，獨季心、劇孟耳。今公常從數騎，一旦有緩急，寧足

恃乎！」遂罵富人，弗與通。諸公聞之，皆多（袁）盎。（袁）盎雖

家居，景帝時時使人問籌策。梁王欲求為嗣，（袁）盎

史漢方駕卷十八　六

[illegible]

進說，其後語塞。梁王以此怨盎，（曾）使人刺盎。刺者至

關中，問（袁）盎（稱），（諸君譽）之皆不容口。（迺）乃見（袁）盎曰：「臣受

梁王金（來）刺君，君長者，不忍刺君。然後刺（君）者十餘

曹，備之。」（袁）盎心不樂，家又多怪，（迺）乃之棓生所問占。還，

梁刺客後曹（輩）果遮刺殺盎安陵郭門外。

鼂錯者，潁川人也。學申商刑名於軹張恢先所，與雒

陽宋孟及劉（帶）（禮）同師。以文學為太常掌故。錯為人陗

直刻深。孝文（帝）時，天下（無）亡治尚書者，獨聞（濟南）（齊有）伏生，

故秦博士，治尚書，年九十餘，老不可徵，（迺）乃詔太常使

人往受之。太常遣錯受尚書伏生所。還，因上（便宜事），

以書稱說。詔以為太子舍人、門大夫、（遷博士）。又上書

言：「人主所以尊顯功名揚於萬世之後者，以知術數

也。故人主知所以臨制臣下而治其眾，則群臣畏服

矣；知所以聽言受事，則不欺蔽矣；知所以安利萬民，

則海內必從矣；知所以忠孝事上，則臣子之行備矣。

此四者，臣竊為皇太子急之。大臣之議或曰：皇太子

亡以知事為也。臣之愚，誠以為不然。竊觀上世之君，

不能奉其宗廟而劫殺於其臣者，皆不知術數者也。

史漢方駕卷十八　七

皇太子所讀書多矣而未深知術數者不聞書說也
夫多誦而不知其說所謂勞苦而不為功臣竊觀皇
太子材智高奇馭射伎藝過人絕遠然於術數未有
所守者以陛下為心也竊願陛下幸擇聖人之術可
用今世者以賜皇太子因時使太子陳明於前惟陛
下裁察上善之於是拜錯為太子家令以其辯得幸
太子太子家號曰智囊數上書孝文時是時匈奴彊數寇邊上發兵
以禦之錯上言兵事曰云云文帝嘉之乃賜錯璽書
寵答焉曰皇帝問太子家令上書言兵體三章聞之

書言狂夫之言而明主擇焉今則不然言者不狂而
擇者不明國之大患故在於此使夫不明擇於不狂
是以萬聽而萬不當也錯復言守邊備塞勸農力本
當世急務二事曰云云上從其言募民徙塞下錯復
言云云後詔有司舉賢良文學士錯在選中上親策
詔之曰惟十有五年九月壬子皇帝曰昔者大禹勤
求賢士施及方外四極之內舟車所至人迹所及靡
不聞命以輔其不逮近者獻其明遠者通厥聰比善
勠力以翼天子是以大禹能亾失德夏以長楙高皇

帝親除大害去亂從建豪英以為官師為諫爭輔
天子之闕而翼戴漢宗也賴天之靈宗廟之福方內
以安澤及四夷今朕獲執天下之正以承宗廟之祀
朕既不德又不敏明弗能燭而智不能治此大夫之
所著聞也故詔有司諸侯王三公九卿及主郡吏各
帥其志以選賢良明於國家之大體通於人事之終
始及能直言極諫者各有人數將以匡朕之不逮二
三大夫之行當此三道朕甚嘉之故登大夫于朝親
諭朕志大夫其上三道之要及永惟朕之不德吏之

不平政之不宣民之不寧四者之闕悉陳其志毋有
所隱上以薦先帝之宗廟下以興愚民之休利著之
于篇朕親覽焉觀大夫所以佐朕至與不至書之周
之密之重之閉之興自朕躬大夫其正論毋枉執事
烏虖戒之二三大夫其帥志毋怠錯對曰云云時賈
誼已死對策者百餘人唯錯為高第繇是遷中大夫
錯又言宜削諸侯事及法令可更定者書數十上凡三十篇
孝文雖不盡聽然奇其材遷為中大夫當是時太子
善錯計策袁盎諸大功臣多不好錯景帝即位以錯

為內史錯常數請間言事輒聽寵幸傾九卿法令多所更定丞相申屠嘉心弗便力未有以傷內史府居太上廟壖（垣）中門東出不便錯乃穿（兩門）南出鑿廟壖垣丞相嘉聞大怒欲因此過為奏請誅錯錯聞之即夜請間具為上言之丞相奏事因言錯擅鑿廟垣為門請下廷尉誅上曰此非廟垣乃壖中垣不致於法丞相謝罷朝因怒謂長史曰吾當先斬以聞乃先請為兒所賣固誤丞相遂發病死錯以此愈貴遷為御史大夫請諸侯之罪過削其地收其枝郡奏上上令

公卿列侯宗室集議莫敢難獨竇嬰爭之由此與錯有郤錯所更令三十章諸侯皆諠譁疾晁錯錯父聞之從潁川來謂錯曰上初即位公為政用事侵削諸侯別疏人骨肉人口議多怨公者何也晁錯曰固也不如此天子不尊宗廟不安錯父曰劉氏安矣而晁氏危矣吾去公歸矣遂飲藥死曰吾不忍見禍及吾身死後十餘日吳楚七國果俱反以誅錯為名及上與錯議出軍事錯欲令上自將兵而身居守會竇嬰言爰盎進說上令盎詔召入見上方與錯調兵食上問盎曰君嘗為吳

（漢傳[illegible]錯言事已[illegible]敢於其死不[illegible]備表盎等作吳王傳敗此傳不[illegible]可各自[illegible]）

相知吳臣田祿伯為人乎今吳楚反於公意何如對曰不足憂也今破矣上曰吳王即山鑄錢煮海為鹽誘天下豪桀白頭舉事此其計不百全豈發乎何以言其無能為也盎對曰吳銅鹽之利則有之安得豪桀而誘之誠令吳得豪桀亦且輔而為誼不反矣吳所誘皆亡賴子弟亡命鑄錢姦人故相誘以亂錯曰盎策之善上問曰計安出盎對曰願屏左右上屏人獨錯在盎曰臣所言人臣不得知乃屏錯錯趨避東箱甚恨上卒問盎對曰吳楚相遺書言高皇帝王子

弟各有分地今賊臣晁錯擅適諸侯削奪之地以故反名為西共誅錯復故地而罷方今計獨有斬錯發使赦吳楚七國復其故地則兵可毋血刃而俱罷於是上默然良久曰顧誠何如吾不愛一人謝天下盎曰愚計出此唯上孰計之迺拜盎為泰常密裝治行後十餘日丞相青翟中尉嘉廷尉歐劾奏錯曰吳王反逆亡道欲危宗廟天下所當共誅今御史大夫錯議曰兵數百萬獨屬群臣不可信陛下不如自出臨兵使錯居守徐僮之旁吳所未下者可以予吳錯不

[illegible]

衆人之死也以錯之智豈不知誣人以口語錯已身殺身家族之慘戮如此哉矣

願陛下總信欲疏群臣百姓又欲以城邑予吳亾臣子亂大逆無道錯當要斬父母妻子同産無少長皆棄市臣請論如法制曰可錯殊不知廼使中尉召錯紿載行市 錯衣朝衣斬東市 鼂錯已死謁者僕射鄧公爲校尉擊吳楚軍 爲將還上書言軍事謁 見上上問曰道軍所來聞鼂錯死吳楚罷不鄧公曰吳王爲反數十年歲矣發怒削地以誅錯爲名其意非不在錯也且臣恐天下之士噤禁口不敢復言也矣上曰何哉鄧公曰夫鼂錯患諸侯彊大不可制故請削地之以尊京師

史漢方駕卷十八 鼂錯 卅

萬世之利也計畫始行卒受大戮內杜忠臣之口外爲諸侯報仇臣竊爲陛下不取也於是景帝默然良喟然長久息曰公言善吾亦恨之乃拜鄧公爲城陽中尉鄧公成固人也多奇計建元年中上招賢良公卿言鄧先公時鄧公先時免起家爲九卿一年復謝病免歸其子章以修黃老言顯於諸公閒

太史公贊曰袁盎雖不好學亦善傅會仁心爲質引義忼慨遭孝文初立資適逢世時以已變易及吳楚壹一說說雖行哉然復不遂好聲矜賢竟以名敗果於用讎身亦 鼂錯然於

為家令時數言事不用後擅權多所變更諸侯發難爲固塞而不見身害其父錯之經於肅濱亡盎棘敗不急匡救欲報私讎反以亾軀語曰變古亂不知趙母指括以全其宗悲夫錯雖當不死則亡豈錯等謂耶終世家其忠論其施行之語著千篇

[illegible]

史漢方駕十八卷終

史漢方駕卷第十九

浙　許相卿台仲甫　撰輯
徐　禾仲年甫　校錄

史傳四十二　漢傳二十　張釋之馮唐

張廷尉釋之者，堵陽人也。有兄仲同居。以訾為騎郎，事文帝，十歲不得調，無所知名。釋之曰：久宦減仲之產，不遂。欲自免歸。中郎將袁盎知其賢，惜其去，乃請徙釋之補謁者。釋之既朝畢，因前言便宜事。文帝曰：卑之，毋甚高論，令今可施行也。於是釋之言秦漢之間事，秦所以失而漢所以興者久之。文帝稱善，乃拜釋之為謁者僕射。釋之從行，上登虎圈。上問上林尉諸禽獸簿，十餘問，尉左右視，盡不能對。虎圈嗇夫從旁代尉對上所問禽獸簿甚悉，欲以觀其能口對響應無窮者。文帝曰：吏不當若是邪？尉無賴！乃詔釋之拜嗇夫為上林令。釋之久之前曰：陛下以絳侯周勃何如人也？上曰：長者也。又復問：東陽侯張相如何如人也？上復曰：長者。釋之曰：夫絳侯、東陽侯稱為長者，此兩人言事曾不能出口，豈斅此嗇

夫諜諜利口捷給哉！且秦以任刀筆之吏，吏爭以亟疾苛察相高，然其敝徒文具耳，無惻隱之實。以故不聞其過，陵遲而至於二世，天下土崩。今陛下以嗇夫口辯而超遷之，臣恐天下隨風靡靡，爭為口辯而無其實。且下之化上疾於景響，舉錯不可不審也。文帝曰：善。乃止不拜嗇夫。上就車，召釋之參乘，徐行，問釋之秦之敝。具以質言。至宮，上拜釋之為公車令。頃之，太子與梁王共車入朝，不下司馬門，於是釋之追止太子、梁王無得入殿門。遂劾不下公門不敬，奏之。薄太后聞之，文帝免冠謝曰：教兒子不謹。薄太后乃使使承詔赦太子、梁王，然後得入。文帝由是奇釋之，拜為中大夫。頃之，至中郎將。從行至霸陵，居北臨廁。是時慎夫人從，上指示慎夫人新豐道，曰：此走邯鄲道也。使慎夫人鼓瑟，上自倚瑟而歌，意慘悽悲懷，顧謂群臣曰：嗟乎！以北山石為椁，用紵絮斮陳，蕠漆其間，豈可動哉！左右皆曰：善。釋之前進曰：使其中有可欲者，雖錮南山猶有郄；使其中無可欲者，雖無石椁，又何戚焉！文帝稱善。其後拜釋之為廷尉。頃之

上行出中渭橋有一人從橋下走出乘輿馬驚於是使騎捕屬之廷尉釋之治問曰縣人來聞蹕匿橋下久之以爲行已過即出見乘輿車騎即走耳廷尉奏當此人犯蹕當罰金上文帝怒曰此人親驚吾馬吾馬賴柔和令他馬固不敗傷我乎而廷尉乃當之罰金釋之曰法者天子所與天下公共也今法如此而更重之是法不信於民也且方其時上使立誅之則已今既下廷尉廷尉天下之平也一傾而天下用法皆爲之輕重民安所錯其手足唯陛下察之良久上曰廷尉當是也其後有人盜高廟坐前玉環捕得文帝怒下廷尉治釋之案律盜宗廟服御物者爲奏奏當棄市上大怒曰人之無道乃盜先帝廟器吾屬廷尉者欲致之族而君以法奏之非吾所以共承宗廟意也釋之免冠頓首謝曰法如是足也且罪等然以逆順爲差今盜宗廟器而族之有如萬分之一假令愚民取長陵一抔土陛下且何以加其法乎久之文帝與太后言之乃許廷尉當是時中尉條侯周亞夫與梁相山都侯王恬開見釋之持議

平乃結爲親友張廷尉由此天下稱之後文帝崩景帝立釋之恐稱病欲免去懼大誅至則欲見謝則未知何如用王生計卒見謝景帝不過也王生者善爲黃老言處士也嘗召居廷中三公九卿盡會立王生老人曰吾韈解顧謂張廷尉爲我結韈釋之跪而結之既已人或謂王生曰獨柰何廷辱張廷尉如此王生曰吾老且賤自度終無益於張廷尉張廷尉方今天下名臣吾故聊辱廷尉使跪結韈欲以重之諸公聞之賢王生而重張廷尉釋之事景帝歲餘爲淮南王相猶尚以前過也久之釋之卒其子曰張摯字長公官至大夫免以不能取容當世故終身不仕

馮唐者其大父趙人也父徙代漢興徙安陵唐以孝著爲郎中署長事文帝文帝輦過問唐曰父老何自爲郎家安在唐具以實對文帝曰吾居代時吾尚食監高祛數爲我言趙將李齊之賢戰於鉅鹿下今吾每飲食意未嘗不在鉅鹿也父知之乎唐對曰尚不如廉頗李牧之爲將也上曰何以唐曰臣大父在趙時爲官率將善李牧臣父故爲代相善趙將

李齊知其爲人也上既聞廉頗李牧爲人良說而搏髀
曰嗟乎吾獨不得廉頗李牧時爲吾將吾豈憂匈
奴哉唐曰主臣陛下雖得廉頗李牧弗能用也上怒
起入禁中良久召唐讓曰公奈何衆辱我獨無間處
乎唐謝曰鄙人不知忌諱當是之時匈奴新大入朝
那殺北地都尉卬上以胡寇爲意乃卒復問唐曰公
何以知吾不能用廉頗李牧也唐對曰臣聞上古王
者之遣將也跪而推轂曰閫以內者寡人制之閫以
外者將軍制之軍功爵賞皆決於外歸而奏之此非

虛言也臣大父言李牧之爲趙將居邊軍市之租皆
自用饗士賞賜決於外不從中擾也委任而責成功
故李牧乃得盡其知能遣選車千三百乘彀騎萬三
千匹百金之士十萬是以北逐單于破東胡滅澹林
西抑彊秦南支韓魏當是之時趙幾霸其後會趙王
遷立其母倡也王遷立乃用郭開讒卒誅李牧令顏
聚代之是以兵破士北爲秦所禽滅今臣竊聞魏尚
爲雲中守其軍市租盡以饗士卒出私養錢五日一
椎牛以饗賓客軍吏舍人是以匈奴遠避不近雲中

之塞虜曾一入尚率車騎擊之所殺甚衆夫士卒盡
家人子起田中從軍安知尺籍伍符終日力戰斬首
捕虜上功幕府一言不相應文吏以法繩之其賞不
行而吏奉法必用臣愚以爲陛下法太明賞太輕罰
太重且雲中守魏尚坐上功首虜差六級陛下下之
吏削其爵罰作之由此言之陛下雖得廉頗李牧不
能用也臣誠愚觸忌諱死罪死罪文帝說是日令馮
唐持節赦魏尚復以爲雲中守而拜唐爲車騎都尉
主中尉及郡國車士七年景帝立以唐爲楚相免武

帝立求賢良舉馮唐唐時年九十餘不能復爲官
乃以唐子馮遂爲郎遂字王孫亦奇士與余善魏尚槐里人
也
太史公曰張季之言長者守法不阿意馮公之論
將率有味哉有味哉語曰不知其人視其友二
汲黯之正直鄭當時之推士不如是亦何以成名
君之所稱誦可著廊廟書曰不偏不黨王道蕩蕩不
哉揚子以爲孝文親詘帝尊以信亞夫之軍曷爲不
黨不偏王道便便張季馮公近之矣
能用頗牧彼將有激云爾

史漢方駕十九卷終

史漢方駕卷第二十

浙嵛許相卿台仲甫　撰輯
徐　禾仲年甫　校錄

史傳四十六　漢傳五　吳王濞

吳王濞者高帝兄劉仲之子也高帝已定天下七年
立劉仲為代王而匈奴攻代劉仲不能堅守棄國亡
閒行走雒陽自歸天子天子為骨肉故不忍致法廢
以為郃陽侯高帝十一年秋淮南王英布反東并荊
地劫其國兵西度淮擊楚高帝自將往誅之劉仲子
沛侯濞年二十有氣力以騎將從破布軍蘄西會甀
荊王劉賈為布所殺無後上患吳會稽輕悍無
壯王以填之諸子少乃立濞於沛為吳王王三郡五
十三城已拜受印高帝召濞相之謂曰若狀有反相
心獨悔業已拜因拊其背告曰漢後五十年東南有
亂者豈若邪然天下同姓為一家也慎無反濞頓首
曰不敢會孝惠高后時天下初定郡國諸侯各務自
拊循其民吳有豫章郡銅山濞則招致天下亡命者
盜鑄錢煮海水為鹽以故無賦國用富饒孝文

時吳太子入見得侍皇太子飲博吳太子師傅皆楚
人輕悍又素驕博爭道不恭皇太子引博局提吳太
子殺之於是遣其喪歸葬至吳吳王慍曰天下同一宗
死長安即葬長安何必來葬為復遣喪之長安葬吳
王由此稍失藩臣之禮稱疾病不朝京師知其以
子故稱病不朝驗問實不病諸吳使來輒繫責治之
吳王恐為謀滋甚及後使人為秋請上復責問吳使
者使者對曰王實不病漢繫治使者數輩以故遂稱
病且夫察見淵中魚不祥今吳王始詐疾病及覺見責
急愈益閉恐上誅之計乃無聊唯上棄之而與更始
於是天子乃赦吳使者歸之而賜吳王几杖老不朝
吳得釋其罪謀亦益解然其居國以銅鹽故百姓無
賦卒踐更輒與平賈歲時存問茂材賞賜閭里佗郡
國吏欲來捕亡人者訟共禁弗予如此者四十餘年
以故能使其衆鼂錯為太子家令得幸皇太子數從
容言吳過可削數上書說孝文帝文帝寬不忍罰以
此吳王日益橫及孝景帝即位錯為御史大夫說上
曰昔高帝初定天下昆弟少諸子弱大封同姓故王

孽子悼惠王王齊七十二城庶弟元王王楚四十城
兄子濞王吳五十餘城封三庶孽分天下半今吳
王前有太子之隙郄詐稱病不朝於古法當誅文帝不
忍因賜几杖德至厚也不改過自新乃益驕溢即
山鑄錢煮海水為鹽誘天下亡人謀作亂逆今削之
亦反不削之亦反削之其反亟禍小不削之其反遲
禍大三年冬楚王來朝晁錯因言楚王戊往年為薄
太后服私姦服舍請誅之詔赦罰削東海郡因削吳
之豫章郡會稽郡及前二年趙王有罪削其河間郡

膠西王卬以賣爵事有姦削其六縣漢廷臣方議削
吳吳王恐削地無已因以此發謀欲舉事念諸侯
無足與計謀者聞膠西王勇好氣喜兵諸侯皆畏
憚之於是乃使中大夫應高誂膠西王無文書口
報曰吳王不肖有宿夕之憂不敢自外使喻其
驩心王曰何以教之高曰今者主上興於姦飾於邪
臣好小善聽信讒賊擅變更律令侵削諸侯之徵
求滋多誅罰良善日以益甚里語有之曰舐糠及米
吳與膠西知名諸侯也一時見察恐不得安肆矣吳

王身有內病不能朝請二十餘年嘗患見疑無以自
白今脅肩累足猶懼不見釋竊聞大王以爵事有適
所聞諸侯削地罪不至此此恐不得削地而已王曰
然有之子將奈何高曰同惡相助同好相留同情相
成同欲相趨同利相死今吳王自以為與大王同憂
願因時循理棄軀以除患害於天下意亦可乎膠西
王瞿然駭曰寡人何敢如是今主上雖急固有死耳
安得不戴高曰御史大夫晁錯營惑天子侵奪諸侯
蔽忠塞賢朝廷疾怨諸侯皆有倍畔之意人事極矣

彗星出蝗蟲數起此萬世一時而愁勞聖人之所以
起也故吳王欲內以晁錯為討外隨大王後車方洋
天下所鄉者降所指者下天下莫敢不服大王誠幸
而許之一言則吳王率楚王略函谷關守滎陽敖倉
之粟距漢兵治次舍須大王大王有幸而臨之則天
下可并兩主分割不亦可乎王曰善高歸報吳王吳
王猶恐其不與乃身自為使使於膠西面結之膠西
群臣或聞王謀諫曰承一帝至
樂也今大王與吳西鄉弟令事成兩主分爭患乃始

結生逮下王不聽諸侯之地不能為漢十二而為叛
逆以憂太后非計長策也遣上令承一旨王不聽遂發
使約齊菑川膠東濟南濟北皆許諾而曰城陽景王
有義攻諸呂勿與事定分之耳諸侯既新削罰震恐
多怨錯及削吳會稽豫章郡書至則吳王先起兵
膠西正月丙午誅漢吏二千石以下膠西膠東菑川
濟南楚趙亦皆反發兵西齊王後悔背飲藥自殺畔約
城守濟北王城壞未完其郎中令劫守其王不得發
兵膠西王膠東王為渠率與菑川膠東菑川濟南共攻圍臨

史漢方駕卷十　會奎潢　十五

菑趙王遂亦反陰使匈奴與連兵七國之發也吳王
悉其士卒下令國中曰寡人年六十二身自將少子
年十四亦為士卒先諸年上與寡人同比下與少子等
者皆發發二十餘萬人南使閩越東越東越亦發
兵從孝景帝前三年正月甲子初起兵於廣陵西涉淮
因并楚兵發使遺諸侯書曰吳王劉濞敬問膠西王
膠東王菑川王濟南王趙王楚王淮南王衡山王廬
江王故長沙王子幸教寡人以漢有賊臣錯無功天
下侵奪諸侯之地使吏劾繫訊治以修辱之為故不

以諸侯人君禮遇劉氏骨肉絕先帝功臣進任姦宄
誑亂天下欲危社稷陛下多病志失不能省察欲舉
兵誅之謹聞教敝國雖狹地方三千里人民雖少精
兵可具五十萬寡人素事南越三十餘年其王諸君
皆不辭分其兵卒以隨寡人又可得三十餘萬寡人雖
不肖願以身從諸王南越直長沙者因王子定長沙
以北西走蜀漢中告越楚王淮南三王與寡人西面
齊諸王與趙王定河間河內或入臨晉關或與寡人
會雒陽燕王趙王故與胡王有約燕王北定代雲中

史漢方駕卷十　會奎潢　十六

摶胡眾入蕭關走長安匡正天下以安高廟願王勉
之楚元王子淮南三王或不沐洗十餘年怨入骨髓
欲一有所出之久矣寡人未得諸王之意未敢聽今
諸王苟能存亡繼絕振弱伐暴以安劉氏社稷之所
願也敝國雖貧寡人節衣食之用積金錢修兵革聚
穀食夜以繼日三十餘年矣凡為此願諸王勉用
之能斬捕大將者賜金五千斤封萬戶列將三千斤
封五千戶裨將二千斤封二千戶二千石千斤封千
戶千石五百斤封五百戶皆為列侯其以軍若城邑

[illegible]

降者卒萬人邑萬戶如得大將人戶五千如得列將
人戶三千如得裨將人戶千如得二千石其小吏皆
以差次受爵金它佗封賜皆倍軍法其有故爵邑者更
益勿因願諸王明以令士大夫不弗敢欺也寡人金錢
在天下者往往而有非必取於吳諸王日夜用之不弗
能盡有當賜者告寡人寡人且往遺之敬以聞七國
反書聞天子 天子乃遣太尉條侯周亞夫將三十六
將軍往擊吳楚遣曲周侯酈寄擊趙將軍欒布擊齊
大將軍竇嬰屯滎陽監齊趙兵 初吳楚反書聞兵未

發竇嬰未行言故吳相袁盎 盎時家居 詔召入見上
問以吳楚之計 此下至上卒問盎皆入錯傳 上方與
鼂錯調兵笇軍食上問袁盎曰君嘗為吳相知吳臣
田祿伯為人乎 今吳楚反於公意何如對曰不足憂
也今破矣上曰吳王即山鑄錢煮海水為鹽誘天下
豪桀白頭舉事若此其計不百全豈發乎 何以言其
無能為也 袁盎對曰吳有銅鹽之利則有之安得豪
桀而誘之誠令吳得豪桀亦且輔王而為義誼不反矣吳
所誘皆亡無賴子弟亡命鑄錢姦人故相率誘以反亂錯

錯立議其實不足憂者本有何

曰袁盎策之善上問曰計安出盎對曰願屏左右上
屏人獨錯在盎曰臣所言人臣不得知也乃屏錯錯
趨避東廂箱恨甚恨上卒問盎 錯傳止此 盎對曰吳楚
相遺書曰高帝王子弟各有分地今賊臣鼂朝錯擅適
過諸侯削奪之地以故以反為名 漢名為誅錯事 西共誅鼂錯復
故地而罷方今計獨斬鼂錯發使赦吳楚七國復其
故削地則兵可無毋血刃而俱罷 於是上嘿默然良久曰
顧誠何如吾不愛一人以謝天下盎曰臣愚計無出
具在盎傳自吳楚相遺書至此本傳錯傳互見今從
此願上孰計之乃拜盎為泰太常奉宗廟使吳王吳王
本傳對兩以

弟子德侯為宗正 盎裝治行後十餘日上使中尉召
錯紿載行東市錯衣朝衣斬東市 漢自盎裝治行至
此入錯傳則遣袁盎奉宗廟宗正輔親戚使告至吳如
盎策至吳 吳楚兵已攻梁壁矣宗正以親故先入見
諭吳王使拜受詔吳王聞袁盎來亦知其欲說已笑
而應曰我已為東帝尚何誰拜不肯見盎而留之軍
中欲劫使將盎不肯使人圍守且殺之盎得夜出步
亡去走梁軍遂歸報條侯將乘六乘傳會兵滎陽至
雒陽見劇孟喜曰七國反吾乘傳至此不自意全又

使信後矣

[illegible]

以爲諸侯已得劇孟，劇孟今無動。吾據滎陽，滎陽以東無足憂者。至淮陽，問故父絳侯故客鄧都尉曰：策安出？客曰：吳兵銳甚，難與爭鋒。楚兵輕，不能久。方今爲將軍計，莫若引兵東北壁昌邑，以梁委吳，吳必盡銳攻之。將軍深溝高壘，使輕兵絕淮泗口，塞吳饟道。彼吳梁相敝而糧食竭，乃以全彊制其罷極，破吳必矣。條侯曰：善。從其策，遂堅壁昌邑南，輕兵絕吳饟道。吳王之初發也，吳臣田祿伯爲大將軍。田祿伯曰：兵屯聚而西，無他奇道，難以就功。臣願得五萬人，別

循江淮而上，收淮南、長沙，入武關，與大王會，此亦一奇也。吳王太子諫曰：王以反爲名，此兵難以藉人，藉人亦且反王，奈何？且擅兵而別，多他利害，未可知也，徒自損耳。吳王即不許田祿伯。吳少將桓將軍說王曰：吳多步兵，步兵利險；漢多車騎，車騎利平地。願大王所過城邑不下，直棄去，疾西據雒陽武庫，食敖倉粟，阻山河之險以令諸侯，雖毋入關，天下固已定矣。即大王徐行，留下城邑，漢軍車騎至，馳入梁楚之郊，事敗矣。吳王問諸老將，老將曰：此少年推鋒之計

可耳，安知大慮乎！於是王不用桓將軍計。吳王專并將其兵，未渡淮，諸賓客皆得爲將、校尉、行間候、司馬，獨周丘不得用。周丘者，下邳人，亡命吳，酤酒無行，吳王濞薄之，弗任。周丘乃上謁，說王曰：臣以無能，不得待罪行間。臣非敢求有所將也，願得王一漢節，必有以報王。王乃予之。周丘得節，夜馳入下邳。下邳時聞吳反，皆城守。至傳舍，召令。令入戶，使從者以罪斬令，遂召昆弟所善豪吏告曰：吳反兵且至，至，屠下邳不過食頃。今先下，家室必完，能者封侯矣。出乃相告，

下邳皆下。周丘一夜得三萬人，使人報吳王，遂將其兵北略城邑。比至城陽，兵十餘萬，破城陽中尉軍。聞吳王敗走，自度無與共成功，即引兵歸下邳，未至，疽發背死。二月中，吳王兵既破，敗走，於是天子制詔將軍曰：蓋聞爲善者天報之以福，爲非者天報之以殃。高皇帝親表功德，建立諸侯，幽王、悼惠王絕無後，孝文皇帝哀憐加惠，王幽王子遂、悼惠王子卬等，令奉其先王宗廟，爲漢藩國，德配天地，明並日月。而吳王濞背德反義，誘受天下亡命罪人，亂天下

稱病不朝二十餘年有司數請治罪孝文皇帝寬
之欲其改行爲善今乃與楚王戊趙王遂膠西王卬
濟北王辟光菑川王賢膠東王雄渠約從謀反爲逆
無道起兵以危宗廟賊殺大臣及漢使者迫劫萬民
夭殺無罪燒殘民家掘其丘冢甚爲暴虐今卬等
又重逆無道燒宗廟鹵御物朕甚痛之朕素服避正
殿將軍其勸士大夫擊反虜擊反虜者深入多殺爲
功斬首捕虜比三百石以上者皆殺之無有所置敢
有議詔及不如詔者皆要斬初吳王之度淮與楚王

遂西敗棘壁乘勝而前銳甚梁孝王恐遣六將軍擊
之又敗梁兩將軍士卒皆還走梁梁數使使報條侯求
救條侯不許又使使惡條侯於上上使人告條侯救
梁又守便宜不行梁使韓安國及楚死事相弟張羽
爲將軍乃得頗敗吳兵吳兵欲西梁城守堅不敢西
即走條侯軍會下邑欲戰條侯壁不肯戰吳糧絶卒
飢數挑戰遂夜奔條侯壁驚東南條侯使備西北果
從西北不得入吳大敗士卒多飢死乃畔散於是吳
王乃與其麾下壯士數千人夜亡去度江走丹徒保

東越東越兵可萬餘人乃使人收聚亡卒漢使人以
利啗東越東越即紿吳王吳王出勞軍即使人鏦殺
吳王盛其頭馳傳以聞吳王太子子駒亡走閩越
吳王之弃其軍亡也軍遂潰往往稍降太尉條侯及
漢將軍楚王戊軍敗自殺三王之圍齊臨菑也三月不
能下漢兵至膠西膠東菑川王各引兵歸國膠西王
乃袒跣席槀飲水謝太后王太子德曰漢兵遠臣觀
之已罷可襲願收大王餘兵擊之擊之不勝乃逃入
海未晚也王曰吾士卒皆已壞不可發用之不聽漢

將弓高侯頹當遺王書曰奉詔誅不義降者赦其
罪復故不降者滅之王何處須以從事王肉袒叩頭
漢軍壁謁曰臣卬奉法不謹驚駭百姓乃苦將軍遠
道至于窮國敢請菹醢之罪弓高侯執金鼓見之曰
王苦軍事願聞王發兵狀王頓首膝行對曰今者鼂
錯天子用事臣變更高皇帝法令侵奪諸侯地卬等
以爲不義恐其敗亂天下七國發兵且以誅錯今聞
錯已誅卬等謹以罷兵歸將軍曰王苟以錯爲不善
何不以聞及未有詔虎符擅發兵擊義國以此觀之

意非徒欲誅錯也乃出詔書爲王讀之讀之訖曰王其自圖之王曰如卬等死有餘罪遂自殺太后太子皆死膠東菑川濟南王皆伏誅死國除納于漢酈將軍圍攻趙十月而下之趙王自殺濟北王以劫故得不誅徙王菑川初吳王首反并將楚兵連齊趙正月起兵三月皆破滅獨趙後下復置元王少子平陸侯禮爲楚王續元王後徙汝南王非王吳故地爲江都王

太史公曰吳王之王由父省也能薄賦斂以使其衆以擅山海之利逆亂之萌自其子興爭技發難卒亡其本親越謀宗竟以夷隕鼂錯爲國遠慮禍反近身袁盎權說初寵後辱故古者諸侯地不過百里山海不以封毋親夷狄以疏其屬蓋謂吳邪防此矣朝錯爲國遠慮禍反及身毋爲權首反將受其咎豈盎謂錯邪哉

史漢方駕二十卷終

史漢方駕卷第二十一

浙澥許相卿台仲甫　撰輯

徐　禾仲年甫　校錄

史傳四十七　漢傳二十二　竇嬰　田蚡　灌夫

魏其侯竇嬰者孝文皇后從兄子也父世觀津人也喜賓客孝文時嬰爲吳相病免孝景初即位爲詹事帝弟梁孝王者孝景弟也其母竇太后愛之梁孝王朝因燕昆弟飲是時上未立太子酒酣上從容言曰千秋之後傳梁王太后驩竇嬰引卮酒進上曰天下者高祖天下父子相傳此漢之約也上何以得擅傳梁王太后由此憎竇嬰竇嬰亦薄其官因病免太后除竇嬰門籍不得入朝請孝景三年吳楚反上察宗室諸竇毋如竇嬰賢乃召嬰嬰入見固辭謝稱病不足任太后亦慚於是上曰天下方有急王孫寧可以讓邪乃拜嬰爲大將軍賜金千斤竇嬰乃言袁盎欒布諸名將賢士在家者進之所賜金陳之廊廡下軍吏過輒令財取爲用金無入家者竇嬰守滎陽監齊趙兵七國兵已盡破封嬰爲魏其侯諸游

相提不可解似其俗語

士賓客爭歸之魏其侯孝景時每朝議大事條侯魏其
侯諸列侯莫敢與亢禮孝景四年立栗太子使魏其
侯為太子傅孝景七年栗太子廢魏其數爭不能得
魏其謝病屏居藍田南山之下數月諸賓客辯士
說之莫能來梁人高遂乃說魏其曰能富貴將軍者
上也能親將軍者太后也今將軍傅太子太子廢而
不能爭爭不能得又不能死自引謝病擁趙女屏閒
處而不朝相提而論是自明揚主上之過有如兩宮
螫將軍則妻子毋類矣魏其侯然之乃遂起朝請如

史漢方駕卷三十　太后　二

故桃侯免相竇太后數言魏其侯孝景帝曰太后豈
以為臣有愛不相魏其者魏其者沾沾自喜耳多易
難以為相持重遂不用用建陵侯衛綰為丞相
武安侯田蚡者孝景王皇后同母弟也生長陵魏其
已為大將軍後方盛蚡為諸郎未貴往來侍酒魏
其所跪起如子姪及孝景晚節蚡益貴幸為太中大夫
蚡辯有口學槃盂諸書王太后賢之孝景崩即日太
子立稱制所鎮撫多有田蚡賓客計策蚡弟田勝皆
以太后弟孝景後三年封蚡以舅封為武安侯弟勝

為周陽侯武安侯新欲用事為相卑下賓客進名士
家居者貴之欲以傾魏其諸將相上所填撫多蚡賓
客計策會丞相綰病免上議置丞相太尉籍福說武
安侯曰魏其貴久矣天下士素歸之今將軍初
興未如魏其即上以將軍為丞相必讓魏其魏其為
丞相將軍必為太尉太尉丞相尊等耳又有讓賢名
武安侯乃微言太后風上於是乃以魏其侯為丞相
武安侯為太尉籍福賀魏其侯因弔曰君侯資性喜
善疾惡方今善人譽君侯故至丞相然君侯且疾惡

史漢方駕卷三十　田蚡　三

惡人衆亦且毀君侯君侯能兼容則幸久不能今以
毀去矣魏其不聽魏其武安俱好儒術推轂趙綰為
御史大夫王臧為郎中令迎魯申公欲設明堂令列
侯就國除關以禮為服制以興太平舉適諸竇宗室
毋節行者除其屬籍時諸外家為列侯列侯多尚公
主皆不欲就國以故毀日至竇太后太后好黄老之
言而魏其武安趙綰王臧等務隆推儒術貶道家言
是以竇太后滋不說魏其等及建元二年御史大夫
趙綰請毋奏事東宮竇太后大怒乃曰此欲復為新垣

平鄧通罷逐趙綰王臧等而免丞相嬰太尉蚡以稍
至侯許昌爲丞相武彊侯莊青翟爲御史大夫魏其
武安由此以侯家居蚡武安侯雖不任職以王太后故
親幸數言事多效天下吏士趨勢利者皆去魏其而
歸武安蚡日益橫建元六年竇太后崩丞相昌御
史大夫青翟坐喪事不辦免上以武安侯蚡爲丞相
以大司農韓安國爲御史大夫天下士郡國諸侯愈
益附武安武安者貌侵生貴甚又以爲諸侯王多長
上初即位富於春秋蚡以肺腑爲京師相非痛折節

以禮詘之天下不肅當是時丞相入奏事坐語移日
所言皆聽薦人或起家至二千石權移主上上乃曰
君除吏已盡未吾亦欲除吏嘗請考工地益宅上怒
曰君何不遂取武庫是後乃退嘗召客飲坐其兄蓋
侯北鄉自坐東鄉以爲漢相尊不可以兄故私撓武
安由此滋驕治宅甲諸第田園極膏腴而市買郡縣
器物相屬於道前堂羅鐘鼓立曲旃後房婦女以百
數諸侯奉金玉狗馬玩好不可勝數魏其失竇太后
益疏不用無勢諸客稍稍自引而怠傲唯灌將軍獨

不失故魏其日默默不得志而獨厚遇灌將軍
灌將軍夫者潁陰人也夫父張孟嘗爲潁陰侯
灌嬰舍人得幸因進之至二千石故蒙灌氏姓爲灌
孟吳楚反時潁陰侯灌何爲將軍屬太尉請灌孟爲
校尉夫以千人與父俱灌孟年老潁陰侯強請之鬱
鬱不得意故戰常陷堅遂死吳軍中軍法父子俱從
軍有死事得與喪歸灌夫不肯隨喪歸奮曰願取吳
王若將軍頭以報父之仇於是灌夫被甲持戟募軍
中壯士所善願從者數十人及出壁門莫敢前獨二

人及從奴十數騎馳入吳軍至吳將麾下所殺傷數
十人不得前復馳還走入漢壁皆亡其奴獨與一騎
歸夫身中大創十餘適有萬金良藥故得無死夫創
少瘳又復請將軍曰吾益知吳壁中曲折請復往將
軍壯而義之恐亡夫乃言太尉太尉乃固止之吳已
破灌夫以此名聞天下潁陰侯言之上上以夫爲中
郎將數月坐法去後家居長安長安中諸公莫弗稱
之孝景時至代相孝景崩今上初即位以爲淮陽天
下交通勁兵處故徙夫爲淮陽太守建元元年入爲太

（眉批）……然諾必踐而後已

（眉批）引繩兩人共以指彈人也謂兩人共引一繩排卻斥劾不欲將似人有恨恨之語此猶……之批

侯三年夫與長樂衛尉竇甫飲輕重不得夫醉搏甫
甫竇太后昆弟也上恐太后誅夫徙夫為燕相數歲
坐法（免）去官家居長安灌夫為人剛直使酒不好面諛
貴戚諸（勢）在己之右不欲加（禮）必陵之諸士在己
之左愈貧賤尤益（禮）敬與鈞稠人廣眾薦寵下輩士
亦以此多之夫不（喜）文學（好）任俠已然諾諸所與交
通無非豪（桀）（傑）大猾家累數千萬食客日數十百人陂
池田園宗族賓客為權利橫（於）潁川潁川兒乃歌之
曰潁水清灌氏寧潁水濁灌氏族灌夫家居（雖富然……）

（失勢）卿相侍中賓客益衰及魏其侯失勢亦欲倚灌
夫引繩批（排）根生平慕之後棄之者灌夫亦倚魏其而
通列侯宗室為名高兩人相為引重其游如父子然
相得驩甚無厭恨相知之晚也灌夫嘗有服過丞相
（丞相）（蚡）從容曰吾欲與仲孺過魏其侯會仲孺有服灌
夫曰將軍（乃）迺肯幸臨況魏其侯夫安敢以服為解請
語魏其侯（帳）具將軍旦日蚤臨（武安）許諾灌夫具以語
魏其侯如所謂武安侯魏其與其夫人益市牛酒夜
灑埽（早）（帳）張具至旦平明令門下候伺至日中丞相（蚡）不

（眉批）……往大……不宜……服……以服請……不來也……亦不得……來也

（眉批）灌夫……無所不可愛……强……不可獨數頃田……字上下……

來（魏其）（嬰）謂灌夫曰丞相豈忘之哉灌夫不懌曰夫以
服請不宜（迺）往乃駕自往迎丞相（蚡）丞相特前戲許灌夫
殊無意往及夫至門丞相尚臥也於是夫入見曰將
軍昨日幸許過魏其魏其夫妻治具自旦至今未敢
嘗食（武安）（蚡）謝曰吾昨日醉忽忘與仲孺言乃駕往
往又徐行灌夫愈益怒及飲酒酣夫起舞屬丞相丞
相不起夫（從）（徙）坐上語侵之魏其乃扶灌夫去謝丞相
丞相卒飲至夜極驩而去丞相嘗使籍福請魏其城
南田魏其（嬰）大望曰老僕雖棄將軍雖貴寧可以勢相

奪乎不許灌夫聞怒罵籍福籍福惡兩人有郄乃謾
自好謝丞相曰魏其老且死易忍且待之已而武安
聞魏其灌夫實怒不予（田）亦怒曰魏其子嘗殺人蚡
活之蚡事魏其無所不可何愛數頃田且灌夫何與
也吾不敢復求田武安由此大怨灌夫魏其元光四
年春丞相言灌夫家在潁川橫甚民苦之請案（之）上
曰此丞相事何請灌夫亦持丞相陰事為姦利受淮
南王金與語言賓客居間遂（止）（已）俱解夏丞相（蚡）取燕王
女為夫人有太后詔召列侯宗室皆往賀魏其侯過

灌夫欲與俱夫謝曰夫數以酒失得過丞相丞相今
者又與夫有郤隙魏其嬰曰事已解彊與俱飲酒酣武安蚡
起爲壽坐皆避席伏已魏其嬰爲壽獨故人避席平餘
半膝席灌夫不悅起行酒至武安蚡武安膝席曰不能
滿觴夫怒因嘻笑曰將軍貴人也屬之時武安蚡不肯
行酒次至臨汝侯臨汝侯灌賢方與程不識耳語又不避
席夫無所發怒乃迺罵臨汝侯灌賢曰平生毀程不識不
直一錢今日長者爲壽乃迺效女兒呫囁耳語武安蚡
謂灌夫曰程李俱東西宮衛尉今衆辱程將軍仲孺

獨不爲李將軍地乎灌夫曰今日斬頭陷胸何知程
李乎坐乃起更衣稍稍去魏其侯去麾灌夫出武安蚡
安遂怒曰此吾驕灌夫罪也迺乃令騎留灌夫灌夫欲
出不得出籍福起爲謝案灌夫項令謝夫愈怒不肯
謝武安蚡乃麾騎縛夫置傳舍召長吏曰今日召宗室
有詔劾灌夫罵坐不敬繫居室遂按其前事遣吏分
曹逐捕諸灌氏支屬皆得棄市罪魏其侯大媿爲資
使賓客請莫能解武安蚡吏皆爲耳目諸灌氏皆亡匿
夫繫遂不得告言武安蚡陰事魏其嬰銳身爲救灌夫嬰

[illegible]

夫人諫魏其曰灌將軍得罪丞相與太后家忤寧可
救邪魏其侯嬰曰侯自我得之自我捐之無所恨且終
不令灌仲孺獨死嬰獨生乃迺匿其家竊出上書立召
入具言灌夫醉飽事不足誅上然之賜魏其嬰食曰
東朝廷辯之魏其嬰之東朝盛推灌夫之善言其醉飽
得過乃迺丞相以他事誣罪之武安蚡亦盛毀灌夫所爲
橫恣罪逆不道魏其嬰度不可奈何因言丞相短武安蚡
曰天下幸而安樂無事蚡得爲肺腑所好音樂狗馬
田宅蚡所愛倡優巧匠之屬不如魏其灌夫日夜招

聚天下豪桀壯士與論議腹誹而心謗不仰視天而俯
畫地辟睨兩宮間幸天下有變而欲有大功臣乃
不如魏其等所爲於是上問朝臣兩人孰是御史大
夫韓安國曰魏其言灌夫父死事身荷戟馳入不測
之吳軍身被數十創名冠三軍此天下壯士非有大
惡爭杯酒不足引他過以誅也魏其言是也丞相亦
言灌夫通姦猾侵細民家累巨萬橫恣潁川輘轢宗
室侵犯骨肉此所謂枝大於本脛大於股不折必披
丞相言亦是唯明主裁之主爵都尉汲黯是魏其內

史鄭當時是魏其後不敢堅對餘皆莫敢對上怒內
史曰公平生數言魏其武安長短今日廷論局趣效
轅下駒吾并斬若屬矣即罷起入上食太后太后亦
已使人候伺具以告太后太后怒不食曰今我在也
而人皆藉吾弟令我百歲後皆魚肉之乎且帝寧能
爲石人邪此特帝在即錄錄設百歲後是屬寧有可
信者乎上謝曰俱宗室外家故廷辯之不然此一獄
吏所決耳是時郎中令石建爲上分別言兩人事武安
已罷朝出止車門召韓御史大夫安國載怒曰與

長孺共一老禿翁何爲首鼠兩端韓御史良久謂丞
相曰君何不自喜夫魏其毀君君當免冠解印綬歸
曰臣以肺附幸得待罪固非其任魏其言皆是如此
上必多君有讓不廢君魏其必內愧杜門齰舌自殺
今人毀君君亦毀之譬如賈豎女子爭言何其無大
體也武安謝罪曰爭時急不知出此於是上使御史
簿責魏其所言灌夫頗不讎欺謾劾繫都司空孝景
時魏其常受遺詔曰事有不便以便宜論上及繫灌
夫罪至族事日急諸公莫敢復明言於上魏其乃使

昆弟子上書言之幸得復召見書奏上而案尚書大
行無遺詔詔書獨藏魏其家家丞封乃劾魏其矯
先帝詔罪當棄市五年十月悉論灌夫及家屬魏
其良久乃聞聞即恚病痱不食欲死或聞上無意
殺魏其魏其復食治病議定不死矣乃有蜚語爲惡
言聞上故以十二月晦論棄市渭城其春武安侯病
專呼服謝罪使巫視鬼者視之見魏
其灌夫共守欲殺之竟死子恬嗣元朔三年
武安侯坐衣襜褕入宮不敬淮南王安謀反覺治

前武安侯爲太尉時迎王至霸上謂王曰上未有
太子大王最賢高祖孫即宮車晏駕非大王立當誰
哉淮南王大喜厚遺金錢財物上自魏其時不
直武安特爲太后故耳及聞淮南王金事上曰使武
安侯在者族矣
太史公曰魏其武安皆以外戚重灌夫用一時決筴
而名顯魏其之舉以吳楚武安之貴在日月之際
然魏其誠不知時變灌夫無術而不遜兩人相翼乃
成禍亂武安負貴而好權杯酒責望陷彼兩賢嗚呼

得如許可歎可慨哉甚上又及後東萊前論言金華方欲喜之有照應者今人作文胡爲往說大事不知事范讃大小不審要處顧知後人樂漢方恰古人竟夜惡言嗚當特其傳焉二鳳同擊既可嘆也語特袁傳而論不足論其是非亦也

哀哉遷怒及人命亦不延衆庶不戰竟夜惡言嗚呼

區區其間惡能救斯敗哉

哀哉禍所從來矣

史漢方駕二十一卷 終

史漢方駕卷第二十二

浙許許相卿台仲甫 撰輯

徐 禾仲年甫 校録

史傳四十八 漢傳二十二

御史大夫韓安國者字長孺梁成城安人也後徙睢陽嘗受韓子雜家說於騶田生所事梁孝王爲中大夫吳楚反時孝王使安國及張羽爲將扞吳兵於東界張羽力戰安國持重以故吳不能過梁吳楚已破安國張羽名由此顯梁梁孝王景帝母弟竇太后愛之令得自請置相二千石出入游戲僭於天子天子聞之心弗善也太后知帝弗善乃怒梁使者弗見案責王所爲韓安國爲梁使見大長公主而泣曰何梁王爲人子之孝爲人臣之忠而太后曾弗省也夫前日吳楚齊趙七國反時自關以東皆合從而西鄉惟梁最親爲艱難梁王念太后帝在中而諸侯擾亂一言泣數行下跪送臣等六人將兵擊卻吳楚吳楚以故兵不敢西而卒破亡梁王之力也今太后以小節苛禮責望梁王梁王父兄皆帝王而所見者大故出稱蹕

父兄帝王語雄辰於漢世上與

入言警車旗皆帝所賜也即欲以侘鄙小縣驅馳國
中以夸諸侯令天下盡知太后帝愛之也今梁使來
輒案責之梁王恐日夜涕泣思慕不知所為何梁王
之為子孝為臣忠而太后弗恤也大長公主具以
告太后太后喜曰為帝言之言之帝心乃解而免
冠謝太后曰兄弟不能相教乃為太后遺憂悉見梁
使厚賜之其後梁王益親驩太后長公主更賜安國
可直千餘金名由此顯結於漢其後安國坐法抵罪
蒙獄吏田甲辱安國安國曰死灰獨不復然乎田甲

史漢方駕卷三十二 韓安國 二

曰然即溺之居無何梁内史缺漢使使者拜安國為
梁内史起徒中為二千石田甲亡走安國曰甲不就
官我滅而宗甲因肉袒謝安國笑曰可溺矣公等足
與治乎卒善遇之梁内史之缺也孝王新得齊人公
孫詭說之欲請以為内史竇太后聞乃詔王以安國
為内史公孫詭羊勝說孝王求為帝太子及益地事
恐漢大臣不聽乃陰使人刺漢用事謀臣及殺故吳
相袁盎景帝遂聞詭勝等計畫乃逐捕詭勝必得
漢使十輩至梁相以下舉國大索月餘弗得内史安

國聞詭勝匿孝王所安國入見王而泣曰主辱者臣
死大王無良臣故事紛紛至此今詭勝不得請辭賜
死王曰何至此安國泣數行下曰大王自度於皇帝
孰與太上皇之與高皇帝及皇帝之與臨江王親孝
王曰弗如也安國曰夫太上皇臨江親父子之間然
而高帝曰提三尺劍取天下者朕也故太上皇終不
得制事居于櫟陽臨江王適長太子也以一言過廢
王臨江用宮垣事卒自殺中尉府何者治天下終不
以私亂公語曰雖有親父安知其不為虎雖有親兄

史漢方駕卷三十二 韓安國 二

安知其不為狼今大王列在諸侯悅一邪臣浮說犯
上禁橈明法天子以太后故不忍致法於大王太后
日夜涕泣幸大王自改而大王終不覺寤有如太后
宮車即晏駕大王尚誰攀乎語未卒孝王泣數行而
下謝安國曰吾今出詭勝之即日詭勝自殺漢使還報梁
事皆得釋安國之力也於是景帝太后益重安國孝
王卒共王即位安國坐法失官家居建元中武安
侯田蚡為漢太尉親貴用事安國以五百金物遺蚡
蚡言安國太后天子亦素聞其賢即召以為北地

都尉遷爲大司農閩越東越相攻安國及大行王
恢將兵未至越越殺其王降漢兵亦罷建元六年武安侯田
蚡爲丞相安國爲御史大夫匈奴來請和親天子下
議大行王恢燕人也數爲邊吏習知胡事議曰
漢與匈奴和親率不過數歲即復倍約不如勿許興兵
擊之安國曰千里而戰兵不獲利今匈奴負戎
馬之足懷禽獸之心遷徙鳥舉難得而制也得其地
不足以爲廣有其衆不足以爲彊自上古不屬爲人
漢數千里爭利則人馬罷虜以全制其敝

極矢不能穿魯縞衝風之末力不能漂鴻毛非初不
勁末力衰也擊之不便不如和親群臣議者多附安
國於是上許和親其明年則元光元年鴈門馬邑豪
聶翁壹因大行王恢言上曰匈奴初和親親信邊可
誘以利致之伏兵襲擊必破之道也上乃召問公卿
曰朕飾子女以配單于幣帛文錦賂之甚厚單于待
命加嫚侵盜無已邊竟數驚朕甚閔之今欲舉兵攻
之何如大行恢對曰陛下雖未言臣固願效之臣聞
全代之時北有彊胡之敵內連中國之兵然尚得養

老長幼種樹以時倉廩常實匈奴不輕侵也今以陛
下之威海內爲一天下同任又遣子弟乘邊守塞轉
粟輓輸以爲之備然匈奴侵盜不已者無他以不恐
之故耳臣竊以爲擊之便御史大夫安國曰不然臣
聞高皇帝嘗圍於平城匈奴至者投鞍高如城者數
所平城之飢七日不食天下歌之及解圍反位而無
忿怒之心夫聖人以天下爲度者也不以己私怒傷
天下之功故迺遣劉敬奉金千斤以結和親至今爲
五世利孝文皇帝又嘗壹擁天下之精兵聚之廣武

常谿然終無尺寸之功而天下黔首無不憂者孝文
寤於兵之不可宿故復合和親之約此二聖之迹足
以爲效矣臣竊以爲勿擊便恢曰不然臣聞五帝不
相襲禮三王不相復樂非故相反也各因世宜也且
高帝身被堅執銳蒙霧露沐霜雪行幾十年所以不
報平城之怨者非力不能所以休天下之心也今邊
竟數驚士卒傷死中國槥車相望此仁人之所隱也
臣故曰擊之便安國曰不然臣聞利不十者不易業
功不百者不變常是以古之人君謀事必就祖發政

占古語重作事也且自三代之盛夷狄不與正朔服
色非威不能制彊弗能服也以為遠方絕地不牧之
民不足煩中國也且匈奴輕疾悍亟之兵也至如猋
風去如收電畜牧為業弧弓射獵逐獸隨草居處無
常難得而制今使邊郡久廢耕織以支胡之常事其
勢不相權也臣故曰勿擊便恢曰不然臣聞鳳鳥乘
於風聖人因於時昔秦繆公都雍地方三百里知時
宜之變攻取西戎辟地千里并國十四隴西北地是
也及後蒙恬為秦侵胡辟數千里以河為竟累石為

城樹榆為塞匈奴不敢飲馬於河置烽燧然後敢牧
馬夫匈奴獨可以威服不可以仁畜也今以中國之
盛萬倍之資遣百分之一以攻匈奴譬猶以彊弩射
且潰之癰也必不留行矣若是則北發月氏可得而
臣也臣故曰擊之便安國曰不然臣聞用兵者以飽
待饑正治以待其亂定舍以待其勞故接兵覆衆伐
國墮城常坐而役敵國此聖人之兵也且臣聞之衝
風之衰不能起毛羽彊弩之末力不能入魯縞夫盛
之有衰猶朝之必暮也今將卷甲輕舉深入長驅

以為功從行則迫脅衡行則中絕疾則糧乏徐則後
利不至千里人馬乏食兵法曰遺人獲也意者有它
繆巧可以禽之則臣不知也不然則未見深入之利
也臣故曰勿擊便恢曰不然夫草木遭霜者不可以
風過清水明鏡不可以形逃通方之士不可以文亂
今臣言擊之者固非發而深入也將順因單于之欲
誘而致之邊吾選梟騎壯士陰伏而處以為之備審
遮險阻以為其戒吾勢已定或營其左或營其右或
當其前或絕其後單于可禽百全必取上曰善乃從

恢議陰使聶翁壹為間亡入匈奴謂單于曰吾能斬
馬邑令丞吏以城降財物可盡得單于愛信之以為
然而許之漢无許聶翁壹聶翁壹乃還通詐斬死罪囚縣其頭馬
邑城下示視單于使者為信曰馬邑長吏已死可急來
於是單于穿塞將十餘萬騎入武州塞當是時漢伏
安伏三十餘萬作伏兵車騎材官屬將
兵車騎材官三十餘萬匿馬邑旁谷中衛尉李廣為
驍騎將軍太僕公孫賀為輕車將軍大行王恢為將
屯將軍太中大夫李息為材官將軍御史大夫韓安
國為護軍將軍諸將皆屬護軍約單于入馬邑而漢

兵縱兵擊王恢李息李廣別從代主擊其輜重於是單
于入漢長城武州塞未至馬邑百餘里行掠鹵徒見覺之還去語
畜牧於野不見一人單于怪之攻烽燧得武州尉史在匈奴傳
欲刺問尉史尉史曰漢兵數十萬伏馬邑下單于顧
謂左右曰幾為漢所賣乃引兵還出塞曰吾得尉史
乃天也命尉史為天王塞下傳言單于已引去漢兵
追至塞度弗及即罷王恢等皆兵三萬聞單于不與漢
合度往擊輜重必與單于精兵戰漢兵勢必敗則以
便宜罷兵上皆無功天子怒王恢不出擊單于輜重擅

史漢方駕卷二十一　韓安國　八

引兵罷也恢曰始約虜入馬邑城兵與單于接而臣
擊其輜重可得利今單于聞不至而還臣以三萬人
衆不敵禔祇取辱可臣固知還而斬然得完陛下士三
萬人於是下恢廷尉廷尉當恢逗撓當斬恢私行千
金丞相蚡蚡不敢言上而言於太后曰王恢首造為馬
邑事今不成而誅恢是為匈奴報仇也上朝太后太
后以丞相蚡言告上上曰首為馬邑事者恢也故發天
下兵數十萬從其言為此且縱單于不可得恢所部
擊其輜重猶頗可得以慰士大夫心今不誅恢無以

謝天下於是恢聞之乃自殺安國為人多大略智足知
以當世取合而出於忠厚焉貪嗜於財所推舉
皆廉士賢於己者也於梁舉壺遂臧固郅他皆天下
名士士亦以此稱慕之唯天子以為國器安國為御
史大夫四歲餘五年丞相田蚡死安國行丞相事奉引墮
車蹇上天子議置相欲用安國為丞相使使視之蹇甚
乃更以平棘侯薛澤為丞相安國病免數月蹇愈上
復以安國為中尉歲餘徙為衛尉而車騎將軍衛青等
擊匈奴出上谷破胡龍城將軍李廣為匈奴所得復

史漢方駕卷二十一　韓安國

失之公孫敖大亡卒皆當斬贖為庶人明年匈奴大
入邊殺遼西太守及入鴈門所殺略數千人車騎將
軍衛青擊之出鴈門語在青傳衛尉安國為材官將軍屯於漁
陽安國捕生口虜言匈奴遠去即上書言方田作時
請且罷軍屯罷軍屯月餘匈奴大入上谷漁陽安國
壁乃有七百餘人出與戰不勝復入壁匈奴虜略千
餘人及畜產而去天子聞之怒使使責讓安國徙安
國益東屯右北平是時匈奴虜言當入東方安國始
為御史大夫及護軍後稍斥疏下遷而新幸壯將軍

衛青等有功益貴安國既斥疏遠默默也將屯又益
匈奴所欺失亡多甚自愧幸得罷歸乃益東徙屯意
忽忽不樂數月病歐血死安國以元朔二年中卒壺遂與太史遷等定漢律
歷官至詹事其人深中篤行君子上方倚欲以為相
會其病卒
太史公曰余與壺遂定律曆觀韓長孺之義壺遂之
深中隱厚世之言梁多長者不虛哉壺遂官至詹事
天子方倚以為漢相會遂卒不然壺遂之內廉行
斯鞠躬君子也

史漢方駕卷第二十三

浙湖許相卿台仲甫　撰輯
徐　禾仲年甫　校錄

史傳四十九　漢傳二十四　李廣　李陵

李將軍廣者隴西成紀人也其先曰李信秦時為將逐得燕太子丹者也故槐里徙成紀廣家世世受射孝文帝十四年匈奴大入蕭關而廣以良家子從軍擊胡用善騎射殺首虜多為漢中郎廣從弟李蔡亦為郎皆為武騎常侍秩八百石嘗從行有所衝陷折關及格猛獸而文帝曰惜乎子不遇時如令子當高帝時萬戶侯豈足道哉及孝景初立廣為隴西都尉徙為騎郎將吳楚軍時廣為驍騎都尉從太尉亞夫擊吳楚軍取旗顯功名昌邑下以梁王授廣將軍印故還賞不行徙為上谷太守數與匈奴日以合戰典屬國公孫昆邪為上泣曰李廣材氣天下無雙自負其能數與虜敵戰恐亡之於是乃徙廣為上郡太守後廣轉為邊郡太守徙上郡嘗為隴西北地鴈門代郡雲中太守皆以力戰為名匈奴大入上郡

天子使中貴人從廣勒習兵擊匈奴中貴人將騎
數十縱 見匈奴三人與戰三人還射傷中貴人殺
其騎且盡中貴人走廣廣曰是必射鵰者也廣乃遂
從百騎往馳三人三人亡馬步行行數十里廣令其
騎張左右翼而廣身自射彼三人者殺其二人生得
一人果匈奴射鵰者也已縛之上馬望匈奴有數千
騎見廣以爲誘騎皆驚上山陳廣之百騎皆大恐欲
馳還走廣曰吾去大軍數十里今如此以百騎走匈
奴追射我立盡今我留匈奴必以我爲大將軍之誘
之必不敢擊我廣令諸騎曰前前未到匈奴陳二
里所止令曰皆下馬解鞍其騎曰虜多且近即
有急奈何廣曰彼虜以我爲走今皆解鞍以示不走
用堅其意於是胡騎遂不敢擊有白馬將出護其兵
李廣上馬與十餘騎奔射殺胡白馬將而復還至其
騎中解鞍令士皆縱馬臥是時會暮胡兵終怪之
不敢擊夜半時胡兵亦以爲漢有伏軍於旁欲夜取
之胡皆引兵而去平旦李廣乃歸其大軍大軍不知後徙爲隴
廣所之故弗從居久之孝景崩西北地鴈門雲中大守武帝即位左右以爲

廣名將也於是廣以上郡太守爲未央衛尉而程不
識時亦爲長樂衛尉程不識故與李廣俱以邊太守
將軍屯及出擊胡而廣行無部伍行陳就善水草屯
舍止人人自便不擊刁斗以自衛莫府省約文書籍
事然亦遠斥候未嘗遇害程不識正部曲行伍營陳
擊刁斗士吏治軍簿至明軍不得休息然亦未嘗遇
害不識曰李廣軍極簡易然虜卒犯之無以禁也而
其士卒亦佚樂咸樂爲之死我軍雖煩擾然虜亦不
得犯我是時漢邊郡李廣程不識皆爲名將然匈奴
畏李廣之略士卒亦多樂從李廣而苦程不識程不
識孝景時以數直諫爲太中大夫爲人廉謹於文法
後漢誘單于以馬邑城使大軍伏馬邑旁谷
而廣爲驍騎將軍領屬護軍將軍是時單于覺之去
漢軍皆無功其後四歲廣以衛尉爲將軍出鴈門擊
匈奴匈奴兵多破敗廣軍生得廣單于素聞廣賢令
曰得李廣必生致之胡騎得廣廣時傷病置廣兩馬
閒絡而盛臥廣行十餘里廣詳死睨其旁有一胡
兒騎善馬廣暫騰而上胡兒馬因推墮兒取其弓

鞭馬南馳數十里復得其餘軍因引而入塞匈奴捕
者騎數百追之廣行取胡兒弓射殺追騎以故得脫
於是至漢漢下廣吏吏當廣所失亾多為虜所生
得當斬贖為庶人頃之家居數歲廣家與故潁陰侯
孫屏野居藍田南山中射獵嘗夜從一騎出從人田
間飲還至霸陵亭霸陵尉醉呵止廣廣騎曰故李將
軍尉曰今將軍尚不得夜行何乃故也止廣宿亭下
居無何匈奴入殺遼西太守敗韓將軍韓將軍後
徙右北平死於是天子乃召拜廣為右北平太守廣

史漢方駕卷三十三　李廣

即請霸陵尉與俱至軍而斬之上書自陳謝罪上報
曰將軍者國之爪牙也司馬法曰登車不式遭喪不
服振旅撫師以征不服率三軍之心同戰士之力故
怒形則千里竦威振則萬物伏是以名聲暴於夷貉
威稜憺乎鄰國夫報忿除害捐殘去殺朕之所圖於
將軍也若迺免冠徒跣稽顙請罪豈朕之指哉將軍
其率師東轅彌節白檀以臨右北平盛秋廣居右北在郡
平匈奴聞之號曰漢之飛將軍避之數歲不敢入右界
北平廣出獵見草中石以為虎而射之中石沒鏃視

之石也因復更射之終不能復入石矣廣所居郡聞他日
有虎嘗自射之及居右北平射虎虎騰傷廣廣亦竟
射殺之石建卒廣廉歷七郡太守前後四十餘年
得賞賜輒分其麾下飲食與士共之終廣之身為
二千石四十餘年家無餘財終不言家生產事廣為人
長猨臂其善射亦天性也雖其子孫他人學者莫能
及廣訥口少言與人居則畫地為軍陣射闊狹以
飲專以射為戲竟死廣之將兵乏絕之處見水士卒
不盡飲廣不近水士卒不盡食廣不嘗食寬緩不苛

史漢方駕卷三十三　李廣　五

士以此愛樂為用其射見敵急非在數十步之內度
不中不發發即應弦而倒用此其將兵數困辱其射
猛獸亦數為所傷云居頃之遷下元狩四年大將軍石建卒
於是上召廣代建為郎中令元朔六年廣復為後將
軍從大將軍軍出定襄擊匈奴諸將多中首虜率以
功為侯者而廣軍無功後三歲廣以郎中令將四千
騎出右北平博望侯張騫將萬騎與廣俱異道行可
數百里匈奴左賢王將四萬騎圍廣廣軍士皆恐廣
乃使其子敢往馳之敢獨與數十騎馳直貫胡騎出

其左右而還報廣曰胡虜易與耳軍士乃安廣為圜
陳外嚮胡急擊之矢下如雨漢兵死者過半漢矢且
盡廣乃令士持滿毋發而廣身自以大黃射其裨將
殺數人胡虜益解會日暮吏士皆無人色而廣意氣
自如益治軍軍中自是服其勇也明日復力戰而博
望侯軍亦至匈奴軍乃解去漢軍罷弗能追是時廣
軍幾沒罷歸漢法博望侯留遲後期當死贖為庶人
廣軍功自如無賞初廣之從弟李蔡與廣俱為郎事
孝文帝景帝時蔡積功勞至二千石孝武帝時至代
相以元朔中元朔五年為輕車將軍從大將軍擊右賢王有
功中率封為樂安侯元狩二年中代公孫弘為丞相
蔡為人在下中名聲出廣下甚遠然廣不得爵邑
官不過九卿而蔡為列侯位至三公諸廣之軍吏及
士卒或取封侯廣嘗與望氣王朔燕語曰自漢擊匈
奴而廣未嘗不在其中而諸部校尉以下才能不及
中人然以擊胡軍功取侯者數十人而廣不為後人
然無尺寸之功以得封邑者何也豈吾相不當侯
邪且固命也朔曰將軍自念豈嘗有所恨乎廣曰

吾嘗為隴西守羌嘗反吾誘而降降者八百餘人吾
詐而同日殺之至今大恨獨此耳朔曰禍莫大於殺
已降此乃將軍所以不得侯者也後二歲
元狩四年大將軍驃騎將軍大出擊匈奴廣數自請
行上天子以為老弗許良久乃許之以為前將軍是歲
元狩四年也廣既從大將軍青擊匈奴既出塞青捕
虜知單于所居乃自以精兵走之而令廣并於右將
軍軍出東道東道少回遠而大軍行水草少其勢不
屯行廣辭曰請曰臣部為前將軍今大將軍乃徙令臣
出東道且臣結髮而與匈奴戰乃今乃一得當單于
臣願居前先死單于大將軍青亦陰受上誡以為李
廣老數奇毋令當單于恐不得所欲而是時公孫敖
新失侯為中將軍從大將軍大將軍亦欲使敖與俱
當單于故徙前將軍廣廣時知之固自辭於大將軍
大將軍不聽令長史封書與廣之莫府曰急詣部如
書廣不謝大將軍而起行意甚慍怒而就部引兵與
右將軍食其合軍出東道軍亡導或失道後大將軍
大將軍與單于接戰單于遁走弗能得而還南絕幕

不可也亦不可
行水草少云

使長史持糒醪遺廣對莫府問

使長史急責廣之未對行立史知見以當不可少

漏哭七大夫一軍皆哭待許有何傷可動百姓感非子長則功欲其可也

安能於勝敗之外乃出古今名將之上知此而可惜者至今在哉

賦以一試他代廣部中令又直侯矣

迺過前將軍右將軍　廣已見大將軍遂入軍大將軍
使長史持糒醪遺廣因問廣食其失道狀不用對食日青欲上
書報天子失軍曲折廣未對大將軍使長史急責廣
之莫府上對簿廣曰諸校尉無罪乃我自失道吾今自
上簿至莫府廣謂其麾下曰廣結髮與匈奴大小七
十餘戰今幸從大將軍出接單于兵而大將軍又徙
廣部行回遠而又迷失道豈非天哉且廣年六十餘
矣終不能復對刀筆之吏矣遂引刀自剄廣軍士大
夫一軍皆哭　百姓聞之知與不知無老壯皆為垂涕泣

而右將軍獨下吏當死贖為庶人廣子三人曰當戶
椒敢皆為郎上天子與韓嫣戲嫣少不遜當戶擊嫣嫣
走於是上天子以為能勇當戶蚤死早乃拜椒為代郡太守
皆先廣死當戶有遺腹子名陵　廣死軍中時敢從驃
騎將軍廣死明年李蔡以丞相坐侵孝景園詔賜冢地陽陵當
得二十畝蔡盜取三頃頗賣得四十餘萬又盜取神
道外壖地一畝葬其中當下獄吏治蔡亦自殺不對獄
國除李敢以校尉從驃騎將軍擊胡左賢王力戰奪
左賢王旗鼓斬首多賜爵關內侯食邑二百戶代廣

為郎中令頃之怨大將軍青之恨其父乃迺擊傷大將
軍大將軍匿諱之居無何敢從上雍至甘泉宮獵驃騎
騎將軍去病與青有親怒敢傷青射殺敢去病時方貴幸上為
諱云鹿觸殺之居歲餘去病死而敢有女為太子中
人愛幸敢男禹有寵於太子然好利李氏陵遲衰微亦有勇嘗與侍
中貴人飲侵陵之莫敢應後愬之上上召禹使刺虎
縣下圈中未至地有詔引出之禹從落中以劍斫絕
累欲刺虎上壯之遂救止焉而當戶有遺腹子陵將
兵擊胡兵敗降匈奴後人告禹謀欲亡從陵下吏死

此下別起陵傳　李陵字少卿既壯選為侍中建章監監諸騎善
騎射愛人士卒天子謙讓下士甚得名譽武帝以為李氏世將有廣之風
使將八百騎而嘗深入匈奴二千餘里過居延視地
形無所不見虜而還拜為騎都尉將丹陽楚人五千人勇敢
教射酒泉張掖以備屯衛胡數歲年漢遣貳師將軍伐大
宛使陵將五校兵隨後行至塞會貳師還上賜陵書
陵留吏士與輕騎五百出燉煌至鹽水迎貳師還復
留屯張掖天漢二年秋貳師將軍李廣利將三萬騎
出酒泉擊匈奴右賢王於祁連天山而召陵欲使陵為貳

太史公以救陵
陵至窮得報漢
死山正亦得休
漢書作無可奈

將其射士步兵五千人出居延北可千餘里欲
所將輜重陵召見武臺叩頭自請曰臣所將屯邊者
皆荊楚勇士奇材劍客也力扼虎射命中願得自當
一隊到蘭干山南以分匈奴單于兵毋令專鄉定貳師軍也陵上
既至期還而單于以兵八萬圍擊陵軍陵軍
曰將惡相屬邪吾發軍多毋騎予女陵對無所事
騎臣願以少擊衆步兵五千人步卒于庭上壯而許
半而所殺傷匈奴亦萬餘人且引且戰連鬭八日還
之因詔彊弩都尉路博德將兵半道迎陵軍博德故
未到居延百餘里匈奴遮狹絕道陵食乏而救兵不
伏波將軍亦羞爲陵後距奏言方秋匈奴馬肥未可
到虜急擊招降陵陵曰無面目報陛下遂降匈奴其兵
與戎臣願留陵至春俱將酒泉張掖騎各五千人並
盡沒餘亡散得歸漢者四百餘人單于既得陵素聞
擊東西浚稽可必禽也書奏上怒疑陵悔不欲出而

史漢方駕卷三十三　李陵

其家聲及戰又壯乃以其女妻陵而貴之漢聞族
教博德上書廼詔博德吾欲與李陵騎云欲以少擊
陵母妻子自是之後李氏名敗而隴西之士居門下
衆今虜入西河其引兵走西河遮鉤營之道詔陵以
者皆用爲恥焉
九月發出遮虜鄣至東浚稽山南龍勒水上徘徊觀
虜即亡所見從浞野侯趙破奴故道抵受降城休士
因騎置以聞所與博德言者云何具以書對陵於是
將其步卒五千人出居延北行三十日至浚稽山止
營舉圖所過山川地形使麾下騎陳步樂還以聞步
樂召見道陵將率得士死力上甚說拜步樂爲郎陵
至浚稽山與單于相值騎可三萬圍陵軍軍居兩山

間以大車爲營陵引士出營外爲陳前行持戟盾後
行持弓弩令曰聞鼓聲而縱聞金聲而止虜見漢軍
少直前就營陵搏戰攻之千弩俱發應弦而倒虜還
走上山漢軍追擊殺數千人單于大驚召左右地兵
八萬餘騎攻陵陵且戰且引南行數日抵山谷中連
戰士卒中矢傷三創者載輦兩創者將車一創者持
兵戰陵曰吾士氣少衰而鼓不起者何也軍中豈有
女子乎始軍出時關東群盜妻子徙邊者隨軍爲卒
妻婦大匿車中陵搜得皆劍斬之明日復戰斬首三

史漢方駕卷三十三　李陵　十一

千餘級引兵東南循故龍城道行四五日抵大澤葭
葦中虜從上風縱火陵亦令軍中縱火以自救南行
至山下單于在南山上使其子將騎擊陵陵軍步鬭
樹木間復殺數千人因發連弩射單于單于下走是
日捕得虜言單于曰此漢精兵擊之不能下日夜引
吾南近塞得毋有伏兵乎諸當戶君長皆言單于自
將數萬騎擊漢數千人不能滅後無以復使邊臣令
漢益輕匈奴復力戰山谷間尚四五十里得平地不
能破乃還是時陵軍益急匈奴騎多戰一日數十合

矛可以爲奏也證發此語以待考索

復傷殺虜二千餘人虜不利欲去會陵軍候管敢爲校尉所辱亡降匈奴具言陵軍無後救射矢且盡獨將軍麾下及成安侯校各八百人爲前行以黃與白爲幟當使精騎射之即破矣成安侯者潁川人父韓千秋故濟南相奮擊南越戰死武帝封子延年爲侯以校尉隨陵單于得敢大喜使騎並攻漢軍疾呼曰李陵韓延年趣降遂遮道急攻陵陵居谷中虜在山上四面射矢如雨下漢軍南行未至鞮汗山一日五十萬矢皆盡即棄車去士尚三千餘人徒斬車輻而

持之軍吏持尺刀抵山入陿谷單于遮其後乘隅下壘石士卒多死不得行昏後陵便衣獨步出營止左右毋隨我丈夫一取單于耳良久陵還太息曰兵敗死矣軍吏或曰將軍威震匈奴天命不遂後求道徑還歸如浞野侯爲虜所得後亡還天子客遇之況於將軍乎陵曰公止吾不死非壯士也於是盡斬旌旗及珍寶埋地中陵歎曰復得數十矢足以脫矣今無兵復戰天明坐受縛矣各鳥獸散猶有得脫歸報天子者令軍士人持二升糒一半冰期至遮虜鄣者相

待夜半時擊鼓起士鼓不鳴陵與韓延年俱上馬壯士從者十餘人虜騎數千追之韓延年戰死陵曰無面目報陛下遂降軍人分散脫至塞者四百餘人陵敗處去塞百餘里邊塞以聞上欲陵死戰召陵母及婦使相者視之無死喪色後聞陵降上怒甚責問陳步樂步樂自殺群臣皆罪陵上以問太史令司馬遷遷盛言陵事親孝與士信常奮不顧身以殉國家之急其素所畜積也有國士之風今舉事一不幸全軀保妻子之臣隨而媒孽其短誠可痛也且陵提步卒

不滿五千深輮戎馬之地抑數萬之師虜救死扶傷不暇悉舉引弓之民共攻圍之轉鬭千里矢盡道窮士張空拳冒白刃北首爭死敵得人之死力雖古名將不過也身雖陷敗然其所摧敗亦足暴於天下彼之不死宜欲得當以報漢也初上遣貳師大軍出財令陵爲助兵及陵與單于相值而貳師功少上以遷誣罔欲沮貳師爲陵遊說下遷腐刑久之上悔陵無救曰陵當發出塞廼詔彊弩都尉令迎軍坐預詔之得令老將生姦詐廼遣使勞賜陵餘軍得脫者陵在

匈奴歲餘上遣因杅將軍公孫敖將兵深入匈奴迎
陵敖軍無功還曰捕得生口言李陵教單于爲兵以
備漢軍故臣無所得上聞於是族陵家母弟妻子皆
伏誅隴西士大夫以李氏爲愧其後漢遣使使匈奴
陵謂使者曰吾爲漢將步卒五千人橫行匈奴以亡
救而敗何負於漢而誅吾家使者曰漢聞李少卿教
匈奴爲兵陵曰乃李緒非我也李緒本漢塞外都尉
居奚侯城匈奴攻之緒降而單于客遇緒常坐陵上
陵痛其家以李緒而誅使人刺殺緒大閼氏欲殺陵
單于匿之北方大閼氏死乃還單于壯陵以女妻之
立爲右校王衛律爲丁靈王皆貴用事衛律者父本
長水胡人律生長漢善協律都尉李延年延年薦言
律使匈奴使還會延年家收律懼并誅亡還降匈奴
匈奴愛之常在單于左右陵居外有大事乃入議昭
帝立大將軍霍光左將軍上官桀輔政素與陵善遣
陵故人隴西任立政等三人俱至匈奴招陵立政等
至單于置酒賜漢使者李陵衛律皆侍坐立政等見
陵未得私語即目視陵而數數自循其刀環握其足

陰諭之言可還歸漢也後陵律持牛酒勞漢使博飲
兩人皆胡服椎結立政大言曰漢已大赦中國安樂
主上富於春秋霍子孟上官少叔用事以此言微動
之陵墨不應孰視而自循其髮答曰吾已胡服矣有
頃律起更衣立政曰咄少卿良苦霍子孟上官少叔
謝女陵曰霍與上官無恙乎立政曰請少卿來歸故
鄉毋憂富貴陵字立政曰少公歸易耳恐再辱奈何
語未卒衛律還頗聞餘語曰李少卿賢者不獨居一
國范蠡徧遊天下由余去戎入秦今何語之親也因
罷去立政隨謂陵曰亦有意乎陵曰丈夫不能再辱
陵在匈奴二十餘年元平元年病死
贊 太史公曰傳曰其身正不令而行其身不正雖令不
從其李將軍之謂也余睹李將軍悛悛如鄙人口不
能道辭及死之日天下知與不知皆爲盡哀彼其忠
實心誠信於士大夫也諺曰桃李不言下自成蹊此
言雖小可以諭大也然三代之將道家所忌自廣至陵
遂亡其宗哀哉

史漢方駕二十三卷終

史漢方駕卷第二十四

浙𣶒許相卿台仲甫　撰輯

徐　禾仲年甫　校録

史傳五十一　漢傳五十五 衛青 霍去病

大將軍衛青者 字仲卿 其父鄭季 可東 平陽人也 其父 以縣 鄭季爲 吏給事平陽侯家 平陽侯曹壽尚武帝姊陽信長公主 季與 侯妾 主家僮 衛媼通生青 青有 同母兄衛長 子而 君及 姊衛子夫 子夫 自平陽公主家得幸 天子 武帝 故冒姓爲衛氏 字仲卿 長子更字長君 長君母號爲

衛媼 媼長女 衛孺 君孺 次女少兒 次女則子夫 後子夫男弟步廣皆冒衛氏 青爲侯家人 少時歸其父 其父使牧羊 先母 民 之子皆奴畜之 不以爲兄弟數 青嘗從入 入至甘泉居室 有一鉗徒相青曰 貴人也 官至封侯 青笑曰 人奴之生 得無笞罵即足矣 安得封侯事乎 青壯爲侯家騎 從平陽主 建元二年春 青姊子夫得入宮幸上 皇后 堂邑 大長公主女也 無子 妒 大長公主聞衛子夫幸有身 妒之 乃使人捕青 青時給事建章 未知名 大長公主執囚青 欲殺之 其友騎郎公孫敖

敖初爲將郎 七千騎已不容 [illegible]

與壯士 往 篡 取 之 以故得不死 上聞 乃 召青爲建章監 侍中 及同母昆弟貴 賞賜數日間累千金 君 孺爲太僕公孫敖妻 少兒故與陳掌通 上召貴掌 公孫敖由此益貴 子夫爲夫人 青爲太中大夫 元光 五 六年 青 拜 爲車騎將軍 擊匈奴 出上谷 太僕公孫賀爲輕車將軍 出雲中 太中大夫公孫敖爲騎將軍 出代郡 衛尉李廣爲驍騎將軍 出鴈門 軍各萬騎 青至蘢城 斬首虜數百 騎將軍敖亡七千騎 衛尉 李 廣爲虜所得 得脫歸 皆當斬 贖爲庶人 賀亦無功 唯青賜爵關內侯

傳選以紀功耳 [illegible] 之則也

是後匈奴仍侵犯邊 語在匈奴傳 元朔元年春 衛夫人有男 立爲皇后 其秋 青復將 爲車騎將軍 出鴈門 三萬騎擊匈奴 [illegible] 斬首虜數千人 明年 匈奴 入至 入殺遼西太守 虜略漁陽二千餘人 敗韓將軍 漢令將軍李息擊之 出代 令車騎將軍青 復 出雲中以西至高闕 遂 略 河南地 至于隴西 捕首虜數千 畜 數十萬 走白羊樓煩王 遂以河南地爲朔方郡 以三千八百戶封青爲長平侯 青校尉蘇建 有功 以千一百戶封建爲平陵侯 使建築朔方城 青校尉張次公有

功封爲岸頭侯天子使建築朔方城上曰匈奴逆天理亂
人倫暴長虐老以盜竊爲務行詐諸蠻夷造謀籍兵
數爲邊害故興師遣將以征厥罪詩不云乎薄伐玁狁
獫狁至于太原出車彭彭城彼朔方今車騎將軍青度
西河至高闕獲首虜二千三百級車輜畜產畢收爲
鹵已封爲列侯遂西定河南地按榆谿舊塞絕梓領
梁北河討蒲泥破符離斬輕銳之卒捕服聽者三千
一十七級執訊獲醜驅馬牛羊百有餘萬全甲兵而
還益封青三千八百戶其後明年匈奴比歲入殺代郡

太守友入畧鴈門千餘人其明年匈奴大入代定襄
上郡朔方所殺略漢數千人其明年元朔之五年春
漢令車騎將軍青將三萬騎出高闕衛尉蘇建爲游
擊將軍左內史李沮爲彊弩將軍太僕公孫賀爲騎
將軍代相李蔡爲輕車將軍皆領屬車騎將軍俱出
朔方大行李息岸頭侯張次公爲將軍俱出右北平
咸擊匈奴匈奴右賢王當衛青等兵以爲漢兵不能
至此飲醉漢兵夜至圍右賢王右賢王驚夜逃獨與
其愛妾一人壯騎數百馳潰圍北去漢輕騎校尉郭

成等逐數百里不及得右賢裨王十餘人衆男女萬
五千餘人畜數千百萬於是引兵而還至塞天子使
使者持大將軍印即軍中拜車騎將軍青爲大將軍
諸將皆以兵屬大將軍大將軍立號而歸天子曰大
將軍青躬率戎士師大捷獲匈奴王十有餘人益封
青六千八百戶而封青子伉爲宜春侯青子不疑爲
陰安侯青子登爲發干侯青固謝曰臣幸得待罪行
閒賴陛下神靈軍大捷皆諸校尉力戰之功也陛下
幸已益封臣青臣青子在繈褓中未有勤勞上幸列裂

地封爲三侯非臣待罪行閒所以勸士力戰之意也
伉等三人何敢受封天子曰我非忘諸校尉功也今
固且圖之乃詔御史曰護軍都尉公孫敖三從大將
軍擊匈奴常護軍傅校獲王以千五百戶封敖爲合
騎侯都尉韓說從大將軍出窳渾至匈奴右賢王庭
爲麾下搏戰獲王以千三百戶封說爲龍頟侯騎將
軍公孫賀從大將軍獲王以千三百戶封賀爲南窌
侯輕車將軍李蔡再從大將軍獲王以千六百戶封
蔡爲樂安侯校尉李朔校尉趙不虞校尉公孫戎奴

各三從大將軍獲王以千三百戶封朔爲陟軹侯以
千三百戶封不虞爲隨成侯以千三百戶封戎奴爲
從平侯將軍李沮李息及校尉豆如意中郎將綰皆
有功賜爵關內侯沮息如意食邑各三百戶其秋匈
奴入代殺都尉朱英其明年春大將軍青出定襄合
騎侯敖爲中將軍太僕賀爲左將軍翕侯趙信爲前
將軍衛尉蘇建爲右將軍郎中令李廣爲後將軍左
內史李沮爲彊弩將軍咸屬大將軍斬首數千級而
還月餘悉復出定襄擊匈奴斬首虜萬餘人右將軍蘇

建前將軍趙信幷軍三千餘騎獨逢單于兵與戰一日
餘漢兵且盡前將軍信故胡人降爲翕侯見急匈奴誘
之遂將其餘騎可八百犇降單于右將軍蘇建盡亡
其軍獨以身得亡去自歸青大將軍大將軍問其罪正
閎長史安議郎周霸等建當云何霸曰自大將軍出
未嘗斬裨將今建棄軍可斬以明將軍之威閎安曰
不然兵法小敵之堅大敵之禽也今建以數千當單
于數萬力戰一日餘士盡皆不敢有二心自歸自歸而
斬之是示後無反意也不當斬青大將軍曰青幸得以

肺腑待罪行間不患無威而霸說我以明威甚失臣
意且使臣職雖當斬將以臣之尊寵而不敢自擅專
誅於境外其而具歸天子天子自裁之於是以見爲人
臣不敢專權不亦可乎軍吏皆曰善遂囚建詣行在
所入塞罷兵是歲也大將軍姊子霍去病始侯以下列起霍去病
冠霍去病大將軍青姊少兒子也其父霍仲孺先與
少兒通生去病及衛皇后尊少兒更爲詹事陳掌妻
去病以皇后姊子年十八幸爲天子侍中善騎射再
從大將軍大將軍受詔予壯士爲票姚校尉與輕勇

騎八百直棄大軍數百里赴利斬捕首虜過當於
是天子上曰剽票姚校尉去病斬首虜二千二十八級
及得相國當戶斬單于大父行籍若侯產生捕季父羅
姑比再冠軍以二千六五百戶封去病爲冠軍侯上谷
太守郝賢四從大將軍捕斬首虜二千千餘人以千一
百戶封賢爲衆終利侯三百級
騎士孟己有功賜爵關內侯邑二
二百戶是歲失兩將軍亡翕侯軍功不多故大將軍青
軍不益封右將軍蘇建至天子上不誅赦其罪贖爲庶人
大將軍既還賜千金是時王夫人方幸於上甯乘說

大將軍青曰將軍所以功未甚多身食萬戶三子皆爲
侯者徒以皇后故也今王夫人幸而宗族未富貴願
將軍奉所賜千金爲王夫人親壽大將軍青乃以五百
金爲王夫人親壽天子聞之問大將軍青大將軍以實
言對上乃詔拜甯乘爲東海都尉校尉張騫從大將軍以
嘗使大夏留匈奴中久導軍道知善水草處軍得以無
飢渴因前使絕國功封騫爲博望侯冠軍侯去病既
侯三歲元狩二三年春以冠軍侯去病爲驃騎將軍將
萬騎出隴西有功上天子曰驃騎將軍率戎士踰踰烏盭
討遬濮涉狐奴歷五王國輜重人衆攝慴者弗取冀
獲單于子轉戰六日過焉支山千有餘里合短兵鏖
皋蘭下殺折蘭王斬盧胡侯王銳悍者誅全甲獲醜執
渾邪王子及相國都尉捷首虜八千九百六十餘級收
休屠祭天金人師率減什七益封去病二千二百戶
其夏驃騎將軍去病與合騎侯敖俱出北地異道博望侯
張騫郎中令李廣俱出右北平異道廣皆擊匈奴郎中
令將四千騎先至騫博望侯將萬騎在後至匈奴左賢
王將數萬騎圍廣郎中令郎中令與戰二日死者過半

所殺傷亦過當騫博望侯至匈奴兵引去騫博望侯坐行
留當斬贖爲庶人而驃騎將軍去病出北地已遂深入與
合騎侯失道不相得去病驃騎將軍踰居延至祁連山捕
首虜甚多上天子曰驃騎將軍踰涉鈞耆濟居延遂過臻小
月氏攻祁連山揚武乎觻得得單于單桓酋涂王及
相國都尉以衆降下者二千五百人斬可謂能舍服知
成而止矣捷首虜三萬二百級獲五王五王母單于
閼氏王子五十九人相國將軍當戶都尉六十三人
師大率減什三益封去病五千四百戶賜校尉從至
小月氏者爵左庶長鷹擊司馬破奴再從驃騎將軍
斬遬濮王捕稽且王右千騎將得王王母各一人王
子以下四十一人捕虜三千三百三十人前行捕虜
千四百人以千五百戶封破奴爲從驃侯校尉句王
高不識從驃騎將軍捕呼于耆得王王子以下十一人
捕虜七千百六十八人以千一百戶封不識爲宜冠
侯校尉僕多有功封爲煇渠侯合騎侯敖坐行留不
與驃騎會當斬贖爲庶人諸宿將所將士馬兵亦不
如去病驃騎去病所將常選然亦敢深入常與壯騎先其

(去病馳入渾邪王之軍斬其欲降者八千人……)
(渾渠功臣侯表作僕朋表傳不同當有誤者)

大將軍軍亦有天幸未嘗困絕也然而諸宿將常坐
留落不遇(偶)由此(驃騎去病)日以親貴比大將軍其(秋)後單于
怒渾邪王居西方數為漢所破亡數萬人以(驃騎)(票)騎之
兵也(單于怒)欲召誅渾邪王渾邪王與休屠王等謀
欲降漢使人先(遣使向邊境要遮漢人令報天子)要
道邊是時大行李息將城河上得渾邪王使即馳傳
以聞(天子聞之於是)上恐其以詐降而襲邊乃令(驃騎去病)
(將軍)將兵往迎之(驃騎去病)既渡(度)河與渾邪王眾相望渾
邪(裨)王(裨)將見漢軍而多欲不降者頗遁去(驃騎去病乃)

馳入(得)與渾邪王相見斬其欲亡者八千人遂獨遣
渾邪王乘傳先詣行在所盡將其眾(渡)度河降者數萬
人 號稱十萬既至長安天子所以賞賜者數十(巨)萬
封渾邪王萬戶為漯陰侯封其裨王呼毒尼為下摩
侯(鷹庇)(鷹庇)為煇渠侯禽(黎)為河綦侯大當戶(銅離)(調雖)為常
樂侯於是(天子)上嘉(驃騎)去病之功曰(驃騎)(票)騎將軍去病率師
(攻)(征)匈奴西域王渾邪王及厥眾萌咸(相)(犇)於率以軍
糧接食并將控弦萬有餘人誅獟(駻)(悍)首虜八千餘
級降異國之王三十二(人)戰士不離傷十萬之眾(咸)(畢)

懷集服仍(與)(與)之勞爰及河塞庶幾亡(無)患(幸)(既)(永)(綏)(矣)
以千七百戶益封(驃騎)(票)騎將軍減隴西北地上郡戍卒
之半以寬天下(之)繇(居頃之乃)(役矣)分(徙)(處)降者(於)邊五郡
故塞外而皆在河南因其故俗為屬國其明年匈奴
入右北平定襄殺略漢千餘人其明年上(天子)與諸將
議曰翕侯趙信為單于畫計常以為漢兵不能度幕
輕留今大發(上)卒其(勢)(執)必得所欲是歲元狩四年也
元狩四年 春上令大將軍青(驃)(票)騎將軍去病(將)各五
萬騎步兵轉者踵軍數十萬而敢力戰深入之士皆

屬(驃騎)(驃騎)去病 去病 始為出定襄當單于捕虜(虜)言單于東
乃(迺)更令(驃騎)去病出代郡令(大將軍)(青) 出定襄郎中令(李廣)
為前將軍太僕(公孫賀)為左將軍主爵趙食其為右
將軍平陽侯(曹)襄為後將軍皆屬大將軍(兵即度幕)
人馬凡五萬騎與驃騎等咸擊匈奴單于 趙信為單
于謀曰漢兵(既)(即)度幕人馬罷匈奴可坐收虜耳(乃)(迺)悉
遠北其輜重皆以精兵待幕北而適值大將軍(直)(青)軍出
塞千餘里見單于兵陳而待於是(大將軍)(青)令武剛車
自環為營而縱五千騎往當匈奴匈奴亦縱(發)可萬騎

會日且入而大風起砂沙礫擊面兩軍不相見漢益縱
左右翼繞單于單于視漢兵多而士馬尚彊戰而匈
奴不利薄莫暮單于遂乘六贏壯騎可數百直冒漢圍
西北馳去特已昏漢匈奴相紛拏殺傷大當漢軍左
校捕虜言單于未昏而去漢軍因發輕騎夜追之大青
將軍軍因隨其後匈奴兵亦散走遲會明行二百餘里
不得單于頗捕斬首虜萬餘級遂至寘顏山趙信城
得匈奴積粟食軍軍留一日而還悉燒其城餘粟以
歸大將軍青之與單于會也而前將軍廣右將軍食其
軍別從東道或失道後擊單于大將軍引還過幕南
乃得前將軍右將軍迺相逢青大將軍欲使使歸報令長史簿
責前將軍廣廣自殺右將軍至下吏食其贖為庶人大將青
軍軍入塞凡斬捕首虜萬九千級是時匈奴衆失單
于十餘日右谷蠡王聞之自立為單于單于後得其
衆右王乃迺去單于之號驃騎將軍亦將五萬去病騎車
重與大將軍軍等而無亾裨將悉以李敢等為大校當
裨將出代右北平二千餘里直左方兵所斬捕功已
多大將軍軍於青既皆還上天子曰驃票騎將軍去病率師躬

原缺第十二、十三葉

二侯皆坐酎金失侯失侯後二歲冠軍侯國除絕其
後四年大將軍元封五年青卒謚為烈諡曰烈侯子伉代代為長平侯嗣六年坐法
免自大將軍青圍單于之後十四年歲而卒竟不復擊匈
奴者以漢馬少而又方南誅兩越東伐朝鮮擊羌西南
夷以故久不伐胡大將軍以其得初青既尊貴而平陽侯曹壽有惡
疾就國長公主問列侯誰賢者左右皆言大將軍主
笑曰此出吾家常騎從我柰何左右曰於今尊貴無
比於是長公主風白皇后皇后言之上迺詔青尚平
陽長公主故長平侯伉代侯六歲坐法失侯左方兩與主合葬起冢尚盧山云
大將軍及諸裨將名最大將軍青凡七出擊匈奴斬
捕首虜五萬餘級一與單于戰收河南地遂置朔方
郡再益封凡萬一六千入三百戶封三子為侯二侯千三百
戶并之二萬二五千七百戶其校尉裨將以從大將軍及校尉
侯者九人其裨將及校尉已為特將者十四五人為裨
將者曰李廣張騫公孫賀李蔡曹襄韓說蘇建皆自
有傳無傳者曰公孫賀
賀字子叔北地義渠人也其先胡種賀祖昆父渾邪景帝時
為隴西守以將軍擊吳楚有功封平曲侯坐法失侯著書十餘

賀少爲騎士從軍數有功自武帝爲太子時賀爲
舍人及武帝立八歲以即位遷至太僕賀夫人君孺衛皇后姊
也賀由是有寵元光中爲輕車將軍軍馬邑後四歲
以輕車將軍出雲中後五歲以車騎將軍從大將軍
青出有功封爲南窌侯後一歲以左將軍再從大將
軍出定襄無功後四歲以坐酎金失侯後八歲以浮
沮將軍出五原二千餘里無功後八歲以太僕遂代石慶爲
丞相封爲葛繹侯賀七爲將軍出擊匈奴無大功而再侯爲
丞相坐子敬聲與陽石公主奸爲巫蠱族滅無後特朝廷多事督責大臣自公孫弘後丞相李蔡嚴青翟趙周三人比坐事死石慶雖

以謹得終然數被譴初賀引拜爲丞相不受印綬頓
首涕泣曰臣本邊鄙以鞍馬騎射爲官材誠不任宰
相上與左右見賀悲哀感動下泣曰扶起丞相賀不
肯起上廼起去賀不得已拜出左右問其故賀曰主
上賢明臣不足以稱恐負重責從是殆矣賀子敬聲
代賀爲太僕父子並居公卿位敬聲以皇后姊子驕
奢不奉法征和中擅用北軍錢千九百萬發覺下獄
是時詔捕陽陵朱安世不能得上求之急賀自請逐
捕安世以贖敬聲罪上許之後果得安世安世者京

師大俠也聞賀欲以贖子笑曰丞相禍及宗矣南山
之竹不足受我辭斜谷之木不足爲我械安世遂從
獄中上書告敬聲與陽石公主私通及使人巫祭祠
詛上且上甘泉當馳道埋偶人祝詛有惡言下有司
案驗賀窮治所犯遂父子死獄中家族巫蠱之禍起
自朱安世成於江充遂及公主皇后太子皆敗語在
江充戾園傳
將軍李息郁郅人也事景帝至武帝立八歲爲材官
將軍軍馬邑後六歲爲將軍出代後三歲爲將軍從

大將軍出朔方皆無功凡三爲將軍其後常爲大行
將軍公孫敖義渠人以郎事景帝武帝至武帝立十二歲
爲騎將軍出代亡卒七千人當斬贖爲庶人後五
歲以校尉從大將軍有功封爲合騎侯後一歲以中
將軍從大將軍再出定襄無功後二歲以將軍出北
地後驃騎失期當斬贖爲庶人後二歲以校尉從大
將軍無功後十四歲以因杅將軍築受降城七歲復
以因杅將軍再出擊匈奴至余吾亡士卒多下吏當
斬詐死亡居民間五六歲後發覺復繫坐妻爲巫蠱族

侯凡四爲將軍出擊匈奴一侯
將軍李沮雲中人事景帝武帝立十七歲以左內史
爲彊弩將軍後一歲復爲彊弩將軍
將軍李蔡成紀人也事孝文帝景帝武帝以輕車將
軍從大將軍有功封爲樂安侯已爲丞相坐法死
將軍張次公河東人以校尉從衛大將軍青有功封爲
岸頭侯其後太后崩爲將軍軍北軍後一歲復爲將軍
從大將軍凡再爲將軍後坐法失侯次公父隆輕車
武射也以善射景帝幸近之也

將軍蘇建杜陵人也以校尉從衛大將軍青有功爲擊匈奴封
平陵侯以將軍築朔方後四歲以衛尉爲游擊將軍從大
將軍出朔方後一歲以右將軍再從大將軍出定襄
亡翕侯失軍當斬贖爲庶人其後爲代郡太守卒官冢
在大猶鄉
將軍趙信以匈奴相國降爲翕侯武帝立十七歲八年爲
前將軍與單于戰敗降匈奴
將軍張騫以使通大夏還爲校尉從大將軍有功封
爲博望侯後三歲爲將軍出右北平失期當斬贖爲

庶人其後使通烏孫爲大行而卒冢在漢中
將軍趙食其祋祤人也武帝立二十二歲八年以主爵都尉
附從大將軍斬首六百六十級元狩三年賜爵關內
侯黄金百斤明年爲右將軍從大將軍出定襄迷失
道當斬贖爲庶人
將軍曹襄以平陽侯爲後將軍從大將軍出定襄
曹參孫也
將軍韓說弓高侯庶孫也以校尉從大將軍有功爲
龍額侯坐酎金失侯元鼎六年以待詔爲橫海將軍

擊東越有功爲按道侯以太初三年爲游擊將軍屯
於五原外列城爲光祿勳掘蠱太子宮衛太子殺之
將軍郭昌雲中人也以校尉從大將軍元封四年以
太中大夫爲拔胡將軍屯朔方還擊昆明毋功奪印
將軍荀彘太原廣武人以御見侍中爲校尉數從大
將軍以元封三年爲左將軍擊朝鮮毋功以捕樓船坐
將軍誅坐法死
最驃騎將軍去病凡六出擊匈奴其四出以將軍斬
捕首虜十一萬餘級及渾邪王以衆降數萬遂開河

西酒泉之地西方益少胡寇四益封凡萬七千七百
戶其校尉吏有功為侯者凡六人而後為將軍者二
人
將軍路博德西河平州人以右北平太守從驃騎將
軍有功為符離侯驃騎死後博德以衛尉為伏波將
軍伐破南越益封其後坐法失侯為彊弩都尉屯居
延卒
將軍趙破奴故九原人嘗亡入匈奴已而歸漢為驃
騎將軍司馬出北地時有功封為從驃侯坐酎金失

侯後一歲為匈河將軍攻胡至匈河水無功後二歲
擊虜樓蘭王復封為浞野侯後六歲以浚稽將軍將
二萬騎擊匈奴左賢王左賢王與戰兵八萬騎圍破
奴破奴生為虜所得遂沒其軍居匈奴中十歲復與
其太子安國亡入漢後坐巫蠱族
自衛氏興大將軍青首封其後枝屬為五侯凡
二十四歲而五侯盡奪衛氏無為侯者國絕和中淡太子敗衛氏遂
滅而霍去病弟光貴盛自有傳
太史公曰蘇建語余曰吾嘗責大將軍至尊重而
天下之賢士大夫毋稱焉願將軍觀古名將所招選
擇賢者勉之哉大將軍謝曰自魏其武安之厚賓客
天子常切齒彼親附士大夫招賢絀不肖者人主之
柄也人臣奉法遵職而已何與招士驃騎亦放此意
其為將如此

史漢方駕二十四卷終

史漢方駕卷第二十五

浙海許相卿台仲甫　撰輯

徐　禾仲年甫　校錄

史傳五十二　漢傳二十八 三十四　公孫弘 徐樂 主父偃 嚴安

丞相公孫弘者齊菑川國薛縣人也字季少時爲薛
獄吏有辠罪免家貧牧豕海上年四十餘乃學春秋雜
說養後母孝謹建元元年天子武帝初即位招賢良文學
之士是時弘年六十徵以賢良徵爲博士使匈奴還
報不合上意上怒以爲不能弘迺乃移病免歸元光五

年有詔復徵賢良文學菑川國復推上公孫弘弘謝
國人曰臣前已嘗西應命以不能罷歸願更推選國人
固推弘弘至太常上太常令所徵儒士各對策詔諸儒
制曰云云弘對曰云云本傳辞時對者百餘人太常
奏弘第居下策奏天子擢弘對爲第一召入見狀貌
甚麗拜爲博士是待詔金馬門弘復上疏曰陛下有先
聖之位而無先聖之名有先聖之民而無先聖之吏
是以勢同而治異先世之吏正故其民篤今世之吏
邪故其民薄政弊而不行令倦而不聽夫使邪吏行
弊政用倦令治薄民民不可得而化此治之所以異
也臣聞周公旦治天下朞年而變三年而化五年而
定唯陛下之所志書奏天子以冊書荅曰問弘稱周
公之治弘之材能自視孰與周公賢弘對曰愚臣淺
薄安敢比材於周公雖然愚心曉然見治道之可以
然也夫虎豹馬牛禽獸之不可制者也及其教馴服
習之至可牽持駕服唯人之從臣聞揉曲木者不累
日銷金石者不累月夫人之於利害好惡豈比禽獸
木石之類哉朞年而變臣弘尚竊遲之上異其言時

方通西南夷道置郡巴蜀民苦之詔使弘視之還奏
事盛毀西南夷無所用上不聽弘爲人恢奇多聞常
稱以爲人主病不廣大人臣病不儉節弘爲布被食
不重肉後母死服喪三年每朝會議開陳其端令人
主自擇不肯面折庭爭於是上天子察其行敦厚辯論
有餘習文法吏事而又緣飾以儒術上大說之二歲
中至左內史弘奏事有所不可不肯庭辯之嘗與主
爵都尉汲黯請間汲黯先發之弘推其後上天子常說
所言皆聽以此日益親貴嘗與公卿約議至上前皆

倍背其約以順上旨指汲黯庭詰弘曰齊人多詐而無情實始弘與臣等建此議今皆倍背之不忠上問弘弘謝曰夫知臣者以臣爲忠不知臣者以臣爲不忠上然弘言左右幸臣每毀弘上益厚遇之元朔三年張歐免以弘爲御史大夫弘爲人談笑多聞常稱以爲人主病不廣大人臣病不儉節養後母孝謹後母卒服喪三年爲內史數年遷御史大夫是時又通西南夷東置倉蒼海北築朔方之郡弘數諫以爲罷敝弊中國以奉無用之地願罷之於是天子乃上迺使朱買臣等難弘置朔方之便發十策弘不得一弘迺謝

曰山東鄙人不知其便若是願罷西南夷滄蒼海而專奉朔方上乃迺許之汲黯曰弘位在三公奉祿甚多然爲布被此詐也上問弘弘謝曰有之夫九卿與臣善者無過黯然今日庭詰弘誠中弘之病夫以三公爲布被誠飾詐欲以釣名且臣聞管仲相齊有三歸侈擬於君桓公以霸亦上僭於君晏嬰相景公食不重肉妾不衣絲齊國亦治此亦下比於民今臣弘位爲御史大夫而爲布被自九卿以下至於小吏無差誠如汲黯言且無汲黯忠陛下安得聞此言天子上以爲謙有

漢益於此以見尊賢先聖之道而乃丞相封侯莫自弘始作史宜如是

讓愈益厚賢之卒以弘元朔中代薛澤爲丞相先是漢常以列侯爲丞相唯弘無爵上於是下詔曰朕嘉先聖之道開廣門路宣招四方之士蓋古者任賢而序位量能以授官勞大者厥祿厚德盛者獲爵尊故武功以顯重而文德以行褒其以高成之平津鄉戶六百五十封丞相弘爲平津侯弘爲人其後以爲故事至丞相封自弘始也時上方興功業婁舉賢良弘自見爲舉首起徒步數年至宰相封侯於是起客館開東閣以延賢人與參謀議此兩句漢書在史後是迺下弘身食一肉脫粟然其性意忌外寬

內深諸嘗與弘有郤者隙無遠近雖詳陽與善陰後竟報其禍過殺主父偃徙董仲舒於膠西皆弘之力也運下後淮南衡山弘身食一肉脫粟之飯故人所善賓客仰衣食弘奉祿皆以給之家無所餘士亦以此賢之運上然其性意忌後淮南衡山謀反治黨與方急弘病甚自以爲無功而封侯居宰位至丞相位宜佐明王塡撫國家使人由臣子之道今諸侯有畔逆之計此皆宰相大臣奉職不稱也恐竊病死無以塞責乃上書曰臣聞天下之通達道五所以行之者三曰君臣父子兄弟夫婦長幼朋友之交此五

五者天下之達道也仁知勇此三者天下之通德
所以行之者也故曰好問近乎知力行近乎仁好問
近乎智知耻近乎勇知此三者則知所以自治知所
以自治然後知所以治人天下未有不能自治而能
治人者也此百世不易之道也今陛下躬行大孝鑒
三王建周道兼文武厲賢予祿量
能授官將以厲百姓勸賢材也今臣弘罷駑之質無
汗馬之勞陛下過意擢臣弘卒伍之中封爲列侯致
位三公臣弘行能不足以稱素有負薪之疾恐先狗

馬填溝壑終無以報德塞責願歸侯印乞骸骨避賢
者路天子報曰古者賞有功褒有德守成尚文遭遇
右武未有易此者也朕宿夙夜庶幾獲承至尊懼不
能寧惟所與共爲治者君宜知之蓋君子善善惡惡
君若謹行常在朕躬君不幸罹霜露之病何恙不已
乃上書歸侯乞骸骨是章朕之不德也今事少閒君
其省思慮一精神輔以醫藥因賜告
牛酒雜帛居數月病有瘳視事元狩二年弘病竟以
年八十終丞相位其後李蔡嚴青翟趙周石慶公孫

賀劉屈氂繼踵爲丞相自蔡至慶丞相府客館丘虛
而已至賀屈氂時壞以爲馬廄車庫奴婢室矣惟慶
以惇謹復終相位其餘盡伏誅云弘子度嗣爲平津
侯度爲山陽太守十餘歲坐法失侯詔徵鉅野令史成詣公車
度留不遣坐論爲城旦元始中修功臣後下詔曰漢
興以來股肱在位身行儉約輕財重義未有若公孫
弘者也位在宰相封侯而爲布被脫粟之飯奉祿以
給故人賓客無有所餘可謂減於制度而率下篤俗
者也與內富厚而外爲詭服以釣虛譽者殊科夫表

德章義所以率世厲俗聖王之制也其賜弘後子孫
之次見爲適者爵關內侯食邑三百戶
主父偃者齊國臨菑人也學長短縱橫之術晚乃學
易春秋百家之言游齊諸生間莫能厚遇也齊諸儒
生相與排擯不容於齊家貧假貸無所得乃北游燕
趙中山皆莫能厚遇爲客甚困孝武元光元年中以
爲諸侯莫足游者乃元光元年迺西入關見衛將軍衛
將軍數言上上不召省資用乏留久諸公賓客多厭之
迺上書闕下朝奏暮召入見所言九事其八事爲律

令一事諫伐匈奴其辭曰臣聞明主不惡切諫以博
觀忠臣不敢避重誅以直諫是故事無遺策而功流
萬世今臣不敢隱忠避死以效愚計願陛下幸赦而
少察之司馬法曰國雖大好戰必亡天下雖平忘戰
必危天下既平天子大凱春蒐秋獮諸侯春振旅秋
治兵所以不忘戰也且夫怒者逆德也兵者凶器也
爭者末節也古之人君一怒必伏尸流血故聖王重
行之夫務戰勝窮武事者未有不悔者也昔秦皇帝
任戰勝之威蠶食天下并吞戰國海內為一功齊三

代務勝不休欲攻匈奴李斯諫曰不可夫匈奴無城
郭之居委積之守遷徙鳥舉難得而制也輕兵深入
糧食必絕踵糧以行重不及事得其地不足以為利
也遇其民不可調役而守也勝必殺之非民父母也靡
敝中國快心匈奴非長策也秦皇帝不聽遂使蒙恬
將兵而攻胡辟地千里以河為境地固澤鹹鹵不生
五穀然後發天下丁男以守北河暴兵露師十有餘
年死者不可勝數終不能踰河而北是豈人眾之不
足兵革之不備哉其勢不可也又使天下蜚芻輓粟

起於東腄琅邪負海之郡轉輸北河率三十鍾而致
一石男子疾耕不足於糧餉女子紡績不足於帷幕
百姓靡敝孤寡老弱不能相養道路死者相望蓋天
下始畔秦也及至高皇帝定天下略地於邊聞匈奴
聚於代谷之外而欲擊之御史成進諫曰不可夫匈
奴之性獸聚而鳥散從之如搏影今以陛下盛德攻
匈奴臣竊危之高帝不聽遂北至於代谷果有平城
之圍高皇帝蓋悔之甚乃使劉敬往結和親之約然
後天下忘干戈之事故兵法曰興師十萬日費千金

夫秦常積眾暴兵數十萬人雖有覆軍殺將係虜單
于之功亦適足以結怨深讎不足以償天下之費夫
上虛府庫下敝百姓甘心於外國非完事也夫匈奴
難得而制非一世也行盜侵驅所以為業也天性固
然上及虞夏殷周固弗程督禽獸畜之不屬為人夫
上不觀虞夏殷周之統而下循近世之失此臣之
所以大憂百姓之所以疾苦也且夫兵久則變生事
苦則慮易乃使邊境之民靡敝愁苦而有離心將吏
相疑而外市故尉佗章邯得以成其私也夫秦政

所以不行者權分(乎)二子此得失之效也故周書曰
安危在出令存亡在所用願陛下(孰計)(詳察)之少加意而
(熟慮)(加察)焉是時(趙)人徐樂(燕)(齊)人嚴安(亦)俱上書言世務
(各一篇)
(書奏上召見此下別起徐樂傳)
徐樂(燕)(郡)(無)(終)人也上書曰臣聞天下之患在於土
崩不在(於)瓦解古今一也何謂土崩秦之末世是也
陳涉無千乘之尊尺土之地身非王公大人名族之
後無鄉曲之譽非有孔(曾)墨(曾)子之賢陶朱猗頓之
富也然起窮巷奮棘矜偏袒大呼而天下從風此其

史漢方駕卷二十五　徐樂　九

故何也由民困而主不恤下怨而上不知(也)俗已亂
而政不修此三者陳涉之所以為資也(是)(此)之謂土崩
故曰天下之患在(乎)(於)土崩何謂瓦解吳楚齊趙之兵
是也七國謀為大逆號皆稱萬乘之君帶甲數十萬
威足以嚴其境內財足以勸其士民然不能西攘尺
寸之地而身為禽於中原者此其故何也非權輕於
匹夫而兵弱於陳涉也當是之時先帝之德(澤)未衰
而安土樂俗之民衆故諸侯無境外之助此之謂瓦
解故曰天下之患不在瓦解由(是)(此)觀之天下誠有土

崩之(勢)(埶)雖布衣窮處之士或首(惡)(難)而危海內陳涉是
也況三晉之君或存乎天下雖未(有)(大)治也誠能無
土崩之(勢)(埶)雖有彊國勁兵不得(旋)(還)踵而身為禽(矣)吳
楚(齊)(趙)是也況群臣百姓能為亂乎(哉)此二體者安
危之明要(也)賢主之所留意而深察也間者關東五
穀(數)不登年歲未復民多窮困重之以(邊)境之事推
數循理而觀之(則)民(且)(宜)有不安其處者矣不安故易
動易動者土崩之(勢)(埶)也故賢主獨觀萬化之原明於
安危之機脩之廟堂之上而銷未形之患(也)其要(期)

史漢方駕卷二十五　徐樂　十

使天下無土崩之(勢)(埶)而已矣故雖有彊國勁兵陛下
逐走獸射(蜚)(飛)鳥弘游燕之囿淫(從)(縱)恣之觀極馳騁之
樂自若(也)金石絲竹之聲不絕於耳帷帳之私俳優
侏儒之笑不乏於前而天下無宿憂名何必(湯)(武)(夏)(子)俗
何必成康雖然臣竊以為陛下天然之(聖)(資)寬仁之資
而誠以天下為務則(禹)湯(武)之名不難侔而成康之
俗(可)(未)(必)(不)復興也此二體者立然後處尊安之實揚
名廣譽於當世親天下而服四夷餘恩遺德為數世
隆南面(負)(扆)(背)(依)攝袂而揖王公此陛下之所服也臣聞

匹王不成其敝足以安安則陛下何求而不得何(威)
(嚴)而不成何征而不服乎哉(徐樂傳止此下別起嚴安傳)
嚴安者臨菑人也以故丞相史上書曰臣聞鄒子曰
政教文質者所以云救也當時則用過則舍之有易
則易之故守一而不變者未睹治之至也今天下人
民用財侈靡車馬衣裘宮室皆競修飾調五聲使有
節族五色使有文重五味方丈於前以觀欲天
下彼民之情見美則願之是教民以侈也侈而無節
則不可贍民離本而徼末矣末不可徒得故搢紳者

不憚為詐帶劍者夸殺人以矯奪而世不知愧故姦
軌浸長夫佳麗珍怪固順於耳目故養失而泰樂失
而淫禮失而采教失而偽偽采淫泰非所以範民之
道也是以天下人民逐利無已犯法者衆臣願為民
制度以防其淫使貧富不相燿以和其心心既和平
其性恬安恬安不營則盜賊銷盜賊銷則刑罰少刑
罰少則陰陽和四時正風雨時草木暢茂五穀蕃孰
六畜遂字民不夭厲和之至也臣聞周有天下其治
三百餘歲成康其隆也刑錯四十餘年而不用及其

衰也亦三百餘歲(年)故五伯更起五伯者常佐天子興
利除害誅暴禁邪匡正海內以尊天子五伯既沒賢
聖莫續天子孤弱號令不行諸侯恣行彊陵弱衆暴
寡田常篡齊六卿分晉並為戰國此民之始苦也於
是彊國務攻弱國(備)守合從連(橫)衡馳車(擊)轂介冑
生蟣蝨民無所告愬及至秦王蠶食天下并吞戰國
稱號曰皇帝一海內之政壞諸侯之城銷其兵鑄以
為鍾虡示不復用元元黎民得免於戰國逢明天子
人人自以為更生(鄉)使秦緩其刑罰薄賦斂省繇役

貴仁義賤權利上篤厚下(智)巧變風易俗化於海內
則世世必安矣秦不行是風(而循)其故俗為(智)知巧權
利者進篤厚忠(信)正者退法嚴(政峻)令苛諂諛者衆日聞其
美意廣心(軼)逸欲(肆)威海外乃使蒙恬將兵以北攻(胡)
胡辟地進境戍於北河(蜚)飛芻輓粟以隨其後又使尉
(佗)屠睢將樓船之士(南)攻(百粵)越使監祿鑿渠運糧深
入(粵)越越人遁逃曠日持久糧食(乏)絕越人擊之
秦兵大敗秦乃使尉佗將卒以戍越當是時秦禍北
構於胡南挂於越宿兵於無用之地進而不得退行

十餘年丁男被甲丁女轉輸苦不聊生自經於道樹
死者相望及秦皇帝崩天下大叛陳勝吳廣舉陳武
臣張耳舉趙項梁舉吳田儋舉齊景駒舉郢周市舉
魏韓廣舉燕窮山通谷豪士並起不可勝載也然本
皆非公侯之後非長官之吏也無尺寸之勢起閭巷
杖棘矜應時而動不謀而俱起不約而同會壤長
地進至于霸王時教使然也秦貴為天子富有天下
滅世絕祀者窮兵之禍也故周失之弱秦失之彊不
變之患也今欲招南夷朝夜郎降羌僰略濊州建城

邑深入匈奴燔其蘢城議者美之此人臣之利也非
天下之長策也今中國無狗吠之警而外累於遠方
之備靡敝國家非所以子民也行無窮之欲甘心快
意結怨於匈奴非所以安邊也禍結而不解兵休而
復起近者愁苦遠者驚駭非所以持久也今天下鍛
甲砥劍橋箭累弦轉輸運糧未見休時此天下之所
共憂也夫兵久而變起事煩而慮生今外郡之地或
幾千里列城數十形束壤制旁脅諸侯非公室之利
也上觀齊晉之所以亡者公室卑削六卿大盛也下

觀秦之所以滅者嚴法刻深欲大無窮也今郡守之
權非特六卿之重也地幾千里非特閭巷之資也甲
兵器械非特棘矜之用也以遭萬世之變則不可勝
諱也後以安為騎馬令嚴安傳止此下述上言世務
終上父偃傳書奏天子天子召見三人謂曰公等皆
安在何相見之晚也於是上乃拜主父偃徐樂嚴安
皆為郎中偃數見上疏言事詔拜偃為謁者遷中郎樂為
中大夫一歲中四遷偃偃說上曰古者諸侯地不過
百里彊弱之形易制今諸侯或連城數十地方千里

緩則驕奢易為淫亂急則阻其彊而合從以逆京師
今以法割削之則逆節萌起前日朝錯是也今諸侯
子弟或十數而適嗣代立餘雖骨肉無尺寸地之封
則仁孝之道不宣願陛下令諸侯得推恩分子弟以
地侯之彼人人喜得所願上以德施實分其國必不削
而稍自銷弱矣於是上從其計又說上曰茂陵初立
天下豪桀并兼之家亂眾之民皆可徙茂陵內實
京師外銷姦猾此所謂不誅而害除上又從其計尊
立衛皇后及發燕王定國陰事偃有功焉大臣皆畏

與口賂遺累千金人或說偃曰大橫矣偃主父曰臣結
髮游學四十餘年身不得遂親不以為子昆弟不收
賓客棄我我阨阨日久矣且丈夫生不五鼎食死則即五
鼎亨耳吾日暮途遠故倒行暴逆施之偃盛言朔方地
肥饒外阻河蒙恬築城之以逐匈奴內省轉輸戍漕
廣中國滅胡之本也上覽其說下公卿議皆言不便
公孫弘曰秦時常發三十萬眾築北河終不可就已
而弃之主父偃盛言其便上竟用主父計立朱買臣難詘弘遂置朔方郡本
說計也元朔中偃元朔二年主父言齊王內有淫佚之行僻上

拜主父偃為齊相至齊徧召昆弟賓客散五百金予之
數之曰始吾貧時昆弟不我衣食賓客不我內門今
吾相齊諸君迎我或千里吾與諸君絕矣毋復入偃
之門乃迺使人以王與姊姦事動王王以為終不得脫
罪恐效燕王論死乃迺自殺偃有司以聞主父始為布衣
時嘗游燕趙及其貴發燕事趙王恐其為國患欲上
書言其陰事為偃居中不敢發及其為齊相出關即
使人上書告言主父偃受諸侯金以故諸侯子弟多
以得封者及齊王以自殺聞上聞大怒以為主父偃劫

其王令自殺乃迺徵下吏治主父偃服受諸侯之金實
不劫齊王令自殺上欲勿誅是時公孫弘爭為御史大
夫乃言曰齊王自殺無後國除為郡入漢主父偃本
首惡非誅陛下不誅主父偃無以謝天下乃迺遂族主父偃
主父偃方貴幸時賓客以千數及其族死無一人收者視
唯獨洨孔車收葬之天子後聞之以為孔車為長者為上
也

太史公曰公孫弘行義雖脩然亦遇時漢興八十餘
年矣上方鄉文學招俊乂以廣儒墨弘為舉首主父

偃當路諸公皆譽之及名敗身誅士爭言其惡悲夫

史漢方駕一十五卷終

史漢方駕卷第二十六

浙濟許相卿台仲甫　撰輯

徐　禾仲年甫　校鋟

史傳五十七　漢傳二十七

司馬相如者字長卿蜀郡成都人也少時好讀書學擊劍故其親名之曰犬子相如既學慕藺相如之爲人也更名相如以貲爲郎事孝景帝爲武騎常侍非其好也會景帝不好辭賦是時梁孝王來朝從游說之士齊人鄒陽淮陰枚乘吳莊忌夫子之徒相如見而說之因病免客游梁梁孝王令與諸生同舍相如得與諸生游士居數歲乃著子虛之賦會梁孝王卒相如歸而家貧無以自業素與臨邛令王吉相善吉曰長卿久宦游不遂而來過我於是相如往舍都亭臨邛令繆爲恭敬日往朝相如相如初尚見之後稱病使從者謝吉吉愈益謹肅臨邛中多富人而卓王孫家僮八百人程鄭亦數百人二人乃相謂曰令有貴客爲具召之并召令令既至卓氏客以百數至日中謁司馬長卿長卿謝病不能往臨邛令

不敢嘗食自往迎相如相如不得已彊往一坐盡傾酒酣臨邛令前奏琴曰竊聞長卿好之願以自娛相如辭謝爲鼓一再行是時卓王孫有女文君新寡好音故相如繆與令相重而以琴心挑之相如之臨邛從車騎雍容閒雅甚都及飲卓氏弄琴文君竊從戶窺之心悅而好之恐不得當也既罷相如乃使人重賜文君侍者通殷勤文君夜亡奔相如相如乃與馳歸成都家居徒四壁立卓王孫大怒曰女至不材我不忍殺不分一錢也人或謂王孫王孫終不聽文君久之不樂曰長卿第俱如臨邛從昆弟假貸猶足以爲生何至自苦如此相如與俱之臨邛盡賣其車騎買一酒舍酤酒而令文君當鑪相如身自著犢鼻褌與保庸雜作滌器於市中卓王孫聞而恥之爲杜門不出昆弟諸公更謂王孫曰有一男兩女所不足者非財也今文君已失身於司馬長卿長卿故倦游雖貧其人材足依也且又令客奈何相辱如此卓王孫不得已分予文君僮百人錢百萬及其嫁時衣被財物文君乃與相如歸成

都蜀西宅為害人居父之蜀八楊得意為狗監侍上
上讀子虛賦而善之曰朕獨不得與此人同時哉得
意曰臣邑人司馬相如自言為此賦上驚乃召問相
如相如曰有是然此乃諸侯之事未足觀也請為天
子游獵之賦賦成奏之上許令尚書給筆札相如以
子虛虛言也為楚稱烏有先生者烏有此事也為齊
難無是公者無是人也明天子之義故空藉此三
人為辭以推天子諸侯之苑囿其卒章歸之於節儉
因以風諫奏之天子天子大說其辭曰楚使子虛使
於齊齊王悉發境內之士備車騎之衆與使者出田
田罷子虛過詫烏有先生而無是公在焉坐定烏有
先生問曰今日田樂乎子虛曰樂獲多乎曰少然則
何樂對曰僕樂齊王之欲夸僕以車騎之衆而僕對
以雲夢之事也曰可得聞乎子虛曰可王駕車千乘
選徒萬騎田於海濱列卒滿澤罘罔彌山掩兔轔鹿
射麋脚麟騖於鹽浦割鮮染輪射中獲多矜而自功
顧謂僕曰楚亦有平原廣澤游獵之地饒樂若此者
乎楚王之獵孰與寡人乎僕下車對曰臣楚國之鄙人

也幸得宿衛十有餘年時從出游游於後園覽於有
無然猶未能徧覩也又惡足以言其外澤者乎齊王
曰雖然略以子之所聞見而言之僕對曰唯唯臣聞
楚有七澤嘗見其一未覩其餘也臣之所見蓋特其
小小者耳名曰雲夢雲夢者方九百里其中有山焉
其山則盤紆岪鬱隆崇嵂崒岑崟參差日月蔽虧交
錯糾紛上干青雲罷池陂陁下屬江河其土則丹青
赭堊雌黃白坿錫碧金銀衆色炫燿照爛龍鱗其石
則赤玉玫瑰琳瑉琨珸瑊玏玄厲碝石武夫其東則
有蕙圃衡蘭芷若射干穹窮昌蒲江離麋蕪諸柘巴
且其南則有平原廣澤登降陁靡案衍壇曼緣以大
江限以巫山其高燥則生葴菥苞荔薛莎青薠其卑
溼則生藏莨蒹葭東蘠雕胡蓮藕觚盧奄閭軒于衆
物居之不可勝圖其西則有涌泉清池激水推移外
發芙蓉菱華內隱鉅石白沙其中則有神龜蛟鼉瑇
瑁鼈黿其北則有陰林巨樹楩柟豫章桂椒木蘭蘗
離朱楊樝梨梬栗橘柚芬芳其上則有赤猨蠷蝚鵷
雛孔鸞騰遠射干其下則有白虎玄豹蟃蜒貙豻兕

象野犀窮奇獌狿於是乎乃使專諸之倫手格此獸
楚王乃駕馴駮之駟乘雕玉之輿靡魚須之橈旃曳
明月之珠旗建干將之雄戟左烏號之雕弓右夏服
之勁箭陽子驂乘纖阿為御案節未舒即陵狡獸
邛邛蹵蛩蛩轔距虛軼野馬轊騊駼乘遺風而射
游騏儵眒倩浰雷動猋至星流霆擊弓不虛發中必
決眥洞胸達掖絕乎心繫獲若雨獸揜草蔽地於是
楚王乃弭節裴回翱翔容與覽乎陰林觀壯士之暴
怒與猛獸之恐懼徼郄受詘殫覩眾物之變態於是
鄭女曼姬被阿錫揄紵縞雜纖羅垂霧縠襞積褰縐
紆徐委曲鬱橈谿谷衯衯裶裶揚袘戌削蜚纖垂髾
扶輿猗靡翕呷萃蔡下摩蘭蕙上拂羽蓋錯翡翠之
威蕤繆繞玉綏眇眇忽忽若神僊之髣髴於是乃
相與獠於蕙圃媻姍勃窣上金隄揜翡翠射鵕鸃微
矰出纖繳施弋白鵠連駕鵝雙鶬下玄鶴加怠而後
游於清池浮文鷁揚桂枻張翠帷建羽蓋罔瑇瑁
鉤紫貝摐金鼓吹鳴籟榜人歌聲流喝水蟲駭波鴻
沸涌泉起奔揚會礧石相擊硠硠礚礚若雷霆之聲

聞乎數百里之外將息獠者擊靈鼓起烽燧車案行
騎就隊纚乎淫淫般乎裔裔於是楚王乃登陽雲之
臺泊乎無為澹乎自持勺藥之和具而後御之不若
大王終日馳騁而不下輿脟割輪焠自以為娛臣竊
觀之齊殆不如於是王默然無以應僕也烏有先生
曰是何言之過也足下不遠千里來況齊國王悉發
境內之士而備車騎之眾以出田乃欲勠力致
獲以娛左右也何名為夸哉問楚地之有無者願聞
大國之風烈先生之餘論也今足下不稱楚王之德
厚而盛推雲夢以為高奢言淫樂而顯侈靡竊為足
下不取也必若所言固非楚國之美也有而言之是
章君之惡無而言之是害足下之信章君之惡
而傷私義二者無一可而先生行之必且輕於齊而
累於楚矣且齊東陼巨海南有琅邪觀乎成山射乎
之罘浮渤澥游孟諸邪與肅慎為鄰右以湯谷為界
秋田乎青丘傍偟乎海外吞若雲夢者八九其於胸
中曾不蔕芥若乃俶儻瑰偉異方殊類珍怪鳥獸萬
端鱗崪充仞其中者不可勝記禹不能名契不能計

然在諸侯之位不敢言游戲之樂苑囿之大先生又
見客是以王辭而不復何爲無以應哉是公所
然而笑曰楚則失矣而齊亦未爲得也夫使諸侯納
貢者非爲財幣所以述職也封疆畫界者非爲守禦
所以禁淫也今齊列爲東藩而外私肅慎捐國踰限
越海而田其於義固未可也且二君之論不務明君
臣之義而正諸侯之禮徒事爭於游戲之樂苑囿之
大欲以奢侈相勝荒淫相越此不可以揚名發譽而
適足以貶君自損也且夫齊楚之事又焉足道邪君

未睹夫巨麗也獨不聞天子之上林乎左蒼梧右西
極丹水更其南紫淵徑其北終始灞滻出入涇渭酆
鄗潦潏紆餘委蛇經營乎其內蕩蕩乎八川分流相
背而異態東西南北馳騖往來出乎椒丘之闕行乎
洲淤之浦徑乎桂林之中過乎泱莽之野汨乎混流
順阿而下赴隘陿之口觸穹石激堆埼沸乎暴怒洶
涌澎湃滭弗宓汩偪側泌瀄橫流逆折轉騰潎洌滂
濞沆溉穹隆雲橈宛潬膠盭踰波趨浥涖涖下瀨批
巖衝擁奔揚滯沛臨坻注壑瀺灂霣墜沈沈隱隱砰

磅訇礚潏潏淈淈湁潗鼎沸馳波跳沫汨急漂疾悠
遠長懷寂漻無聲肆乎永歸然後灝溔潢漾安翔徐
徊翯乎滈滈東注大湖衍溢陂池於是乎蛟龍赤螭
䲛䱴漸離鰅鰫鰬魠禺禺鱋魶揵鰭掉尾振鱗奮翼
潛處于深巖魚鼈讙聲萬物衆夥明月珠子的皪江
靡蜀石黃碝水玉磊砢磷磷爛爛采色澔汗叢積乎
其中鴻鷫鵠鴇駕鵝屬玉交精旋目煩鶩庸渠箴疵鵁
鶁群浮乎其上汎淫泛濫隨風澹淡與波搖蕩奄
薄水渚唼喋菁藻咀嚼菱藕於是乎崇山矗矗巃嵸

山谷之高

崔巍深林巨木嶄巖參差九嵕巀嶭南山峩峩
巖陁甗錡摧崣崛崎振谿通谷蹇產溝瀆谽呀豁閜
阜陵別隝崴磈嵔瘣丘虛堀礨隱轔鬱壘登降施靡
陂池貏豸沇溶淫鬻散渙夷陸亭皋千里靡不被築
掩以綠蕙被以江離糅以蘼蕪雜以留夷布結縷攢
戾莎揭車衡蘭槀本射干茈薑蘘荷葴持若蓀鮮支
黃礫蔣芧青薠布濩閎澤延曼太原麗靡廣衍應風
披靡吐芳揚烈郁郁菲菲衆香發越肸蠁布寫晻
薆苾勃於是乎周覽泛觀瞋盼軋沕芒芒怳忽視之無

故飾之以形容
俛仰而見
珍寶之產

端察之無涯日出東沼入於西陂其南則隆冬生長
踴水躍波其獸則㺎旄貘犛沈牛麈麋赤首圜題窮奇
象犀其北則盛夏含凍裂地涉冰揭河其獸則麒麟角端
騊駼橐駝蛩蛩驒騱駃騠驢騾於是乎離宮
別館彌山跨谷高廊四注重坐曲閣華榱璧璫輦道
纚屬步櫚周流長途中宿夷嵕築堂累臺增成巖突
洞房頫杳眇而無見仰攀橑而捫天奔星更於閨闥
宛虹拖於楯軒青龍蚴蟉於東箱象輿婉僤於西清
靈圄燕於閒館偓佺之倫暴於南榮醴泉涌於清室

史漢方駕卷二十一　太史司馬相如　九

通川過於中庭盤石振崖嶔巖倚傾嵯峨嶕嶢刻削
崢嶸玫瑰碧琳珊瑚叢生瑉玉旁唐玢豳文鱗赤瑕
駁犖雜臿其間晁采琬琰和氏出焉於是乎盧橘夏
孰黃甘橙楱枇杷橪柿楟柰厚朴梬棗楊梅櫻桃蒲
陶隱夫薁棣荅遝離支羅乎後宮列乎北園貤丘陵
下平原揚翠葉扤紫莖發紅華秀朱榮煌煌扈扈照
曜鉅野沙棠櫟櫧華楓枰櫨留落胥邪仁頻并閭欃
檀木蘭豫章女貞長千仞大連抱夸條直暢實葉葰
茂攢立叢倚連卷欐佹崔錯癹骫坑衡閜砢垂條扶

非水間之獸
宮館多且備

疏於落英幡纚紛溶萷蔘猗柅從風瀏莅芔歙蓋象金
石之聲管籥之音柴池茈虒旋還乎後宮雜遝累輯
被山緣谷循阪下隰視之無端究之無窮於是乎玄
猨素雌蜼玃飛蠝蛭蜩蠼蝚獑胡豰蛫棲息乎其間
長嘯哀鳴翩幡互經夭蟜枝格偃蹇杪顛於是乎隃
絕梁騰殊榛捷垂條踔稀間牢落陸離爛漫遠遷若
此輩者數千百處娛遊往來宮宿館舍庖廚不徙
後宮不移百官備具於是乎背秋涉冬天子校獵乘
鏤象六玉虯拖蜺旌靡雲旗前皮軒後道游孫叔奉

史漢方駕卷二十一　太史司馬相如　十

轡衛公參乘扈從橫行出乎四校之中鼓嚴簿縱
獵者江河為阹泰山為櫓車騎靁起殷天動地先後陸
離離散別追淫淫裔裔緣陵流澤雲布雨施生貔豹
搏豺狼手熊羆足野羊蒙鶡蘇絝白虎被班文跨野
馬陵三嵕之危下磧歷之坻徑峻赴險越壑厲水椎
蜚廉弄解廌格蝦蛤鋋猛氏羂要褭射封豕箭不苟
害解脰陷腦弓不虛發應聲而倒於是乎乘輿弭節
徘徊翱翔往來睨部曲之進退覽將率之變態然後
浸潭促節儵敻遠去流離輕禽蹴履狡獸轊白鹿捷

乘輿游歷　校獵　女樂

狡（兔）軼赤電遺光耀追怪物出宇宙彎（繁）蕃弱滿白羽
射游梟櫟蜚（虡）遽擇肉（而）後發先中（而）命處弦矢分（藝）蓺
殪仆然後揚節而上浮陵驚風歷駭（飈）猋乘虛（亾）無與神
俱（躪）藺玄鶴亂昆雞遒孔鸞促鵔鸃拂翳鳥捎鳳皇捷
鴛鶵（揜）掩焦明道盡塗殫迴車而還（消）招搖乎襄羊降集
乎北紘率乎直指（晻）闇乎反鄉蹷石（闕）闕歷封巒過鳷鵲
望露寒下棠梨息宜春西馳宣曲濯鷁牛首登龍臺
掩細柳觀士大夫之勤略鈞（獠）獵者之所得獲觀徒車
之所（閵）轥轢（乘）騎之所蹂若人（民）之所蹈（藉）躤與其窮極
倦𠜎驚憚讋伏不被創刃而死者（它它）佗佗籍籍填（坑）阬滿
谷掩平彌澤於是乎游戲懈怠置酒乎（顥）昊天之臺張
樂乎（轇輵）膠葛之（宇）寓撞千石之鐘立萬石之（虡）鉅建翠華之
旗樹靈鼉之鼓奏陶唐氏之舞聽葛天氏之歌千人
（倡）唱萬人和山陵為之震動川谷為之蕩波巴俞宋蔡
淮南干遮文成顛歌族（居）聚遞奏金鼓迭起鏗鎗（閶鞈）鐺鞈
洞心駭耳荊吳鄭衛之聲（韶濩）部護武象之樂陰淫案衍
之音鄢郢繽紛激楚結風俳優侏儒狄鞮之倡所以
娛耳目（而）樂心意者麗靡爛漫於前靡曼美色於後

諷諫

若夫青琴（宓）虙妃之徒絕殊離俗妖冶（嫻）閑都靚（莊）糚刻（飾）飭
便嬛（綽）婥約柔（橈）撓（嫚嫚）嬛嬛（嫵媚）嫵媚（孅弱）纖弱曳獨繭之褕（袣）絏眇閻
易以（恤）𥿋削便（姍）嫳屑與世殊服芬（芳）香漚鬱酷烈淑郁
皓齒粲爛宜笑的皪長眉連娟微睇綿藐色授魂與
心愉於側於是酒中樂酣天子芒然而思似若有亡
曰嗟乎此（泰）太奢侈朕以覽聽餘閒無事棄日順天道
以殺伐時休息於此恐後世靡麗遂往而不（返）反非
所以為繼嗣創業垂統也於是乎乃解酒罷獵而命
有司曰地可（以）墾辟悉為農郊以贍（萌）甿隸隤牆填（塹）壍
使山澤之民得至焉實陂池而勿禁虛宮（觀）館而勿仞
發倉廩以（振）救貧窮補不足恤鰥寡存孤獨出德號省
刑罰改制度易服色（更）革正朔與天下為始於是歷吉
日以齋戒襲朝（衣）服乘法駕建華旗鳴玉鸞游（于）乎六藝
之囿馳騖乎仁義之塗覽觀春秋之林射貍首兼騶
虞弋玄鶴（建）舞干戚載雲罕掩群雅悲伐檀樂樂胥修
容乎禮園翱翔（乎）于書圃述易道放怪獸登明堂坐清
廟恣群臣奏得失四海之內靡不受獲於斯之時天
下大說（嚮）鄉風而聽隨流而化（喟）芔然興道而遷義刑錯

而不用德隆於(乎)三皇功羨於五帝若此故獵乃可喜
也若夫終日(暴露)馳騁勞神苦形罷車馬之用抏士
卒之精費府庫之財而無德厚之恩務在獨樂不顧
衆庶忘國家之政(而)貪雉兔之獲則仁者不(由)繇也從
此觀之齊楚之事豈不哀哉地方不過千里而囿居
九百是草木不得墾辟而民無所食也夫以諸侯之
細而樂萬乘之所侈僕恐百姓之被其尤也於是二
子愀然改容超若自失逡巡避席曰鄙人固陋不知
忌諱乃今日見教謹(聞)受命矣賦奏天子以爲郎(無)是

史漢方駕卷二十六　司馬相如

公言天子上林廣大山谷水泉萬物及子虛言(楚)雲
夢所有甚衆侈靡(多)過其實且非義理所(尚)上故刪取
其要歸正道而論之相如爲郎數歲會唐蒙使略通
夜郎西僰中發巴蜀吏卒千人郡又多爲發轉漕萬
餘人用(軍)興法誅其渠帥巴蜀民大驚恐上聞之乃
使相如責唐蒙等因喻告巴蜀民以非上意檄曰告
巴蜀太守蠻夷自擅不討之日久矣時侵犯邊境勞
士大夫陛下即位存撫天下輯(集)安中國然後興師出
兵北征匈奴單于怖駭交臂受事詘膝請和康居西

域重譯請朝(納貢)稽首來享移師東指閩越相誅右弔番
禺太子入朝南夷之君西僰之長常效貢職不敢怠
墮延頸舉踵喁喁然皆(爭歸)鄉風慕義欲爲臣妾道里遼
遠山川阻深不能自致夫不順者已誅而爲善者未
賞故遣中郎將往賓之發巴蜀之士(民)各五百人以
奉幣(帛)衛使者不然靡有兵革之事戰鬬之患今聞
其乃發軍興制驚懼子弟憂患長老郡又擅爲轉粟
運輸皆非陛下之意也當行者或亡逃自賊殺亦非
人臣之節也夫邊郡之士聞烽舉燧燔皆攝弓而馳

史漢方駕卷二十六　司馬相如

荷兵而走流汗相屬唯恐居後觸白刃冒流矢義不
反顧計不旋踵人懷怒心如報私讎彼豈樂死惡生
非編列之民而與巴蜀異主哉計深慮遠急國家之
難而樂盡人臣之道也故有剖符之封析(珪)圭而爵位
爲通侯居列東第終則遺顯號於後世傳土地於子
孫行事甚忠敬居位甚安佚名聲施於無窮功列著
而不滅是以賢人君子肝腦塗中原膏液潤(野草)野草而
不辭也今奉幣(役)使至南夷即自賊殺或亡逃抵誅身
死無名謚爲至愚恥及父母爲天下笑人之度量相

繇豈不遠哉。然此非獨行者之罪也。父兄之教不先，子弟之率不謹也，寡廉鮮恥，而俗不長厚也。其被刑戮，不亦宜乎。陛下患使者有司之若彼，悼不肖愚民之如此，故遣信使曉諭百姓以發卒之事，因數之以不忠死亡之罪，讓三老孝弟以不教誨之過。方今田時，重煩百姓，已親見近縣，恐遠所谿谷山澤之民不徧聞，檄到，亟下縣道，使咸知陛下之意，唯毋忽也。相如還報。唐蒙已略通夜郎，因通西南夷道，發巴蜀廣漢卒，作者數萬人。治道二歲，道不成，士卒多物故，費以巨億萬計。蜀民及漢用事者多言其不便。是時邛筰之君長聞南夷與漢通，得賞賜多，多欲願為內臣妾，請吏，比南夷。天子問相如，相如曰：邛筰冉駹者近蜀，道亦易通，秦時嘗通為郡縣，至漢興而罷。今誠復通，為置郡縣，愈於南夷。天子以為然，乃拜相如為中郎將，建節往使。副使者王然于、壺充國、呂越人，馳四乘之傳，因巴蜀吏幣物以賂西夷。至蜀，蜀太守以下郊迎，縣令負弩矢先驅，蜀人以為寵。於是卓王孫、臨邛諸公皆因門下獻牛酒以交驩。卓王孫喟然而

歎，自以得使女尚司馬長卿晚，而厚分與其女財，與男等同。司馬長卿便略定西南夷，邛筰冉駹斯榆之君皆請為內臣妾。除邊關，關益斥，西至沬若水，南至牂牁為徼，通零關道，橋孫水以通邛都。還報天子，天子大說。相如使時，蜀長老多言通西南夷之不為用，唯大臣亦以為然。相如欲諫，業已建之，不敢，乃著書，藉以蜀父老為辭，而己詰難之，以風天子，且因宣其使指，令百姓知天子之意。其辭曰：漢興七十有八載，德茂存乎六世，威武紛紜，湛恩汪濊，群生澍濡，洋溢乎方外。於是乃命使西征，隨流而攘，風之所被，罔不披靡。因朝冉從駹，定筰存邛，略斯榆，舉苞滿，結軼還轅，東鄉將報，至于蜀都。耆老大夫薦紳先生之徒二十有七人，儼然造焉。辭畢，因進曰：蓋聞天子之於夷狄也，其義羈縻勿絕而已。今罷三郡之士，通夜郎之塗，三年于茲，而功不竟，士卒勞倦，萬民不贍，今又接之以西夷，百姓力屈，恐不能卒業，此亦使者之累也，竊為左右患之。且夫邛筰西僰之與中國並也，歷年茲多，不可記已。仁者不以德來，強者不以力并，

不如蜀人首知以巴蜀之不變則與今日便是無對之辭

意者(其)殆不可乎今割齊民以附夷狄弊所恃以事無用鄙人固陋不識所謂使者曰烏謂此(邪)(乎)必若所云則是蜀不變服而巴不化俗也(余)(僕)尚惡聞若說然斯事體大固非觀者之所覯也余之行急其詳不可得聞已請為大夫粗陳其略蓋世必有非常之人然後有非常之事有非常之事然後有非常之功非常者固常人之所異也故曰非常之(原)(元)黎民懼焉及臻厥成天下晏如也昔者(鴻)(洪)水(浡)(沸)出氾濫衍溢民人(登)(升)降移徙(陭)(陒)崎嶇而不安夏后氏戚之乃堙(鴻)(洪)水(原)決江疏河灑沈澹災東歸之於海而天下永寧當斯之勤豈惟民哉心煩於慮而身親其勞躬胝無胈膚不生毛故休烈顯乎無窮聲稱浹乎于茲且夫賢君之踐位也豈特委瑣握齪拘文牽俗循誦習傳當世取說云爾哉必將崇論閎(竑)議創業垂統為萬世規故馳騖乎兼容并包而勤思乎參天貳地且詩不云乎普天之下莫非王土率土之濱莫非王臣是以六合之內八方之外浸(潯)(淫)衍溢懷生之物有不浸潤於澤者賢君恥之今封疆之內冠帶之倫咸獲嘉祉靡有闕

大聲激休不依有錯故受命以下不可不須而乃繼以上三觀然頗不切封禪三兩已見於此

遺矣而夷狄殊俗之國遼絕異黨之(地)(域)舟(輿)(車)不通人迹罕至政教未加流風猶微內之則犯義侵禮於邊境外之則邪行橫作放(弒)(殺)其上君臣易位尊卑失序父兄不辜幼孤為奴(係)(繫)(系)號泣內(嚮)(鄉)而怨曰蓋聞中國有至仁焉德洋(而)恩普物靡不得其所今獨曷為遺己舉踵思慕若枯旱之望雨盭夫為之垂涕況乎上聖又(惡)(烏)能已故北出師以討彊胡南馳使以誚勁越四面風德二方之君鱗集仰流願得受號者以億計故乃關沫若徼(牂)(牁)(非)(柯)鏤(零)(靈)山梁孫原創道德之塗垂仁義之統將博恩廣施遠撫長駕使疏逖不閉(阻)(昒)深(爽)闇昧得耀乎光明以偃甲兵於此而息(誅)(討)伐於彼遐邇一體中外(提)(禔)福不亦康乎夫拯民於沈溺奉至尊之休德反衰世之陵(遲)(夷)繼周氏之絕業斯乃天子之急務也百姓雖勞又惡可以已哉且夫王(事)(者)固未有不始於憂勤而終於佚樂者也然則受命之符合在於此矣 方將增(泰)(太)山之封加梁父之事鳴和鸞揚樂頌上咸五下登三觀者未(睹)(覩)指聽者未聞音猶鷦(明)(朋)已翔乎寥廓而羅者猶視乎藪澤悲夫於是諸

大夫茫然（茫）喪其所懷來而失厥所以進喟然並稱曰允哉漢德此鄙人之所願聞也百姓雖勞（怠）請以身先之敞罔靡徙因遷延而辭避其後人有上書言相如使時受金失官居歲餘復召爲郎相如口吃而善著書常有消渴疾（痟）與卓氏婚饒於財（故）其（事）進仕宦未嘗肯與公卿國家之事常稱疾（病）閒居不慕官爵常從上至長楊獵是時天子方好自擊熊彘（豕）馳逐野（壄）獸相如因上疏諫之其辭曰臣聞物有同類而殊能者故力稱烏獲捷言慶忌勇期賁育臣之愚竊以爲人誠有之獸亦宜然今陛下好陵阻險射猛獸卒然遇軼（逸）材之獸駭不存之地犯屬車之清塵輿不及還轅人不暇施巧雖有烏獲逢蒙之伎（技）力不得用枯木朽株盡爲害矣是胡越起於轂下而羌夷接軫也豈不殆哉雖萬全而無患然本非天子之所宜近也且夫清道而後行中路而後馳猶時有銜橛之變而況涉乎蓬蒿馳乎丘墳（墟）前有利獸之樂而內無存變之意其爲禍也不亦難矣夫輕萬乘之重不以爲安而樂出於萬有一危之塗以爲娛臣竊爲陛下不取也蓋明

者遠見於未萌而智者避危於無形禍故多藏於隱微而發於人之所忽者也故鄙諺曰家累千金坐不垂堂此言雖小可以喻大臣願陛下之留意幸察上善之還過宜春宮相如奏賦以哀二世行失也其辭曰登陂阤之長阪兮坌入曾宮之嵯峨臨曲江之隑州兮望南山之參差巖巖深山之谾谾兮通谷豁兮谽谺汩淢噏習以永逝兮注平皋之廣衍觀眾樹之蓊薆兮覽竹林之榛榛東馳土山兮北揭石瀨弭節容與兮歷弔二世持身不謹兮亡國失勢信讒不寤兮宗廟滅絕嗚呼哀哉操行之不得兮墳墓蕪穢而不修兮魂無歸而不食夐邈絕而不齊兮彌久遠而愈佅精罔閬而飛揚兮拾九天而永逝嗚呼哀哉相如拜爲孝文園令天子既美子虛之事相如見上好僊道因曰上林之事未足美也尚有靡者臣嘗爲大人賦未就請具而奏之相如以爲列僊之傳居山澤間形容甚臞此非帝王之僊意也乃遂就大人賦其辭曰世有大人兮在于中州宅彌萬里兮曾不足以少留悲世俗之迫隘兮朅輕舉而遠遊乘絳幡之

素蜺兮載雲氣而上浮建格澤之長竿兮總光耀之
采旄垂旬始以為幓兮抴彗星而為髾掉指橋以偃
蹇兮又猗抳以招搖攬欃槍以為旌兮靡屈虹而為
綢紅杳渺以眩湣兮猋風涌而雲浮駕應龍象輿之
蠖略逶麗兮驂赤螭青虯之蚴蟉蜿蜒低卬夭蟜据
以驕驁兮詘折隆窮蠼以連卷沛艾赳螑仡以佁儗
兮放散畔岸驤以孱顏跮踱輵螛容以委麗兮蜩蟉
偃蹇怵㚟以梁倚糾蓼叫奡踏以艐路兮蔑蒙踊躍
騰而狂趡莅颯卉翕熛至電過兮煥然霧除霍然雲
消邪絕少陽而登太陰兮與真人乎相求互折窈窕
以右轉兮橫厲飛泉以正東悉徵靈圉而選之兮部
乘衆神於瑤光使五帝先導兮反太一而從陵陽左
玄冥而右含雷兮前陸離而後潏湟廝征伯僑而役
羨門兮屬岐伯使尚方祝融驚而蹕御兮清雰氣而
後行屯余車其萬乘兮綷雲蓋而樹華旗使句芒其
將行兮吾欲往乎南嬉歷唐堯於崇山兮過虞舜於
九疑紛湛湛其差錯兮雜遝膠葛以方馳騷擾衝蓯
其相紛挐兮滂濞泱軋麗以林離攢羅列聚叢以蘢

茸兮衍曼流爛壇以陸離徑入雷室之砰磷鬱律兮
洞出鬼谷之堀礨崴魁徧覽八紘而觀四荒兮朅度
九江而越五河經營炎火而浮弱水兮杭絕浮渚而
涉流沙奄息總極氾濫水嬉兮使靈媧鼓瑟而舞馮
夷時若薆薆將混濁兮召屏翳誅風伯而刑雨師西
望崑崙之軋沕洸忽兮直徑馳乎三危排閶闔而入
帝宮兮載玉女而與之歸舒閬風而搖集兮亢鳥騰
而一止低回陰山翔以紆曲兮吾乃今日睹西王母
然白首戴勝而穴處兮亦幸有三足烏為之使必
長生若此而不死兮雖濟萬世不足以喜回車朅來
兮絕道不周會食幽都呼吸沆瀣兮餐朝霞咀
噍芝英兮嘰瓊華僸祲尋而高縱兮紛鴻涌而上厲
貫列缺之倒景兮涉豐隆之滂沛馳游道而脩降兮
騖遺霧而遠逝迫區中之隘陝兮舒節出乎北垠遺
屯騎於玄闕兮軼先驅於寒門下崢嶸而無地兮上
寥廓而無天視眩眠而無見兮聽惝恍而無聞乘虛
無而上遐兮超無友而獨存相如既奏大人之頌天
子大說飄飄有凌雲之氣似遊天地之間意相如既

病免家居茂陵天子曰司馬相如病甚可往從悉取
其書若不然後失之矣使所忠往而相如已死家無
遺書問其妻對曰長卿固未嘗有書也時時著書人
又取去即空居長卿未死時爲一卷書曰有使者來
求書奏之無他書其遺札書言封禪事所忠奏
其書天子異之其辭曰伊上古之初肇自昊穹兮生
民歷選列辟以迄于秦率邇者踵武逖聽者風聲
紛綸葳蕤堙滅而不稱者不可勝數也續韶夏崇號
諡略可道者七十有二君罔若淑而不昌疇逆失而

能存軒轅之前遐哉邈乎其詳不可得聞已五三六
經載籍之傳維見可觀也書曰元首明哉股肱良哉
因斯以談君莫盛於唐堯臣莫賢於后稷后稷創業
於唐公劉發迹於西戎文王改制爰周郅隆大行越
成而後陵夷衰微千載無聲豈不善始善終哉然無
異端慎所由於前謹遺教於後耳故軌迹夷易易遵
也湛恩濛涌易豐也憲度著明易則也垂統理順易
繼也是以業隆於繈緥而崇冠于二后揆厥所元終
都攸卒未有殊尤絕迹可考于今者也然猶躡梁父

登泰山建顯號施尊名大漢之德逢涌原泉沕潏
曼羨旁魄四塞雲尃霧散上暢九垓下泝八埏懷生之
類霑濡浸潤協氣橫流武節飄逝邇陿游原迥闊泳
沫首惡湮沒闇昧昭晢昆蟲闓澤回首面內然後囿
騶虞之珍群徼麋鹿之怪獸導一莖六穗於庖犧雙
觡共抵之獸獲周餘珍收龜于岐招翠黃乘龍於沼
鬼神接靈圉賓於閒館奇物譎詭俶儻窮變欽哉符
瑞臻茲猶以爲薄不敢道封禪蓋周躍魚隕杭休之
以燎微夫斯之爲符也以登介丘不亦恧乎進讓之

道其何爽歟於是大司馬進曰陛下仁育群生義征
不憓諸夏樂貢百蠻執贄德侔往初功無與二休烈
浹洽符瑞衆變期應紹至不特創見意者泰山梁父
設壇場望幸蓋號以況榮上帝垂恩儲祉將以薦成
陛下謙讓而弗發也挈三神之驩缺王道之儀群臣
恧焉或謂且天爲質闇示珍符固不可辭若然辭之
是泰山靡記而梁父靡幾也亦各並時而榮咸濟
世而屈說者尚何稱於後而云七十二君乎夫修德
以錫符奉符以行事不爲進越也故聖王弗替而修

禮地祗謁欵天神勒功中嶽以彰至尊舒盛德發號榮受厚福以浸黎民也皇皇哉斯事天下之壯觀王者之卒業不可貶也願陛下全之而后因雜薦紳先生之略術使獲燿日月之末光絕炎以展采錯事猶兼正列其義校飭厥文作春秋一藝將襲舊六為七攄之無窮俾萬世得激清流揚微波蜚英聲騰茂實前聖之所以永保鴻名而常為稱首者用此宜命掌故悉奏其儀而覽焉於是天子沛然改容曰愉乎朕其試哉乃遷思回慮總公卿之議詢封禪之事詩大澤之博廣符瑞之富乃作頌曰自我天覆雲之油油甘露時雨厥壤可游滋液滲漉何生不育嘉穀六穗我穡曷蓄非唯雨之又潤澤之非唯濡之氾尃濩之萬物熙熙懷而慕思名山顯位望君之來君乎君乎侯不邁哉般般之獸樂我君囿白質黑章其儀可嘉旼旼睦睦君子之能蓋聞其聲今觀其來厥塗靡蹤天瑞之徵茲亦於舜虞氏以興濯濯之麟游彼靈畤孟冬十月君徂郊祀馳我君輿帝以享祉三代之前蓋未嘗有宛宛黃龍興德而升采色炫燿熿炳煇煌

正陽顯見覺寤黎烝於傳載之云受命所乘厥之有章不必諄諄依類託寓諭以封巒披藝觀之天人之際已交上下相發允答聖王之事兢兢翼翼也故曰興必慮衰安必思危是以湯武至尊嚴不失肅祗舜在假典顧省厥遺此之謂也司馬相如既卒五歲天子始祭后土八年而遂先禮中嶽封于太山至梁父禪肅然相如他所著若遺平陵侯書與五公子相難草木書篇不采采其尤著公卿者云

太史公曰春秋推見至隱易本隱之以顯大雅言王公大人而德逮黎庶小雅譏小己之得失其流及上所以言雖外殊其合德一也相如雖多虛辭濫說然其要歸引之節儉此與詩之風諫何異揚雄以為靡麗之賦勸百而風一猶馳騁鄭衛之聲曲終而奏雅不已虧乎余采其語可論者著于篇

史漢方駕卷二十六終

史漢方駕卷第二十七

浙湖許相卿台仲甫　撰輯
徐　禾仲年甫　校鋟

史傳五十八　漢傳十四十五　淮南王安　衡山王賜

淮南厲王長者高祖少子也其母故趙王張敖美人高祖八年從東垣過趙趙王獻之美人厲王母也得幸焉有身趙王不敢內宮為築外宮而舍之及貫高等謀反柏人事發覺并逮治王盡收捕王母兄弟美人繫之河內厲王母亦繫告吏曰得幸上有身吏以聞上上方怒趙王未及理厲王母厲王母弟趙兼因辟陽侯言呂后呂后妬弗不肯白辟陽侯不彊爭及厲王母已生厲王恚即自殺吏奉厲王詣上上悔令呂后母之而葬其厲王母真定真定厲王母之家在焉父世縣也高祖十一年十月淮南王黥布反立子長為淮南王王黥布故地凡四郡上自將兵擊滅布厲王遂即位厲立子長為淮南王王蚤失母常附呂后孝惠呂后時以故得幸無患害而常心怨辟陽侯弗不敢發及孝文帝初即位淮南王自以為最親驕蹇數不奉法上以親故常寬赦之三年入朝甚橫從上入苑獵與上同車常謂上大兄厲王有材力力能扛鼎乃往請辟陽侯辟陽侯出見之即自袖鐵椎椎辟陽侯令從者魏敬剄之厲王乃馳走闕下肉袒謝曰臣母不當坐趙事其時辟陽侯力能得之呂后弗爭罪一也趙王如意子母無罪呂后殺之辟陽侯弗不爭罪二也呂后王諸呂欲以危劉氏辟陽侯弗不爭罪三也臣謹為天下誅賊臣辟陽侯報母之仇謹伏闕下請罪孝文傷其志為親故弗治赦之厲王當是時自薄太后及太子諸大臣皆憚厲王厲王以此歸國益驕恣不用漢法出入稱警蹕稱制自為作法令擬於天子數上書不遜順文帝重自切責之時帝舅薄昭為將軍尊重上令昭予厲王書諫數之曰竊聞大王剛直而勇慈惠而厚貞信多斷是天以聖人之資奉大王也甚盛不可不察今大王所行不稱天資皇帝初即位易侯邑在淮南者大王不肯皇帝卒易之使大王得三縣之實甚厚大王以未嘗與皇帝相見求入朝未畢昆弟之歡而殺列侯以自為名皇帝不使吏與其間赦

大王甚厚漢法二千石缺輒言漢補大王逐漢所置而請自置相二千石皇帝骫天下正法而許大王甚厚大王欲屬國為布衣守冢真定皇帝不許使大王毋失南面之尊甚厚大王宜日夜奉法度修貢職以稱皇帝之厚德今迺輕言恣行以負謗於天下甚非計也夫大王以千里為宅居以萬民為臣妾此高皇帝之厚德也高帝蒙霜露沐風雨赴矢石野戰攻城身被創痍以為子孫成萬世之業艱難危苦甚矣大王不思先帝之艱苦日夜怵惕修身正行養犧牲豐

潔粢盛奉祭祀以無忘先帝之功德而欲屬國為布衣甚過且夫貪讓國土之名輕廢先帝之業不可以言孝父為之基而不能守不賢不求守長陵而求之真定先母後父不誼數逆天子之令不順言節行以高兄無禮幸臣有罪大者立斷小者肉刑不仁貴布衣一劍之任賤王侯之位不知不好學問大道觸情妄行不祥此八者危亾之路也而大王行之棄南面之位奮諸賁之勇常出入危亾之路臣之所見高皇帝之神必不廟食於大王之手明白昔者周公誅管叔

放蔡叔以安周齊桓殺其弟以反國秦始皇殺兩弟遷其母以安秦頃王亾代高帝奪之國以便事濟北舉兵皇帝誅之以安漢故周齊行之於古秦漢用之於今大王不察古今之所以安國便事而欲以親戚之意望於太上不可得也亾之諸侯游宦事人及舍匿者論皆有法其在王所吏主者坐今諸侯子為吏者御史主為軍吏者中尉主客出入殿門者衛尉大行主諸從蠻夷來歸誼及以亾名數自占者內史縣令主相欲委下吏無與其禍不可得也王若不改漢

繫大王邸論相以下為之奈何夫墮父大業退為布衣所哀幸臣皆伏法而誅為天下笑以羞先帝之德甚為大王不取也宜急改操易行上書謝罪曰臣不幸早失先帝少孤呂氏之世未嘗忘死陛下即位臣怙恩德驕盈行多不軌追念辠過伏地待誅不敢起皇帝聞之必喜大王昆弟歡欣於上群臣皆得延壽於下上下得宜海內常安願孰計而疾行之行之有疑禍如發矢不可追已王得書不說 六年令男子但等七十人與棘蒲侯柴武太子奇謀以輦車四十乘

王者

反谷口令人使閩越匈奴事覺治之乃使使召淮南王淮南王至長安丞相臣張蒼典客臣馮敬行御史大夫事與宗正臣逸廷尉臣賀備盜賊中尉臣福昧死言淮南王長廢先帝法不聽天子詔居處無度爲黃屋蓋乘輿出入擬於天子擅爲法令不用漢法及所置吏以其郎中春爲丞相聚收漢諸侯人及有罪亡者匿與居爲治家室賜其財物爵祿田宅爵或至關內侯奉以二千石所不當得欲以有爲大夫但士伍開章等七十人與棘蒲侯太子奇謀反欲以危

宗廟社稷使開章陰告長與謀使閩越及匈奴發其兵開章之淮南見長長數與坐語飲食爲家室娶婦以二千石俸奉之開章使人告但已言之王春使使報但等吏覺知使長安尉奇等往捕開章長匿不予與故中尉簡忌謀殺以閉口爲棺槨衣衾葬之肥陵邑謾吏曰不知安在又佯聚土樹表其上曰開章死埋此下及長身自賊殺無罪者一人令吏論殺無罪者六人爲亡命棄市罪詐捕命者以除罪擅罪人罪人無告劾繫治城旦舂以上十四人赦免罪人死罪

十八人城旦舂以下五十八人賜人爵關內侯以下九十四人前日長病陛下心憂苦之使使者賜書棗脯長不欲受賜不肯見拜使者南海民處廬江界中者反淮南吏卒擊之陛下以淮南民貧苦遣使者賜其長帛五千匹以賜吏卒勞苦者長不欲受賜謾言曰無勞苦者南海民王織上書獻璧帛皇帝忌擅燔其書不以聞吏請召治忌長不遣謾言曰忌病又請長願入見長怒曰汝欲離我自附漢長所犯不軌當棄市臣請論如法制曰朕不忍置法於王其與列侯

吏二千石議臣蒼臣敬臣逸臣福臣賀昧死言臣謹與列侯吏二千石臣嬰等四十三人議皆曰宜長不奉法度不聽天子詔乃陰聚徒黨及謀反者厚養亡命欲以有爲臣等議論如法制曰朕不忍致法於王其赦長死罪廢勿王臣蒼等昧死言長有大死罪陛下不忍致法幸赦廢勿王臣有司奏請處蜀郡嚴道邛郵遣其子子母從居縣爲築蓋家室皆廩日三食給薪菜鹽豉炊食器席蓐臣等昧死請請布告天下制曰計食長給肉日五斤酒二斗令故美人才人得幸者十人從

居雍可於是盡誅所與謀者於是乃遣長淮南王載以輜車
令縣以次傳是時袁盎諫上曰上素驕淮南王弗爲
置嚴傅相以故至此且淮南王爲人剛今暴摧折
之臣恐卒逢霧露病死陛下爲有殺弟之名柰何上
曰吾特苦之耳今復之縣傳淮南王者皆不敢發車
封淮南王乃謂侍者曰誰謂乃公勇者吾安能勇吾
以驕故不聞吾過故至此人生一世間安能邑邑如
此乃不食而死縣傳者不敢發車封至雍雍令發之封
以死聞上悲哭甚悲謂袁盎曰吾不從公言卒亡淮
史漢方駕卷三十七
南王盎曰淮南王不可柰何願陛下自寬上曰爲之
柰何盎曰獨斬丞相御史以謝天下乃可上即令丞
相御史逮考諸縣傳送淮南王不發封餽侍者皆棄
市乃以列侯葬淮南王於雍守冢三十戶孝文八
年上憐淮南王淮南王有子四人年皆七八歲乃封
子安爲阜陵侯子勃爲安陽侯子賜爲陽周侯子
良爲東成侯孝文十二年民有作歌歌淮南厲王曰
一尺布尚可縫一斗粟尚可舂兄弟二人不能相容
上聞之乃歎曰堯舜放逐骨肉周公殺管蔡天下
稱聖何者不以私害公天下豈以我爲我貪淮南王
地邪乃徙城陽王王淮南故地而追尊謚淮南王爲
厲王置園復如諸侯儀孝文十六年徙淮南王喜復
故城陽上憐淮南厲王廢法不軌自使失國蚤死乃
立其三子王淮南故地三分之阜陵侯安爲淮南王安陽侯勃爲衡山王
陽周侯賜爲廬江王皆復得厲王時地參分之東
城侯良前薨無後也孝景三年吳楚七國反吳使者
至淮南淮南王欲發兵應之其相曰大王必欲發兵
史漢方駕卷三十七
應吳臣願爲將王乃屬之相已將兵因城守
不聽王而爲漢漢亦使曲城侯將兵救淮南淮南以
故得完吳使者至廬江廬江王弗應而往來使越吳
使者至衡山衡山王堅守無二心孝景四年吳楚已
破衡山王朝上以爲貞信乃勞苦之曰南方卑溼徙
衡山王王濟北所以褒之及薨遂賜謚爲貞王廬
江王以邊越數使使相交故徙爲衡山王王江北淮
南王如故
淮南王安爲人好讀書鼓琴不喜弋獵狗馬馳騁亦

欲以行陰德拊循百姓流名譽天下時時怨望厲王招致賓客方術之士
數千人作爲内書二十一篇外書甚衆又有中篇八是時諸侯王未有四也及建元二年淮南王
卷言神僊黃白之術亦二十餘萬言時武帝方好藝
文以安屬爲諸父辯博善爲文辭甚尊重之每爲報
書及賜常召司馬相如等視草廼遣初安入朝獻所
作内篇新出上愛祕之使爲離騷傳旦受詔日食時
上又獻頌德及長安都國頌每宴見談說得失及方
技賦頌昏莫然後罷安初入朝素雅善太尉武安侯武
安侯時爲太尉乃逆王迎之霸上與王語曰方今上無太

子大王親高皇帝孫行仁義天下莫不聞即宮車一
日晏駕非大王當誰立者淮南王大喜厚遺武安侯
金財物陰結賓客拊循百姓爲畔逆事
賓賂其群臣賓客江淮間多輕薄以厲王遷死感激
安建元六年彗星見淮南王心怪之或說王曰先吳
軍起時彗星出長數尺然尚流血千里今彗星長竟
天天下兵當大起王心以爲上無太子天下有變諸
侯並爭愈益治器械攻戰具積金錢賂遺郡國諸侯
游士奇材諸辯士爲方略者妄作妖言諂諛王王喜
多賜金錢而謀反滋甚淮南王有女陵慧有口辯王

莫大數十萬行
首八人蘇非李
尚左吳田由雷
被伍被毛被晉
昌等八公

愛陵常多予金錢爲中詗長安約結上左右元朔三
年上賜淮南王几杖不朝淮南王王后荼王愛幸之
王后生太子遷遷爲太子取王皇太后外孫修成君女
爲太子妃王謀爲反具畏太子妃知而内泄事乃與
太子謀令詐不愛三月不同席王乃詳爲怒太子閉
太子使與妃同内三月太子終不近妃妃求去王乃
上書謝歸去之王后荼太子遷及女陵得愛幸王擅
國權侵奪民田宅妄致繫人元朔五年太子學用劍
自以爲人莫及聞郎中雷被巧乃召與戲被一再辭

讓誤中太子太子怒被恐此時有欲從軍者輒詣京
師長安被即願奮擊匈奴太子遷數惡被於王王使郎中
令斥免欲以禁後元朔五年被遂亡之長安上書自
明詔下其事廷尉河南河南治逮淮南太子王王
后計欲無遣太子遂發兵反計未定猶豫十餘日未
定會有詔即訊太子當是時淮南相怒壽春丞留太
子逮不遣劾不敬王以請相相不聽王使人上書告
相事下廷尉治蹤跡連王王使人候伺漢公卿公卿
請逮捕治王王恐欲發兵太子遷謀曰漢使即逮王

王令人衣衛士衣持戟居庭中王旁有非是則刺殺之臣亦使人刺殺淮南中尉乃舉兵未晚是時上不許公卿請而遣漢中尉宏卽訊驗王王聞漢使來卽如太子謀計漢中尉至王視其顏色和訊王以斥雷被事耳王自度無何不發中尉還以聞公卿治者曰淮南王安擁閼奮擊匈奴者雷被等廢格明詔當弃市詔弗許公卿請廢勿王詔弗許公卿請削五縣詔削二縣使中尉宏赦淮南王罪罰以削地中尉入淮南界宣言赦王王初聞漢公卿請誅之

史漢方駕卷三十七 合淮南王表 二十一

未知得削地聞漢使來恐其捕之乃與太子謀刺之如前計及中尉至卽賀王王以故不發其後自傷曰吾行仁義見削地寡人甚恥之然淮南王削地之後其爲反謀益甚諸使者道從長安來爲妄妖言言上無男漢不治卽喜卽言漢廷治有男王怒以爲妄言非也王日夜與伍被左吳等案輿地圖部署兵所從入王曰上無太子宮車卽晏駕廷臣必徵膠東王不卽常山王諸侯並爭吾可以無備乎且吾高祖孫親行仁義陛下遇我厚吾能忍之萬世之後吾寧能北

面臣事豎子乎運下王有孽子此下却入伍被傳伍被楚人也或言其先伍子胥後也被以材能稱爲淮南中郎是時淮南王安好術學折節下士招致英雋以百數被爲冠首夕之淮南王陰有邪謀被數微諫後王坐東宮召伍被欲與計事呼之曰將軍上被悵然曰上寬赦大王王復安得此亡國之語乎臣聞子胥諫吳王吳王不用乃曰臣今見麋鹿游姑蘇之臺也今臣亦將見宮中生荊棘露沾衣也於是王怒繫伍被父母囚之三月王復召被曰將軍許寡人乎被

史漢方駕卷三十七 合淮南王表 二十二

曰不直來爲大王畫計耳臣聞聰者聽於無聲明者見於未形故聖人萬舉而萬全昔文王壹動而功顯千千萬世列爲三王代此所謂因天心以動作者也故海內不期而隨此千歲之可見者夫百年之秦近世之連下王曰方今漢庭治乎吳楚亦足以喻國家之存亡矣臣不敢避子胥之誅願大王毋爲吳王之聽昔秦絕聖人之道殺術士燔詩書棄禮義尚詐力任刑法轉負海瀕之粟致之西河當是之時男子疾耕不足於糟糠女子紡績不足於蓋形遣蒙恬築長城東西數千里

欲爲亂者十家而五……然不可指然於……徐市則留其地多非正史所載出處而已

暴兵露師常數十萬死者不可勝數僵尸千里滿野流血

頃畝於是百姓力竭欲爲亂者十家室而五又使徐福

入海求神異物還爲僞辭曰臣見海中大神言曰汝仙藥多齎珍寶瑾

西皇之使邪臣答曰然汝何求曰願請延年益壽藥

神曰汝秦王之禮薄得觀而不得取即從臣東南至

蓬萊山見芝成宮闕有使者銅色而龍形光上照天

於是臣再拜問曰宜何資以獻海神曰以令名男子

若振女與百工之事即得之矣秦皇帝大說遣振男

女三千人資之五穀種種百工而行徐福得平原廣大

澤止王不來於是百姓悲痛相思欲爲亂者十家室而

六又使尉佗踰五嶺攻百越尉佗知中國勞極止王

不來使人上書求女無夫家者三萬人以爲士卒衣

南越行者不還往者莫返

補秦皇帝可其萬五千人於是百姓離心瓦解欲爲

亂者十家室而七被傳達下與萬乘之駕客謂高皇帝

曰時可矣高皇帝曰待之聖人當起東南間不一年歲

陳勝吳廣發矣高皇始於豐沛一倡大呼劉項並和天下不期而響

應者不可勝數也此所謂蹈瑕候間因秦之亡時而

動者也百姓願之若枯旱之望雨故起於行陳之中

求女無夫家者補士卒衣……

而立爲天子以成帝王之功高三王德傳無窮今大王見高祖皇帝

得天下之易也獨不觀近世之吳楚乎被傳達下當

今陛下臨制夫吳王賜號爲劉氏祭酒復受几杖而不

朝王四郡之眾地方數千里內鑄采山消銅以爲錢東煮

海水以爲鹽上取江陵之木以爲船一船之載當中

國數十兩車國富民眾行珠玉金帛賂諸侯宗室大

臣獨竇氏不與計定謀成舉兵而西破於大梁敗於

狐父奔走而東至於丹徒越人禽之所禽於丹徒頭足異

處身死絕祀爲天下笑夫以吳越之眾不能成功

者何也誠逆天道而不知時也方今被傳達下王曰男

子之所死且大王之兵眾不能什分吳楚之一天下

安寧有萬倍於秦吳楚之時王從臣之計大王不

從臣之計今見大王事必不成而語先泄也臣聞微

子過故國而悲於是作麥秀之歌是痛紂之不用王

子比干之言也故孟子曰紂貴爲天子死曾不如匹

夫是紂先自絕於天下久矣非死之日而天下去之

也今臣亦竊悲大王棄千乘之君必且賜絕命之書

爲群臣先身死於東宮也被因流涕於是王氣怨結而不揚涕

謝臣而倨流血起歷階而去被傳連下後王復召問被荀如公
南王有孽子不害最長王弗愛王王后太子皆不以
爲子兄數不害有子建材高有氣常怨望太子不省
其父又怨時諸侯皆得分子弟爲侯而淮南所二王有兩
子一子爲太子而建父獨不得爲侯建陰結交欲告
敗太子以其父代之太子知之數捕繫而榜笞建建
具知太子之謀欲謀殺漢中尉即使所善壽春莊正
以元朔六年上書於天子曰毒藥苦於口利於病忠
言逆於耳利於行今淮南王孫建材能高淮南王王

史漢方駕卷二十七　太淮南王安　十五

后荼荼子太子遇常疾害建建父不害無罪擅數捕
繫欲殺之今建在可徵問具知淮南王陰事書既聞
上以其事下廷尉廷尉下河南治是時元朔六年也
故辟陽侯孫審卿善丞相公孫弘怨淮南厲王殺其
大父陰求乃深購淮南事而搆之於弘弘乃疑淮南有畔
逆計謀深窮治其獄河南治建辭引淮南太子及黨
與淮南王數以來兵謀問伍被被常諫之以吳楚七國
爲教王引陳勝吳廣被復言形勢不同必敗亡及建
見治王恐國陰事泄欲發復問被被爲言發兵權變

語在被傳連下於是王銳欲發王患之欲發問伍被
曰方今漢廷治乎亂乎伍被曰天下治王意不說謂伍
被曰公何以言天下治也被對曰被竊觀朝廷之政
君臣之義父子之親夫婦之別長幼之序也皆得其
理上之舉錯遵古之道風俗紀綱未有所缺也重裝
富賈周流天下道無不通故交易之道行南越賓服
羌僰入獻東甌入降朝廣長榆開朔方匈奴折翅傷翼
失援不振雖未及古太平之時然猶爲治也王怒被
謝死罪王又謂被曰山東即有兵漢必使大將軍將

史漢方駕卷二十七　太淮南王安　十六

而制山東公以爲大將軍何如人也被曰臣所善者
黃義從大將軍擊匈奴還告被曰大將軍遇士大夫
有禮於士卒有恩衆皆樂爲之用騎上下山若蜚材
幹絕人被以爲材能如此數將習兵未易當也及謁
者曹梁使長安來言大將軍號令明當敵勇敢常爲
士卒先須士卒休乃舍穿井未通須士卒盡得水乃
敢飲軍罷士卒已盡踰河乃度皇太后所賜金錢帛盡
以賞賜軍吏雖古名將弗過也王默然淮南王見建
已徵治恐國陰事且覺欲發被又以爲難乃
不世出非常人也以爲漢廷公卿列侯皆如沐猴而

男子之所死者一言耳此數發成皋門絕又使伏不及也是人物不能過

廷耳被曰竊先刺大將軍乃可舉事王復問被曰公
以爲吳興兵（吳辛）是耶非耶被曰（[illegible]）非也（吳王至富貴被傳述上夫）
也舉事不當身死丹徒頭足異處子孫無遺類臣聞
吳王悔之甚（吳王踐號）願王熟慮之無爲吳王之所悔王曰男
子之所死者一言耳且吳何知反漢將一日過成皋
者四十餘人今我令（樓）緩先要成皋之口周被下穎
川兵塞轘轅伊闕之道陳定發南陽兵守武關河南
太守獨有雒陽耳何足憂然此北尚有臨晉關河東
上黨與河內趙國（界者通谷數行）人言曰絕成皋之

史漢方駕卷三十七　大淮南王表　七

口（道）天下不通據三川之險招（山東）天下之兵（舉事如此）公
以爲何如被曰臣見其禍未見其福也（後漢書淮南）
（王孫建繫治之被傳述下王恐陰事泄謂被曰）王曰
左吳趙賢朱驕如皆以爲（有福什八）九成公獨以爲
（有禍）無福何也被曰大王之羣臣近幸素能使衆者
皆前繫詔獄餘無可用者王曰陳勝吳廣無立錐之
地（千人）之聚起於大澤奮臂大呼而天下（響）應西至
於戲而兵百二十萬今吾國雖小然而勝兵者可得
二十餘萬（非直適戍之衆釠鑿棘矜也）公何以言有

成非一日一時……

禍無福被曰（被傳述上）臣不敢避子胥之誅往者秦
爲無道殘賊天下（被傳述上）殺術士興萬乘之駕作
阿房之宮收太半之賦發閭左之戍父不寧子兄不
便弟（安）政苛刑（慘）峻天下熬然若焦民皆引領而望傾耳
而聽悲號仰天叩心而怨上（故陳勝大呼天下響應欲爲亂者十室而八被）
傳述上（容留高皇帝曰時可矣）當今陛下臨制天下
一齊海內汎愛蒸庶布德施惠口雖未言聲疾雷震
令雖未出化馳如神心有所懷威動萬里下之應上
猶影響也而大將軍材能不特章邯楊熊也大王以

史漢方駕卷三十七　大淮南王表　八

陳勝吳廣論之被以爲過矣（被傳述上）且大王之兵
衆不能什分（之一）後王（復召問被）曰苟如公言不可以徼幸
邪被曰（必不得已）被有愚計王曰奈何被曰當今諸
侯無異心百姓無怨氣朔方之郡（田）地廣水草美民
徙者不足以實其地（臣之愚計）可爲（僞）爲丞相御史請
書徙郡國豪傑（任俠）及（有）耐罪以上（以）赦令除（其罪）
家產五十萬以上者皆徙其家屬朔方之郡益發甲
卒急其會日又（僞）爲左右都司空上林中都官詔獄
書逮（書以逮）諸侯太子及幸臣如此則民怨諸侯懼

即使辯武隨而說之黨可以徼幸什得一乎王曰此
可也雖然吾以為不至若此專發而已後事發覺使
僞逮下被諸吏白告於是王銳欲發乃令官奴入宮
中作皇帝璽丞相御史大夫將軍軍吏中二千石都
官令丞印及旁近郡太守都尉印漢使節法冠欲如
伍被計使人為偽得罪而西事大將軍丞相一日發兵
使人即刺殺大將軍衛青而說丞相弘下之如發蒙
耳王欲發國中兵恐其相二千石不聽王乃與伍被
謀為未殺相二千石僞失火宮中相二千石救火因至即

史記考證卷百十八　淮南王安　十九

殺之計未決又欲令人衣求盜衣持羽檄從南東方來
呼曰南越兵入界欲因以發兵乃使人至廬江會稽
為求盜未決發逮下廷尉以建辭連太子遷王問伍恐陰事
泄謂被曰事至吾欲遂發天下勞苦有間矣諸侯頗
有失行皆自疑我舉兵西鄉諸侯必有應者我即無
應奈何即從容衡山勢不得不發被曰略南收衡山以擊廬
江有尋陽之船守下雉之城結九江之浦絕豫章之
口彊弩臨江而守以禁南郡之下東保收江都會稽南
通勁越屈彊江淮間猶可以延歲月之壽王曰耳未

以易此急則走越耳於是廷尉以王孫建辭連
福也被傳逮上王曰左吳趙賢
淮南王太子遷聞上遣廷尉監與因拜淮南中尉逮捕
太子至淮南淮南王聞與太子謀召相二千石欲殺
而發兵召相相至內史以出為解中尉曰臣受詔使
不得見王王念獨殺相而內史中尉不來無益也即
罷相王猶豫計未決太子念所坐者謀刺漢中尉所
與謀者已死以為口絕乃謂王曰羣臣可用者皆
前繫今無足與舉事者王以非時發恐無功臣願會
逮王亦偷欲休即許太子太子即自剄不殊伍被自

史記考證卷百十八　淮南王安　二十

詣吏因告與淮南王謀反反蹤跡具如此自被詣吏至此本傳無
大同但被傳逮下天子以伍被雅辭吏因捕太子王
后圍王宮盡求捕王所與謀反賓客在國中者索得
反具以聞上下公卿治所連引與淮南王謀反列侯
二千石豪傑數千人皆以罪輕重受誅衡山王賜淮
南王弟也當坐收有司請逮捕衡山王天子上曰諸侯
各以其國為本不當相坐與諸侯王列侯會肄丞相
諸侯議趙王彭祖列侯臣讓等四十三人議皆曰淮
南王安甚大逆無道謀反明白當伏誅膠西王臣端

議曰淮南王安廢法度行邪辟僻有詐僞心以亂天下
熒惑營百姓倍背畔宗廟妄作妖言春秋曰臣毋無將將而
誅安罪重於將謀反形已定臣端所見其書節印圖
及他逆亾無道事驗明白甚大逆無道當伏其法而論
國吏二百石以上及比者宗室近幸臣不在法中者
不能相教當皆免削爵爲士伍毋得宦官爲吏者
其非吏他贖死金二斤八兩以章臣安之罪使天下
明知臣子之道毋敢復有邪僻倍背畔之意丞相弘廷
尉湯等以聞天子使宗正以符節治王未至淮南王

安自刑殺王后荼太子遷諸所與謀反者皆族
下國除天子以伍被雅辭多引漢之美欲勿誅廷尉張
湯進曰被首爲王畫反計被罪無赦遂誅被
此國除爲九江郡
衡山王賜王后乘舒生子三人長男爽爲太子次男
孝次女無采又少男孝姬徐來生子男女四人美人厥
姬生子二人衡山王淮南王兄弟相責望禮節間不
相能衡山王聞淮南王作爲畔逆反具亦心結賓客
以應之恐爲所幷元光六年衡山王入朝其謁者衛

慶有方術欲上書事天子王怒故劾慶死罪彊榜服
之衡山內史以爲非是卻其獄王使人上書告內史
內史治言王不直王又數侵奪人田壞人冢以爲田
有司請逮治衡山王上天子不許爲置吏二百石以上
衡山王以此恚與奚慈張廣昌謀求能爲兵法候星
氣者日夜從容王謀反事王后乘舒死立徐來爲
王后厥姬俱幸兩人相妒厥姬乃惡王后徐來於太
子曰徐來使婢蠱道殺太子母太子心怨徐來徐來
兄至衡山太子與飲以刃刑傷之王后兄王后以此怨

怒太子數惡之於王太子女弟無采嫁棄歸與奴
姦又與客姦太子數以數讓之無采怒不與太子
通王后聞之即善遇無采無采及中兄孝孝少失母
附王后王后以計愛之與共毀太子王以故數笞
太子元朔四年中人有賊傷王后假母者王疑太子
使人傷之笞太子後王病太子時稱病不侍孝王后
無采惡太子太子實不病自言病有喜色王於是大
怒欲廢太子而立其弟孝王后知王決廢太子又欲
幷廢孝王后有侍者善舞王幸之王后欲令侍者與

孝亂以汚之欲并廢兄弟而立其子廣代之太子
爽知之念后數惡己無已時欲與亂以止其口王后
飲太子太子前爲壽因據王后股求與王后卧王后
怒以告王王乃召欲縛而笞之太子知王常欲廢己
立其弟孝乃謂王曰孝與王御者姦無采與奴姦
而王彊食請上書即倍背王去王使人止之莫能禁王乃
自駕追捕太子太子妄惡言王械繫太子宮中孝日
益以親幸王奇孝材能乃佩之王印號曰將軍令居
外宅家多給金錢招致賓客賓客來者微知淮南衡山

有逆計日夜從容勸之王乃使孝客江都人救赫陳
喜作輣車鍛矢刻天子璽將相軍吏印王日夜求壯
士如周丘等數稱引吳楚反時計畫以約束衡山王
非敢效淮南王求即天子位畏淮南起并其國以爲
淮南已西發兵定江淮之間而有之望如是元朔五
年秋衡山王當朝六年過淮南淮南王乃昆弟語除
前郤除前隙約束反具衡山王即上書謝病上賜書曰不朝元朔六年中衡山王
使人上書請廢太子爽立孝爲太
子爽聞即使所善白嬴之長安上書言衡山王與子

謀逆言孝作輣車鍛矢與王御者姦欲以敗孝白嬴
至長安未及上書即吏捕嬴以淮南事繫王聞爽使
白嬴上書恐言國陰事即上書反告太子爽所爲
不道棄市罪事事下沛郡治元狩元年冬有司公卿
下沛郡求捕所與淮南王謀反者未得得陳喜於
山王子孝家吏劾孝首匿喜孝以爲陳喜雅數與王
計謀反恐其發之聞律先自告除其罪又疑太子使
白嬴上書發其事即先自告告所與謀反者救赫陳
喜等廷尉治事驗公卿請逮捕衡山王治上之天子曰

勿捕遣中尉安大行息即問王王具以情實對吏皆
圍王宮而守之中尉大行還以聞公卿請遣宗正大
行與沛郡雜治王王聞即自剄殺孝先自告反告除
其罪孝坐與王御婢姦及奸棄市王后徐來亦坐蠱殺前
王后乘舒及太子爽坐告王父不孝皆棄市諸坐與
衡山王謀反者皆族誅國除爲衡山郡
贊太史公曰詩云之所謂戎狄是膺荊舒是懲信哉是言
也淮南衡山親爲骨肉疆土千里列爲諸侯不務遵
蕃臣職以承輔天子而專挾邪僻之計謀爲畔逆仍

父子再亾國各不終其身為天下笑此非獨王過也
亦其俗薄臣下漸靡使然也夫荊楚僄勇輕悍好作
亂乃自古記之矣

史漢方駕卷二十七終

史漢方駕卷第二十八

浙㴰許相卿台仲甫　撰輯

徐　禾仲年甫　校錄

史傳六十　漢傳二十　汲黯鄭當時

汲黯字長孺濮陽人也其先有寵於古之衛君也至
黯十七世世為卿大夫黯以父任孝景時為太子洗馬
以莊見憚武帝即位黯為謁者東越相攻
上使黯往視之不至至吳而還報曰越人相攻固其
俗然不足以辱天子之使河內失火延燒千餘家
上使黯往視之還報曰家人失火屋比延燒不足憂
也臣過河南河南貧人傷水旱萬餘家或父子相食
臣謹以便宜持節發河南倉粟以振貧民臣請歸節
伏矯制之罪上賢而釋之遷為滎陽令黯恥為令病
疾歸田里上聞乃召拜為中大夫以數切諫不得久
留內遷為東海太守黯學黃老之言治官理民好清
靜擇丞史而任之其治責大指而已不苛黯多
病臥閨閣內不出歲餘東海大治稱之上聞召以為
主爵都尉列為九卿治務在無為而已弘大體不拘

文法。黯爲人性倨，少禮，面折，不能容人之過。合己者善待之，不合己者不能忍見，士亦以此不附焉。然好學，游俠，任氣節，內行修絜，好直諫，數犯主之顏色，常慕傅柏、袁盎之爲人也。善灌夫、鄭當時及宗正劉棄疾。亦以數直諫，不得久居位。當是時，太后弟武安侯田蚡爲丞相，中二千石來拜謁，蚡不爲禮。然黯見蚡未嘗拜，常揖之。天子方招文學儒者，上曰吾欲云云，黯對曰：陛下內多欲而外施仁義，奈何欲效唐虞之治乎！上默然，怒，變色而罷朝。公卿皆爲黯懼。上退，謂左右曰：甚矣，汲黯之戇也！羣臣或數黯，黯曰：天子置公卿輔弼之臣，寧令從諛承意，陷主於不義乎？且已在其位，縱愛身，奈辱朝廷何！黯多病，病且滿三月，上常賜告者數，終不愈。最後病，莊助爲請告。上曰：汲黯何如人哉？助曰：使黯任職居官，無以踰人。然至其輔少主，守城深堅，招之不來，麾之不去，雖自謂賁育亦不能奪之矣。上曰：然。古有社稷之臣，至如汲黯，近之矣。大將軍青侍中，上踞廁而視之。丞相弘燕見，上或時不冠。至如黯見，上不冠不見也。上嘗坐武帳中，

史漢方駕卷二十八　汲黯　二十

黯前奏事，上不冠，望見黯，避帳中，使人可其奏。其見敬禮如此。張湯方以更定律令爲廷尉，黯數質責湯於上前，曰：公爲正卿，上不能褒先帝之功業，下不能抑天下之邪心，安國富民，使囹圄空虛，二者無一焉。非苦就行，放析就功，何乃取高皇帝約束紛更之爲？公以此無種矣。黯時與湯論議，湯辯常在文深小苛，黯伉厲守高不能屈，忿發罵曰：天下謂刀筆吏不可以爲公卿，果然。必湯也，令天下重足而立，側目而視矣！是時，漢方征匈奴，招懷四夷。黯務少事，乘上間，常言與胡和親，無起兵。上方向儒術，尊公孫弘。及事益多，吏民巧弄。上分別文法，湯等數奏決讞以幸。而黯常毀儒，面觸弘等徒懷詐飾智以阿人主取容，而刀筆之吏專深文巧詆，陷人於罪，使不得反其眞，以勝爲功。上愈益貴弘、湯，弘、湯深心疾黯，唯天子亦不說也，欲誅之以事。弘爲丞相，乃言上曰：右內史界部中多貴人宗室，難治，非素重臣不能任，請徙黯爲右內史。爲右內史數歲，官事不廢。大將軍青既益尊，姊爲皇后，然黯與亢禮。人或說黯曰：自天子欲令羣臣

史漢方駕卷二十八　汲黯　二十一

下大將軍大將軍尊重益貴誠重君不可以不拜黯
曰夫以大將軍有揖客反不重邪大將軍聞愈賢黯
數請問以國家朝廷所宜疑遇黯過加於平生日淮南王謀反
憚黯曰黯好直諫守節死義難惑以非至如說丞相公孫
弘等如發蒙振落耳上天子既數征匈奴有功黯之言
益不用始黯列為九卿矣而公孫弘張湯為小吏及
弘湯稍益貴與黯同位黯又非毀弘湯等已而弘至
丞相封為侯湯至御史大夫故黯時丞相史皆與黯
同列或尊用過之黯褊心不能無少望見上前言曰

史漢方駕卷三十八　四

陛下用群臣如積薪耳後來者居上上默然有間黯
罷上曰人果不可以無學觀汲黯之言也日益甚矣
居無何匈奴渾邪王率衆來降漢發車二萬乘縣官
無以錢從民貰馬民或匿馬馬不具上怒欲斬長安令
黯曰長安令無罪獨斬臣黯民乃肯出馬且匈奴畔
其主而降漢漢徐以縣次傳之何至令天下騷動罷
弊中國而以事夷狄之人乎上默然及渾邪王至賈
人與市者坐當死者五百餘人黯入請間見高門曰
夫匈奴攻當路塞絕和親中國興兵誅之死傷者不

可勝計而費以巨萬百數臣愚以為陛下得胡人皆
以為奴婢以賜從軍死事者家所鹵獲因予之以謝
天下之苦塞百姓之心今縱不能渾邪率數萬之衆
來降虛府庫賞賜發良民侍養若奉驕子愚民安
知市買長安中物而文吏繩以為闌出財物如邊關
乎陛下縱不能得匈奴之資以謝天下又以微文殺
無知者五百餘人是所謂庇其葉而傷其枝者也臣
竊為陛下不取也上弗許默然不許曰吾久不聞汲黯之
言今又復妄發矣後數月黯坐小法會赦免官於是

史漢方駕卷三十八　五

黯隱於田園居數年會更立五銖錢民多盜鑄錢者
楚地尤甚上以為淮陽楚地之郊也乃召拜黯為淮
陽太守黯伏謝不受印綬詔數彊予然後奉詔召
見黯黯為上泣曰臣自以為填溝壑不復見陛下不
意陛下復收用之臣常有狗馬之病力不能任
郡事臣願為中郎出入禁闥補過拾遺臣之願也上
曰君薄淮陽邪吾今召君矣顧淮陽吏民不相得吾
徒得君之重臥而治之黯既辭行過大行李息曰黯
棄逐居郡不得與朝廷議也然御史大夫張湯智足

君之心

以拒(距)諫詐足以飾非務巧佞之語辯數之辭非肯正
為天下言專阿主意主意所不欲因而毀之主意所
欲因而譽之好興事舞文法內懷詐以御主心外挾
賊吏以為威重公列九卿不早言之何公與之俱受
其僇矣息畏湯終不敢言黯居郡如其故治淮陽政
清後張湯果敗上聞黯與息言抵息罪令黯以諸侯
相秩居淮陽七歲而卒卒後上以黯故官其
弟汲仁至九卿子汲偃至諸侯相黯姑姊子司馬安
亦少與黯為太子洗馬安文深巧善宦官四至九卿

以河南太守卒昆弟以安故同時至二千石者十人
濮陽段宏始事蓋侯信信任宏宏亦再至九卿然衛
人仕者皆嚴憚汲黯出其下
鄭當時者字莊陳人也其先鄭君嘗為項籍將籍死
已而屬漢高祖令諸故項籍臣名籍鄭君獨不奉詔
詔盡拜名籍者為大夫而逐鄭君鄭君死孝文時鄭
莊以任俠自喜脫張羽於阨聲聞梁楚之間孝景時
為太子舍人每五日洗沐常置驛馬長安諸郊存諸
故人請謝賓客夜以繼日至其明旦常恐不徧莊

好黃老之言其慕長者如恐不見年少官薄然
其游知友皆其大父行天下有名之士也武帝立莊
稍遷為魯中尉濟南太守江都相至九卿為右
內史以武安侯魏其時議貶秩為詹事遷為大司農
莊為大史誡門下客至無貴賤無留門下者執賓
主之禮以其貴下人莊廉又不治其產業仰奉賜以
給諸公然其餽遺人不過算器食每朝候上之間說
未嘗不言天下之長者其推轂士及官屬丞史誠有
味其言之也常引以為賢於己未嘗名吏與官屬言

若恐傷之聞人之善言進之上唯恐後山東士諸公
以此翕然稱鄭莊鄭莊使視決河自請治行五日上
曰吾聞鄭莊行千里不齎糧請治行者何也然鄭莊
在朝常趨和承意不敢甚引當否及晚節漢征匈奴
招四夷天下費多財用益匱莊任人賓
客為大農僦人多逋負司馬安為淮陽太守發其事
莊以此陷罪贖為庶人頃之守長史上以為老以
莊為汝南太守數歲以官卒莊昆弟以莊故至二千
石者六七人當時始與汲黯列為九卿廉內行修

絜此兩人中廢家貧賓客益落及居郡卒後家無餘
貲財莊兄弟子孫以莊故至二千石六七人焉
先是下邽翟公爲廷尉賓客亦填門及廢門外
可設雀羅後復爲廷尉客欲往翟公大署其門曰一
死一生迺知交情一貧一富迺知交態一貴一賤交
情迺見
太史公曰夫以汲鄭之賢有勢則賓客十倍無勢則
否況衆人乎下邽翟公有言始翟公爲廷尉賓客填
門及廢門外可設雀羅翟公復爲廷尉賓客欲往翟
公大署其門曰一死一生乃知交情一貧一富迺知
交態一貴一賤交情迺見汲鄭亦云悲夫

史漢方駕二十八卷　終

史漢方駕卷第二十九

浙濟許相卿台仲甫　撰輯、
徐　禾仲年甫　校録

史酷吏傳六十二　漢傳六十　二十九　三十

孔子曰導之以政齊之以刑民免而無恥導之以德
齊之以禮有恥且格老氏稱上德不德是以有德下
德不失德是以無德法令滋章盜賊多有　太史公曰
信哉是言也法令者治之具而非制治清濁之源也
昔天下之網嘗密矣然姦僞萌起其極也上下相遁
至於不振當是之時吏治若救火揚沸非武健嚴酷
惡能勝其任而愉快乎言道德者溺其職矣故曰聽
訟吾猶人也必也使無訟乎下士聞道大笑之非虛
言也漢興破觚而爲圜斲雕而爲朴網漏於吞
舟之魚而吏治烝烝不至於姦黎民艾安由是觀之
在彼不在此高后時酷吏獨有侯封刻轢宗室侵辱
功臣呂氏已敗遂夷侯封之家孝景時晁錯以刻深
頗用術輔其資而七國之亂發怒於錯錯卒以被戮
其後有郅都甯成之屬

郅都者河東大陽人也以郎事孝文帝孝景帝時都爲
中郎將敢直諫面折大臣於朝嘗從入上林賈姬如
廁野彘卒來入廁上目都都不行上欲自持兵救賈
姬都伏上前曰亡一姬復一姬進天下所少寧賈姬
等乎陛下縱自輕柰宗廟太后何上還彘亦去不傷賈
姬太后聞之賜都金百斤上亦賜金百斤由此重郅
都濟南瞯氏宗人三百餘家豪猾二千石莫能制於
是景帝乃拜都爲濟南太守至則族滅瞯氏首惡餘
皆股栗居歲餘郡中不拾遺旁十餘郡守畏都如大

史漢方駕卷三十九 酷吏傳 十

府都爲人勇有氣力公廉不發私書問遺無所受請
寄無所聽常自稱曰已倍親而仕身固當奉職死節
官下終不顧妻子矣都遷爲中尉丞相條侯至貴
倨也而都揖丞相是時民朴畏罪自重而都獨先嚴
酷致行法不避貴戚列侯宗室見都側目而視號曰
蒼鷹臨江王徵詣中尉府對簿臨江王欲得刀筆爲
書謝上而都禁吏不予魏其侯使人以閒與臨江王
臨江王既得爲書謝上因自殺竇太后聞之怒以危
法中都都免歸家孝景帝乃使使持節拜都爲鴈門

太守而便道之官得以便宜從事匈奴素聞郅都節
居邊爲引兵去竟郅都死不近鴈門匈奴至爲偶人
象郅都令騎馳射莫能中見憚如此匈奴患之竇
太后乃竟中都以漢法景帝曰都忠臣欲釋之竇太
后曰臨江王獨非忠臣邪於是遂斬郅都
寧成者南陽穰人也以郎謁者事景帝好氣爲人小吏
必陵其長吏爲人上操下如束溼薪滑賊任威稍
遷至濟南都尉而郅都爲守始前數都尉皆步入府
因吏謁守如縣令其畏郅都如此及成往直陵都出

史漢方駕卷三十九 酷吏傳 十一

其上都素聞其聲於是善遇與結驩久之郅都死後
長安左右宗室多暴犯法於是上召寧成爲中尉其
治效郅都其廉弗如然宗室豪桀人皆人人惴恐武
帝即位徙爲内史外戚多毀成之短抵罪髡鉗是時
九卿罪死即死少被刑而成極刑自以爲不復收
於是解脫詐刻傳出關歸家稱曰仕不至二千石賈
不至千萬安可比人乎乃貰貸買陂田千餘頃假貧
民役使數千家數年會赦致產數千金爲任俠持吏
長短出從數十騎其使民威重於郡守

周陽由者，其父趙兼以淮南王舅父侯周陽，故因姓周陽氏。由以宗家任爲郎，事孝文及景帝。景帝時，由爲郡守。武帝即位，吏治尚循謹，甚然由居二千石中，最爲暴酷驕恣。所愛者，撓法活之；所憎者，曲法誅滅之。所居郡，必夷其豪。爲守，視都尉如令；爲都尉，必陵太守，奪之治。與汲黯俱爲忮，司馬安之文惡，俱在二千石列，同車未嘗敢均茵伏。由後爲河東都尉，時與其守勝屠公爭權，相告言罪。勝屠公當抵罪，義不受刑，自殺，而由棄市。自寧成、周陽由之後，事益多，民巧法，大抵吏之治類多成由等矣。

趙禹者，斄人也。以佐史補中都官，用廉爲令史，事太尉周亞夫。亞夫爲丞相，禹爲丞相史，府中皆稱其廉平。然亞夫弗任，曰：「極知禹無害，然文深，不可以居大府。」今上時，禹以刀筆吏積勞，稍遷爲御史。上以爲能，至太中大夫。與張湯論定諸律令，作見知，吏傳得相監司。用法益刻，蓋自此始。

張湯者，杜陵人也。其父爲長安丞，出，湯爲兒守舍。還而鼠盜肉，其父怒，笞湯。湯掘窟得盜鼠及餘肉，劾鼠掠治，傳爰書，訊鞫論報，并取鼠與肉，具獄磔堂下。其父見之，視其文辭如老獄吏，大驚，遂使書獄。父死後，湯爲長安吏，久之。周陽侯始爲諸卿時，嘗繫長安，湯傾身爲之。及出爲侯，大與湯交，徧見湯貴人。湯給事內史，爲甯成掾，以湯爲無害，言大府，調爲茂陵尉，治方中。武安侯爲丞相，徵湯爲史，時薦言之天子，補侍御史。使案事，治陳皇后蠱獄，深竟黨與。於是上以爲能，稍遷至太中大夫。與趙禹共定諸律令，務在深文，拘守職之吏。已而趙禹遷爲中尉，徙爲少府，而張湯爲廷尉，兩人交驩，而兄事禹。

（轉下禹志在奉公）禹爲人廉倨，爲吏以來，舍毋食客。公卿相造請禹，禹終不報謝，務在絕知友賓客之請，孤立行一意而已。見文法輒取，亦不覆案，求官屬陰罪。（自禹爲人至此）

（轉下當中廢入禹傳禹志在奉公孤立而）湯爲人多詐，舞智以御人。始爲小吏，乾沒，與長安富賈田甲、魚翁叔之屬交私。及列九卿，收接天下名士大夫，己心內雖不合，然陽浮慕之。是時上方鄉文學，湯決大獄，欲傅古義，乃請博士弟子治尚書、春秋補廷尉史

亭疑法奏讞疑事必豫先爲上分別其原上所是
受而著讞決法廷尉絜令揚主之明奏事即譴湯
謝鄉上意所便必引正監掾史賢者曰固爲臣議如
上責臣臣弗用愚抵於此罪常釋聞即奏事上善
之曰臣非知爲此奏乃正監掾史某所爲其欲薦
吏揚人之善蔽人之過如此所治即上意所欲罪予
監史深禍者即上意所欲釋與監史輕平者所治即
豪必舞文巧詆即下戶羸弱時口言雖文致法上財
察於是往往釋湯所言湯至於大吏內行脩也交通賓

史漢方書卷三十八　酷吏傳　十六

客飲食於故人子弟爲吏及貧昆弟調護之尤厚其
造請諸公不避寒暑是以湯雖文深意忌不專平然
得此聲譽而刻深吏多爲爪牙用者依於文學之
士丞相弘數稱其美及治淮南衡山江都反獄皆窮
根本嚴助及伍被上欲釋之湯爭曰伍被本造反謀
而助親幸出入禁闥腹心之臣乃交私諸侯如此弗
誅後不可治於是上可論之其治獄所排大臣自
以爲功多此類於是湯益尊任遷爲御史大夫會渾
邪等降漢大興兵伐匈奴山東水旱貧民流徙皆仰

給縣官縣官空虛於是丞上指請造白金及五銖錢
籠天下鹽鐵排富商大賈出告緡令鉏豪彊并兼之
家舞文巧詆以輔法湯每朝奏事語國家用日晏天
子忘食丞相取充位天下事皆決於湯百姓不安其
生騷動縣官所興未獲其利姦吏並侵漁於是痛繩
以罪則自公卿以下至於庶人咸指湯湯嘗病天子
至自至舍視其隆貴如此匈奴來請和親羣臣議
上前博士狄山曰和親便上問其便山曰兵者凶器
未易數動高帝欲伐匈奴大困平城乃遂結和親孝

史漢方書卷三十九　酷吏傳　十七

惠高后時天下安樂及孝文帝欲事匈奴北邊蕭然
苦兵矣孝景時吳楚七國反景帝往來兩宮間天下
寒心者數月吳楚已破竟景帝不言兵天下富實今
自陛下舉兵擊匈奴中國以空虛邊民大困貧由此
觀之不如和親上問湯湯曰此愚儒無知狄山曰臣
固愚忠若御史大夫湯乃詐忠若湯之治淮南江都
以深文痛詆諸侯別疏骨肉使蕃臣不自安臣固知
湯之爲詐忠於是上作色曰吾使生居一郡能無使
虜入盜乎山曰不能曰居一縣對曰不能復曰居一

障間山自度辯窮且下吏曰能於是上遣山乘障至
月餘匈奴斬山頭而去自是以後羣臣震慴湯之客
田甲雖賈人有賢操始湯為小吏時與錢通及湯為
大吏而甲所以責湯行義過失亦有烈士之風湯為
御史大夫七歲敗河東人李文故嘗與湯有郤已而
為御史中丞恚數從中文書事有可以傷湯者不能
為地湯有所愛史魯謁居知湯不平使人上飛變告
文姦事事下湯湯治論殺文而湯心知謁居為之上
問曰言變事蹤跡安起湯詳驚曰此殆文故人怨之

謁居病臥閭里主人湯自往視疾為謁居摩足趙國
以冶鑄為業王數訟鐵官事湯常排趙王趙王求湯
陰事謁居嘗案趙王趙王怨之并上書告湯大臣也
史謁居有病湯至為摩足疑與為大姦事下廷尉謁
居病死事連其弟弟繫導官湯亦治他囚導官見謁
居弟欲陰為之而詳不省謁居弟不知而怨湯使人
上書告湯與謁居謀共變李文事下減宣宣嘗與
湯有卻及得此事窮竟其事未奏也會人有盜發孝
文園瘞錢丞相青翟朝與湯約俱謝至前湯念獨丞

相以四時行園當謝湯無與也不謝丞相謝上使御
史案其事湯欲致其文丞相見知丞相患之三長史
皆害湯欲陷之始長史朱買臣會稽人也讀春秋莊
助使人言買臣買臣以楚辭與助俱幸侍中為太中
大夫用事而湯乃為小吏跪伏使買臣等前已而湯
為廷尉治淮南獄排擠莊助買臣固心望及湯為御
史大夫買臣以會稽守為主爵都尉列於九卿數年
坐法廢守長史見湯湯坐牀上丞史遇買臣弗為禮
買臣楚士深怨常欲死之王朝齊人也以術至右內

史邊通學長短剛暴彊人也官再至濟南相故皆
居湯右已而失官守長史詘體於湯湯數行丞相事
知此三長史素貴常凌折之以故三長史合謀曰始
湯約與君謝已而賣君今欲劾君以宗廟事此欲代
君耳吾知湯陰事使吏捕案湯左田信等曰湯且欲
奏請信輒先知之居物致富與湯分之及他姦事
事辭頗聞上問湯曰吾所為賈人輒先知之益居其
物是類有以吾謀告之者湯不謝湯又詳驚曰固宜
有減宣亦奏謁居等事上以湯懷詐面欺使使

八輩簿責湯湯具自道無此不服於是上使趙禹責湯禹至讓湯曰君何不知分也君所治夷滅者幾何人矣今人言君皆有狀天子重致君獄欲令君自爲計何多以對（爲湯）乃（迺）爲書謝曰湯無尺寸之功起刀筆吏陛下幸致位（爲）三公無以塞責然謀陷湯罪者三長史也遂自殺湯死家產直不過五百金皆所得奉賜無他業昆弟諸子欲厚葬湯湯母曰湯爲天子大臣被（汙）惡言而死何厚葬乎（爲）載以牛車有棺而無槨上（天子）聞之曰非此母不（能）生此子乃盡案誅三長史丞相青翟自殺出田信上惜湯（稍）遷（進）其子安世

（趙禹）湯傳止此下入趙禹傳

趙禹（當）中廢已（而）爲廷尉始條侯以爲禹賊深弗任及禹爲少府（比）九卿（禹）酷急至晚節事益多吏務爲嚴峻而禹治加緩（而）名爲平王溫舒等後起治（酷）峻於禹禹以老徙爲燕相數歲（悖）亂有罪免歸後（湯）十餘年以壽卒于家

趙禹傳止此

義縱者河東人也（爲）少年時（嘗）（常）與張次公俱攻剽爲群盜縱有姊（姁）以醫幸王太后（王）太后問有子兄弟爲官者乎姊曰有弟無行不可太后（乃）（迺）告上上拜義姁弟縱爲中郎補上黨郡中令治敢（行）（往）少（溫）蘊藉縣無逋事舉（爲）第一遷爲長陵及長安令直法行治不避貴戚以捕案太后外孫脩成（君）子（仲）（中）上以爲能遷爲河內都尉至則族滅其豪穰氏之屬河內道不拾遺而張次公亦爲郎以勇悍從軍敢深入有功（封）爲岸頭侯（甯）（寧）成家居上欲以爲郡守御史大夫弘曰臣居山東爲小吏時（甯）（寧）成爲濟南都尉其治如狼牧羊成不可（令）（使）治民上（乃）（迺）拜成爲關都尉歲餘關（東）吏（隸）郡國出入關者號曰寧見乳虎無（值）（寧）成之怒（其暴）如此義縱自河內遷爲南陽太守聞（寧）（甯）成家居南陽及（縱）至關（甯）（寧）成側行送迎然縱氣盛弗爲禮至郡遂案（寧）（甯）氏（盡）破碎其家成坐有罪及孔暴之屬皆（犇）（奔）亡南陽吏民重足一迹而平氏朱彊杜衍杜周爲縱爪牙之吏任用遷爲廷（尉）史軍數出定襄定襄吏民亂敗於是徙縱爲定襄太守縱至掩定襄獄中重罪（輕）繫二百餘人及賓客昆弟私入相視（者）亦二百餘人縱一（壹）（切）捕鞠曰爲（死）解脫是日皆報殺四百餘人其後郡中不寒而栗猾民佐吏爲治是時趙禹張湯

其峻如此又殺人如此以其

自有數者

以刻深爲九卿矣然其治尚寬輔法而行而縱以鷹
擊毛摯爲治後會更五銖錢白金起民爲姦京師尤
甚乃以縱爲右內史王溫舒爲中尉溫舒至惡其所
爲不先言縱縱必以氣凌之敗壞其功其治所誅殺
甚多然取爲小治姦益不勝直指始出矣吏之治以
斬殺縛束爲務閻奉以惡用矣縱廉其治放郅都上
幸鼎湖病久已而卒起幸甘泉道多不治上怒曰縱
以我爲不復行此道乎嗛之至冬楊可方受告緡縱
以爲此亂民部吏捕其爲可使者天子聞使杜式治

以爲廢格沮事棄縱市後一歲張湯亦死
王溫舒者陽陵人也少時椎埋爲姦已而試補縣亭
長數廢爲吏以治獄至廷尉史事張湯遷爲御史
督盜賊殺傷甚多稍遷至廣平都尉擇郡中豪敢往
吏十餘人以爲爪牙皆把其陰重罪而縱使督盜賊
快其意所欲得此人雖有百罪弗法即有避因其事
夷之亦滅宗以其故齊趙之郊盜賊不敢近廣平廣
平聲爲道不拾遺上聞遷爲河內太守素居廣平時
皆知河內豪姦之家及往以九月而至令郡具私馬

五十疋爲驛自河內至長安部吏如居廣平時方略
捕郡中豪猾郡中豪猾相連坐千餘家上書請大者
至族小者乃死家盡沒入償臧奏行不過二三日得
可事論報至流血十餘里河內皆怪其奏以爲神速
盡十二月郡中毋聲毋敢夜行野無犬吠之盜其頗
不得失之旁郡國黎來會春溫舒頓足歎曰嗟乎令
冬月益展一月足吾事矣其好殺伐行威不愛人如
此天子聞之以爲能遷爲中尉其治復放河內徙諸
名禍猾吏與從事河內則楊皆麻戊關中楊贛成

信等義縱爲內史憚之未敢恣治及縱死張湯敗後
徙爲廷尉而尹齊爲中尉坐法抵罪遷下楊僕傳內
溫舒復爲中尉
尹齊者東郡茌平人也以刀筆吏稍遷至御史事張
湯張湯數稱以爲廉武帝使督盜賊所斬伐不避貴
戚遷爲關內都尉聲甚於甯成上以爲能遷爲中尉
吏民益彫敝尹齊木彊少文豪惡吏伏匿而善吏不
能爲治以故事多廢抵罪上復徙溫舒爲中尉而楊後復爲淮陽都尉王溫
僕以嚴酷爲主爵都尉舒敗連下楊僕傳內後數年病死

[illegible]

楊僕者宜陽人也以千夫爲吏河南守案舉以爲能
遷爲御史使督盜賊關東治放尹齊以爲敢摯行稍
遷至主爵都尉列九卿天子以爲能南越反拜爲樓
船將軍有功封將梁侯東越反上欲復使將爲其伐
前勞以書敕責之曰將軍之功獨有先破石門尋陜
非有斬將搴旗之實也烏足以驕人哉前破番禺捕
降者以爲虜掘死人以爲獲是一過也建德呂嘉逆
罪不容於天下將軍擁精兵不窮追超然以東越爲
援是二過也士卒暴露連歲爲朝會不置酒將軍不

念其勤勞而造佞巧請乘傳行塞因用歸家懷銀黃
垂三組夸鄉里是三過也失期內顧以道惡爲解失
尊卑之序是四過也欲請蜀刀問君買幾何對曰率
數百武庫日出兵而陽不知挾僞干君是五過也受
詔不至蘭池宮明日又不對假令將軍之吏問之不
對令之不從其罪何如推此心以在外江海之閒可
得信乎今東越深入將軍能率衆以掩過不僕惶恐
對曰願盡死贖罪與王溫舒俱破東越後復與左將
軍荀彘俱擊朝鮮爲荀彘所縛語在朝鮮傳還免爲

[illegible]

庶人病死而楊僕傳止此下入王溫舒傳溫舒復爲中
尉爲人少文居它惛惛不辯至於中尉則心開督盜
賊素習關中俗知豪惡吏豪惡吏盡復爲用爲方略
吏苛察盜賊惡少年投缿購告言姦置伯落長以牧
司姦盜賊溫舒多諂善事有勢者即無勢者視之
如奴有勢家雖有姦如山弗犯無勢者貴戚必侵辱
舞文巧詆下戶之猾以焄大豪其治中尉如此姦猾
窮治大抵盡靡爛獄中行論無出者其爪牙吏虎而
冠於是中尉部中中猾以下皆伏有勢者爲游聲譽

稱治治數歲其吏多以權富溫舒擊東越還議有
不中意者坐小法抵罪免是時天子方欲作通天臺
而未有人溫舒請覆中尉脫卒得數萬人作上說拜
爲少府徙爲右內史治如其故姦邪少禁坐法失官
復爲右輔行中尉事如故操歲餘會宛軍發詔徵豪
吏溫舒匿其吏華成及人有變告溫舒受員騎錢他
姦利事罪至族自殺其時兩弟及兩婚家亦各自坐
他罪而族光祿勳徐自爲曰悲夫夫古有三族而王
溫舒罪至同時而五族乎溫舒死家直累千金

酷傳止此下入尹齊傳 後數歲尹齊亦以淮陽都尉
病死家直不滿五十金所誅滅淮陽甚多及死仇家
欲燒其尸尸亡去歸葬自溫舒等以惡爲治而此結上尹齊傳下入咸宣傳
是時郡守都尉諸侯二千石欲爲治者其治大抵
盡放王溫舒等而吏民益輕犯法盜賊滋起南陽有
梅免白政楚有殷中杜少齊有徐勃燕趙之間有堅
盧范生之屬大羣至數千人擅自號攻城邑取庫兵
釋死罪縛辱郡太守都尉殺二千石爲檄告縣趣具
食小羣盜以百數掠鹵鄉里者不可勝數也於是天

史漢方駕卷二九 酷吏傳 六

子始使御史中丞丞相長史督之猶弗能禁也乃
使光祿大夫范昆諸輔都尉及故九卿張德等衣繡
衣持節虎符發兵以興擊斬首大部或至萬餘級及
以法誅通行飲食坐連諸郡甚者數千人數歲乃
頗得其渠率散卒失亡復聚黨阻山川者往往而羣
居無可奈何於是作沈命法曰羣盜起不發覺發覺
而弗捕滿品者二千石以下至小吏主者皆死其
後小吏畏誅雖有盜不敢發恐不能得坐課累府府
亦使其不言故盜賊寖多上下相爲匿以文辭避
文

法焉 咸宣傳止此
減宣者楊人也以佐史無害給事河東守府衛將軍
青使買馬河東見宣無害言上徵爲大廐丞官事辦
稍遷至御史及中丞使治主父偃及治淮南反獄所
以微文深詆殺者甚衆稱爲敢決疑數廢數起爲御
史及中丞者幾二十歲王溫舒免中尉而宣爲左內
史其治米鹽事大小皆關其手自部署縣名曹寶
物官吏令丞不得擅搖痛以重法繩之居官數年一
切郡中爲小治辦然獨宣以小致大能因力行之難

史漢方駕卷二九 酷吏傳 七

以爲經中廢爲右扶風坐怨成信信亡藏上林
中宣使郿令將吏卒闌入上林中蠶室門攻亭格殺
信吏卒格信時射中上林苑門宣下吏詆罪以爲大
逆當族自殺而杜周任用 減宣傳止此下入杜周傳
杜周者南陽杜衍人也義縱爲南陽太守以周爲爪
牙薦之張湯爲廷尉史事張湯湯數言其無害至御
史使案邊失亡所論殺甚多奏事中上意任用與減
宣相編更爲中丞者十餘歲其治與宣相放然重遲
外寬內深次骨宣爲左內史周爲廷尉其治大抵放
而

然張辨文過詣而忍於古今向非可抵此者不得決也

張湯而善候伺上所欲擠者因而陷之上所欲釋者
久繫待問而微見其冤狀客有讓周曰君為天下決
平不循三尺法專以人主意指為獄獄者固如是乎
周曰三尺安出哉前主所是著為律後主所是疏為
令當時為是何古之法乎至周為廷尉詔獄亦益多
矣二千石繫者新故相因不減百餘人郡吏大府舉
之廷尉一歲至千餘章章大者連逮證案數百小者
數十人遠者數千里近者數百里會獄吏因責如章
告劾不服以掠笞定之於是聞有逮證皆亡匿獄
史漢方駕卷二十九 酷吏傳 十六
久者至更數赦十有餘歲而相告言大抵盡詆以不
道以上廷尉及中都官詔獄逮至六七萬人吏所增
加十萬餘人周中廢後為執金吾逐盜捕治桑弘羊
衛皇后昆弟子刻深天子以為盡力無私遷為御史
大夫始家兩子夾河為守其治暴酷皆甚於王溫舒等
杜周初徵為廷史有一馬且不全及身久任事至列
三公而兩子孫尊官夾河為郡守家訾累數巨萬矣治皆酷
暴唯少子延年行寬厚云

史言尾入敘密時一傳史藉爲卒於張湯溫舒始於義縱亦本於楊僕尹齊其於寧成杜周其於溫舒皆備行逆見而心術形勢時事勝敗民俗情僞無不可以一日而得於而自爲湯自湯非不能者

贊 太史公曰自郅都以下杜周十人者此皆以酷烈為聲然

郅都伉直引是非爭天下大體張湯以知阿邑人主
與俱上下時數辯當否國家賴其便趙禹時據法守
正杜周從諛以少言為重自張湯死後網密多詆嚴
官事寖以秏廢九卿碌碌奉其官救過不給何暇
論繩墨之外乎然此十人中自是以至哀平酷吏眾多然其足數
其廉者足以為儀表其汙者足以為戒
方略教導禁姦止邪一切亦皆彬彬
質有其文武焉雖慘酷斯稱其位矣至若蜀守馮當暴
挫廣漢李貞擅磔人東郡彌僕鋸項天水駱璧推減
史漢方駕卷二十九 酷吏傳
河東褚廣妄殺京兆無忌馮翊殷周蝮鷙水衡閻奉
樸擊賣請何足數哉何足數哉

史漢方駕二十九卷終

史漢方駕卷第三十

浙許許相卿台仲甫　撰輯
徐　來仲午甫　校

史游俠傳六十四　漢傳六十二

韓子曰儒以文亂法而俠以武犯禁二者皆譏
古者天子建國諸侯立家自卿大夫以至於庶人各
而學士多稱於世云至如以術取宰相卿大夫輔翼
有等差是以民服事其上而下無覬覦孔子曰天下
其世主功名俱著於春秋固無可言者及若季次原
有道政不在大夫百官有司奉法承令以修所職失
憲閭巷人也讀書懷獨行君子之德義不苟合當世
職有誅侵官有罰夫然故上下相順而庶事理焉周
當世亦笑之故季次原憲終身空室蓬戶褐衣疏食
室既微禮樂征伐自諸侯出桓文之後大夫世權陪

不厭死而已四百餘年而弟子志之不倦今游俠其
臣執命陵夷至於戰國合從連衡力政爭彊繇是列
行雖不軌於正義然其言必信其行必果已諾必誠
國公子魏有信陵趙有平原齊有孟嘗楚有春申皆
不愛其軀赴士之阨困既已存亡死生矣而不矜其
藉王公之埶競為游俠雞鳴狗盜無不賓禮而趙相
能羞伐其德蓋亦有足多者焉且緩急人之所時有
虞卿棄國捐君以周窮交魏齊之厄信陵無忌竊符
也太史公曰昔者虞舜窘於井廩伊尹負於鼎俎傅
矯命戮將專師以赴平原之急皆以取重諸侯顯名
說匿於傅險呂尚困於棘津夷吾桎梏百里飯牛仲
天下搤掔而游談者以四豪為稱首於是背公死黨
尼畏匡菜色陳蔡此皆學士所謂有道仁人也猶然
之議成守職奉上之義廢矣及至漢興禁網疏闊未
遭此菑況以中材而涉亂世之末流乎其遇害何可
之匡改也是故代相陳豨從車千乘而吳濞淮南皆
勝道哉鄙人有言曰何知仁義已饗其利者為有德
招賓客以千數外戚大臣魏其武安之屬競逐於京

故伯夷醜周餓死首陽山而文武不以其故貶王
師布衣游俠劇孟郭解之徒馳騖於閭閻權行州域
蹻暴戾其徒誦義無窮由此觀之竊鉤者誅竊國者
力折公侯衆庶榮其名迹覬而慕之雖其陷於刑辟
侯侯之門仁義存非虛言也今拘學或抱咫尺之義
自與殺身成名若季路仇牧死而不悔也故曾子曰
久孤於世豈若卑論儕俗與世沈浮而取榮名哉
上失其道民散久矣非明王在上視之以好惡齊之
布衣之徒設取予然諾千里誦義爲死不顧世此亦
以禮法民曷繇知禁而反正乎古之正法五伯三王
有所長非苟而已也故士窮窘而得委命此豈非人
之辠人也而六國五伯之辠人也夫四豪者又六國
之所謂賢豪間者邪誠使鄉曲之俠予季次原憲比
之辠人也况於郭解之倫以匹夫之細竊殺生之權
權量力効功於當世不同日而論矣要以功見言信
其辠已不容於誅矣觀其溫良泛愛振窮周急謙退
俠客之義又曷可少哉古布衣之俠靡得而聞已近
不伐亦皆有絕異之姿惜乎不入於道德苟放縱於

世延陵孟嘗春申平原信陵之徒皆因王者親屬
末流殺身亡宗非不幸也自魏其武安淮南之後天
於有土卿相之富厚招天下賢者顯名諸侯不可謂
子切齒衛霍改節然郡國豪桀處處各有京師親戚
不賢者矣比如順風而呼聲非加疾其勢激也至如
冠蓋相望亦古今常道莫足言者唯成帝時外家王
閭巷之俠脩行砥名聲施於天下莫不稱賢是爲難
氏賓客爲盛而樓護爲帥及王莽時諸公之間陳遵
耳然儒墨皆排擯不載自秦以前匹夫之俠湮滅不
爲雄閭里之俠原涉爲魁
見余甚恨之以余所聞漢興有朱家田仲王公劇孟
郭解之徒雖時扞當世之文罔然其私義廉絜退讓
有足稱者名不虛立士不虛附至如朋黨宗彊比周
設財役貧豪暴侵凌孤弱恣欲自快游俠亦醜之

悲世俗不察其意而猥以朱家郭解等令與暴豪之
徒同類而共笑之也

魯朱家者魯人與高祖同時也魯人皆以儒教而朱家用
俠聞所藏活豪士以百數其餘庸人不可勝言然終
不伐其能歆其德諸所嘗施唯恐見之振人不贍先
從貧賤始家無餘財衣不完采食不重味乘不過軥
牛專趨人之急甚於己之私既陰脫季布將軍之阸
及布尊貴終身不見也自關以東莫不延頸願交焉
楚田仲以俠聞喜劍父事朱家自以爲行弗及也田

仲已死而雒陽有劇孟
劇孟者洛陽人也周人以商賈爲資而劇孟以任俠
顯諸侯吳楚反時條侯爲太尉乘傳車將至河南得
劇孟喜曰吳楚舉大事而不求劇孟吾知其無能爲
已矣天下騷動宰相得之若得一敵國云劇孟行
大類朱家而好博多少年之戲然劇孟母死自遠方
送喪蓋千乘及劇孟死家無餘十金之財而符離人
王孟亦以俠稱江淮之間是時濟南瞯氏陳周庸亦
以豪聞景帝聞之使使盡誅此屬其後代諸白梁韓

無辟陽翟薛況陝韓孺紛紛復出焉
郭解軹人也字翁伯善相人者許負外孫也解
父以任俠孝文時誅死解爲人短小精悍不飲酒少
時陰賊慨不快意身所殺甚衆以軀借交報仇藏
命作姦剽攻不休乃鑄錢掘冢固不可勝數適有天
幸窘急常得脫若遇赦及解年長更折節爲儉以德
報怨厚施而薄望然其自喜爲俠益甚既已振人之
命不矜其功其陰賊著於心卒發於睚眦如故云而
少年慕其行亦輒爲報仇不使知也解姊子負解之

勢與人飲使之嚼非其任彊必灌之人怒拔刀刺殺
解姊子亡去解姊怒曰以翁伯之義人殺吾子賊
不得棄其尸於道弗葬欲以辱解解使人微知賊
處賊窘自歸具以實告解解曰公殺之固當吾兒不
直遂去其賊罪其姊子乃收而葬之諸公聞之皆多
解之義益附焉解出入人皆避之有一人獨箕倨視
之解遣人問其名姓客欲殺之解曰居邑屋至不
見敬是吾德不修也彼何罪乃陰屬尉史曰是人吾
所急也至踐更時脫之每至踐更數過吏弗求怪之

問其故乃解使脫之箕踞者(廼乃)肉袒謝(罪)少年聞之
愈益慕解之行(雒洛)陽人有相仇者邑中賢豪居間者
以十數終不聽客(廼乃)見郭解解夜見仇家仇家曲聽
(郭)解乃謂仇家曰吾聞(雒洛)陽諸公在(此)間多不聽(者)
今子幸而聽解解奈何乃從他縣奪人邑中賢大夫
權乎(廼乃)夜去不使人知曰且(無用待我)(毋庸)待我去令(雒洛)
陽豪居(其)間(廼乃)聽之解(執)為人短小恭(敬)儉出未嘗有騎
不敢乘車入其縣(廷)之旁郡國為人請求事事可出
出之不可者各(令)厭其意然後(廼乃)敢嘗酒食諸公以

(故)此嚴重之爭為用邑中少年及旁近縣(賢)豪夜半過
門常十餘車請得解客舍養之及徙豪(富)茂陵也解
家貧不中訾吏恐不敢不徙衛將軍為言郭解家貧
不中徙上曰(解)布衣權至使將軍(為言)此其家不貧
解家遂徙諸公送者出千餘萬軹人楊季主子為縣
掾(舉徙解)解兄子斷楊掾頭由此楊氏與郭氏為仇
解入關關中賢豪知與不知聞(其)聲爭交驩解(解為)
人短小不飲酒出未嘗有騎(已)又殺楊季主(楊季主)
家上書人又殺(之)闕下上聞(廼乃)下吏捕解解亡置其

此指中公人皆出於閭閻從俠之義傳中多舉佯此有四者可見遊俠然仁者於其行說出郭解有殺節者有父人起新

武帝公孫弘何見此於人哉為英雄此於俗見日其實謂公孫弘剌案此語其一也此秦漢公殺之概也

此傳又論及於朱家劇孟季布條陳一二語來又贊引諺人貌而榮於朱家郭解郭解傳亦如在又論文內外又傳休之概慨者

母家室夏陽身至臨晉臨晉籍少(公翁)素不知解(郭)解冒
因(求)出關籍少(公翁)已出解解(轉)入太原所過輒告主
人家吏逐之跡至籍少(公翁)少(公翁)自殺口絕久之(乃)得
解窮治所犯為(而)解所殺皆在赦前軹有儒生侍使
者坐客譽郭解生曰(郭)解專以姦犯公法何謂賢解
客聞之殺此生斷(其)舌吏以(此)責解解實不知殺者
殺者亦竟(絕)莫知為誰吏奏解(無罪)(毋辜)御史大夫公孫
弘議曰解布衣為任俠行權以睚眦殺人解(雖弗)(不)知
此(罪)(耶)甚於解(知)殺之當大逆無道遂族(郭)解(翁伯)自

是之後為(為)俠者極眾(數)而無足數者然關中長安樊
(仲)(中)子槐里趙王孫長陵高公子西河郭(公仲)(翁中)太原鹵(魯)
(公)(翁)孺臨淮兒長卿東陽(陳)(田)君孺雖為俠而(逡逡)(恂恂)有退
讓君子之風至若北道姚氏西道諸杜南道仇景東
道(佗)(他)羽公子南陽趙調之徒(此)盜跖而居民間者
耳曷足道哉此乃鄉者朱家(之)所羞(也)
太史公曰吾視郭解狀貌不及中人言語不足採者
然天下無賢與不肖知與不知皆慕其聲言俠者皆
引以為名諺曰人貌榮名豈有既乎於戲惜哉
史漢方駕三十卷終

史漢方駕卷第三十一

浙嶲許相卿台仲甫 撰

徐 禾仲年甫 校錄

史佞幸傳六十五 漢傳六十三

諺曰力田不如逢年善仕不如遇合固無虛言非獨女以色媚而士宦亦有之昔以色幸者多矣至漢興高祖至暴抗也然籍孺以佞幸孝惠時有閎孺此兩人非有材能徒以婉佞貴幸與上臥起公卿皆因關說故孝惠時郎侍中皆冠鵕鸃貝帶傅脂粉化閎籍之屬也兩人徙家安陵其後寵臣孝文時中寵臣士人則鄧通宦者則趙同北宮伯子北宮伯子以愛人長者而趙同以星氣幸常為文帝參乘鄧通無伎能孝武時士人則韓嫣宦者則李延年孝元時宦者則弘恭石顯孝成時士人則張放淳于長孝哀時則有董賢孝昭宣時皆無寵臣景帝唯有郎中令周仁昭帝時駙馬都尉秺侯金賞嗣父車騎將軍日磾爵為侯二人之寵取過庸不篤宣帝時侍中中郎將張彭祖少與帝微時同席研書及帝即尊位彭祖以舊恩封陽都侯出常參乘號為愛幸其人謹敕無所虧損為其

小晏所導苑冀盛

鄧通蜀郡南安人也以濯船為黃頭郎孝文帝夢欲上天不能有一黃頭郎從後推之上天顧見其衣裻帶後穿覺而之漸臺以夢中陰目求推者郎即見鄧通其衣後穿夢中所見也召問其名姓姓鄧氏名通鄧猶登也文帝甚說焉尊幸之日異通亦愿謹不好外交雖賜洗沐不欲出於是文帝賞賜通鉅萬以十數官至上大夫文帝時時如鄧通家游戲然鄧通無他伎能不能有所薦達士獨自謹其身以媚上而已上使善相人者相通曰當貧餓死文帝曰能富通者在我也何謂貧乎於是賜鄧通蜀嚴道銅山得自鑄錢鄧氏錢布天下其富如此文帝嘗病癰鄧通常為帝唶吮之文帝不樂從容問通曰天下誰最愛我者乎通曰宜莫如太子太子入問病文帝使太子齰癰太子齰癰而色難之已而聞鄧通常為帝唶吮之心慙由此怨通矣及文帝崩景帝立鄧通免家居居無何人有告鄧通盜出徼外鑄錢下吏驗問頗有之遂竟案盡沒入鄧通家尚負責數巨萬長公主

陽鄧通吏輒隨沒入之一簪不得著身於是長公主
乃令假衣食竟不得名一錢寄死人家孝景帝時中
無寵臣然獨郎中令周文仁仁寵最過庸不乃甚篤
寵幸北宮伯子長者愛人故親近然皆不比鄧通
今天子中寵臣士人則韓王孫嫣宦者則李延年
韓嫣者字王孫弓高侯孽孫韓頹當之孫也今上武帝為膠東王時
嫣與上學書相愛及上為太子愈益親嫣嫣善騎射
善佞聰慧上即位欲事伐胡匈奴而嫣先習胡兵以故益尊
貴官至上大夫賞賜擬於鄧通時嫣常與上共臥
起江都王入朝有詔得從入上獵上林中天子車駕蹕
道未行而先使嫣乘副車從數十百騎騖馳視獸江
都王望見以為天子辟從者伏謁道旁嫣驅不見既
過江都王怒為皇太后泣曰請得歸國入宿衛比韓
嫣太后由此嗛嫣嫣侍上出入永巷不禁以姦聞皇
太后皇太后怒使使賜嫣死上為謝終不能得嫣遂
死而案道侯韓說其弟也亦佞幸以軍功封案道侯
巫蠱時為戾太子所殺子增封龍雒侯大司馬車騎
將軍自有傳
李延年中山人也身及父母及身兄弟及女皆故倡也

延年坐法腐刑給事狗監中而平陽公主言延年女
弟善舞得幸於上見心說之及入永巷而召貴延年延年
善歌為新變聲新聲是時上方興天地諸祠欲造樂令
詩歌弦之延年善承意弦次初所造詩
司馬相如等作詩頌
其女弟亦幸有子男
為之新聲曲而李夫人產昌邑王延年由是貴為協
律都尉佩二千石印號而協聲律與上臥起甚貴其愛幸埒
如韓嫣也久之後延年弟季與中人亂出入驕恣及其
女弟李夫人卒後其愛弛則禽上遂誅延年兄弟宗族也自是
之後內寵嬖臣大底外戚之家然不足數也衛青霍
去病亦以外戚貴幸然頗用材能自進
太史公曰甚哉愛憎之時彌子瑕之行足以觀後人
贊曰柔曼之傾意非獨女德蓋亦有男色焉觀籍閎
佞幸矣雖百世可知也
孺韓之徒非一而董賢之寵尤盛父子並為公卿
謂貴重人臣無二矣然進不繇道位過其任莫能有
終所謂愛之適足以害之者也漢世衰於元成壞於
哀平哀平之際國多釁矣王莽無嗣弄臣為輔鼎足
不强棟幹微撓一朝帝崩姦臣擅命董賢縊死丁傅
流放辜及母后奪位幽廢咎在親便嬖所任非仁賢
故仲尼著損者三友王者不私人以官殆為此也

三十一卷終

滑稽者至卿要乃且從六藝註語說來此即太史公之滑稽也其言天道事由是耳今借談引說詩也但聞天道恢恢豈不大哉未使人笑聞啓解紛之時則六藝為無用乎北成

史漢方駕卷第三十二

浙澥許相卿台仲甫　撰輯

徐　禾仲年甫　校録

史滑稽傳六十六

孔子曰六藝於治一也禮以節人樂以發和書以道事詩以達意易以神化春秋以道義太史公曰天道恢恢豈不大哉談言微中亦可以解紛

淳于髡者齊之贅壻也長不滿七尺滑稽多辯數使諸侯未嘗屈辱齊威王之時喜隱好為淫樂長夜之飲沈湎不治委政卿大夫百官荒亂諸侯並侵國且危亡在於旦暮左右莫敢諫淳于髡說之以隱曰國中有大鳥止王之庭三年不蜚又不鳴王知此鳥何也王曰此鳥不飛則已一飛沖天不鳴則已一鳴驚人於是乃朝諸縣令長七十二人[illegible]賞一人誅一人奮兵而出諸侯振驚皆還齊侵地威行三十六年語在田完世家中威王八年楚大發兵加齊齊王使淳于髡之趙請救兵齎金百斤車馬十駟淳于髡仰天大笑冠纓索絕[illegible]王曰先生少之乎髡曰何敢王曰笑豈

云衣者以二參之詞有進於此[illegible]

有說乎髡曰今者臣從東方來見道傍有禳田者操一豚蹄酒一盂而祝曰甌窶滿篝汙邪滿車五穀蕃熟穰穰滿家臣見其所持者狹而所欲者奢故笑之於是齊威王乃益齎黃金千鎰白璧十雙車馬百駟髡辭而行至趙趙王與之精兵十萬革車千乘楚聞之夜引兵而去威王大說置酒後宮召髡賜之酒問曰先生能飲幾何而醉對曰臣飲一斗亦醉一石亦醉威王曰先生飲一斗而醉惡能飲一石哉其說可得聞乎髡曰賜酒大王之前執法在傍御史在後髡恐懼俯伏而飲不過一斗徑醉矣若親有嚴客髡帣韝鞠䠊侍酒於前時賜餘瀝奉觴上壽數起飲不過二斗徑醉矣若朋友交遊久不相見卒然相覩歡然道故私情相語飲可五六斗徑醉矣若乃州閭之會男女雜坐行酒稽留六博投壺相引為曹握手無罰目眙不禁前有墮珥後有遺簪髡竊樂此飲可八斗而醉二參日暮酒闌合尊促坐男女同席履舃交錯杯盤狼藉堂上燭滅主人留髡而送客羅襦襟解微聞薌澤當此之時髡心最歡能飲一石故曰酒極[illegible]

此天下之妙[illegible]上下

不必有所樂有盡事不必有是言至則足以矣之非所樂何

亂樂極則悲萬事盡然言不可極極之而衰以諷諫焉齊王曰善乃罷長夜之飲以髡爲諸侯主客宗室置酒髡常在側其後百餘年楚有優孟

優孟者故楚之樂人也長八尺多辯常以談笑諷諫楚莊王之時有所愛馬衣以文繡置之華屋之下席以露牀啗以棗脯馬病肥死使羣臣喪之欲以棺槨大夫禮葬之左右爭之以爲不可王下令曰有敢以馬諫者罪至死優孟聞之入殿門仰天大哭王驚而問其故優孟曰馬者王之所愛也以楚國堂堂之大

何求不得而以大夫禮葬之薄請以人君禮葬之王曰何如對曰臣請以彫玉爲棺文梓爲槨楩楓豫章爲題湊發甲卒爲穿壙老弱負土齊趙陪位於前韓魏翼衛其後廟食太牢奉以萬戶之邑諸侯聞之皆知大王賤人而貴馬也王曰寡人之過一至此乎爲之奈何優孟曰請爲大王六畜葬之以壠竈爲槨銅歷爲棺齎以薑棗薦以木蘭祭以糧稻衣以火光葬之於人腹腸於是王乃使以馬屬太官無令天下久聞也楚相孫叔敖知其賢人也善待之病且死屬其

子曰我死汝必貧困若往見優孟言我孫叔敖之子也居數年其子窮困負薪逢優孟與言曰我孫叔敖之子也父且死時屬我貧困往見優孟優孟曰若無遠有所之即爲孫叔敖衣冠抵掌談語歲餘像孫叔敖楚王及左右不能別也莊王置酒優孟前爲壽莊王大驚以爲孫叔敖復生也欲以爲相優孟曰請歸與婦計之三日而爲相莊王許之三日後優孟復來王曰婦言謂何孟曰婦言慎無爲楚相不足爲也如孫叔敖之爲楚相盡忠爲廉以治楚楚王得以霸今死其子無立錐之地貧困負薪以自飲食必如孫叔

若其所作[illegible]民[illegible]廉吏不可爲而先又言廉吏安可爲皆任人意外不自知歸其[illegible]數十

敖不如自殺因歌曰山居耕田苦難以得食起而爲吏身貪鄙者餘財不顧恥辱身死家室富又恐受賕枉法爲姦觸大罪身死而家滅貪吏安可爲也念爲廉吏奉法守職竟死不敢爲非廉吏安可爲也楚相孫叔敖持廉至死方今妻子窮困負薪而食不足爲也於是莊王謝優孟乃召孫叔敖子封之寢丘四百戶以奉其祀後十世不絕此知可以言時矣其後二百餘年秦有優旃

優旃者秦倡侏儒也善爲笑言然合於大道秦始皇時置酒而天雨陛楯者皆沾寒優旃見而哀之謂之曰汝欲休乎陛楯者皆曰幸甚優旃曰我卽呼汝汝疾應曰諾居有頃殿上上壽呼萬歲優旃臨檻大呼曰陛楯郎郎曰諾優旃曰汝雖長何益幸雨立我雖短也幸休居於是始皇使陛楯者得半相代始皇嘗議欲大苑囿東至函谷關西至雍陳倉優旃曰善多縱禽獸於其中寇從東方來令麋鹿觸之足矣始皇以故輟止二世立又欲漆其城優旃曰善主上雖無

言臣固將請之漆城雖於百姓愁費然佳哉漆城蕩蕩寇來不能上卽欲就之易爲漆耳顧難爲蔭室於是二世笑之以其故止居無何二世殺死優旃歸漢數年而卒

太史公曰淳于髡仰天大笑齊威王橫行優孟搖頭而歌負薪者以封優旃臨檻疾呼陛楯得以半更豈不亦偉哉

史漢方駕三十二卷終

史漢方駕卷第三十三

浙濟許相卿台仲甫　撰輯
徐禾仲年甫　校鋟

史日者傳六十七

自古受命而王王者之興何嘗不以卜筮決于天命哉其於周尤甚及秦可見代王之入任於卜者太卜之起由漢興而有

司馬季主者楚人也卜於長安東市宋忠爲中大夫賈誼爲博士同日俱出洗沐相從論議誦易先王聖

人之道術究徧人情相視而歎賈誼曰吾聞古之聖人不居朝廷必在卜醫之中今吾已見三公九卿朝士大夫皆可知矣試之卜數中以觀采二人卽同輿而之市游於卜肆中天新雨道少人司馬季主閒坐弟子三四人侍方辯天地之道日月之運陰陽吉凶之本二大夫再拜謁司馬季主視其狀貌如類有知者卽禮之使弟子延之坐坐定司馬季主復理前語分別天地之終始日月星辰之紀差次仁義之際列吉凶之符語數千言莫不順理宋忠賈誼瞿然而悟

獵纓正襟危坐曰吾望先生之狀聽先生之辭小子
竊觀於世未嘗見也今何居之卑何行之汙司馬季
主捧腹大笑曰觀大夫類有道術者今何言之陋也
何辭之野也今夫子所賢者何也所高者誰也今何
以卑汙長者二君曰尊官厚祿世之所高也賢才處
之今所處非其地故謂之卑言不信行不驗取不當
故謂之汙夫卜筮者世俗之所賤簡也世皆言曰夫
卜者多言誇嚴以得人情虛高人祿命以說人志擅
言禍災以傷人心矯言鬼神以盡人財厚求拜謝以

私於己此吾之所恥故謂之卑汙也司馬季主曰公
且安坐公見夫被髮童子乎日月照之則行不照則
止問之日月疵瑕吉凶則不能理由是觀之能知別
賢與不肖者寡矣賢之行也直道以正諫三諫不聽
則退其譽人也不望其報惡人也不顧其怨以便國
家利衆爲務故官非其任不處也祿非其功不受也
見人不正雖貴不敬也見人有汙雖尊不下也得不
爲喜去不爲恨非其罪也雖累辱而不愧也今公所
謂賢者皆可爲羞矣卑疵而前孅趨而言相引以勢

相導以利比周賓正以求尊譽以受公奉事私利枉
主法獵農民以官爲威以法爲機求利逆暴譬無異
於操白刃劫人者也初試官時倍力爲巧詐飾虛功
執空文以誷主上用居上爲右試官不讓賢陳功見
僞增實以無爲有以少爲多以求便勢尊位食飲驅
馳從姬歌兒不顧於親犯法害民虛公家此夫爲盜
不操矛弧者也攻而不用弦刃者也欺父母未有罪
而弒君未伐者也何以爲高賢才乎盜賊發不能禁
夷貊不服不能攝姦邪起不能塞官秏亂不能治四

時不和不能調歲穀不熟不能適才賢不爲是不忠
也才不賢而託官位利上奉妨賢者處是竊位也有
人者進有財者禮是僞也子獨不見鴟梟之與鳳皇
翔乎蘭芷芎藭弃於廣野蒿蕭成林使君子退而不
顯衆公等是也述而不作君子義也今夫卜者必法
天地象四時順於仁義分策定卦旋式正棊然後言
天地之利害事之成敗昔先王之定國家必先龜策
日月而後乃敢代正時日乃後入家產子必先占吉
凶後乃有之自伏羲作八卦周文王演三百八十四

爻而天下治越王句踐倣文王八卦以破敵國霸天
下由是言之卜筮有何負哉且夫卜筮者掃除設坐
正其冠帶然後乃言事此有禮也言而鬼神或以饗
忠臣以事其上孝子以養其親慈父以畜其子此有
德者也而以義置數十百錢病者或以愈且死或以
生患或以免事或以成嫁子娶婦或以養生此之為
德豈直數十百錢哉此夫老子所謂上德不德是以
有德今夫卜筮者利大而謝少老子之云豈異於是
乎莊子曰君子內無饑寒之患外無劫奪之憂居上

史記考證卷一百二十七　日者傳　四

而敬居下不為害君子之道也今夫卜筮者之為業
也積之無委聚藏之不用府庫徙之不用輜車負裝
之不重止而用之無盡索之時持不盡索之物游於
無窮之世雖莊氏之行未能增於是也子何故而云
不可卜哉（[illegible]）天不足西北星辰西北移地不足東南以
海為池日中必移月滿必虧先王之道乍存乍亡公
責卜者言必信不亦惑乎公見夫談士辯人乎慮事
定計必是人也然不能以一言說人主意故言必稱
先王語必道上古慮事定計飾先王之成功語其敗

害以恐喜人主之志以求其欲多言誇嚴莫大於此
矣然欲彊國成功盡忠於上非此不立今夫卜者導
惑教愚也夫愚惑之人豈能以一言而知之哉言不
厭多故騏驥不能與罷驢為駟而鳳皇不與燕雀為
群而賢者亦不與不肖者同列故君子處卑隱以辟
眾自匿以辟倫微見（[illegible]）德順以除羣害以明天性助上
養下多其功利不求尊譽公之等喁喁者也何知長
者之道乎宋忠賈誼忽而自失芒乎無色悵然噤口
不能言於是攝衣而起再拜而辭行洋洋也出門

史記考證卷一百二十七　日者傳　五

僅能自上車伏軾低頭卒不能出氣居三日宋忠見
賈誼於殿門外乃相引屏語相謂自歎曰道高益安
勢高益危居赫赫之勢失身且有日矣夫卜而有不
（[illegible]）審不見奪糈為人主計而不審身無所處此相去（[illegible]）
遠矣猶天冠地屨也此老子之所謂無名者萬物之
始也天地曠曠物之熙熙或安或危莫知居之我與
若何足預彼哉彼久而愈安雖曾氏之義未有以異
也久之宋忠使匈奴不至而還抵罪而賈誼為梁懷
王傅王墮馬薨誼不食毒恨而死此務華絕根者也

太史公曰古者卜人所以不載者多不見于篇及至
司馬季主余志而著之

史漢方駕三十三卷　終

史漢方駕卷第三十四

浙海許相卿台仲甫　撰輯
徐　禾仲年甫　校錄

史貨殖傳六十九　漢傳六十一

老子曰至治之極鄰國相望雞狗之聲相聞民各甘
昔先王之制自天子公侯卿大夫士至于皁隸抱關
其食美其服安其俗樂其業至老死不相往來必用
擊柝者其爵祿奉養宮室車服棺槨祭祀死生之制
此爲務輓近世塗民耳目則幾無行矣太史公曰夫
各有差品小不得僭大賤不得踰貴夫然故上下序
神農以前吾不知已至若詩書所述虞夏以來耳目
而民志定於是辯其土地川澤丘陵衍沃原隰之宜
欲極聲色之好口欲窮芻豢之味身安逸樂而心誇
教民種樹畜養五穀六畜及至魚鼈鳥獸雚蒲材幹
矜勢能之榮使俗之漸民久矣雖戶說以眇論終不
器械之資所以養生送終之具靡不皆育育之以時
能化故善者因之其次利道之其次教誨之其次整
而用之有節草木未落斧斤不入於山林豺獺未祭
齊之最下者與之爭夫山西饒材竹穀纑旄玉石山
罝罔不布於壄澤鷹隼未擊矰弋不施於徯隧既順
東多魚鹽漆絲聲色江南出枏梓薑桂金錫連丹沙
時而取物然猶山不茬蘖澤不伐夭蝝魚麛卵咸有
犀瑇瑁珠璣齒革龍門碣石北多馬牛羊旃裘筋角
常禁所以順時宣氣蕃阜庶物稸足功用如此之備也
銅鐵則千里往往山出棊置此其大較也皆中國人
然後四民因其土宜各任智力夙興夜寐以治其
民所喜好謠俗被服飲食奉生送死之具也故待農
業相與通功易事交利而俱贍非有徵發期會而遠
而食之虞而出之工而成之商而通之此寧有政教
近咸足故易曰后以財成輔相天地之宜以左右民
發徵期會哉人各任其能竭其力以得所欲故物賤
備物致用立成器以爲天下利莫大乎聖人此之謂

[illegible]

之徵貴貴之徵賤各勸其業樂其事若水之趨下日
也管子云古之四民不得雜處士相與言仁誼於閒
夜無休時不召而自來不求而民出之豈非道之所
宴工相與議技巧於官府商相與語財利於市井農
符而自然之驗邪周書曰農不出則乏其食工不出
相與謀稼穡於田野朝夕從事不見異物而遷焉故
則乏其事商不出則三寶絕虞不出則財匱少財匱
其父兄之教不肅而成子弟之學不勞而能各安其
少而山澤不辟矣此四者民所衣食之原也原大則
居而樂其業甘其食而美其服雖見奇麗紛華非其
饒原小則鮮上則富國下則富家貧富之道莫之奪
所習辟之猶胡之與越不相入矣是以欲寡而事
予而巧者有餘拙者不足故太公望封於營丘地潟
節時足而不爭於是在民上者道之以德齊之以禮
鹵人民寡於是太公勸其女功極技巧通魚鹽則人
故民有恥而且敬貴誼而賤利此三代之所以直道
物歸之繈至而輻湊故齊冠帶衣履天下海岱之閒
而行不滅而治之大略也及周室衰禮法墮諸侯刻

史漢方駕卷三十四　貨殖傳　二

斂衽而往朝焉其後齊中衰管子修之設輕重九府
桷丹楹大夫山節藻梲八佾舞於庭雍徹於堂其流
則桓公以霸九合諸侯一匡天下而管氏亦有三歸
至乎士庶人莫不離制而棄本稼穡之民少商旅之
位在陪臣富於列國之君是以齊富彊至於威宣也
民多穀不足而貨有餘陵夷至乎桓文之後禮誼大
故曰倉廩實而知禮節衣食足而知榮辱禮生於有
壞上下相冒國異政家殊俗耆欲不制僭差亡極於
而廢於無故君子富好行其德小人富以適其力淵
是商通難得之貨工作亡用之器士設反道之行以
深而魚生之山深而獸往之人富而仁義附焉富者
追時好而取世資僞民背實而要名姦夫犯害而求
得勢益彰失勢則客無所之以而不樂夷狄益甚諺
利篡殺取國者為王公圉奪成家者為雄桀禮誼不
曰千金之子不死於市此非空言也故曰天下熙熙
足以拘君子刑戮不足以威小人富者木土被文錦
皆為利來天下壤壤皆為利往夫千乘之王萬家之
大馬餘肉粟而貧者短褐不完含菽飲水其為編戶

[illegible]

侯百室之君尚猶患貧而況匹夫編戶之民乎
齊民同列而以財力相君雖為僕虜猶亡慍色故夫
飾變詐為姦軌者自足乎一世之閒守道循理者不
免於飢寒之患其教自上興繇法度之無限也故列
其行事以傳世變云
昔者越王句踐困於會稽之上乃用范蠡計然計然
曰知鬬則修備時用則知物二者形則萬貨之情可
得見矣而觀已故歲在金穰水毀木饑火旱旱則資舟水
則資車物之理也推此類而六歲穰六歲旱十二歲一大饑夫
糶二十病農九十病末末病則財不出農病則草不

史漢方駕卷三十四　貨殖傳　三

辟矣上不過八十下不減三十則農末俱利平糶齊
物關市不乏治國之道也積著之理務完物無息幣
以物相貿易腐敗而食之貨勿留無敢居貴論其有
餘不足則知貴賤貴上極則反賤賤下極則反貴貴
出如糞土賤取如珠玉財幣欲其行如流水修之十
年國富厚賂戰士士赴矢石如渴得飲遂報彊吳觀
兵中國稱號五霸范蠡既雪會稽之恥乃喟然而歎
曰計然之策七十越用其五而得意既已施於國吾欲
用之家乃乘扁舟浮於江湖變名易姓適齊為鴟夷

子皮之陶為朱公朱公以為陶天下之中諸侯四通
貨物所交易也迺乃治產積居與時逐而不責於人故
善治生產者能擇人而任時十九年之中三致千金而
再分散分與貧交疏昆弟此所謂富好行其德者也
後年衰老而聽子孫子孫脩業而息之遂至巨萬故
言富者皆稱陶朱公
子贛既學於仲尼退而仕於衛發貯鬻財於曹魯之間
間七十子之徒賜最為饒益原憲不厭糟糠匿於窮巷而顏淵簞食瓢飲在於陋
巷子貢結駟連騎束帛之幣以聘享諸侯所至國君

無不分庭與之抗禮夫使孔子名布揚於天下者子
貢先後之也此所謂得勢而益彰者乎孔子賢顏淵而歎其庶乎屢空賜不受命而貨殖焉億則
屢中
白圭周人也當魏文侯時李克務盡地力而白圭樂
觀時變故人棄我取人取我與夫歲孰取穀予之絲
漆繭出取帛絮與之食太陰在卯穰明歲衰惡至午
旱明歲美至酉穰明歲衰惡至子大旱明歲美有水
至卯積著率歲倍欲長錢取下穀長石斗取上種能
薄飲食忍嗜欲節衣服與用事僮僕同苦樂趨時若

獨猛獸鷙鳥之發故曰吾治生產猶伊尹呂尚之謀孫
吳用兵商鞅行法是也是故其智不足與權變勇不
足以決斷仁不能以取予彊不能以有所守雖欲學
吾術終不告之矣蓋天下言治生者祖白圭白圭其
有所試矣能試有所長非苟而已也
猗頓用盬鹽起而邯鄲郭縱以鐵冶成業與王者埒
富
烏氏倮畜牧及衆斥賣求奇繒物間獻遺戎王戎王
什倍其償與之畜畜至用谷量牛馬秦始皇帝令

倮比封君以時與列臣朝請而
巴蜀寡婦清其先得丹穴而擅其利數世家亦不訾
清寡婦也能守其業用財自衛人不敢犯秦皇帝
以為貞婦而客之為築女懷清臺夫倮鄙人牧長清
窮鄉寡婦禮抗萬乘名顯天下豈非以富邪
漢興海內為一開關梁弛山澤之禁是以富商大賈
周流天下交易之物莫不通得其所欲而徙豪傑諸
侯彊族於京師關中自汧雍以東至河華膏壤沃野
千里自虞夏之貢以為上田而公劉適邠太王王季

巴蜀沃野地饒卮薑丹砂石銅鐵竹木之器所產恐不止此李此可謂求其允行文仁可少升者半[illegible]

在岐文王作豐武王治鎬故其民猶有先王之遺風
好稼穡殖五穀地重重爲邪及秦文孝繆居雍隙隴
蜀之貨物而多賈獻孝公徙櫟邑櫟邑北卻戎翟東
通三晉亦多大賈武昭治咸陽因以漢都長安諸陵
四方輻湊並至而會地小人衆故其民益玩巧而事
末也[illegible]南則巴蜀巴蜀亦沃野地饒卮薑丹砂石銅鐵
竹木之器南御滇僰僰僮西近邛笮笮馬旄牛然四
塞棧道千里無所不通唯褒斜綰轂其口以所多易
所鮮天水隴西北地上郡與關中同俗然西有羌中

之利北有戎翟之畜畜牧爲天下饒然地亦窮險唯
京師要其道故關中之地於天下三分之一而人衆
不過什三然量其富什居其六昔唐人都河東殷人
都河內周人都河南夫三河在天下之中若鼎足王
者所更居也建國各數百千歲土地小狹民人衆都
國諸侯所聚會故其俗纖儉習事楊平陽陳西賈秦
翟北賈種代種代石北也地邊胡數被寇人民矜懻
忮好氣任俠爲姦不事農商然迫近北夷師旅亟往
中國委輸時有奇羨其民羯羠不均自全晉之時固

陳楊平陽陳以爲[illegible]然不適古無此解當是陽姓陳姓四叔其顧猶亦姓不復考

已患其僄悍而武靈王益厲之其謠俗猶有趙之風
也故楊平陽陳椽其間得所欲溫軹西賈上黨北賈
趙中山中山地薄人衆猶有沙丘紂淫地餘民民俗
懁急仰機利而食丈夫相聚游戲悲歌慷慨起則相
隨椎剽休則掘冢作巧姦冶多美物爲倡優女子則
鼓鳴瑟跕屣游媚貴富入後宮徧諸侯然邯鄲亦漳
河之間一都會也北通燕涿南有鄭衛鄭衛俗與趙
相類然近梁魯微重而矜節濮上之邑徙野王野王
好氣任俠衛之風也夫燕亦勃碣之間一都會也南

通齊趙東北邊胡上谷至遼東地踔遠人民希數被
寇大與趙代俗相類而民雕捍少慮有魚鹽棗栗之
饒北鄰烏桓夫餘東綰穢貉朝鮮真番之利洛陽東
賈齊魯南賈梁楚故泰山之陽則魯其陰則齊齊帶
山海膏壤千里宜桑麻人民多文綵布帛魚鹽臨菑
亦海岱之間一都會也其俗寬緩闊達而足智好議
論地重難動搖怯於衆鬭勇於持刺故多劫人者大
國之風也其中具五民而鄒魯濱洙泗猶有周公遺
風俗好儒備於禮故其民齪齪頗有桑麻之業無林

多劫人者大國之風此語無謂有脫字不知何所取義[illegible]

[illegible]

澤之饒地小人衆儉嗇畏罪遠邪及衰好賈趨利甚
於周人夫自鴻溝以東芒碭以北屬巨野此梁宋也
陶睢陽亦一都會也昔堯作游成陽舜漁於雷澤湯
止于亳其俗猶有先王遺風重厚多君子好稼穡雖
無山川之饒能惡衣食致其蓄藏越楚則有三俗夫
自淮北沛陳汝南南郡此西楚也其俗剽輕易發怒
地薄寡於積聚江陵故郢都西通巫巴東有雲夢之
饒陳在楚夏之交通魚鹽之貨其民多賈徐僮取慮
則淸刻矜己諾彭城以東東海吳廣陵此東楚也其

俗類徐僮朐繒以北俗則齊浙江南則越夫吳自闔
廬春申王濞三人招致天下之喜游子弟東有海鹽
之饒章山之銅三江五湖之利亦江東一都會也衡
山九江江南豫章長沙是南楚也其俗大類西楚郢
之後徙壽春亦一都會也而合肥受南北潮皮革鮑
木輸會也與閩中干越雜俗故南楚好辭巧說少信
江南卑溼丈夫早夭多竹木豫章出黃金長沙出連
錫然堇堇物之所有取之不足以更費九疑蒼梧以
南至儋耳者與江南大同俗而楊越多焉番禺亦其

[illegible]

一都會也珠璣犀瑇瑁果布之湊潁川南陽夏人之
居也夏人政尚忠朴猶有先王之遺風潁川敦愿秦
末世遷不軌之民於南陽南陽西通武關鄖關東南
受漢江淮宛亦一都會也俗雜好事業多賈其任俠
交通潁川故至今謂之夏人夫天下物所鮮所多人
民謠俗山東食海鹽山西食鹽鹵領南沙北固往往
出鹽大體如此矣[illegible]總之楚越之地地廣人希飯稻羹
魚或火耕而水耨果隋蠃蛤不待賈而足地勢饒食
無飢饉之患以故呰窳偷生無積聚而多貧是故江

淮以南無凍餓之人亦無千金之家沂泗水以北宜
五穀桑麻六畜地小人衆數被水旱之害民好畜藏
故秦夏梁魯好農而重民三河宛陳亦然加以商賈
齊趙設智巧仰機利燕代田畜而事蠶由此觀之賢
人深謀於廊廟論議朝廷守信死節隱居巖穴之士
設爲名高者安歸乎歸于富厚也是以廉吏久久更
富廉賈歸富富者人之情性所不學而俱欲者也故
壯士在軍攻城先登陷陣卻敵斬將搴旗前蒙矢石
不避湯火之難者爲重賞使也其在閭巷少年攻剽

[illegible]

亦不可雜

[illegible]

椎埋劫人作姦掘冢鑄幣任俠并兼借交報仇篡逐
幽隱不避法禁走死地如騖者其實皆為財用耳今
夫趙女鄭姬設形容揳鳴琴揄長袂躡利屣目挑心
招出不遠千里不擇老少者奔富厚也游閑公子飾
冠劍連車騎亦為富貴容也弋射漁獵犯晨夜冒霜雪
馳阬谷不避猛獸之害為得味也博戲馳逐鬥雞
走狗作色相矜必爭勝者重失負也醫方諸食技術
之人焦神極能為重糈也吏士舞文弄法刻章偽書
不避刀鋸之誅者沒於賂遺也農工商賈畜長固求

史漢方駕卷三十四　貨殖傳　十

富益貨也此有知盡能索耳終不餘力而讓財矣諺
曰百里不販樵千里不販糴居之一歲種之以穀十
歲樹之以木百歲來之以德德者人物之謂也今有
無秩祿之奉爵邑之入而樂與之比者命曰素封封
者食租稅歲率戶二百千戶之君則二十萬朝覲聘
享出其中庶民農工商賈率亦歲萬息二千戶百萬
之家則二十萬而更徭租賦出其中衣食之欲恣所
好美矣故曰陸地牧馬二百蹄牛蹄角千千足羊
澤中千足彘水居千石魚陂山居千章之材安邑千

[illegible]

樹棗燕秦千樹栗蜀漢江陵千樹橘淮北常山已南
河濟之閒千樹萩陳夏千畝漆齊魯千畝桑麻渭川
千畝竹及名國萬家之城帶郭千畝畝鍾之田若千
畝卮茜千畦薑韭此其人皆與千戶侯等然是富給
之資也不窺市井不行異邑坐而待收身有處士之
義而取給焉若至家貧親老妻子軟弱歲時無以祭
祀進醵飲食被服不足以自通如此不慚恥則無所
比矣是以無財作力少有鬥智既饒爭時此其大經
也今治生不待危身取給則賢人勉焉是故本富為

史漢方駕卷三十四　貨殖傳　十一

上末富次之姦富最下無巖處奇士之行而長貧賤
好語仁義亦足羞也
凡編戶之民富相什則卑下之伯則畏憚之千則役
萬則僕物之理也夫用貧求富農不如工工不如商
刺繡文不如倚市門此言末業貧者之資也通邑大
都酤一歲千釀醯醬千瓨漿千甔屠牛羊彘千皮販
穀糶千鍾薪稾千車船長千丈木千章竹竿萬个其
軺車百乘牛車千兩木器髹者千枚銅器千鈞素木
鐵器若卮茜千石馬蹄躈千牛千足羊彘千雙僮手

拆千筋角丹砂千斤其帛絮細布千鈞文采千匹榻
布皮革千石漆千大斗糵麴鹽豉千荅鮐鮆千斤鯫
千石鮑千鈞棗栗千石者三之狐貂裘千皮羔羊裘
千石旃席千具佗果菜千種子貸金錢千貫節駔儈
貪賈三之廉賈五之此亦比千乘之家此其大率也
佗雜業不中什二則非吾財也請略道當世千里之
中賢人所以富者令後世得以觀擇焉

蜀卓氏之先趙人也用鐵冶富秦破趙遷卓氏卓氏之
見虜略獨夫妻推輦行詣遷處諸遷虜少有餘財爭
與吏求近處處葭萌唯卓氏曰此地狹薄吾聞汶山
之下沃野下有蹲鴟至死不飢民工於市易賈乃求
遠遷致之臨邛大喜即鐵山鼓鑄運籌策傾滇蜀之
民富至僮千人田池射獵之樂擬於人君

程鄭山東遷虜也亦冶鑄賈椎髻之民富埒卓氏俱
居臨邛

成哀間成都羅裒訾至鉅萬初裒賈京師
隨身數十百萬為平陵石氏持錢其人彊力石氏訾
次如苴親信厚資遣之令往來巴蜀數年間致千餘
萬裒舉其半賂遺曲陽定陵侯依其權力賒貸郡國

人莫敢負擅鹽井之利期年所得自倍遂殖其貨

宛孔氏之先梁人也用鐵冶為業秦伐魏遷孔氏南
陽大鼓鑄規陂池連車騎游諸侯因通商賈之利有
游閑公子之賜與名然其贏得過當愈於纖嗇家致
富數千金故南陽行賈盡法孔氏之雍容

魯人俗儉嗇而曹邴氏尤甚以鐵冶起富至巨萬然
家自父兄子孫約俛有拾仰有取貰貸行賈徧郡國
鄒魯以其故多去文學而趨利者以曹邴氏也

齊俗賤奴虜而刀閒獨愛貴之桀黠奴人之所患也
唯刀閒收取使之逐漁鹽商賈之利或連車騎交守
相然愈益任之終得其力起富數千萬故曰寧爵毋刀
刀言其能使豪奴自饒而盡其力刀閒既衰至成
哀間臨菑姓偉訾五千萬

周人既纖而師史尤甚轉轂以百數賈郡國無所不
至雒陽街居在齊秦楚趙之中貧人學事富家相矜
以久賈數過邑不入門設任此等故師史能致七千
萬師史既衰至成哀王莽時雒陽張長叔薛子仲訾
亦十千萬莽皆以為納言士欲法武帝然不能得其利

[illegible]

宣曲任氏之先為督道倉吏秦之敗也豪傑皆爭取
金玉而任氏獨窖倉粟楚漢相距滎陽也民不得耕
種米石至萬而豪傑金玉盡歸任氏任氏以此起富
富人爭奢侈而任氏折節為儉力田畜田畜人爭取
賤賈任氏獨取貴善富者數世然任公家約非田畜
所出弗衣食公事不畢則身不得飲酒食肉以此為
閭里率故富而主上重之塞之斥也唯橋姚已致馬
千匹牛倍之羊萬頭粟以萬鍾計吳楚七國兵起
時長安中列侯封君行從軍旅齎貸子錢子錢家

史漢方駕卷三十四　貨殖傳

以為侯邑國在關東關東成敗未決莫肯與唯無鹽
氏出捐千金貸其息什之三月吳楚平一歲之中則
無鹽氏之息什倍用此富埒關中關中富商大賈大
抵盡諸田田嗇田蘭韋家栗氏安陵杜
杜氏亦巨萬前富者既衰自元成訖王莽京師富人
杜陵樊嘉茂陵摯網平陵如氏苴氏長安丹王君房
豉樊少翁王孫大卿為天下高訾樊嘉五千萬其餘
皆鉅萬矣王孫卿以財養士與雄桀交王莽以為京
司市師漢司東市令也此其章章尤著者也其餘郡

[illegible]

訾邑奉祿弄法犯姦而富盡椎埋去就與時俯仰獲
國富民兼業專利以貨賂自行取重於鄉里者不可
其贏利以末致財用本守之以武一切用文持之變
勝數故秦陽以田農而甲一州翁伯以販脂而傾縣
化有概故足術也若至力農畜工虞商賈為權利以
邑張氏以賣醬而隃侈質氏以洒削而鼎食濁氏
成富大者傾郡中者傾縣下者傾鄉里者不可勝數
以胃脯而連騎張里以馬醫而擊鐘皆越法矣然常循
夫纖嗇筋力治生之正道也而富者必用奇勝田農
守事業積累贏利漸有所起至於蜀卓宛孔齊之刁
拙業而秦陽以蓋一州掘冢姦事也而曲叔以起博
間公擅山川銅鐵魚鹽市井之入運其籌策上爭王
戲惡業也而桓發用之富行賈丈夫賤行也而雍樂
者之利下錮齊民之業皆陷不軌奢僭之惡又況掘
成以饒販脂辱處也而雍伯千金賣漿小業也而張
冢搏掩犯姦成富曲叔稽發雍樂成之徒猶復齒列
氏千萬洒削薄技也而郅氏鼎食胃脯簡微耳濁氏
傷化敗俗大亂之道也

史漢方駕卷三十四

連騎馬醫淺方張里擊鐘此皆誠壹之所致由是觀
之富無經業則貨無常主能者輻湊不肖者瓦解千
金之家比一都之君巨萬者乃與王者同樂豈所謂
素封者邪非也

史漢方駕三十四卷終

[illegible]

史漢方駕卷第三十五

浙嶺許相卿台仲甫　撰輯
徐　不仲年甫　校錄

史匈奴傳五十　漢傳六十四

匈奴其先祖夏后氏之苗裔也曰淳維唐虞以上有山戎獫狁葷粥居于北蠻隨畜牧而轉移其畜之所多則馬牛羊其奇畜則橐駞驢鸁駃騠騊駼驒騱逐水草遷徙毋城郭常處耕田之業然亦各有分地毋文書以言語為約束兒能騎羊引弓射鳥鼠少長則射狐兔用為食士力能毋弓盡為甲騎其俗寬則隨畜田獵禽獸為生業急則人習戰攻以侵伐其天性也其長兵則弓矢短兵則刀鋌利則進不利則退不羞遁走苟利所在不知禮義自君王以下咸食畜肉衣其皮革被旃裘壯者食肥美老者飲食其餘貴壯健賤老弱父死妻其後母兄弟死皆取其妻妻之其俗有名不諱而無姓字夏道衰而公劉失其稷官變于西戎邑于豳其後三百有餘歲戎狄攻太王亶父亶父亡走于岐下而豳人悉從亶父而邑焉作

[illegible]

周其後百有餘歲周西伯昌伐畎夷氏後十有餘年武王伐紂而營雒邑復居于酆鄗放逐戎夷涇洛之北以時入貢命曰荒服其後二百有餘年周道衰而周穆王伐犬戎得四白狼四白鹿以歸自是之後荒服不至於是周遂作甫刑之辟至穆王之孫懿王時王室遂衰戎狄交侵暴虐中國中國被其苦詩人始作疾而歌之曰靡室靡家獫狁之故豈不日戒獫狁孔棘至懿王曾孫宣王興師命將以征伐之詩人美其大功曰薄伐獫狁至于太原出車彭彭城彼朔方是時四夷賓服稱為中興至于幽王用寵姬褒姒之故與申侯有隙申侯怒而與犬戎共攻殺周幽王于驪山之下遂取周之焦穫而居于涇渭之間侵暴中國秦襄公救周於是周平王去酆鄗而東徙洛邑當是之時秦襄公伐戎至岐始列為諸侯是後六十有五年而山戎越燕而伐齊齊釐公與戰于齊郊其後四十四年而山戎伐燕燕告急于齊齊桓公北伐山戎山戎走其後二十有餘年而戎狄至洛邑伐周襄王襄王出奔于鄭之氾邑初周襄王欲伐鄭故

[illegible]

娶戎狄（取翟）女為后與（翟）戎狄兵共伐鄭已而黜（翟）狄后（翟）狄后
怨而襄王後（繼）母曰惠后有子子帶欲立之於是惠后
與狄（翟）后子帶為內應開戎狄（翟）戎狄以故得入破逐周
襄王而立子帶為（王）天子於是戎狄或居於陸渾東至
於衛侵盜暴虐中國中國疾之故詩人歌之曰戎狄
是應薄伐獫狁至于太原出車彭彭城彼朔方周襄
王既居外四年乃（廼）使使告急于（於）晉晉文公初立欲修
霸業乃（廼）興師伐逐戎狄（翟）誅子帶迎內周襄王居于雒
邑當是之時秦晉為彊國晉文公攘戎狄（翟）居于河西

史記考證卷三十五　匈奴　三

圁（國）河（閒）洛之間號曰赤翟白翟而秦穆公得由余西戎
八國服於秦故自隴以西有緜諸緄戎狄（翟）豲之戎在
岐梁山涇漆之北有義渠大荔烏氏朐衍之戎而晉
北有林胡樓煩之戎燕北有東胡山戎各分散居谿
谷自有君長往往而聚者百有餘戎然莫能相一自
是之後百有餘年晉悼公使魏絳和戎翟戎翟朝晉
後百有餘年趙襄子踰句注而破之并代以臨胡貉
其後既與韓魏共滅智伯分晉地而有之則趙有代
句注之北魏有西河上郡以與戎界邊其後義

[illegible]

渠之戎築城郭以自守而秦稍蠶食之至於惠王遂
拔義渠二十五城惠王擊魏魏盡入西河及上郡于
秦秦昭王時義渠戎王與宣太后亂有二子宣太后
詐而殺義渠戎王於甘泉遂起兵伐殘滅義渠於是秦
有隴西北地上郡築長城以拒胡而趙武靈王亦變
俗胡服習騎射北破林胡樓煩築長城自代並陰山
下至高闕為塞而置雲中鴈門代郡其後燕有賢將
秦開為質於胡胡甚信之歸而襲破走東胡東胡卻
千餘里與荊軻刺秦王秦舞陽者開之孫也燕亦築

史記考證卷三十五　匈奴　四

長城自造陽至襄平置上谷漁陽右北平遼西遼東
郡以拒胡當是之時冠帶戰國七而三國邊於匈奴
其後趙將李牧時匈奴不敢入趙邊後秦滅六國而
始皇帝使蒙恬將十萬之衆北擊胡悉收河南地
因河為塞築四十四縣城臨河徙適戍以充之而通
直道自九原至雲陽因邊山險塹谿谷可繕者治之
起臨洮至遼東萬餘里又度河據陽山北假中當是
之時東胡彊而月氏盛匈奴單于曰頭曼頭曼不勝
秦北徙十有餘年而蒙恬死諸侯畔秦中國擾亂諸

秦所徙適戍邊者皆復去於是匈奴得寬復稍度河
南與中國界於故塞單于有太子名曰冒頓後有所
愛閼氏生少子而單于欲廢冒頓而立少子乃使冒
頓質於月氏冒頓既質於月氏而頭曼急擊月氏月
氏欲殺冒頓冒頓盜其善馬騎之以歸頭曼以為壯
令將萬騎冒頓乃作為鳴鏑習勒其騎射令曰鳴鏑
所射而不悉射者斬之行獵鳥獸有不射鳴鏑所射
者輒斬之已而冒頓以鳴鏑自射其善馬左右或不
敢射者冒頓立斬不射善馬者居頃之復以鳴鏑自

史漢方駕卷三十五　匈奴　十五

射其愛妻左右或頗恐不敢射冒頓又復斬之居頃
之冒頓出獵以鳴鏑射單于善馬左右皆射之於是
冒頓知其左右皆可用從其父單于頭曼獵以鳴鏑
射頭曼其左右皆隨鳴鏑而射殺單于頭曼遂盡
誅其後母與弟及大臣不聽從者於是冒頓自立為
單于冒頓既立是時東胡彊盛聞冒頓殺父自立乃
使使謂冒頓曰欲得頭曼時有千里馬冒頓問群臣
群臣皆曰千里馬匈奴寶馬也勿與冒頓曰奈何與
人鄰國而愛一馬乎遂與之千里馬居頃之東胡以

為冒頓畏之乃使使謂冒頓曰欲得單于一閼氏冒
頓復問左右左右皆怒曰東胡無道乃求閼氏請擊
之冒頓曰奈何與人鄰國愛一女子乎遂取所愛閼
氏予東胡東胡王愈益驕西侵與匈奴間中有棄
地莫居千餘里各居其邊為甌脫東胡使使謂冒頓
曰匈奴所與我界甌脫外棄地匈奴非能至也吾欲
有之冒頓問群臣群臣或曰此棄地予之亦可勿予
亦可於是冒頓大怒曰地者國之本也奈何予之諸
言予之者皆斬之冒頓上馬令國中有後者斬遂東

史漢方駕卷三十五　匈奴　十六

襲擊東胡東胡初輕冒頓不為備及冒頓以兵至擊
大破滅東胡王而虜其民人及畜產既歸西擊走月
氏南并樓煩白羊河南王侵燕代悉復收秦所使蒙
恬所奪匈奴地者與漢關故河南塞至朝那膚施遂
侵燕代是時漢兵與項羽相距中國罷於兵革以故
冒頓得自彊控弦之士三十餘萬自淳維以至頭曼
千有餘歲時大時小別散分離尚矣其世傳不可得
而次云然至冒頓而匈奴最彊大盡服從北夷而南
與中國為敵國其世傳國官號乃可得而記云

姓攣鞮氏其國稱之曰撑犂孤塗單于匈奴謂天為
撑犂謂子為孤塗單于者廣大之貌也言其象天單
于然也置左右賢王左右谷蠡王左右大將左右大
都尉左右大當戶左右骨都侯匈奴謂賢曰屠耆故
常以太子為左屠耆王自如左右賢王以下至當戶
大者萬餘騎小者數千凡二十四長立號曰萬騎諸
大臣皆世官呼衍氏蘭氏其後有須卜氏此三姓其
貴種也諸左方王將居東方直上谷以往者東接穢
貉朝鮮右方王將居西方直上郡以西接月氏氐羌

史漢方駕卷二十三 匈奴 七

而單于之庭直代雲中各有分地逐水草移徙而左
右賢王左右谷蠡王最為大國左右骨都侯輔政諸
二十四長亦各自置千長百長什長裨小王相封都
尉當戶且渠之屬歲正月諸長小會單于庭祠五月
大會龍城祭其先天地鬼神秋馬肥大會蹛林課校
人畜計其法拔刃尺者死坐盜者沒入其家有罪小
者軋大者死獄久者不過十日一國之囚不過數人
而單于朝出營拜日之始生夕拜月其坐長左而北
向日上戊己其送死有棺槨金銀衣裘而無封樹喪

服近幸臣妾從死者多至數千十百人舉事而候星月
月盛壯則攻戰月虧則退兵其攻戰斬首虜賜一卮
酒而所得鹵獲因以予之得人以為奴婢故其戰人
人自為趣利善為誘兵以冒敵故其見敵則逐利如
鳥之集其困敗則瓦解雲散矣戰而扶輿死者盡得
死者家財後北服渾庾屈射丁零鬲昆薪犁之國
於是匈奴貴人大臣皆服以冒頓單于為賢是時漢
初定中國徙韓王信於代都馬邑匈奴大攻圍馬邑
韓王信降匈奴匈奴得信因引兵南踰句注攻太原

史漢方駕卷二十三 匈奴 八

至晉陽下高帝自將兵往擊之會冬大寒雨雪卒之
墮指者十二三於是冒頓詳陽敗走誘漢兵漢兵逐擊
冒頓冒頓匿其精兵見其羸弱於是漢悉兵多步兵
三十二萬北逐之高帝先至平城步兵未盡到冒頓
縱精兵四十餘萬騎圍高帝於白登七日漢兵中外
不得相救餉匈奴騎其西方盡白馬東方盡青駹馬
北方盡烏驪馬南方盡騂馬高帝乃使使間厚遺閼
氏閼氏乃謂冒頓曰兩主不相困今得漢地而單于
終非能居之也且漢王亦有神單于察之冒頓與韓

王信之將王黃趙利期而黃利兵又不來疑其與漢
有謀亦取閼氏之言乃解圍之一角於是高皇帝令
士皆持滿傅矢外鄉從解角直出得與大軍合而冒
頓遂引兵而去漢亦引兵而罷使劉敬結和親之約
是後韓王信為匈奴將及趙利王黃等數背約侵盜
代雁門雲中居無幾何陳豨反又與韓信合謀擊代
漢使樊噲往擊之復拔代雁門雲中郡縣不出塞是
時匈奴以漢將數率衆往降故冒頓常往來侵盜代
地於是漢高祖患之高帝乃使劉敬奉宗室女公主為

單于閼氏歲奉匈奴絮繒酒米食物各有數約為昆
弟以和親冒頓乃少止後燕王盧綰復反率其黨數且
千萬人降匈奴往來苦上谷以東終高祖世孝惠呂太
后時漢初定故匈奴以驕冒頓乃為書使使遺高后
冒頓遺漢
妄言曰
曰孤僨之君生於沮澤之中長於平野牛馬之域數
至邊境願遊中國陛下獨立孤僨獨居兩主不樂無
以自虞願以所有易其所無高后欲大怒召丞相平及
樊噲季布等議斬其使者發兵而擊之樊噲曰臣願
帝賢武然尚困於平城於是
得十萬衆橫行匈奴中問季布布曰噲可斬也前陳

豨反於代漢兵三十二萬噲為上將軍時匈奴圍高
帝於平城噲不能解圍天下歌之曰平城之下亦誠
苦七日不食不能彀弩今歌吟之聲未絕傷痍者甫
起而噲欲搖動天下妄言以十萬衆橫行是面謾也
且夷狄譬如禽獸得其善言不足喜惡言不足怒也
高后曰善乃止復與匈奴令大謁者張澤報書曰單于不忘弊邑賜
之以書弊邑恐懼退日自圖年老氣衰髮齒墮落行
步失度單于過聽不足以自汙弊邑無罪宜在見赦
竊有御車二乘馬二駟以奉常駕冒頓得書復使使

來謝曰未嘗聞中國禮義陛下幸而赦之因獻馬遂
和親至孝文帝即位文帝初立復修和親之事其三年夏五月匈
奴右賢王入居河南地為寇侵盜上郡葆塞蠻夷殺略人
民於是孝文帝下詔丞相灌嬰曰漢與匈奴約為昆弟無侵害
邊境所以輸遺匈奴甚厚今右賢王離其國將衆居
河南地非常故往來入塞捕殺吏卒毆侵上郡保塞
蠻夷令不得居其故陵轢邊吏入盜甚驁無道非約
也其發邊吏車騎八萬五千詣高奴遣丞相灌嬰將
擊右賢王右賢王走出塞文帝幸太原是時濟北王

及文帝歸，罷丞相擊胡之兵。其明年，單于遺漢書曰：
天所立匈奴大單于敬問皇帝無恙。前時皇帝言和
親事，稱書意，合(歡 離)歡。漢邊吏侵侮右賢王，右賢王不請，
聽後義盧侯難氏(支)等計，與漢吏相(距 恨)，絕二主之約，離
兄(昆)弟之親。皇帝讓書再至，發使以書報，不來，漢使不
至。漢以其故不和，鄰國不附。今以少(小)吏之敗約故，罰
右賢王，使之(至)西(方)求月氏擊之。以天之福，吏卒良，馬
強力(彊 力)，以夷(夷)滅月氏，盡斬殺降下之，定之樓蘭、烏
孫、呼揭及其旁二十六國，皆以(已)為匈奴。諸引弓之民，

并為一家。北州已定，願寢兵休士卒養馬，除前事，復
故約，以安邊民，以應始古(始)，使少者得成其長，老者
得安其處，世世平樂。未得皇帝之志也，故使郎中係
雩淺奉書請，獻橐他(佗)一匹，騎馬二匹，駕二駟。皇帝即
不欲匈奴近塞，則且詔吏民遠舍。使者至，即遣之。以
六月中來至新(新)望之地。書至，漢議擊與和親孰便。公
卿皆曰：單于新破月氏，乘勝，不可擊也。且得匈奴地，
澤鹵，非可居也。和親甚便。漢許之。孝文皇帝前六年，
漢遺匈奴書曰：皇帝敬問匈奴大單于無恙。使郎中

[illegible]

係雩淺遺朕書曰(云)：右賢王不請，聽後義盧侯難氏
計，絕二主之約，離兄弟之親，漢以故不和，鄰國不附。
今以小吏敗約，故罰右賢王，使(之)西擊月氏，盡定之。願
寢兵休士卒養馬，除前事，復故約，以安邊民，使少者
得成其長，老者安其處，世世平樂。朕甚嘉之。此古聖
王之志(意)也。漢與匈奴約為兄弟，所以遺單于甚厚。倍(背)
約離兄弟之親者，常在匈奴。然右賢王事已在赦前，
單于勿深誅。單于若稱書意，明告諸吏，使無負約，有
信，敬如單于書。使者言單于自將并(代)國有功，甚苦兵

事。服繡袷綺衣、(繡袷)長襦、錦(袷)袍各一，比余(疏)一，黃金
飾具帶一，黃金胥紕(犀毗)一，繡十疋，錦二(三)十匹，赤綈、綠繒
各四十匹，使中大夫意、謁者令肩遺單于。後頃之，冒
頓死，子稽粥立，號曰老上單于。老上稽粥單于初立，
孝文皇帝復遣宗室(人)女公(翁)主為單于閼氏，使宦者燕
人中行說傅公(翁)主。說不欲行，漢強使之。說曰：必我行
也，為漢患者。中行說既至，因降單于，單于甚親幸(愛)之。
初，匈奴好漢繒絮食物。中行說曰：匈奴人眾不能當
漢之一郡，然所以彊之者，以衣食異，無仰(卬)於漢也。今

其畜之數也所用之物不過什二則匈奴〔以下小字注〕[illegible]

[illegible]

單于變俗好漢物漢物不過什二則匈奴盡歸於漢
矣其得漢絮繒(綿繒)以馳草棘中衣袴皆裂敝以(示見)不
如旃裘(堅)之完善也得漢食物皆去之以(示視)不如(湩酪)
之便美也於是説教單于左右疏記以計(課識)其人衆
畜物(牧)漢遺單于書(牘)以尺一(寸牘)辭曰皇帝敬問匈奴
大單于無恙所以遺物及言語云云中行説令單于
遺漢書以尺二寸牘及印封皆令廣大長(倨傲)其辭
曰天地所生日月所置匈奴大單于敬問漢皇帝無
恙所以遺物言語亦云云漢使或言(曰)匈奴俗賤老

史漢方駕卷三十五　匈奴　主

中行説窮漢使曰而漢俗屯戍從軍當發者其(老)親
豈(有)不自(脫奪)溫厚肥美(以)齎送飲食行(戍者)乎漢使曰
然(中行)説曰匈奴明以(戰)攻(戰)爲事(其)老弱不能鬭
故以其肥美飲食壯健(者蓋)以自(爲守)衛如此父子
各得(久)相保何以言匈奴輕老也漢使曰匈奴父子
乃同穹廬而卧父死妻其後母兄弟死盡(取妻)其妻妻
之無冠帶之(飾)闕庭之禮中行説曰匈奴之俗人食
畜肉飲其汁衣其皮畜食草飲水隨時轉移故其急
則人習騎射寬則人樂無事其約束(輕便)易行也君臣

[illegible]

[illegible]

簡(易可久)一國之政猶一(身體)也父子兄(弟)死(取則妻)其妻
妻之惡種姓之失也故匈奴雖亂必立宗種今中國
雖(詳陽)不取其父兄之妻親屬益疎則相殺至(乃到)易姓
皆從此類也且禮義之敝上下交怨(望)而室屋之極
生力(必)屈(焉)夫力耕桑以求衣食築城郭以自備故
其民急則不習戰(功攻)緩則罷於作業嗟土室之人顧
無多辭令喋喋而佔佔冠固何當自是之後漢使欲
辯論者中行説輒曰漢使(無毋)多言顧漢所輸匈奴繒
絮米糵令其量中必善矣而已(矣)何以(言)爲乎且

史漢方駕卷三十五　匈奴　古

所給備善則已不備(善而)苦惡則候秋孰以騎馳蹂
而稼穡耳(也)日夜教單于候利害處漢孝文皇帝十四
年匈奴單于十四萬騎入朝那蕭關殺北地都尉卭
虜人民畜産甚多遂至彭陽使(騎奇)兵入燒回中宮候
騎至雍甘泉於是文帝以中尉周舍郎中令張武爲
將軍發車千乘騎十萬(騎)軍長安旁以備胡寇而拜
昌侯盧卿爲上郡將軍甯侯魏遬爲北地將軍隆慮
侯周竈爲隴西將軍東陽侯張相如爲大將軍成侯
董赤爲前將軍大發車騎往擊胡單于留塞內月餘

漢逐出塞即還不能有所殺匈奴日以驕歲入
邊殺掠人民甚衆雲中遼東最甚至代郡萬餘
人漢甚患之乃使使遺匈奴書單于亦使當戶報謝
復言和親事孝文帝後二年使使遺匈奴書曰皇帝
敬問匈奴大單于無恙使當戶且居雕渠難郎中韓
遼遺朕馬二匹已至敬受先帝制長城以北引弓之
國受令單于長城以內冠帶之室朕亦制之使萬民
耕織射獵衣食父子無離臣主相安俱無暴逆今聞
渫惡民貪降其進取之利倍義絕約忘萬民之命離

史漢方駕卷二十五　十五

兩主之驩然其事已在前矣書曰二國已和親兩主
驩說寢兵休卒養馬世世昌樂闟然更始朕甚嘉之
聖人者日新改作更始使老者得息幼者得長各保
其首領而終其天年朕與單于俱由此道順天恤民
世世相傳施之無窮天下莫不咸便漢與匈奴鄰
國之敵匈奴處北地寒殺氣早降故詔吏遺單于秫
糵金帛絲絮佗物歲有數今天下大安萬民熙熙
朕與單于爲之父母朕追念前事薄物細故謀臣計
失皆不足以離兄弟之驩朕聞天不頗覆地不偏載

朕與單于皆捐往細故俱蹈大道墮壞前惡以圖
長久使兩國之民若一家子元元萬民下及魚鱉上
及飛鳥跂行喙息蠕動之類莫不就安利而辟危殆
故來者不止天之道也俱去前事朕釋逃虜民單于
無言章尼等朕聞古之帝王約分明而無食言單于
留志天下大安和親之後漢過不先單于其察之單
于既約和親於是制詔御史曰匈奴大單于遺朕書
言和親已定亡人不足以益衆廣地匈奴無入塞漢
無出塞犯今約者殺之可以久親後無咎俱便朕已

史漢方駕卷二十五　十六

許之其布告天下使明知之後四歲老上稽粥單于
死子軍臣立爲單于既立孝文皇帝復與匈奴和親
而中行說復事之漢復與匈奴和親軍臣單于立四
歲匈奴復絕和親大入上郡雲中各三萬騎所殺
略甚衆於是漢使三將軍軍屯北地代屯句注
趙屯飛狐口緣邊亦各堅守以備胡寇又置三將軍
軍長安西細柳渭北棘門霸上以備胡胡騎入代句
注邊烽火通於甘泉長安數月漢兵至邊匈奴亦去
遠塞漢兵亦罷後歲餘孝文帝崩孝景帝立而

遂乃通陰使人於匈奴吳楚反欲與趙合謀入邊漢圍
破趙匈奴亦止自是之後孝景帝復與匈奴和親通
關市給遺匈奴單于遣翁公主如故約終孝景帝世時時小
入盜邊無大寇武帝即位明和親約束厚遇通關市
饒給之匈奴自單于以下皆親漢往來長城下漢使
馬邑下人聶翁壹奸蘭出物與匈奴交易陽為賣馬
邑城以誘單于單于信之而貪馬邑財物乃以十萬
騎入武州塞漢伏兵三十餘萬馬邑旁御史大夫韓
安國為護軍將軍護四將軍以伏單于單于既入漢

塞未至馬邑百餘里見畜布野而無人牧者怪之乃
攻亭是時鴈門尉史行徼見寇保此亭知漢兵謀單
于得欲殺刺之尉史乃知漢謀乃下具告單于漢兵所居
單于大驚曰吾固疑之乃引兵還出曰吾得尉史天
也單于以尉史為天使者言以尉史為天王漢兵約單于入馬邑而
縱兵單于不至以故漢兵無所得漢將軍王恢部出
代擊胡輜重聞單于還兵多不敢出漢以恢本建造
兵謀而不進斬誅恢自是之後匈奴絕和親攻當路塞
往往入盜於漢邊不可勝數然匈奴貪尚樂關市嗜漢

漢財物漢亦尚通關市不絕以中之自馬邑軍後五年
之秋漢使四將軍各萬騎擊胡關市下將軍衛青出
上谷至龍城得胡首虜七百人公孫賀出雲中無所
得公孫敖出代郡為胡所敗七千餘人李廣出鴈門
為胡所敗而匈奴生得廣廣道得亡歸漢囚敖廣敖
廣贖為庶人其冬匈奴數入盜邊漁陽尤甚漢使
將軍韓安國屯漁陽備胡其明年秋匈奴二萬騎入
漢殺遼西太守略二千餘人胡又入敗漁陽太守軍
千餘人圍漢將軍安國安國時千餘騎亦且盡會燕

救至匈奴乃去匈奴又入鴈門殺略千餘人於是
漢使將軍衛青將三萬騎出鴈門李息出代郡擊胡
得首虜數千人其明年衛青復出雲中以西至隴西
擊胡之樓煩白羊王於河南得胡首虜數千牛羊百
餘萬於是漢遂取河南地築朔方復繕故秦時蒙恬
所為塞因河而為固漢亦棄上谷之什辟縣造陽地
以予胡是歲漢之元朔二年也其後冬匈奴軍臣單
于死其弟左谷蠡王伊稚斜自立為單于攻
破敗軍臣單于太子於單於單亡降漢漢封於單為

涉安侯數月而死伊稚斜單于既立其夏匈奴數萬
騎入、殺代郡殺太守共友恭及略千餘人其秋匈奴又入
鴈門殺略千餘人其明年匈奴又復入代郡定襄上
郡各三萬騎殺略數千人匈奴右賢王怨漢奪之河
南地而築朔方數為寇盜邊及入河南侵擾朔方殺
略吏民甚衆其明年春漢以遣衛青為大將軍將六將
軍十餘萬人出朔方高闕擊胡右賢王以為漢兵不
能至飲醉漢兵出塞六七百里夜圍右賢王右賢
王大驚脫身逃走諸精騎往往隨後去漢將軍得右

賢王人衆男女萬五千人裨小王十餘人其秋匈奴
萬騎入殺代郡殺都尉朱英央略千餘人其明年春漢
復遣大將軍衛青將六將軍兵十餘萬騎乃乃再出定
襄數百里擊匈奴得首虜前後凡萬九千餘級而漢
亦亡兩將軍軍三千餘騎右將軍建得以身脫而前
將軍翕侯趙信兵不利降匈奴趙信者故胡小王降
漢漢封為翕侯以前將軍與右將軍并軍分行獨遇
單于兵故盡沒單于既得翕侯以為自次王用其姊
妻之與謀漢信教單于益北絕幕以誘罷漢兵徼極

而取之無毋近塞單于從其計之其明年胡騎數萬人騎入上
谷殺數百人其明年春漢使驃票騎將軍去病將萬騎
出隴西過焉支者山千餘里擊匈奴得胡首虜騎萬八
千餘級破得休屠王祭天金人其夏驃票騎將軍復與
合騎侯數萬騎出隴西北地二千里擊匈奴過居延
攻祁連山得胡首虜三萬餘人級裨小王以下七十餘
人是時匈奴亦來入代郡鴈門殺略數百人漢使博
望侯及李將軍廣出右北平擊匈奴右左賢王右賢王
圍李將廣軍卒可四千人且盡死者過半殺虜亦過當會

博望侯軍救至李將軍得脫漢失盡亡數千人其半合騎侯
後驃票騎將軍期及與博望侯皆當死贖為庶人其秋
單于怒渾邪昆邪王休屠王居西方為漢所殺虜數萬人
欲召誅之渾邪昆邪王與休屠王恐謀降漢漢使驃票騎將
軍往迎之渾邪昆邪王殺休屠王并將其衆降漢凡四萬
餘人號十萬於是漢已得渾邪昆邪王則隴西北地河西
益少胡寇徙關東貧民處所奪匈奴河南新秦中
以實之而減北地以西戍卒半其明年春匈奴入右
北平定襄各數萬騎殺略千餘人而去其明年春漢

誅曰以爲翕侯信爲單于計居幕北以爲漢兵不能至
乃粟馬發十萬騎負私從馬凡十四萬匹糧重不
與焉令大將軍青驃騎將軍去病中分軍大將軍出
定襄驃騎將軍出代咸約絕幕擊匈奴匈奴單于聞
之遠其輜重以精兵待於幕北與漢大將軍接戰一
日會暮大風起漢兵縱左右翼圍單于單于自度戰
不能如漢兵單于遂獨與壯騎數百潰漢圍西北
遁走漢兵夜追之不得行斬捕匈奴首虜凡萬九千
級北至闐顏山趙信城而還單于之遁走其兵往往

與漢兵相亂而隨單于單于久不與其大衆相得其
右谷蠡王以爲單于死乃自立爲單于真單于復得
其衆而右谷蠡王乃去其單于號復爲右谷蠡王漢
驃騎將軍之出代二千餘里與左賢王接戰漢兵得
胡首虜凡七萬餘級左賢王將皆遁走驃騎封於狼
居胥山禪姑衍臨翰海而還是後匈奴遠遁而幕南
無王庭漢度河自朔方以西至令居往往通渠至田
官吏卒五六萬人稍蠶食地接匈奴以北初漢兩將
軍大出圍單于所殺虜八九萬而漢士卒物故者亦

數萬漢馬死者十餘萬匹匈奴雖病遠去而漢亦馬
少無以復往匈奴單于用趙信之計遣使於漢好辭請
和親天子下其議或言和親或言遂臣之丞相長史
任敞曰匈奴新困宜可使爲外臣朝請於邊漢使
任敞於單于單于聞敞計大怒留之不遣先是漢
亦有所降匈奴使者單于亦輒留漢使相當漢方復
收士馬會驃騎將軍去病死於是漢久不北擊胡數
歲伊稚斜單于立十三年死子烏維立爲單于是歲
漢元鼎三年也烏維單于立而漢天子武帝始出巡狩郡

縣其後漢方南誅兩越不擊匈奴匈奴亦不侵入邊
烏維單于立三年漢已滅南越遣故太僕公孫賀將
萬五千騎出九原二千餘里至浮苴井而還不見匈
奴一人漢又遣故從驃侯趙破奴萬餘騎出令居數
千里至匈奴河水而還亦皆不見匈奴一人而還是時
天子巡邊親至朔方勒兵十八萬騎以見武節而使
郭吉風告單于郭吉既至匈奴匈奴主客問所使郭
吉禮卑言好言曰吾見單于而口言單于見吉吉曰
南越王頭已懸於漢北闕下今單于能即前與漢

戰天子自將兵待邊單于即不能即亟南面而臣於漢
何徒遠走亡匿於幕北寒苦無水草之地毋爲也語
卒而單于大怒立斬主客見者而留郭吉不歸遷辱
之北海上而單于終不肯爲寇於漢邊休養息士馬
習射獵數使使於漢好辭甘言求請和親漢使王烏
等窺匈奴匈奴法漢使非去節而以墨黥其面者不
得入穹廬王烏北地人習胡俗去其節黥面得入穹
廬單于愛之詳許甘言爲遣其太子入漢爲質
以求和親漢使楊信使於匈奴是時漢東拔穢貉朝

鮮以爲郡而西置酒泉郡以鬲絕胡與羌通之路漢
又西通月氏大夏又以公主妻烏孫王以分匈奴西
方之援國又北益廣田至胘雷爲塞而匈奴終不敢
以爲言是歲翕侯信死漢用事者以匈奴爲已弱可
臣從也楊信爲人剛直屈強素非貴臣也單于不親
單于欲召入不肯去節單于乃坐穹廬外見楊信楊
信既見單于說曰即欲和親以單于太子爲質於漢
單于曰非故約故約漢常遣翁主給繒絮食物有品
以和親而匈奴亦不復擾邊今乃欲反古令吾太子

爲質無幾矣匈奴俗見漢使非中貴人其儒生先以爲
欲說折其辯其少年以爲欲刺折其氣每漢使入
匈奴匈奴輒報償漢留匈奴使匈奴亦留漢使必得
當乃肯止楊信既歸漢使王烏而單于復讇
以甘言欲多得漢財物紿謂王烏曰吾欲入漢見天
子面相約爲兄弟王烏歸報漢漢爲單于築邸于長
安匈奴曰非得漢貴人使吾不與誠語匈奴使其貴
人至漢病漢予藥欲愈之不幸而死而漢使路充國
佩二千石印綬往使因送其喪厚幣直數千金曰此

漢貴人也單于以爲漢殺吾貴使者乃留路充國不
歸諸所言者單于特空紿王烏殊無意入漢及遣太
子來質於是匈奴數使奇兵侵犯邊漢乃拜郭昌
爲拔胡將軍及浞野侯屯朔方以東備胡路充國留
匈奴三歲單于死烏維單于立十歲而死子烏師廬
立爲單于年少號爲兒單于是歲元封六年也自是北
之後單于益西北左方兵直雲中右方兵直酒泉燉
煌郡兒單于立漢使兩使者一弔單于一弔右
賢王欲以乖其國使者入匈奴匈奴悉將至單于單

于怒而盡留漢使漢使留匈奴者前後十餘輩而匈奴使來漢亦輒留之相當是歲漢使貳師將軍廣利西伐大宛而令因杅將軍敖築受降城其冬匈奴大雨雪畜多飢寒死兒單于年少好殺伐國人多不安左大都尉欲殺單于使人間告漢曰我欲殺單于降漢漢遠漢即兵來迎我我即發初漢聞此言故築受降城猶以爲遠其明年春漢使浞野侯破奴將二萬餘騎出朔方西北二千餘里期至浚稽山而還浞野侯既至期而還左大都尉欲發而覺單于誅之發

左方兵擊浞野侯浞野侯行捕首虜得數千人還未至受降城四百里匈奴兵八萬騎圍之浞野侯夜自出自求水匈奴間捕生得浞野侯因急擊其軍軍中郭縱爲護維王爲渠相與謀曰及諸校尉畏亡將軍而誅之莫相勸而歸軍遂沒於匈奴匈奴兒單于大喜遂遣奇兵攻受降城不能下乃寇入邊而去其明年單于欲自攻受降城未至病死兒單于立三歲而死子年少匈奴乃立其季父烏維單于弟右賢王句犂湖爲單于是歲太初三年也句犂湖單于立漢使

光祿徐自爲出五原塞數百里遠者千餘里築城鄣亭列亭至廬朐而使游擊將軍韓說長平侯衛伉屯其旁使彊弩都尉路博德築居延澤上其秋匈奴大入定襄雲中五原朔方殺略數千人敗數二千石而去行破壞光祿所築城列亭鄣又使右賢王入酒泉張掖略數千人會任文擊救盡復失其所得而去是歲貳師將軍破大宛斬其王而還匈奴欲遮之不能至其冬欲攻受降城會單于病死句犂湖單于立一歲死匈奴乃立其弟左大都尉且鞮侯立爲單于漢既

誅大宛威震外國天子意欲遂困胡乃下詔曰高皇帝遺朕平城之憂高后時單于書絕悖逆昔齊襄公復九世之讎春秋大之是歲太初四年也且鞮侯單于既立盡歸漢使之不降者路充國等得歸單于初立恐漢襲之乃自謂我兒子安敢望漢天子漢天子我丈人行也漢遣中郎將蘇武厚幣賂遺單于單于益驕禮甚倨非漢所望也其明年浞野侯破奴得亡歸漢其明年漢使貳師將軍廣利以三萬騎出酒泉擊右賢王於天山得胡首虜萬餘級而還

匈奴大圍貳師將軍，幾不脫。漢兵物故什六七。漢又復使因杅將軍敖出西河，與彊弩都尉會涿涂山，毋所得。又使騎都尉李陵將步騎五千人，出居延北千餘里，與單于會，合戰，陵所殺傷萬餘人，兵及食盡，欲解歸，匈奴圍陵，陵降匈奴，其兵遂沒，得還歸漢者四百人。單于乃貴陵，以其女妻之。後二歲，復使貳師將軍將六萬騎、步兵十七萬，出朔方；彊弩都尉路博德將萬餘人，與貳師會；游擊將軍說將步騎三萬人，出五原；因杅將軍敖將萬騎步兵三萬人，出鴈門。匈奴聞，

史漢方駕　卷三十五　匈奴

悉遠其累重於余吾水北，而單于以十萬騎待水南，與貳師將軍接戰。貳師乃解而引歸，與單于連戰十餘日。貳師聞其家以巫蠱族滅，因并衆降匈奴，得來還千人一兩人耳。游擊說無所得。因杅敖與左賢王戰，不利，引歸。是歲漢兵之出擊匈奴者不得言功多少，功不得御。有詔捕太醫令隨但，言貳師將軍家室族滅，使廣利得降匈奴。

太史公曰：孔氏著春秋，隱桓之間則章，至定哀之際則微，為其切當世之文而罔褒，忌諱之辭也。世俗之言匈奴者，患其徼一時之權，而務讇納其說，以便偏指，不參彼己；將率席中國廣大，氣奮，人主因以決策，是以建功不深。堯雖賢，興事業不成，得禹而九州寧。且欲興聖統，唯在擇任將相哉！唯在擇任將相哉！

贊曰：書戒蠻夷猾夏，詩稱戎狄是膺，春秋有道守在四夷，久矣夷狄之為患也。故自漢興，忠言嘉謀之臣曷嘗不運籌策相與爭於廟堂之上乎？高祖時則劉敬，呂后時樊噲、季布，孝文時賈誼、朝錯，孝武時王恢、韓安國、朱買臣、公孫弘、董仲舒，人持所見，各有同異，

史漢方駕　卷三十五　匈奴

然總其要，歸兩科而已。縉紳之儒則守和親，介冑之士則言征伐，皆偏見一時之利害，而未究匈奴之終始也。自漢興以至于今，曠世歷年，多於春秋，其與匈奴，有修文而和親之矣，有用武而克伐之矣，有卑下而承事之矣，有威服而臣畜之矣，詘伸異變，強弱相反，是故其詳可得而言也。昔和親之論，發於劉敬。是時天下初定，新遭平城之難，故從其言，約結和親，賂遺單于，冀以救安邊境。孝惠、高后時遵而不違，匈奴寇盜不為衰止，而單于反以加驕倨。逮至孝文，與通

關市妻以漢女增厚其賂歲以千金而匈奴數背約
東邊境屢被其害是以文帝中年赫然發憤遂躬戎
服親御鞍馬從六郡良家材力之士馳射上林講習
戰陳聚天下精兵軍於廣武顧問馮唐與論將帥喟
然歎息思古名臣此則和親無益已然之明效也仲
舒親見四世之事猶復欲守舊文頗增其約以為義
動君子利動貪人如匈奴者非可以仁義說也獨可
說以厚利結之於天耳故與之厚利以沒其意與盟
於天以堅其約質其愛子以累其心匈奴雖欲展轉

奈失重利何奈欺上天何奈殺愛子何夫賦斂行賂
不足以當三軍之費城郭之固無以異於貞士之約
而使邊城守境之民父兄緩帶稚子咽哺胡馬不窺
於長城而羽檄不行於中國不亦便於天下乎察仲
舒之論考諸行事迺知其未合於當時而有闕於後
世也當孝武時雖征伐克獲而士馬物故亦略相當
雖開河南之野建朔方之郡亦棄造陽之北九百餘
里匈奴人民每來降漢單于亦輒拘留漢使以相報
復其桀驁尚如斯安肯以愛子而為質乎此不合當

時之言也若不置質空約和親是襲孝文既往之悔
而長匈奴無已之詐也夫邊臣不選守境武略之臣
修障隧備塞之具厲長戟勁弩之械恃吾所以待邊
寇而務賦斂於民遠行貨賂割剝百姓以奉寇讎信
甘言守空約而幾胡馬之不窺不已過乎至孝宣之
世承武帝奮擊之威直匈奴百年之運因其壞亂幾
亡之阸權時施宜覆以威德然後單于稽首臣服遣
子入侍三世稱藩賓於漢庭是時邊城晏閉牛馬布
野三世無犬吠之警黎庶亡干戈之役後六十餘載

之間遭王莽篡位始開邊隙單于由是歸怨自絕莽
遂斬其侍子邊境之禍搆矣故呼韓邪始朝於漢漢
議其儀而蕭望之曰戎狄荒服言其來服荒忽無常
時至時去宜待以客禮讓而不臣如其後嗣遁逃竄
伏使於中國不為叛臣及孝元時議罷守塞之備侯
應以為不可可謂盛不忘衰安必思危遠見識微之
明矣至單于咸棄其愛子昧利不顧侵掠所獲歲鉅
萬計而和親賂遺不過千金安在其不棄質而失重
利也仲舒之言漏於是矣夫規事建議不圖萬世之

圖而諭特一時之事者未可以經遠也若乃征伐之功秦漢行事嚴尤論之當矣故先王度土中立封畿分九州列五服物土貢制外内或修刑政或昭文德遠近之勢異也是以春秋内諸夏而外夷狄夷狄之人貪而好利被髮左衽人面獸心其與中國殊章服異習俗飲食不同言語不通辟居北垂霜露之野逐草隨畜射獵爲生隔以山谷雍以沙幕天地所以絶外内也是故聖王禽獸畜之不與約誓不就攻伐約之則費賂而見欺攻之則勞師而招寇其地不可耕而食也其民不可臣而畜也是以外而不内疏而不戚政教不及其人正朔不加其國來則懲而御之去則備而守之其慕義而貢獻則接之以禮讓羈縻不絶使曲在彼蓋聖王制御蠻夷之常道也

史漢方駕三十五卷畢

右史漢異同三十五卷相傳作於須溪而編内不載觀其評泊批點臻極精妙信非須溪不能而文獻通攷載倪思撰班馬異同三十五卷思以班史承司馬書而多删改因其異同知其優劣也豈作於倪而評泊出於須溪耶永樂壬寅八月既望廬陵楊士奇識

倪思創例甚奇劉會孟點勘尤奇然舊編殊不便疾讀必如是左右行别異同吾意亦奇絶矣乎

浙滸雲邨老人識

史漢方駕三十五卷兩江總督採進本

明許相卿編相卿字台仲海寧人正德丁丑進士官至兵科給事中事迹具明史本傳是編因倪思原本稍爲釐訂改題此名陳勝英布二傳思書偶遺此補綴所闕他如衛青霍去病傳附録諸將漢書別自立傳與史記文不相襲者思書删去此皆掇拾所遺其先後次第改從司馬貞索隱亦皆更其序然所益不及百分之一惟思書史記大書漢書細書文相連屬但以字形廣狹爲分頗易混淆又字旁鈎勒傳寫尤舛誤相卿變其體例以史漢相同者直書行中不同者分行夾註凡史記有而漢書無者偏列於右漢書有而史記無者偏列於左條理井然較思書爲勝所列評語亦因劉辰翁之本稍爲損益頗不及舊文又舊文皆標識簡端相卿意取便覽或移附句旁如批點時文之例反參錯難觀則未免於不善變矣

史漢駢枝

[清]成孺

清光緒十四年廣雅書局刊本

史漢駢枝 一卷

光緒十三年十二月廣雅書局刻

史漢駢枝

寶應成孺撰

史記五帝本紀登丸山集解徐廣曰丸一作凡駰案地理志曰丸山在郎邪朱虛縣正義丸音桓括地志云丸山即丹山在青州臨朐縣界朱虛故縣西北二十里丹水出焉丸音紈守節案地志唯有凡山蓋凡山丸山是一山耳諸處字誤或凡或丸也漢書郊祀志云禪丸山顏師古曰在朱虛亦與括地志相合明丸山是也今案水經巨洋水篇巨洋水出朱虛縣泰山北過其縣西注巨洋水北流逕朱虛縣故城西漢惠帝二年封齊悼惠王子劉章爲侯國地風俗記曰丹山在西南丹水所出東入海丹水由朱虛邱阜矣城東北二十里有丹山世謂之凡山縣在西南丹凡字相類音從字變也正義據地志定作凡是也唯云地志唯有凡山此則唐本漢志之誤集解引地理志稱裴氏所見本作丸可據以正唐以後諸本之譌徐堅初學記九引史記作桓山丸桓音同據此知唐本史記作丸不作凡正與正義合酈善長謂丹凡字相類音從字變古今音皆丹丸相近其讀丹近凡者偏隅之俗音耳不足取證酈氏又據風俗記謂丹水由朱虛邱阜括地志朱虛故城在臨朐縣東六十里以今輿地案之丹水所出山在朱虛故城西北則風俗記丹山在西南南當爲北字之譌丹水東北流不得轉向南由朱虛矣據正義引括地志謂丸山在朱虛故縣西北二十里則酈注城東北二十里有丹山之説

亦誤路史後紀注引十道志沂山縣之沂山也又云或東泰山卽沂山沂山今之雕崖山水經謂之艾山東泰山水經亦稱泰山酈注謂之東小泰山皆於九山無涉其說竝非

西至于空桐登雞頭集解空桐應劭曰山名韋昭曰在隴右索隱雞頭山名也後漢王孟塞雞頭道在隴西一曰崆峒山之別名正義括地志云空桐山在肅州福祿縣東南抱朴子內篇云黃帝西見中黃子受九品之方過空桐從廣成子受自然之經卽此山括地志又云笄頭山一名崆峒山在原州平高縣西百里禹貢涇水所出輿地志云或卽雞頭山也酈元云蓋大隴山異名也莊子云廣成子學道崆峒山黃帝問道於廣成子蓋在此案二處崆峒皆云黃帝登之未詳孰是今案平高故縣卽今甘肅固原州治漢書地理志安定郡涇陽开頭山在西禹貢涇水所出开頭卽雞頭亦名薄洛山淮南子墬形訓涇出薄洛之山許慎曰薄落山一名岍頭山續漢書郡國志安定郡烏支縣有薄洛谷音或轉爲牽屯十六國春秋西秦錄乞伏結權自高平遷於牽屯是也今俗名曰箕裘湫亦以聲轉而譌括地志謂笄頭在平高西百里西當爲南字之誤也酈氏曰大隴山之異名卽涇水注崇文總目稱水經已佚五卷此注亦在其中矣太平寰宇記於平高縣亦引之亦名高山寰宇記百泉縣涇水下引水經涇水出安定涇陽縣高山注云山海經曰高山涇水出焉亦稱涇谷元和郡縣志涇水源出百泉縣西南涇谷祿福故縣卽今肅州治在固原州西北遠甚括地志前說非也索隱一曰崆峒山之別名攷崆峒古祗作空桐當是隴西地名非山也史記於丸山岱宗雞頭熊湘竝繫以登而東至于海西至于空桐南至于江空桐但與江漢類列則其爲地名而非山可知韋昭曰在隴右索隱前說云在隴西最合應劭及索隱後說竝非也前說崆峒山在大統之西又西十里乃笄頭山也亦似是而實非至莊子稱廣成子學道崆峒山崆峒本作空同其稱空同山蓋以其山在空同因以地名名其山猶涇水出薄落谷因目其水爲薄落水也而司馬紹統復以北戴斗極之空桐當之不知爾雅之空桐在極北與黃帝所至非一地不可混而同之也

登熊湘集解封禪書曰南伐至于召陵登熊山（山上各本無耳字當據封禪書校補）地理志曰湘山在長沙益陽縣正義括地志云熊耳山在商州上洛西齊桓公登之以望江漢也湘山一名艑山在岳州巴陵縣南今案春秋僖公四年盟于召陵杜預注潁川縣也晉召陵故縣在今河南郾城縣東三十五里今尚有召陵岡是其遺址封禪書南伐至召陵登熊耳山以望江漢索隱荆州記益陽東北有熊耳山齊桓公太史公竝登之或云弘農熊耳非也攷封禪書之熊耳山卽漢志所稱弘農郡盧氏熊耳山在東者是今河南宜陽縣西接永寍縣界有熊耳山後漢建武三年赤眉積兵宜陽城西與熊耳山齊是其地東南距召陵岡僅數百里故桓公至召陵得登之以望江漢楚

世家齊桓公以兵侵楚至陘山即左傳所謂次于陘是正義
引括地志云陘山在鄭州西南一百一十里此山今在新鄭
縣西南與大騩山竝峙適當鄢城召陵西北宜陽熊耳東南
亦其證矣若黃帝所登熊山亦名熊耳山在今湖南益陽縣
西桓公伐楚當楚文王之十六年是時楚都郢在今湖北荊
州府治北桓公伐楚但至楚北境即盟而還焉得南踰楚都
三百里以登益陽之熊耳乎索隱以益陽熊耳釋桓公所登
之熊耳而謂弘農熊耳爲非抑近疏矣黃帝所登熊耳與湘
山相近自當以在益陽者爲是而集解復引封禪書桓公所
登者釋之亦誤至正義引括地志曰在商州上洛西齊桓公
登之以望江漢此熊耳則漢志所稱弘農上雒熊耳獲輿山

在東北者也今在陝西商州西南在宜陽熊耳西南數百里
外去召陵陘山太遠非桓公所登明矣則括地志亦非也湘
山漢志謂在益陽北正義則以艑山當之攷秦始皇本紀浮
江至湘山祠逢大風幾不得渡上問博士曰湘君何神博士
對曰聞之堯女舜之妻而葬此於是始皇大怒使刑徒三千
人皆伐湘山樹赭其山水經湘水注洞庭湖中有君山編艑同
山湘君之所遊處故曰君山昔秦始皇遭風于此而問其故
博士曰湘君出入則多風秦皇乃赭其山東北對編山兩山
相次去數十里據此則湘山艑山本屬二山湘山自是君山
之別名正義合湘山艑山而一之殆非也
江水正義括地志云安陽故城在豫州新息縣西南八十里應

劭曰古江國也地理志亦云安陽古江國也今案安陽兩漢
志竝屬汝南郡故城在今河南汝寧府正陽縣西南新息故
縣即今河南光州息縣治正陽息縣竝在故安陽東北江國
路史國名紀以爲少昊後嬴姓而黃帝後姬姓國別有江水
正義以少昊後之江國釋江水疏矣而路史復于江水下注
云玄囂國若之下流汦水也今蜀州蜀州今爲四川成都府
崇慶州地若水今之鴉礱江其下流至西昌縣西號曰打沖
河又東南至會理州西與金沙江合流即水經所謂南過越
嶲邛都縣西直南至會無縣淹水東南流注之者也皆不經
故蜀州境路史既謂古江水國在蜀州而又以爲若之下流
亦失之

若水索隱江水若水皆在蜀即所封國也水經曰水出旄牛徼
外東南至故關爲若水南過邛都又東北至朱提縣爲盧江
水是蜀有二水也今案酈元若水注若水沿流間關蜀土黃
帝長子昌意據史記其一曰玄囂其二曰昌意則長子誤德劣不足紹大位降居
斯水爲諸侯焉娶蜀山氏女生顓頊于若水之野若水今爲
鴉礱江據下文稱若水東南流鮮水注之準之地望鴉礱江
自霍耳章谷土司以北皆東南流以南則否然則古江水國
在霍耳章谷土司西北可知羅長源謂江水國在蜀州以烏
道法計之西北距霍耳章谷土司僅四百餘里則江水正指
泜江而小司馬引水經而云蜀有二水其意蓋以盧江爲江
水不知瀘盧同江在朱提今爲敘州府宜賓縣西南地在故蜀

州南數百里外西北距故若水國千有餘里相去太遠不可從

江淮荆州正義淮讀曰匯音胡罪反今彭蠡湖也本屬荆州尚書云南入于江東匯澤爲彭蠡是也今案東匯澤爲彭蠡不得稱彭蠡爲匯淮當如字讀江淮荆州謂江淮之閒古荆州之地不東涉揚州地也

冀州正義蒲州河東縣本屬冀州宋永初山川記云蒲坂城中有舜廟城外有舜宅及二妃壇括地志云嬀州有嬀水源出城中耆舊傳云卽舜釐二女於嬀汭之所外城中有舜井城北有歷山山上有舜廟未詳案嬀州亦冀州城是也今案自史公謂舜爲冀州人張守節遂以河東當之不知孟子明云舜東夷之人又云地之相去千有餘里河東於中國偏西與東夷之說不合且河東西距岐周僅數百里亦與千有餘里之說不合史公稱舜耕歷山漁雷澤陶河濱作什器於壽邱就時於負夏歷山水經瓠子河注雷澤西南十許里有小山謂之歷山澤東北有陶墟郭緣生言舜耕陶所在郡國志濟陰郡成陽劉昭注引帝王世紀舜耕歷山漁雷澤濟陰有歷山雷澤地理志謂在濟陰郡成陽西北成陽故縣在今山東曹州府治東北河濱大河未徙時流逕大伾東卽其處壽邱或卽陶邱負夏鄭康成以爲衛地皆在曹濮閒西距岐周一千餘里正與孟子合無可疑矣或以禹貢冀州三面距河雷夏澤在兗州域與史公冀州之說不相應竊謂唐以前九州疆域不必盡同禹貢錐指云蓋自羲農以迄唐堯竝爲九州但其州名與疆域容有不同故黃帝顓頊亦稱建置日知錄云夏商以後沿上世九州之名各就其疆理所及而分之故每代小有不同周禮量人掌建國之法以分國爲九州曰分則不循於其舊可知矣然則唐堯時冀州容有河外地與

楚世家文王二十六年滅英正義英國在淮南蓋蓼國也不知何時改名今案正義非也左傳文公五年楚公子燮滅蓼魯文公五年於楚爲穆王之四年世家下云穆王四年滅六蓼六蓼皐陶之後正與左傳合

項羽本紀烏江亭長檥船待錢氏曉徵攷異云檥當從鄒氏本作㨼㨼與㨼同今案此說非也說文檥榦也榦築牆耑木也榦所以正船體故引信爲凡正之稱詩榦不庭方薛君章句榦正也易文言傳貞者事之榦也貞亦正也幹榦同爾雅釋詁儀榦也儀卽檥之通叚字裴駰集解云應劭曰檥正也孟康曰附也附船著岸也如淳曰南方人謂整船向岸曰檥說與爾雅說文合如訓義亦相近孟釋爲附意少隔矣玉篇中木部檥下引史說曰烏江亭長檥舟待項羽字正作檥漢書項籍傳亦作檥文選左太沖蜀都賦艤輕舟劉淵林注南方俗謂正船迴濟處爲艤項羽傳曰烏江亭長艤船待羽釋檥字與應如義近其引檥作艤雖從木從舟小異然卽此亦足徵其作檥不作㨼矣說文㨼栩實也漾水出隴西豲道東至武都爲漢徧攷經傳無訓㨼漾爲治舟者鄒誕生本恐未可

從

律書牛者冒也攷異云牛牙音之收聲冒脣音之收聲聲不類而轉相訓者同位故也今案古人用韻惟雙聲疊均二者而已錢氏此說似近皮傅牛古音疑今音宜求切冒古音在尤幽部竊疑牛有兩音淮南說苑易林皆與之咍同用王褒九懷復韻州修游流休悠浮求幬儔怞故史記龜策傳韻謀期來而律書復韻冒卽其例與

漢書地理志泰山郡戶口下云有工官汶水出萊毋西入濟萊蕪縣下云禹貢汶水出西南入泲桑欽所言錢氏曉徵謂萊蕪下衍字錢氏獻之謂泰山郡下後人所加今案小錢是也說文桑欽說汶水出泰山萊蕪西南入泲鄭注禹貢引地理志汶水出泰山萊蕪原山西南入濟並與萊蕪下合證一班書述漢郡縣名例不改字縣名萊蕪而泰山郡下乃作萊毋是自亂其例矣證二本志凡稱泲河惟兗州浮于泲漯通于泲東流爲泲川曰河泲河南郡滎陽有狼湯渠首受泲東郡臨邑有泲廟壽良泲上有朐城陳留郡封邱濮渠水首受泲泰山郡萊蕪甾水所出東至博昌入泲齊郡臨淄如水西北至梁鄒入泲字皆作泲惟濟陰濟南濟陽諸郡縣名乃作濟且萊蕪下明作泲泰山郡下不當又作濟尤確徵也證三志例水名皆係之縣下無於郡下稱某水出某水入者惟廬江郡下云金蘭西北有東陵鄉灌水出廬江陵陽東南北入江志無金蘭縣故係於郡下其稱廬江則以釋郡名也而陵陽下亦不復述濟陰郡下云定陶禹貢荷澤在定陶東定陶爲郡治故係之郡下汶水入濟皆不在此例其爲後人羼入無疑證四顏籀不悟其外而猶注云汶音問毋與無同抑無識矣王氏鳳喈識班氏爲重復尤繆尤失之

樂浪郡含資帶水西至帶方入海顧氏方輿紀要云帶方在平壤南今案帶水卽今朝鮮平壤城南黃州城北之黑河是也含資故縣在平壤南志云至帶方入海則帶方當在平壤西南紀要謂在南恐非

張掖郡觻得千金渠西至樂官入澤中錢氏獻之斠注云千金渠今永昌衛河入澤入居延澤也今案居延澤是也永昌衛河說非千金渠蓋今之擺通河觻得故縣在今張掖縣西北擺通河西南來流逕其地樂官故城在肅州東高臺縣北正當擺通河入山丹河之處山丹河卽古弱水其下流卽古居延澤故云入澤中若永昌衛河卽今之水磨川北潴爲沙喇泊不入居延澤且永昌於漢隸刪丹不隸觻得其說非也

巴郡宕渠不曹水出東南北入灊徐谷今案此爲譌誤當云不曹水出東北徐谷南入灊宕渠故縣在今順慶府渠縣東北不曹水卽今巴江灊卽渠河準之地望正合而水經注云縣西北有不曹者漢志以今通江水爲正源水經則以南江水爲正源耳

吳王濞傳吳有豫章郡銅山卽招天下亡命者盜（今本史記作益非是文選蕪城賦李善注引正作盜）鑄錢云云師古注引韋昭曰此有豫字誤也但

當言章郡今故章也案傳文當有豫字厥證有三下文云及削吳會稽豫章郡蓋以其盜鑄錢故削之證一史記吳王濞傳吳有豫章郡銅山正有豫字證二漢志廣陵國廣陵江都易王非廣陵厲王胥皆都此幷得鄣郡而不得吳晉書地理志云景帝封皇子非爲江都王幷得鄣會稽郡而不得豫章亦以濞鑄錢故不以封非證三韋說失之

續漢書百官志劉昭注補引漢官曰百石卒吏二百五十人惠氏定宇補注引朱錫鬯曰黃霸傳補左馮翊二百石卒吏今案惠氏所引朱說即漢魯相乙瑛請置孔廟百石卒史碑跋見曝書亭集字正作史惠引作吏誤也黃霸傳亦作史不作吏而今本百官志注補作吏者蓋史吏二字形似易混史記

孔子世家嘗爲季氏史料量平索隱曰季氏史一本作委吏詩靜女傳必有女史彤管之灋正義引定本集注云女吏皆作女史是其證漢官本作卒史今本注補誤爲卒吏耳前漢兒寬傳補廷尉文學卒史儒林傳請選擇其秩比二百石以上及吏百石通一藝以上補左右內史大行卒史比百石以下補郡太守卒史皆各二人今孔廟中有孔子廟置卒史碑云請置百石卒史正作卒史與朱跋合儀禮士冠禮注今卒史及假吏沈氏冠雲書亦以爲卒吏當作卒史竝足正吏字之譌

後漢書東夷傳東沃沮在高句驪蓋馬大山之東李賢注蓋馬縣屬玄菟郡其山在今平壤縣西平壤城即王險城也今案王險城即古朝鮮縣於兩漢屬樂浪郡與玄菟郡不相屬蓋馬大山當在今靉陽門之東境章懷以爲在平壤西恐非

史漢駢枝終

南海潘乃成初校番禺黃濤覆校

秦漢郡考

王國維

一九一五年上虞羅氏雪堂叢刻本

秦漢郡考

秦郡考

海甯王國維

自史記秦始皇本紀載始皇二十六年從廷尉李斯議分天下以爲三十六郡於是言秦郡者分爲二說一以爲三十六郡乃秦一代之郡數而史家追紀之一以爲始皇二十六年之郡數而後此所置者不與焉前說始於班固漢書地理志後說始於裴駰史記集解而成於晉書地理志漢志所紀郡國沿革其稱秦置者二十七河東太原上黨東郡潁川南陽南郡九江鉅鹿齊郡瑯邪會稽漢中蜀郡巴郡隴西北地上郡雲中雁門代郡上谷漁陽右北平遼西遼東南海稱秦郡者一長沙稱故秦某郡者八三川泗水九原桂林象郡邯鄲碭郡薛郡中有始皇三十三年所置之南海桂林象郡三郡由余所考定則九原郡亦三十三年置裴駰不之數而易以鄣郡黔中并數內史爲三十六郡晉志從之又益以後置之閩中南海桂林象郡由余所考定則閩中郡亦始皇二十五年所置爲四十郡近者錢氏大昕用班說姚氏鼐用裴說二者爭而不決久矣原錢氏之意以漢志秦郡之數適得三十六與史記冥合又以班氏爲後漢人其言較可依據余謂允錢氏之說則以漢書證史記不若以史記證史記夫以班氏較裴氏則班氏古矣以司馬氏較班氏則司馬氏又古矣今細繹史記之文無一與漢志相合始知持班裴二說者皆未嘗深探其本也今盡置諸家之說而於史記中求始皇二十

六年所置三十六郡之數則秦本紀惠文君十年魏始納上郡十五縣秦於是始有上郡後九年司馬錯伐蜀滅之秦於是有蜀郡後十三年攻楚漢中取地六百里置漢中郡昭襄王二十九年大良造白起攻楚取郢爲南郡三十年蜀守若伐取巫郡及江南爲黔中郡三十五年初置南陽郡莊襄王元年初置三川郡四年初置太原郡始皇本紀又謂始皇卽位時秦地已并巴蜀漢中越宛有郢置南郡北收上郡以東有河東太原上黨郡則巴郡河東上黨三郡亦始皇以前所置也嗣後始皇五年初置東郡十七年內史騰攻韓以其地爲郡名曰潁川二十五年王翦定荊江南地降越君置會稽郡此十四郡皆見於本紀者也其散見於列傳者則穰侯列傳云穰侯卒於陶而因葬焉秦復收陶爲郡案昭王十六年封魏冉陶爲諸侯陶在齊魏之間蕞爾一縣難以立國二十二年蒙武伐齊河東爲九縣齊之九縣秦不能越韓魏而有之其地當入於陶三十六年客卿竈攻齊取剛壽予穰侯則陶固有一郡之地矣趙策秦下甲攻趙趙賂以河間十二縣又云甘羅說趙令割五城以廣河間史記甘茂傳實用此文河間共十七城則亦有一郡之地矣漢初彊域當因其故故彭越王梁實都定陶辟彊分趙乃王河間由前後證之則始皇時實有此二郡也東越列傳云閩越王無諸及越東海王搖者皆越王句踐之後也秦已并天下皆廢爲君長

以其地爲閩中郡而始皇本紀繫降越君於二十五年則閩中郡之置亦當在是年本紀但書降越君置會稽郡文有所略也匈奴列傳言秦昭襄王時有隴西北地上郡築長城以拒胡趙武靈王置雲中鴈門代郡燕亦置上谷漁陽右北平遼西遼東郡以拒胡是秦之北鄙於上郡外固有隴西北地二郡及滅燕趙又得其緣邊八郡故始皇二十六年前之郡明見於史記者共二十有七至楚世家云秦滅楚名爲楚郡（楚地太廣秦所置非一郡又以國爲名非秦名郡之例當有誤）趙世家云秦滅趙以爲郡魏世家云秦滅魏以爲郡縣皆不舉其郡名無已而於漢書地理志求之則邯鄲鉅鹿二郡當爲十九年滅趙後所置碭郡當爲二十二年滅魏後所

置長沙九江泗水薛郡當爲二十三年滅楚後所置齊郡琅邪當爲二十六年春滅齊所置則漢志之秦郡中除與史記複出外求其眞爲二十六年前所有之郡又得九郡以益史記之二十七郡共爲三十六郡（比之漢志之三十六郡則有陶郡河間閩中黔中而無九原南海桂林象郡）史記於始皇二十六年大書分天下爲三十六郡卽謂是也自是以後則三十三年略取陸梁地爲桂林象郡南海又前年使蒙恬發兵三十萬人北擊胡略取河南地是年又西北斥逐匈奴自楡中並河以東屬之陰山以爲三十四縣（匈奴列傳作四十四縣）此三十四縣者優足以置一大郡以地理準之實卽九原郡之地三十五年除道道九原抵雲陽自是九原之名始見於史故三

十二年始皇之碣石歸巡北邊自上郡入至三十七年始皇崩於沙邱其喪乃從井陘抵九原從直道至咸陽明始皇三十二年以前未有九原郡也至二世時則有陳守東海守見於陳涉世家則秦之末年又置陳與東海二郡故二十六年以後於史記中又得六郡幷前爲四十二郡此秦一代之郡數也然則秦郡遂盡於此乎曰據史文言之似不能有他說矣然以當時之建置言之則余未敢信也今以秦四十二郡還之六國則除六郡爲秦故地（漢中蜀郡巴郡隴西北地上郡）六郡取之胡越（會稽閩中南海桂林象郡九原）外楚得其八（南郡九江泗水東海長沙薛郡黔中陳郡）趙亦如之（太原上黨鉅鹿雲中鴈門代郡邯鄲河間）燕得其五（上谷漁陽右北平遼西遼東）韓魏共得其七（河東三川東郡潁川南陽定陶碭郡）齊

得其二（齊郡琅邪）夫齊地之大雖不若楚趙以視韓魏固將倍之且負海饒富非楚趙邊地之比也今舉全齊之地僅置二郡其不可解一也燕之五郡皆緣邊郡而無腹郡自薊以南古稱天府之地今虛不置郡其不可解二也余以爲三十六郡之分在始皇二十六年齊國之滅近在是年之春距燕之亾亦不過一歲二國新定未遑建置故於燕僅因其舊置之緣邊五郡於齊略分爲齊與琅邪二郡其於區畫固未暇也訖於疆理既定則齊尚得五郡燕尚得一郡何以徵之曰漢書高帝紀曰以膠東膠西臨淄濟北博陽城陽郡七十三城立子肥爲齊王博陽者濟南也（史記項羽本紀以田安爲濟北王都博陽田儋列傳亦云田横走博陽漢書作田横走博縣林以爲卽秦山博縣案）

漢書王子侯表齊孝王子博陽頃侯就下曰在濟南則漢初博陽當在濟南而田安之王濟北實兼濟南北之地也此漢初之郡當因秦故而臨淄一郡實齊郡之本名[illegible]邪共得七郡爲田齊故地如此則秦之疆理列國庶得其平故史記項羽本紀云徙齊王田市爲膠東王立田安爲濟北王曹相國世家云還定濟北郡田儋列傳云田榮反擊項羽於城陽此膠東濟北城陽者皆非縣名膠東治即墨城陽治莒則非郡奚屬矣故曰齊於臨淄瑯邪外尚有五郡也秦於六國故都多爲郡治臨淄邯鄲即以齊趙之都名其郡者也餘如韓都陽翟則秦潁川郡所治楚都壽春則秦九江郡所治唯三川郡則不治魏都之大梁而治周都之洛陽燕則據漢志所載僅得緣邊五郡而自薊以南

膏腴之地以漢志郡國當之當得廣陽國之四縣涿郡之八縣與勃海郡若干縣此燕宗廟社稷所在八百餘年藉以立國者也其在秦時不宜虛不置郡水經注濕水條言始皇二十一年滅燕以爲廣陽郡高帝以封盧綰爲燕王更曰燕國全氏祖望地理志稽疑力主是說由今日觀之此郡之果名廣陽與否雖不可知然其置郡之說殊不可易故曰燕尚有一郡也此六郡者於史雖無明徵然以建置言之乃所當有且其分置或前乎南海六郡矣由此言之則秦郡當得四十有八奈以水德王故數以六爲紀二十六年始分天下爲三十六郡三十六者六之自乘數也次當增置燕齊六郡爲四十二郡四十二者六之七倍也至三十三年南置南海桂林象郡北置九原其於六數不足者二則又於內地分置陳東海二郡共爲四十八郡四十八者六之八倍也秦制然也如謂不然則請引賈生之言以證之曰秦兼并天下山東三十餘郡秦漢之間自關以東謂之山東今四十八郡除六郡爲關中地六郡得之胡越外其餘六國故地適得三十六郡故云山東三十餘郡若秦郡之數不至四十八則山東安得有三十餘郡乎故三十六郡者始皇二十六年之郡數又六國故地之郡數此語習於人口久矣而班固遽以是爲秦一代之郡不已疏乎後人眩於漢志之說而於賈傳之所論史遷之所紀皆若無覩或反據漢志以訂正史記及漢書紀傳此余所以不能無辨也

漢郡考上

班孟堅志漢地理畢而總結之曰本秦京師爲內史分天下作三十六郡漢興以其郡太大稍復開置又立諸侯王國武帝開廣三邊故自高祖增二十六文景各六武帝二十八昭帝一訖於孝平凡郡國一百三志中各郡下又分注其沿革其稱高帝置者二十曰河內曰汝南曰江夏曰魏郡曰常山曰清河曰涿郡曰勃海曰平原曰千乘曰泰山曰東萊曰東海曰豫章曰桂陽曰武陵曰廣漢曰定襄曰楚國曰淮陽國其稱高帝時爲某郡者三京兆尹曰高帝二年爲渭南郡左馮翊曰高帝二年爲

河上郡右扶風曰高帝二年爲中地郡稱高帝郡國者二中山國曰高帝郡廣陽國曰高帝燕國稱故郡者一丹陽郡曰故鄣郡計爲郡二十三爲國三合於後序增二十六之數而後之補述其說者亦小有異同續漢書郡國志舉信都而無武陵晉書地理志舉梁國而無郎邪錢氏大昕舉內史膠東衡山而無渭南河上中地三郡皆求以足漢志二十六之數其是非暫置勿論要皆以班氏之說爲信而不可易也豈獨此數家而已自來讀漢書者殆無不以班氏之說爲信而不可易也自余考之則上所舉二十六郡國其眞爲高帝置者曾不及其三分之一而世人莫之察焉是可異已諸郡中可確證爲高帝置者唯河內

郡見於史記漢興以來諸侯王年表序清河常山二郡見於樊噲傳豫章郡見於黥布傳餘如汝南魏郡中山已不足徵至江夏涿郡勃海平原千乘泰山東萊桂陽武陵定襄十郡尤可證其非高帝所置江夏屬縣半爲衡山故地吳芮之王衡山實都邾縣及芮徙長沙而衡山爲淮南別郡英布劉長迭有其地至文帝分王淮南三子而衡山復爲一國武帝初伍被爲淮南王畫策云南收衡山以擊廬江有尋陽之船守下雉之城結九江之浦絕豫章之口尋陽爲廬江屬縣則下雉此時亦當屬衡山此四語者實分指廬江衡山九江豫章四郡皆屬王時故地也又云彊弩臨江而守以禁南郡之下則淮南所慮僅漢南郡之

兵不言江夏武帝之初似尚無江夏郡迨元狩元年衡山國除次年於其地置六安國僅得衡山五縣江夏十四縣當以衡山餘縣及南郡東邊數縣置之則高帝時不得有江夏郡也前秦郡考言秦於燕之故都當置一郡其地有漢志之廣陽國四縣及涿郡勃海二郡之半漢初置燕國當仍其舊而涿郡之地介居漢志之廣陽河間二國間中葉以後廣陽河間各得四縣故中間得有涿郡之二十九縣若高帝時燕之內史與趙之河間郡決非迫隘如此則已無置郡之餘地故史記酈商傳商破燕王臧荼軍食邑涿五千戶號曰涿侯至高帝十二年以破英布功改封曲周若當時已置涿郡決無以郡治爲侯國之理是歲

盧綰稱亂子建受封燕地未平而高皇晏駕其於疆域當無變革是高帝時不得有涿郡勃海二郡也平原千乘二郡漢初爲齊悼惠王封域而平原實齊濟北郡之地景武以後濟北國境反居濟水之南其在漢初實跨濟水南北史記曹相國世家云還定濟北郡攻著漯陰平原鬲盧著於漢志爲濟南縣盧爲泰山縣（文帝後濟北王所都）漯陰平原鬲皆平原屬縣故徐廣云濟北分平原太山二郡高帝時齊既有濟北郡則不得有平原郡也史記諸侯王表文帝十五年分齊爲膠西國都宛徐廣曰樂安有宛縣按漢志齊地無宛縣據水經注瓠子河條所引則作高宛高宛千乘縣也案史記功臣侯表有高苑侯丙倩高祖六年封武

帝建元三年國除膠西之都似不應與侯國同處然水經注實有東西二高宛其所謂東高宛城者膠西之都也所謂西高宛城者丙倩之邑也東高宛城以今地望準之當在樂安高宛之間是漢初千乘之地屬於膠西不得有千乘郡也封禪書云濟北王以爲天子且封禪乃上書獻泰山及其旁邑天子以他縣償之則泰山郡之置在武帝時非高帝所置也東萊一郡處膠東膠西之北漢志之膠東國僅得八縣高密國本膠西國僅得五縣故其北得置十七縣之東萊郡漢初膠西實有千乘之地史記吳王濞傳言膠西王卬以賣爵事有姦削其六縣漢書膠西于王端傳亦言有司比再請削其國去太半則高密國五縣當因膠西既削之餘膠東八縣恐亦非漢初舊域東萊一郡當置於二國削地之後非高帝所置也故漢書高帝紀云以膠東膠西臨淄濟北博陽城陽郡立子肥爲齊王史記齊悼惠王世家數文帝時齊國別郡亦但舉濟北濟南菑川膠西膠東城陽而無平原千乘泰山東萊四郡則高帝時無此四郡也武陵桂陽二郡之地高帝時爲長沙國南境故文帝賜趙佗書曰前日聞王發兵於邊爲寇災不止當其時長沙苦之南郡尤甚又曰朕欲定地犬牙相入者以問吏吏曰此高皇帝所以介長沙土也朕不得擅變焉則長沙與南越之間漢不得置郡且長沙在文帝時不過二萬五千戶勢不能分置三郡則武陵桂陽二郡非高

帝所置也定襄一郡若爲高帝所置則其時當屬代國案高帝封兄仲于代王雲中代雁門三郡後封子恆王太原代雁門三郡皆無定襄史記舉漢郡亦但計雲中以西而定襄則在其東則定襄非高帝郡也此外如東海本秦郯郡淮陽本秦陳郡燕之國都亦秦之一郡而史失其名則高帝所置之郡其餘幾何又漢志所舉秦郡當高帝時南海桂林象郡入於南越閩中入於閩越九原入於匈奴漢志五原郡注秦九原郡武帝元朔二年更名若漢初尚有是郡者然武帝紀云元朔二年收河南地置朔方五原郡則此郡實武帝所開又史記匈奴傳匈奴收蒙恬所奪地與漢關故河南塞至朝那膚施事在楚漢之際則九原之沒久矣黔中一郡亦廢於楚漢之際則高帝時之郡數又得幾何即令漢志二十餘郡悉爲高帝所置則汝南當屬淮陽常山清河中山屬趙涿郡勃海屬燕平原千乘泰山東萊屬齊東海屬楚豫章屬淮南鄣郡屬吳桂陽武陵屬長沙定襄屬代其得爲漢郡者不過江夏魏郡廣漢三郡而此三郡亦無所徵故謂此二十餘郡爲高帝所置其誤猶小若直以孝平時之疆域爲漢初之疆域而謂此二十餘郡者悉爲天子所有則全不合當時事實也然但據漢志以爲說則此誤必不能免錢氏大昕謂高帝置郡二十六其十之八皆屬於王國此說極是他人未有明言之者此則不可以不辨也善夫太史公之言曰漢初內地自山以東盡諸侯地漢獨有三河東郡潁川南陽自江陵以西至蜀北自雲中至隴西與內史凡十五郡此十五郡者河東一河內二河南三所謂三河也東

郡四潁川五南陽六自江陵以西至蜀則南郡七巴郡八蜀郡九北自雲中至隴西則雲中十上郡十一北地十二隴西十三而自山以西尚有上黨巴蜀之北尚有漢中共十五郡加內史爲十六此高帝五年初定天下時之郡數也六年以雲中屬代則并內史得十五郡至十一年復置雲中而罷東郡以益梁罷潁川郡以益淮陽則并內史爲十四郡史公習聞十五郡之名又習聞東郡潁川之爲漢郡故旣稱與內史爲十五又并數東郡潁川雖云疎漏然視班氏之誤則有閒矣由是言之則高帝末年之郡除王國支郡外并內史唯得十四而已至文景之間亦僅有二十四郡故枚乘說吳王曰夫漢并二十四郡十七諸

侯其珍怪不如山東之府乘之說吳在景帝三年吳王擧兵之後而十七諸侯則爲文景間之事 史記諸侯王表唯文帝後七年及景帝元年共十七國 夫十七諸侯旣數文景間之諸侯知二十四郡亦數文景間之郡也乘於景帝三年說吳何以不數三年之郡而猶數元年以前之郡曰猶吾輩今日之言十八行省二十二行省也枚乘此書劉奉世以其言齊趙事與史不合疑爲傳者增之然雖有增飾而十七諸侯二十四郡之數不能鑿空爲之也此二十四郡者除高帝時十四郡外則左內史一右內史二 漢志以分左右內史爲武帝建元六年事然百官公卿表紀景帝元年以鼂錯爲左內史則景帝初已分內史爲三又景帝紀中六年詔曰三輔舉不如法令者詔文稱三輔不容有誤必漢志之誤也 東郡三 漢書賈誼傳請割淮陽北邊二三列城與東郡以益梁則孝文之時梁不得東郡 潁川四淮陽五 淮陽王武於文帝十一年徙梁爲郡 琅邪六 琅邪本齊別郡文帝元年毀琅邪國以與齊十五年齊文王薨分其地爲齊濟南濟北菑川膠西膠東六國并城陽爲七國而琅邪不以封其爲漢郡當在此時矣 河間七 河間哀王以文帝十五年薨國除爲郡 益上十四郡爲二十一郡其餘三郡則當爲汝南魏郡廣漢此文帝末年之郡數也而漢郡之增實在孝景之世元年削趙之常山郡二年削楚之東海郡三年削吳之會稽鄣郡是歲七國反旣平其地又以其餘威削諸侯於是始得平原千乘濟南北海東萊之地於齊得涿郡勃海上谷漁陽右北平遼西遼東之地於燕得鉅鹿清河於趙得太原雁門於代得沛郡於楚 沛郡本秦泗水郡至項羽都彭城後徙治彭城遂名彭城郡漢初爲元王交所都景帝四年封劉禮爲楚王紹元王後殆不盡與以彭城故地沛郡之設當在此時觀高帝十二年吳濞尚爲沛侯此事可證是歲復豐沛二縣爲天子湯沐邑其他縣當屬楚國水經注獲水條謂楚元王冢在蕭縣之同孝山足證沛郡諸縣多屬楚國或分屬梁之碭郡史記謂內地自山以東盡諸侯地則漢初固不得有沛郡也

得廬江豫章於淮南得武陵桂陽於長沙而諸侯地之以新封皇子者尚不與焉故史記諸侯王年表序言之曰吳楚時前後諸侯或以適削地是以燕代無北邊郡吳淮南長沙無南邊郡齊趙梁楚支郡名山陂海咸納於漢諸侯稍微此實善道當時之大勢者也至漢志所謂高帝增二十六郡國文景各六者參以史漢紀傳無一相合而自來未有理而董之者此則余所大惑不解也

漢郡考下

漢興矯秦郡縣之失大啓諸國時去六國之亡未遠大抵因其

故壞專制千里建國之大古今所未嘗有也當漢初定天下異姓諸王各據其手定之地韓信王楚彭越王梁張敖王趙韓王信王韓盧綰王燕英布王淮南吳芮王長沙此諸王者皆與高祖素等夷又無骨肉之親外託君臣之名而內有敵國之實是時高帝之策在建同姓以制異姓故六年廢楚王信則分其地以王劉賈於荆弟劉交於楚又時齊代無王則王子肥於齊王兄仲於代而徙韓王信於太原收潁川郡以通東方之道明年韓王信叛而代王亦弃其國則以代王愛子如意九年廢趙王張敖則徙代王於趙而益以代地使陳豨以趙相國守之明年陳豨反則王子恆於代彭越反則王子恢於梁子友於淮陽英

布反則王子長於淮南兄子濞於吳又明年盧綰反則王子建於燕當始封子弟時惟恐其地之不廣力不能有所禁禦也及異姓漸盡又慮諸子分地之不均也故新置之國率因其故洎吳濞受封始慮東南之亂未及半載而高祖遽崩呂后以嫡母之尊廢梁趙割齊楚以王張呂宮車朝駕而臨淄之兵夕起矣文帝之世亦第稍分齊趙以衆建其子弟惟梁代無王則王子參於代子武於梁以控制東諸侯其所用亦高帝遺策所異者高以同姓制異姓文以親制疏而已孝景嗣位始大削吳楚趙而七國之亂隨之既平七國因以餘威宰制諸侯其分王諸子亦不過一郡之地昭宣以降王國益微及孝平元始中諸侯大

者十餘城小者三四縣比漢初王國或不能得其十分之一變置既亟作史者但據後世版籍略紀沿革而已故但據漢志之文以求漢初諸侯之疆域則其大小廣狹不能與實際同日而語今考漢初諸國之地則大者七八郡小者二三郡而後世所置之郡尚不計焉舉其目則屬齊者八曰臨淄曰菑川曰濟南曰濟北曰膠西曰膠東曰琅邪曰城陽（漢書高帝紀以膠東膠西臨淄濟北博陽城陽郡七十三城立子肥爲齊王史記齊悼惠王世家文帝十六年齊孝王將閭以悼惠王子楊虛侯爲齊王故齊別郡盡以王悼惠王子子志爲濟北王子辟光爲濟南王子賢爲菑川王子卬爲膠西王子雄渠爲膠東王與城陽齊凡七王皆不數琅邪悼惠王世家云哀王八年高后割齊琅邪郡立營陵侯劉澤爲琅邪王又云孝文帝元年盡以高后時所割齊之城陽琅邪濟南郡復與齊則漢初齊國得琅邪郡王文帝十五年齊文王薨無後北明年文帝分齊爲六盡王悼惠王諸子獨琅邪不以封

始於此時入漢也）屬燕者六曰〔　〕曰上谷曰漁陽曰右北平曰遼西曰遼東（案燕國郡所治之郡史失其名武帝元朔元年燕王定國自殺國除爲郡則名燕郡漢書徐樂傳稱樂燕郡無終人是也無終漢志屬右北平此時當屬燕郡若以右北平爲燕別郡故曰燕郡則景帝時右北平已屬漢矣至上谷五郡屬燕史雖無明文然司馬遷稱諸侯地皆外接於胡越景帝後燕代無北邊郡吳淮南長沙無南邊郡則景帝以前燕代諸國各有邊郡矣下代吳諸國倣此）屬趙者六曰邯鄲曰鉅鹿曰常山曰清河曰河間曰中山中間益郡三曰代曰雁門曰雲中（趙國諸郡史無明文以史遷云內地自山以東盡諸侯地知之）屬代者三曰太原曰代曰雁門（漢書高帝紀六年以雲中雁門代郡五十三縣立兄宜信侯喜爲代王十一年詔曰代地居常山之北與夷狄邊趙乃從山南有之遠數有胡寇難以爲國頗取山南太原之地益屬代代之雲中以西爲雲中郡則代受邊寇益少矣是文帝王代時已以太原易雲中也）屬梁者二曰碭郡曰定陶中間益郡一曰東郡屬淮陽者曰陳郡曰汝南

中間益郡一曰潁川高帝紀十一年立子恢爲梁王子友爲淮陽王詔東郡頗益梁潁川郡頗益淮陽

屬楚者三曰彭城曰東海曰薛郡漢書高帝紀以碭郡薛郡郯郡三十六縣立弟文信君交爲楚王郯郡即東海碭郡乃彭城之誤楚元王云王薛郡東海彭城三十六縣是也屬吳者三曰廣陵曰會稽曰鄣郡高帝紀以東陽鄣郡吳郡三十三縣立劉賈爲荊王及英布反并荊地吳王濞之封皆因故荊國境東陽與廣陵皆爲一郡初治東陽故名東陽及吳濞乃都廣陵本傳云吳王起兵於廣陵是也後廣陵國轄小淺乃於其北置臨淮郡耳屬淮南者四曰九江曰廬江曰衡山曰豫章史記黥布傳布遂剖符爲淮南王都六九江廬江衡山豫章皆屬布後厲王王淮南亦仍其封域屬長沙者一曰長沙故高帝時諸侯之郡凡三十有九而諸郡之廣狹又當與漢志絕異漢志齊郡即臨淄十二縣菑川三縣高密即膠西五縣膠東八縣城陽四縣廣陽即燕□郡□趙國即邯郡河間各四縣梁國即碭郡八縣淮陽即陳郡九縣楚國即彭城七縣魯國即薛郡六縣廣陵四縣六安即衡山五縣皆非漢初郡域以理度之則漢志北海之二十六縣實得臨淄菑川之縣平原縣十九千乘縣十五濟南縣十四泰山縣二十四實分齊之濟南濟北楚之薛郡之縣東萊縣十七實得膠西膠東之縣琅邪縣五十一實得城陽之縣涿郡縣二十九勃海縣二十六實得廣陽河間之縣廣平縣十六實得邯鄲之縣沛郡汝南縣各三十七一得碭郡彭城之縣一得陳郡之縣臨淮縣二十九實得廣陵之縣江夏縣十二實得衡山之縣故漢初齊地當得漢志之平原千乘濟南泰山齊郡北海東萊琅邪八郡及菑川膠東高密城陽四國燕地當得涿郡勃海上

谷漁陽右北平遼西遼東七郡及廣陽一國趙地當得鉅鹿常山清河三郡與魏郡之半及趙廣平眞定中山信都河間六國梁地當得山陽濟陰二郡與沛郡之半及梁東平二國淮陽當得汝南一郡與淮陽國楚當得東海一郡與沛郡之半及魯楚二國吳當得會稽丹陽臨淮三郡及廣陵國淮南當得廬江九江豫章三郡與江夏之半及六安國長沙當得桂陽武陵零陵三郡及長沙國此三十二郡與一十七國者以元始中之郡國言之也而班固於諸郡國下其言故厶國或厶年爲厶國者僅十三郡國而不言故厶國者三十有六使後之讀史者疑若自高帝時卽爲漢郡者此所以不能不表而出之也

圖書在版編目(CIP)數據
二十四史研究資料彙編.史記／孫曉 編.—成都：巴蜀書社，2010.11
ISBN 978-7-80752-715-2
Ⅰ.①二… Ⅱ.①孫… Ⅲ.①二十四史—研究資料—彙編②史記—研究資料—彙編 Ⅳ.①K204.1
中國版本圖書館CIP數據核字(2010)第212930號

二十四史研究資料彙編.史記
孫曉 編

出版發行：
四川出版集團
巴蜀書社
四川省成都市槐樹街2號四川出版大廈
郵政編碼：610031
http://www.bsbook.com
人民出版社
北京市朝陽門內大街166號
郵政編碼：100706
http://www.peoplepress.net

經　銷：全國新華書店
印　刷：三河弘翰印務有限公司
開　本：880mm×1230mm　1/16
版　次：2010年11月第1版
印　張：500
印　次：2010年11月第1次印刷
書　號：ISBN 978-7-80752-715-2

定　價：壹仟伍佰陸拾圓